JN300006

フレーゲ哲学の全貌

論理主義と意味論の原型

野本和幸

Gottlob Freges
Logizismus und
seine logische Semantik
als der Prototyp

NOMOTO KAZUYUKI

keiso shobo

はしがき

　ゴットロープ・フレーゲ (1848-1925) は，F. ニーチェ (1844-1900) とほぼ同年配の，ドイツの論理学者・数学者・哲学者である．無論両者が相識ることはなかった．19 世紀末，古典文献学から出発したニーチェは，『悲劇の誕生』(1872) から始まって，アフォリズムを縦横に駆使する詩人哲学者として，ソクラテス・プラトンはじめ，ヨーロッパ的理性の基盤を根底から掘り崩そうとする異端的存在として著名である．他方フレーゲは，いわばその対極に立ち，数学から出発，現代論理学を創始しアリストテレス以来 2000 年の論理学革命を遂行し，また「論理主義」という数学の哲学を提唱した．さらに論理と言語を巡る深い哲学的考察を展開して分析哲学の祖と称され，現代哲学の深部において広範で深甚な影響を及ぼし続けている．19 世紀末から 20 世紀の哲学を，全体として理解しようとするなら，従来しばしば見受けられたように，ともすればニーチェ的側面のみを重視する傾向は，極めてバランスを失したものといわねばならない．

　それにしても，フレーゲの仕事は，人生論風の哲学，あるいは神・世界・人間の体系的連関の考察といった形而上学，また人類が直面している危機的な状況に何らかの指針を与えると称するグランド・セオリーといった哲学へのイメージからすると，極めて抽象的で局限された狭隘なもの，実用から余りに遠いという印象を与える．だがしかし，哲学の初心に立ち帰るなら，プラトンの学園アカデメイアの門には「幾何学を知らざる者，この門を入るべからず $\dot{\alpha}\gamma\varepsilon\omega\mu\acute{\varepsilon}\tau\rho\eta\tau o\varsigma\ \mu\eta\delta\varepsilon\acute{\iota}\varsigma\ \varepsilon\acute{\iota}\sigma\acute{\iota}\tau\omega$」という文字が刻まれていたという故事を想起すべきだろう．実際，プラトンの主著『国家』には，アカデメイアでのカリ

キュラムと思しき教育プログラムが詳しく記録されている（プラトン『国家』（下），藤沢令夫訳，岩波文庫，第7巻）．哲学者ならびに理想国家の統治者養成のための第一要件は，数学の4分科，算術，幾何学，立体幾何学，天文学の学びであった．神話的思考を脱却しながら，やがて中世には神学の奴婢に堕する以前の，イオニア自然哲学に端を発するギリシャ哲学の正統は，エレアのパルメニデス・ゼノンの鋭利な論理的思考，ピタゴラス派直伝の数学というように，数理的学問と密接不離に関係しつつ，プラトン・アリストテレスへと合流し，エウクレイデス『幾何学原論』にも繋がっていく（T. L. Heath, [1931]）．（倫理問題に専念したとされる，ソクラテスの問答法でも，エレア派伝来の背理法の刃は，容赦なく世の識者・権力者の無知を暴き出し，刑死をもたらすほどに有力者の憎悪を招いたのであった．）

　こうした数理科学重視の伝統は，少なくとも近世のデカルト・ライプニッツ・カントにおいても，受け継がれる．フレーゲの哲学は，その意味では，基礎に徹しようとする哲学の最も正統的な一つの接近法を示すものと云えるかもしれない．近年流行の自分探しや思考の労を省いて手軽に早分りを求める風潮，あるいは華麗なレトリックを駆使して異分野間を自由に天翔る祝祭的思考，あるいは共同研究と称する多額の資金を注ぎ込んだ集団的思考の趨勢に抗するかのように，フレーゲの孤独な思考は，全くその対極に立ち，個に徹する反時代的なものでもある．しかし，逆に，フレーゲに端を発する全く無用とみられた現代論理学は，例えば，次の二つのペアの対比を，各対応する型の命題同士が，互いに全く同じ論理構造をもつことを示すことによって明示する．(a)「誰でも誰かを愛するものだ」を，大方のひとが肯定するとしても，(b)「誰かは誰からも愛される」とは滅多に言えないが，同様に，(a*)「どの自然数にもそれより大きい数が存在する」はペアノ算術の公理であるのに，(b*)「どの自然数よりも大きい自然数が存在する」は偽なのである．また「極限」「無限」「連続」といった解析学の基本概念の表現に「すべて∀」「ある∃」といった多重の量化装置を導入し，現在ではそうした表現装置が数理科学の表現形式に，それと名を挙げられることもなく，全く不可欠のリテラシーに組み込まれているのである．その無名性と化すまでの普遍性を備えた影響は，幾多の天才の介在を挟んで，功罪いずれにせよ，（携帯・PCからTV，家電，交通・情報通信・

電気・生産流通過程・戦争から医療・研究開発・例えば「源氏物語絵巻」の再現にみられるような見事なCG, CD, DVD制作まで，およそ現在のわれわれの生活の隅々にまで浸透している）今日のコンピュータ時代・情報社会への基礎を遙かに準備する巨大なものなのである．

ところで，フレーゲの主著『算術の基本法則』第二巻(1903)が，第一巻発刊(1893)以来10年を経て，ようやく自費出版されて以来100年を超える．富岡勝氏(当時勁草書房)の大英断で，1980年代半ばに企画以来10数年，世界初のわれわれの『フレーゲ著作集』全6巻が10年前の2002年に完結した．それに対し，例えば，ドイツのフレーゲ原典編纂者のパーツィヒ(ゲッティンゲン)，カンバルテル，ガブリエル(コンスタンツ)，ティール(エアランゲン)はじめ，フレーゲに関心を寄せる，M. ダメット，T. ウィリアムソン(オックスフォード)，フェレスダール(オスロ)，H. パトナム，C. パーソンズ(ハーヴァード)，D. カプラン，T. バージ(UCLA), D. デイヴィドソン，H. スルガ，P. マンコズ(バークレー), J. ペリー(スタンフォード), M. デトゥレフセン(ノートルダム), D. ベル(シェフィールド)，P. サイモンズ(ダブリン)等々30余名にも及ぶ，欧米の著名な哲学者・論理学者たちが，祝意を寄せてくれた．フレーゲは日本では知名度が高いとはとても云えないが，欧米では既に哲学の基礎教育カリキュラムに不可欠の地位を占めており，ここにも彼我の現代哲学理解に大きな懸隔が見られるのである．

フレーゲの業績は，数学・論理学・哲学さらには言語論のいわば境界領域に跨る，当時としては全く斬新なもので，この三つないし四つのどの学界からも一般的な評価は得られなかった．フレーゲ生涯の師・数学者アッベでさえ，フレーゲの処女作『概念記法』(1879)を手にして，次のような評言を漏らさざるをえなかった．「我が同僚のこの最初の公刊は，著述家としての幸運なデビューとは見なし得ない．この著作は恐らくごく少数の者にしか丹念には読まれないだろうし，それを理解し評価する者は益々わずかであろう．……」(イエーナ大学哲学部部長宛所見：UAJ in Kreiser [2001] 362) 不幸にしてこの評言は的中し，例えば，この『概念記法』に対する当時の論理代数派の大家シュレーダーの厳しい評価に対するフレーゲの長大な反論(1880)も，三つの数学学術誌，哲学誌から掲載を拒否された．数学誌からは哲学的すぎる，哲学誌か

らは数学的すぎると見なされ，ついに生前陽の目を見ることはなかった．公刊されたのは実に90年後の『遺稿集』(1969)においてであった．後の主著『算術の基本法則』(1893)序言中でのフレーゲの悲憤の言葉，「数学者は，これは形而上学だ，だれも読まない！　と叫び，哲学者は，これは数学だ，だれも読まない！　と叫ぶ」という運命を予告する如き船出であった．

　それでも数学者・論理学者・哲学者の中には，フレーゲの仕事に注目した少数の炯眼の士がいたのである．ゲッティンゲンの先輩数学者デデキント，やや後輩の数学者ヒルベルト，また論敵としてわたりあった当時の有力なドイツの年長の論理学者シュレーダー(彼はしかし後年にもゲッティンゲン学派の総帥F. クライン宛書簡で，「フレーゲは論外だ」と書いているという)や集合論の創始者カントル(超限集合論の建設に専念していて基礎論には関心が薄く，フレーゲには手厳しかった)，比較的好意的なのはイタリア・トリノ派の領袖数学者G. ペアノ，特に好意的なのは，フランスのライプニッツ研究者クチュラであった．彼は，フレーゲの第2作『算術の基礎』(1884)を哲学者たちに大いに推奨し，1900年パリで開催した，ペアノ・ポアンカレ・マッハ・シュレーダーといった錚々たる科学者・数学者も参加した「国際哲学会議」に是非にと招聘講演を依頼してくれたのであるが，何故かフレーゲは固辞してしまう．このとき参加した若きラッセルがペアノの講演に感銘を受け，数学の哲学に開眼，やがてフレーゲに関心を寄せ始める．このように，一方でその革命性を感得し深い影響を受けた，ごく少数の若い俊英たちが存在した．それは，現象学の開祖となる初期のフッサール，ケンブリッジの若きラッセル，一層若い世代のヴィトゲンシュタイン，数学史家ジャーデン，イエーナの学生カルナップ，モデル論の魁レーヴェンハイムたちであった．(フレーゲとレーヴェンハイムにはその往復書簡公刊の用意があった．)そしてまさにこうした人々が20世紀前半の哲学・数学・論理学を領導していく．

　第二次大戦後，ようやく1950年代に，フレーゲの言語哲学が，まず英国とアメリカでそれぞれ独自な展開を見せる．ヴィトゲンシュタインを擁するケンブリッジではギーチらが，オックスフォードではオースティンによる言語行為論や，ストローソンの前提論が，続いて1970年代以降には，ダメットとその影響下にある若いネオ・フレーゲアンたちによって，一方アメリカでは，数学

のプリンストン学派を率いる A. チャーチにより，1950 年代にはラムダ計算論・回帰関数論や特異なフレーゲ的内包論理学が，また西海岸ではドイツから亡命したカルナップ（シカゴ，UCLA）やポーランドから逃れてバークレーに拠点をおいたタルスキのモデル論が爆発的に展開され，1970 年代にはモンタギューらを代表とするいわゆるカリファルニア・セマンティクスが全盛期を迎えていく．一方，ほぼ同時期に，クワインを継承しつつ，タルスキの真理定義を逆転用するデイヴィドソンの真理条件的意味論の展開もまたフレーゲの遙かな延長線上にあると言えるかもしれない．ドイツ語圏ではナチス時代の 1930 年代に，ミュンスター学派のショルツらはフレーゲの散逸していた遺稿・書簡の収集に努め，1935 年の「パリ国際科学哲学会」において，その途中経過をショルツとバッハマンが報告した．それによると，遺稿・書簡の収集の状況は以下のようであった (Scholz & Bachmann [1936] 24-30)．

ショルツらは苦労して，フレーゲの養子アルフレートをブラウンシュヴァイクに探し当てた．なお『遺稿集 NS』によれば，フレーゲの没年 1925 年に遺言状のように残された紙片には，こうあった，という．

親愛なるアルフレート，
私が書き残したこの手稿を粗末にしてはいけない．すべてが黄金ではないにせよ，そのなかには黄金がある．このうちの多くは，いつの日か現在よりもずっと高く評価されるだろうと信じている．そのどれも失わないように気をつけなさい．

愛を込めて　お前の父より……

アルフレートが養父の言を忠実に守り，遺稿をすべて保管していることを確認したショルツらは，アルフレートから出版適否の判断を委任され，その後アルフレートは遺稿をミュンスター大学に寄託する．またそれ以前に，アルフレートは書簡類も，亡父の遺志通り，科学史家ダルムシュテッターに託し，それはベルリンの国立図書館に収蔵されていることが判明した．アルフレートはその公刊の適否もやはりショルツを中心とするミュンスター大学哲学部に依頼，その後同大学に寄託された．またラッセルらからは，フレーゲの書簡が寄託され

る（タイプ・コピー後，返却）等々の，出版に向けた収集状況が報告された．また学会参加者には，フレーゲの書簡その他についての情報提供への協力を訴えている．しかし，第二次世界大戦下，1945年の連合軍空爆でミュンスター大学図書館に収集・保管されていた多くの遺稿の束もろとも，レーヴェンハイムとの貴重な往復書簡も灰塵に帰した．

さてドイツでは，戦後1960年代にC.ティール（エアランゲン）らが先駆的業績を公刊し，ゲッティンゲンのパーツィヒが散逸した公刊雑誌論文を2冊の廉価版に編纂，他方スイスではI.アンゲレリが1967年，フレーゲの全公刊論文を『小論集 *Kleine Schriften*』として編纂・刊行する．また再度ミュンスターのショルツ・ヘルメス・カムバルテルらを中心に，遺稿・書簡およびそのタイプ・コピーの収集・整備・校訂が再開され，それが完了した70年代以降，堅実な文献的歴史的研究に重点がおかれて来た．そしていまやフレーゲ研究は，諸々の流行思想の変転にもかかわらず，地味ながら全英語圏（英・米・加・豪・ニュージーランド等），北欧（スウェーデン・フィンランド・ノルウェー・デンマーク）・西欧（ドイツ・フランス・ベネルックス3国）・南欧（イタリア・スペイン）・中東欧（ポーランド・オーストリア・チェコ・ロシア等）の全欧州，（ブラジルなどの）南米・中東のイスラエルに拡大し，フレーゲ・ルネサンスと称される活況が続いている．

にもかかわらず，散逸した論文・遺稿やその版権の関係で，いまだ母国ドイツでも著作集の出版に至らず，またいくつかの英訳も異なる出版社から刊行され，まとまった著作集の出版は実現していない．従って，われわれの日本語版『フレーゲ著作集』全6巻が，なお依然として，現時点では母国語で読者がフレーゲの全体像に接しうる世界で唯一の著作集である．立花隆氏が本著作集刊行開始当時，あるコラムで「いつのまにか，こんな人の著作集が6巻本ででるところまで日本の文化水準も上がっていたのかと思ってびっくりした」，またフレーゲ『概念記法』の二次元配線図のようなダイアグラムを見て，「今の記号論理学の記号とは全くちがうことに驚く．素朴で，ほとんど記号というよりチャートに近いようなものだ」という趣旨の評言をされたことが，記憶に残っている．（後半の批評はやや問題で，実はフレーゲの二次元的な樹枝状表記は，紙幅を取るのが欠点とはいえ，ペアノ・ラッセル流の線形的な一次元的表記に比して，

現在のプログラミング言語表記の先駆として，あるいはゲンツェン自然演繹との親近性も指摘される大変明晰で厳密なものなのである．）幸い，上記邦訳著作集も，少部数とはいえ，第 2 巻『算術の基礎』が 3 刷，第 4 巻『哲学論集』，第 1 巻『概念記法』，最難関の第 3 巻『算術の基本法則』までもが各 2 刷となっている．こうした一部読者層の支援のお陰で，このごく地味で，極めて基礎的な学問を紹介しようと刊行に踏み切られた富岡勝氏の決断に，わが邦の読者がエールを送り続けて下さっていることは，編者として，同労の共訳者諸氏ともども，大変励まされてきた．（最近北京大学で行われた国際フレーゲ会議でも，欧米の学者以外に，中国の中堅若手研究者の中にも，フレーゲへの関心が見られ，既に友人王路清華大学教授によって『概念記法』『算術の基礎』の翻訳がある由であるが，さらに若手研究者には主著『算術の基本法則』翻訳への意欲もあって，訳語の選定などで日本語訳への関心も強く，『著作集』一式を北京大学図書館に寄贈，大変歓迎された．）

　この『著作集』完結 (2002) 後，富岡氏から，先ず入門編をという勧めにより，近年ドイツで発掘された多くの新資料に基づいて，フレーゲの生涯の紹介を中心にごく大まかな業績紹介をしたのが拙著『フレーゲ入門』(2003) であった．さらに同氏の慫慂もあり，『著作集』の各巻に付した「編者解説」や折に触れての内外での学会講演や研究論文等を基礎に，フレーゲの業績の全体像の紹介をと念じてきた．が，在職中は様々な教育上の義務，学会での裏方仕事の責務等が重なり，なかなか纏まった時間を割けなかった．そのうえ，思わぬ病魔に襲われて眼疾を煩い，小康をうるまでに三年有余を要し，益々遅延を重ねてしまった．非常勤となったこの一年は少し時間的余裕をえて，ようやく本格的に仕事に取り掛かったものの，近年の海外における大家・中堅・若手による陸続たるフレーゲ研究の盛況ぶりには，視力・体力的にも容易には応接できず，残された課題はなお数多い．が筆者に残された時間も考えれば，20 数年前の著者の学位論文『フレーゲの言語哲学』(1986) 同様，今回もまたいわば中間報告として，多くの宿題を抱えつつも，一応のところで出版に踏み切ることとした．

　さてまえおきが長くなってしまったが，本書では，目次にもあるように，フレーゲの最初期の博士論文，教授資格請求論文（それは当時未だ黎明期にあった

「群論」のアイディアを開拓しつつ，量という概念を，加法・アーベル群と解する論文で，やがて，主著『算術の基本法則』第2巻の，実数をギリシャ以来の量の比と見なす「実数論」に繋がるものである）から始めて，ほぼフレーゲの学問活動の足跡に沿う形で，「論理主義」——それは，19世紀算術・解析学の「厳密化」のいわば頂点をなす，論理による算術の基礎づけというフレーゲ生涯のプロジェクトである——が，プロ・コントラ双方にわたる19世紀後半のどのような数学史的（幾何学革命やデデキント・カントル等の集合論）・論理学史的（ブール・シュレーダー論理代数等），また哲学史的（ライプニッツ・カント的）背景の下で生まれたのかを取り上げる．次いで何故フレーゲは，アリストテレス以来の「論理学革命」を遂行せざるをえなかったのか，その革命の内実，とりわけ，タルスキの先駆ないし代替とも見られる，真に斬新な論理学の「意味論」の原型はどのようなものであったのか，また意味論を中心に論理や言語を巡るどのような深い哲学的考察が展開されているのかにも言及する．（この部分は，既に上記拙著『フレーゲの言語哲学』で，またその後近年までの論理的意味論の展開については『現代の論理的意味論』(1988)，『意味と世界』(1997)また拙論「論理的意味論の源流，モデル論の誕生，そしてその展開」(2006)においても論じたが，今回は主著での「論理学の意味論」に密着しつつその原型を立ち入って考察し，また不十分ながら初期フッサールの所論との対比を補足した．）そしてこのように革新された論理学からどのようにして，算術（基数論）・解析学（実数論）が導出されうるのか，にもかかわらず，その「論理主義」は，どのようにしてラッセル・パラドクスに曝され，悲劇的な破綻に追い込まれたのか，さらには1980年代に開始された「ネオ論理主義」の試みが，フレーゲ的プロジェクトの救出に成功する可能性は果たしてあるのかどうかを，それが出会う諸困難とともに，最後に新デデキント流の構造主義との対比をいくらか交えて，前途を瞥見することとした．

　なお数学の哲学にあまり関心のない読者は，第11章，第12章の意味論や言語哲学的問題を扱っている，比較的独立した章節をお読み頂ければと思う．第7，8，9章もフレーゲによる注目すべき「現代論理学の統語論・意味論」のプロトタイプの考察で，関心のある読者は是非目を通して頂きたいと思う．

　学術書出版を取り巻く昨今の極めて厳しい情勢のなか，今回も，本書のよう

な純学術書の出版を快諾された勁草書房の方々の心意気と，また富岡氏の後を継がれた土井美智子さんには，本書刊行の実現のために，様々な工夫と濃やかなご配慮を頂いたこと，また編集上の面倒な仕事を丁寧に進めてくださったことに，心から感謝申し上げたい．

 2011年9月11日
 東日本大震災後はや6ヶ月，自然の猛威に偽りの原発神話が
 崩壊し続ける恐るべきときに

野本和幸

フレーゲ哲学の全貌

論理主義と意味論の原型

目　次

はしがき

序 論 ゴットロープ・フレーゲ……1
────現代の哲学・論理学への分水嶺

§1 はじめに──フレーゲ哲学の全体像と本書の構成　1
§2 フレーゲの生涯と業績概略　24
§3 フレーゲ論理哲学探究の全体的構成　35
　　──メタ理論の可能性と《認識論的・意味論的》位相に留意しつつ

第Ⅰ部 論理主義を目指して──論理学の革新

第1章 論理主義に向かって……59

§1 初期論文──論理主義以前　59
§2 解析学の厳密化から論理主義へ──数学史的背景　72
§3 多様な準論理主義──デデキントとシュレーダー　88

第2章 『概念記法』……103

§1 『概念記法』序言の論理主義的志向　103
§2 論理思想の革命　107
§3 「一般系列理論」と論理主義的「概念記法‐算術(BA)」　124
§4 普遍言語と推論計算──「判断優位テーゼ」　135

第Ⅱ部 論理主義のプログラムと文脈原理

第3章『算術の基礎』の構想とその背景……151

§1 『算術の基礎』の狙い　151
§2 数学史的背景──解析学的方法と純粋幾何学的な綜合的方法　156
§3 幾何学と算術──直観と一般性　158
§4 概念記法による厳密な証明と認識の拡張　161

第4章　『算術の基礎』における文脈原理と再認判断　………165

- §1　予備的考察——個数言明と単位としての概念　165
- §2　個数言明と「ジュリアス・シーザー問題 [1]」　169
- §3　新対象としての基数の導入？　170
  ——「抽象原理」としての「文脈原理」
- §4　新対象導入戦略の数学史的背景——二つのパラダイム　171
- §5　再認判断と同一性規準——基数抽象と「ヒュームの原理」　173
- §6　再認可能な対象領域の拡張と概念の保存拡大的再定義　175
- §7　シーザー問題 [2]　179
- §8　外延による集合論的定義への転換　182

第5章　『算術の基礎』の基数論　……………………………185

- §1　「ヒュームの原理」の導出と算術体系　185
- §2　可算無限基数の導出　188
- §3　新フレーゲ主義ないし新論理主義的動向瞥見　191
- §4　「論理主義的算術」の哲学的意義——認識論的・存在論的含み　193
- §5　カントルの論評への応答　200
- §6　存在概念と算術の形式理論批判　203

第Ⅲ部　論理と言語の哲学

第6章　『算術の基本法則』の概要と方法　……………………211

- §1　はじめに　212
- §2　本章の主要な課題　216
- §3　心理主義批判　219
- §4　論理主義的基礎づけ・正当化の方法　223
  ——始原への遡及／逆数学的アプローチ？

第7章　フレーゲ高階論理の統語論 ……………………………………229

§1　「普遍主義」とメタ理論　230

§2　名前形成の二つの方法　235

§3　ラテン文字，ドイツ文字，ギリシャ文字　239

§4　基本法則（公理）と推論規則の導入　242
　　　――ゲンツェンの自然演繹・ゼクエント算との親近性

§5　ラテン文字（自由変項？）とドイツ文字（束縛変項）　246

第8章　論理学の意味論の創始 ……………………………………………253

§1　論理的に完全な言語――有意味性証明と「二値の原理」　253

§2　「一般化された文脈原理」ないし「文脈規準」　255

§3　ラテン文字と「補助名」？　260

§4　ラテン文字の一般性と一意的固定性　267

第9章　有意味性証明と意味論的正当化 …………………………………275

§1　「概念記法」の原始的名前の有意味性　275

§2　シーザー問題の再現　283

§3　基本的論理法則（公理）群と推論規則の「意味論的正当化」　290

§4　意味と意義・思想　295

第10章　交流と批判 …………………………………………………………299

§1　ペアノとの往復書簡――目的の相違　299

§2　ディンクラーとの往復書簡――条件つき証明と背理法　302

§3　シュレーダー批判　305

第11章　論理と言語の哲学――意味論的考察 ……………………………315

§1　言語批判　315

§2　表象と色合い・陰影　323

§3　フレーゲの論理学理解――判断論　327

§4　発話の力と文の叙法　　330
§5　真理論　　332
§6　真理と意味・有意味性　　344
§7　有意味性・真理値間隙・対象約定　　353
§8　意義と思想　　359
§9　思想の分解と合成——虚構　　361
§10　意義——認識価値／認識論的・命題態度論的位相から　　372
§11　話法・信・知——命題的態度の意味論　　376
§12　本来的固有名とその意義の公共性　　381
§13　指示詞・指標詞の意味論　　383

第12章　意味論論争　………………………391

§1　ラッセルとの往復書簡（1）——ラッセルの論理的意味論　　391
§2　ヴィトゲンシュタインへの書簡——論理的意味論を巡って　　398
§3　ジャーデンとの往復書簡　　406
§4　フレーゲと初期フッサール（1）　　411
　　——論理学の哲学（論理的意味論）を巡って

第Ⅳ部　数学の哲学——論理主義

第13章　『算術の基本法則』における基数論　………………………431

§1　算術の哲学の概要　　431
§2　フレーゲの算術の哲学——基数論　　435
§3　数学的形式的問題——値域としての基数とラッセル・パラドクス　　436
§4　「後書き」でのパラドクスへの対処案　　438
§5　ヘックの「フレーゲの原理」　　440
§6　「フレーゲの定理」と「フレーゲ算術」　　445
§7　数学的プラトニズム再論（1）——入れ替え議論，指示の不確定性　　453
§8　数学的プラトニズム再論（2）——文脈原理の循環性と非可述性　　464

§9　悪友問題その他　　471

第14章　基数論とラッセル・パラドクス……483
   §1　フレーゲは新論理主義者か（1）　　483
   §2　フレーゲは新論理主義者か（2）——ラッセルとの往復書簡（2）　　495
   付論　ラッセル『数学原理』における論理主義
   §3　フレーゲと初期フッサール（2）——『算術の哲学』Iを巡って　　509

第15章　『算術の基本法則II』における
　　　　　実数論と形式主義批判……531
   §1　同時代の無理数論に対するフレーゲの批判　　532
   §2　数と量——非形式的説明　　534
   §3　フレーゲの実数論——量領域とは　　536
   §4　量理論の形式的展開　　546
   §5　形式主義批判と整備——ゲームと応用可能性　　553

第16章　書簡と応酬……567
   §1　フレーゲとデデキント——論理主義の異同　　567
   §2　幻のレーヴェンハイム-フレーゲ往復書簡　　578
   　　——形式主義の評価を巡って
   §3　ヒルベルトとの往復書簡　　580
   　　——幾何学の基礎・公理主義・独立性証明

第17章　新論理主義の回顧と前途瞥見……589
   　　——デデキント的構造主義との対比抄
   §1　心理的抽象とデデキント的構造主義批判への布石　　589
   §2　フレーゲの基数論回顧　　595
   §3　新論理主義の出現と抽象理論再興　　596
   §4　新論理主義の実抽象と構造主義　　600

§5 　量領域と実抽象・切断抽象　604
§6 　悪友問題　607
§7 　数学と応用——フレーゲの制約　609
§8 　抽象原理と構造主義　616
§9 　結語にかえて——残された課題　624

参考文献
あとがき
初出一覧
索　引

凡　例

1. フレーゲの著作からの引用は，著作については巻末の参照文献に示した略称ないし出版年，原典の巻・章・節番号あるいは頁数の順に表記する．
　　　例（著作）：GGA I　§1, 100
　　原典は公刊論文の場合は，掲載学会誌ないしそれらの集成である『小論文集 KS』を，遺稿や書簡の場合は『遺稿集 NS』，『学術書簡集 WB』をもとにし，略称と頁数を表記する．
　　　例（学術雑誌論文：'Über Sinn und Bedeutung'）：SB 123
　　　例（『小論文集 KS』）：KS 123
　　　例（『遺稿集 NS』）：NS 250
　　　例（『学術書簡集 WB』）：WB 100
　　この頁数は，日本語訳『フレーゲ著作集』においては，各頁の欄外数字によって表記されている．
2. その他の著者の著作・論文からの引用については，巻末の参照文献に従い，著者名［刊行年］章・節番号あるいは頁数の順に表記する．
　　　例：Dummett［1991］ch. 9, 121
　　なお，デデキントの3巻本の全集については，著者名［刊行年］ではなく DW という略称によって示す．ヴィトゲンシュタインの出版物についても，略称を使用する．
3. 欧文著作名，掲載雑誌名はイタリック体で，論文名は' 'で表記する．日本語著作は『　』，雑誌論文は「　」で表記する．
4. 欧文引用文中の強調はイタリック体で，また筆者の地の文での強調は，イタリック体または傍点で記す．（場合によっては下線で示すことがあるが，その場合はそう明記する．）
5. 筆者の補足説明は，（　）あるいは［　］で括る．引用文中における［　］は，引用者による補足を示す．

序論　ゴットロープ・フレーゲ
——現代の哲学・論理学への分水嶺

§1　はじめに——フレーゲ哲学の全体像と本書の構成

1.「フレーゲ論理主義」のプロジェクト

「はしがき」で触れたように，フレーゲは，19世紀後半から20世紀初頭に主たる仕事をした，ドイツの数学者・論理学者・哲学者である．彼は古代ギリシャ以来2000年の論理学革命を独力で一挙に遂行し，現代論理学を創始するとともに，「論理主義」という数学の哲学を提唱，同時に論理と言語を巡る透徹した哲学的考察を展開し，現代哲学に深い影響を及ぼし続けている．

本論での具体的な論述に入る前に，この序論においてはフレーゲの仕事の概観をしておきたい．まずこの§1においてフレーゲの論理主義の骨格を示し，次いで本書の構成について，概説する．

さてフレーゲの全仕事には，三つの大きな柱があると思う．第一は，[A] 建設的な公理的体系化の仕事であり，第二は [B] そうした体系化の準備ないしは説明・解明の仕事である．そして第三は [C] 論争的・批判的な仕事である．

第一の仕事は，[A] 自ら考案した「概念記法」という特異な記号言語を構成し，その記号言語を縦横に駆使して，現代の記号論理ないし数学的論理といわれるものを，独力で一気に公理体系化し，それに基づいて算術（基数論，実数論）を厳密に基礎づけようと試みたことである．

第二は，[B] 日常のドイツ語を用いて，体系構築のための「準備」・「予備学」として，(B1) 記号言語そのものについてのメタ的な「統語論的・意味論

的説明」ないし「解明」を与え，また記号言語による論証・証明について解説する仕事である．フレーゲ自身は，こうした仕事をむしろ「論理探究」，ないしは（広義の）「論理学」と称していた．また（B2）自らの基本的な論理的カテゴリー区分（対象と関数・概念・関係等との峻別）（ヴィトゲンシュタインのいう「形式的概念」）や意味論的区別（意味・意義，［主張や命令・依頼といった発話の］力，表現の陰影・色合い，また喚起される主観的な表象との区別等）について，巧みな比喩をも駆使して示唆し，解明する仕事である．（B3）さらには『算術の基礎』の後半において顕著なように，論理主義プロジェクトについての非形式的な説明を含めることも可能かもしれない．

　第三［C］は，（C1）公理体系構築に際してのいわば「方法論的反省」で，原初的表現の定義不可能性や原初的基本法則（公理）の最終的正当化の不可能性を，そうした究極的な定義や正当化が自己論駁的なことによって示すこと（正当化はどこかで終わる），（C2）体系の矛盾発見や説得的な対案の提示に直面した場合，体系の基礎に関わる自己批判的再検討の必要性を是認すること（一種の可謬主義？），（C3）論理体系外からの「還元主義的正当化」の試み（心理主義・物理主義・歴史主義等）に対する批判，論理と算術の公理体系に対する対案（形式主義・経験主義等）の批判等である．これらには，当時のヨーロッパの一流の数学者・論理学者たちとの誌上論争ないし書簡論争も含まれる．その大方は『フレーゲ著作集6　書簡集付「日記」』に訳出されている．これらの書簡は，およそ時候の挨拶などは全くなく（ただし，若きヴィトゲンシュタイン宛書簡だけは例外で，過酷な前線にある若き学究への激励と濃やかな配慮に満ちた書簡である），単刀直入に，学問的論題のみについて，互いに歯に衣着せぬ率直な遣り取りがなされ，貴重なドキュメントとなっている．（フレーゲの生涯や遺稿集・書簡集の編集秘話については，拙著『フレーゲ入門』のコラム欄で紹介した．）

　ところでフレーゲは，次節で紹介するように，バルト海沿岸のハンザ都市ヴィスマールに生まれ，イエーナ，ゲッティンゲン両大学で数学，物理学，哲学等を学び，ガウス，ディリクレ，リーマン，デデキントといった天才たちが築いた当時の数学界のメッカ，ゲッティンゲンにおいて，幾何学と代数学の境界領域で博士号を取得，さらに量の理論を群論的に展開した教授資格請求論文

が半年後にイエーナで受理され，同大学の数学私講師となった．19 世紀後半の数学はまさに革命期を迎えており，幾何学・解析学双方の一般化の線上において，虚数，複素数また虚点，複素平面，無限遠点といった新奇な対象が導入され，そうした対象に支障なく加減乗除はじめ従来の演算操作が適用可能なのか，またそうした対象の存在論的ならびに認識論的身分は？ といった問題が，数学者の間でも，激烈な論争となっていた．当時の粗い「形式主義」は，そうした難問を回避するために，数学の対象を単に可視的な記号と見なし，数学を記号の演算操作のゲームと見なそうという立場であった．しかしフレーゲは，数学，特に算術 (数論や解析学) が「形式的」なものとは考えず，「内容的な inhaltlich 算術」だと確信した．また彼によれば，そうした「内容的算術」の認識論的・存在論的問題は，虚の構成体において顕在化したにすぎず，実は最も初等的な自然数に関してさえ，数学者は自らの研究対象について何も説得的な説明を与えていないのである．そこでフレーゲは数学の緊急課題が，内容をもった数学そのものの基礎づけ，その認識源泉の究明にあると確信し，その探究を自らのライフワークに定める．

　フレーゲは幾何学が空間直観に基づくと考えたが，一方解析学における極限・無限・連続等の基本的諸概念は，長らく幾何学的直観ないし運動学・力学に訴える説明に依存してきた．しかし 19 世紀後半，この依存性から脱却し，解析学の「自律性」を目指す趨勢が有力になりつつあった．これがいわゆる解析学の「厳密化」であり，この潮流に棹さしつつ，さらにその流れを先に進めようという，当時次第に台頭しつつあった考えが，算術・解析学は「展開された論理学だ」という「論理主義」であった．フレーゲはこの新思潮に同調する．この考えは，哲学的には，カントに反しライプニッツと共に，算術的命題を「分析的」と見なすことである．しかしその実証には，いかなる直観にも訴えずに，純粋論理的な概念による定義や基本的な論理法則のみから，純粋論理的な推論規則だけを介し，論理的定理として，全算術的命題を，実際に導出しなければならない．

　だがアリストテレス以来の伝統的な形式論理学は，算術的命題を表現するには全く無力であった．かくしてフレーゲにとって，日常言語の多義性を回避し，数学者による隙間のある飛躍した推論や証明を厳密化するため，明晰で「見通

しのよい」記号言語，「概念記法」の構成が急務となる．その際，フレーゲは従来の「概念から判断へ」という綜合的な「原子論的アプローチ」を逆転し，「判̇断̇・命̇題̇優̇位̇ primacy of judgement or proposition」の方法論を提起する．つまり算術的「判断・命題」から出発し，(主語−述語分析に代わる)「命題の関数論的分析」によって，算術的基本命題の構成要素を析出するという，「分析的」アプローチを優先させるのである．こうして「判断優位」の方法に従い，「判断可能な内容」の「関数論的分析」を通じて，「遺伝性」「系列における後続」「一意性」「数学的帰納法」「正の整数」「倍数」「約数」「素数」の定義，さらには「関数の連続性」「極限値」といった，算術・解析学において不可欠の「数学的概念」が，「条件法・否定そして何よりも多重に現れうる一般性［普遍量化］」という「論理的概念」を複雑に組み合わせることによって定義される．その定義から上記のような数学の基本的な「概念形成 Begriffsbildung」が行われ，分析的に算術的諸定理が導かれるのである．

さらに「関数論的分析」によって，「ならば，でない，等しい，すべて」といったごく少数の原始的論理語の内容を「文脈的に」確定し，その上でそれらの組み合わせから逆に「合成的 compositional に」，上記のような「数学的諸概念」の形成に不可欠な基礎を用意するのが，「概念記法」という論理学の仕事である．こうした仕事の基礎を一挙に成し遂げているのが，僅々100頁に満たないフレーゲの処女作『概念記法』(1879) という小冊子であり，気づいた人はほとんどいなかったが，それが今日のコンピュータ時代の幕開けにも繋がる，現代論理誕生の狼煙であった．

さてこうした論理学の革新は，主著『算術の基本法則』(1893) において一層厳密に遂行される．論理的統語論としては，判断から「除去」法という関数論的分析によって，少数の原始的な論理的関数が析出され，「充当」法という逆の形成規則によって複合的表現が合成される．さらにこうした統語論的形成規則に見合う手続きを介して，意味論が与えられる．つまり，命題が「真偽二値」をもつという古典的大前提に立ち，「文脈原理」に訴える意味論的約定によって，原始的論理語に論理的概念内容を付与し，それを基底部 basic case として，帰納法的ステップを一歩一歩辿って，少数の複合的な論理的基本法則(公理)の真理性が確定される．ついでこれらの真なる論理的諸公理から，少

数の真理保存的な *truth-preserving* 推論規則のみに訴えて，派生的な論理的諸定理の真理性が証明される．このようにして（関数・概念等にも量化する）高階述語論理がはじめて公理体系化される．こうした全手続に瑕疵がなければ，フレーゲの高階述語論理体系は無矛盾でかつ健全（証明可能な命題はすべて真）なはずである．そしてこの論理体系から，必要な論理的定義を介し，隙間のない推論により，算術・解析学の基本法則・諸定理が導出されるならば，「論理主義」は実証され，算術は「分析的真理」だと見なされてよいことになる．

しかし算術が「分析的」だと仮定するなら，通常われわれが数学の進歩に認める驚くべき新しい知見は，どう説明されるのか（「分析のパラドクス」）．これこそカントが算術的命題を「綜合的・拡張的」と認めた有力な理由であった．だが第一に，算術的概念の定義は，従来の類／種差や，概念／その徴表・部分概念の含意関係などによっては全く不可能である．「極限」「無限」「連続」といった解析学の概念は無論のこと，「後続」「系列」等の基礎的な算術的概念や「数学的帰納法」も，複数の「すべて」「ある」を含む「どの自然数にもその後者が存在する」のような「入れ子型の多重量化」装置により，「祖先関係」「遺伝性」等を介してはじめて論理的に定義され，数学といった学問に不可欠な（従って，数学を使用するすべての学問における）「実り豊かな概念形成」が可能になるのである．

第二に，同一の内容や対象でさえ，その確定法には差異がありうる．同一性命題・等式も，仮に 'a = a' の場合は自明でも，'a = b'（例えば「明けの明星＝宵の明星」「$2^3 + 1 = 3^2$」）のような場合にはそうではなく，両者には「認識価値」に差異が認められる．つまり，'a = b' 型の真理性を知るには，何らかの「特別な認識活動」（観察・実験を含む科学的探究や形式的証明）が必要であり，従って後者の型の等式はわれわれの認識を「拡張しうる」のである（「明けの明星」「宵の明星」が同一の金星を表示するということは，天文学的探究の貴重な発見であった）．しかし論理主義が正しければ，例えば「$2^3 + 1 = 3^2$」の真理性は，論理から帰結する分析的真理である．このアポリアをフレーゲは，「意味 Bedeutung と意義 Sinn」の二つの意味論的因子の区別によって説明する．「$2^3 + 1$」「3^2」が同じ対象を表示・意味することは，論理的に証明される．しかし，'$2^3 + 1$' と '3^2' は，表示対象（意味 Bedeutung）が非常に異なった「確

定法・与えられ方」をしているので，「$3^2 = 3^2$」と比べて，等式「$2^3 + 1 = 3^2$」の真理性を知るには，前者と異なり，複雑な証明過程を経て，実際の証明を遂行するという特別な認識活動を必要とする．「意味 Bedeutung の与えられ方」を含む意味論的因子が「意義 Sinn」と称され，（意味 Bedeutung のレベルでは）分析的な論理的真理でも，（構成要素表現の意義 Sinn の差異の故に）われわれの認識を拡張する認識上の価値をもちうるのである．フレーゲはまた，「色合い」や（主張・命令のような発話の）「力」，語によって喚起される「表象」を，「意味／意義」から区別したのであった．こうしたフレーゲの意味論的考察は，やがて20世紀の言語哲学に深い影響を及ぼすことになる．（こうした意味論的ないし言語哲学的考察は，本書の主に第11章，第12章においてなされる．）

さて論理主義は，例えば「太陽系の衛星はいくつあるか？」「パーティの出席者は何人か？」に答える「個数言明」をどう説明するのか．古来数え上げに関しては，（イデアの一と多のパラドクスを想起させる）単位の一と多のアポリアが指摘されてきた．フレーゲによれば，「個数言明」は，確定した一つの概念，例えば〈太陽系の衛星〉に関する言明で，特定の単一の概念に多でありうる対象がいくつ属するかを述べる言明である．しかもこのレベルでの「いくつあるか」は，数詞を使わず純粋論理的に表現可能である．だが数等式においては，数的表現は何らかの抽象的対象を名指す固有名のように使用されている．では，（イデアの一意的特定に通底する）数のような抽象的対象の同一性規準は何か？　ここでフレーゲが提起した方法論的格律が，「語の意味は文という脈絡において問うべし」という「文脈原理 Context Principle」と呼ばれる守則である．

とりわけ注目すべき文・判断は 'a = b' のような「等式，再認判断」で，この判断が成り立つ必要十分条件を，'a', 'b' を使用せずに再現しうるならば，それによって，'a', 'b' が名指す対象の「同一性規準 criterion of identity」を獲得したことになる．フレーゲは，こうした規準を，例えば，当時導入されたアフィン幾何学において，図形の「形」の同一性が図形間の「相似性」に求められるように，あるいは同じく当時生まれた射影幾何学における新奇な対象「無限遠点・方向」の同一性が「平行」に求められたように，「概念 F に帰属する基数 [N (F)]」の同定を，フレーゲは，「概念間の等数性，つまりは一対一対

応」という「同値関係」に求める．この「抽象原理」(「ヒュームの原理 (HP)」と称される）の提唱が，近年の「論理的抽象理論」の先駆となった．

　フレーゲ自身は (HP) には満足せず，主著『算術の基本法則』(1893) では，一層一般的な「関数の値域」「概念の外延」に関する「抽象原理」，「基本法則 (V)」を導入した．しかし 1902 年ラッセル・ツェルメロらのパラドクス発見によって「論理主義」は破綻したと見なされ，かくてラッセルらの型 type 理論や悪循環禁止原理等による補正的な論理主義，ツェルメロ＝フレンケルらの公理的集合論，ブラウワーらの直観主義・構成主義，ヒルベルトの形式主義といった，数学基礎論が勃興する．しかし 1980 年代に至って，(HP) のみから無矛盾な「フレーゲ算術」が形成できるとするネオ・フレーゲアンの提案があり，近年はさらに，基本法則 (V) にしかるべき制限を付して公理的集合論を引き出す試みや，(V) はそのままにしてむしろ論理に修正を設ける試み，さらには解析学の基礎に関わる実数論をも射程に入れた，デデキントの「切断」に見合う「切断－抽象」や「実抽象」が導入される一方，それらが直面する様々な困難が「悪友問題」などと称されて指摘されるように，なお未知数ながら，こうした新しい抽象原理による数学的論理主義の可能性が探索され，数学の哲学を大いに活性化させている．

2.「判断優位」と「文脈原理」の方法論

　ところで本書の表題は，迷った末に，結局やや誇大広告ながら，出版社の勧めもあり，『フレーゲ哲学の全貌——論理主義と意味論の原型』とした．真に「全貌」を尽くすには，果たすべき課題がたくさん残っていて，羊頭狗肉の謗りを免れないが，残念ながらいまはそれらを果たす時間と体力がなく，欠落の埋め合わせは（可能なら）他日を期す他はない．サブタイトルに込めた趣旨は，基本的には，フレーゲの「論理・言語・数学の哲学」を終始導き，貫いているのは，「論理主義」というフレーゲ生涯のプロジェクトであること，そこからまた，フレーゲにとって不可避の考察対象として浮かび上がってきたものが意味論，ないしより広くは言語哲学だと思われるということであり，そしてその後今日に至るまでの多様な「論理主義」・「意味論」の試みを鼓舞する「原型 prototype, archetype」として，あるいは強力な反対論を喚起する反面教師とし

て，フレーゲの考察は，その難点・挫折をも含めて，汲めども尽きぬ源泉であり続けている，ということである．

さらに敷衍すれば，フレーゲの仕事は，通常の哲学というイメージからすると，極めて狭隘なものという印象を与える．だが，「はしがき」にも述べたように，プラトンの学園アカデメイアには「幾何学を知らざる者，この門を入るべからず」と刻まれていたと伝えられる．実際，アカデメイアでの，哲学者ならびに国家の統治者の教育カリキュラムは，数学の4学科を必修科目としていた．神話から決別し，自然哲学に端を発するギリシャ哲学の正統は，エレア派の論理的思考，ピタゴラス派の数学等，数理的学問を不可欠の要件としつつ，プラトン・アリストテレスへと展開していったのであり，そのことは近世のデカルト・ライプニッツ・カントにも引き継がれる．フレーゲの哲学は，その意味でも，最も基礎的で正統的な哲学への一つの接近法を示すものとも云えよう．

ところで，フレーゲの哲学的考察は，「論理・言語・数学」と「哲学」というおよそ人類の開発してきた四つの最も基礎的な学問分野に跨る境界領域の問題に関わっているのである．本書のサブタイトルには，この三つの分野を「論理主義と意味論」で結ぶ，つまり，「論理主義」が「論理」と「数学」を，「意味論」が「言語」と「論理」をそれぞれ結び合わせるという考察の，その「原型」をフレーゲが与えた，という意味合いを込めてある．さらに，実はその「論理主義」と「意味論」という紐帯を，さらに結び合わせている紐帯が，（ヴィトゲンシュタインに深い影響を与えた）「判断・命題優位 primacy of judgment のテーゼ」，「文脈原理 *Context Principle*」と称せられる，フレーゲ特有の「方法論上の守則・原則・格律」であると，私は考える．そこで，「判断優位」や「文脈原理」という「方法論的な原則」が，「数学」「論理」「言語」に跨って，例えば，どのような形で，具現され実践されているかを，予め大まかに取り出してみよう．

先ず上にも触れたが，フレーゲ生涯のプロジェクトは，「論理主義」といわれる「数学の哲学」である．その「数学」は主として「算術（実数論・解析学を含む）」で，「幾何学」には副次的に若干触れる程度である．その目論見は，感覚知覚・アプリオリな時間空間直観・幾何学・諸々の経験科学（力学・運動学）から独立に，「算術」を「論理学」のみによって基礎づける，つまり「算

術的真理」を正当化し,「算術・解析学」の自律性を「論理学」への還元によって確立しようとするものである.

ところが,繰り返しになるが,19世紀後半には,解析学での「極限」「無限」「連続」といった数学的概念はおろか,初等算術での「どの自然数にもそれより大きい数が存在する」や「数学的帰納法」,それどころか,0, 1, 2, …といった自然数が形成する「順序」や「系列」とはどういうことなのか,加減乗除といった演算操作の意味も,そして 0, 1, 2, …といった各自然数がいかなる対象なのか,数と量,数えることと測量することとはどう異なるのか,といった初歩的に見えることさえ,数学者は何も真っ当な説明を与えておらず,それに答えるような論理学も存在しない,とフレーゲは確信した.つまり,「論理主義」が唱道されても,算術を基礎づけるに足りるような「論理学」がそもそも存在しなかったのである.こうした事態に直面したフレーゲは,先ず自ら,そうした課題に応えうるような新しい強力な「論理学」を創らなければならなかった.その最初の成果が処女作『概念記法 BS』(1879) において展開された,史上初の高階述語論理の公理体系である.

さてこうした自ら創始した新論理学を武器に,算術の基礎を考察していくその過程で,フレーゲはその研究の方法的守則・原則として,先の『概念記法 BS』およびその前後の遺稿において,「判断・命題の優位テーゼ」を主張した.つまり,既知とされる,既存の類種概念から,複合的概念や命題を構成するという「原子論的アプローチ」とは逆に,算術的命題を関数論的に分析し,純粋論理的な定義を介して,例えば「整数」「倍数」「素数」さらに「後者関係」「系列」「数学的帰納法」などの基本的な算術上の「概念形成 *Begriffsbildung*」を遂行するのである.そして,すぐ後続のデデキント (Dedekind [1888])・ペアノ (Peano [1889]) 算術と同形の,序数に関する一種の「論理的な構造主義的」算術 (それを私は「概念記法 – 算術 (BA)」と呼びたい) の基礎を,BS の第Ⅲ章で人類史上初めて形成していたのだと私は考える.

やがて第2の著作『算術の基礎 GLA』(1884) において,さらに「文脈原理」と称される格律を提案した.それは,大まかには,語の表す意味は,孤立してではなく,それが登場する「命題/文という脈絡・文脈 Satzzusammenhang」において問わねばならない,「ひとは常に全命題/文 Satz を視野に収めておく

べし」，あるいは，「命題／文中においてのみ語は元来一つの意味をもつ」（GLA§60），「全体としての命題／文が一つの意味 Sinn をもつならば，それで十分である．そのことによってまたその諸部分もその内容を受けとるのである」(Ibid.) というものであった．この守則には，「文」「語」「文脈」「意味」「意義」等といった，必ずしも，数学に限らない，言語一般に関連する言葉が登場している．従って，この方法論的原則は，広く言語一般について「ことばが意味をもつとは，どういうことか」といった広範な問題に関わる射程をもつことが予想され，いわゆる「言語への転回 linguistic turn」の先駆とも称される (Dummett [1991])．実際，フレーゲのこの「文脈原理」という方法的原則は，ヴィトゲンシュタインをはじめ，日常言語の意味論研究や内包論理にも，深い影響を及ぼすことになる（野本 [1986] [1988] [1997]，飯田 [1987] [1995] [2002] 参照）．

　①フレーゲ自身は，この原則を GLA において，まず「〈パーティの出席者 P〉は何人か？」といった「数え上げ」に関わる「基数 Anzahl, cardinal number」に適用し，(A)「パーティの出席者の数 N (P) と座席 C の数 N (C) とが同じである」といった「文の脈絡（文脈）」（再認命題）に注目する．そして，この再認命題が成り立つ必要十分条件とは，「パーティの出席者 P と座席 C とが等数的，つまり，一対一対応する」ことにあるから，「文脈原理」は，次のような「ヒュームの原理 (HP)」と呼ばれる「抽象原理 Abstraction Principle (AP)」に具現され，具体化される．この (AP) は，基数という抽象的対象の「同一性規準 criterion of identity」，その対象の「再認 recogniton 条件」を与える原理である．この (AP) によって，「概念 F に属するものの基数 (N (F))」が意味するはずの抽象的対象，つまり，基数が把捉される，と解したのである．すなわち，

　　(HP)　N (P) = N (C) なのは，概念 P, C が等数的，つまり，P, C が一対一対応する場合その場合に限る．

「文脈原理」という方法論的原則が，具現され・具体化される当該の「文脈」の一つの典型は，(HP) の場合の「N (F) = N (G)」のように，ある抽象的対

象を巡る「再認命題」で，一般に，「$Φ＝$Ψ」という形式をもち，その等式が成り立つ条件・真となる条件 (真理条件) を表す右辺は，「Σ (Φ, Ψ)」のような形式をもつ，以下のような形の「抽象原理 Abstraction Principle (AP)」である．

　(AP)　$Φ＝$Ψ↔Σ (Φ, Ψ)．('Φ', 'Ψ' は概念を，'$' は概念から対象へと写像する操作子，'↔' は必要十分条件・同値を，'Σ' は「同値関係 equivalence relation」[1] を表す．)

従って，場合によっては，関連する「文脈」は「再認命題」よりやや広く，「再認命題」を含んだ (AP) 型の (HP) のような「抽象原理」全体と解してもよいかもしれない．

　フレーゲが，自らの「概念記法－算術 (BA)」，つまり，ラッセルのいう「前進列 progression」，順序数列を扱うのみの，デデキント・ペアノ流の (順序系列における位置のみを指定する)「構造主義的数論」を越える「基数論」に踏み込むのは，こうした「抽象原理」による抽象的対象の再認条件・同一性条件の確定を介してなのである．(ペアノ算術でも，「0」「自然数」は未定義語である．)

　ところで，後述するが，(HP) には実は「シーザー問題」という面倒な問題が結び付いていた．

　②そこで，フレーゲは，より一般的に，当時論理学に属すると認められていた[2]「概念 F の外延」(F の下に属するもののクラス) を導入しようと試みる．

　しかし，そのためには，当の「概念の外延」の再認規準＝同一性規準を定めねばならない．そこで (HP) と同様，その「文脈」として下記の再認命題「F の外延 ἐF (ε) と G の外延 ἀG (α) は等しい」を取り上げ，その右辺にその必要十分条件として，「すべての x に関して概念 F, G が同値である (∀ x (F (x) ↔ G (x)))」という同一性規準を用意する．これがいわゆるフレーゲ公理体系の「基本法則 (V)」である．

　(V)　ἐF (ε) ＝ ἀG (α) ↔ ∀ x (F (x) ↔ G (x))．

序論　11

この (V) も，上記の一つの「抽象原理 (AP)」である．右辺の「同値↔」はまさに「同値関係」である．

ところが，この (V) から，周知のように，ラッセル・パラドクスが導出され，フレーゲの「論理主義」は破綻したと見なされた．その克服策の様々な提案がなされ，20世紀初頭から，いわゆる数学基礎論という学問領域が勃興し，様々な流派が多様な提案を行ってきたことも周知のことである．

②*ところでまたフレーゲは (#)「二つの概念語の意味するものが同一であるのは，対応する概念の外延が合致する場合，その場合のみである」(ASB 133) と主張している．ところが，フレーゲの場合，「同一性」は0階の対象間でのみ成り立つ関係で，1階の概念間には直ちに適用できない．しかし，概念間においても「同一性」と類似の関係は成り立つとして，例えば次のような同一性規準に類比的な「概念の再認命題」を取り上げる (loc. cit.)．

(*) 概念語 '$\xi^2 = 1$' が意味するものは，概念語 '$(\xi+1)^2 = 2 \cdot (\xi+1)$' が意味するものと同じである．

この (*) を，概念間の同一性を (仮に) 単純に '$=_2$' のように添数字を用いて，下記のように表そう．

(B)* $(\alpha^2 = 1) =_2 [(\alpha+1)^2 = 2 \cdot (\alpha+1)]$．

かつ上記の引用 (#) から，基本法則 (V) を介して，(B)* の真理条件は，「関数間の普遍的相等性」と解する (ASB 132) と，これは「概念抽象の原理」と解される．つまり，「概念 $\Phi(\xi)$ が概念 $\Psi(\xi)$ と同じなのは，それらが普遍的に同値 $\forall x [\Phi(x) \leftrightarrow \Psi(x)]$ の場合その場合に限る」は，一般的に表記すれば次のようになる．

(VB) $\Phi(a) =_2 \Psi(a) \leftrightarrow \forall x [\Phi(x) \leftrightarrow \Psi(x)]$．

③さらに「論理学」の基礎的概念の意味の確定を巡っても，フレーゲは，単なる明示的な定義ないし約定ではなく，後に詳述するように，ダメットのいう「一般化された文脈原理」ないしリネボのいう「文脈規準 *context criteria*」(Linnebo [2004]) を活用している．それは，簡単には，「複合的固有名（例えば，主張文）が有意味ならば，その構成要素の関数名または固有名は，他のすべての構成要素名が有意味のときに限り有意味である」，ないし，より大まかには，「ある名前が有意味なのは，それが登場しうるあらゆる文脈が有意味な場合である」というもので，例えば，次のような規準に具現されている．「関数の名前['Φ(ξ)']が意味 Bedeutung をもつ（有意味，つまり，あるものを意味する）のは，その空所・項場所[ξ]を有意味な固有名['Δ']で充当した複合的固有名['Φ(Δ)']が有意味な場合である」(GGA I-I §§29-30)．

あるいは，例えば，否定詞'⊤( )'とは何を意味するのかというと，（真偽二値の原理を前提すれば）真な文を偽に，偽な文を真に逆転する操作であろうから，否定詞'⊤( )'は，空所に真 t を入力すると，偽 f を出力し，偽を入力すると真を出力するような関数を意味すると，以下の(N)のように，文脈的に，否定詞の意味論的約定がなされる．これが「一般化された文脈原理」「文脈規準」の一例である．

(N)　⊤(t) = f; ⊤(f) = t

④また，例えば，通常の論理の範囲を超えた，下記のような間接話法の副文の意味 Bedeutung が何かについても，フレーゲは，「主張文の意味＝真理値は，その文中の一つの表現を同じ意味を持つ表現で置き換えても，不変であるべきだ」(SB 35) を適用する（ライプニッツの「真理保存的置換 *substitutio salva veritate* 原理」に相当）．そこで，フレーゲは，副文の場合にも，「文全体の真理を損なわずに置換可能な」候補を探索し，（通常のようにその副文の真偽ではなく）各副文の表現する意義 *Sinn*・思想 *Gedanke* がその候補＝「間接的意味 *ungerade Bedeutung*/ *indirect meaning*」だと見なす．例えば，「太郎は，明けの明星＝明けの明星だと信じているが，明けの明星＝宵の明星だとは信じていない」とすれば，各副文の通常の意味が同じく真理値真でも，太郎の信念にとっ

て関連する副文の「意味」は、通常のようにその真偽ではなく、各々の表す思想・意義（＝「間接的意味」）なのである（SB 37）. すなわち，

(B) 太郎は，明けの明星＝明けの明星だと信じているが，明けの明星＝宵の明星だとは信じていない場合，思想[明けの明星＝明けの明星]と思想[明けの明星＝宵の明星]は同じではない．

(つまり，(B) 副文 p, q の思想・意義 S (p), S (q) が同じ S (p) ＝ S (q) ならば，太郎が S (p) と信じれば，太郎は S (q) も信じる．対偶をとると，「太郎は S (p) と信じるが，S (q) とは信じない場合，S (p) ≠ S (q)」．)

このように，信念や確信，思考などといった「命題への態度 propositional attitudes」等の，いわゆる内包的文脈において，副文の意味が何かは，当の文全体の脈絡を考慮し，全文の意味に関する「真理保存的置換原理」により決定される．これもまた「文脈原理」の具体化であろう．

⑤さらに，日常語の特色である過去・現在・未来といった「時制」や，「これ」「あれ」のような指示詞，「わたし」「あなた」のような人称代名詞，「いま」「ここ」「きょう」「明日」のような「副詞」等が，何を指す＝意味しているのかは，単にそれが登場する「文」を越えて，一層広く，それらが「発話ないし使用される脈絡 context of utterance or of use」にまで拡大して考えなければ，把握できない．フレーゲは，こうした脈絡依存性 context‐dependency を示す文や単語の場合には，それが表現する思想の正しい把握のためには，「発話に随伴する状況についての知見」(G 65) の補完を必要とし，こうした補完によってはじめて，指示詞や指標詞 indexicals の，その発話状況において意味されている指示対象を了解できると論じている．（フッサールにも独自の理論があり，また 1970 年代後半からカプラン，ペリーなどによって，こうした考えへの挑戦がなされている[3]．）

3. 本書の構成について

次に，予め本書の構成について，概略を説明しておこう．
先ず序論の §2 では，エピソード風にフレーゲの生涯を辿り，次いで簡単に研

究業績を紹介した後，§3では，フレーゲ哲学の全体的構成の概略を，三つに分けて粗描する．

次に第Ⅰ部「論理主義を目指して——論理学の革新」では，第1章「論理主義に向かって」の§1「初期論文——論理主義以前」で，若き数学者フレーゲの博士論文，教授資格請求論文を紹介する．博士論文は，19世紀後半，革命期にあった幾何学中の虚の構成体（虚点，無限遠点等）に関わり，教授資格請求論文は，当時生まれつつあった「群論」を用いての「量概念」の拡張を試みている．後者は主著『算術の基本法則Ⅱ』の量理論・実数論への先触れをなす．§2「解析学の厳密化から論理主義へ——数学史的背景」は当時の射影幾何学・非ユークリッド幾何学を巡る論争状況と，「解析学」の自律性を求める「厳密化」が「論理主義」へと向かう動向を見る．§3「多様な準論理主義——デデキントとシュレーダー」では，ゲッティンゲンの先輩数学者デデキントの準論理主義 quasi-logicism（集合論的構造主義）と，フレーゲのライヴァルとして生涯，並走・競合したブール代数派シュレーダーの仕事を瞥見する．

第2章では，現代論理学の画期とされるフレーゲの処女作『概念記法 BS』(1879)について，§1ではこの著作で既に姿を見せ始めている「論理主義」について，§2「論理思想の革命」ではBSの内容を紹介し，§3「「一般系列理論」と論理主義的「概念記法−算術 (BA)」」では，BSの第Ⅲ章で，「判断・命題優位のテーゼ」という方法論的格律に従い，BSで開発された高階の論理を介して，どのように「祖先関係」の定義等から，「後者関係」「後者関係の関数性」「数学的帰納法」といった基本的な数学的「概念形成 Begriffsbildung」が遂行されるかを見る．特にBSのこの第Ⅲ部で既にデデキント (Dedekind [1888])・ペアノ (Peano [1889]) 算術を先取りする順序数の「構造主義的な算術」の基礎が提出されていた（それを「概念記法−算術 (BA)」と呼ぶよう提案）ことを主張する．§4「普遍言語と推論計算——「判断優位テーゼ」」では，生前ついに陽の目をみることのなかった，ブール・シュレーダー批判における論争点の確認と，何よりも「判断・命題優位のテーゼ」という方法論的主張の具体化として，上述のような基本的な数学的「概念形成」がいかに現実化されているかを見る．

第Ⅱ部「論理主義のプログラムと文脈原理」では，第3章「『算術の基礎』

の構想とその背景」の§1「『算術の基礎』の狙い」と§2「数学史的背景——解析学的方法と純粋幾何学的な綜合的方法」で，当時の幾何学をめぐる図形直観重視の綜合派と一般化重視の解析派との激烈な論争の一端を紹介し，§3では，そうした背景の下，「幾何学と算術——直観と一般性」の対比をフレーゲはどう考えたかを辿る．§4では『算術の基礎』での非形式的論述の背後に，既に完成していたはずの「概念記法」による厳密な証明への示唆と，分析的でありながら拡張的認識をもたらす事態の指摘と，カント的な「分析性」概念の狭隘さを暴き出すフレーゲの主張に触れる．

　第4章では，フレーゲ論理主義の骨子を非形式的に，見事な散文で展開した第2の著書『算術の基礎』(1884)を取り上げる．この著書において，はじめて「文脈原理」が明示的に導入され，「再認判断」が当該「文脈」の典型例として取り上げられる．同時に，幾何学的図形の「相似」による「図形の形」の再認，「平行」による「直線の方向＝無限遠点」の同定規準といった，当時の射影幾何学等での話題を用いた，「形」や「方向」の再認も併記しつつ，「数」の再認規準が探究される．

　§1「予備的考察」では，「いくつあるか？」に答える「個数言明」とその場合の「単位」が「種的 sortal 概念」だという重要な指摘が，また§3では，「文脈原理」の具体化として，抽象的対象としての「基数」の導入をもたらす「抽象原理」が取り上げられる．§4では新対象導入戦略の数学史的背景に言及後，§5「再認判断と同一性規準」では，その場合の「文脈」として，例えば「北斗星(F)の数 N(F)＝大熊座の星(G)の数 N(G)」といった「再認文」に関し，その必要十分条件として，概念「北斗星 F」と概念「大熊座の星 G」とが「等数的」，つまり，「一対一に対応」すれば，例えば数7の「同一性規準」を与えたことになるとの下記の「基数抽象の原理」「ヒュームの原理 (HP)」が提案される．

　(HP)　北斗星の数 N(F) ＝ 大熊座の星の数 N(G) なのは，FとGが一対一対応するときそのときに限る．

ところが，数は常に「概念Fの数」という形式で現れるとは限らず，例えば，

(*)「ジュリアス・シーザー ＝ Ｎ (F)」の真偽をどう決着させうるかを巡って循環に陥る(「§7 シーザー問題 [2]」). そこで, フレーゲは「外延による集合論的な定義」に戦術転換を図る (§8).

しかしフレーゲの「論理主義」は, 1902年ラッセル・パラドクスによって破綻した時代遅れのプロジェクトだと見なされ, 1970年代までほとんど忘れられていたが, 1980年代に至って, 英国のC.ライトら一群の研究者(「新フレーゲ主義者」ないし「新論理主義者」と呼ばれる)が登場する.

第5章「『算術の基礎』の基数論」では, §1「「ヒュームの原理」の導出と算術体系」で, 非形式的なフレーゲの論述の背後にある, フレーゲの厳密な形式的証明過程を再現する. また §2「可算無限基数の導出」では, フレーゲが,「数学的帰納法」により「nの後者が常に存在する」ことの証明の概略を与え, また「「有限基数」という概念に帰属する基数」は「可算無限 ∞_1」$\aleph_0$ であると主張していたことを確認する.

§3「新フレーゲ主義ないし新論理主義的動向瞥見」では, 概念の外延を, (HP) の導出までの無害な使用に限定するライトの試み, またG.ブーロスの, 外延に一切訴えない基数存在公理 Numbers から の(HP)の導出と, この(HP)から, デデキント・ペアノ算術の公理系 DPA と同形の2階算術(「フレーゲ算術 (FA)」)の導出(「フレーゲの定理」)の発見を紹介する. のみならず, 実はフレーゲ自身も, このことに気づいていたと主張され, にわかに, フレーゲ的論理主義再興の気運が高まった. そしてこの「フレーゲ算術」がペアノ算術の無矛盾性と相対的に無矛盾であることも示された. こうした「フレーゲ算術」がフレーゲの算術哲学の, 少なくとも数学的に核心的な部分を矛盾から救い, かつ実はフレーゲ自身も『基礎』においてそうした目論見を遂行していたと主張され, 多大な論争が喚起された.

§4「「論理主義的算術」の哲学的意義——認識論的・存在論的含み」では, 以上のいわば数学的・論理的探究を背景に, フレーゲは『算術の基礎』の第2の哲学的課題, すなわち, まず①認識論的課題に関しては,「算術法則は分析判断で, よってアプリオリだということを確からしいものとした」だけだ, と言う.『基礎』では概念記法は用いず, 厳密な証明が欠落しているからである. ②また基数という抽象的論理的対象に関する存在論的な問題に関してフレーゲ

は，数学者も単に定義だけで何かを創造しえないのは，地理学者と同様で，「数学者も，現にあるものを発見し，命名することしかできない」(§96) といった実在論的姿勢を窺わせる．算術的対象は，「理性に直に与えられる対象であり，理性が自分に最も固有なものとして完全に見通せる対象」だという (GLA §105)．しかし，フレーゲは何らかの「知性的・数学的直観」を要請しはしない．そして最終節 (§109) 最後の段落でフレーゲは，正整数同様，「文脈原理」の方法を介しての何らかの「抽象原理」によって，負数，分数，無理数，複素数もまた，確定されるはずだという見込みを表明している．

§4 第2項「認識論的存在論的含意——フレーゲ・プラトニズムの認識的・意味論的相貌」では，基数抽象の眼目も，「ヒュームの原理」も「基本法則 (V)」も，ライトの言うように，存在論的であると同時に，認識論的な原理という側面を色濃くもっていると解される．つまり，フレーゲの実在論ないしプラトニズムといっても，抽象的存在も含めた存在領域が確定していると前提しているのではなく，「抽象原理」によって，既存領域中で暗黙にないし朧げにその存在が想定されてはいても，その再認条件が未確定な場合には，(HP) などの「抽象原理」を介して，その同一性規準を確定することを通じて，再認条件を認定し，対象領域中にその存在を受容していくという，認識論的ないし意味論的な色彩の濃い独特の実在論なのではないかと考えられる．

いずれにせよ，フレーゲは，形式主義者風のノミナリズムにも，定義による創造説にも，何らかの数学的直観説にも同意しない．そこで数学的対象や数学的真理の客観性の保証を，「抽象原理」を介しての，同一性規準による再認可能性に求めていると見られる．学問的探究は発明ではなく発見であるということを強調するが，と同時に発見が行われたという認定がなされるには，必要な言語的・記号的表現手段の無矛盾な構成を介して，同一性規準を定式化することによって，その意味・表示対象をはじめて確定し，再認可能な対象として，明示的に認知し対象領域に受容していくという手続きが不可欠だと，そうフレーゲは考えたと思われるのである．

§5では，カントルの論評への応答を，また §6 で当時の「算術の形式理論批判」（これは後の『算術の基本法則 II』での形式主義批判のいわば前哨戦である），またイエーナの同僚神学者との「存在概念」を巡る論争を取り上げ，「存在」

が事物 res の性質に関わる「実在的 real」な1階概念ではなく，概念の概念，2階概念であるということが鮮明に主張されている．

さて第Ⅲ部「論理と言語の哲学」においては，先ずフレーゲの主著『算術の基本法則Ⅰ』(1893)(以下『基本法則』GGA と略称)における，論理学の哲学に関して，一部の有力な論者のように，フレーゲにはメタ的探究はありえないという主張には賛同せず，フレーゲは自らの構成した「概念記法」という「対象言語」と，それについて「統語論的・意味論的研究」を推進するメタ言語としてのドイツ語及び若干のメタ記号とを，相当意識的に明確に区別し，非形式的とはいえ，今日のメタ的探究の原型を与えている，と考える．

そこで第Ⅲ部では，フレーゲが，「論理主義」の基礎となる「高階論理学」の「統語論・意味論」をどのように形成したかを追跡する．フレーゲは処女作『概念記法』(1879)に続いて，一層厳格な仕方で，高階論理学の統語論を構築し(本書第7章)，かつ今日の論理学の意味論の原型を創始(第8章，第9章等)，その論理学を基礎に，基数論，実数論を展開し(第Ⅳ部)，それと平行して発表された哲学的諸論文によって，論理と言語に関わる深い哲学的考察を展開して(第11章，第12章)，今日の論理的意味論や内包論理の基礎を据えたのである．

第Ⅲ部第7章から第10章までで，まずフレーゲ論理学の統語論・意味論のほぼ全容をやや立ち入って探索する．

第6章「『算術の基本法則』の概要と方法」では，当時の心理主義批判の後，§4で，フレーゲの「論理主義的基礎づけ・正当化の方法」が，始原への上昇というプラトンのディアレクティケー，公理へと遡及するユークリッドの幾何学的方法，解析を重視するデカルト的発見の方法の嫡子として，また近年の「逆数学的アプローチ」にも通底するような，全「算術・解析学」がそれから導出される「基本的論理法則」へと遡及しようとする「分析的方法」であることを確認する．

次いで第7章「フレーゲ高階論理の統語論」では，フレーゲのメタ的探究の顕著な独自性として，「命題優位のテーゼ」と「関数論的分析」に注目し，それと連関して§2ではフレーゲの「名前形成の二つの方法」，特に特異な「除去の方法」と，また「充当・代入の方法」という形成手続きを見る．後者は，

単純記号から複合的表現を回帰的に合成するいわゆる「合成原理」の原型である．同様に，§3では「ラテン文字，ドイツ文字」およびメタ記号である「ギリシャ文字」の独特で周到なフレーゲの使用法を見る．次いで§4で，フレーゲ的高階論理学の「基本法則（公理）と推論規則の導入」，そして「ゲンツェンの自然演繹・ゼクエント算」との意外な親近性を例示する．§5では一般性を表す「ラテン文字（自由変項）とドイツ文字（束縛変項）」の対比，特に「ラテン文字」の役割に関するフレーゲの独自で綿密な考察を追跡する．

次の，第8～11章では，フレーゲの論理的意味論ならびに言語哲学的考察を扱う．特に第8，9章は，フレーゲ論理学の意味論の頂点を構成する章で，今日の論理学的意味論の原型を創始したもの，つまり，タルスキ的意味論の先駆，ないし代替をなすものである．

第8章「論理学の意味論の創始」では，§1で，フレーゲの目指した「論理的に完全な言語」とは何か，そのことと「有意味性証明と「二値の原理」」とは，また「有意味性証明」と§2での「一般化された文脈原理」ないし「文脈規準」とは，どう関係するのかを追及する．（この§2こそ，フレーゲ論理学の「原始記号」の意味確定に関わる，彼の回帰的意味論の「基底部 basic case」を構成する要なのである．）次いで§3～§4で，通常「自由変項」に重ねられる「ラテン文字」に込めたフレーゲの特異な理解に含まれる「一般性とクリプキ的一意的固定性」との深い連関を追跡する．

以上をベースに，第9章「有意味性証明と意味論的正当化」において，§1「「概念記法」の原始的名前の有意味性」を基底部に，§3「基本的論理法則（公理）群と推論規則の「意味論的正当化」」において，その各「帰納的ステップ」が展開される．§2で「シーザー問題の再現」を扱い，最後の§4「意味と意義・思想」で，以上すべてに基づいて，はじめて真理条件的意味論の先駆をなす「意義・思想」が導入される．

第10章「交流と批判」の§1では，フレーゲとペアノとの目的の相違，§2ではディンクラーとの「条件付き証明と背理法」をめぐる興味深い応酬を見る．§3「シュレーダー批判」では，シュレーダーの論理代数が，クラスとその成員を区別しない故に，空クラスや単元クラスを認めず，またクラス間の「従属関係⊆」とクラスとその成員間の「成員関係∈」を区別できず，クラス論理と

しても不十分なものだとの批判がなされている．

　第11章「論理と言語の哲学——意味論的考察」では，前2章を承けて，一層一般的に，フレーゲの分類でいくと，論理学についての哲学的探究，広義の「論理学」「論理探究」「予備学」に入る，論理と言語をめぐるフレーゲの広範で深い哲学的考察を追跡する．目次を参照願いたいが，各節のいくつかのテーマだけ拾うと，§2「表象と色合い・陰影」，§3「判断論」，§4「発話の力と文の叙法」，§5「真理論」，§6「真理と意味・有意味性」，§7「有意味性・真理値間隙・対象約定」，§8「意義と思想」，§9「思想の分解と合成——虚構」，§10「意義——認識価値」と，広範多岐に互っており，本書ではその大まかな解説を加える程度に留めざるをえない．（やや詳しくは，邦語文献では，野本[1986][1997]，飯田[1987]等を，また Dummett [1973][1978][1981]; Evans [1982][1985]; Carl [1994]; Burge [2005]; Beaney [1996]等を参照されたい．）

　そしてこうした考察を前提に，数学的な論理学を越えた，日常言語の論理と意味論への展開を予兆する§11「話法・信・知——命題的態度の意味論」，§12「本来的固有名とその意義の公共性」，§13「指示詞・指標詞の意味論」が続く．実際，フレーゲの示唆に従い，あるいはそれを反面教師にして，その後1940年代後半から「内包論理」の意味論が活発に展開されるに至ったのである（野本[1988][1997][2006]，飯田[1995]）．

　第12章「意味論論争」では，ラッセル，ヴィトゲンシュタイン，ジャーデン，初期フッサールとの「論理的意味論を巡って」の，忌憚ない応酬の一端を瞥見する．

　第IV部のテーマは，フレーゲ生涯のプロジェクト「数学の哲学——論理主義」である．第13章では，「『算術の基本法則』における基数論」を扱う．ラッセルのパラドクス発見によって，フレーゲの「論理主義」プロジェクトは崩壊した（§4で扱う GGA II の「後書き」でのパラドクスへの対処案も結局不成功）という評価が，少なくとも，1970年代には支配的であった．しかし，特に C. ライト（C. Wright [1983]）による『算術の基礎 GLA』の再評価とフレーゲ流の数学的プラトニズムの擁護，また G. ブーロスの精力的な仕事（Boolos [1983][1986/7][1987]等）に刺激されて，フレーゲの数学の哲学の研究状況は大きく変動した．先述のように，ライトやブーロスらは，フレーゲの『算術の

『基礎』にはラッセル・パラドクスを避けて，デデキント・ペアノの2階算術の全体系を整合的に展開する余地があった，ないし現実にフレーゲはそれを実行していたのだと主張した．つまり，概念間の「等数性」・「一対一対応」によって基数抽象の原理（「ヒュームの原理（HP）」）のみから，可算無限定理を含むペアノ算術が整合的に導出可能だということを，フレーゲは証明していたと主張する（「フレーゲの定理」）．

　さてでは，『基本法則』でも，基本法則（V）に訴えずに，算術体系を整合的に展開することが可能なのであろうか．ヘック（Heck [1993] [1995]）は，それが可能なばかりでなく，フレーゲ自身がそのことに気づいていたと主張する．(HP) に相当する「基数の基本法則」(第Ⅱ部の定理32と定理49) のGGA中での証明には値域は不可欠だが，それ以後の算術体系の導出には不要であるのみならず，フレーゲは，公理（V）に訴えることなしに（つまりは値域なしに），(HP) がヘック称する「フレーゲの原理」(§5) から導出可能なことに気づいていた，という．またフレーゲが，デデキント・ペアノ算術とは異なる，しかし同型の算術の公理体系「フレーゲ算術」を与えていることも，注目に値するヘックの再発見である（Heck [1995]）．

　ライトやヘイルはこうした「フレーゲ算術」(§5) が数学的プラトニズムの名に値すると主張する．しかし§7でのフレーゲ自身による「入れ替え議論と指示の不確定性」問題や，§8での「文脈原理」ないし (HP) や公理（V）の「抽象原理」が孕む「循環性・非可述性」問題の指摘（Dummett [1991] [1995] [1998] 等）により，ダメットはブーロス，ライトの主張に疑問を投げかけ，依然論争が続行中である．(HP) のような「基数抽象の原理」やさらにそれが導かれる「フレーゲの原理」その他が，論理学的な原理かどうかも論点となる．ブーロス自身もそうした原理が，算術の領域に固有な普遍的でア・プリオリな法則だとは認めるが，「論理法則」ないし「分析的真理」だとは認めないのである．

　第14章「基数論とラッセル・パラドクス」では，§1でヘックの主張のように，フレーゲは新論理主義者なのかどうか，また§2では，ラッセル・パラドクスを巡っての，ラッセルとの緊迫した往復書簡の遣り取り (1902-1904) を巡って，フレーゲをいわゆる「新論理主義者」と断定することには疑念が払拭

できないこと，付論では，ラッセルの *Principia Mathematica* の論理主義の抱える問題点もまた看過できないものであることを注意する．§3では，フレーゲと，専ら『算術の哲学Ⅰ』のみに限定しての初期フッサールとの比較考量を行う．

　第15章では，『算術の基本法則Ⅱ』における未完の実数論を取り上げる．§1で，同時代の無理数論に対するフレーゲの批判を，§2では，数と量の非形式的説明を見た後，§3で，フレーゲの実数論で問題となる「量領域」とは何かを検討し，§4で無理数，非可算連続体としての実数の簡単なスケッチを略解し，§5でGGA第Ⅲ部においてラフなスケッチとして残された，群論的処理による量領域を，順序付けられた稠密で完備な置換群（線形順序群）と見なす，形式的ないし構造主義的処理を扱う．最後に，トーメ Thomae らの当時の粗い「形式主義」の批判と，むしろフレーゲ自身により整備された，あるべき「形式主義」（レーヴェンハイムやヴィトゲンシュタインが関心を寄せたという）を一瞥する．

　第16章の「書簡と応酬」では，§1で，フレーゲの論理主義とデデキントの準論理主義（集合論的構造主義）との異同の瞥見，§2で連合軍の空爆で失われてしまった，形式主義の評価を巡るレーヴェンハイムとの幻の往復書簡，§3では，ヒルベルトとの往復書簡を通じて，両者の幾何学の基礎・公理主義・独立性証明を巡る論争を辿る．

　最後の第17章では，近年の新論理主義による実抽象や切断抽象の提案とそれらにまつわる様々な「悪友問題」の回顧，デデキント的構造主義との若干の対比，例えば§6の数学と応用の関係についての「フレーゲの制約」と構造主義の場合の応用の外挿性，またフレーゲ的「抽象原理」と構造主義との対比等についての，いわば残された宿題に言及する．

　以上が本書の概略である．
ところで，フレーゲの研究生活の実情を調査してみると，今日喧しい産学官協同や科学技術／純理論的研究の関係について，ある示唆的事例に出会うのである．フレーゲのイエーナ時代の数学・物理学の師アッベは，その数物学的知識によってカール・ツァイス企業を世界的な光学器機メーカーに成長させた大学発ヴェンチャー・ビジネスの好例である．同時に彼はその企業利潤の持分から

財団を創設し，大学の設備ならびに研究教育の向上のために多額の財政援助を惜しまなかった．その恩恵によりフレーゲのように当時は省みられなかった純粋理論的研究を生涯支え，100 年後の今日のコンピュータ時代を遥かに用意したのであった．

フレーゲ最晩年の全く個人的ないわゆる「日記」(1924) には，ドイツのプロテスタント保守派 (ルター派) の反ユダヤ感情を共有しつつ，政治的には長年の親ビスマルク保守中道から，過酷なヴェルサイユ体制下，ヒットラーとは一線を画しつつも，当時の少なからざるドイツ民衆 (20%) が大学当局ともども極右化していく推移，あるいは理論的探究における悟性判断の重視と政治的識見における先入見，心情の重視という対照的スタンスを見ることができることを付言しておこう．(以上についての詳細は拙著『フレーゲ入門——生涯と哲学の形成』(勁草書房，2003) 参照．)

§2 フレーゲの生涯と業績概略

1. 生涯の概略——エピソード風に

拙著『フレーゲ入門——その生涯と哲学の形成』(2003) において，近年新しく発掘された多くの資料を参照しつつ，フレーゲの生涯とその仕事の概観を試みた．蛇足ながら先ずもう一度簡単にその生涯を辿っておくことにしよう．

ゴットロープ・フレーゲ (Gottlob Frege: 1848-1925) は，ドイツ北東部メクレンブルク (Mecklenburg) 州の，バルト海沿岸ハンザ都市ヴィスマール (Wismar: リューベックから東約 30 km に位置する) に生まれた．北海・バルト海というと寒い地方という印象を与えるが，内陸部に比べれば，海に面し湖の点在するこの地方は遥かに温暖で，避暑地・避寒地として，いまも多くのドイツ人に愛好される風光明媚な景勝地である．フレーゲも生涯，その故郷を愛し，毎夏の休暇には帰郷し，引退後は直ちに故郷に戻ってきている．(2002 年ヴィスマール一帯は，ハンザ都市の面影とその景勝によって，世界遺産に認定された．)

さてフレーゲが 18 歳の折，父がチフスで急逝する．元々同校の教師だった気丈の母は校長であった父の跡を継いで私立高等女学校の経営に当り，フレーゲと弟の養育に努めた．フレーゲの生涯は，波乱万丈のラッセルや際立った一

つの性格そのものといってよいヴィトゲンシュタインに比べると，なんら劇的な要素のない，平凡で無名・孤独な大学教授生活を送ったに過ぎないと見られていた．しかし，実は錚々たる知性たちと全欧的規模で学問的書簡を交わし，厳しい誌上論争を行っていたのである．『書簡集』(1976) 等によると，例えば，集合論の創始者カントル，ブール代数派の論理学者シュレーダー，数学者デデキントはじめ，やや年少のペアノ，ヒルベルト，哲学者フッサール，クチュラ，若きラッセル，ヴィトゲンシュタイン，カルナップ，モデル論の創始者レーヴェンハイム等々，やがて20世紀を先導する卓越した頭脳たちに，フレーゲは，賛否は別として，深いインパクトを与えていたことが窺える（本書第12章・第16章等，前記拙著 [2003] 参照）．

さらに，近年ようやくフレーゲの伝記的事実の詳細が，主としてドイツの篤学の士らによって明らかになり，少なくともその内面においては，学問的高揚と挫折，絶頂から絶望の奈落へ，周囲の無理解への失望落胆と，激しい起伏の詳細が知られることとなった．拙著 (2003) では，そうして収集された生のデータ，例えば，フレーゲの幼な友達，同僚，同居人，旧学生たちの証言，ギムナジウム教員会議記録，博士論文・教授資格請求論文の各審査報告，員外教授推挙に当たっての師アッベの『概念記法』への評価文書，特任教授推挙に当たっての教授団（アッベの影響下でのトーメ数学科教授の執筆）の評価，フレーゲの生涯にわたる講義題目と出席者数の確認，その講義評価，口下手だったフレーゲが残した若干の周到な「講演・講義要綱」，新しく発見されたヴィトゲンシュタイン宛書簡や最晩年のいわゆる「日記」等々を，ラッセル，カルナップらの証言とともに，なるべく直接紹介し，当時のコンテクストにおいて，彼の人となりを浮かび上がらせたいと願ったのであった．以下で，断片的ながら，いくつかフレーゲの人柄を伝えるようなエピソードを思い出しておこう．

ある幼な馴染みの女友達によると，フレーゲは病弱で，お気に入りのグリーンのマントを羽織り，いつも犬を連れていた．ひどく内気で，すぐどぎまぎしてしまう変人だったという．フレーゲ晩年の講義ぶりも，まったく学生の方を見ることもなく，黒板に奇妙なダイアグラムを書きつけている背中しか見えなかったというのが，カルナップら少数の聴講学生の一致した証言である．既に教授資格請求論文の審査 (1874) においても，論文の出色の出来栄えに比して，

口頭試験は，流暢なものではなかったと記されている．若い頃はイエーナのローカルな学会報告には積極的であったが，しかし総じて口頭での議論は苦手で，その講演・講義はいずれも予め正確な草稿やレジュメが作成されていたようである．主著公刊後（1893 年），絶頂期の 1895 年リューベックでのドイツ数学会では，ヒルベルトと前後して講演をしており，ライプツィッヒでも同じ講演をしているが，それ以外は大抵イエーナでの学会に限られる．クチュラからの重ねての鄭重な招聘にも関わらず，1900 年の第一回パリ国際哲学会招待講演も，後年のラッセルの熱心な招きによる，ケンブリッジ数学会議（1912）も同様に固辞してしまう．ゲッティンゲンのヒルベルトからも，比較的近くて汽車旅行も快適なのに何故ゲッティンゲンの科学者会議，数学会議（1903 か）にも出席しないのかと，詰（なじ）られている．ヒルベルトのように，周囲の優秀な研究者・学生たちと討論しながら，自らの着想を展開してゆくタイプの数学者からみると，直接の議論に何故フレーゲが消極的なのか理解できなかったのであろう．ところが論争的書簡では，全く対照的に，フレーゲはきわめて雄弁で，論敵を完膚なきまでに論破する舌鋒は真に鋭く辛辣であって，彼が口よりは筆の人であったことを如実に示している．

　近所に住んでいたあるイエーナの同僚の回想によると，フレーゲは晩年にも汽車旅行を嫌い，雑種（！）の仔犬と一年中湖畔を散歩し，周囲の風景に魅入られていたという．また母についで，妻も早く亡くしてしまったフレーゲは，晩年階上に若い同僚一家を同居人として迎えていた．その夫人によると，1 階のフレーゲの書斎の真上は，元気な男の子たちの子供部屋で，ある日その一人の子が病気になった．翌朝フレーゲ教授がばつが悪そうに階上を訪れ，「ちっちゃなオットー君は病気なのか」と尋ねたという．階上のいつもの騒ぎが欠けていたので，仕事ができなかったのである．内気で人前に出るのを得意とはしていなかったが，幼少の頃から，両親の女学校の賑やかなざわめきの中で育ったフレーゲは，全くの静寂は苦手だったようである．また病弱だったフレーゲも，壮年期には相当健脚だったようで，同じ夫人の証言では，毎夏休みには，汽車旅行を避け，定宿に泊まりながら，イエーナからメクレンブルクの故郷まで（どのようなルートか不明だが，少なくとも片道 400 km はある），往復の跋渉旅行 Wanderung を欠かさなかったという．

フレーゲの講義義務は，数学・物理学の広範な領域に亙っているが（拙著『フレーゲ入門』講義一覧コラム参照），一般的数学講義を除くと，1879年以来生涯で実に30回を越す「概念記法」の講義（10回近くは聴講者ゼロで不開講），16回の「算術の基礎」を巡る講義を開講している．当時の学界の状況を考えれば，最先端の論理学，数学の基礎の講義をこれだけの年数と回数に亙って開講しようとするフレーゲの意欲・執念は，驚異的なものである．周囲からは，聴講者の少なさをフレーゲの教育的資質のなさに求める者も少なくなかった（カルナップの友人の証言では，カルナップは躍起になって2人目の聴講者を探したという．さもないと不開講になってしまうからであった）．カルナップやショーレム（ユダヤ神秘主義研究の創始者・シオニスト）はじめ，良質のごく少数の学生は，フレーゲの講義に深い感銘を受け，数学者・物理学者や哲学者になっていったものもいたのである．

さて主著『算術の基本法則』第2巻が執筆10年を経て，ようやく自費出版にまで漕ぎ着けられ，その最終校正中の1902年，パラドクス発見を伝えるラッセルの報に接して，フレーゲは「論理主義」という生涯のプロジェクトの崩壊に直面し愕然とする．にもかかわらずフレーゲは，私情を一切押さえ込んで，この発見の論理学に齎す進歩を高く評価する．この返信を受け取ったラッセルは，その感銘を60年後になっても（1962），真理への無私な献身に由来するフレーゲの比類なき克己の徳として，感慨を込めて想起している．

1986／87年ヴィーンで偶然ヴィトゲンシュタイン宛の多数の書簡が発見された．そのなかにはフレーゲからのヴィトゲンシュタイン宛書簡21通（1914〜1920）が含まれていた．発見された書簡の交換は，フレーゲが66歳から72歳の晩年，ヴィトゲンシュタインが25歳から31歳までで，哲学的にはそれほどでないとしても，伝記的には興味深いものである．ヴィトゲンシュタインの最初のフレーゲ訪問は恐らく1911年夏ないし秋のようであるから，両人は知り合って既に3年後からの時期にあたる．22歳の若きヴィトゲンシュタインは，最初の訪問で，フレーゲにこっぴどく論破されてすっかりしょげてしまったと，後にギーチに語っている．以来ヴィトゲンシュタインは，たとえ見解を異にするとしても，生涯フレーゲを敬愛して私淑し，フレーゲもまた若き同学に慈父のような期待と情愛を抱いていたことが，こうした書簡からも窺える．

ヴィトゲンシュタインは，第一次世界大戦の旧オーストリア＝ハンガリー帝国志願兵として，苛酷な軍務のうちで『論理哲学論考』(1918) に結実していく草稿を書き記していくのであるが，その間終始フレーゲは，異常な困難のなかで，学問的労作を続けるヴィトゲンシュタインに感嘆しつつ，彼を励まし，その完成を鼓舞し続けている．やがてヴィトゲンシュタインは長年に亘るフレーゲの学恩を謝して，謝金を贈った．それもあって，フレーゲは引退後直ちに故郷への帰還が叶ったようである．

　さてついに草稿が完成し，フレーゲにもその草稿コピーが姉を介して送られてくるころには，その完成を心から祝しつつ，既に70歳を越えて体調不良のフレーゲには，全編を丹念に読解する体力・気力が残されてはいなかったようである．そしてごく最初の方の頁で，フレーゲは，ヴィトゲンシュタインの論述に大きな抵抗感を抱き，それを率直に伝え説明を求めている．深く落胆した若きヴィトゲンシュタインは，ラッセルに「彼はその草稿の一言も理解していないと推測します」と書き送っている．ヴィトゲンシュタインが著名になった現在，フレーゲは老衰で，もはやヴィトゲンシュタインを理解できなかったのだと済ましてしまいかねないが，両人の哲学探究のスタイルに既に大きな懸隔があったことにも注意すべきである．フレーゲが，草稿本文の冒頭部分から躓いたのには，ヴェスヴィオ山をその要素とするような「事実」「事態」という考えが，独断的に提出され，それが直ちに命題の「像理論」に繋がっていくからであった（例えば，「宵の明星＝明けの明星」は「宵の明星＝宵の明星」とは異なる新しい天文学的事実の発見なのではないか?）．文・命題に対応するものが何か，事実なのか，フレーゲの云うように真理値なのか（「事実」はフレーゲ流には「真なる思想」に相当）という問題は，既に10数年前に，フレーゲとラッセルの間での，「論理的意味論」の共に相譲らぬ最大の論争点だったのであり，フレーゲはラッセル流の「原子的事実」概念に深い疑念を抱き続けていたのである．ヴィトゲンシュタインが，何の正当化もなくこのラッセル流の考えを持ち出していることに，フレーゲが説得されないのは当然のことなのであった．

　そしてその後も，単称命題に対応する「事実」という考えを巡っては，フレーゲを継ぐチャーチによるカルナップ批判，あるいはダメット，デイヴィドソン等によって，多くの問題（いわゆる「パチンコ論法 slingshot argument」）が

指摘され，あるいは逆にクリプキやカプランによって，ミル流のラッセル単称命題を支持する意味論が提起されるなど，依然論争が続行中である．こうしたことを考慮すれば，両人の論理哲学的懸隔は，ここでも真剣な考察を要求するものであり，現在でも両人の論争が十分深く検討されたとは云えないのである．いずれにせよ，フレーゲが望んだ，互いの仕事を，「互いに相手の目をもって見る」ための時間は，もはやフレーゲには残されていなかった．ヴィトゲンシュタイン自身は，その後も生涯をかけて，彼の目からみたフレーゲとの対話と対決を続行してゆく．

　いわゆる「日記」と称される，フレーゲ最晩年の政治・宗教に関する個人的メモ (3. 10.-5. 9. 1924.) が，1994 年に公刊された．フレーゲの反ユダヤ感情，反共・反社民，反自由主義，反カトリック，反フランス等々の極右的な政治的見解が露わになっている，とダメットが衝撃を受けた，いわくつきの手記である．フレーゲは，第二帝政時の宰相ビスマルクをよしとし，一時 (1905-) ビスマルク政権に協力した中道保守の「国民自由党」（立憲君主政体内で，自由主義的経済社会制度を求める有力な政党）の党員であった（イエーナ大学の監督官や，相当数の有力教授たちもそうである）．しかし 1918 年敗戦後の苛酷なヴェルサイユ体制下で，国民自由党は分裂し，フレーゲはより右傾化したようである．北部ドイツ・メクレンブルク州は，プロテスタントが圧倒的多数派で，カトリック，ユダヤ人口は際立って少なく，彼の反ユダヤ，反カトリック，反フランス感情も，国家社会主義者のそれではなく，プロテスタント保守派の反自由主義的な反ユダヤ主義に近いという指摘がある．ダメットも示唆するごとく，キリスト教会を含め，ヨーロッパ社会にはインテリ・民衆レベルを問わず，頑固な反ユダヤ感情が深く根を張っているのである．フレーゲは，ユダヤ人が多すぎるし，彼らに平等の政治的権利を許すべきでなく，問題のあるユダヤ人は権利剥奪・追放に処すべしと，今日では驚愕するような意見を記している．しかし後のナチスの純血主義や「ユダヤ人種の劣等性」の主張と異なり，フレーゲは「ユダヤ人のなかにも極めて尊敬すべき者が存在するのは世人の認めうるところ」と肯定し（事実，フレーゲと交流ないし関連のあったユダヤ系の学者には，フッサール，レーヴェンハイム，ツェルメロ，ディンクラー，ヴィトゲンシュタイン，ショーレム等，錚々たる人物たちがいる），かつユダヤ人であることの

「識別規準」を定めるのは，もはや困難だと認めてもいる．フレーゲは，ヒットラー一揆 (1923. 11. 8-9) は全く評価しない．が，一揆に加担したF.ヴェーバーの翼賛体制的極右思想には共感を示す．だが第一次大戦において民族拡大政策を展開すべきだったというヒットラーの主張は拒否し，むしろ陸軍増強策をとっておくべきだったと云う．いずれにせよ，「ヒットラーがフレーゲのヒーローだった」というH.スルガ説の証拠はない．1924年5月4日の国会議員選挙では，左翼勢力162，カトリック81，中間派73，右翼急進派127であった．この選挙結果を見ても，ヴェルサイユ体制下で，左右，および中間・カトリックがほぼ同数で拮抗し，激しく角逐していることが分る．右翼の内訳は，活動禁止中のナチス派32，フレーゲが同情的だった「ドイツ人民党」95で，フレーゲの立場が，当時のドイツで特異だったわけではない．フレーゲの政治活動としては，イエーナの同僚らと中道保守「国民自由党」イエーナ支部候補者の支持署名をし (1898)，同党党員になり (1905-)，個人的な「選挙法提案」(1918, 黙殺された由) をし，恐らく上記「国民自由党」分裂 (1918) 以降は，より右傾化して「ドイツ人民党」に傾斜したのであろう．

当時ドーヴァー海峡を隔てたケンブリッジでは，フレーゲとは全く異なる見地から，エリート・民衆を問わず，ドイツとの戦争熱に浮かれたイギリス官民に容赦ない批判を浴びせて，孤立無援のうちに反戦平和運動を展開していたのは，B.ラッセルであった．彼の影響力を恐れたロイド・ジョージ内閣は，ラッセルを収監，またケンブリッジからも追われ，戦後名誉回復されるが，生涯母校で講義することはなかった．(牢獄で書かれた名著が『数理哲学入門 *Introduction to Mathematcal Pholisopy*』であり，その反戦平和思想は『社会改造の諸原理 *Principles of Social Reconstruction*』に結実する)．ナチスが政権を掌握するのは，フレーゲの没後10年近く経ってからであり，またフレーゲはヒットラーに同情的でなく，最晩年に極右的な全くの個人的メモを書き残したに過ぎない．ヴィトゲンシュタインの訪問時にも，フレーゲは論理以外の事柄についてほとんど話題にしたがらなかったと，ヴィトゲンシュタインを当惑させている．時代の急転回とも相俟ってであろうが，実際にフライブルク大学学長として，例えば公理的集合論の創始者ツェルメロのような優れた同僚を追放するという権力行使を行った，ハイデガーの振る舞いとは，少なくとも外面上は大きな差異

が認められる．

　フレーゲは，理論的探究と実践，政治的・道徳的見解とをはっきり分離させる．そして賢明な人物がしばしば「政治的見識 politische Einsicht」を欠くと指摘し，政治的見識は，「祖国愛」という「心情 Gemüt」，「先入見 Vorurteil」に由来し，不偏的な「悟性 Verstand」に基づく理論的「判断 Urteil」ではない，という (1924.5.2)．カントのような実践理性を認めず，むしろヒューム流に認識外の「感情」「情緒」を道徳的・政治的実践の根幹におく一種の「情動主義 emotivism」を採用する．こうしたメタ倫理的見地に関しては，無神論者で，社会主義的なリベラリズム，反人種差別主義に立つというように，政治的見解を全く異にするラッセル，カルナップも，フレーゲと同じ立場に立つ．

　ところでフレーゲは，リベラルなヴァイマール政府の政策に批判的意見を述べたということであるが，彼の全研究・教育生活は，後述のように，彼の恩師アッベの意を汲んだヴァイマール政府のリベラルな対処なしにありえなかったこと，また自らその中に「黄金がある」と信じた遺稿の多くが，やがてヒットラー・ドイツの引き起こした戦争への反撃中，連合国軍のミュンスター空爆によって灰燼に帰するという，皮肉で自己論駁的な帰結を考えると，「祖国愛」や「心情」といった極右的な「先入見」に基づく「政治的見識」というフレーゲの考えについても，簡単に肯定はできないであろう．

　フレーゲは，熱心なルター派プロテスタントであったが，当時の教会のマンネリ化した現状には，強い不満を持っていた．日記の最後の2日 (1924.5.8-9) では，学問的歴史研究に裏付けられた，「新しく，かつほんとうの意味で古いもの」，虚偽を排した真実な生き生きしたイエス像が，教会でも学校の宗教教育でも語られるべきだと記されている．

2. 学問的略歴と業績，影響抄

　次にフレーゲの学問的経歴を辿ってみよう．ヴィスマールのギムナジウム卒業後，イエーナ大学数学科で4学期を，ついで数学のメッカ，ゲッティンゲン大学に2年間学ぶ (主に数学，物理学．哲学はイエーナでフィッシャーのカントと，ゲッティンゲンでロッツェの宗教哲学のみ聴講)．ゲッティンゲンで博士号 (幾何学)，半年後イエーナで教授資格を取得 (量概念の群論的研究) し，同大数

学科の私講師となる．当時，私講師は薄給であったので，母が生計保証人となって，研究・教育生活を支えた．今では現代論理学の画期と認められるに至ったが，長く無理解，酷評にさらされ続ける『概念記法』出版 (1879) により，員外教授に昇格，ようやく研究・教育生活を支える最低限の経済的条件が整う．

　フレーゲのイエーナにおける数学の恩師 E. アッベ Abbe は，イエーナの数学特任教授であったが，その光学的知識を駆使し，ツァイスを理論的に援助し，当時医学の進歩に大なる影響を与えた顕微鏡の需要に応え，かつ流行のカメラ製作等の光学器機によって，ツァイス社を世界的企業に成長させ (因みに，渋谷のプラネタリウムは永くツァイス社製であった)，イエーナの町に多大な経済的貢献を行った (いまも大学のみならず，イエーナ市中にアッベの銅像がいくつかあり，彼の功績が顕彰されている)[4]．アッベは今日の大学発ヴェンチャー・ビジネスのいわば先駆であり，ツァイス亡きあとは，ツァイス財団を設立し，労働者の福祉向上に努めるとともに，自ら熟知していた，大学設備の貧困，特に若い教師たちの過酷で惨めな研究・教育条件の改善に支援を惜しまなかった．彼の努力で，天文台や大学の研究・教育棟の建設，数学科図書館の整備，そして特に若手教師の待遇改善に多大な貢献がなされた．ツァイス財団の援助により，1879 年にイエーナ大学数学科に，待望の純粋数学正教授職が新設され，フレーゲもまた有力な候補であったが，その年フレーゲによって出版されたモノグラフ『概念記法』は，生涯の師アッベでさえ，その真価を当初は理解しえなかった．数学正教授に期待されたのは，解析学，幾何学，代数学のいずれかの分野における卓越した業績であったから，算術・論理・哲学の境界領域を拓くフレーゲの仕事は，こうした数学の王道を行くものとは認められなかった．こうして J. トーメが正教授としてフライブルグから招聘されることとなる．間もなくフレーゲの仕事の真価を評価するに至ったアッベは，陰に陽にフレーゲの研究生活を維持することに生涯に亙って意を用いるのである．しかもアッベは，特に教師の支援については，一切をヴァイマール宮廷政府の了解のもと，「政府の科学助成金」という公的な形をとって支出し，本人にはその真の出所は厳重に伏せるという方針を堅持した．

　フレーゲは，周囲の低い評価にも拘らずわが道をゆき，生涯のプロジェクト

である算術・解析学を論理学に還元しようという「論理主義」の大筋を，マーティないしシュトゥンプの助言に従い，敢えて記号を一切使用せずに，全く非形式的に，しかも明晰流麗な散文で綴った第2の著書『算術の基礎』(1884) を世に問うた．大方の評価はますます低いものであった．しかしながら，ゲッティンゲンの先輩数学者デデキントが，その記念碑的な名著『数とは何か，何であるべきか』(1888) の第2版 (1893) 序文において，「本書の出版後1年ほど経って，すでに1884年にフレーゲの『算術の基礎』が出版されていることを知った．……この著者が私と同じ立場に立っていることが判然と示されている」と公言するに及んで，周囲のフレーゲ評価に相当の影響を与えたと見られる．そして主著『算術の基本法則』第Ⅰ巻発刊 (1893) 後の1896年に至ってようやく，アッベの陰の強力な推挙により，特任正教授 (Honorarordentlicher Professor (数学)) となり，フレーゲの研究生活もしっかりした経済的基盤をうることになる．しかしフレーゲ自身は，「特任正教授」という身分で研究費・生活費を保証されたことに関して，それがツァイス財団からのアッベの取り分によるいわば「財団特任教授」であることを，生涯知らされてはいなかったのである．（イエーナ大学には長年数学・物理学兼任の正教授ポストは一つしかなく，その上，当時ドイツ各地の名門大学が一時的閉校に追い込まれるほどに逼迫した大学財政下にあって，イエーナで純粋数学の正教授ポスト増設は容易なことではなく，しばしば各地の大学でも「特任正教授」というポストを設置して，教育上の責務を分担したのである．このポストは，講座正教授職と異なり，大学行政・学部運営・人事等には一切関知しえない，純粋に研究・教育上の職務に限定されたもので，俸給も正教授に比して一段低いものであった．）フレーゲも1918年の引退まで，正教授トーメに協力して，数学科の教育カリキュラムに関し，少なくとも20世紀初頭までは，指導的な責務を果たしていた．

　フレーゲの生前の公刊著作は，『概念記法 *Begriffsschrift* (BS)』(1879)，『算術の基礎 *Die Grundlagen der Arithmetik* (GLA)』(1884)，『算術の基本法則 *Grundgesetze der Arithmetik* (GGA)』(第一巻1893, 第二巻1903) の3点である．いずれも一般的に売れるような代物ではなく，一部の大学や付属図書館が購入した程度であろう．後者2点は委託出版，要するに自費出版である．

　ヴィトゲンシュタインがフレーゲのように書きたいと語り，哲学的散文の傑

作と称される第2作『算術の基礎』がJ. オースティン（1950）によって，オックスフォードで学生の論文作成のための閲覧用に「認識論」（！）の文献として急遽英訳された．ダメットもまた学生として，ドイツ語の辞書を片手にこの書を読み，非常に深い感銘を受けて，フレーゲの多くの著作に取り組み，また数学に興味をもつようになったという（『分析哲学の起源』付録「インタヴュー」，邦訳246頁）．哲学論集は，恐らくラッセルやヴィトゲンシュタインから原典を借用する形で，ギーチ・ブラック編の英訳が，『算術の基本法則』中の「形式主義批判」の抄訳を含めて，近づきやすい形で，イギリスで先行出版された（1952）．

散逸していたいわゆる哲学誌諸論文のドイツ語原典編集が，G. パーツィッヒによって，2巻のペーパーバックとしてようやく出版された（1962, 1966）のは，筆者の大学院生時代であり，当時院生仲間で挑戦していたA. チャーチの *Introduction to Mathematical Logic*, vol. 1 (1956) の60頁を超える長大なIntroduction部分でのフレーゲ紹介，そして同じく"A Formulation of the Logic of Sense and Denotation" (1951)，またギーチの 'Frege' (in Anscombe & Geach, Three Philosophers (1961)（『哲学の三人』野本・藤沢訳））, ニール (W. & M. Kneale, *The Development of Logic* (1962)) 中の80頁におよぶフレーゲの論述に，個人的には大いに関心を唆られた．アンゲレリ編の全公刊論文集『哲学小論集 *Kleine Schriften*』(1967) の刊行，M. ファースによる『算術の基本法則』I 巻英抄訳出版 (1967)，ミュンスター空爆から辛うじて生き残った草稿コピーから，H. ショルツはじめミュンスター学派の多大の労苦によって再現編集された『遺稿論集 NS』(1969) の出版は，既に大学院博士課程修了直後の筆者の駆け出し教師のころであった．この頃既にドイツでは，C. ティールによる先駆的な研究 *Sinn und Bedeutung in der Logik Gottlob Freges* (1965) が先導しており，筆者が日本哲学会や日本科学哲学会でフレーゲについて春秋に口頭報告した1973年の暮に，ダメットの大作 *Frege – Philosophy of Language* (1973) を入手して茫然としたのを思い出す．この大作700頁には，フレーゲ以降100年近くのその後の言語と論理の哲学の詳細な検討，およびダメット自身のフレーゲとの対決とが執拗に展開されていて，フレーゲを研究するということは，現在に至る論理や言語をめぐるいわゆる分析哲学の全体を研究することに等しい

と悟らされたからである．さらに後年，公刊直後のカンバルテル，ガブリエルらの編集による『学術書簡集 WB』(1976) を，『遺稿集』ともども大事に携えて，フレーゲ／反フレーゲ論争の渦巻くチャーチ（モンタギューは直前に逝去），ファース，ドネラン，カプラン（カルナップの直系），バージを擁するUCLAに，筆者がアメリカ学術協会（ACLS）招聘研究員として旅立ったのは翌年の1977年であった．（なお近年相継いで，C. Thiel 編による *Grundlagen der Arithmetik* 100周年記念版 (1986)，主著 *Grundgesetze*, Bd. I & II が，T. Müller, R. Stuhlmann‑Laeisz らの努力で，フレーゲの特異な記法を現代の標準的記法に転記して出版 (2009)，また翻刻写真版も再刊 (2010) された．）

§3　フレーゲ論理哲学探究の全体的構成
―― メタ理論の可能性と《認識論的・意味論的》位相に留意しつつ[5]

1. フレーゲ「論理主義」の《認識論的・意味論的》位相

本節では，本書での最も中心的な問題であるフレーゲの論理思想，またいわゆる「論理主義」という「数学の哲学」のおおよその内実とその及び得る射程，またその探究方法とを――ただし，フレーゲ哲学の成熟期（1880-90年代）を中心として――大まかに辿っておきたい．またフレーゲ特有の用語や概念が登場するかもしれないが，その詳しい説明を含めて，その各論の詳細は，以下の諸章で立ち入って論じられるであろう．

　第一に注目したいのは，フレーゲの論理・数学・言語の哲学の《認識論的・意味論的》位相についてであり，第二はフレーゲ的メタ理論・意味論の可能性についてである．もっともこの両者は実は別々の事柄ではなく，切り離し難く結びついているのである．というのは，後述のように，フレーゲが，算術を演算ゲームと見なす当時の「形式主義」の数学観に対し，繰り返し，徹底した辛辣な批判を加えていることから明らかなように，フレーゲにとって「算術（数論・解析学）」は，決して演算ゲームのような「内容を欠いた形式的」なものではなく，あくまでも数論・解析学中に登場する，固有の数学的論理的対象・概念・関係に関わる「内容的 inhaltlich な算術」なのであった．従って，そうした「内容的算術」がそれへと還元されるべき「論理学」もまた，内容を欠く

無意味な「形式論理学」，単なる「論理計算」ではありえないのであった．それゆえ，算術の論理的正当化という《認識論的》位相は，算術・論理学の《意味論》と切り離しえないと考えられる．（このことは，より根本的には，フレーゲの「概念記法」，つまり「内容的な」算術・解析学を導出するに足りる「論理的に完全な言語」（つまり，そのすべての要素表現が有意味である言語），の構成可能性の問題に直結する．）ところが，いまは詳しく立ち入れないが，そもそもフレーゲにはメタ的意味論が不可能だという有力な懐疑的議論も提起されていて，今日も活発な論争を呼び，再考を促す問題が孕まれているといってよい．

フレーゲ生涯のプロジェクトは，いわゆる「論理主義」であった．彼の「論理主義」という研究プロジェクトには二重の課題がある．第一は数学的な課題であって，それは数学，特に解析学をより厳密に基礎づけようという19世紀数学者たちの努力，（オイラー，ボルツァーノ，コーシー，ディリクレ，リーマン，ワイエルシュトラース，デデキントらの）いわゆる「厳密化 rigorization」を一層促進すること，つまり，数学的概念を一層厳密に分析し，幾何学的直観や力学・運動学からの独立性・自律性を確保すること，更に解析学の算術への還元（いわゆる「算術化 arithmetization」（ペアノ他））を推し進めて，算術的諸命題を，その諸概念・諸命題の分析や論理的定義を介し，集合論派（デデキント・カントル）をさらに徹底し，ブール代数派（シュレーダーら）と競合しつつ，少数の論理語，少数の推理規則に還元（「論理化」）すること，である．この数学的動機と並行する，その哲学的動機は，算術的真理の《認識論的》身分，つまり「内容的な」算術的命題がアプリオリで，さらには分析的な「真理」であるかを問う《認識論的・意味論的》なものであった（『算術の基礎 GLA』§3）．よって《認識論的》といっても，フレーゲが数学的認識の確実性に疑いをもち，その究明を意図した，といった「デカルト的な方法的懐疑」のような意味合いではない．

フレーゲの問いはむしろカント的な「権利問題 *quid juris*」であって，数学的認識が成立している事実を認めた上で，その妥当根拠を問うものである．だがフレーゲは，カントの判断の区分を評価しつつも，同時にそうした判断区分は，（カントと異なり）「判断の内容ではなく，判断を下すことの正当化に関わる」(loc. cit.) ことを強調する．それは，「どのようにしてわれわれが判断の内

容に到達するかという問いと，どこからわれわれが自らの主張に対する正当化を得るかという問い」(loc. cit.) との峻別を意味する．前者はある命題内容が意識中においてどのように形成されたかについての，心理的，生理的，物理的状態やその判断に至る形成史を問う，カントのいう「事実問題 *quid facti*」に関わるのに対し，後者は「権利問題」に関わる．後者をフレーゲは「真と見なすことの正当化が最深の根拠としては何に基づくか」(loc. cit.) という「正当化 *Berechtigung*」の問題と見なす．学の権利問題を問うたカントでさえ，ある判断の正当化を近代的認識論の典型として，しばしば直観や悟性，理性等の能力心理学的分析に傾き，最終的に超越論的統覚に遡及させる．19世紀後半，ドイツの支配的な講壇哲学であった新カント派もまた，例えば自然数列の定義や後続関係の基礎づけを，思考の反復的な反省作用に求めた．しかし反省作用の反復といった漫然たる観念に自足せずして，「反復性・回帰性」の厳密な論理的本性を究明しようとすれば，論理的探究に向かわざるをえない．新カント派的認識論の動向は，たとえ「超越論的」と称されようと，「心理主義的正当化」の嫌疑を払拭できず，フレーゲの云う「心理主義」への逸脱が疑われる．

　かくしてフレーゲにとっての「正当化」という数学的課題は，こうした「心理主義的」な意味合いでの，いわゆる認識論的正当化では全くなく，「証明を見出し，それを辿って原初的真理にまで遡及することである」(loc. cit.)．そこで P. ベナセラフ (Benacerraf [1981] 24-5) は，心理主義的，認知的 epistemic 依存性を匂わせる用語を嫌って，本章で《認識論的》と称している「正当化」が前提する，われわれの認知とは独立な「命題それ自体の間の依存関係」を，「形而上学的 metaphysical」依存性と呼んでいる．「ある命題を証明するということは，(少なくとも) それが形而上学的な意味で依存している諸命題から，当の命題を導出するということを含む．ある命題を証明するということは，依存性の系譜を遡って，それ自体「基礎的」ないし「原初的」で何らの証明も持たない諸命題にまで遡行する trace back ことを含むのである」(loc. cit.)．

　さてフレーゲによれば，「もしこの途上で一般的な論理法則と定義にしか出会わなければ，それは分析的真理である．……しかし……ある特定の知識領域に関係するような真理を用いなければ，証明遂行が不可能であれば，当該の命題は綜合的である．ある真理がアポステリオリであるのは，その証明が事実

……を引き合いに出さざるをえない場合である．それに対し，それ自身は証明不可能，かつ証明不要でもある一般法則だけから，その証明が完全に遂行可能ならば，その真理はアプリオリなのである」(GLA §3)．

ところでフレーゲにとっても，カントと同様，純粋物理学的命題や幾何学的命題は，各々の固有領域に関する少数の一般法則・公理に基づく故にアプリオリであるが，それらは論理法則のみからは導出できない故に，綜合的である．フレーゲがカントと袂を分かつのは，算術的真理においてであり，カントに反しフレーゲは，算術の「分析性」を，つまり「論理主義」を主張する．だがこの哲学的課題は，先述の数学的・論理的探究と分離しがたく結合している．すなわち，実際に，算術的命題を論理学から導出・証明して見せること，そうした「正当化」なしには論理主義は検証を欠いた単なる独断的主張にとどまる．確かにフレーゲも，直観や理性といった諸学の認識源泉に言及しないわけではない．しかし問題は，あくまである学において下される判断・定理主張の「正当化」であり，それが依拠する最深の根拠は何かである．

かくして「論理主義」という哲学的主張の検証は，数学的・論理的探究に依存し，それは，とりもなおさず，すべての基本的な算術的概念の論理的定義，算術的命題の論理学的基本法則からの導出可能性に懸る．だがフレーゲによれば，19世紀後半には，算術が遡及されるべき論理学は存在しなかった．よってフレーゲは，自ら新しい論理学そのものを独力で構築するほかはなかったのである．（カントが念頭においていた論理学から算術が導出不可能なことは，フレーゲには自明であった．しかしあるべき「論理学」の理念に関しては，両者に天地の懸隔があったのである．）

（A）かくしてフレーゲの「論理的正当化」の追究という意味合いでの《認識論的》探究は，第一に，論理学そのものの革新と論理・算術の公理体系化，に向かわねばならなかった．

（B）しかし，同時に，そうした探究は，「正当化」そのもの，つまり，ある前提によって結論を正当化する「論証」の充たすべき条件とは何か，前提・結論を構成する「判断」とは何か，判断の構成要素は何か，論理学に固有の概念とは何かといった諸問題を含む「論理学についての探究」，すなわち「論理哲学的探究」を，必然的に伴うものであった．

さらには，フレーゲ「論理主義」の「《認識論的》正当化」の問いは，「いかなる表象も直観ももちえないときに，数はいかにしてわれわれに与えられるのか」(GLA) に収斂する．フレーゲによる哲学探究の革新性は，伝統的な認識論的・存在論的課題を，言語哲学的・意味論的戦略へと転轍したことにも求められよう．その場合に採用された方法的原則が，いわゆる「文脈原理 Context Principle」＝「語の意味は文という脈絡で問え」(GLA) に他ならない．算術に即して言えば，数詞や加法・乗法・べき乗・開平等の演算記号などの算術的表現は何を表わすのか，またそうした抽象的対象や概念・関係はいかなる存在で，それはどのように確定され認識されるのかという認識論的・存在論的な問題を，そうした表現が意味しているものは何か，という意味論的問題として捉え返し，しかも，そうした各表現の意味は，単独にではなく，それが現れる算術的命題という脈絡において問うべし，というのが「文脈原理」という方法的格律である．このように，いわば数学の哲学は，数学的論理的正当化という意味での《認識論的》な道筋を辿って，論理学の革新に導かれ，かつ論理学の哲学は，「文脈原理」に認められる，いわゆる「言語への転回」を介して，言語哲学的，意味論的な探究へと結びついたのである．

　そしてフレーゲの主著『算術の基本法則 GGA』第Ⅰ部において，史上はじめて，論理学の意味論と呼んで然るべきものが，明確な体系性を備えた形をとって登場したのである．その際の方法論的守則は，「文・命題優位」の原則である．すなわち，意味論上は，「[真または偽という] 真理値の名前が，……真または偽を意味するということから出発する」(GGA Ⅰ §31)．つまり，「命題は真偽いずれかの真理値をもち，それが命題の意味だ」(二値原理) という大前提に立って，「水平線」「否定詞」「条件法」「等号」「量化詞」などの原初的論理語を，後述の「一般化された文脈原理」(Dummett [1991]) ないし「文脈規準」(Linnebo [2004]) を介し，各一意的意味の約定によって次々に導入し，「有意味な名前を形成していくことを通じ，有意味と承認される名前の範囲を徐々に拡大」(GGA Ⅰ §31) するのである．こうして論理的文法に適った複合的表現の意味，特に公理群の真理性の確定，それらを基底部 basic case に，(前提の真から結論の真への) 真理保存的 truth‒preserving な推論規則による帰納的 inductive ステップを介し，定理群を証明するという，いわばタルスキの先駆ないし

序論　39

代替をなす，論理学の体系的意味論の原型が展開されているのである．

(C) 加えてフレーゲは，当時のヨーロッパの卓越した論理学者・数学者・哲学者と厳しい論争を，著述や書簡を通じて展開していたのである．(C) に関しては，例えば，シュレーダー，フッサール，カントル，ペアノ，ラッセル，ヴィトゲンシュタインらとの重要な応酬やデデキントへの批評，トーメらとの形式主義論争等，またヒルベルトとの陰伏的定義や公理，独立性証明論争については，主に各章の関連箇所で言及する．（相当部分は既に野本 [2003] で紹介してある．)

2. フレーゲの哲学探究の全体的構成瞥見

以下では先ず，すでに「はじめに」でも言及したことであるが，特に上のような意味合いでの《認識論的・意味論的》アスペクトに意を払いながら，フレーゲの論理探究の骨子を概観しておこう．

(A) 論理学の革新と論理・算術の公理体系化

(A1) なぜ「概念記法 Begriffsschrift」なのか？

日常言語ならびに算術言語は，(語の多義性，意味内容を欠く記号，推論規則の未分節性の故に)「論理的には不完全」である．よって論理主義の検証には，算術的諸概念と数の論理的な定義，また全算術の，基本的論理法則からの隙間なき推論による証明・正当化が不可欠だとフレーゲは考えた．そこで彼は，どの表現も一意的意味内容をもち，論理的構造を明晰に表す論理的に完全で，少数の原初的記号からなる簡潔で，かつ推論の移行が明白な「見通しのよい *übersichtlich*」記号言語，「概念記法」を，「補助言語 *Hilfssprache*」(LA) として構成し，それを「対象言語」に用いて，史上初の高階述語論理の公理体系を展開した．その処女作『概念記法 *Begriffsschrift* (BS)』(1879) こそ，今日では現代論理学の画期と認められている．

だがブールらの，いわゆる論理代数 (1847) の試みがフレーゲに先行しており，やがてフレーゲと相前後して，ドイツのシュレーダーは，パースの関係算 (1870)，量化理論 (1880 以降) を組み込んで，『論理代数講義』全 3 巻 (1890-1895) の大著に集大成した．現代論理学のこの二つの異質な源流は，やがて 1920-30 年代に至って，レーヴェンハイム (Löwenheim [1915]) ＝スコーレム

(Skolem [1920]) による最初のモデル論的定理を介し，エルブランの「基本定理」(1929) やゲーデル (Gödel [1931]) の 1 階述語論理の「完全性定理」によって統合されて，いわゆる現代論理学が形成されたとされる (cf. Goldfarb [1979] ; Dreben & Heijenoort [1986] ; 野本 [2006a]).

(A2) フレーゲの判断論・論証論
　さて次にフレーゲ論理学の方法の《認識論的》にユニークな特徴を簡単に列挙しよう．
　①フレーゲは，一貫して「判断の優位性」を主張した．フレーゲから見ると，ブール，シュレーダーらの論理代数は，むしろライプニッツの「推論計算 calculus ratiocinator」に近似する．既知の原初的要素から出発して，複合的なものを，演算操作を繰り返し適用することによって確定しようとする，原子論的・要素論的なものである．だが最も困難なのは原初的基礎概念を発見する仕事であり，それには「判断」から出発し，その要素分析へ向かう他はないとフレーゲは考えた (野本 [2003]).
　②またフレーゲは，判断の伝統的な主語 - 述語分析を廃棄し，それに代わって「関数論的分析」を採用する．そして基本の論理的概念の意味約定から，逆に辿って複合的なものへの確定的な構成に向う「合成原理」も同時に成り立つ．さらに公理群，推論規則による論理・算術の公理の構成へと進む．その際，例えば「後続関係」「基数」「実数」「数学的帰納法」「四則の演算」「数列の極限」「関数の連続」等の算術的概念の論理的定義が明示的に遂行されねばならないが，この論理的定義は，数学者が通常は直観的・部分的に理解し使用している算術的概念を，推論に際し論理的筋道が見渡せるように，論理的に分節し判明 distinct で十全 adequate な理解へと齎す，言語哲学的にも重要な手続きである (cf. Burge [2005]).
　③また特に注目すべきはその判断論，論証・証明論である．フレーゲは論証・証明を「認識論」的に見る (L [I] in NS). すなわち，「論証・証明」とは，結論を構成する判断を，「前提」をなす「基礎的真理 Urwahrheiten」へ遡及する「正当化 Berechtigung」と見なすのである．前提・結論は，いずれも主張，すなわち，判断の表明である．(判断・主張は GGA では '⊢ A' と表記され，「概

念記法命題」('Begriffsschriftsatz') と称される．判断線 '⊢' は「主張力」を表わす．「力」がオースティンらによって展開される「発語内の力 illocutionary force 論」「言語行為論」の端緒であることは，既に周知のことである．)

フレーゲによれば，《認識論的》な正当化 (L [I] NS 8) は以下のような過程を辿る．(a) 探究は「問い」から出発するが，問いは，「思考」＝「思考内容／思想の把握」を前提する．('⊢' を除去した '—A' は，真偽いずれかの真理値を意味する真理値名で，判断の表記である主張文・概念記法命題から「主張力」を除去した，いわばヴィトゲンシュタイン的な「命題基 Satzradikal」に相当する．) だがフレーゲ以後の論理学では，'⊢' は単に定理の印，さらにはそれも省略されて，前提や結論は単なる文／命題と見なされてきた．推論におけるフレーゲ的な主張・判断が再認識されはじめたのは比較的最近のことにすぎない (e. g. Martin – Löf [1985])．

さて認識過程の次のステップ (b) は，ある思想を「真と見なすこと」(主観的確信 Überzeugung を，一定の「想定 Annahme・仮定」として定立すること) である．ステップ (c) は，その検証，「探究・吟味，正当化」の手続きで，これが「論証 Schluß」に他ならない．フレーゲによれば，論証とは，主観的確信・仮定・想定を結論に見立てて，それを正当化する前提へと遡及する作業である．先述のように，遡及されるべき前提・基礎的真理が，特殊事実的でなく一般法則的判断であれば，帰結判断は「アプリオリ」，論理法則のみであれば「分析的」と称される (GLA)．正当化の手続きを経て，仮定が基礎的真理へ遡及されると，単なる「真と見なすこと・仮定」(主観的確信) は，(d) 「判断」＝「思想の真理性の承認 als wahr anerkennen」に至る．正当化された真なる「帰結判断」が，「認識 Erkenntnis」である．しかし，(e) 認識と見なされた判断も不可謬ではない．フレーゲ自身予め認めるように，自らの論理体系から矛盾が生じたら，あるいは同等な説得力をもつ代替的体系が提示されれば，正当化の手続きは再検討を要する (GGA I Vorwort)．実際 GGA の公理 (V) から，ラッセル・パラドクスが導かれた．かくてこの正当化の手続きによれば，遡及された前提から矛盾が生じれば，その前提は廃棄ないし修正されねばならないから，いかに明白・自明と想定されようとも，前提自身も，反証可能 falsifiable・阻却可能 defeasible であり，また対等な対案が提示されれば，更なる吟味，

探究・正当化への試みへ向わねばならない．通常フレーゲは，公理の自明性・真理性を主張する伝統的公理観に固執するものと一般に見なされているが，GGA の序言では以上のように，ずっと慎重であって，自らの公理 (V) にある種の問題が孕まれている可能性を予感していたのである．実際，ラッセルらによるパラドクスの発見が自らのライフワークを瓦解に導いたことに愕然としつつも，その発見を論理学の発展に寄与するものと率直に認め，その対処に立ち向かい，ラッセルに深い感銘を与えたのであった（野本 [2003] 5-6)．フレーゲの《認識論》は，こうした改訂の余地を残す点からみれば，一種の可謬主義 fallibilism といってもよい性格をもつといってよい．

ここで注目すべきは，フレーゲが真理保存的な正当化である「前提から結論への論証 Schluß」と，単なる「仮定や虚偽からの帰結 Folgerung」への「擬似推論 Pseudoschluss」[6]とを峻別しつつ，なお「純粋な形式的導出 rein formale Ableitung」の余地を残しているように見えることである（GLG [1906]; Jourdain 宛 (1914)，Dingler 宛 (1917) in WB）．後者は，いわゆる条件付証明や（矛盾を介して否定を導く）ソクラテス的背理法で，ゲンツェンの自然演繹 NK で言えば，「→や¬の導入」規則に，ゼクエント算 LK なら各「右入れ」規則に相当する．

(A3) 関数論的分析と合成

真理値名'—A'の，関数／項 Argument・引数への「関数論的分析」(GGA) は，やがてチャーチの λ 計算への先駆をなす (cf. Church [1941] [1956] 22f.)．

さてフレーゲの統語論には，①真理値名の要素分析に次の二種の形成規則が認められる．「除去 ausschliessen」による関数記号の析出と，関数表現の空所への適切な名前の「充当 ausfüllen」による複合表現の形成（「合成原理」）とである (GGA §30)．

②フレーゲはまた，8個の原初的な論理的関数表現から形成される，少数の論理的基本法則（公理）と，唯一の推論規則（分離則 MP＋実際には「代入原理」）をはっきり区別し，史上初の高階述語論理の公理体系化を行った．

③長らく不評だったフレーゲの二次元的表記は，実は交換や縮約といった構造規則も含め，ゲンツェンの自然演繹 NK，ゼクエント算 LK に，またその証

明図の樹状表記は，コンピュータ・プログラミング言語に強い親近性をもつ (Hindley & Seldin [1986]；佐藤 [2005]).

意味論については，1890年以降，意味と意義が区別される．（イ）意味 *Bedeutung* 論においては，フレーゲはまず，①「論理的に完全な言語（概念記法）では，導入済みの記号から文法的に正しい方法で……構成された表現はすべて，……意味が保証されていなければならない」(SB 41)，すなわち，「定義の最高原則」として，「適正に形成された名前は常にあるものを意味していなければならない」(GGA §28) を要求する．そして固有名として「②真理値名の真偽二値」という二値原理，③文優位（各要素表現の意味Bは，真理値名の意味＝真理値への貢献である）ないしは，（後述の「基数関数・値域関数」の場合に顕著なように）「一般化された文脈原理」を介して，④「複合表現の意味Bは要素表現の意味Bによって確定する」という「合成原理」によって，意味論が構成される．（このような論理的に完全な言語は，従って，どこかに瑕疵のない限り，無矛盾のはずである．）⑤論理法則，推論，帰結関係の正しさは，意味Bのみが関連し，フレーゲの「分析性」も，判断の論理的正当化，真偽のみに関わり，カントのいう認識の拡張可能性云々には，直接関わらない．

（ロ）さて意義 *Sinn* 論においても，①「完全な記号体系の全体においては，すべての表現にある一定の意義が対応すべし」(SB 27) ということが要求される．また②「語の意義は真理値名の意義＝思想・真理条件への貢献」という「文・真理値名優位」と，③「複合表現の意義は，構成要素表現の意義によって確定する」という「合成原理」は一貫している．さらに認識論的に注目に値するのは，④判断の「拡張性」「認識価値」は，対象の「確定法」(BS)，「表示対象の与えられ方」を含む「意義」(SB) に関連していることである．現代モデル論での「解釈」や真理条件的意味論に対し，フレーゲ的意義が認知的側面を重視することは，「心の哲学」への通路にもなろう (Evans [1982]；Burge [2005]).

「判断優位／文脈原理」「関数論的分析」「合成原理」を具現した常に内容・意味・意義を伴うフレーゲの「概念記法」は，まさにライプニッツ流の「普遍的記号言語 lingua characteri [sti] ca universalis」と「推論計算 calculus ratiocinator」の統一的実現である（野本 [2003]).

(A4) フレーゲの「論理主義」算術の公理体系を巡る諸問題

算術的概念のフレーゲによる論理的定義は，2階多重量化を含む「生産的な概念形成」で，例えば，算術の要をなす諸概念「系列」「後続」「数学的帰納法」の明示的定義なのである（BS III）．先述のように，フレーゲは，数のような抽象的対象の同定に際し，直観に訴えずに，当時の射影幾何学で導入されていた「双対的 dualistic 思考」，例えば，射影平面では点と直線が，立体幾何では点と平面が互いに「双対的」で置換可能である，という考えに注目する．こうした変換ないし一対一対応のような「同値関係」に関する「不変性 invariance」に，幾何学的対象や図形の同定規準を求める新しい動向が，フレーゲの「文脈原理」の具体化の範例である（「直線の方向（無限遠点）」「図形の形」の「平行」「相似」による同定を参照．GLA §64）．フレーゲが「概念Fの基数」（N（F））の意味Bを，「一対一対応 COR」という同値関係を介してその同一性規準を与えることにより，確定しようとする戦略（後述の「ヒュームの原理（HP）」や「公理（V）」といった「論理的抽象原理」は，「文脈原理」という方法論的格律の，対象言語中での顕著な適用例である）は，ワイルによれば（Weyl [1927] SS. 9ff.），現代の「抽象理論 Abstraktionstheorie」の最初の明確で厳密な定式化である（野本 [2000] [2001]）．

但しフレーゲ自身は後述のシーザー問題という循環を避けるべく，「概念の外延」に訴える基数の明示的定義に転換し（GLA），概念の外延・値域の確定は『基本法則 GGA』に持ち越される．

主著『基本法則Ⅰ GGA Ⅰ』(1893) では，「文脈原理」に則り，関数の値域 $\dot{\varepsilon}$F(ε) という抽象的対象の同一性規準が，概念の普遍的同値を介し「論理的抽象原理」，公理（V）として提出される．

(V) 「概念FとGとの各値域・外延が等しいのは，FとGが同値のときそのときに限る．」

　　[$\dot{\varepsilon}$F(ε) = $\dot{\alpha}$G(α) ↔ ∀x[Fx ↔ Gx]．]

しかしこの（V）がパラドクスに陥ることがラッセルらによって発見される（1902）．このことは，フレーゲの「概念記法」という完全であるべき高階論理

言語の意味論にとっても深刻な事態を招く．値域関数記号，外延記号は時に意味を欠くことになり，完全な言語の資格を喪失するからである（大出 [1962]）．以来，このパラドクス回避を巡って，ラッセルのタイプ理論，循環原理，ブラウワーらの直観主義／構成主義，ヒルベルトの形式主義，ツェルメロらの公理的集合論，ベルナイス（Bernays [1976]）の set と class の区別といった数学基礎論が誕生することになる．そしてフレーゲ論理主義の試みは，カントルの素朴集合論同様，破産してしまった算術の哲学の試みとして，研究の前景から退いていった．このことは，単にフレーゲの数学の哲学にとってだけの困難に留まるのではない．それは，算術の導出に十分な論理的言語，すなわち，「論理主義」を支えるフレーゲの「概念記法」という「完全な言語」が崩壊することでもあるからである．フレーゲの原始関数記号の一つである値域（外延）記号が場合によって意味を欠くとすると，フレーゲの意味論には重大な欠陥のあることが判明したことを意味する．その後の数学基礎論の諸方策は，意味論的にみれば，こうしたフレーゲ的な論理的に完全な言語を，どのように救出するかという試みとしても，読むことができる．フレーゲ自身は，値域を含む「完全な論理的言語」の構成を断念し，晩年には主に1階論理の範囲内での「完全な論理的言語」の意味論（整合的で完全）の構成と，「論理主義」を放棄しての幾何学的基礎づけの試みへと転じたように見受けられる（G [1918]；Gg, LA [1923]；EMN, NV [1924/5]）．

　ところが1980年代に至り，特にC. ライト（C. Wright [1983]）らが，C. パーソンズ（C. Parsons [1965]）の指摘を生かして，値域概念に訴えずに，先の「ヒュームの原理（HP）」（概念 F と G に帰属する基数 N (F), N (G) が同一であるための必要十分条件は，「概念 F, G が一対一対応 COR すること」）

$$(HP) \quad N(F) = N(G) \leftrightarrow COR(F, G)$$

という唯一の原理と，「基数概念」「ゼロ」「後者」の論理的定義から，無矛盾な「フレーゲ算術」が構成可能であると推測し，またブーロス（Boolos [1987]）らは，フレーゲ自身が既に GLA（§§68-83）において，その証明の骨子を非形式的に展開していた，と主張した．さらにブーロスは，この (HP) のみから，

(基数の可算無限を含む) ペアノ算術と同型の公理体系を導出する定理 (「フレーゲの定理 (FT)」) を含む, 第2階の全算術体系を「フレーゲ算術 Frege Arithmetic: FA」と呼ぶよう提案した. ライト＝ヘイルのスコットランド「新論理主義者 Neo‐logicist」(Hale & Wright [2001]) は,「ヒュームの原理」が2階の「論理的真理」だと主張する.

一方またパラドクスの本来の根は, むしろ「文脈原理」「ヒュームの原理」「公理 (V)」を含めた「論理的抽象原理」の「非可述性 impredicativity」にある, と執拗に主張するのは, ダメットであり, ライトらとの間で論争が続行中である (本書最終章参照. Dummett [1991] [1994]; 野本 [2000] [2001]; Burgess [2005]).

このようにフレーゲの算術の哲学は, 現在もなおほとんど百家争鳴的ともいうべき活況を呈し, 様々な試行や提案を喚起する力を持っている, といってよい (Burgess [2005]). よって, フレーゲ的な論理主義的算術の哲学が, 算術の「分析性」を示すことに失敗したのか, 成功する見込みがあるのかは, なお生きた研究課題であり続けている.(「論理主義」の現在における帰趨についてのやや立ち入った議論は, 以下の第5, 13, 14, 16, 17章参照.)

3. フレーゲ的メタ理論・意味論の可能性
(B) 論理哲学探究 (1) ──「普遍主義 universalism」とメタ理論

第二の課題は, フレーゲは内部主義者 internalist か, そして, フレーゲの論理探究にはメタ的探究の余地はないのか, である.

(B1) 論理哲学探究 (1) ── メタ的説明 (Erklärung [BS]; Darlegung [GGA])
(a) フレーゲの論理観を「普遍主義的」と見なして, 1920年代以降の現代論理との断絶を強調する有力な主張がある (Goldfarb [1979]; Dreben & Heijenoort [1986]; Ricketts [1985] [1986]; Hintikka & Sandu [1992]; Weiner [2004] etc.). これらの主張によれば, フレーゲ的な普遍主義的アプローチには, 現代のモデル論的発想は塞がれており, いかなるメタ論理的統語論・意味論もありえないとされる (「論理中心主義の窮境 logocentric predicament」). ある論理的体系そのものを形式的探究の対象と解する可能性を認める「外部主義 exter-

nalism」に対して，「内部主義 internalism」とは，「論理は自分で自分の面倒を見なければならぬ」として，論理を外側から見る可能性を否認したヴィトゲンシュタインに通ずる見解（尤も『論理哲学論考』自体，超越論的なメタ的語りそのものではないかと疑われる），ないし「論理学とは帰結を引き出すという実践に尽きる」という考え（Antonelli & May [2000] 251）と解しておくと，いまは深入りできないが，フレーゲは，たかだか比喩その他を駆使したヴィトゲンシュタイン的な「解明 Erläuterung」のみが許される「内部主義者」であったのかを巡って論争が続行中である（Tappenden [1995]；Heck [1999] etc.）．

①確かにフレーゲは，論理の基本法則が一層基礎的な真理への遡及という意味での「正当化は不可能」，つまり「概念記法」内部での証明は不可能であると認める．

②また原初的論理語も，論理的に単純ゆえ，明示的名目的定義は不可能である．

③さらにフレーゲにはモデルを変動させ，量化とその可変的領域確定を結合させるという発想はない．かつまた数学から内容・意味をすべて奪い，全くの無意味な図形の演算ゲームと見なす「形式主義」的発想をフレーゲが厳しく批判したことも確かである（GGA II [1903]）．さらにフレーゲは，解釈されていない無意味な記号図式／シェマに，任意の取り決めによって，適当な意味を任意に割当てるという言語観にも強い違和感を抱いていたと見られる．

しかしながら，それ故にフレーゲには何らのメタ的，意味論的考察がない，ありえないという主張は，実際のテキストから見ても，不可解である．問題は，むしろ，メタ論理的考察，意味論的考察が，1930年代以降に標準的になった（野本 [2006a]），形式主義的手法，タルスキ的手法のみに限定されるのかどうか，フレーゲには，非形式的とはいえ，それらのアプローチの先駆，ないしは，それらとは異なるメタ的／意味論的な代替的アプローチの萌芽があったのではないか．そしてそれが彼の厳しい「形式主義」批判と通底すると思われるのである．

(b) さて後に詳論するが，フレーゲは「概念記法」という「補助言語」を対象言語として用いて，狭義の論理体系を表現し，その原初記号，公理，推論規則についての（メタ言語「説明言語 Darlegungssprache」(LA) による）「一般化さ

れた文脈原理・意味論的規制」を介してのメタ的「説明」，証明構成の予備的説明（「分析 *Zerlegung*」）を，実際に展開していた．一方「比喩的な示唆による解明」は，極めて限定された局面にのみ関わることも確認すべきである．狭義の論理体系展開のための記号言語「概念記法」に対し，むしろメタ的探究全体を，フレーゲはまさに「論理学 Logik」「論理探究 Logische Untersuchungen」と称していたのである．例えば，以下を参照．

① BS (1879) 第Ⅰ部「表記法の説明 *Erklärung*」での，原初記号導入のメタ的説明．

② GLA (1884) は，いわば全編，特に後半3分の1ほど（Ⅳ部～Ⅴ部）は，自らの「論理主義」の骨子についての非形式的な説明，まさにメタ的説明である．1882年には既に論理主義を実証する「書物をほとんど完成した」と語り，またGGA序言 (1893) でも，GLA発刊以降，「ほとんど完成していた手稿」を放棄し，値域の導入により大幅な改訂をした，と記す．「概念記法」という対象言語で書かれ，ほぼ完成していたはずの記号的公理体系の公刊をシュトゥンプの助言に従って延期し，その非形式的なメタ的説明を与えたのが，「数概念についての論理・数学的探究」という副題をもつ『算術の基礎 GLA』に他ならない．

③ 第8, 9章で詳論するが，主著『算術の基本法則 GGA』(1893)，Ⅰ部「原初記号の説明 *Darlegung*」での，原初的論理記号の有意味性証明（成功すれば，フレーゲ的無矛盾性の，従って論理的に完全な言語の立証に相当），公理の真理性，推論規則の真理保存性のメタ的な「説明」は，「一般化された文脈原理」（Dummett [1991]）ないし「意味論的制約 semantic constraints」（Heck [1997]; Linnebo [2004]）を駆使しての，一種独特の，しかし紛れもなく「意味論的な正当化 semantic justification」を介しての，原初記号の「意味論的約定 semantic stipulation」で，タルスキ的意味論の先駆ないし代替であるといってよい（野本 [1986] 60-70; Dummett [1993]; Heck [1997] [1999] [2010]; Linnebo [2004]）．しかし値域名の意味確定は特異で，「文脈原理」に則り，基数オペレータと類似に，対象言語中の公理 (V) という抽象原理を介し，概念の同値性によって値域の同一性規準を規定する仕方で，値域名の意味が指定される (GGA §9)．

(V)　⊢ ὲFε ＝ ὰGα ↔ ∀ x [Fx ↔ Gx]

この第V公理からパラドクスが導かれ，その他にも後述の「シーザー問題」や「非可述性 impredicativity」，「悪友 bad company 問題」（値域名の意味の確定と，量化領域の確定を同時に行うという循環）といった，面倒な問題が含まれる（Dummett [1991]，野本 [2000] [2001] の編者解説）．しかしながら先述の如く，その後①（HP）のみに基づく「フレーゲ算術」擁護のネオ・フレーゲ主義，②（V）の修正＋集合論，③（V）を維持しつつ，λ計算によって整備されたチャーチのフレーゲ的統語論や型理論（Church [1940] [1941]; Martin‐löf [1984] [1985]; Hindley & Seldin [1986]）ないしプログラム言語に対するスコットらの「ドメイン Domain 理論」，「表示意味論 denotational semantics」や「フレーゲ構造 Frege Structure」を与える試み（Aczel [1980]．岡本 [2007] 参照）が活発に提案されている現状を見ると，フレーゲ的意味論の可能性さえないとは，到底考えられないのである．

(B2) 論理哲学探究 (2) ——体系構築への予備学的解明

さてフレーゲにはまた「予備学 *Propädeutik*」，「準備」，「解明 *Erläuterung*」，「示唆 *Winke*」，「前庭 *Vorhof*」，「論理」，「論理探究」，「比喩」等々と称される「解明命題 *Erläuterungssätze*」（Hilbert 宛 (1899. 12. 27) in WB）による論理哲学的探究がある．これらは主として，フレーゲ特有の基本的な論理的カテゴリー（「対象／関数・概念」の区別等），「論理形式」，意味論的区別（「意味／意義」等）といった，メタ的観念のいわばメタメタ的解明に関わる（ヴィトゲンシュタインの「語り Sagen」と「示し Zeigen」の区別の先駆？）．

(B2-1) 論理的／意味論的カテゴリー区分のメタ的説明
（イ）対象言語内では「語りえざる unsagbar こと？」——論理的カテゴリーと論理形式

先の論理的・意味論的カテゴリーの一般的区分については，対象言語中では「語りえない」．ダメットは，語の意味Bは「語れる」が，意義は「示される」のみと主張し（Dummett [1973] 227f.），さらにギーチによれば，関数名・述語

の意味Bについても「語りえない」(Geach [1976]). パターンの並置, 量化命題との推論関係といった「結合関係のうちでのみ」(GLG II), 関数はいわば「示される」. また真理値名'F (a)'の一般的「論理形式 logische Form」(GLA §70), 「論理的基礎連関 logische Grundbeziehung」(ASB 128) も, 対象言語中で「語りえない」. メタ言語に昇階すれば, 「対象 a は概念 F に属する a fällt unter einen Begriff F」「包摂関係にある」とメタ的には「語りうる」.

(ロ)「意味B」と「意義」のメタ言語における「語り」と「示し」
　「意義」「思想」は, メタ言語中でさえ明示的には「語りえない」だろう(野本 [2004]). 例えば, フレーゲは「思想」について, ①真理論的には, いわゆる真理条件的意味論の原型とされる箇所で, 次のように述べる. 「真理値名は, われわれの約定によって, いかなる条件下で真を意味するのか, それが確定される. これら真理値名の意義, 思想は, これらの条件が充足されているという思想」(GGA I §32. 傍点引用者) である. 以下の (T) は真理値名 'F (a)'の真理条件のメタ的説明である (GGA I §4).

　　(T)　F (a) が真であるならば, 対象 a が概念 F (ξ) に属する fallen unter.

　真理値名 の「意義・思想」は, メタ言語中でも直接には「語られない」. (T) のようにメタ的に「語る」ことにより, メタ言語中で 'F (a)'の「意義・思想」をいわば「示す」, ないしメタ言語中では, 真理値名 'F (a)'は, その意義・思想〈対象 a が概念 F (ξ) の下に帰属する〉を「表現する ausdrücken」(GGA I §2) とフレーゲは言う.
　②認知的な相では, 異なる表記, 例えば, 「宵の明星」「明けの明星」は, 同一対象の異なる「与えられ方」(SB 26) を含む異なる意義を「表現する」(SB 32). 各表現は, 対象言語中で, その表示対象を「意味し」, さらにその「意義」を「表現する」. しかしその「意義」は, 当の対象言語／概念記法中では「表現され」「示される」のみで, 「語られ」はしない. そう「語る」にはメタ言語・日常語に昇階せねばならない. (一方間接話法や「思う」「信じる」といった命題的態度の報告中では, 従属節の表現する「通常の意義・思想」が, 「間接的

意味」として，対象言語中でも「語られうる」．従属節の「意味」が何かを決定する場合にも，「文脈原理」の規制が効いてくる．すなわち，信念文などの従属節の「意味」は文の「通常の意味」＝真理値なのか否か．例えば，「aは1＋1＝2だと信じている」からといって，当然ながら，「aは地球が楕円形である」と信じているとは断言できない．すると信念文全体の「真理を損なうことなく *salva veritate*」置換可能な従属節の意味とは，真理値ではなくて，その意義・思想に求められる，とフレーゲは考えたのである．従属節の表現する「通常の意味・思想」が，「間接的意味」だという，この考えは，その後の多様な内包論理の意味論に刺激を与えた（カルナップ（Carnap [1947]）の内包／外延の区別，チャーチ（Church [1951] [1973] [1993]）の特異な「意義と表示の論理 logic of sense and denotation」，モンタギュー文法（Montague [1974]）等，野本 [1988] [1997] [2005].）．

また文の意味＝真理値／意義＝思想というフレーゲ説と，ラッセルの単称命題論論争は，カルナップ，チャーチ，モンタギュー，ダメットを経て，ドネラン，クリプキ（Kripke [1972]），カプラン（Kaplan [1989]）らの直接指示，エヴァンズ（Evans [1982]）らの単称思想論へと論争が継続中である（野本 [1986] [1988] [1997] [2005]，松阪 [2005]）．

（ハ）比喩的示唆——基本的なカテゴリー一般についてのメタメタ的解明
  ①「固有名／対象」対「関数表現・述語／関数・概念」の対比への比喩
  だが統語論的・意味論的カテゴリー区分一般の，日常語によるメタ的説明も，「言語の硬直性」の故に窮境に陥る．（印欧語では，定冠詞＋単数名詞は通常，対象を表示するから，例えば，'Der Begriff *Mensch*' は概念人間を表示できない．）フレーゲは，「対象／概念」という階 Stufe の区別を，論理的分析も定義も不可能（BG）で，還元不可能な「論理的原現象 *Urerscheinung*」（GLG II）と見なす．こうしたいわば「形式的概念」については，関数表現／関数と固有名／対象の対比を，「空所の有無」，あるいは「飽和／不飽和」といった化学用語を比喩的に用いて（BG）メタメタ的に解明し，「読者ないしは聞き手の好意ある理解への示唆 *Winke*」（同）を提供しようとする．（もっとも後述のように，フレーゲはラッセルへの書簡で，ラッセルが対象と関数・概念の階を無視し，自由に置換可能とすることからパラドクスが帰結することを，「対象言語」内部で証明していること

とにも,注目すべきである.野本 [2001a]; Nomoto [2006a]; 本書第 14 章 §2 所収参照.)

②その他の比喩的解明

(1)「概念記法」／「日常語」の差異を,「顕微鏡」「道具」／「裸眼」「素手」の対比で (BS), (2) 認識の拡張性を「梁ではなく,種子のなかの植物・胚」に喩え (GLA §88), (3)「意味－意義－表象」の関係を,望遠鏡の比喩を用いて,「観察対象－対物レンズ上の実像－各観察者の網膜像」に喩える (SB) 等,自らの論理体系の構築・論理哲学探究の最も基本的な道具立てについての解明という局面で,そしてほぼその次元でのみ,フレーゲは,卓抜な比喩に訴えて示唆的解明を行っているのである (野本 [2004]).

4. フレーゲ的なメタ理論・意味論的考察の可能性
(C) 論理哲学探究 (2) ――「新しい学問領域」

さてブール派の「論理代数」とフレーゲの「概念記法」の構想には,言語哲学的に根本的相違が認められる.フレーゲの「概念記法」は常に全存在領域に関わり,各定項的表現には確定的内容（概念内容・判断内容）を伴った（「論理的に完全な」）「一つの言語」,ライプニッツ的な「普遍的記号言語 lingua characteri[sti]ca universalis」であった.他方,ブール派「論理代数」の特色は,フレーゲから見ると,ライプニッツ流の「推論計算」であり,基本的な四則演算,等号,'1','0' は,それ自体では確定的な意味を欠く,いわば形式的図形・図式と見なされ,通常の算術演算,クラス算,命題算ごとに,それぞれ異なる解釈と談話領域が用意され,形式・記号図式とその内容・意味とは切り離し可能なのである.記号と意味とを切り離した上で,記号に適宜その解釈,談話領域を割り当てるというこの考えは,ヒルベルト流の形式主義ならびにタルスキ流のモデル論展開への伏線となる.

それでは,一部の論者の主張するごとく,論理学を全存在領域に関わると見なすいわゆる「普遍主義者 universalist」フレーゲには,いかなるメタ理論的考察（統語論,意味論,またメタ的定理証明等）の可能性も一切塞がれているのであろうか.先に見たように,実際にフレーゲが,ドイツ語をメタ的「説明言語」として使用して,自らの形式言語「概念記法」という「対象言語」とそれ

によって展開した新しい論理学について，非形式的な「説明」や「解明」を与えていることは，明らかである．しかしその説明が，いわゆるタルスキ流のモデル論やヒルベルト流の形式主義的統語論ともずれがあることも確かである．今この論争に詳しくは立ち入れないが，ヒルベルトによるユークリッド幾何学の形式的公理体系化，原初的表現の公理群による陰伏的定義に対するフレーゲの批判とその後のタルスキ的モデル論の双方に共通する言語観に，フレーゲは強い違和感をもっていたと思われる．それは彼の，ブール代数をライプニッツ流の「普遍的記号言語」とは認めなかった点，ハイネ，トーメらの算術の初期形式主義に対する厳しい批判 (GGA II) と通底すると考えられる．粗く言えば，フレーゲは一貫して「論理的な言語」をあくまでも確定済みの内容／意味を伴った記号体系，ないし確定的な解釈済みの記号体系（「論理的に完全な言語」の理念）と見なすのに対し，ブール，初期形式主義者，ヒルベルト，タルスキらに共通の言語観は，解釈されていない単なる形式／シェマと解釈とを分断し，言語がそうした形式に変動可能な適当なモデル（すなわち，可変的な対象領域 D とその領域内の存在者を各図形に任意の仕方で付値する可変的な解釈Φとの順序対 <D, Φ>）を割当可能なものと解するのである．

　一方「算術の形式理論について」(FT [1885]) において，フレーゲは，「形式理論」を二種に分けている．「算術の命題はすべて専ら定義のみから純粋論理的に導出可能であり，また導出されねばならない」(FT 94) し，そのことは当然フレーゲ自身の GGA の「概念記法」にも当て嵌まる．フレーゲは，①一方で解釈済みの言語をベースにおいた上で，それから意味内容を分離・捨象して形式のみを考察するという意味合いでの形式理論の可能性を否認してはおらず，この意味合いでの「形式的理論」（統語論？）は，「算術の論理的もしくは形式的本性」(FT 95) についてのメタ的考察である．しかし，それは②言語を一般的に専ら内容・意味を欠いた形式的計算規則の集合と見なすという意味合いでの「形式的理論」とは，はっきり区別される．ましてや論理学，数学といった真理が問題になる学問を，何らの意味内容，思想もない全くの形式／図形の演算ゲームと見なす「形式主義」には強く反対する (FT 97f., GGA II)．

　GGA の第 2 巻 (1903) III 部におけるハイネ，トーメらの初期形式主義批判において，フレーゲは，数学を無意味でチェスのような演算ゲームと見なす

「ゲーム形式主義」から区別して，トーメが混同しているゲームとゲームについての理論，形式的理論とそのメタ理論との峻別を要求する (GGA II §§107-9). かくしてフレーゲは，解釈されていない形式的理論があれば，それについてのメタ理論 (「理論形式主義」(Resnik [1980])) が可能であることを認める．そしてこのメタ理論は，直接話法がそうであるように，既に内容 (＝当の形式的理論そのもの) をもち，そのメタ的命題は有意味で，証明可能な命題である．つまり，もしこのメタ理論が数学なら，それは既に形式的理論を内容にもつ数学であり，「理論形式主義」は，むしろ数学が全く無内容と見なすラディカルな形式主義を挫く (Dummett [1991] Ch. 20). いずれにせよ，フレーゲは，GGA II において既に，数学から一切の内容を剥奪し，専ら記号図形の演算ゲームとする素朴な形式的理論は斥けるが，そうした形式的理論そのものを考察対象とするメタ理論としての「理論形式主義」を容認していたのである．

ヒルベルトの『幾何学原理』の公理群による陰伏的定義への反対も，何の意義・思想も表現せず，従って真偽不明の公理群による原初記号の陰伏的定義という考えには，幾何学的言語を基本的には全く無意味な記号と見なす形式主義的言語観・幾何学観が想定されていると見なしたのであろう (GLG [1906]). さらに，興味深いことに，ヒルベルトによるユークリッドの平行線公理の独立性証明の批判を通して，フレーゲは，ヒルベルトの形式主義／タルスキ的モデル論とも異なるメタ理論の可能性を，独立性のメタ的証明として提示しているのである．

実際フレーゲは，「幾何学の基礎について」(GLG [1906]) で，ヒルベルトの平行線の公理の独立性証明の批判において，独立性証明の問題を，次の問いに帰着させる．「ある思想が，ある思想グループから独立であるということをいかにして証明しうるか」(GLG [1906] 425). ここにおいてフレーゲは通常の数学領域を踏み越えて，新しい領域 *dies neue Gebiet*，(外部的な external) メタ理論に踏み込んでいるということを，明確に意識している．(GLG [1906] 425-6.傍点引用者). まさに「メタ数学 metamathematics」の明確な意識がここに見られる．(詳しくは，第16章§3を参照.)

1) 「同値関係」とは，反射性，対称性，推移性を充たす関係で，「反射性」は 'Σ(Φ, Φ)' が，「対称性」は 'Σ(Φ, Ψ) ならば Σ(Ψ, Φ)' が，「推移性」は，'(Σ(Φ, Ψ) かつ Σ(Ψ, X)) ならば Σ(Φ, X)' が成り立つ場合である．
2) Ruffino [2003] 445; Hamacher – Hermes [1994]．
3) 本書第 11 章 §11，§12．野本 [1986] [1988] [1997] [2006]，飯田 [1995] [2002] 参照．
4) なおアッベとツァイスについては，小林孝久 [1991]，Hermann [1989]（中野不二男訳）も参照．
5) 野本 [2005]（野本責任編集 [2008] に再録）に若干の手直しを加えた．
6) 「論証 Schluß」と「擬似推論」を区別し，しかも前者を重視するフレーゲの考えはしかし，アリストテレスの「論証 $\dot{\alpha}\pi\acute{o}\delta\varepsilon\iota\xi\iota s$」と単なる「推論 $\sigma\upsilon\lambda\lambda o\gamma\sigma\mu\acute{o}s$」の区別に見合う，ギリシャ以来の正統的な見解である（cf. 大出 [1980] 166f.）．アリストテレスによれば，「論証 $\dot{\alpha}\pi\acute{o}\delta\varepsilon\iota\xi\iota s$」とは，大まかには，真なる第一原理である前提から，結論が必然的に生じてくる論理的推論で，その場合，結論は「知識」を与えるような，「知識的推論 $\sigma\upsilon\lambda\lambda o\gamma\sigma\mu\acute{o}s\ \dot{\varepsilon}\pi\iota\sigma\tau\eta\mu o\nu\iota\kappa\acute{o}s$」である（『分析論後書』71b17-19）．一方，「推論」とは，「必ずしも真なる第一原理とは限らないあることどもが [仮定として] 措定されると，まさにそのことに伴う結果として，必然的に生じてくる論理方式」（『分析論前書』24b18-20）で，結論は必ずしも真ではない（大出 [1980] 165f., rep. [2010] 612f.; [1982] 190f. in [2010] 587f.）．

第Ⅰ部　論理主義を目指して──論理学の革新

第1章　論理主義に向かって

§1　初期論文──論理主義以前

　後年フレーゲは自らの学問的な歩みを振り返って，科学史家ダルムシュテッターに次のように語っている．

　　私は数学から出発した．この学問における最も緊急の課題は，よりよき基礎づけを与えることにあるように私には思われた．……（「L. ダルムシュテッターへの手記」（1919. 7）『著作集 4』）

実際フレーゲは，イエーナ，ゲッティンゲン両大学で主に数学を学び，ゲッティンゲン大学数学科で幾何学における虚の構成体への対処を巡って博士号（1873）を獲得，またわずか半年後，虚の構成体になぜ実構成体での演算が適用可能かを，量概念の拡張によって説明する教授資格請求論文（1874）をイエーナ大学に提出し，幾何学から解析学・群論的抽象代数への歩みを見せた．やがて高等数学のみならず初等数論の教科書にも如実に現れる不正確さから，当時の数学界の趨勢であった，数学の「厳密化」の流れに棹さして，ことに「算術（解析学を含む）の基礎」の探究が緊急の課題だという認識に至る．
　そこでまず，簡単にフレーゲの博士論文ならびに教授資格請求論文のテーマを中心に，こうしたフレーゲの歩みを確認しておこう．

1. 博士論文

博士論文の題目は,「平面上の虚の構成体の幾何学的表現について Ueber eine geometrische Darstellung der imaginären Gebilde in der Ebene」(PhD, 1873 夏) であった. このテーマは当時の幾何学者たちの間では話題のテーマであった (以下, Schlote & Dahte [1994] 参照). 論文は, 後述のように C. v. シュタウト Staudt, F. クライン Klein と O. シュトルツ Stolz の考えとの密接な繋がりを含む. 導入部に, 理論および提案された解決の方途についてのよい展望が与えられている. 「われわれは虚点をも, 一つの円と一つの直線で, あるいは直線への対合 Involution によって純粋幾何学的に定義できる」(PhD 6, 4). 最も注目すべきは, フレーゲが既にこの最初の論文において, 幾何学の一部をより確かな基礎に据えようと試みていることである. フレーゲが言及しているわずかの哲学的な注解は, 幾何学の定理を「綜合的でアプリオリ」と見なす点で, カントや K. フィッシャー Fischer の見解と一致しているものの, 当時の目覚しい幾何学革命 (複数の非ユークリッド幾何学の並立, 射影幾何学の提唱等) の, 特に後者に登場する虚点, 無限遠点といった虚の幾何学的対象の把握のために, フレーゲは直観化 Veranschaulichung という考えの, いわば象徴化・モデル化と云えるような拡張・一般化を行っている.

ところでフレーゲの虚の構成体というテーマとの最初の出会いは, 既にイエーナ時代に起こっていた可能性がある. スネル Snell 教授が「幾何学への虚の要素の応用理論」を準備しており (1869-1871), フレーゲはまた E. アッベ Abbe の複素関数論やスネルの空間の解析幾何学, および上記の K. フィッシャーのカント講義も聴講していた. 因みに, スネルやアッベは, ゲッティンゲン数学科の最初の黄金時代 (ガウス Gauss, ディリクレ Dirichlet, リーマン Riemann) の学生であった. ゲッティンゲン (1871-1873) に移ってからフレーゲは, クレプシュ Clebsch (1868-1872) の解析幾何学や, E. シェーリング Schering の関数論, W. ウェーバー Weber, リーケ Riecke の物理学講義を聴講し, H. ロッツェ Lotze の宗教哲学に出席した. 虚の構成体論というテーマに関しては, フレーゲは当時のゲッティンゲンで唯一の学位取得者である.

論文の目的をフレーゲは次のように定式化している.「……実の構成体に妥当する命題をいつ虚のそれに転移 übertragen してよいかを見出だすことはと

りわけ重要である．……［射影幾何学において］無限遠点を考察する場合と同様に，こうした非本来的な要素を本来の［幾何学の直観的］要素と同様に扱うのみならず，またありありと目の当たりに思い浮かべる必要がある．……虚の構成体 imaginäre Gebilde に対しても対応することを遂行する必要性……」を強調しているのである（PhD 5f.）．ここにガウス以来のゲッティンゲンの学風である，一般性への要求と生き生きした幾何学的図形把握との両方の重視という特徴が窺える．

またこの論文でも，虚の構成体の表現という特殊幾何学的な問題例においてではあるが，既に後のフレーゲのライフワークとなる，数学の基礎論的問題への関心が窺え，ことに幾何学の基礎と構造，とりわけユークリッド幾何学を拡張して一般化に向かう要求と直観性との相克を巡り，当時の数学界の現状へのフレーゲの不満が窺える．すなわち，「全幾何学が最終的には公理に依拠しており，そして公理とはその妥当性をわれわれの直観能力の本性に由来すると考えるなら，われわれがしばしば，われわれのあらゆる直観と矛盾するような性質をそれらに帰属させるのだから，虚の構成体の意味 Sinn について問うのは十分正当なことのように思われる」（PhD 3）．

さてフレーゲは，虚の構成体の考察に際し，射影幾何学での，直観に反する「無限遠点」といった例に注目する．「比較上，同様にわれわれの直観空間には生じない，無限の構成体を取りあげよう．文字通りには，「無限遠点」は形容矛盾でさえある．この点自体は，なんら終点なき距離の終点であろうからである．それゆえこの表現は不適切で，それは射影的には平行線が同一の点を通る直線の如くに振舞うという事実を指しているのである．それゆえ「無限遠点」とは［不完全な言語使用で，論理的にも不精確な概念形成ではあるが］すべての平行線に共通なものの別表現で，それは通常「方向」と呼ばれているものである．直線は，二つの点によって確定されるのと同様，また一つの点と方向とによって与えられる．これは，われわれが射影的な関係を扱う場合にいつも方向は点を表すという一般法則の一例に過ぎない」（PhD 3-4）．

無限遠点の例において，フレーゲはこうした「非本来的な」概念形成の利点を解明し，虚の構成体に類似の機能を認めようとする．「方向を無限遠点と表示することによって，……しばしば見渡し不能な多くの直線が平行か否かを区

別する煩瑣を避けられる．方向と［無限遠］点との等価という原則が一度確立すれば，こうしたすべてのケースは一挙に片がつく．」「虚の構成体の場合も事態は全く同様である．……例えば，虚の無限遠点．……ところで複素数について実数についてと同じ演算を行うことが出来る以上，……そうした命題は虚の構成体にも拡張可能である．ほとんど例外なく，実数の場合に登場する演算や概念は，複素数に不変に転移できる．……虚の構成体が実構成体と同じ法則に従う広範な範囲があることは，虚の構成体を幾何学に導入することを正当化する」(PhD 4-6) とフレーゲは考える．

　かくてフレーゲは，幾何学の一部分，平面の虚の構成体の直観化，「平面における虚の構成体の幾何学的表現ということによって，当の平面の，虚実いずれの要素も，それに対応する実の，直観的要素をもつような一種の対応 Zuordnung と解するのである」(PhD 6)．フレーゲは複素平面を，現代風に C^2，つまり，二つの実の，互いに平行に走っている2平面を，一方は実部，もう一方は C^2 の点の虚部に属させる．複素平面の点 A $[α, β]$ は，すると二つの実部の平面におけるある点 P (a, b) を，その2座標の実部によって確定し，かつまた，虚部の平面上での点 Q (c, d) を，座標の虚部によって確定する．点 P と Q はまたある直線 PQ を確定し，PQ を複素点 A の直観的表示と見なす $[α = a + ci, β = b + di]$．同様に，フレーゲは虚の直線を，互いに直交する直線の対によって直観化するのである (Schlote & Dahte [1994] 188)．

　以上によって差し当たり先ず次のような利点が達せられる．二つの要素領域の各一意的な対応づけがある場合には，既知の命題から新しい真理が単なる転移によって到達されうる．しかしこの場合の特殊なもう一つの利点は，虚の構成体間の非直観的諸関係が，直観的な関係によって置換されるということである．(PhD 7)

　フレーゲはさらに，一連の計量的概念や関係を虚の構成体に転移することに専念している．そして 1. 虚点，2. 虚の曲線，特に虚の直線，3. 虚の結合線，4. 虚点間の距離，5. 虚の交点と虚直線の角度の定義およびその幾何学的表示法を与えている．特に注目すべきは，フレーゲが円点 Kreispunkt 同様虚円に

関しても，虚の無限遠円点は，次のように特徴付けられるとの定理を引き出していることである．すなわち，「それらは，直線の二重の無限集合によって表されるが，一方他のすべての無限遠点は各々ただ一重の無限直線族のみによって，有限領域の点は各一本の直線によってのみ表される」(PhD 47-48)．また，「二直線は，無限遠円点に向かう直線と調和的な harmonisch 場合，互いに垂直をなす」(PhD 50)．

最後にフレーゲは，「多くの表現の仕方の可能性や，複素数のガウス表示の更なる一般化が認められるが，最終的には，ガウス流と同程度に実り多い，複素数の一般的な表現方法に成功することはほとんどないだろう」(PhD 75) と主張している．

主査シェーリング教授の簡単だが肯定的評価によれば，「新しい対象の定義は明晰で確定的であり，その諸性質の探究は完全で叙述は体系的かつ論理的に異論の余地はない．が全体の有効性についてはなお疑問の余地はある．個々の細部には，われわれの幾何学の諸前提について，さらに確定されるべき把握を要するような所見が含まれている．……この仕事の功績は，その生産性はともかく，一つの新しい思想を一貫して体系的に遂行していることにある」(Uni Göttingen, Dekanatsbuch der Phil. Fak. Buch-Nr. 159, Bl. 409, in Schlote & Dahte [1994] 189)．

純粋に数学的な問いと並んで，フレーゲはまた，哲学的関連にも触れている．つまり，幾何学の，人間的直観能力への関係という問題，また虚の構成体の直観化についての問題である．それは 19 世紀に成立した数学的概念の範型で，それが直観的に充実可能と証明されることによって最終的に正当と見なされるのであった．

イエーナでの数学をめぐる哲学的議論では，1870 年頃のフィッシャーの幾何学に関するカント的見解，「数学的認識はアプリオリだが，綜合的」，つまり，幾何学的概念の直観性，空間という純粋直観における，図形の幾何学的構成 Konstruktion が主張された．だがフィッシャーの「直観」は単に心的像 mentale Bilder で，ユークリッド幾何のみに関わり，n 次元空間，非ユークリッド，点多様体は考慮外であった．フレーゲの冒頭の文章「全幾何学はその妥当性がわれわれの直観の本性から由来する公理に最終的に基づくと考えるなら」

(PhD 6, 3) は，彼が，カント，フィッシャーに，幾何学についての基本テーゼでは一致し，幾何学がアプリオリでかつ綜合的，直観的に解釈されるべし，という見解であったことを示す．

だがフィッシャーの直観概念は，狭隘すぎて虚の構成体には関われない．フレーゲはカント・フィッシャーの直観概念を越えて，平面の実および虚のどの要素もが直観的要素と対応するような現代的な関数的対応を求めたのである (PhD 6, 6f.)．それが，虚の構成体の問題であり，リーマン同様，フレーゲの博士論文はそうした狭隘な直観概念の限界を超えようとするものであった．この試みはまた，その時代の数学的な趨勢と合致する．幾何学における虚の構成体の解釈は，長期にわたり未解決の問題であった．既に 1856 年 Ch. v. シュタウトが「位置の幾何学への寄与 Beiträge zur Geometrie der Lage」で，虚の構成体を実のそれによって直観化することに成功していた．だが，シュタウトの解決は「根本的に最高に単純で有意義だが，……シュタウトの提出した表現は抽象的で，奇妙で難しいもの」であった (Klein [1926] Kap. IV)．

彼の優れた点は，どの複素点にも共役複素数 konjugiert-Komplexen を選び，かつ両点により定義された，その上の一本の実直線が，どの虚点にも「意味 Sinn」を与え，その直線が代理表現として一意的に対応させられ，直観化されることだという．しかしフレーゲは，純粋な綜合的射影幾何学を齎す v. シュタウトに対して，解析的・分析的基盤に固執する (Schlote & Dahte [1994] 192)．ゲッティンゲンでは，クレプシュ Clebsch が，代数的曲線等についての解析幾何学講義 (1875-1876) を行っていた (フレーゲはクレプシュの虚の要素に関わる理論 Theorie der imaginären Elemente には出席していない)．1871 年夏学期に O. シュトルツと F. クラインがゲッティンゲンに長期滞在し，虚の構成体の問題を議論し，二人とも同年に対応する解釈を公刊した．この両人がまだ院生だったフレーゲとの間に交流があったとは考えられないが，いずれにせよフレーゲの解釈は，クラインの考えより，シュトルツの行き方の方に近い．シュトルツは，虚点とその共役複素点に対し，両者がその上に乗っている直線を構成する．その場合，対合は原点としての両点を伴うこの直線上にあり，両点は方向の確定によって区別される[1] (Schlote & Dahte [1994] 31)．

フレーゲは，1873 年 12 月 12 日に哲学博士を授与された．以降イエーナで

フレーゲは幾何学について規則的に講義を行っている．1874年夏学期の最初の演習でフレーゲは虚の要素について講義[2]し，80年代初めまでいくつかの幾何学の教科書の書評や数学会，イエーナ医学・自然科学協会で幾何学についての講演を行っている[3]（Schlote & Dahte [1994] 194）．こうしたことが，幾何学と算術の対比（GLA [1884]）や晩年のヒルベルトとの幾何学論争（GLG [1903] [1906]）に繋がる伏線となる．おそらくソフォス・リー Sophus Lie らの仕事は，フレーゲの考察の範囲外にあり，フレーゲの虚の要素の直観化への影響は皆無であろう．フレーゲの博士論文は，射影幾何学の更なる発展，とりわけゲッティンゲンにおける議論の枠内にある．

2. 教授資格請求論文

フレーゲの教授資格請求論文「量概念の拡張に基づく計算法 Rechnungsmethoden, die sich auf eine Erweiterung des Grössenbegriffesgründen」［以下「資格論文 Hab」と略称］(1874) で，フレーゲのいう一般的な「量領域 Grössengebiet」は，同時代に展開されつつあった新しい「抽象代数」，「群論 Gruppen Theorie」において，やがて「可換群」と称される概念に相当する（cf. Aho [1998]）．

「資格論文 Hab」では，フレーゲの主たる応用は「操作・関数 f の反復 iterations」［f∘f∘f…］に見られるが，しかしまだ量ないし量領域の存在証明はない．量の測定と数の結び付きも曖昧で，これらはいずれもやがて『基本法則 GGA II』(1903) でのフレーゲのいう「実数」の体系的説明を要するものである．

(1) 計算法——量概念の直観からの独立

「資格論文 Hab」では，量 Grösse は算術の基礎的な数学的対象の一般化された概念とされている（Aho [1998] 138）．特定領域として，実関数が取り上げられ，量とその諸法則についての一般的考えが述べられている．線分の「長さ」，平面の「面積」，立体の「体積」，角の「角度」といった，ユークリッド幾何学に登場するメトリックスは，実は空間的「直観」から独立だと主張される（Hab 1）．

(2) 量と加法

　直観から独立な量概念の本質は，加法 *Addition* のある一般的な諸性質にある．例えば，角度は，加法の理解なしに直観のみでは把握できない (Hab 1)．

(3) 算術と幾何学

　量の学，加法群を扱う抽象代数としての算術の量概念が，直観に関わるのは，直観の領域での多様な応用に関してのみである．量は直観中に発見されるのではなく，「数学的演算操作の対象を意味し」，「われわれ自身が創造する *selber schaffen* のだ」(Hab 2) と主張される．こうした一見，構成主義的と見える考えは，むしろ後のヒルベルト流の「公理主義」，すなわち，算術的概念を公理群によって一定の群構造を陰伏的に定義する「代数的，構造主義的」な考えと通じると言えるかもしれない．

(4) 算術の基本命題と量概念——量と加法

　量概念は「加法」なしには把握不可能である．一つの量の種類——例えば長さ——とは，他の規定とは独立に，一群のものが同種の単一のものとその点で一致しうる性質である．一定の種類のものの一群といった範囲に閉じられた多様を，フレーゲは「量領域 Grössengebiet」と称した (Hab 3)．かくて算術が必要とする量の算術的概念は，純粋に形式的 *formal* に，その演算操作 *Operation* に関する基本命題／公理によって確定する．つまり量とは，ある基本的演算操作，すなわち加法，に関するある一般的性質に関わる基本命題を満足するもの，に他ならない．かくてフレーゲのいう「量領域 G」は，一定の演算操作「加法」に関して閉じている，つまりは「量領域 G」は，「群論」でいうところのいわゆる「加法群」である．よって，そのどの二つの成員についても，その領域はまたその演算によるそれらの和を，その成員として含む [a，b ∈ G → a + b ∈ G]．例えば，長さ，角度といった多様な数クラスは，「加法の下での G の閉包：GxG → G」である (Aho [1998] 141)．このように「加法と量の概念は密接不離な連関にあり，加法なしには量概念はまったく把握不可能である」(Hab 2)．

　かくしてフレーゲにとって，「そこから全算術が，胚からのように生育して

くる基本命題」が関わるのは,「加法」である.加法から他の計算法が生まれ,加法が,全計算の基本演算なのである.

(4.1) 量領域 Grössengebiet
　ものの群 Gruppe とは,「量領域」つまり,ある特定の加法領域である.フレーゲの狙いは,量領域を「可能な限り多様な適用を許すように定義することである」(Hab 2).こうして数学的構造はその特殊な現実化［応用］から解放される.「量の概念は,われわれ自身がそれを創造する」(Hab 2).このことは,量の「基本法則」,公理を確定することによって,「形式的に formal」なされる.量を確立するための,算術的演算,つまり,加法,の一般的公理とは何か.それは何ら集合論的記法ではなく,加法が充たすべき公理から得られる,次のような,基本法則を充たすはずの加法と2項操作 GxG → G である (Aho [1998] 140).

　・$\forall$ a,b,c [(a + b) + c = a + (b + c)] ［結合律］,
　・$\forall$ a,b [a + b = b + a] ［交換／可換律］,
　・$\forall$ a $\exists$ e [a + e = a] ［単位元ゼロの存在］,
　・$\forall$ a $\exists$ b [a + b = e] ［逆元の存在］.

加法群 G は,加法の下での閉包であり,二つ以上の量は常に（同じ領域中の）単一のもので置換できる [GxG → G]（順序は無関係で,つまり,結合律と交換律が成立）.上記の4公理を満たす操作をもつ集合 G はいわゆる「可換群・アーベル群」である.

(4.2) 関数と回帰的反復 iteration・回帰 Rekursion
　こうした立論には,幾何学的直観から純化された,量理論に関わる純粋算術の基礎づけに関し,一つの特徴的なアプローチが示唆されている.すなわち,算術一般に対する,群論という抽象代数を基礎とする一種の構造主義的ないし形式主義的な「抽象代数的アプローチ」である.しかしフレーゲは,この一種「計算論的」な算術理解を一般的に採用・展開することには慎重である.こう

第1章 論理主義に向かって　67

した立場から，基数 Anzahl や角度といった，個々の量の種類の定義分析には進まない．ここで「引き出される帰結はただ，量に対し諸演算操作を帰属しうる，ということだけである．得られた結果に絶えず再び新しく演算操作 f を繰り返すと，その演算操作 f の回帰的適用を新しい演算操作と見なしうる．そうした二つ以上の演算操作 ff，fff，…は，唯一の演算操作によって代置可能である．……こうして加法は乗法に，乗法は累乗に至る」(Hab 2)．「どの回帰式 Rekursionsformel も，1 に対する結果から同じ手続きの再帰によって，2，3，…に対する結果を見い出す方法を教える」(Hab 3)．

こうしてフレーゲは，量一般に続いて，唯一つの具体的な量の実例，関数／演算 Operation（実関数 R → R）を与える．関数の概念規定は 1874 年には，まだやや不精確だが，しかし明らかに全単射（bijections［上への 1 対 1 写像（1-1 onto mapping）］）が想定されている．実関数は，一般的な量概念の特定な数学的関連を与える．関数の通常の結合［○］は，任意の全単射関数 f からの量領域を産出する．f の多重反復 f ○ … ○．f とその逆とが，アーベル群を形成する．その中立的要素は同一性関数 id で，任意の g の逆元はその逆対応である逆全単射 g^{-1} である．フレーゲ自身の文言は，こうである．「関数 $\varphi(\varphi(x))$，$\varphi(\varphi(\varphi(x)))$ には，関数 $\varphi(x)$ の量の 2 倍，3 倍の量が付値される」(Hab 3)．つまり，母関数 generating function の反復指数は，この群中の関数の量を表現する．例えば，ffff (x) = f (f (f (f (x)))) で定義された関数 ffff は f の量の 4 倍の量をもつ（Aho [1998] 140）．

(5) 当時の群論の展開（Aho [1998] 144f.）

フレーゲの「資格論文 Hab」(1874) での，量の群論的概念は当時かなり先端的なもので，クロネッカー（Kronecker [1870]）の有限アーベル群の定義にも劣らないという．

第 1 に置換理論は，1870 年代および 1880 年代に，単に群論への着想の源であっただけではなく，いわゆる「不変 invariants」論は，この群論という新しい抽象代数を用い，「一定の変換群のもとでの不変な図形を研究する学問」として，全幾何学の再組織化と包括的な統一性を与える．F. クラインのエアランゲン・プログラム（1872）を導くものであった．

第2に，さらに群概念は一般化され，無限と非可換群も許容するものとなっていく．その定義中でフレーゲは可換アーベル群を想定している．しかし彼自身の，関数の結合例は非アーベリアンとなろうし，実関数領域の量は無限だから，量領域は無限となろう．

　まとめると，フレーゲは何らの定理も提出してはいないが，群論の歴史において言及されるに値するという．彼の定義はきわめて明快で，高度に抽象的かつ一般的である．さらに関数についての例は興味深く，伝統的な不変論を凌ぐ大胆なものである (Aho [1998] 146)．しかし彼の考えはアッベを除けば他の数学者に知られることはなかった．フレーゲにとって，「算術」は量領域に関わり，群論的構造がすべての数学的存在に必然的に属するということが，重要だったのである．

(6) 算術と量

　重要なのは，回帰的 *recursive* 定義が関数による量の生成と見られていることであり (Hab 3)，このことが，『概念記法』(1879) での「f‐系列理論」に繋がる．同時にその後の「計算論」の「回帰関数論」への関連も示唆していよう．実際加法は最も基本的な「原始回帰関数」なのである．

　さて「論理主義 *Logicism*」の狙いは，いかなる直観にも基づかない算術的知識の妥当性の根拠を論理のみから引き出すことである．算術が非直観的である究極的な理由は，それが「あらゆる種類の量に関わるからであった」(Hab 1)．

　上述のように，孤立した量があるのではなく，どれも量領域の成員なのである．ある数学的対象が量 Grösse でありうるのは，ただ一定の演算に従うかぎりにおいて，つまり，一定の構造をもつクラス中の成員であることによってのみなのである．異なるクラスが同じ構造をもつとき，量領域は同形 isomorphic である．よって，数は「資格論文 Hab」では，より「文脈的ないし構造的な読解を支持しうるかもしれない」(Aho [1998] 147; cf. Wilson [1992] §X)．

(7) 量の起源

　しかし究極の問いは，量領域の起源についてである．「演算操作と量との間

には，前者なしには把握不能な密接な結びつきがある」(Hab 2). すると，(a) 量の一般的概念は，量を比較し，その一致を決定し，定理を導くことを可能にする，最も根本的な計算法則を述べることによって定義される．(b) 特定の量領域は，ある特定の存在者のクラスに関して一般法則がどう使用されるかを示すことによって得られる．しかし量領域が実際に得られることを，何が保証するのか？ 「資格論文 Hab」(1874) では，「われわれ自身がそれを創造する er-schaffen ならば」(Hab 2) と云われている．この時期，フレーゲは確かに，なんらかの形式的に十分な計算法則の現存が量の十分な規準だと想定していたに違いない．しかし算術をこのように専ら形式主義的に解することには上述のように，なお慎重であった．実際，彼はすぐこうした形式主義的な考えの反対に転ずる (Aho [1998] 148)．彼はその法則がそれらを必然化するなんらかの根拠を必要とすると主張しはじめる．

①「資格論文」では，量領域は，創造的に定義されたアーベル群であった．主著『基本法則』第Ⅱ巻 (1903) では，演算を伴うクラスが量領域を形成するというのは，もはや自明ではなく，計算法則は労苦の末に導出される．例えば，逆元の存在は証明されねばならない．（実数に関わる戦略は，一定の順序づける関係で定義された「正クラス positive classes」が所定の性質をもつということを演繹することである．そして，実数が正クラス中の比として定義可能であることを示すことである．しかしそこで議論は打ち切られている．）

②後期著作では，量は測定可能なものに限定され，かつその測定単位は実数（ないし複素数）である．また基数と実数は，まったく異なる互いに排反的な対象である．1874 年には，未だ基数 Anzahl は量の一種であったが (Hab 2)，フレーゲの基礎論的プログラムは，両者を分離する方向に向った (Aho [1998] 149)．

1874 年では，フレーゲは，特定の量を扱う場合，量をある生成元，ある単位元の反復の指数によるとしている．加法群の反復が，単位量，正負量の多様体を，正確に定義可能にする．負および有理数の積の存在は単に想定されているだけだが，後には証明されるべきこととされる．しかし無理量はこの図式には現れない．

まとめれば，「資格論文」での量概念は，その成果とその欠陥の両方につい

て興味深い．成果としては，(1) アーベル群理論は，フレーゲの後期の量理論と異なり，堅固な数学的理論であり，量の存在証明は不要で，ラッセル・パラドクスには侵害されない．(2)「資格論文」はまたフレーゲの特徴をはっきり示す．つまり，厳密性の強調，広範多様な例証に及ぶ最大限の一般性の追及，脈絡的な依存関係への目配り，高度に構造的な思考方法がそれである (Aho [1998] 150).

しかし「資格論文」(1874) ではフレーゲは未だ量，量領域ないしは数の存在について問うていないが，後には存在問題は定義に関し，一層緊急の問題となり，その存在証明は，フレーゲの壮大な論理主義プログラムの焦点になる．『算術の基礎GLA』(1884) で既に，数は，計算法則以前に，まず対象として想定され，その後で同一性規準が問われ，計算法則が論理的に導出されるはずなのである (§§62-8).

後のフレーゲの見解では，量，量領域における値とは，それらが存在していて，かつそれらに関して明示的に定義された数学的法則をそれらが充足すると証明可能な対象のみに限られる．よって，主著『算術の基本法則GGA』第II巻 (1903) では，その証明の遂行のために，「概念記法」が動員されるが，「資格論文」にはまだそうした兆候はない．初期の量の議論はまだいわば「前フレーゲ的」である．

しかし，初期の量にもある興味ある局面がある．つまり，『基本法則GGA』第II巻 (1903) の「第III部における実数の完結していない処理が予示されている」(Dummett [1982] 145; Simons [1987]; Kutschera [1966]). すなわち，それは，現実の数学の論理主義的再構成にとって本質的であるが，また一般的な「基数 Anzahlen」についてのある哲学的問題をも含んでいる．すなわち，基数に関わる問題は「ある種類のどれくらい多くの対象が存在するのか？」だが，一方実数の方は可測数と見なしうるのであり，「ある量は単位量に比してどれほどの大きさ・何倍か」を告げる (GGA III§157). そしてフレーゲが強調するのは，自然中の大抵の異なる量は測定可能なのであり，数学的関係は実際の測定と比較において応用を見出すということである (e. g.§73; Simons [1987] 31).

§2 解析学の厳密化から論理主義へ――数学史的背景

1. 論理主義までの数学史的背景概観

　フレーゲは，H. ゼーガー Seeger の教科書『算術要綱』(1874) に失望し，厳しい書評 (1874) を書いている．この本では，特に全算術の基礎を成す基本定理や最も本質的な変換式には証明が欠けており，算術の記号言語については単に規約にすぎないものが過度に強調され，式や計算規則に関して，証明と正当化が最も必要なところでいつも欠落している．こうした批評から，フレーゲが，基本的概念について明晰で精確な表現を与えること，つまり基本的な算術的概念の明晰な定義と算術の基本法則の証明を与えることの必要性を，痛感したであろうということは窺えるが，バイナムのように，このことを直ちに，フレーゲの論理主義プログラムに結びつけるのにはなお距離があろう (cf. Bynum [1972] 9)．

　実際，群論および回帰関数論に依拠する一種の抽象代数的な形式的計算主義ないし定義による対象群の構成を示唆している「資格請求論文」(1874) から『概念記法』(1879) 出現までの間の，どの時点でフレーゲが「論理主義」に踏み切ったのかの確定には，ミッシング・リンクがあり，依然として判然としない．いずれにせよ，彼の「論理主義」，つまり，算術を論理学によって基礎づけるという課題の遂行は，「概念記法」の構想，すなわち，推論を厳格に表す形式言語の構成を通じて全く新しい「論理学」を構築するという構想，と密接不離な仕方で結びついていたのであった．

　既述のように，フレーゲ生涯の研究プロジェクトは，いわゆる「論理主義」であった．彼の「論理主義」というプロジェクトには二重の課題がある．第1は数学的な課題であって，それは数学，特に解析学をより厳密に基礎づけようという 19 世紀数学者たちの，いわゆる「厳密化 rigorization」を，一層促進すること，つまり，数学的概念を一層厳密に分析すること，更に解析学の算術への還元（いわゆる「算術化 arithmetization」(ペアノ他)) を推し進めて，算術的諸命題を，その諸概念・諸命題の分析や論理的定義を介して，集合論 (デデキント，カントル) やあるいはブール代数派のシュレーダーらと並行し，少数の

見渡し可能な「論理的」公理に還元(「論理化」)することである.

ところで, プリンストンの P. ベナセラフの論文 "Frege: The Last Logicist" (Benacerraf [1981]) は, フレーゲ研究者・数学の哲学研究者たちに衝撃を与え, 賛否両論を巻き起こした. 従来の有力な理解では, フレーゲは「最初の論理主義者 the first logicist」と見なされるのが一般であったからである. しかしベナセラフによれば, 後者のような理解は, 1930 年代以降の論理実証主義, ないし論理的経験主義という一定の哲学的な見方に基づくものである. この見方に立つと, フレーゲは算術命題が論理に還元される分析的命題であることを論証することにより, カント (彼に従えば, 算術的命題は「綜合的でアプリオリ」である) の主張を修正し, 「(アプリオリで分析的な) 論理・算術 (数論・解析学を含む)」対「(アポステリオリで綜合的な) 経験科学」といった [一種ヒューム的な経験主義的] 二分法への復帰の先駆けと解された. 一方, フレーゲをむしろカント的な認識論的枠組みの新たな改編だと解し, かつ論理実証主義, 例えばカルナップ, についても, 従来の単純な経験主義的二分法的理解というよりは, むしろカント的認識論の再編だと解した上で, フレーゲをこうした改編されたカント的な認識論的枠組みの線上に位置づけようという, 有力な取り組みもある (Coffa [1991]; Kitcher [1986] etc.). だがベナセラフによれば, こうした解釈は, いずれもフレーゲの自己理解とは異なる, 一定の哲学的イデオロギーからの解釈であり, 19 世紀の数学史的コンテクストに戻して考えた場合, フレーゲの仕事は, 第一義的には数学上の仕事であって, 算術命題が論理に還元可能な分析的命題だという主張は, 数学的探究の哲学的副産物にすぎない, と見なされる. むしろ, フレーゲの「論理主義 logicism」は, 20 世紀とは非常に異なる学問的伝統の最後に位置するもの, 19 世紀の算術・解析学の厳密化 rigorization のいわば頂点に立つものと見なされるべきだと主張される.

いま大変粗く 19 世紀後半の数学を再度振り返っておけば, 第一に幾何学革命が勃発し, 複数の非ユークリッド幾何学, アフィン幾何学, 射影幾何学などの多様な幾何学が誕生したが, 逆にどのようにして幾何学が一つの統一ある学問分野をなしうるのかが, 数学者の間で大問題となった. こうした論争に, 群論という新しい抽象代数を用いて,「一定の変換群のもとでの不変な図形を研究する学問」として, 幾何学に一般的・包括的な統一性を与えたのが, 先述の

F. クラインのエアランゲン・プログラム (1872) であった．一方無限過程に関わる解析学は，17 世紀の G. W. ライプニッツ Leibniz, I. ニュートン Newton による創始以来の歴史にもかかわらず，「実数」「関数」「極限」「関数の連続」「無限」等々といったその基本概念については，主として幾何学的直観に訴えた専ら日常語による説明の域を出なかった．C. F. ガウス Gauss のような幾何学的表現の厳密化を目指す方向や，他方 A. L. コーシー Cauchy による関数の連続性に関わる，無限数列の極限値となる実数への収束条件（ε − δ 論法）の日常語による説明，また無限のパラドクスを追究した B. ボルツァーノ Bolzano, K. ワイエルシュトラース Weierstrass らによる，解析学の幾何学からの分離による厳密化 rigorization が探策され，さらに B. リーマン Riemann 等によって解析学の鍵概念である関数論の整備がなされていく．

　こうした 19 世紀後半における，解析学の厳密化，さらには算術化 (G. ペアノ等) という趨勢のなかで，解析学・算術の土台を，幾何学的直観ないし何らかの「内的直観」にではなく，一層抽象的・一般的基礎へ，何らかの論理的なるものへと遡及しようという機運が，少なからざる数学者また哲学者の間に芽生えていく．例えば，フレーゲのゲッティンゲン時代の哲学の教授であった H. ロッツェ Lotze もその著『論理学 *Logik*』中で，あたかもフレーゲを先取りするが如く，「数学は，一般論理学がそれ自体で自己展開した一分枝だ」(Lotze [1843] Kap. 1, §18, S. 34) と述べている．（但し，彼自身の考察は主として論理についての哲学的考察で，彼の論理学概念そのものは伝統的な理解を出るものではない．）解析学の「厳密化」については，後述のように，ゲッティンゲンの先輩数学者 R. デデキント Dedekind が，1872 年幾何学的直観に一切訴えない，画期的な「切断 Schnitt」による無理数論，関数の「連続性」の算術的定義を提示し，いわゆる「デデキント無限」の集合論的定義を与えた．さらに 10 数年後の有理数論 (1888)（ほぼ完成した形での手稿 (1872/78) が研究者仲間で回覧されていた．Dugac [1976]；野本 [2009]）では，前著で所与として前提されていた「有理数論」を，「系 System」と「写像 Abbildung」という集合論的概念を用い，「連鎖 Kette」という鍵概念を介して，公理的に展開した．その序文でデデキントは，以下のように，極めて明瞭に，いわゆる「論理主義」と見なしうるような見解を披瀝している．

証明できることは，科学においては証明なしに信頼すべきではない．この要請がこんなにも明白であるように思われるのに，……最も単純な科学，すなわち数の理論を取り扱う論理学の部分，の基礎を研究するに当たってさえも，……決して満たされているとは見なせないのである．私が数論（代数学，解析学）を論理学の一部に過ぎないといったことを見ても，私が数概念を空間および時間の表象または直観には全く依存しないもの，この概念をむしろ純粋な思考法則から直接流れ出たものと考えていることを表明している．(Dedekind [1888], 序文, Ⅲ [傍点引用者])

2. 厳密化 Rigorization とは？

ここで，ベナセラフの見解をいわば敷衍し修正した W. デモプーロス Demopoulos の所論に従って，解析学の「厳密化」が意味する内実を補足しておこう (Demopoulos [1994])．

デモプーロス論文の要点は，(1) フレーゲによる『概念記法』『算術の基礎』で始まる基礎論プログラムの目標は，「算術の，幾何学，運動学 kinematics からの自律性 autonomy の確立」にあり，「直観的」推論の「説得力 cogency や整合性 coherency」に対する懐疑が主眼ではないこと，(2) 19 世紀解析学の文脈中でのフレーゲの論理主義は，「特に関数の近代的概念が『概念記法』の第 2 階論理体系の枠組み内で自律性の目標追及を可能にした」というものである（傍点は以下引用者）．

デモプーロスによれば (Ibid., 225f.)，ベナセラフの正しい点は，数学史的に見たフレーゲの基礎論的関心を，第一に，（算術の分析性，アプリオリ性と経験科学の綜合性，アポステリオリ性の対照を強調する）論理経験主義的把握と鋭く対比させたこと，第二に，フレーゲを 19 世紀の数学的伝統の最後に位置し，解析学と実数論を厳密化する過程の頂点と見なした点にある．フレーゲは，コーシー，ボルツァーノ，ワイエルシュトラース，カントル，デデキントが解析学に対して行った厳密化を，算術・数論についても同様に行い，算術の「厳密な基礎」の確保を試みたのである．「厳密化」とは，フレーゲも 19 世紀の解析学者も，つまるところ明晰な定義と数学的証明を与えることと見なした．「……証明が可能なら証明を与えるのが数学の本性」(『算術の基礎 GLA』§2) だ

が，こうした基礎論的探究が，「矛盾回避の保証」(GLA ix) を狙いとしたかどうかは自明ではない．フレーゲの中心的な基礎論的関心は，確かに数学的かつ哲学的で，説得力と整合性が厳密化への 19 世紀の関心の重要な部分ではある．しかしながら，（論証の不完全さによる）その整合性や説得性への懐疑が，フレーゲ論理主義の動機づけの要因かどうかは疑問である．

デモプーロス [1994] によると，むしろ「数学的証明における厳密性へのフレーゲの固有の関心は，算術的推論における直観の拒否」(p. 226) と密接に結びついている．その点でもフレーゲは，コーシー，ボルツァーノ，ワィエルシュトラース，カントル，デデキントによる解析学での伝統における「厳密さ Rigor」への関心を，基礎論的関心に適用しようとする点でも継承している．

「厳密さの追及と時空直観の観念との連関についていえば，カント的な数学の伝統では，われわれのアプリオリな直観は時間空間的で，時間空間の研究は，幾何学，運動学 kinematics，力学 mechanics の中に入る」(Ibid., p. 230)．よって算術の基礎的原理がなんらかのアプリオリな直観に依存するなら，算術は自律性と一般性を欠き，従って，算術的原理，祖先関係の連結性や数学の帰納法の十全な正当化は，空間・時間的概念に依存することになる．

ポイントは，証明の探究にあるが，しかし「基礎への数学的な探究の特徴的動機は，基礎的原理の不確かさやその正当化にはなく，幾何学，力学からの自律性を確立する議論の欠落」(loc. cit.) を匡すことである．そして「自律性」が重要なのは，諸原理の「一般性」の問題が密接に結びつくからで，その点で特に，「時空の知識」からの「独立性」の確保が重要となる．

つまりは，「厳密性は，算術が時空的概念を何ら必要としないことを示すためであり，自律性と独立性は，微積分と実数論を，幾何学および運動学という [特殊] 科学への依存性から自由にしようとした 19 世紀解析学の動機を反映している」(Ibid., p. 231)．例えば，ボルツァーノは言う．「時間と運動の概念は，空間概念同様，一般数学には無縁である」(Bolzano [1817])．ほぼ 50 年余り後にデデキントは概略こう強調している．

　　われわれの直接の目的には，[実数の] 体系 R が両方に無限に延長している一次元の整列領域を形成しうる，といった幾何学から借用した表現の使用を

──算術が自身には無縁な考えを必要とするといった外観を回避するために，純粋に算術的な性質を明晰に生み出す必要がある．(Dedekind [1872] §1)

　解析学の基礎に関わる論争は，自然数の算術の場合よりずっと多様で，実数の場合，厳密性の目的の説明は，説得性の保証と矛盾や不整合に対する防壁が主ではないし，直観が算術的真理への欠陥のある導き手だといった危惧が，直観拒否にあるわけではない．その点は，実解析を含む広義の算術も同様で，ポイントはボルツァーノ，デデキント以来の自律性と独立性への関心にある．
　要約すれば，厳密性への数学的な関心は，算術に「内在的 internal」な証明の要求にあり，それは，算術的命題の演繹への，時空的概念の侵入禁止を含意する．算術に関し，こうした時空的概念から自由な証明を見出すことが，厳密化の数学的な相なのである．厳密性への基礎論的関心は，時空概念の知識から，算術の知識の独立性を確立することで，これがフレーゲの属する基礎論的伝統の非常に基本的な特徴であり（この点をベナセラフは逸している），それをデデキントは実際，後に次のように，自らの論理主義を説明している．

　　算術（代数，解析学）を論理学の部分として語ることで，私の意味しているのは，数概念は時空の概念や直観から全く独立だと私が考えているということを含意しているのであり，私は算術を思考法則からの直接の結果だと考えているということである．(Dedekind [1888] Vorwort, III)

3. 厳密化と時空的直観
　先述のように，連続性の特徴づけが実数論において時空的概念の必要性を示唆するとしても解析学の厳密化の重要な帰結は，連続関数・実関数とは単に実数間の多対一対応にすぎないという考えの擁護であった（Dirichlet [1837]）．もっとも任意の対応 correspondence という一般的概念が数学的に有用だとの考えはリーマン（Riemann [1854]）の仕事に求められる．決定的ステップは，実関数という概念は，古典粒子の可能的軌道ないし区分された連続曲線という概念によっては制限されないと認められた時であろうとされる．──これらの

ステップは，明らかにその先行の幾何学と運動学への依存性からその概念を解き放った．幾何学と運動学とが，フレーゲにとって実数論のアプリオリな直観への依存性とは何を意味するのかということの大方を尽くす．

では算術の場合，自然数について，算術的原理が時空的概念をどのように要求するのか？　トーメ Thomae らによる示唆は，単位ないし対象の集まりを数えあげる数を，時空列の位置に結合させることであるが，こうした，順序の直観的特徴づけは，順序関係を時空的述語で汚染することである．「系列中での後続」は，デデキントの「連鎖」という概念と密接に関係する．

「デデキント連鎖」とは，ある空でない集合 X と一対一関数 f から構成されている対 < X, f > である．デデキント連鎖とフレーゲのいう数の性質との関連を正確に述べるには，後述の弱祖先関係 $f_=$* の定義を要する．

以下，やや先走って云えば，こうした発展に基づき，算術的性質は，実数であれ自然数であれ，カント的直観には何も負うことがないと判明し，その結果として，やがて『概念記法 BS』において展開されるテクニックは，数学的帰納法，後者関係，祖先関係という構造的性質の導出に成功し，これらすべてを直観に訴えることなく成就するに至るのである (Demopoulos [1994] 239)．

デモプーロスによると，これらの算術的原理についてのフレーゲの説明戦略は，少々変わっている．(a) 自然数の算術に関する「論理主義的 *logicist*」テーゼを擁護する主張は，一定の原理が時空的直観に依存せず，関数概念および算術的性質の概念の数学的発展に支えられている，という比較的弱い主張である．(b) つまり，われわれの擁護の成功は，関数を多対一対応として積極的に特徴づけたり，数学的性質を数の集合 *set* として特徴付けたりすることには依存しない範囲内でなのである．それらの概念の積極的な特徴づけのために，やがてフレーゲは関数の値域や概念の外延に訴えた．どの程度まで算術的諸原理の『概念記法 BS』の説明がフレーゲの外延や値域の理論を，それに伴う諸困難ともども，回避しているのであろうか．フレーゲの概念理論はそれだけでは無矛盾で，自然に層化されている stratified のである．パラドクスを導くのは，概念＋外延の結合のみである．さらに，概念の層化は BS での諸性質に自然に拡張され，その仕事に無矛盾な解釈を与える．BS の形式的装置には，性質を外延に結びつけるものはなく，それが BS と後の主著『算術の基本法則 GGA』

（Ⅰ[1893]，Ⅱ[1903]）との差異の重要なポイントをなす．初期著作には外延はなく，それらが登場するのは，フレーゲが自然数系列の無限性を証明しようとするときのみである．しかし，性質とその外延の結合が無視されてよいわけではない．この結合の説明なしには，BSでの性質や関係の把握は不完全となる．例えば，弱祖先関係とデデキントの連鎖との結びつきを表現するには，集合概念の公理的展開に訴えねばならないが，しかしそれはフレーゲにとって極めて問題的である．それは彼の全プログラムを「特殊科学」に変質させてしまう．彼は公理（V）がその外延により概念に要求された表現を与えると想定したが，それはやがてフレーゲの論理主義に克服しがたい障害をもたらすことになる．

4. フレーゲの歩みに沿って（1）——幾何学と算術の相違

以上，19世紀の，ことに解析学における「厳密化」の伝統の核心には，解析学の幾何学や運動学からの「自律性」への希求があり，それが「時空的直観」からの「独立性」要求に他ならないことを確認した．それでは，フレーゲ自身の「論理主義」への歩みのなかで，この点を再確認してみよう．

先ずフレーゲは，初期論文において既に，算術と幾何学の原理的な相違を確認している．教授資格請求論文（Hab [1874]）では，幾何学と算術のプリュッカー流の対比が明示的となっていた．「幾何学と算術にはその根本的原理が基づく仕方において注目に値する相違が存在する．幾何学的全構成の要素は直観であり，幾何学はその公理の源泉として直観を指し示す．算術の対象は直観的性格をもたないから，その根本的命題も直観からは由来しえない」（Hab 1）．「量の本質的な徴表としての加法のもつ一般的諸性質は，直観から自由独立である」（loc. cit.）．「量という概念は直観には見出されず，われわれ自ら創造するのだとしたら，算術に従う領域をできるだけ広範に拡張するために，可能な限り多様な適用を許すように量の定義を定式化しようとすることは正当なことである」（Hab 2）．量の創造という考えはやがて捨てられるが，量の観念が無制限の適用領域をもつという考えは後の著作にも維持される．先取りすれば，『算術の基礎 GLA』（1884）以降では算術の幾何学に対する相対的一般性は，算術の論理的本性に基礎づけられる．この立場は，算術と幾何学とを比較してい

る『基礎』§§12-24に明らかである.

フレーゲはプリュッカー流の三次元ユークリッド幾何学を一般化する解析派の方法を，1883年の講義で公然と擁護する．「最近の解析幾何学によってなされたきわめて広範な進歩の一つは，点のみならずそれ以外の形式（例えば，直線，面，球面）も空間の要素と見なし，座標によってそれらを確定するということである．このやり方で，われわれは直観の確固たる地盤を離れることなしに，三次元以上の幾何学に達するのである」(KS 98).

大分先走って『算術の基礎GLA』(1884)を瞥見しておくと，フレーゲは直観としてはユークリッド的空間直観のみを認め，三次元以上の空間的存在を，解析幾何学的に座標によって確定する．そして綜合幾何学派グラスマン，ハンケルの（基数以外の）「他の数」の一般的な抽象的構成には懐疑的で，ハンケルが基数についての演算法を安易に量・実数に拡張することに批判的である．また「量の（純粋）直観」「数の直観」を認めず(GLA§§18-19)，ハンケル，グラスマンの「次元論」のように，一般的な代数的構造を，証明なしに直ちに空間的関係の一般化によって産出することにも反対である.

そこでフレーゲは，一般性をめぐって幾何学と算術を比較する．その相違は妥当性の範囲に関わる．「幾何学において一般命題が直観から得られるとすれば，……直観される点，直線，平面は，本来は決して特定のものではなく，それゆえにその類全体の代表と見なせる，ということである．しかし，数の場合は，事情は異なる．どの数もその独自性をもつ．ある特定の数が他のすべての数をどの程度まで代表できるのか，……は，即座に言えるようなことではない」(GLA§13)．直観の対象についての主張の一般性は，これらの対象が何か，それらが経験においてどのように与えられるかという直観によって直ちに保証される．しかし数の場合の一般性は証明を要し，数が与えられる仕方から直接は出てこない.

次いでフレーゲは幾何学の公理と算術の基本命題を対照させ，両者の相違を明確にする．幾何学の公理はそれを否定しても自己矛盾には陥らないが，算術の基本命題を否定すれば，すべては混乱し思考は不可能になろう．その理由は算術が至る所で適用可能だからである．算術的真理は，数えることが可能なものの領域を支配する．これは最も包括的な領域である．……思考可能な一切の

ものだからである．だとすれば，数の法則は，思考の法則と最も密接に結びついている」(GLA§14, 21)．（詳しくは第3章§3参照）

5. 論理主義の趨勢 —— 様々な「論理主義」，様々な「論理」

既述のように，H. ロッツェ Lotze が既に，「数学は，一般論理学がそれ自体で自己展開した一分枝だ」(*Logik*, Lotze [1843]) と述べていた．数論を集合論的に展開したデデキントは，先にも引用したように，『数とは何か，何であるべきか』(Dedekind [1888]．但し，手稿の形では既に 1872-1875 年の間にほぼ完成していて，数学者仲間には回覧済みであった．Dugac [1976]) の序文で以下のように，極めて明瞭に，いわゆる「論理主義」と見なしうるような見解を披瀝している．「私が数論（代数学，解析学）を論理学の一部に過ぎないといったことを見ても，私が数概念を空間および時間の表象または直観には全く依存しないもの，この概念をむしろ純粋な思考法則から直接流れ出たものと考えていることを表明している」(Dedekind [1888], 序文，Ⅲ [傍点引用者])．

ただ「論理主義」といっても，算術が還元されるべき一般理論，「論理」とは何かということになると，論者によって，相当の差異があり，従って，「論理主義」もまた多様なのである．

(5.1) 集合論的・構造論的 – 準論理主義 (Quasi-Logizismus in Thiel [1984])

解析学の「厳密化」に関する先輩数学者デデキントが，1872 年，幾何学的直観に一切訴えない，「デデキント切断」による無理数論，関数の「連続性」の算術的定義，「デデキント無限」の集合論的定義を与えており，やがて 10 数年後に刊行された，上述の『数とは何か何であるべきか』(1888) では，有理数論を，「デデキント連鎖 Kette」を介して公理論的に展開するが，その場合にデデキントが念頭においているのは，「系 System」と「写像 Abbildung」という集合論的概念装置である．デデキントの「準論理主義」に対するフレーゲの所見の一端は次のごとくである．

デデキント氏も，数論は論理学の一部であるという意見である．しかし彼の著作はこの意見を確証するためには殆ど何も寄与していない．というのは，

彼が使用している「系 System」,「ある事物がある事物に属する」といった表現は, 普通, 論理学で用いられてはおらず, 一般に承認されている論理的なものに還元されてもいないからである. (GGA I序言, Ⅷ)

(5.2) 抽象代数的・形式主義的論理主義

　一方, 後に再度言及するが, 英国では既に G. ブール Boole の新しい論理,「ブール代数」が提唱されていて, アメリカの論理学者 C. S. パース Peirce の「関係算」と量化を組み込んだ, 包括的な「論理代数」・「ブール・シュレーダー代数」が, 当時ドイツでの最有力の論理学者 E. シュレーダー Schröder によって展開されつつあった. 特にシュレーダーは, デデキント流の算術・解析学の基礎をこうした拡張された「論理代数」に求めることを目指していた.
　フレーゲ自身も, 先述のごとく,「教授資格請求論文 Hab」(1874) では,「量」が算術の基礎的な数学的対象の一般化された概念とされ (Aho [1998] 138), フレーゲのいう一般的な「量の領域」は, 展開されつつあった「抽象代数・群論」における,「可換群・加法群」に相当する.
　量の学, 加法群を扱う抽象代数としての算術の量概念, ないし量は, 直観中に発見されるのではなく,「数学的演算操作の対象で, われわれ自身が創造する」(Hab 2) と主張された. 先述のように, こうした一見, 構成主義的と見える考え, ないし, 算術的概念を公理群によって一定の群構造を陰伏的に定義する「代数的, 構造主義的」な考えと通じるような, 量の算術的概念は, 純粋に形式的に, 基本的演算操作・加法に関する公理によって確定する. かくてフレーゲのいう当初の「量領域」は,「群論」でいう「加法群」であり, 量とは, 加法の一般的公理, 結合律, 可換律, 単位元ゼロと逆元との存在, を充たす「可換群・アーベル群」であった. 加法という関数の回帰的反復・回帰 Rekursion を介し,「加法は乗法に, 乗法は累乗に至り」(Hab 2), こうして「関数 φ (φ (x)), φ (φ (φ (x))) には, 関数 φ (x) の量の2倍, 3倍の量が付値される」(Hab 3). つまり, 母関数の反復指数は, この群中の関数の量を表現する. 例えば, ffff (x) = f (f (f (f (x)))) で定義された関数 ffff は f の量の4倍の量をもつ (Aho [1998] 140). ここで重要なのは, 回帰的定義が関数による量の生

成と見られていることであり (Hab 3)，このことが，『概念記法』での「f‐系列理論」に繋がる．同時に先述のように，その後の「計算論」の「回帰関数論」への関連も示唆していよう．

　論理主義は算術の妥当性を論理のみに基づける試みである．算術が直観に訴えない理由は，それがあらゆる種類の量に関わるからであった．ここには，幾何学から純化された算術の基礎づけに関し，ありうる一つの候補として，上記のような群論等の「抽象代数」を駆使しての一種の構造主義的ないし「形式主義的」アプローチが示唆されている．しかしフレーゲは，この「計算論的」な算術理解を一般的に採用・展開することには慎重であって，こうした立場から，基数 Anzahl や，角度その他の個々の量の種類の定義分析には進まない．1874年時点では，量はある生成元・単位元の反復の指数であり，加法群の反復が，単位量，正の量の多様体を定義可能にするといった確認に止められ，算術をこのように専ら形式主義的に解することには慎重であった．実際，以下に見るように，彼はすぐこうした形式主義的な考えへの反対を鮮明にする．

　10年後の講演「算術の形式理論について」(1885) には，当時の「形式理論」への簡明な批判と並んで，「論理主義」の擁護がある．ここには，「資格請求論文」で基礎づけの一つの候補を示唆する「抽象代数」的な形式主義，および定義による対象の構成主義に，フレーゲが何故積極的でなかったのかを窺わせるものがある．それはやがて主著『算術の基本法則』第Ⅱ巻における，徹底した「形式主義批判」へと通じていく．一つのポイントは，フレーゲにとって，算術は無意味な図形や空なる記号に関する，単に全く任意に設定された全く形式的な演算ゲームではなく，固有の算術的対象およびそうした対象の固有な性質・概念（正負，偶数・奇数，有理数的・無理数的，有限・無限等）や対象間の固有な関係（系列中の後続関係等），さらには関数の連続性，収束，極限等々といった，内容をもつ「内容的 inhaltlich 算術」だということであろう．それ故，そうした内容的算術がそれへと遡及・還元されるべき基礎としての「論理」もまた，全く任意の約定によって設定された全く「形式的な論理」ではありえず，固有の内容，固有の論理的概念・関係をもった「内容的な論理」でなければならなかったと想定される．

6. フレーゲの歩みに沿って (2) ―― 数とは何か

先にも引用した「L. ダルムシュテッターへの手記」(1919. 7, 『著作集 4』) においてフレーゲは,「私は数学から出発し……この学問の最も緊急の課題は, よりよき基礎づけを与えることだと……思われた」という文に続けて, こう語っている.

> 間もなく私は, 数がものの堆積や系列ではなく, また堆積の性質でもなくして, 数えることに基づいてなされる [幾つあるという] 個数言明は, 一つの概念についての言明を含む, ということに気づいた. (プラトン『ヒッピアス (大)』[300e 以下])……
>
> こうした探究に際しては, 言語の論理的不完全さが妨げになっていた. 私は私の概念記法に [こうした障害の] 除去対策を求めた. こうして私は数学から論理学に至った.

つまり,「太陽系の惑星はいくつあるか」といった問いに答える「個数言明」は, 何の意味もない空な記号列でもなければ (非形式主義), またそれが言及する対象である数は, 単に (知覚の対象である現実的な) ものの堆積や系列, (抽象的対象である) 集合ないしその性質 (を扱う集合論という特殊数学的分野に属するの) でもなく,(「論理」の固有な領分に本来的に属する)「概念についての」言明を含むことに気づいたという. しかし個数言明の話題は, 実際は, フレーゲの第 2 作『算術の基礎』(1884) で初めて取り上げられる話題である.

いずれにせよ「こうした探究に際しては, 言語の論理的不完全さが妨げになっていた. 私は私の概念記法に [こうした障害の] 除去対策を求めた. こうして私は数学から論理学に至った」と言われている.

フレーゲの特異な「記号言語」である「概念記法」構成の要因となった「言語の論理的不完全さ」とは何か. それ以前にも, P. E. B. ジャーデンへの書簡 (1902. 9. 23) でフレーゲは次のように語っている.「私は概念記法の構想を, それがはっきりした形をとるかなり以前から, 抱いていた. 算術の基礎づけに当たって, 暗黙の諸前提を確実に排除する必要性が, 1879 年の概念記法に導いた」(WB 111).

「概念記法」という構想に至った動機を，遠くプラトン「問答法 dialectike」における無仮説 annypoteton・原理 arche への遡及・上昇ないし近年の「逆数学 reverse mathematics」的探究法を想起させつつ，またゲーデル Gödel 的な「完全性」証明の必要性をも示唆しつつ，最も鮮明に語っているのは，ペアノの記号法と自らの概念記法を対比している後年の論文中でであろう．そこでフレーゲは，次のように述べている．

> 私が概念記法の必要性を痛感するようになったのは，全数学の基盤となるようなそれ自体は証明不可能な基本命題，つまり公理を探し求めていたときだった．……すでにユークリッドがその問題を立てていたように思われる．しかしそれはまだ満足に答えられていない．その理由はわれわれの言語の論理的な不完全さに見出されるべきだろう．ひとそろいの公理が完全なものであるかどうかを確かめたいと思えば，その公理から数学の関連する分野におけるあらゆる証明を導き出そうとしなければならない．[完全性の要請？] そしてその際，純粋に論理的な法則のみに従って帰結を導くことに厳密に注意を払わねばならない．……日常言語がこの目的にほとんど適していない理由は，その表現がしばしば多義性をもつというだけでなく，とりわけそれが推論のための定まった形式を欠いているということにある．「このようにして」とか「したがって」，「なぜならば」といった語は，確かに推論がなされたということを示唆しはするが，それに従って推論がなされた法則については何も語らない……帰結する文が真であることを確信できるか [推論の真理保存性] ……いかにしてそうした確信が正当なものになるのか，そしてそれがどのような基本法則に基づいているのかを意識にのぼらせなければならないのである．そのためには，推論がそれにそって進んでゆくためのしっかりとした基本線が必要になる．……論理的な完全さと可能な限りの簡潔さとを兼ね備えた思考表現のためのまったく新しい手立てを導入すること……．
> (Frege [1896] in KS 362-4, 『著作集 1』強調引用者)

以上がフレーゲにとって，概念記法構成の動機・目的であった．

(1) 公理系の完全性と推論規則の明示

　上記の引用のポイントは何であろうか．先ず「日常言語の不完全さ」ということで，すぐ思い浮かぶのは，その「多義性」であろう．しかし「論理主義」にとって死活問題である，算術的命題を論理的命題から導出する，つまり，「証明する」には，「ひとそろいの公理が完全なものであるかどうかを確かめたいと思えば，その公理から数学の関連する分野におけるあらゆる証明を導き出そうとしなければならない」と，ゲーデルの完全性証明に要求される条件を示唆しつつ，証明に際しては，「純粋に論理的な法則のみに従って帰結を導くことに厳密に注意を払わねばならない．……日常言語がこの目的にほとんど適していない理由は，……とりわけそれが推論のための定まった形式を欠いているということにある．「このようにして」とか「したがって」，「なぜならば」といった語は，確かに推論がなされたということを示唆しはするが，それに従って推論がなされた法則については何も語らない」．しかし推論規則について不明確なのは，なにも日常言語に限らない．厳密と称される「数学的言語」を駆使した数学者たちによる，いわゆる「証明」なるものも，しばしば隙間や飛躍に富み，日常語での推論とさしたる相違はないのである．しかしながら「論理主義」の確証にとっては，基本前提・公理の真理性と並んで，「算術の基礎づけに当たって，暗黙の諸前提 [例えば，直観に依拠する前提] を確実に排除する必要性」が不可欠で，（前提の真を結論の真に伝える，「真理保存的な truth-preserving」）論理的「証明」「推論」の妥当性が死活問題である．

　フレーゲの鉾先は，デデキントの証明にも向けられる．主著『算術の基本法則 GGA』第Ⅰ巻（基数論の途中までを含むだけであるが，大版で 254 頁）のその「序言 Vorrede」において，フレーゲは，この著作で展開される自らの長大な「証明」の論述と，簡潔明快なデデキントの小著とを対照して，こう述べている．「証明遂行の厳密さへの要求は，[証明が] より長くなるという不可避の結果を招く」．ひとがただ一つの認識行為によって直接に洞察すると信じる命題が，しばしばひどく回りくどく証明される．

　このことは，デデキント氏の著作『数とは何でありまた何であるべきか』[Dedekind [1888]．これはわずか小版 58 頁の小冊子 [第 4 版] に過ぎない] ——

それは算術の基礎に対して最近私が目にした最も徹底した仕事である——と比較して（Ⅷ）みるなら，とりわけ目をひくであろう．デデキント氏の著作は，本書で行われているよりずっとわずかの紙幅で，算術の諸法則を一層はるかな高みまで追求している．この簡潔さは，多くのものが実際には全く証明されていないということによってのみ達せられている．［……］けれども，もし［証明の］この明証性の本性への洞察を得させるということが問題の場合には，こうした取り扱いでは十分ではなく，……われわれは中間段階のすべてを書き込まなければならない．［……］［本書の］新しさは，命題の内容にではなく，証明がどのように遂行されるか，それがいかなる基礎の上に与えられているかにある．（GGA Vorrede, Ⅶ-Ⅷ 強調引用者）

(2)「言語の論理的な完全さ」の要求——一意的有意味性条件

以下も，先走り過ぎの記述であるが，1890年代以降の成熟期において顕著となる「言語の論理的完全さ」にも触れておこう．フレーゲは「論理的に完全な言語（概念記法）では，導入済みの記号から文法的に正しい方法で……構成された表現はすべて，……意味 Bedeutung が保証されていなければならない」(SB 41)，すなわち，「適正に形成された名前は常にあるものを意味して *bedeuten* いなければならない」(GGA I§28) ということを，「定義の最高原則」として，提起している．（このような「論理的に完全な言語」は，無矛盾のはずである．しかし，値域 Wertverlauf・クラスの名前に関してパラドクスが導かれ，値域名は時に有意味でないことが判明したことは，値域に訴える数学の哲学としての「論理主義」の破綻とともに，フレーゲの当初の「論理的に完全な言語」という意味論的目論見の挫折をも意味することになる．）

（フレーゲは，同様に「完全な記号体系の全体においては，すべての表現にある一定の意義 Sinn が対応すべきである」(SB 27) ことも要求している．）

「完全な論理的言語・完全な論理的意味論」「論理主義の数学の哲学」の両者とも，値域名に関しては破綻したとはいえ，値域名を除去した，ないし可述的な値域名の範囲では，階が区別され層化された高階の論理的言語は意味論的に完全であり，かつ数学の哲学としても安全であると期待される．

いずれにせよ，算術がそれへと還元されるべき基礎を構成する「論理学」を

表現するために,「論理的な完全さと可能な限りの簡潔さとを兼ね備えた思考表現のためのまったく新しい手立てを導入すること」, それがフレーゲにとって, 概念記法構成の動機・目的であった (Frege [1896] 362-4,『著作集1』).

§3 多様な準論理主義——デデキントとシュレーダー

1. デデキントの数論——論理主義の一出発点

(1) 実数論——第一期の論理主義?

繰り返しになるが, 先述の P. ベナセラフの論文 "Frege: The Last Logicist" (Benacerraf [1980]) によれば, フレーゲは「最初の論理主義者」で, 論理・算術 (数論・解析学を含む) が「分析的でアプリオリ」という経験主義的二分法復帰への先駆けと見なす従来の理解は, 1920-30 年代の論理実証主義ないし論理的経験主義の哲学的イデオロギーからの解釈である. だが, 19世紀の数学史的コンテクストに戻すならば, フレーゲの仕事は, 第一義的には数学上の仕事であって, 算術命題が分析的命題だという主張は, 数学的探究の哲学的副産物にすぎない, と見なされる. むしろ, フレーゲの「論理主義」は, 19世紀の算術・解析学の厳密化の頂点に立つと見なされた.

ニュートンの流率法も『プリンキピア』では, 天体力学や運動学が幾何学的に説明され, ライプニッツの無限小解析以来の「解析化」も, 往々にして, 解析学の基礎概念である「実数」「関数」「極限」「関数の連続」「無限」等々について, 主に幾何学的直観に訴えて説明された. 一方, コーシーによる関数の連続性, 無限数列の極限値への収束条件定理, また無限のパラドクスに関するボルツァーノ, ワイエルシュトラースらによる, 解析学の「厳密化」が探策されていく.

こうした 19 世紀後半における, 解析学の算術化, 算術のさらなる厳密化という趨勢のなかで, 解析学・算術の土台を, 幾何学的直観等にではなく, 一層一般的基礎へと遡及しようという動きが, 数学者また哲学者の間に認められる. 哲学者ロッツェも,「数学は……一般論理学の一分枝」(Lotze [1843]) だと述べていた. 解析学の厳密化については, デデキントが, 幾何学的直観に一切訴え

ない「切断 Schnitt」による無理数論，「連続性」の算術的定義を提示し，「無限」の集合論的定義を与えた (1872). さらに，「自然数論」(1888) を，「系 System」と「写像 Abbildung」という集合論的概念を用い，「連鎖 Kette」という鍵概念を介して，公理的に展開した. 先述のように，その序文でデデキントは，極めて明瞭に，いわゆる「論理主義」と見なしうるような見解を表明している. 「証明できることは，科学においては証明なしに信頼すべきではない. ……だが数の理論を取り扱う論理学の部分, の基礎研究に当たってさえも，……[この要請は]決して満たされているとは見なせない」.「[私は]数論 (代数学, 解析学) を論理学の一部に過ぎない」と見なすので，「数概念を……直観には全く依存せず……純粋な思考法則から直接流れ出たものと考えている」(Dedekind [1888], 序文, Ⅲ [傍点引用者]).

こうした「集合論」を基礎とするデデキントのような「準論理主義」を，「集合論的論理主義」と仮称しよう. だがワイエルシュトラースや超限的集合論の創始者カントルには，数学の基礎づけといった動機ないし意図が明白にあったとは言い難い. イタリア・トリノ学派の領袖 G. ペアノ Peano は，デデキント・ペアノ算術と言われるような「公理的自然数論」を体系化したが，数理科学の広範な分野を統一的な記号表現で包括する「普遍的言語 pasigraphy」の形成にその主要な意図が認められ，必ずしも数学の論理的な基礎づけを主眼とするとは言い難いであろう.

一方で，先述のように英国の G. ブール Boole の新論理「ブール代数」を継承し，かつアメリカの C. S. パース Peirce の「関係算」と量化理論を取り込んで，包括的な「論理代数」「ブール・シュレーダー代数」を展開しつつあった，当時のドイツの最有力な論理学者 E. シュレーダー Schröder もまた，算術・解析学の基礎をこうした拡張された「論理代数」に求める，「論理代数的論理主義」者であった. (パースなどには，当時「論理主義者」といえば，デデキントとシュレーダーが念頭に置かれていた.) こうしたシュレーダーのような「論理代数的論理主義」もまた「準論理主義」に含められよう.

このように，ベナセラフ流に，19 世紀後半の数学，特に，算術 (数論, 代数学, 解析学) の基礎論の分野での動向を見るならば，広い意味での「論理主義」の趨勢は，相当に顕著で有力なものであったことが分かる. しかし各論理主義

者と目される人々の間でも，「論理」ということで何を理解しているかは，互いに相当に異なっていると言えよう．そこでフレーゲの「論理主義」を，こうした広義の論理主義的趨勢のなかで捉え返し，各自の「論理」概念の相違，また各「論理主義」の異同，就中フレーゲ「論理主義」の顕著な特色は何かを究明するためにも，その一環として，本節では，まずデデキントの数論を概観し，デデキント流の「論理主義」が如何なるものかを探究したい．19世紀後半の，デデキント，シュレーダー，フレーゲに代表されるような論理主義を，いわば「第一期の論理主義」と呼ぶならば，20世紀初頭のラッセルその他によるパラドクス発見後，その対処をめぐって展開されたラッセルの型 type 理論等や，ツェルメロの公理的集合論は，いわば「第二期の論理主義」，さらに，ヒルベルトの形式主義やブラウワーの直観主義と並行して，改良版ツェルメロ・フレンケル ZF，ベルナイス・ゲーデル BG の各公理的集合論やクワインの集合論 NF, ML, SL 等は，いわば「第三期の集合論的論理主義」，そしてさらに付加すれば，近年ネオ・フレーゲアンたちによって提唱された「フレーゲ算術」の復興等は，それらに続く（いわば「第四期の」）「新論理主義 neo-logicism」と言えるかもしれない．

(2) 教授資格講演前後

　R. デデキント (1831-1916) は，ゲッティンゲンの C. F. ガウスの下で 1852 年 Ph.D. を獲得．B. リーマンに続いて教授資格請求講演 Habilitationsrede「数学への新しい関数の導入について」(Dedekind [1854] in DW) では，正整数から始めて，算術の段階的，生成的な展開というプログラムを提示している (cf. Ferreiros [1999] 218)．この講演には，デデキントのその後の学問的生涯の課題とその方法が，萌芽的とはいえ，既に相当明瞭な形で姿を現していると言ってよい．それはまた，19 世紀後半からの，数論，代数学，数学基礎論，集合論等の研究を導いていく研究プロジェクトの基本線を，同時に予示するものとも言えよう．以下，その大略を辿ってみよう．

　まず冒頭でデデキントは，「この講義は，数学の前進的な発展において，いかにして，新しい関数，ないし新しい操作 neue Operationen が，一連の先行の関数・操作に付加されるのかというその仕方を，一般的に対象とする」(DW.

428)と述べている.デデキントはこの講演で,数学における数の新しいクラスの生成に一様な説明を与え,正整数の「加法」という操作から「減法」という操作を,次いで減法が「負の整数」を生じさせ,加法から整数の「乗法」へ,その逆操作・「除法」へ,そしてどのように除法が「有理数」の「創造 erschaffen」に至るかを説明しようとする.1872 年と 1888 年とのデデキントの基礎論上の著述は,この請求講演で開陳されたアイディアを,まず第一に,自然数からの「実数」の生成,第二に,「自然数」の集合論的起源を探索することによって,深化させることになる.さらに,この講演で論じられている「生成原理」(すなわち,数の新しいクラスを,旧来のクラスのある操作の下での閉包と解することによって,生成する)ないし「帰納原理」(cf. DW. 431)と,数のクラス classes を基本的と見なす見地とは,デデキントをして代数的数論中に新しい構造の発見,例えば,体 fields [Körper](それは,加減乗除という四則の操作の下で閉じている数のクラスである)に導いた (cf. Ewald [1996] 754-5).以上の「教授資格請求講演」には,数学の前進的発展が,既存の一連の操作への新しい操作の付加によってなされるとの,デデキントの数体系理解の特異性,彼の思考法の顕著な特徴が現れており,後年の『数とは何か』(Dedekind [1888])でも再現される.

(3) 切断 Schnitt——実数創造(詳細は野本 [2009] 参照)

それではデデキントは,実数の創造についてどう考えたのか.実数体系の定義に関しデデキントは,「十分な証明なしに存在仮定をすることほど,数学において危険なことはない」とリプシッツ Lipschitz への書簡 (1876. 7. 27) で警告している.実数の体系は幾何学的直線のあらゆる現象を純粋に算術的な仕方で追究することを許す.実数は有理数によって定義されるべきで,しかも算術的操作の法則は,実数体系が幾何学的直線と同種の連続性ないし完備性をもつような仕方へ還元されなければならない.

さて「切断」とは,以下の性質,すなわち,有理数系 A_1 中の有理数 a_1 すべてが A_2 中のすべての a_2 より小である $[\forall a_1 \in A_1 \ \forall a_2 \in A_2 \ (a_1 < a_2)]$ という性質,をもつ有理数体系の分割 (A_1, A_2) である.外延的には $(A_1, A_2) = (B_1, B_2)$ とは,A_1,A_2 が,それぞれ B_1,B_2 と同じ成員をもつことと同値である.

もし A_2 が最小の元 a' をもてば，切断 (A_1, A_2) は a' によって生成される *hervorgebracht* と言われる．必ずしもすべての切断が有理数によって生成するのではないから，有理数の領域は非完備的 *incomplete* ないし非連続的 *discontinuant* である．

> 「いかなる有理数によっても生成されない切断 (A_1, A_2) がある場合，われわれは新しい数：無理 *irrational* 数 α を創造する *erschaffen*．……数 α はこの切断と対応する *entsprechen*，ないしこの切断を作り出す *hervorbringen*．よって，どの確定した切断にも，一つ，唯一つの有理数ないし無理数が対応する．……」(Dedekind [1872] §4, 12)

かくて実数体系は，すべての有理数（切断に対応）および新しく創造された無理数から成る，ないし有理数体系が無理数によって拡張されたものである．決定的なポイントは，実数は切断と同一視されておらず，むしろ切断と「対応する」ということである．切断がデデキントにとっては真正の genuine 数学的対象であり，かつ実数と実数間の関係とは，対応する切断によって定義されていることである (cf. Sieg & Schlimm [2005] 139)．

切断 (A_1, A_2) と (B_1, B_2) に対応する，二つの実数 α, β 間の順序は，次のように定義される．$\alpha < \beta$ なのは $A_1 \subset B_1$ のときそのときに限る．実数の加法，乗法は，有理数に関する対応する操作によって定義される．例えば，二つの実数 α と β が切断 (A_1, A_2) と (B_1, B_2) とに対応するとする．和 $\alpha + \beta$ は次のような切断 (C_1, C_2) と対応する．（但し，C_1 は，$a_1 \in A_1$ と $b_1 \in B_1$ に関し，$c < a_1 + b_1$ なるすべてから成り，かつ C_2 は残りの有理数から成る，とする．）

乗法も類似の仕方で定義可能で，体に関する算術法則を立証する．デデキントは順序法則を立証し，実数体系の連続性を証明している．実数体系，つまり切断の体系は，完備順序体と認められる．注意すべきは，デデキントはここでは「創造 *erschaffen; Schöpfung*」を，初期とは異なった意味で用いていることである．個々の数学的対象が創造されるというよりは，むしろそれらの体系が創造される．そしてこうした体系の元は既に確立された体系の元に対応している．（各実数は，その有理切断に対応する．）

さてしかし，無理数論，実数論の創造は，有理数ないし有理体を前提し，その拡張とされた．では有理数，有理数体自体はどのように創造され，構成されるのか？　デデキントは続く 6 年間以上に亙ってこの問題と苦闘する．

2. デデキントの自然数論
　ではデデキントのいわゆる自然数論『数とは何か，何であるべきか *Was sind und was sollen die Zahlen?*』（Dedekind [1888]）を見よう（詳細は野本 [2009] 参照）．

(1) デデキントの準論理主義
　第一版序文（1887. 10. 5）では，先述のように，「論理主義」的主張が鮮明に表れていた．また，論理主義の要点が，時間空間の表象や直観からの数概念の独立性に求められていることも明らかである．「この書の表題に掲げた問いに対する主要な解答は，数とは人間精神の自由な創造物であり」，その際の人間精神の働きの核心は，「われわれが系を数えるとか，事物の個数を求める際に，われわれは……事物を事物に関連させ，一つの事物を一つの事物に対応させ，または一つの事物を一つの事物によって写像するというような精神の能力」にあり，「この能力がなければ一般にどんな思考も可能ではない．しかもこの不可欠の基礎の上にのみ数の科学全体が打ち建てられていなければならない，というのが私の意見である」．しかも，そのことはデデキントによれば，その書の予告版，つまり，デデキント編『ディリクレ整数論講義』（3 版，1879 の S. 470 の付論）ですでに発表済で，「数論全体も，あるもの a をあるもの a' と比較し，a を a' に関係させ，ないし a を a' に対応させる［写像 *Abbildung* という］精神的能力に基づき，それなしにはいかなる思考もありえない」と明記されていた．のみならず，この『自然数論』刊行の意図は，既に『無理数論』(1872) の刊行以前，ないしその直後から，中断しつつも（無論，院生ないし駆け出しの私講師にすぎないフレーゲの知る由もないが）「1872 年から 1878 年の間に……多くの数学者の閲読を受け，……この草案は本書と同じ表題をもち……本書の本質的な基礎的思考は漏れなく含んでいた．本書はそれを注意深く詳述したものにすぎない．そのような主要な点として，有限を無限から判然と区別するこ

と（§64），数の個数の概念（§161），完全帰納法（すなわちnからn＋1への結論）という名でしられている証明法の威力の立証（§§59-60，§80），それから帰納（または出直し法）による定義も確定的であり矛盾を含まないこと（§126）を挙げておく」．実際，その手稿は，Dugac [1976] Appendice XXXII, 203-9 に収録され，検討されているが，いまは詳細は省く（cf. 野本 [2009]，同 [2010]）．

(2) 自然数の形成——連鎖 Kette と系 System

　上述のような省察は，「系 System と写像 Abbildung」という基本概念を用いる論理的な枠組みの内で，自然数の斬新な概念化へと，デデキントを導いた．手稿（Dedekind [1872/78]）で彼はこう書いている．「……われわれが，集まりやその数を数え上げたり Abzahlen するときに，何をしているのかを，精確に辿ると，われわれは必然的に対応 Correspondenz とか写像 Abbildung といった考えに導かれる．以下で導入される系 System や写像という概念は，算術に不可欠な数や基数の概念を基礎づけるためである．たとえ基数という概念は直接明白（「内的直観 innere Anschauung」）だと想定したとしても，である」（Dedekind [1872/78] in Dugac [1976] 293 強調は引用者）．

　「算術的基礎 Arithmetische Grundlagen」を超える第一歩は Dedekind [1872/78] の手稿において踏み出され，『数とは何か』（Dedekind [1888]）にむけて 1872-1878 年の間に執筆され，修正・拡張された．この時期の最後に，デデキントは Dedekind [1888] と同じ表題をもつ小冊子の刊行を考えたにちがいない．それは「私は非常な期待をもって，あなたの著作 Was sind u. was sollen die Zahlen を鶴首しています」（H. ウェーバーのデデキント宛書簡 1878. 11. 13, 32）に窺える．『数とは何か』の序説においてデデキントは，「初期の手稿が既に，現在の私の論文のすべての本質的に基本的な考えを含んでいる」と記している．デデキントが主要点として言及しているのは，「有限と無限との明確な区別，基数 Anzahl の概念，完全帰納法による証明（つまりnからn＋1への推論）……帰納（つまり，回帰）による定義 Definition durch Induktion (oder Rekursion)」である（Dedekind [1888] IV, cf. DW 3, 486）．

　本書では，専らいわゆる自然数列，それも先ず序数が考察されている．先行の『無理数論』（1872）では，自然数論を前提にして，そのあと一歩ごとの数概

念の拡張によって，ゼロ，負数，分数，無理数，複素数の創造がどのような仕方でいつもそれ以前の概念に引きもどすことによって樹立すべきであるかが，連続性を含め，示されていた．デデキントによれば，「代数学や高度の解析学のどの定理も，自然数に関する定理として述べられるのだとは，ディリクレから何度も繰り返し聞いた断定で……，その論旨も既に1854年夏の[デデキント自身による]ゲッティンゲン大学私講師資格請求講演で，ガウスによっても是認された」と，解析学の自然数論への還元が明言されている．

連続性と無理数についての書物（1872）への注釈として，その無理数論の構想は既に1858年に案出され，有理数の領域に生ずる（§4）切断の研究，実数の連続性の証明が頂点（§5, IV）をなすこと，実数論は空間の科学，幾何学とは全く独立で，後者においては図形の連続性は全く必要な仮定ですらないこと，簡単な思考の進みの有限個の体系によって純粋に連続な数領域の創造にまで上昇可能なのであり，この補助手段ではじめて連続な空間の表象も判明なものに作りあげられるということが強調されている．

第2版序文（1893. 8. 24, Halzburg）でデデキントは，初版序文への注釈として，以下のように述べる．すなわち，無限集合の定義（§64）を利用する性質については，既に G. カントル（Cantor [1878]）やボルツァーノ（Bolzano [1851]）で明らかだが，しかし両者は，この基礎の上に数の科学を厳密に論理的に築き上げる試みはしない．デデキントのこの著作は，カントル論文以前にまたボルツァーノの名前さえ知る前に，その試みを完成していた．

有限，無限は，写像の相似（§26）の概念なしにも，定義可能に見える．だがそうではない．一つの系Sは，これを自身の「うちへ写像させ（§36），Sのどの真部分系（§6）も自身のうちに写像されなければ有限，そうでなければ無限である」．しかしそれは，自然数系列が既に展開済みと前提して，はじめて可能なのである．

続けて，先述のように，次のような趣旨を述べている．出版後1年ほど経って，フレーゲの『算術の基礎』（GLA [1884]）を知った．「数の本質については，異なるが，例えば§79に本書と，特に（§44）の私の説明と，はなはだ近接した接触点を含む．表現に違いはあるが，フレーゲがnからn＋1への結論の仕方について公言している（S 93f.）確固たる様子だけからも，著者が私と同じ

第1章 論理主義に向かって　95

基地に立っていることを判然と示している．そのうち，シュレーダー『論理代数 講 義』[*Vorlesungen über die Algebra der Logik*] I (1890), II (1891) [III (1895) は未刊] が出版され，私の説を最大限に認めてくれたことに謝意を表する．……」．

(3) 集合論的・構造主義的構成

それでは，以下にデデキントの集合論的な自然数論の構成を見てみよう．まず公理的一般集合論の構成が行われる（[ ] 内は筆者の補足）．

§1では相異なる「要素」（記号そのものではなく，記号 a, b, c…によって表される事物（思考の対象となるものなら何でもよい））をある共通の見地から捉えて頭の中で総括し，「系System」（クラス）を構成する．そして部分系，「真部分[系]」，合併系，共通部分系等の定義と諸定理が述べられる．§2で，もう一つの鍵概念である「系の写像 Abbildung φ」や「像φ(s)」の定義，特に「合同写像」（どの要素もそれ自身へと対応・生成・移行させる写像）の定義，諸定理等が与えられる．§3では「写像の相似[単射 injection]，相似集合，各系は自身と相似[全単射的 bijective]，同値類 Klasse」その「代表者 Repraesentante」等の定義と諸定理が導入される．

§4では「系の自身の中への in sich selbst [into] 写像 [φ (S) ⊂ S]」に基づく「φ-連鎖 Kette」が K' [=φ (K)] ⊆ K として定義され，諸定理が証明される．

44項　A_0 の説明[定義]　A ⊆ S で，かつ A を部分系とするすべての φ-連鎖 S [A ⊂ Kette φ (S)] の共通部分 A_0 は，それ自身も連鎖 Kette φ (A_0) ゆえ，「系 A のφ連鎖」ないし単に A のφ連鎖と呼ばれ，φ_0 (A) とも表される．

59項　「完全帰納法」の定理　「連鎖 A_0 が任意の系 Σ の部分系（$A_0 \subseteq \Sigma$）である」は，(ρ) A ⊆ Σ, (σ) A_0 と Σ のどの共通要素の像 g も，Σ の要素 [g ∈ $A_0 \cap \Sigma$]，とにより証明される．

60項　[59] は自然数列に関する「完全帰納法」（n から n + 1への結論）の証明法の基礎，つまり，連鎖 A_0 のすべての要素がある性質 F を有するには次のことを証明すればよい．

(ρ) $\forall$ a [a ∈ A_0 → Fa]　　(σ) $\forall$ n ∈ A_0 [Fn → Fn']

§5では有限と無限 das Unendliche の定義・定理が与えられる．

64項　説明［定義］　§32 より各系 S は自分自身と相似［全単射的 bijective: $\text{Bij}_\varphi(S)$，つまり，$\exists \varphi\,[\varphi(S) = S \wedge \varphi^{-1}(S) = S]]$．S が φ - 自己相似 $\text{Bij}_\varphi(S)$ なら S はデデキント無限 D-inf (S) と言われる．

65項　単元集合は有限である．

66項　「無限集合の存在」定理　「私の思考の世界，すなわち，私の思考の対象となりうるあらゆる事物 s の全体 S は無限である」．

§6 では単純無限集合，自然数系列 Reihe der naturlich Zahlen［序数としての］の定義・定理が与えられる．

71項　説明［定義］　系 N は，相似［全単射］写像 φ が存在し，その結果 N が，$\varphi(N)$ に含まれない一つの要素の連鎖のとき，「単純無限」simpinf (N) という．この要素 x を 1 と表す．［i. e. $\exists \varphi\,[\varphi(N) \subseteq N \wedge \exists x\,[x = 1 \wedge x \in \varphi(N)]]$ → simpinf (N)］1 を N の「基礎要素」，単純無限系は写像 φ によって「順序づけられる ordnen」という．

よって単純無限数列 siminf (N) の本質は，N の写像 φ と要素 1 の存在により，次の条件を満足する．(α) N' $[= \varphi(N)] \subseteq$ N. (β) N = 1_0; (γ). $1 \in$ N'. (δ) φ は相似 inj (φ)］．

∴ siminf(N) は，実無限系である．(∵ N' ⊆ N ∧ inj(N, N'))［Peano の公理系］

73項　説明［定義］　φ により順序づけられた単純無限系に関し，要素の特殊性をすべて度外視し，その区別可能性のみを保持し，順序づける写像 φ による相互関係のみを取り上げるなら，その要素を「自然数」または「順序数 Ordinalzahlen」「数 Z」とよび，基礎要素 1 を「数系列 N」の「基礎数」とよぶ．要素からの他のすべての内容の除去（抽象 Abstraktion）を考慮すると，「数は人間精神の自由な創造 freie Schöpfung des menschlichen Geistes である」．上記 71 項の条件 α，β，γ，δ のみから導出された法則はすべての順序単純無限系で成立するから，「数論 Arithmetik」の第一の対象，一つの系の相似的写像の一般的な概念や定理が基礎定理を形成する．かくて一つの数 n の像 n' は n に「続く folgend」数，n の次の数［n' = S (n)］と呼ばれる．以下，いわゆる「デデキント・ペアノの自然数の公理系」の諸定理が述べられる．特に「完全帰納法 (n から n' への推論)」の定理が，より一般的な定理 59 ないし 60 から直接得

られることが注記される．以下，「数の大小」関係，基礎数1が最小数であること，数系列の有限部分系と無限部分系，「単純無限系」の類 Klasse，数の加法，乗法，累乗の各定義，定理が述べられる．最後の§14「有限集合の要素の個数・基数 Anzahl」で短く「基数論」の諸定理への言及がある．

3. ブール・シュレーダー前史[4]

一方 G. ブール Boole の論理代数も，論理学史 (W. & M. Kneale [1962]) では，論理主義の先駆，また論理学に関しその競合相手とみなされている．また代数派の核には，「すべての論理は代数形式で表されねばならない」という考えがあるとされる．

C. パースは，その最初の論文 (Peirce [1870]) において，ブールのクラス算を関係代数にまで拡張し，命題論理と結び付けて，関係算に及ぼそうと試みている (Brady [2000] chap. 2)．しかし，パースの関係代数論が明瞭な形をとるのはパース (Peirce [1880]) 以降であろう．フレーゲにやや遅れて，パースは普遍量化記号 Π を，また存在量化記号 Σ をはじめて導入し (Peirce [1883])，「すべての者は何かを愛する」といった多重量化を '$\Pi_i \Sigma_j L_{ij}$' と表記し，彼の量化理論の本格的展開は Peirce [1885] においてなされることになる (Brady [2000] chap. 5 & 6)．

こうしたブール，パースの仕事を，ドイツにおいて集大成したのは，カールスルーエの高等実科ギムナジウム（後の工科大学）の校長，数学者・論理学者 E. シュレーダー (1841-1902) である (Schröder [1884])．しかし算術・解析学を「ブール・シュレーダー論理代数」によって基礎づけようという，シュレーダーの壮大な「論理主義的」プロジェクトが，明確な姿を現すのはようやく1890年代以降である．

ペックハウス (Peckhaus [1993]) によれば，論理代数的作業において論理学中にもたらされた記号的，数学的方法は，まずはライプニッツのユートピア，普遍数学 mathesis universalis を実現する能力を立証しようとするものである．論理代数派の目標設定は，哲学の一専門分野であった論理学を変革し，論理学を背後にある知の分野に開かれたすべての形式的処理に対する基礎論的専門分

野 Grundlagen Disziplin に作り上げることである．こうした 19 世紀末の記号論理における「論理主義的 logizistisch」ないし「準論理主義的転回」にとっての主証人は，論理代数学者，E. シュレーダーである．

　だがシュレーダーがまず取り組んだのは，日常の言葉が人間精神を縛ってきた束縛から解放し，「厳密な論理」を基礎づけるための，表記上の整備である（『算術と代数の教科書』(Schröder [1873])）．シュレーダーは，後の主著の言葉で云えば，演繹的ないし形式的論理の「計算的処理 rechnerische Behanderung」を追求する (Schröder [1890] S. III)．彼は，論理を「文字計算 Buchstabenrechnung」としての固有の記号言語で叙述しようとする (Ibid., S. II)．シュレーダーは常に論理の構造をその対象から区別する．論理，計算の構造は，代数的構造と同一視され，終始代数記号と整合的に記号化される．特殊論理的な関係，例えば，包摂 Subsumition 等の表記には，以下のような特殊な記号が選ばれている (Schröder [1873] 28-31)．

A ∋= a：「概念 A は A の包摂する umfassen 個体（数値）a に対し優位にある übergeordnet od. superordniert」[A ∋ a ないし A ⊇ a?]
a =∈ A：「a は A に包摂ないし従属する untergeordnet od. subordniert」[a ∈ A ないし a ⊆ A?]
a =∈= a'：「a と a' は相互に並列 beigeordnet od. 対応する koordiniert」[a ≡ a'?]
A (=) B：「表現 A，B は少なくとも一つの一致する値をもつ」
A = B：「A，B は内包 Inhalt と外延 Umfang で一致する」

この記号系 Symbolik は，「多義的な値の集団 vieldeutige Wertgemeinschaft」(z. B. 解集合) の領域 Gebiet に嵌め込まれる (Schröder [1873] 148ff.)．包摂記号 '∈' が中心的役割を演じ，数理科学で不可欠だと見なされている．

　しかしデデキントの自然数論＋無理数論を，ブール代数＋パースの関係算＋量化理論を包括する「ブール・シュレーダー論理代数」によって基礎づけようという，シュレーダーの「準論理主義的」プロジェクトが顕在化するのは，ようやく 1890 年代以降の，『論理代数講義 Vorlesungen über die Algebra der Logik』全 3 巻 (1890-1905) においてである．このことから明らかなのは，彼

の「論理代数的論理主義」のプロジェクトが，まさに，『概念記法』(1879) の「論理学革命」に始まり，『算術の基礎』(1884) を介して『算術の基本法則』Ⅰ巻 (1893)，同Ⅱ巻 (1903) へと展開されるフレーゲの「論理主義」展開の時期と，まったく重なりあい，軌を一にして並走し，角逐競合していることである．そして二人の「論理主義」が，かたや現代の標準論理の範型，かたや「論理代数」という対照を見せると共に，またテーマ追及の姿勢において対蹠的な行き方を示す．すなわち，フレーゲは，あくまでも，算術・解析学の基礎を下方に向かって掘り下げ，かつその基礎からの積み上げに当たっては，その証明にいかなる隙間も残さぬように厳密無比に，歩一歩と進めるが故に，基数論においては「デデキント・ペアノ算術」と同形の「フレーゲ算術」の公理群を提出する所までしか進めず，無理数論においても，量概念・量領域の厳密な規定に主力を注いだために，無理数論の群論的諸規則については素描に終わり，しかも基数論・無理数論のすべての基礎にある「値域」抽象に関する基本法則 (V) において，ラッセル・パラドクスに見舞われるという悲劇に直面する．そして，フレーゲ論理主義の伝統は，ラッセル・ホワイトヘッドの『数学原理』(1910-1913) 以降に継承されることとなった．

　一方，シュレーダーのライフワーク『論理代数講義 *Vorlesungen über die Algebra der Logik*』全3巻 (1890-1905) は，パースの関係算・量化論を組み込んだ最も包括的な論理代数を基礎に，上方に向かって豊かな展開を示し，束論の最初の公理的提示，またデデキント連鎖を含む数学の基礎への対処であって，レーヴェンハイムの定理の定式化を促し，スコーレム関数という考えの先駆をなす．レーヴェンハイム，スコーレム，タルスキらモデル論の創始者たち，F. クラインやヒルベルトらの当時のドイツの数学者たちにとっても，より数学者よりのシュレーダーの「論理代数」の方が親しいものであったようである．パース等にとっても，「論理主義」といえば，デデキント，シュレーダーがその代表であって，フレーゲに気づいている様子はないようである．

1) cf. Aho [1998] n. 11 によると，フレーゲの博士論文は，不変論学派に近く，その用語法，問題設定は C. von シュタウトの抽象的射影幾何学に由来する．不変論は F. クラインのエアランゲン・プログラム (Klein [1872]) を導き，置換関数の群論的処理によって全幾何学の再組織化を擁護するものであった．cf. Klein [1872] §1-5.
2) Kreiser [1983] 335.
3) Kreiser [1983] 365ff.
4) この紹介は主に以下の諸論文に依る．Schröder [1873] [1890-1905]; Thiel [1984]; Peckhaus [1993]; Houser et al (ed.) [1997]; Brady [2000].

第2章 『概念記法』

§1 『概念記法』序言の論理主義的志向

さて『概念記法』の「論理主義的な」構想について，先述のように，フレーゲは，P. E. B. ジャーデンへの書簡 (1902.9.23) で次のように語っていた．

> 私は概念記法の構想を，それがはっきりした形をとるかなり以前から，抱いていた．算術の基礎づけに当たって，暗黙の諸前提を確実に排除する必要性が，1879 年の概念記法に導いた．概念記法への取り組みが，今度は算術の基礎概念を一層厳密に把握するように促した．……もっとも『概念記法』にはこのような考察の痕跡はとどめられていないが．(WB 111)

けれども，私には，『概念記法』中にも，やはりそうした「論理主義的な」構想の痕跡は，相当はっきり窺えるように思われる．それを特に「序言」と第Ⅲ章において確認してみよう．それどころか，第Ⅲ章においては，実はフレーゲは，後続のデデキント・ペアノ算術と同形の，最初の「論理主義的算術」(私はそれを「概念記法 – 算術 *Begriffsschrift-Arithmetik* (BA)」と呼びたい) を提起していたと考える[1]．

まず「序言 Vorwort (VW)」において，フレーゲは算術の基礎づけを巡って，以下のような「論理主義」的方向を示唆している．

フレーゲによると，科学的真理の認識 das Erkennen der wissenschaftlichen Wahrheit に関して，二つの方向からの問いがある．

①生成的 genetisch な問いは，ある命題が次第に確立されていく道程 Weg を問うもので，

②基礎づけ begründen の方向は，如何にして［その命題を］最終的に最も堅固に基礎づけるべきか，その仕方 Weise を問うものである．(Ⅲ)

フレーゲは，②を次のように敷衍する．「最も堅固な論証 die festeste Beweisführung は，純粋に論理的な *rein logisch* 論証で，すべての認識が依拠する法則のみに基づく gründen」．

かくて，基礎づけを要するすべての真理は，(1)証明が純粋論理的に進行しうるものか，(2)経験的事実 Erfahrungstatsache に依拠 sich stützen せざるを得ないものかに区分されよう．但し，これは，心理的な発生の仕方 psychologische Entstehungsweise ではなく，最も完全な論証の仕方 die vollkommenste Art der Beweisführung による分類である(Ⅲ)．

それでは算術的判断はいずれかであろうか？ それには，「思考の法則のみに依拠して，算術において論証だけでどこまで達しうるのかを，まず探究しなければならなかった」という．「その際，……すべては，推論連鎖に隙間のないこと *Lückenlosigkeit*」という要求をきわめて厳格に充たそうと努力している間に，「私は障害が言語の不完全さ *Unzulänglichkeit* にあることが分かった．……このような必要性から，ここで提出される概念記法という構想が生まれたのであった．よって先ず第一に，概念記法は推論連鎖 *Schlusskette* の適切さをもっとも確かな仕方で吟味し，気づかずに紛れ込むいかなる前提をも告知するのに役立つはずであ［る］……それゆえ論証の帰結 *Schlussfolge* にとって意味の」あるもののみを表現することとし，それを，「概念的内容 *begrifflicher Inhalt* と表記した．……「概念記法」という名前もここから生まれたのである．私は，事物の特殊な性質から独立であるような諸関係の表現にさしあたり制限したので，私はまた『純粋思考の式言語 Formelsprache des reinen Denkens』という表現を用いることもできただろう．(Ⅳ)

顕微鏡はこの［解像の鮮明さ Schärfe der Unterscheidung を上げる］目的に完璧に適合しているが，そのゆえに却って他のすべての目的には役立たないよ

うに，この概念記法も，ある確定した科学的目的のために考案された補助手段なのであり，他の目的に何も役に立たないからといって排撃してはならない．……私の書物には新しい真理が何もないと呟かれるかもしれない．しかし……科学の方法・手段の改良もまた科学を促進するものなのである……．（Ⅴ）

　ライプニッツも適切な表記法の有益さを認識していた，ないし過大評価していた．普遍記号学 allgemeine Charakteristik，哲学計算 calculus philosophicus，あるいは推論計算 calculus ratiocinator という構想は，巨大すぎて，その具体化への試みは単なる準備の域を出なかった．……一度の助走でこの崇高な目標に到達できなくとも，ゆっくりと，一歩ずつ接近するということに絶望してはならない．ある課題が完全な一般性においては解決不能でも，暫定的にそれを制限し，徐々に拡大することにより征服できるだろう．算術，幾何，化学の諸記号は，ライプニッツの構想の個々の領域での実現とみることができよう．この概念記法は新しい分野を付加するが，しかも他のすべてと隣接し，その中心に位置する．それゆえここから，現存の式言語の隙間を埋め，いままで分断していた領域を唯一つの領域に結合し，しかもこれまで式言語を欠いていた領域へと拡張することが可能［である］．（Ⅴ）

　微積分の基礎づけの場合と同様，論証の的確さに特別の価値がおかれるべき場合には，私の概念記法の応用は至る所で成功すると期待できる．
　式言語を幾何学に拡張することは，はるかに容易のように見える．直観的関係を表すなお若干の記号を付加すればそれでよいにちがいない．こうして位置解析 analysis situs がえられる．……［移行は］純粋運動学，さらには力学，物理学へと接続していくだろう．……（Ⅵ）

こうしたフレーゲの文言に，後の「統一科学」の構想の魁を見ることもできよう．

　哲学の課題が，言語的表現手段の性質のみが精神に背負わせているものから，

精神に対する言葉 Wort の支配を打破することにより，人間精神を解放することであるとすれば，私の概念記法は，その目的のために，さらに開発が進めば，哲学者にも有用な道具になりうるだろう．……（Ⅶ）

　概念記法を考案しただけでも，既に論理学は前進した……．論理学はこれまで常に言語と文法とに余りに密着し過ぎてきた……そこで主語と述語の概念を，項 Argument と関数 Function によって置き換えた．……［そのことにより，］内容をある項の関数と解する Auffassung ことが概念形成に begriffbildend どう働くかが，容易に認識される．さらに，「ならば」，「そして」，「ない」，「または」，「存在する」，「いくつか」，「すべて」等々といった単語の意味 Bedeutung の間に連関 Zusammenhang があることの論証 Nachweis が必要である．

　論証方式 Schlussweise を唯一つに限定することは，……概念記法の基礎づけに際し，見通しのよさ Übersichtlichkeit と秩序 Ordnung を作り出すべきなら，原始的要素 Urbestandteile はできるだけ単純であるべしということによって，正当化される．（Ⅶ）

算術は，私が概念記法に到達するに至った思考過程の出発点であるから，まずこの学に概念記法を適用しようと思う．その諸概念を分析し zergliedern，その諸定理をより深く基礎づけようと試みよう……そのいくつかを第Ⅲ章で……さらに，数 Zahl，量 Grösse 等々については，本書に直ぐ続いて執筆する．（Ⅷ）（傍点強調は主として引用者，以下同様）

序言執筆の日付は，「1878年12月18日」となっている．
　以上の序言は，「概念記法」の構想の主要な動機が，（統一科学への展望をも容れるものではあるが，さし当たっては）算術的な諸概念を論理的諸概念に分析し，算術の諸定理を純粋論理的推論のみを介して，論理的な原理のみへと遡及し，その上に基礎づけるという「論理主義」プロジェクトに存していた，ということを物語っている．
　またこの序言において，フレーゲは概念記法の応用について，算術の基礎づ

けに関し,「論理主義」を示唆する見解を述べている.

ライプニッツの「普遍記号学,哲学計算 calculus philosophicus」,「推論計算 ratiocinator」(Trendelenburg) という構想は,巨大すぎて具体化には多くの困難があるが (BS V),算術,幾何,化学の諸記号は,その部分的具体化であると解されている.だがフレーゲは,自らの「概念記法」は,概念をその徴表・部分概念の和と考える,ブール Boole, シュレーダー Schröder らの構想とは無縁だと主張する.

さらには先述のように,「概念記法」の及びうる射程を,算術の基礎づけを越えて,諸学の統一,一種の「統一科学」の構想にまで拡張可能とさえ考えていた (loc. cit.).数論・微積分の基礎づけ同様,幾何学への拡張は容易で,直観的関係を表す記号を 2, 3 付加すればそれでよいという.「思考形式を明瞭に叙述することは,数学を越えて重要で」,純粋運動学,力学,物理学への拡張も可能で,さらに哲学にも有用と見なす,雄大な構想が窺えるのである (BS, VW 56).

§2 論理思想の革命

1. 『概念記法 Begriffsschrift』の出版 (1879)

さてもう一度『概念記法 BS』の「序言 Vorrede」を見ておこう.そこには,この処女作刊行の動機ないし理由が,彼の生涯のプロジェクトである算術の「論理主義」的基礎づけと切り離し難く結びついている次第を示唆する文言が見られるからである.既に前節で引いたが,もう一度詳しく引用しよう.

「すべての特殊性を超越している思考の法則 Gesetze des Denkens のみに依拠して,算術において論証 Schlüsse だけでどこまで達しうるのかを,まず探究しなければならなかった」.そのための手順は,まず,「系列における順序 Anordnung in einer Reihe の概念を,論理的後続 die logische Folge の概念に還元し,ここから数概念 Zahlbegriff へと歩を進める」ということである.

その際,何か直観的なものが気づかないうちに入り込むことが起こりえないためには,すべては,推論連鎖に隙間のないこと Lückenlosigkeit に,掛から

ざるをえなかった．この要求をきわめて厳格に満たそうと努力している間に，私は障害が言語の不完全さ Unzulänglichkeit にあることが分かった．……関係が縺れてくればくるほど，ますます厳密さ Genauigkeit……が低下するのであった．このような必要性から，ここで提出される概念記法という構想が生まれたのであった．よって先ず第一に，概念記法は推論連鎖 Schlusskette の適切さをもっとも確かな仕方で吟味し，気づかずに紛れ込むいかなる前提をも告知するのに役立つはずであり，それはそうした［隠れた］前提をその源泉まで突き止めうるであろうからである．それゆえ論証の帰結 Schlussfolge にとって意味のないものはすべて表現することを断念した．私にとって重要なことだけを，§3で概念的内容 begrifflicher Inhalt と表記した．……「概念記法」という名前もここから生まれたのである．私は，事物の特殊な性質から独立であるような諸関係の表現にさしあたり制限したので，私はまた「純粋思考の式言語 Formelsprache des reinen Denkens」という表現を用いることもできただろう．算術の式言語を模造すること Nachbildung……は，個々の具体化よりもむしろ根本思想に関わることなのである．概念を徴表の和 Summe seiner Merkmale として把握することによって技巧的な類似性を作り出そうというかの努力［ブール代数派］とも全く無縁であった．私の式言語が算術の式言語と最も直接に関係するのは，文字の使い方にある．(Vorrede IV)

通常フレーゲによる現代論理学への貢献としては，一般的に次のようなものが挙げられよう．

(1) 命題論理の公理体系
(2) 名辞論理やクラス算に代わる，関数算的な命題分析
(3) 多重量化によって表現可能な，高階述語論理の公理体系

以下で先ず『概念記法』(1879) の時期前後において，フレーゲの最初の論理体系 (それを「論理体系 B」と呼ぼう) と論理についての哲学的説明，ならびに算術の哲学 (論理主義) への準備がどのように整えられているかを見ることに

しよう．

2. 『概念記法』概要

「論理主義」の哲学的・認識論的側面についても，先述のように，既に 1878 年 12 月 18 日執筆の（『概念記法』の）「序言」で簡略には表明されている．すなわち，基礎づけを必要とするすべての真理は，(1) 純粋論理的に証明可能であるか（分析的），(2) 経験的事実を拠りどころとして証明されるかである（Ⅲ）．（後者は「アポステリオリで綜合的」だが，『算術の基礎』では，更に幾何学的命題や純粋自然科学的命題は，カント的に「綜合的」だが「アプリオリ」とされる．）

さて論理主義の課題は，算術的判断が，すべての特殊性を越える思考法則のみを拠り所にして，論理的推論だけで，どこまで到達できるかを確かめることにある．その際，直観的なものの混入を防ぐためには，隙間のない論証連鎖 Schlussfolge が肝要となる．

しかしそれにしても，日常言語 Sprache des Lebens や（方程式や不等式からなる）算術の式言語 Formelsprache 以外に，何故「人工的な記号言語」が必要なのか．

実は算術の式言語でも，証明過程や（例えば「極限」や「連続」のような）複雑な概念を表すには，結局日常言語が使用されているのである．ところが，第一に，日常言語の不完全さ（多義性・曖昧性・内容欠如）の故に，複雑な関係の表現に関しては正確さが失われる．第二にまた日常言語の文法は，例えば「数 20 は 4 つの平方数の和である」と「すべての正整数は 4 つの平方数の和である」に，表面上同じ「主語 - 述語」形式を当て嵌めて，論理構造の把握を錯誤に導くのである．日常言語での「論証の表現形式は，きわめて多様，不統一，曖昧で，そこからユークリッドでも前提の欠落，見落とし，暗黙裡での使用がなされるのである」（「正当化」50）．こうした不完全さや誤謬から自由で，論証の妥当性を厳しく吟味し，気付かずに侵入する前提を摘出して，その認識源泉を査定可能にするような「記号言語」が必要だとフレーゲは考えたのである．

しかしその人工言語が，また何故「概念記法 Begriffsschrift」と称せられたのか．それは，論証連鎖に意味を持つ「概念内容 *begrifflicher Inhalt*」のみを表現するような表記法（§3）だからである．しかも，それは，副題「純粋思考

の式言語 Formelsprache」が示すように，特定の事物の特殊性質から独立した諸関係の表現に限定されている（つまり，特定の対象の名前や特定の性質・概念・関係の表現を一切含まない）のである．よって，判断の表す「判断可能な内容 beurteilbarer Inhalt」，「概念内容」として考察されうるのは，「その可̇能̇的̇帰̇結̇ die möglichen Folgerungen に影響を及ぼすもののみ」なのである（BS 3）．

　従って，例えば，「そして」と「しかし」の相違，能動と受動の相違のような，話し手・聞き手間の言語的コミュニケーションにおける「期待」「評価」「強調」等に対応するもの（この言語相をフレーゲは後に「色合い・陰影 Färbung・Beleuchtung」と称する）は，「概念記法」から除外される．

　第Ⅲ章で詳しい例証が提出されるが，フレーゲが論理的に基礎づけようと目論む「算術」は，内容を欠いた記号の単なる羅列にすぎないような「形̇式̇的̇算̇術̇」「演算ゲーム」ではなく，運動学，力学等の諸科学や日常の計算に不可欠な，「算術」（それはやがて「デデキント・ペアノ算術」（1888, 1889）として公理体系化されるような「内容」豊かな算術）であり，それらには，解析学なら諸量に関わる「実数」，「開平」などの演算，「関数」「連続性」「極限」「無限」等，自然数論なら馴染みの「加法」「乗法」「平方」「倍数」「正整数」「素数」，「自然数列」「系列における後続」といった諸概念・関係の定義，さらには「後者関係の一意性」「自然数列の連結性や推移性」「完全帰納法」「自然数列の無限性」等々の定理が登場し，論理的証明を要求する．このようにして論理的に導出されるべき「算術」は，単に形式的で無内容な記号の羅列ではなく，われわれに馴染みの「内容を持った算術」なのである．そしてこうした定義や定理証明の使用に耐えうるような基礎的な「論理的表現」や判断もまた，固有の内容，独自の論理的概念や関係ないし論理的な判断内容を表すものでなければならない．そうした内容をフレーゲは一般的に，「概念内容」，判断の場合には「判断可能な内容」と呼んでいるのである．フレーゲにとっては，「論理学」もまた，「算術」が単に「形̇式̇的̇算̇術̇」ではなく「内̇容̇的̇な̇ inhaltlich 算術」であるように，単なる「形式的論理学」ではなくして，算術的概念を定義し，算術的定理を自らの内から導出しうるに足りるような内容を体現した「内̇容̇的̇な̇論̇理̇学̇」でなければならなかった．このような「概念記法 BS」は，後に主著『算術の基本法則 GGA』（1893）において，成熟した形で「意味論」を明示的に帯同した第

二の論理体系(「論理体系 G」と呼ぼう)の原型をなす.

　ところで,そもそも算術を基礎づけるはずの『概念記法』が,何故「算術をモデルにした nachgebildet, 純粋思考の式言語」という副題をもつのか.

　先ず,算術の式言語との親近性は,算術で不確定な unbestimmt 未知数・変数 [variable] を表すラテン文字を,「一般性 $Allgemeinheit$」を表記するのに用いる点に認められる (Ⅳ).

　親近性はまた以下で述べるように,日常語での主語・述語形式に代わって,算術の式言語での,変数・項 [引数] $Argument$ 表現と関数表現との区別を拡張して縦横に使用することに現れる.「論理学は従来言語と文法に余りに密接に結びついてきた.主語と述語の区別は,項/引数と関数に置き換えられるべきである」(§6).

　また算術の式言語でも,一行で左から右へ方程式が書かれるが,その証明過程・演繹は,これらの式を横に並べず,明瞭さのために上から下へ続けて,二次元的に表現される.同様に,「概念記法」では,一行に一つの命題のみが左から右へ記され,推論過程の前提から結論への移行は,算術同様,上から下へ二次元的に展開され(「目的」6),いくつかの前提からの論証連鎖も,二次元的な樹枝状の証明図によって,その構造を一望できる「見通しのよさ $Übersichtlichkeit$」が確保されるのである (Kneale [1962] 490-1 の図示参照.) この樹枝状の二元的表記は,近年ゲンツェンの自然演繹・ゼクエント算やタブロー,またコンピュータのプログラミング言語との親近性が指摘されている.(Tichy [1988];佐藤 [2005]).「概念記法は,判断可能な内容が上から下へ続き,各行は左から右へ延び,書記平面の二次元的拡がりを余すところなく利用する.個々の内容は互いに明瞭に区別され,しかもその論理的関係は容易に見渡し可能だからである」(「目的」7-8).

　日常言語・自然言語 Wortsprache と,「概念記法」・「曖昧さを排除した,内容欠落のない,厳密な論理形式をもつ記号体系」(「正当化」52) との関係をフレーゲは,顕微鏡と裸眼の関係,あるいは素手と道具の関係に喩えて説明している (BS Ⅴ;「正当化」52). 裸眼も素手も,その多様な適応性・柔軟性,つまり汎用性という点で顕微鏡その他の道具に優る.しかしその解像度や精密な機能に関しては欠陥がある.他方,顕微鏡や特別な目的に適う道具は,(汎用性

には欠けても）精確な分解能や特化された目的に応えることが要求される科学／技術の目的には完璧に適合している．概念記法も同様に，（論証過程を厳密に表現するという）一つの特化された科学的目的のために考案された補助手段である．しかも実際，科学の進歩は方法・表記法の改良によるところ大なのである．

　関数－項［引数］分析と，「ならば，でない，そして，または，存在する，いくつか，すべて」等の意味の相互関連を明らかにし，原初的論理語をできるだけ少数にすることにより，概念形成の仕方が容易に理解可能となる．また推論方式を分離則 Modus Ponens 唯一つに限定することにより（§6），概念記法の基礎づけ Grundlegung に際して，見通しのきく秩序ある状態にすることができる（Ⅶ）．（但し，フレーゲは暗黙に不確定な項への「代入 Ersetzung, Vertauschung, substitution」をきわめて巧みに，また大胆・縦横に駆使している．そのことが困難を招かないかは後段で触れよう．）

　かくしてフレーゲは，概念記法に至った思考過程の出発点である算術に，概念記法を先ず応用する．綜合的・体系的道行きは，「論理体系」から応用としての「算術」へ，であろうが，しかし考察の生成的ないし基礎づけへの遡及の順序は恐らく逆で，算術体系の基盤をなす算術の原理へと遡行し，そうした原理を構成する算術的基礎概念を分析的に析出して，その厳密な論理的定義を探策し，（「算術の基礎づけに当たって，暗黙の諸前提を確実に排除する必要性が，1879 年の概念記法に導いた．概念記法への取り組みが，今度は算術の基礎概念を一層厳密に把握するように促した」（P. E. B. ジャーデンへの書簡（1902. 9. 23），WB 111) とあるように，行きつ戻りつではあっても）基礎概念の定義から導出される算術の諸定理を証明するのに必要十分な論理的言語の分析的析出へ，そしてその当の言語「概念記法」による論理体系の綜合的・体系的展開へと向うというのが，フレーゲの探究の生成的な道筋だったのであろう．先述のように，『概念記法』では，「論理主義」の体系的・綜合的道行きが採用され，第Ⅰ章での「概念記法」の整備と第Ⅱ章での論理体系の展開を前提に，第Ⅲ章において，系列中の順序という算術的概念が，論理的後続 logische Folge という基礎的概念に還元され，やがて数，量等々の概念の解明へと向うことが，直近の研究目標となる，と予告されている（Ⅷ）．しかも，既にその第Ⅲ章で展開されてい

るフレーゲの最初の算術の公理化は，実はデデキント・ペアノ算術の公理系に先行し，それらと同形 isomorphic な，そしてフレーゲ自身の『算術の基礎』(1884)，『算術の基本法則Ⅰ』(1893) で展開される，いわゆる「フ・レ・ー・ゲ・算術 *Frege Arithmetik* (FA)」の先触れをなす，史上初の「論理主義」的公理体系化であると考えられるのである．この初の論理主義的な算術体系を，先述の如く「概・念・記・法・の・算・術・ *Begrffsschrift-Arithmetik* (BA)」と呼びたいと思う．

さてそれでは，第Ⅰ章「表記の説明 Erklärung」から見てみよう．

先ず2種の記号が区別される．すなわち，(1) ラ・テ・ン・文・字・は，例えば，算術の場合の '(a + b) c = ac + bc' と同様，不確定の数や関数を代表し，この不確定性が命題の一・般・的・妥・当・性・ *Allgemeingültigkeit* の表現に用いられる．(2) 一方，例えば，'+'，'√'，'0'，'1' のように，固有の意味をもつ記号がある (§1)．

実はフレーゲは『概念記法』のこの冒頭の節において，通常いわゆる「自由変項」と称されるラテン文字について，極めて注目すべきことを語っているのである．すなわち，「不確定のままの数 unbestimmt gelassene Zahl を代表する文字」としてラテン文字を導入し，文字のこの「不確定性 Unbestimmtheit のおかげで，(a + b) c = ac + bc の場合のように，命題の一般的妥当性を表現するのに用いうる．……多様なもの Verschiedenes を表すのに用いうる記号……は文字であり，これらは主として一般性 Allgemeinheit を表現するのに用いる．あらゆる不確定性 Unbestimmtheit にもかかわらず，文字は，一度与えられた einmal gegeben 意味 Bedeutung を同じ文脈においては in demselben Zusammenhange 保持する beibehalten，ということを，固守 festhalten しなければならない」(BS §1)．

この一節は再度，主著『算術の基本法則』の章で，ラテン文字の「一般性」の表現を巡って取り上げるが，注目すべきなのは，ラテン文字は，その意味が不確定でありながら，一度確定したら「同一文脈内では，その意味を保持し続ける」クリプキの意味合いでの「固定性 rigidity」に直結するものだということである．実際，クリプキは固有名の固定性の，またカプランは指示詞等の直接指示 direct reference の範型を，「自由変項」への付値に求めているのである (Kripke [1963]; 野本 [1988] 209-10; Kaplan [1989] 484; 野本 [1988] 279)．

次に論理学に固有の原初記号が導入され，（原初的だから，定義ではなく）一種メタ的な説明 Erklärung が次のように与えられている．

(1) —A は単なる表象結合で，水平線（内容線）'—'は，後続記号 A を一つの全体へと結合し，「判断可能な内容」を表す．(2) 垂直線（判断線）'│'は肯定を表す．こうして「判断するという行為と，判断可能な内容が明瞭に区別される」(Z 5)．かくて判断は'⊢A'と表され，判断可能な内容—A の肯定，さらに「肯定」が，「—A の真̇理̇性̇の承認 zuerkennen (§2, S. 2)，内容の真̇理̇性̇の主張を表す」(Z 5) のように「真理」という意味論的観念に訴えて説明とされていることは注目に値する．

(3) 条件法の説明は，以下の如くである．条件判断

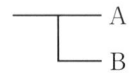

$$\begin{array}{c} \quad \rule{1em}{0.4pt} A \\ \rule{1em}{0.4pt} \\ \quad \rule{1em}{0.4pt} B \end{array}$$

［標準表記では，⊢B → A］には，(1) A が肯定，B が肯定，(2) A が肯定，B が否定，(3) A が否定，B が肯定，(4) A が否定，B が否定の四つの可能性がある．このうち三番目の可能性は起こらず，他の三つのうち一つが起こる，ということをこの条件判断は意味する (§5)．

次に明示的には唯一の推論様式［分離則 MP］と，またその妥当性の説明が以下のように与えられる [i. e.⊢B → A, ⊢B/∴⊢A]．

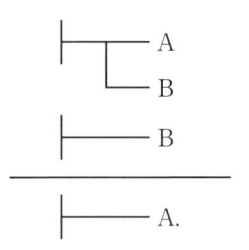

$$\begin{array}{c} \vdash \!\!\!\rule{1em}{0.4pt} A \\ \rule{1em}{0.4pt} B \\ \vdash \!\!\!\rule{1em}{0.4pt} B \\ \rule{3em}{0.4pt} \\ \vdash \!\!\!\rule{1em}{0.4pt} A. \end{array}$$

その妥当性は，⊢B → A と⊢B から判断⊢A が帰結するということは，5 節の説明から出てくる．つまり，上記の四つの場合のうち，3 番目は⊢B → A によって，2 番目と 4 番目は⊢B によって排除されているので，1 番目，⊢A だけが残る (§6)．つまり，MP の「妥当性」が，条件法の説明と各命題の肯定，否定により説明されている．「肯定」が「真理性」の承認とされていたから，

推論の「妥当性」も，前提の「真理」を結論において保存する「真理保存的 truth-preserving」という意味論的説明の先駆と見られうる．

(4)否定線は短い垂直線で表記され，「Aの内容は起こらない」という否定判断は，⊢┬A と表記される (§7)．［連言や選言ではなく，条件法が選ばれたのは］条件法が推論をより単純に表現するように思われたからである．「仮言判断はすべての自然法則，因果関係一般の形式で，言語のすべての慣用に適うことから，一般性を付与する場合に適切だ」と見なされた（「目的」6）．

(5)次にフレーゲは主語・述語に代わる，関数論的な考えを導入する (§9)．「水素ガスは炭酸ガスよりも軽い」ということが，式言語で表現されたとする．この表現全体のうち，一つの表現を可変的 veränderlich と考えると，先の表現全体は関係の全体を表す定常的な構成要素と，当の関係にある対象を意味する記号で，しかも他の記号で置換え可能な ersetzbar 記号，とに分解される zerfallen．前者の記号は関数，後者の記号はその項［引数］Argument と称される．

だがこの区別は，概念内容には関わらず，単に把握 Auffassung に関わる事柄にすぎない (BS 15)．例えば，「CO_2 は H_2 より重い」は，「（ ）は H_2 より重い」＋「CO_2」にも分解できるし，「CO_2 は（ ）より重い」＋「H_2」にも分解できる．つまり，何を関数と見なすかは，多様な仕方で把握 in verschiedener Weise auffassen 可能なわけである．また例えば，「カトーがカトーを殺す」は，「K(x, c)」＋「c」とも，「K(c, y)」＋「c」とも，さらには「K(x, x)」＋「c」，つまり「Self-K(x)」(「x は自殺する」)＋「c」とも，「K(x, y)」＋「<c, c>」ともやはり多様な仕方で分解可能・把握可能なのである．

かくしてフレーゲは，「一つの表現——その内容が判断可能である必要はない——において，一つの単純ないし複合的な記号が，一つないしそれ以上の場所に現れ，かつ，それを，これらのすべての，ないしはいくつかの場所において，他のもので，しかし至るところで同じものによって置き換えることができる ersetzbar と考えるならば，この場合その表現の不変的に現れる部分を関数，置換可能な部分を項と呼ぶ」(§9, BS 16) とまとめている．

ここで注目すべきは，フレーゲが「関数－項［引き数］」の導入と同時に，いわば第二の「推論規則」として，「置き換え／代入 substitution」という手続

第2章 『概念記法』 115

きを導入していることである.

(6) フレーゲは更に第2階の関数表現を考えている (§10).

「Φ(A) において，記号Φが他の記号Ψ，Xで置換え可能と考えれば，Φ(A) を項Φの一つの関数と把握可能である」(S. 19). つまり，Φ(A)，Ψ(A, B) 中のΦ，Ψが他の記号X，Σ等で置き換え可能と考えれば，それらは，確定した項A, Bの不確定な関数表現 $\varphi(A)$，$\psi(A, B)$ 中のφ，ψに確定した1階関数表現Φ，Ψをそれぞれ代入した結果とも見なしうるということである.

以上のようなフレーゲの文言に，彼が可変的な項には別の表現で，のみならず関数表現にも「置き換え可能」「代入可能」という操作を，認めていたと確認できる．例えば「CO_2はH_2より重い」において，単に「CO_2」「H_2」を「x」「y」に置き換え可能なばかりでなく，「CO_2はO_2より重い」を「$\psi(CO_2, O_2)$」に，さらには「$\psi(x, y)$」に，あるいは逆の順番で置き換えて「CO_2はO_2より重い」に戻ることも可能なのである．また「$\varphi(x)$」に「xはO_2より重い」を代入することを妨げる注意は，差し当たり，与えられていない．後者は「$\psi(x, O_2)$」という潜在的には関係「$\psi(x, y)$」にも置き換え可能である．こうした自由な高階の代入が，実は第Ⅲ章において，フレーゲの算術概念の論理的定義に縦横に使用されているのである.

(7) 一般性 Allgemeinheit を表す量化記号が導入され，その作用範囲が明示される (§10-11).

先に日常の言語使用における文法的錯誤を指摘したが，例えば次のような固有名と量化表現の混同，「数20は4つの平方数の和である」と「すべての正整数は4つの平方数の和である」において，「すべての正整数」は「数20」と異なり，「それだけでは自存的な表象を与えず，文の脈絡によって durch den Zusammenhang des Satzes のみ一つの意義 Sinn を獲得する」量化表現であるのに，それを固有名に同化したことが論理学に重大な錯誤を齎してきた.

さて，「同じ概念内容があれこれの項の関数として把握される，その様々な仕方は，関数と項とが完全に確定されている限りは，われわれにとって何ら重要性をもたない．だが，「4つの平方数の和である」に対する項が，不確定に，任意の正整数と解されるなら……，関数と項との区別は内容的な意味 inhaltliche Bedeutung を獲得する．逆に，項は確定しているが，関数が不確定という

場合もある．いずれの場合にも，確定されたものと不確定なものとの対比によって，ないしは確定の程度によって，全体は単に把握 Auffassung においてのみならず，内容によって，関数と項とに分析 zerlegen されるのである」(S. 17)．

　これはどのような事態を語っているのであろうか．

　ラテン文字 x，y の目的は，算術の式言語の場合と同様，x，y に何を代入しようとも，例えば

　　（＊）　⊢ $x^2 = 9 \to x^4 = 81$.

が一般的に成り立つ，という「一般性 Allgemeinheit」を表現することに求められた．この場合には，ラテン文字 x，y によって，既に何が不確定であるかが明示されているから，逆に何が関数であるかも確定しているのである．すなわち，「x は 9 の平方根である」「x は 81 の 4 乗根である」という関数・概念が内容的に確定しているのである．従って，この式は実は，（＊）「概念「9 の平方根」は概念「81 の 4 乗根」に従属する」という名辞論理ないしクラス論理でいう「従属関係 Unterordnung」の表現とも見なしうるのであるから（「目的」9），変項 x に任意の数詞，例えば 3，5 をそれぞれ代入すれば，個別判断 ⊢ $3^2 = 9 \to 3^4 = 81$ も ⊢ $5^2 = 9 \to 5^4 = 81$（後者は前件偽故，全体は真）も成り立つのである．しかし逆に，これらの個別判断では，すべてが確定しているから，何を関数・概念と見なすかは，われわれの把握の仕方に依存し，一意的に（＊）に決まるわけではない．

　さらに一般性を判断の一部に制限する必要性［量化の範囲，作用域を限定する必要性］が生ずる場合がある．例えば，フレーゲは，下記 [a] [b] のような例を挙げて，両者には大きな差異がある．つまり，前者は正，後者は誤となるので，

　　[a]　$\forall a\,[a^2 = x \to a = x] \to x = 0$.
　　[b]　$[a^2 = x \to a = x] \to x = 0$.

ラテン文字のみでは，前者［a］のような命題を［b］から区別して表現することができないと述べている（「目的」9）．部分否定と全称否定の区別も同様であるし，また量化が多重になる場合，ラテン文字のみでは，以下の［c］のような命題を［d］から区別して表現することができない．例えば［c］「すべての自然数にはそれより大きな自然数がある」（正）と［d］「すべての自然数より大きい自然数がある」（誤）といった，いわゆる「多重量化 multiple quantification」に関わる差異を，ラテン文字のみでは表現できない．

　事の核心は，ラテン文字のみでは「一般性の及ぶべき範囲の境界設定 Abgrenzung des Gebietes, auf das sich die Allgemeinheit erstrecken soll をしていないこと」にある（「目的」9）．

　そこでフレーゲは，ドイツ文字とくぼみとの組み合わせによって，［a］のように，現在の束縛変項 (bound variable) と普遍量化記号∀に相当する表記を導入した．

　判断 ⊢X(x) の，この項［x］の代りにドイツ文字 𝔞 を入れ，また内容線に，たとえば

$$\underset{\mathfrak{a}}{\smile}\ X(\mathfrak{a})$$

［現在の標準表記なら，⊢∀xX(x)］の場合のように，この同じドイツ文字が現れるくぼみをつけると，これは，その項として何を取ろうともかの関数では事実である，という［普遍量化 universally quantified］判断を意味する．ドイツ文字の代りにそのつど確定した名前Δを代入することによって，普遍量化判断から，一般性のいっそう少ない内容をもった判断 ⊢X(Δ) をいつも導き出すことができる．そのとき，内容線上のくぼみ［普遍量化］は，それによって再び消え失せる (BS 20)．

　さてくぼみは，文字によって示されている一般性が関わる範囲を定める．その作用範囲の内部においてのみドイツ文字［束縛変項］はその意味を保持するにすぎない．例えば，次式で普遍量化が及ぶ範囲は直続の X(𝔞) までであって，A には及ばない［i. e. ⊢∀𝔞X(𝔞) → A］(BS 21)．

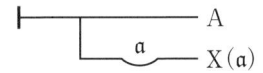

$$\vdash\!\!\!\!\!-\!\!\!\!-\!\!\!\!-\!\!\!\!-\!\!\!\!-\!\!\!\!- A$$
$$\!\!\!\!\!\!\!\!\!\!\!\!\!\!\!\smile_{\mathfrak{a}}\!\!\!- X(\mathfrak{a})$$

一つのドイツ文字［束縛変項］の作用範囲は，例えば

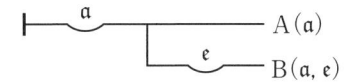

$$\vdash\!\!\!-\!\!\smile_{\mathfrak{a}}\!\!\!-\!\!\!-\!\!\!-\!\!\!- A(\mathfrak{a})$$
$$\!\!\!\!\!\!\!\!\!\!\!\!\!\!\!\smile_{\mathfrak{e}}\!\!\!- B(\mathfrak{a},\mathfrak{e})$$

[i. e. $\vdash\forall\mathfrak{a}[\forall\mathfrak{e}B(\mathfrak{a},\mathfrak{e})\rightarrow A(\mathfrak{a})]$] が示すように，別のドイツ文字［束縛変項］の作用範囲を含むことができる．この場合には，それらには異なった文字が選ばれなければならない．すなわち，$\mathfrak{e}$ の代りに $\mathfrak{a}$ を代入してはならない［改名規則］(BS 22). 一方，ラテン文字は常に判断全体の内容を作用範囲としてもつ．また一つのラテン文字は，まだ判断に現れていないドイツ文字によって常に置き換えることができる．[普遍汎化 Universal Generalization] たとえば，a が X (a) の項の場所にのみ現れるなら，$\vdash X(a)$ の代りに，$\vdash\forall\mathfrak{a}X(\mathfrak{a})$ と置くことができる．

A は，a が現れない表現であり，かつ，a は，$\varphi(a)$ において項の場所にのみ現れているならば，$\vdash A\rightarrow\Phi(a)$ から，$\vdash A\rightarrow\forall\mathfrak{a}\Phi(\mathfrak{a})$ を導くことができることもまた明らかである (BS 22).

(8) アリストテレス流の三段論法を構成する判断とその対当表が再現される (§12).

①特称否定判断（一種の存在判断）

$\vdash\!\!\top\!\forall\mathfrak{a}X(\mathfrak{a})$　［存在量化子∃を導入すれば $\vdash\exists\mathfrak{a}\!\top\!X(\mathfrak{a})$］

は，何か，たとえば Δ を見つけることができ，その結果 X(Δ) が否定されるということを意味する (BS 23). それゆえ，こう翻訳することができる．「性質 X をもたないあるものが存在する」．

②全称否定ないし非存在判断

$\vdash\forall\mathfrak{a}\!\top\!X(\mathfrak{a})$　［$\vdash\!\top\!\exists\mathfrak{a}X(\mathfrak{a})$］

これは「ɑが何であれ，X(ɑ)はつねに否定される」，あるいは「性質Xをもつものは存在しない」を意味する．
③特称肯定（存在）判断

$$\vdash\!\!\top \forall ɑ \top \Lambda(ɑ) \quad [\vdash \exists ɑ \Lambda(ɑ)]$$

これは次のように翻訳することができる．「Λが存在する」．

さてアリストテレス流の三段論法を構成する伝統的にA，E，I，Oと称されてきた判断はすべて（存在前提のない純粋な解釈で）表現できる．従って，フレーゲの概念記法中の一部分として，三段論法を組み込むことができる．

A［全称肯定］：

$$\underline{\quad\overset{ɑ}{\frown}\quad}\!\!\begin{array}{l}\!\!\!\!-P(ɑ)\\ \!\!\!\!-X(ɑ)\end{array}$$

[i.e. $\forall ɑ [X(ɑ) \to P(ɑ)]$].

「何かが性質Xをもつならば，それはまた性質Pをもつ」，あるいは「あらゆるXはPである」，あるいは「すべてのXはPである」．因果連関はこのように表現されるのである．したがって，「ɑの代りに何を代入しようとも，P(ɑ)が否定され，かつX(ɑ)が肯定されねばならないようなケースは起らない」．$[\top \exists ɑ [X(ɑ) \& \top P(ɑ)]]$

E［全称否定］：

$$\underline{\quad\overset{ɑ}{\frown}\quad}\!\!\begin{array}{l}\!\!\!\!\top P(ɑ)\\ \!\!\!\!-X(ɑ)\end{array}$$

[i.e. $\forall ɑ [X(ɑ) \to \top P(ɑ)]$].

「性質Xをもつものは性質Pをもたない」，あるいは「いかなるXもPでない」．つまり，「P(ɑ)とX(ɑ)とが共に肯定され得るような意味をaに対して与えることはできない」．$[\top \exists ɑ [X(ɑ) \& P(ɑ)]]$ (BS 23).

Ⅰ［特称肯定］：

$$\vdash\!\smile^{\mathfrak{a}}\!\!\sqsubset\!\!\begin{array}{l}P(\mathfrak{a})\\X(\mathfrak{a})\end{array}$$

[i. e. $\vdash \forall \mathfrak{a}\,[X(\mathfrak{a}) \to \vdash P(\mathfrak{a})]$] は,「ある X は P である」と翻訳できる [$\exists \mathfrak{a}\,[X(\mathfrak{a})\,\&\,P(\mathfrak{a})]$].

O［特称否定］：

$$\vdash\!\smile^{\mathfrak{a}}\!\!\sqsubset\!\!\begin{array}{l}P(\mathfrak{a})\\X(\mathfrak{a})\end{array}$$

[i. e. $\vdash \forall \mathfrak{a}\,[X(\mathfrak{a}) \to P(\mathfrak{a})]$], [i. e. $\exists \mathfrak{a}\,[X(\mathfrak{a})\,\&\,\vdash P(\mathfrak{a})]$] は,「ある X は P でない」と翻訳できる.

こうして論理的対当表が純粋な（存在仮定を含まない）形で再現される（BS 24）.

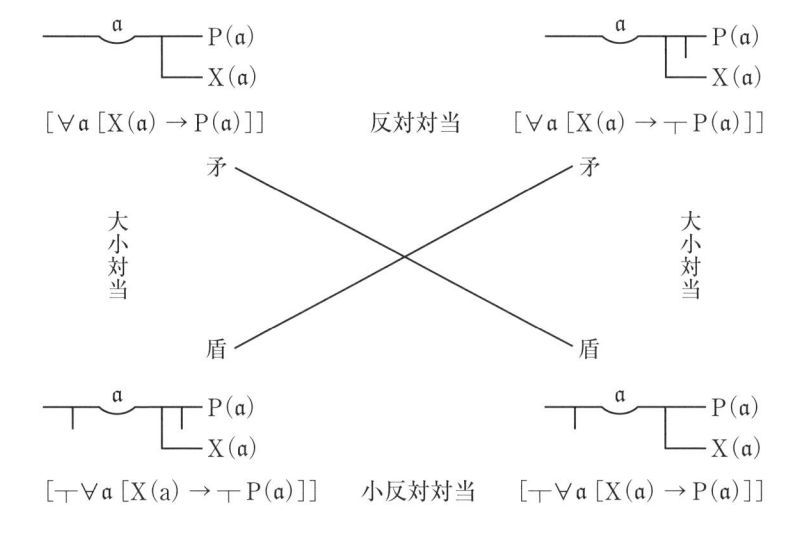

$\smile^{\mathfrak{a}}\sqsubset\begin{array}{l}P(\mathfrak{a})\\X(\mathfrak{a})\end{array}$	反対対当	$\smile^{\mathfrak{a}}\sqsubset\begin{array}{l}P(\mathfrak{a})\\X(\mathfrak{a})\end{array}$
[$\forall \mathfrak{a}\,[X(\mathfrak{a}) \to P(\mathfrak{a})]$]		[$\forall \mathfrak{a}\,[X(\mathfrak{a}) \to \vdash P(\mathfrak{a})]$]

大小対当　矛盾　矛盾　大小対当

$\vdash\smile^{\mathfrak{a}}\sqsubset\begin{array}{l}P(\mathfrak{a})\\X(\mathfrak{a})\end{array}$	小反対対当	$\vdash\smile^{\mathfrak{a}}\sqsubset\begin{array}{l}P(\mathfrak{a})\\X(\mathfrak{a})\end{array}$
[$\vdash\forall \mathfrak{a}\,[X(\mathfrak{a}) \to \vdash P(\mathfrak{a})]$]		[$\vdash\forall \mathfrak{a}\,[X(\mathfrak{a}) \to P(\mathfrak{a})]$]

(9) 内容相等性 Inhaltsgleichheit は '≡' と表記する．しかし '≡' には厄介な問題がある，とフレーゲは考えた．「記号は，通常その内容の代理であり，

第 2 章　『概念記法』　　121

従って，その結びつきはすべてその内容の関係のみを表現する．ところが記号が内容相等性記号によって結びつけられるや否や，その固有の自己［つまりは，記号自身］を際立たせる hervorkehren」(S. 13)．つまり，相等性記号は，内容にではなく，名前・記号そのものに関係するように見える．├ A ≡ B では，「二つの名前が同じ内容をもつという事態 Umstand がそれによって表記されている bezeichnen からである．こうして内容相等性記号の導入とともに，同じ記号がある場合にはその内容を，別の場合にはその記号自身を表すことによって，すべての記号の意味 Bedeutung は必然的に内的不一致 Zwiespältigkeit を呈する」(§8, S. 14)．

例えば，同じ点が二重の仕方で，つまり，(1)直かに直観によって，(2)直径に垂直な半直線の交点として，確定される in doppelter Weise bestimmt.

これら二つの「確定方法 *Bestimmungsweise*」の各々に対し，一つの固有の名前が対応する．そもそも内容相等性記号が必要なのは，「同じ内容が異なる仕方で完全に確定できる．しかしある特殊な場合には現実には同じものが二つの確定法によって与えられるということが，ある判断の内容なのである．このことが起こるに先立って，その二つの確定法に対応する異なった名前が，それによって確定されるものに対して付与されねばならない．しかしそのことを表現するためには，当の判断はそれら二つの名前を結びつける内容相等性記号を必要とする」(S. 14)．このことから，「同じ内容に対する異なる名前は，必ずしも常に些末な形式上の事柄ではなく，それらが異なる確定法と連関する場合には，それらは事柄そのものの本質に関係するのである．このような場合，内容相等性を対象にする判断は，［われわれの認識を拡張するという］カント的な意味では綜合的なのである．├(A ≡ B) が意味する bedeuten のは，記号 A と記号 B は同じ概念内容をもち，従っていたるところで A の代わりに B を代入でき，その逆でもある，ということである」．［以上は内容相等性記号の定義ではなく（定義には既に上記の外面的な相等性記号が必要），説明であり，またそうした原初的な記号導入によって，普遍代入則がいわば公理として指摘されている］．

同一対象の異なる「確定法」に対応する「異なる記号」といったここでの考察は，明らかに，やがて展開される「意味 Bedeutung」と「意義 Sinn」の区別に直結していくものである．しかし，『概念記法』の段階では，記号・命題

が表すのは，一般的には「概念内容」・「判断可能な内容」に限られ（上記の引用箇所には「記号の意味 Bedeutung」という言い方が登場してはいるが），認識的な「確定法」と意味論的な要素・意義とは結びつけられていない．

(10) 高階述語論理の公理体系が提示される．

第Ⅱ章で，フレーゲは，論理学史上最初の高階述語論理の公理体系を提出している．その公理は（現在の標準的な表記では）次の9個である（§13〜§22）（番号は命題名である．(1), (2), (8) は条件法のみに関わる肯定論理．(28), (31), (41) は条件と否定に関わり，以上で命題論理体系を成す．(52) と (54) は相等性に関わる公理，(58) はくぼみ［量化（普遍例化 UI）］に関わる（潜在的には高階の）述語論理の公理である．概念・性質に明示的に量化する公理は含まれないが，その表記はラテン文字［自由変項］f で表されており，実際第Ⅲ章の「系列における後続の定義」では明示的に量化されている．

(1) $\vdash a \to [b \to a]$ （下図の1）
(2) $\vdash [c \to [b \to a]] \to [[c \to b] \to [c \to a]]$
(8) $\vdash [d \to [b \to a]] \to [b \to [d \to a]]$
(31) $\vdash \neg\neg a \to a$ ［二重否定式］（下図の5）
(28) $\vdash [b \to a] \to [\neg a \to \neg b]$ ［対偶］
(41) $\vdash a \to \neg\neg a$ ［二重否定式］
(52) $\vdash (c \equiv d) \to [f(c) \to f(d)]$ ［代入則］
(54) $\vdash c \equiv c$.
(58) $\vdash \forall a f(a) \to f(c)$ ［普遍例化 UI］（下図の9）

1934年ウカセヴィッチ Lukasiewicz は，最初の6個の公理プラス推理規則（分離側 MP ＋暗黙の代入則）の構成する第1階命題計算の完全性を証明した．同時に，第3公理(8) は最初の二つから導出可能だから独立でないことも証明した．またニール（Kneale [1962]）は，この9個の公理系＋例化規則とその制限が，第1階関数算の完全な体系であることを証明した．

フレーゲ自身の概念記法での表記の2, 3の例を掲げておく．

［上記(1)］

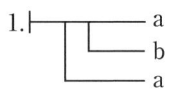

1. ┤─┬─ a
     ├─ b
     └─ a

［上記(31)］

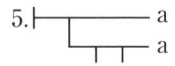

5. ┤─┬─ a
     └─ a

［上記(58)］

9. ┤─⌒─ f(c)
       𝔞 f(𝔞)

§3 「一般系列理論」と論理主義的「概念記法 – 算術 (BA)」

　次に『概念記法』第Ⅲ章,「一般系列理論からの若干」の実際の事例を見ることにしよう.この章には,「概念記法」構想に含まれる,「論理主義」への布石が具体的に見て取れるからである.既に引用したように,序言でフレーゲは「算術が,私を概念記法に導いた思考過程の出発点であるから,まずこの学に概念記法を適用しようと思う.その諸概念をさらに分析し,その諸定理をより深く基礎づけようと試みよう.差し当たり,この方向で動いているもののいくつかを第Ⅲ章で提示しておいた」(Ⅷ) と述べている (1878. 12. 18).

　のみならず,この「系列の一般理論」は,近年再発見された「フレーゲ算術」へのいわば先駆,ないしそれへの途上の,あるいはそれ自体として独自とも解釈可能な,斬新な「論理主義的」算術の構想がはっきり姿を現していると思われるのである.しかも,デデキント算術 (1888)・ペアノ算術 (1889) に先行し,さらにはデデキントの「準論理主義」が「系と写像および連鎖」を介しての「集合論的な構造主義」であったのに対し,フレーゲの試みは,一層徹底した,高階の論理に基づく「純粋な論理主義的算術」なのである.しかしなが

ら，第Ⅲ章の「系列の一般理論」は，少なくともデデキント・ペアノ算術と同形の，一種の「論理的構造主義」，ラッセル (Russell [1903]) のいう「前進列 progression」に関わる「序数論的算術」の体系といえるような独自の算術体系を，既に提示しているとも解されるのである．そこで私はこの「系列の一般理論」を，フレーゲ論理主義の最初の算術体系として，先述のように，「概念記法 – 算術 Begiffsschrift-Arithmetik (BA)」と呼ぼうと思う．

さて上述のようにフレーゲは，概念記法の応用について，『概念記法 BS』の序言において，算術の基礎づけに関して「論理主義」を示唆する見解を述べていた．

ライプニッツの「普遍記号学，哲学計算 calculus philosophicus」，「推論計算 ratiocinator」という構想は，巨大すぎて具体化には多くの困難があるが (BS V)，算術，幾何，化学の諸記号は，その部分的具体化である．だがフレーゲは，自らの「概念記法」は，概念をその徴表・部分概念の和と考える，ブール，シュレーダーらの構想とは無縁だと主張する．

さらには先述のように，「概念記法」の及びうる射程を，算術の基礎づけを越えて，諸学の統一，一種の「統一科学」の構想にまで拡張可能とさえ考えていた (loc. cit.)．数論・微積分の基礎づけ同様，幾何学への拡張は容易で，直観的関係を表す記号を若干付加すればそれでよい．「思考形式を明瞭に叙述することは，数学を越えて重要で」，純粋運動学，力学，物理学への拡張も可能で，さらに哲学にも有用と見なしていた (BS VW 56)．

しかし，差し当たってのフレーゲの狙いは，「数学の式言語を論理的関係に対する記号法，概念記法によって補完すること」である (「正当化」55)．

そこで，フレーゲは『概念記法』第Ⅲ章で，概念記法の利点に関しての一般的観念を与えるため，算術の基礎づけに不可欠な「系列の一般理論」のいくつかの基本的概念の定義とその概念から導出される 2, 3 の基本的な定理を応用例として取り上げ，いわゆる「論理主義」への伏線としている．

これらの事例はいずれも，「感官ないしはアプリオリな直観によって与えられる内容をもすべて度外視し，純粋な思考 reines Denken だけで，その固有の性質から，直観にのみ基づくかのように思われる判断を，いかにして産出しうるかを，示す事例」であり (BS §23)，それらでは，フレーゲの次の四つの新

奇な特殊記号に関する四つの定義から帰結する，以下の四つの命題が取り上げられる．これらは，いずれもカント的には「アプリオリで綜合的」と見なされる算術的判断の基盤となるものである．フレーゲは，以下の定義を介し，こうした判断の基礎となる以下の四つの命題に，純粋論理的な証明を与えようと試みる．

　Def. 1 は「遺伝性 Vererbung(hereditary)」の定義である（§24～§25）．「性質 F は f - 系列において遺伝する vererben」（下記の右辺の被定義項）は，「d が性質 F をもつという命題から，いかなる d であれ，手続き Verfahren f を d に適用したどの結果 [a] も性質 F をもつ」（左辺の定義項）と定義できる（BS 58, §§24-25）．そして左辺の定義項は，全く純粋に論理的な判断である．（但し以下では，まず左辺の定義項をブーロス Boolos [1995] の表記法で記す．）

$$\text{Def. 1}(69) \quad |{\vdash} \forall d \, [Fd \to \forall a \, [dfa \to Fa]] \equiv_{df} \genfrac{}{}{0pt}{}{\delta}{\alpha} \bigg| \begin{array}{l} F(\alpha) \\ f(\delta, \alpha) \end{array}$$

（さらに以下では右辺のフレーゲ流の被定義項も準ブーロス流に簡略化し，「F は f - 系列において遺伝する」は，'Her(F)' と略記する．）

　さて(69)は，綜合的判断ではなく，元来そもそも判断では全くなくて，なしで済ましうる定義である．定義の目的は，左辺の定義項を右辺の特異な新記号導入によって省略・簡略化する名目的なものにすぎない．しかしこの名目的定義(69)は，「2 階の普遍汎化 universal generalization」を介して，直ちに

　定理(70)　「任意の性質 F が f - 系列において遺伝するならば，また d が性質 F をもち，a が手続き f を d に適用した結果ならば，a も性質 F をもつ」
　　(i.e. $\forall F \, [\text{Her}(F) \to \forall d \, [Fd \to \forall a \, [dfa \to Fa]]]$)

に変換できる．この論理的定義からの変換は，普遍汎化により純粋論理的に簡単に証明されるから，この判断(70)は，カントに反して，妥当な分析的判断である（BS 56）．

Def. 2(76) 「系列 Reihe における後続 *Folge*」［ないし，いわゆる「強祖先関係 *proper ancestral*］］の定義（§26, BS 62）．つまり「y は f‐系列において x に後続する nachfolgen」ないし「x は f‐系列において y に先行する vorhergehen」

'$\overset{\gamma}{\underset{\beta}{f}}(x_\gamma, y_\beta)$' の定義．

下記の被定義項「系列における後続」は，その定義項「手続き f を x に適用したあらゆる結果 [a] が性質 F をもち [$\forall a(xfa \to Fa)$]，かつ F が何であれ，性質 F は f‐系列において遺伝する [Her(F)]，という二つの命題から，y は性質 F をもつと推論できる [$\forall F(Her(F) \to (\forall a(xfa \to Fa)) \to Fy))$]」(BS 61) [f の強祖先関係] ことによって定義される．すなわち以下のようになる（§26）．

Def. 2*(76) ［強祖先関係］

$$\| \vdash \forall F \left[\begin{matrix} \delta \\ | \\ \alpha \end{matrix} \begin{pmatrix} F(\alpha) \\ f(\delta, \alpha) \end{pmatrix} \to [\forall a(xfa \to Fa) \to Fy]\right] \equiv_{df} \overset{\gamma}{\underset{\beta}{f}}(x_\gamma, y_\beta)$$

[準ブーロス流に，左辺の定義項を，'$\forall F [Her(F) \to [\forall a(xfa \to Fa) \to Fy]]$' と，右辺の被定義項：f‐強祖先関係 proper ancestry を xf*y と表記すると，] Def. 2*(76) は，（通常の定義式のように左右を入れ替え，左辺を被定義項とすると）下記のように簡略化される．

Def. 2*(76)* xf*y =$_{df}$ $\forall F [Her(F) \to [\forall a(xfa \to Fa) \to Fy]]$
[馴染みの表記を利用し，'xf*y' を 'x < y' と非公式に下記のように例示しておく．]

(i.e. x < y =$_{df}$ $\forall F [Her(F) \to [\forall a(x < a \to Fa) \to Fy]]$)

以上の定義 2*(76)* から直接，以下の定理が［分析判断として］帰結する．

第 2 章 『概念記法』 127

定理(77) 「y が f‐系列において x に後続し，かつ性質 F が f‐系列において遺伝的ならば，また手続き f を x に適用したあらゆる結果が性質 F をもつとすれば，y は性質 F をもつ.」

$$[\frac{\gamma}{\beta}f(x_\gamma, y_\beta) \to [\begin{array}{c}\delta \\ | \\ \alpha\end{array}(\begin{array}{c}F(\alpha) \\ f(\delta, \alpha)\end{array} \to [\forall a\ [xfa \to Fa] \to Fy]]$$

(i. e. $[xf^*y \to \forall F\ [Her(F) \to [\forall a\ [xfa \to Fa] \to Fy]]]$. (§27)
(e. g. $x < y =_{df} \forall F\ [Her(F) \to [\forall a(x < a \to Fa) \to Fy]])$.

定理(81) 「完́全́帰́納́法́」:「x が f‐系列において遺伝する性質 F をもち，また y が f‐系列において x に後続するならば，y は性質 F をもつ」
(i.e. $Fx \to [(Her(F) \to [\forall a\ [xfa \to Fa]] \to xf^*y] \to Fy)$
(e.g. $Fx \to [(Her(F) \to [\forall a\ [x < a \to Fa]] \to x < y] \to Fy)$

この定理(81)も，「強祖先関係」の論理的定義(76)から［普遍例化 UI を介して］純粋論理的に証明される (BS §27, 63). フレーゲが脚注で注意しているように，「ベルヌーイの帰納法」もこの定理(81)（完全帰納法ないし数́学́的́帰́納́法́）に依拠する (BS 64). しかもしばしばカント的な「アプリオリで綜合的な算術的判断」の典型例として挙げられるこの定理は，「強祖先関係」の名目的定義(76)から純粋論理的に帰結する「分析的命題」なのである.

Def. 3 「z は，x́ か́ら́始́ま́る́ f‐系列に属する」ないし「x は，ź で́終́わ́る́ f‐系列に属する」[f の弱祖先関係 weak ancestry] は，左辺の定義項「z が x と同じであるか，または f‐系列において x に後続する」によって定義される (§29, 72).

Def. 3(99) ［弱祖先関係］

$$\Vdash [\top \frac{\gamma}{\beta}f(x_\gamma, z_\beta) \to z \equiv x] \equiv_{df} \frac{\gamma}{\beta}f(x_\gamma, z_\beta).$$

［ブーロス流には，右辺の「弱祖先関係」は 'xf*₌z' と，左辺の定義項は 'xf*z ∨

z = x' と表記される．通常の定義式のように定義項を左辺にすれば，D(99)* は xf *= z =${}_{df}$ xf*z ∨ z = x となる．] [e. g. x ≤ z =${}_{df}$ x < z ∨ z = x.]

Def. 4(「手続きの一̇意̇性̇ *eindeutig*」ないし「関数性 functionality」)
　「手続き f は一意的である」を「e が手続き f を d に適用した結果ならば，任意の d に手続き f を適用したすべての結果は e と同じである」[i. e. f は関̇数̇ FN である.] と定義 (§31, 77).

Def. 4(115)
　|⊢ ∀e∀d [dfe → ∀a [dfa → (a ≡ e)]] ≡ ${}_{df}$ $\underset{\varepsilon}{\overset{\delta}{I}}f(\delta, \varepsilon)$, [i. e. FN(f).]
　(i. e. FN(f) = ${}_{df}$ ∀e∀d [dfe → ∀a [dfa → (a ≡ e)]].)

ところで，第Ⅲ部において他の命題の導出に使用されていないのは，ただ二つの命題，すなわち，定理(98)[「後続[強祖先]関係は推̇移̇的̇ transitive である」]と最終頁の定理(133)[「後続[強祖先]関係は連̇結̇的̇ connected である」]のみである．各定理は以下のようであり，それぞれ純粋論理的証明が与えられている．この定理が重要なのは，「後続関係」が，したがって，「序数列」が「半順序」であることを示すからである．

　定理(98)　「y が f - 系列において x に後続 folgen し，また z が f - 系列において y に後続するならば，z は f - 系列において x に後続する」(i. e. 後続[強祖先]関係 f は推̇移̇的̇である.
　　[xf*y ∧ yf*z → xf*z] (BS §28, 71)
　　[e. g. x < y ∧ y < z → x < z]

　定理(133)　「手続き f が一意的ならば，かつ m と y が f - 系列において x に後続するならば，y は，m から始まる f - 系列に属するか，または f - 系列において m に先行する」(i. e. 後続[強祖先]関係は連̇結̇的̇である (i. e.
　　[(FN(f)　∧ xf*m ∧ xf*y)　→ (yf*m ∨ mf*y ∨ m = y)]) (BS §31, 86).
　　[i. e. (FN(f) ∧ x <*m ∧ x <*y) → (y <*m ∨ m <*y ∨ m = y)]

このように，推移性，連結性を満足する祖先関係・後続関係は，そしてさらに弱祖先関係は，反射性も満足する[xf*x]から，「半順序 teilweise geordnet」をなす．

この定理(133)「後続[強祖先]関係は連結的である」の証明が，ブーロスによって再現されている(Boolos [1985] Appendix, 344. その詳しい解説は pp. 335f. にある)．その証明過程で注目に値するのは，フレーゲが「分離則」以外の基本的推論規則として，暗黙に導入している「代入原理」を，いかに有効かつ巧妙に使用しているかということである．

この証明においてフレーゲは，1階述語「Fは遺伝的である[Her(F)]」のFに{a: xf*=a}を代入してH({a: xf*=a})を得，その後の過程で再度同じ代入をして，最終的にH({a: xf*=a})を落として，定理133に至っている．その際の代入項{a: xf*=a}は選言(yf*m ∨ mf*y ∨ m = y)の省略で，その選言肢の一つ「強祖先関係 yf*m」は元来1階のFを含む式への2階普遍量化であった[i.e. (76)*xf*y =$_{df}$∀F[Her(F) → [∀a[xfa → F(a)] → Fy]]]．重要な定理証明に当たって示される，余り注目されてこなかった1階述語Fへの2階量化を含む関係を代入するという，大胆で精妙かつ巧妙なフレーゲの二重の代入手続きは，フレーゲの卓抜な数学的才能を示すものである．ブーロスは，このフレーゲの成果を，ライト兄弟も演じなかった離れ業，すなわち，飛行機を発明した上に，しかもその処女飛行を宙返りで締めくくるのに似ている，と表現している(Boolos [1985] 336)．

これら主要な四つの定義や定理表現には，①不可欠な論理記号，「ならば→」，「でない ⊤」，「同一＝」，「すべて∀」(本書では補足的に「または∨」，「かつ∧」)，および②(関係を含む)性質・手続き・関数fと項・引数(変項表現を含む)の区別，および関係を含む性質・関数と，③それらへのいわゆる入れ子型の多重量化 nested multiple quantification，④性質・関数への2階量化，⑤また定理証明に必要な推論様式(分離則MP，普遍例化UI，普遍汎化UG，および複雑な代入 Substitution 等)を組み込んだ，高階論理学の明示的な形成の必要性が顕在化しているといってよい．このことが，フレーゲをして，『概念記法』の前半第I章と，各定理証明を遂行する第II章において展開される，史上初の高階述語論理の公理体系の形成を，フレーゲ論理主義遂行の必須の課題とした

のである.

さらに「概念記法」の算術・幾何学への応用例として，以下のようなものが付加されている(「概念記法の応用 AB」(1879) (1879.1.24/1.10 の講演)).

例えば，「z は正の整数である」とは，つまり，「z は，0 から始まり，1 ずつ増え続ける列に属する」であり，ブーロス流には，この被定義項中の「弱祖先関係」は 'xf*=z' [x ≤ z] と，定義項は 'xf*z ∨ z = x' [x < z ∨ z = x] と表記されるから，初項 z が 0 なら z = x = 0，強祖先関係（後続関係）xf*y が「x は y に 1 ずつ増え続ける列に属する」，つまり，z = y + 1 という加法)の場合には，0 の後者は 1, 0 の後者の後者は 2 … [0 < 1 < 2 < …] といったように，序数の半順序列が構成される．この場合をフレーゲは，'xf*=z (0x + 1 = z)' のように一般化して表記し，後のチャーチ Church, カリー Curry, クリーニ Kleene に始まる，原始的帰納関数 primitive recursive function (例えば，その初等部分，$\varphi(0) = 0$, $\varphi(x') = (\varphi(x))'$ [′ は後者関数に相当]．すると，a + b は，a + 0 = a, a + b′ = (a + b)′ によって定まる) の原型を遙かに示唆していると言えるかもしれない．その他，フレーゲは，「a は d の倍数である」(i.e.「0, d, 2d, 3d…」),「a は素数である」(「a は正整数で，かつ自身以外の正整数によっては割り切れない」) などの算術的概念への応用事例を挙げている (AB 30). のみならず，次節で触れるように,「関数の連続性」や「極限」といった解析学の基本概念の史上初の論理的定義・概念形成を与えている．

かくして第Ⅲ章「一般系列理論」は，(1)「遺伝性」の定義 D1 から,「任意の自然数 m にはその後者 n が存在する」(ペアノ算術 PA の第 2 公理) が, (2) また D2「後続（強祖先関係) xf*y」の定義から,「完全帰納法」(PA の第 5 公理) が, (3) 後者関数の一意性の定義 D4 から,「自然数 m, n が同一ならその直続数も同一」(PA 第 3 公理) が, (4) D3「f の弱祖先関係」, すなわち「z は，x から始まる f - 系列に属する [xf*=z]」は,「z が x と同じであるか，または f - 系列において x に後続する [xf*z ∨ z = x]」によって定義される [定義(99) xf*=z =$_{df}$ xf*z ∨ z = x.]．これは z = 0 とすれば，D3 から PA の公理 1 と 4 が得られるといったように，D1～D4 とその帰結命題・定理は，いずれもペアノ算術の公理ないし定理を各事例としてもつ，PA と同様に自然数論の「基盤」となる，論理的な一般的原理を構成する．従って，フレーゲの「概念記法

－算術（BA）」は，デデキント・ペアノ算術と同形 isomorphic な，算術の公理系であり，ペアノ算術が無矛盾なら，それと相対的に無矛盾といってよい．実際，フレーゲの BS における高階論理の原初記号には，パラドクスを招く，概念の外延や値域の表現は登場せず，また項・対象と関数・概念，関数の関数（概念の概念）といった次元 Ordnung の区別がなされ，層化されている stratified のである．

ところでペアノ算術では，「0」，「数」，「後者」が未定義な基本概念とされている．デデキント算術では，ペアノが未定義のまま放置する「数」「後者」を越えて，「系 System と写像 Abbildung，連鎖 Kette」という「集合論的概念」に一切を帰着させる「準論理主義的」（Thiel [1984]）アプローチが採用されていた．

だがフレーゲは，デデキントがペアノでは未定義の「数」「後者」に対し，集合論的な枠組みでの「準論理主義的」説明を与えたのに対し，さらに踏み込んで，純粋論理的な定義を与えているといってよい．（半順序体としての）「序数 ordinal number」は D3 から「f の弱祖先関係」，すなわち，「z は，x から始まる f－系列に属する [$xf^*=z$]」は，「z が x と同じであるか，または f－系列において x に後続する [$xf^*z \vee z=x$]」によって定義される．また「後者」は D1 の「遺伝性」の定義を介して「f－系列における後続」によって定義される．

しかしペアノの公理系が，0 や自然数の概念を未定義語として残したのと同様，繰り返しになるが，「系列の一般理論」も，未だ 0，1 といった個々の数の規定も，基数とは何かについての規定も（また実数論に関わる量についての規定も）課題として残している．（だが数は，個体変項 x, y…等の値と考えられているから，概念・関数とは区別された対象と見なされてはいるとは言えるであろう．）

つまり「0」は，f－系列の任意の初項という以上の規定は，「BS－算術」においても与えられていない．かくして，「BS－算術」は，ペアノ算術と同形の，ラッセルいう所の「前進列 progression」（1903）という「序数の系列」（半順序体）の論理主義的公理化に相当する「論理主義的序数論」だと言ってよいであろう．

だがフレーゲの「論理主義」は，デデキント・ペアノ算術同様，序数論の基礎づけで完結したと考えられていたのであろうか．数その他の抽象的存在への

加担を避けたい構造主義者にとっては，むしろこの「BS‐算術」をこそ，フレーゲの純粋数学的業績と認めるかも知れない．だがしかし，フレーゲは，『概念記法』の序言の最後で，「さらに，数 Zahl，量 Grösse 等々については，本書に直ぐ続いて執筆する」(BS VIII) と宣言していたのである．

その意味ではフレーゲにとっては，「概念記法‐算術 (BA)」は，なお未完結で過渡的な「論理主義」的算術の体系であるということになろう．フレーゲにとって「BS‐算術」は，やがて数年後に『算術の基礎』(1884) で姿を表す，「文脈原理」の方法的守則に即して，「ヒュームの原理」といった「抽象原理」を介して，その「同一性条件」「再認条件」を確定する形で，「基数とは何か」という問いに正面から答える「フレーゲ算術」への途上にある，中間的過渡的な段階での体系であると見られよう．

以上をまとめると，「遺伝性」「系列における後続（祖先関係）」「一意性」といった基本的概念の論理的定義が，「暗黙の諸前提，[例えば幾何学的ないし何らかの内的直観] を確実に排除し」「算術の基礎概念を一層厳密に把握する」ことを可能するのである．そしてこうした論理的定義こそ後のペアノ算術を導出する「生産的」定義であり，それを厳密に表記する記法こそ「概念記法」という新しい「論理的言語による論理的体系」なのである．

また，以上に見られるように，「概念記法」によって基礎づけられる「算術」には，例えば「遺伝性」「系列における後続」「強祖先関係」「弱祖先関係」の各事例となるような，算術に独自の複雑な概念や関係の定義・論理的形成が含まれ，かつそれらの諸概念・諸関係の，「条件法」「否定」「普遍量化」といった「基本的論理的概念」を介しての論理的定義から，例えば，「自然数列」「系列における後続」，さらには「後者関係の一意性」「自然数列の連結性や推移性」「完全帰納法」「半順序列」等々が，定理として帰結し，後の「デデキント・ペアノ算術」の公理体系を実質的に含むものである．

しかも注目すべきは，デデキント，ペアノの各自然数論の公刊は，はるか後年の Dedekind [1888]，Peano [1889] のことで（近年の Dugac [1976] の考証によれば，デデキントの自然数論の骨子は既に 1872/78 年の間に手稿 (Dedekind [1872/78] Appendice LVI in Dugac [1976]) の形でほぼ完成し，限られた数学者仲間に回覧されていたようであるが，1888 年までは未刊であった），フレーゲの

このBS での「概念記法 - 算術 *Begriffsschrift-Arithmetik*(BA)」(1879)が明らかに先行している．『算術の基礎 GLA』(1884)で非形式的に，『算術の基本法則』(1893)において厳密に展開される，いわゆる「フレーゲ算術 *Frege Arithmetik*」に先立って，BS の「系列の一般理論」で実質的に展開されているフレーゲの「概念記法 - 算術(BA)」は，それらのいずれにも先立つ，数学史上最初の「自然数（正確には，序数）の公理体系」である．しかも関数の値域や概念の外延に訴えない 2 階論理という「論理主義」に依拠し，PA が無矛盾なら相対的に無矛盾な「算術の公理体系」だと推定される．（唯一問題となりうるのは，フレーゲが分離則 MP 以外に，暗黙に訴えているもう一つの推論規則，先述の「代入原理」であるかもしれない．）

　また馴染みの「倍数」「正整数」「素数」といった諸概念も定義される．成熟した論理主義的「フレーゲ算術」に立つ「BS 算術(BA)」は，単に形式的で無内容な記号の羅列ではなく，算術上の「内容を持った *inhaltlich* 算術」「生産的算術」であり，フレーゲのこれまで無視されてきた，数学上の記念碑的な業績といってよいであろう．

　かくてフレーゲは，『概念記法』の第 III 部「系列の一般理論」において，デデキント・ペアノ算術と同形で，それらと相対的に無矛盾な 2 階の算術，「概念記法 - 算術(BA)」の基礎を用意していたのである．しかも，「概念記法 - 算術」は，デデキントの集合論的な構造主義的算術に比して，一層徹底した 2 階の純粋論理体系に基づく，少なくとも，序数・前進列の「純論理主義的」算術なのであった．しかし，「判断優位」の方法的守則に従う，構造主義的序数論にとどまる「概念記法 - 算術」は，デデキント・ペアノと異なって，フレーゲの構想する「論理主義」算術の完全な実現を意味しない．

　「数 Zahl，量 Grösse 等々の概念を明らかにすることが，本書に直ぐ続いて私が著わそうとするさらなる探究の対象であるはずである」(BS VIII, 1878. 12. 18 記)と記しているように，次の論理主義算術の課題である，「基数 Anzahl」とは何か，個々の基数の再認条件は何か，さらには量および実数とは何かを確定すべく，フレーゲはさらなる探究に向かったのである．

　しかしながら，彼の第 2 の著『算術の基礎』の出現(1884)までになお 5 年以上が経過する．だがそれより 2 年前の 1882 年 8 月 29 日にフレーゲは C.

マーティ(むしろシュトゥンプか)宛書簡でこう記している.

　私は現在一冊の書物をほとんど完成しました.その書物において私は基数の概念を扱い,次のことを実証しました.すなわち,これまで証明不可能な公理と見なされがちであった,数の数え上げに関する諸命題が,論理的法則のみを介して定義から証明されること,従ってそれはカント的な意味合いで分析的判断であると考えるべきだ,ということです.(WB 163)

算術の,少なくとも基数論に関し,「論理主義」プログラムの成就を伝えている.

§4　普遍言語と推論計算──「判断優位テーゼ」

1. シュレーダーの批評概要

『概念記法』に対する,好意的とはいえ理解しているとは思えないものを含む4本の書評以外に,英国の高名なブール派の論理学者J.ヴェンによる短評は,「フレーゲの図式はブールのそれとは比較すべくもない代物で,ブールへの参照もないところをみると,ブールも英国でのその改良も知らないのであろうと考えざるをえない.……いずれにせよ,フレーゲの体系は,自分には扱いにくい不便なものだと思われる」(Venn [1880])といった,ほとんど本文をまともに読んでいるとも思えない素っ気ないものであった.

　唯一詳細で,表面上は慇懃(いんぎん)だが内実は手厳しいのは,ブールやパースの仕事をいわゆる「論理代数」「ブール・シュレーダー代数」へと集大成していく,当時ドイツで最も高名な論理学者E.シュレーダー Schröderの書評であった(Schröder [1880] 81-94).シュレーダーは,「純粋に科学的精神をもった一人の野心的な思想家の明らかに独創的な作品である,このきわめて尋常ならざる著作は,類似の探究を進めてきた評者がもちろん大いに共感をもつような方向を追求している」と冒頭で述べてはいる.しかし書評内容はというと,ブールの業績の無視が非難され,またフレーゲの「概念記法」とブールの式言語を比較すると,あらゆる点で後者が好ましい,と評価するものであった.

現代論理学への革命と論理主義的な数学基礎論への黎明を告げる自らの小冊子への，学界のこうした反響は，フレーゲを大いに失望させるものであった．

2. フレーゲの無視された反論

そこでフレーゲが，自らの概念記法の優位性を，きわめて徹底的かつ説得的に論じた大部の論考「ブールの計算論理と概念記法」(1880/81, BL と略称) は，1881 年夏，三つの雑誌，「数学物理学誌 *Zeitschrift für Mathematik und Physik*」，F. クライン編集の「数学年報 *Mathematische Annalen*」，また「哲学及び哲学的批判誌 *Zeitschrift für Philoosphie und philosophische Kritik*」から次々と掲載を拒否される．長大すぎることもあるが，数学誌からは哲学的すぎる，哲学誌からは数学的すぎると見なされた．同様に，もっと短い解説「ブールの論理的式言語と私の概念記法」(1882, LB) も，R. Avenarius 編集の「科学的哲学季刊誌 *Vierteljahrsschrift für wissenschaftliche Philosophie*」に拒否される．後年の主著『算術の基本法則』序言での述懐「数学者はこれは形而上学だ，だれも読まない！　と叫び，哲学者はこれは数学だ，だれも読まない！　と叫ぶ」という運命の予言のようであった．これら二つの論文は実に 90 年後にようやく 1969 年『遺稿集』において公刊される．既に一部言及した，「概念記法の科学的正当化について」(1882) といったごく短い解説や，「概念記法の目的について」(1882 年講演記録) が掲載されただけであった．

さてフレーゲの反論は，主として，ブール・シュレーダーに向けられている．そこで 3 本の反論，「概念記法の科学的正当化」(B)，「概念記法の目的について」(Z) (1882. 1. 27 の講演)，及び上記遺稿の「ブールの計算論理と概念記法」(BL) の骨子を簡略に記しておこう．

3. 『遺稿』に残された反撃

シュレーダーは，フレーゲも言及していたライプニッツの記号言語 *lingua characterica* [Trendelenburg 経由の綴り．本来は *characteristica*] と推論計算 *calculus ratiocinator* の区別に関して，むしろフレーゲの「概念記法」は単に「推論計算」にすぎず，ブール・シュレーダーの「論理計算」の方が，「記号言語」に相応しいという (以下，強調引用者)．しかしシュレーダーは見落しているが，

フレーゲの目的は，ブールのように抽象的な論理を式で表すことではなく，正確かつ明確に，記号で内容を表現することであって，単なる「推論計算」ではなく，ライプニッツのいう「記号言語」を創ることだ，とフレーゲは反論する．いずれが正しいのかの歴史的考証には入れないが，ライプニッツ自身が両者についてどう考えたのかも必ずしも明確ではないようである．しかし，フレーゲは，ライプニッツの「もし何らかの厳密な言語，少なくとも，真に哲学的な表記法が与えられれば，所与から理性によって獲得しうるすべては，何らかの計算法により，ちょうど算術や幾何学の問題が解かれるのと同じように，見出すことができよう」(De scientia universali seu calculo philosophico) を参照して，ライプニッツの記号言語という着想自体が，推論計算と密接している (BL 9)，つまり，記号言語はある種の計算を遂行可能にし，概念をその構成要素から組み立てる表記法なのだと見なしている．つまり，記号言語・概念記法は，元来推論計算を排除するのではなく，むしろ推論計算 (それは部分から全体を確定するアルゴリズム・一種の「合成原理」を体現したもの) は概念記法の不可欠の要素だと認める．実際「概念記法」では，命題算にせよ関数算にせよ，そうした回帰的 recursive な計算による「合成原理」が体現されているのである．

　それでは，従来の数学の式言語やライプニッツ，ブール，シュレーダーらによる論理的関係の表記法は，ライプニッツ流の「記号言語」と言えるだろうか．
　(i) 先ず通常厳密と思われている算術の式言語は，実は新しい概念の導入という最も重要な場面でも，論理的関連，厳密な論証の連鎖や証明自体でも，日常言語に頼っているのである．とりわけ算術的言語には，論理的な結合関係を表す表現が欠けており (BL 14)，完全な概念記法であるためには，形式的部分を補う必要がある．
　(ii) 逆に，ライプニッツ，ブール，シュレーダーらによる表記法には，論理形式はある．しかし内容が欠けている．これらの表記法中の単一の文字 A，B を，例えば，解析学の方程式で置き換えると，不明瞭で回りくどく，曖昧になってしまうのである (B 54)．
　ライプニッツの「普遍的言語 characteristica universalis」も，言語に依存的で，ものの特徴を表す文字を並べることによって概念の成り立ちを表現している．ブール，シュレーダーも同様で，算術的演算と類似的なアルゴリズムに

よって概念形成を表現する (BL 10).

(ii-1) ブールの一次的命題 primary proposition とは，文字が表す概念の外延の比較であり，個物表記はなく，単元クラスと個物の差異を表記できない．ところで文字は論理積 A・B と論理和 A＋B により結合され，交換律，結合律，分配律が成立する．しかし論理計算と代数計算の違いは大きい．（例えば，論理計算では次式 [ベキ等律] は正しいことになる．A＝A・A＝A・A・A, A＝A＋A＝A＋A＋A.).

概念の従属関係 Unterordnung (A＝A・B [A⊂B]) に対し，概念への個物の帰属 [Fa] の表記はない．また論理計算では，0 は空な概念の外延，1 は議論領域 universe of discourse のすべてが帰属するような概念の外延で，通常の代数計算での 0, 1 とは全く異なる．

ライプニッツ流の，A・B＝0, 1 のように概念の排反・非排反を表す際の，「非存在 non ens」「存在 ens」はブールには用意されていない．否定記号も，複数認められる (Z 3).

ブールは判断を文字と＋，0, 1 といった算術記号から構成される方程式で，論理法則はアルゴリズムの形で表す．すると＋, 0, 1 等の同一の記号が，算術的意味とは異なった論理的な意味でも使用される．それを避けようとすると，記号それ自体に関しては，内容を完全に度外視する結果になるであろう．確かに，領域ごとに別々の解釈を与える余地はある．（後の統語論と意味論，形式とモデルの分離のアイディアにも繋がる．）しかし，一つの式に同じ記号が異なった意味で現れるという多義性は混乱を招き (B 4), きわめて不都合である (BL 14).

(ii-2) ブールの二次的命題 secondary proposition とは，判断可能な内容の間の関係で，例えば，仮言判断，選言判断について，それらをブールは第一種命題に還元し，「x＝2 → x²＝4」を，「x＝2 の時点のクラスは，x²＝4 の時点のクラスに従属する」と読む．しかしこれは論理計算に無関係な時間を導入することになる．一方 H.マッコールは両種の命題を切り離すが，それは論理学を分断し，両種命題間の移行をすべて阻止する結果となる．

ブールの論理代数とフレーゲの概念記法の真の違いは，フレーゲが，述語論理（概念の関係・ブールの一次的命題）と，命題論理（判断の関係・二次的命題）

とを，全体として一つの体系に統合しているのに対し，ブールでは二つは分裂し，有機的関係にない点にある (BL 15). かくしてブールの式言語は，代数的記号表記での抽象的論理学 abstrakte Logik であって，内容再現には不適である.

(iii)真の概念記法は，論理的関係に対する簡潔な表現法を，容易に習得可能な必要最小限に限り，用意すべきである．またその一般的形式には内容を表す記号を必要に応じて付加しうる．フレーゲの「概念記法」の目的は，はじめから内容の表現を念頭におき，数学はじめ広範な応用可能性を目指すものである (BL 13).

フレーゲの概念記法は，少数の論理記号を導入し，暫定的には数学の既存記号と融合して，しかし根本的には算術のすべての基本的概念を論理語によって論理的に定義し，算術的定理の内容をすべて論理的に再現することを目的とする，まさに「式言語 Formelsprache」である．既存の記号は，自然言語 Wortsprache の語幹に，他方付加記号は語幹の内容に論理的関係を与える形式語 Formwörten (語尾，接頭辞，接尾辞，諸記号) になぞらえられる．フレーゲは，論理記号だけを考案し，既存の一部の記号，例えば算術の記号は，すべて論理記号の組み合わせで定義・形成し，再現する．従って，彼の『概念記法』は，算術に含まれる全内容を表現し再現する，まさにライプニッツの夢想した「普遍的記号言語 lingua characteristica universalis」の名に相応しいものであり，しかも単純なものから複雑なものを回帰的に recursiv 合成する機構をも組み込んだ「推論計算 calculus ratiocinator」でもあるのである．

4. 判断優位説と概念形成

フレーゲは，自らのアプローチ，「把握の仕方 Auffassungsweise」が，ブール，シュレーダー，ライプニッツ，さらにはアリストテレスの把握の仕方とも根本的に異なる最重要な相違の一つを，「概念から出発するのではなく，判断から出発する von den Urteilen ausgehen ということ」(Z 5) に，求めている．

ここに，「既存概念から判断に向かう原子論的アプローチ」に対する，フレーゲの生涯を貫く「判断優位説 primacy or priority thesis of judgment」の考えが鮮明に打ち出されている (cf. Dummett [1981] ; Sluga [1987]).[2]

アリストテレスでもブールでも，［心理的な］抽象 Abstraction による概念形成が論理の原初的働き Urtätigkeit で，判断や推論は概念の外延の直接間接的な比較による．しかも両者とも論理学では概念形成 Bildung der Begriffe は既に完了済みのものとして前提されている．

決定的に重要なことは，フレーゲが，アリストテレス，ライプニッツ，ブールとは逆に，「概念からではなく，判断とその内容から出発する……概念の形成 Bilden der Begriffe を判断から初めて由来させる hervorgehen lassen」(BL 18) ことである．

例えば，判断「$2^4 = 16$」の表す判断可能な内容を，関数論的に分解し，2 を置換可能で可変的部分と考えて x で表し，定常的部分を関数的に $x^4 = 16$ と解すると，「16 の 4 乗根」という「概念」が構成される．他方，4 を置換可能として，$2^x = 16$ を関数と解すると，「2 を底とした 16 の対数」[$x = \log_2 16$] という概念が構成される．

「個体を主語，既に予め形成済みの概念を述語として，判断を繋ぎ合わせるかわりに，逆に判断可能な内容を分解して zerfallen 概念を獲得 gewinnen するのである．判断可能な内容の表現は，そのように分解ができる以上，既に自体分節されて gegliert いなければならない」(BL 18)．だが属性や関係は対象とは別に形成されるというのではなく，「それらの属性や関係を何らかのものに帰属させる判断に伴って同時に生じてくる．従って，概念記法ではそれらの表記は単独で現れることは決してなく，つねに判断可能な内容を表現している結びつき［すなわち，命題］の中に現れる in Verbindungen」(BL 19)．従って，「属性を表す記号もそれを帰属させるものが少なくとも［変項 x によって］暗示 andeuten せずに現れることはなく，関係を表す記号がその関係に立つものを暗示せずに現れることはない」(BL 19)．

方法論上，極めて重要なことは，『算術の基礎』(1884) での「文脈原理」に先立ち，既に『概念記法』執筆直後のこの時期 (1879-1880) に，アリストテレス，ライプニッツ以来の伝統をひくブール的な「原子論的アプローチ」と対決しつつ，「判断優位」，つまり，数学的諸概念を論理的定義によって基礎づけるような「実り豊かな fruchtbar」「概念形成 Begriffsbildung」が「判断および判断可能な内容から出発し，その関数論的分解」によって構成される，というこ

とを，フレーゲが明確に打ち出していることである．
　以下において，フレーゲの「概念記法」が，既存の若干の算術記号と結びついて，いかに広範な基本的な数学的概念，例えば「有理数」「平方根の存在」「倍数」「公倍数」「公約数」「素数」等を表現し定義できるかの，若干の事例が挙げられている．

　整数論における，概念の定義：
[11]「A は 0 を含む正の有理数である」すなわち，「A の倍数である正の整数 (0 を含む) が少なくとも一つある」(BS §12).

i. e. $\vdash \forall n\, [\dfrac{\gamma}{\beta}(0_\gamma + 1 = n_\beta) \to \dfrac{\gamma}{\beta}(0_\gamma + A = n_\beta)]$.

（後続関係 $\dfrac{\gamma}{\beta}$ を，ブーロス流に $xf^*_= z$ と表記すると，下記のようになる．）

$\vdash \forall n\, [xf^*_= z\,(0_z + 1 = n_x) \to xf^*_= z\,(0_z + A = n_x)])$

実数論における「実関数の連続性」や「数列の収束，その極限」といった解析学の基本概念の史上初の厳密な論理的定義：
[13]「実関数 $\Phi(x)$ は $x = A$ において連続である」(コーシーの $\varepsilon - \delta$ 論法に対する最初の論理的表記)．つまり，「任意の 0 でないいかなる正の数 n に対しても，0 でない正の数 g で，g と $-$g との間にあるあらゆる数 d に対しても不等式，$-n \leq \Phi(A + d) - \Phi(A) \leq n$ が成り立つようなものが存在する」(BS §12) (BL 26). すなわち，

$\forall n\, [n > 0 \to \forall g\, [g > 0 \to \forall d\, [[-g \leq d \leq g] \to [-n \leq \Phi(A + d) - \Phi(A) \leq n]]]]$.

[16]「A は B から始まる Φ 列の極限である」(BS §9, 10, 26, 29). すなわち，

$\forall n\, [n > 0 \to \forall d\, [xf^*_= z\,(\Phi(Bz, dx) \to \forall a\, [xf^*_= z\,(\Phi(dz, ax))$
$\to (A + n \geq a \geq A - n)]]]$. （後続関係は $xf^*_= z$ と表記）

こうした例において概念記法はブールの式言語の追随を許さない，とフレーゲは主張する (BL 30).

このように［概念記法に］「ごくわずかの新記号［を加える］だけで，これまで日常言語で表す他はなかった非常に多様な数学的関係を表現するのに十分なのである．……これらの式は同じ概念の，言葉による同値な定義に比べるとずっと簡潔であり，見通しがよい *übesichtlich* からである．……こうした式の効用が十分に現れるのは，まずもってそれらが推論計算で使われたときであり，その優越性は実際の使用に照らしてはじめて十全に評価することが出来る．……」(BL 30).

「数学的完全帰納法」の「遺伝性」の定義を用いての表記：
[BS] S. 65 の (84)：「属性 F が f‐列において遺伝するならば，x が属性 F をもち，その f‐列において y よりも前に現れるならば，y もその性質をもつ」(BL 31) は既に言及したように，後続関係をブーロス流表記に替えれば以下のように表記できる．
$\vdash \forall d\,[Fd \rightarrow \forall a\,[dfa \rightarrow Fa]] \rightarrow [Fx \rightarrow xf^{*}_{=}z(x_{z}fy_{x}) \rightarrow Fy]$ （式 3) (BL 31) (BS §24, §26)

この「式 3 はある形のベルヌーイ型帰納法［完全帰納法］の代わりをつとめている．この種の推論方式は，一見そう思われるように数学固有のものではなく，論理の一般法則に基づいているということが，『概念記法』の §24, §26 から帰結する」(BL 35).

5. 実り豊かな概念形成の仕方 die Art der *Begiffsbildung* 再論

「先の例［4］[「12 は 4 の倍数である」$xf^{*}_{=}z(0_{z}+4=12_{x})$] の $xf^{*}_{=}z(0_{z}+4=12_{x})$ 中の 12 を置換可能と考えると，「4 の倍数」という概念を与える．さらに 4 も置換可能と考えれば，「ある数とその倍数との関係」，4 のみ置換可能と考えれば「12 の約数」という概念が，与えられる．［13］の例は「ある点における関数の連続性」の概念を与える．こうした概念はすべて科学（数学）において開発され，実り豊かな fruchtbar ことが立証されたもので (BL 36)，日常的思考の示すものよりも，さらなる注意を要求するものである．実り豊かさ *Fruchbarkeit* が概念の試金石 Prüfstein で，科学の世界こそ論理が試される本来

の場所なのである（BL 37）．

　以上の例のほとんどは，アリストテレス以来，ライプニッツ，ブール，シュレーダーに至る，概念［人間［C］］の，類［動物［B］］と種差［理性的［A］］による定義，ないし［C］の部分概念 Teilbegriff・徴表 Merlkmale［動物［B］］と［理性的［A］］による定義には，訴えられていない．［類と種差による］こうした概念形成は，例えば，論理積 C ＝ AB［A, B, C は各概念の外延］や論理和［C ＝ A ＋ B］によるにすぎないのである．

　　どちらの場合も，概念の境界づけ Begrenzung は，すでに与えられた概念の境界づけの一部から生じている．このことはブールの表記法によるすべての概念形成にも当て嵌まる．（BL 37）

　　この種の概念形成では，概念の体系，あるいは図式的には，境界線の網の目は前もって与えられたものとして前提されている．……あとはただ，すでにそこにある境界線を新しい仕方で用いて，面を区分する境界線を完全に引きさえすればよい．（BL 38）

　　ブールは論理的に完全な概念を出来合いのもの fertig と解し，全作業中最も難しいところを完了してしまったものと als getan 前提し，あとは機械的計算過程により所与の前提から，その帰結を引き出せるとする．しかしわれわれの思考全体は決して……純粋に機械的な活動に置き換えることができない．……しかしブールには概念記法に匹敵する一般性の表現方式が欠けているので，既に手持ちの境界線を利用しない真の概念形成は不可能なのである．ライプニッツの前進を妨げたのもこの欠陥に他ならない．（BL 39）

　　以上を，先の「関数の連続性と極限」の定義，BS §26 での「数列における後続者」の定義と比較してみよ！　それは，手持ちの概念の境界線を使って新しい概念の境界線を作ることではない．（BL 38）

　　その概念の確定 Bergiffsbestimmung によって，つまり学問的に実り豊かな定

第 2 章　『概念記法』　143

義によって，まったく新しい境界線が引かれる．新しい概念の構築 Aufbau に旧い概念が使われてはいるが，その際に，一般性，否定，条件を表す記号によって様々な仕方で旧い概念が互いに組み合わされている *untereinander verbunden*.（BL 40）

以上つぶさに見てきたように，「判断優位」の方法に従い，「判断・判断可能な内容」の「関数論的分析」を介して，「遺伝性」，「系列における後続」，「一意性」「正の整数」「倍数」「約数」「素数」，「ベルヌーイ型帰納法［完全帰納法］」の定義，さらには「関数の連続性」「極限値」といった，算術・解析学において不可欠の「数学的概念」が，「条件法・否定そして何よりも多重に現れることを許される一般性［普遍量化］」という「論理的概念」を複雑に組み合わせることによって定義され，つまり概念形成され，その定義から，分析的に算術的諸定理が導かれるのである．それらの定理は，分析的ではあるが，しかし，周知の既存概念から導かれた周知の命題なのではない．その構成要素概念は，日常語あるいは直観的に理解された限りでの数学的表現によって曖昧・不明瞭・不正確に朧に予感されていたとしても，論理的に明確な定義によってはじめて形成された概念として正確に理解・把握されたのである．そうした定義は，数学の命題の理解・洞察・証明にきわめてよい見通し Übersichtlichkeit を与える「実り多い fruchtbar」概念を構成するものなのである．こうした「実り多い」概念構成を通じての分析的命題の把握は，われわれにいままで明らかでなかった命題の判明な理解を齎すという点で，カント的に云えば，「拡張的な」判断であるとも言えるであろう．

6. シュレーダー批判の補足

さらにシュレーダーの批判へのフレーゲの回答を補足しておく．

(i) 例えばフレーゲの排反的選言の表記は紙面の浪費だが，シュレーダーでは $ab_1 + a_1b = 1$ と簡潔に表せるという批判がある．だがそれは，a, b のような一文字単位の長さの判断しか考えていないからで，実際の応用で，a, b に複雑な方程式等が代入されると，事情は一変する．フレーゲの「概念記法」の紙面浪費の欠点は，明瞭さ，見通しのよさという長所へ変わり，ブールの簡潔さ

という長所は，分かりにくさ，見通しの悪さに変わる．

(ii)シュレーダーは，フレーゲの概念記法とライプニッツ-ブールの式言語とを直接比較可能と見なしているが，それは不可能である．両者は表現能力に大差があり，相互翻訳の関係にない．例えば，ブールの従属関係は容易にフレーゲの概念記法で表記可能だが，その逆は言えない．

ブールと比較したフレーゲの概念記法の特長をまとめておこう．

(1)概念記法は算術や幾何学の記号と組み合わせた内容の表現を可能にする点で，ブールの論理学より広い射程をもつ．(BL 51)
(2)純粋論理の領域でも，概念記法は一般性記号のゆえに，ブールより広い範囲を覆う．
(3)概念記法は，判断を概念形成に先立つものとして捉えることにより，ブールのように，論理を［命題論理と述語論理に］分断するのを回避する．
(4)概念記法は，数学をはじめ学問が必要とする基本的概念形成を表現できるが，ブールの加法，乗法の組み合わせは実り少ない．
(5)概念記法は，論理的関係を表す原始記号も，基本法則も少なくて済む．
(BL 52)

だが「はじめに」で述べたように，フレーゲの師アッベでさえ，数物学科の属する哲学学部長宛所見で，フレーゲの学問的能力を大いに賞賛しつつも，当初は『概念記法』の肯定的評価にまでは至りえなかった (UAJ; BA 438; B 105-8; Kreiser [1983] 333; Kreiser [2001] 362)．

　　この著作……の公刊は著作家としての幸運なデビューとは見なしえない．……［そしてフレーゲが展開した構想の意義と射程についての最終的判断は留保しつつもアッベは］次のことまでは私には疑問の余地がない．即ち，第一に，その数学上の仕事と並んで，これほど一般的な傾向をもつ論理的研究を行うような人物は［稀有であり］，第二に，最も抽象的な論理的，数学的問題を小冊子中で捉え，議論するその仕方は，一貫して独創的な研究の刻印を帯び，尋常でない精神的力量を示すものである．――こうした特性に，その他の点

でも認識の形式的な連関に関する微妙な探究にほとんどセンスをもたないような数学者たちは，そうしたものが当然受けるべき尊敬を払わないであろう．(UAJ; M 459; Bl 92f. ; Kreiser [1983] 333; Stelzner [1996] 59; Kreiser [2001] 362)

　学部全体の所見は，基本的にはアッベの所見に拠りつつ，フレーゲの長年の教育上の業績を評価し，また大学監督官 F. von テュルケ Türcke は，ワイマール政府への申請に際しては，ゴータ大学ラスヴィッツ Lasswitz による好意的批評を付加して (1879. 6. 17, Kreiser [1983] 333-4)，1879 年夏フレーゲの員外教授招聘が実現する．
　さて所見提出後すぐ，再度アッベは 1880 年，『概念記法』を精確に閲読しなおし，フレーゲの新しい論理学の基礎づけの仕事が有意義なものだと公に判断するに至った．その判断に基づいて，アッベはそれ以降，恒常的にフレーゲを支援し続けることとなる (Stelzner [1996] 60. cf. UAJ C842, B154)．
　しかし何故アッベは最初フレーゲの『概念記法』にそれほど失望したのだろうか．一つには，この時期に数物学科に物理学とは別に，待望の純粋数学正教授職新設の可能性が緊急浮上してきたことがある (Kreiser [2001] 375)．内部から登用ということなら，フレーゲも有力候補者の一人と想定されていた節がある．しかしそれには，正教授として，解析学，幾何学といった正統的で当時の先進的な数学の分野で評価される業績が要請される．アッベたちが，博士論文・資格論文で示された，幾何学・解析学を結ぶ数学の本道での仕事の，さらなる展開をフレーゲに期待したのも，無理からぬことであったろう．しかしフレーゲは，数学，論理学，哲学の境界線上に位置する，自らの信じる道を進んでいった．その革新性は，アッベがやがて気付いたように，通常の数学の分野をはるかに超えるものなのであった．こうした様々な要因，期待や誤解が，『概念記法』を一読後，これはフレーゲの数学活動の「副産物」にすぎず，学界への「デビュー」としては失敗だと，アッベをして失望，落胆を表明させてしまったのであろう (Kreiser [2001] 374f.)．
　『概念記法』を「数学研究の副産物」と評したアッベの所見は，フレーゲを数学のアウトサイダーと見なす評価を同僚間にもたらした．大学のこの見解は，

(アッベの訂正にもかかわらず)『算術の基礎』に続くフレーゲの仕事によってもさらに強められ，数学者としてのフレーゲの更なる学問的経歴を塞ぐ形になった (Kreiser [1983] 334).

かくして数学科科長として，1879 年に新設された待望のイエーナ大学数学講座に招聘されたのは，39 歳のフライブルク大学正教授 (前ハレ大学員外教授) ヨハネス・トーメ Thomae (1879-1921 在任) であった．トーメは，着任後，数学科のカリキュラム改革を行い，数学科演習を設けて，自らは学科長として冬学期を，フレーゲは副科長 Mitdirektor として夏学期を交互に分担することとした．

こうした状況の中で，マーティ (ないしはシュトゥンプ——両者ともブレンターノの弟子で，後者はロッツェの許で博士号を取得，後にフッサールは彼の許で学位を取る．この時期二人ともプラハ大学の哲学正教授) からの葉書に感激して，次のような書き出しのフレーゲの返信が残っている．「あなたの友好的なお葉書，大変嬉しく存じます．これまで私は滅多に賛同に接したことがなかったので，それだけ喜びは一人(ひとしお)です」(1882. 8. 29. WB 163;『著作集 2』189).

1) それ故，以下の論述は，フレーゲが『概念記法』の構成後に初めて，「論理主義」というプロジェクトを着想したかのような見解 (Dummett [1973] pp.xxxv.f.) とは対立する．(cf. 横田 [1988]) のみならず，既に『概念記法』の第Ⅲ部において，後続のデデキント・ペアノ算術と同形の，一種の「論理主義的算術」の基礎が構成されていたと主張するものである．
2) フレーゲの在世中のみならず，現在でも多くのライプニッツ解釈では，ライプニッツの「推論計算 calculus ratiocinator」に顕著なように，「原子論的アプローチ」が強調されてきたが，フレーゲ流の「文脈原理」に通ずるものが，概念の同一性規準に関わるライプニッツの「真理保存的置換 substituto salva veritate の原理」に認められるという，注目すべき指摘がある (石黒ひで [2003] 第 2 章).

第Ⅱ部　論理主義のプログラムと文脈原理

第3章 『算術の基礎』の構想とその背景

§1 『算術の基礎』の狙い

　『算術の基礎 Grundlagen der Arithmetik』(1884) は，処女作『概念記法』(1879) に続くフレーゲの第二の著作で，現代の「数学の哲学」における，いわゆる「論理主義」という立場を鮮明に打ち出した記念碑的作品である．「論理主義」は，算術ならびに解析学を論理学のみから導出しようという大胆な試みであるが，フレーゲのこの書物は，この構想の骨子を，記号使用なしに非形式的な仕方で，しかし明晰流麗な文体で綴られた，見事な哲学的散文である．その主要な狙いが，数学の哲学にあることはもちろんであるが，同時に算術・幾何学・論理学・経験科学等諸学の連関，その認識源泉やその真理性の正当化を巡って，透徹した認識論的考察がなされている．また知覚可能な現実的対象のみならず，概念・関係，幾何学的対象や数などの抽象的存在を巡る認識論的ならびに存在論的考察が同時並行的に進行している．しかもそうした諸対象およびその諸連関が，「記号」や「語」，「命題」や「式」といった広義の「言語表現」の表す「内容」として捉えられており，従って，全探究が常に「意味論的ないし言語哲学的」考察と密接不離な仕方で進められている．『基礎』のうちに，ダメットが，現代哲学の「言語への転回」の先駆を認める由縁である (Dummett [1991]).

　以下，この著作の背景や内容の解説を試みるが，議論がやや錯綜するので，話の筋道だけ予め粗描しておこう．「論理主義」は，算術・解析学を論理学に還元しようとする試みであるが，まずこの第3章で予備的に復習・再確認した

いことは，第一に，19世紀という幾何学・解析学の革命的展開期に，数学者・哲学者を巻き込んで行われていた，幾何学と解析学との認識論的性格にかかわる論争的背景と，第二に「論理主義」はこうした論争において際立って顕著な立場の表明であって，第三に，その立場の確立には「概念記法」という形式言語による論理学自体の構築が不可欠であったことである．第4章では，『基礎』の内容を概観するが，とりわけ次の二つのポイントを強調したい．第一に，フレーゲが一方で幾何学から算術・解析学を峻別しつつ，他方「基数」という抽象的対象の導入に当たって，自ら通暁していた新興の射影幾何学における，「同値関係」を介しての「無限遠点」や「虚点」といったイデアールな新対象導入のアイディアを，「一対一対応」に訴える形で，算術に持ち込もうと試み，今日のいわゆる「論理的抽象理論」の明確な先駆となったこと，第二にしかしいわゆる「シーザー問題」（後述）なる循環に巻き込まれ，「概念の外延」に訴える集合論的戦略に転換を余儀なくされたこと，である．第5章では，ほぼ同じ時期におけるイエーナの同僚神学者との「存在概念」を巡っての論争的対話と，基数以外の実数，虚数等の処理に関する，当時の粗い「算術の形式的理論」に対する批判とを取り上げる．

　フレーゲのいわゆる「論理主義」の主張には，第一に算術・解析学と幾何学との原理的な異同，第二に勃興しつつあった射影幾何学内部における幾何学的綜合的アプローチと解析的アプローチとの方法論上の対立という19世紀の数学史的背景がある．フレーゲは，算術を幾何学から原理的に区別し，算術・解析学の基礎を「論理学」に求めたのである．しかもその「論理主義」，つまり，算術を論理学によって基礎づけるという課題の遂行には，先述のように，実は「概念記法」の構想，すなわち，推論を厳格に表す形式言語の構成を通じて全く新しい「論理学」を構築するという構想が，密接不離な仕方で結びついていたのであった．そのことは，P. E. B. ジャーデンへの書簡（1902. 9. 23）に明らかである．フレーゲはそこで，繰り返しになるが，次のような趣旨のことを語っていた．

　私は概念記法の構想を，それがはっきりした形をとるかなり以前から，抱いていた．算術の基礎づけに当たって，暗黙の諸前提を確実に排除する必要性

が，1879 年の概念記法に導いた．概念記法への取り組みが，今度は算術の基礎概念を一層厳密に把握するように促した．……もっとも『概念記法』にはこのような考察の痕跡はとどめられていないが．（WB 111）

実際『概念記法 BS』の第 I 部，第 II 部は，いわゆる命題論理学と第 1 階述語論理学の，史上最初の無矛盾で完全な公理的体系化であり，2 階述語論理を含む第 III 部「系列の一般理論若干」においてはじめて数学への応用が見られる．こうした算術への応用については，しかし既に序文でフレーゲはこう語っている．「あらゆる特殊性を超える思考法則に依拠するだけの推論のみによって，算術においてどこまで到達しうるのかを試そうとした」（BS IV）．その際彼は，「そこから数概念に進むために，差し当たり，系列における順序という概念を論理的な後続 Folge に還元しようとした．その際気づかずに直観的なものが紛れ込まないためには，推論に隙間がないということに一切が掛からざるをえなかったのである」（同上）と述べ，また序文の最後において彼はこう述べていた．

算術が，私を概念記法に導いた一連の思考の出発点である．それゆえまた私は先ずは概念記法をこの学問に応用しようと思う．そしてその諸概念を一層立ち入って分析し，その諸定理をより深く基礎づけることにしたい．……数，量等の概念を明らかにすることが，本書に直ぐ続いて私が著わそうとするさらなる探究の対象であるはずである．（BS VIII, 1878. 12. 18 記）

しかしながら，『算術の基礎』の出現（1884）までになお 5 年以上が経過する．第 2 章でも触れたように，1882 年 8 月 29 日にフレーゲは C. マーティ（むしろシュトゥンプか）宛書簡でこう記している．

私は現在一冊の書物をほとんど完成しました．その書物において私は基数の概念を扱い，次のことを実証しました．すなわち，これまで証明不可能な公理と見なされがちであった，数の数え上げに関する諸命題が，論理的法則のみを介して定義から証明されること，従ってそれはカント的な意味合いで分析的判断であると考えるべきだ，ということです．（WB 163,『著作集 6』）

第 3 章　『算術の基礎』の構想とその背景　　153

そして，気づかずに別の認識源泉から判断の内容が忍び込んではいないという確信を，フレーゲは「明示的に前提されていないいかなることも……見逃さないという，概念記法の応用から汲み取っている」(loc. cit.) と言っている．恐らくはこのフレーゲの書簡への応答として，境界領域でのフレーゲの仕事を非常に歓迎していると告げつつシュトンプは，次のように助言している．「お仕事の一連の思考を先ずは通常の仕方で［記号なしで非形式的に］説明し，それと切り離して，別の機会に，ないしは同じ書物中でも，概念記法で［記号を用いて形式的に］説明するほうが，目的に適っており，その両方の内容を受け容れるのに好都合に違いないと思います」(WB 257,『著作集6』)．

　恐らくフレーゲはシュトンプのこの示唆に従い，1884年に刊行された『算術の基礎』における純粋論理的な基数概念の定立に際しては，概念記法に訴えることを一切放棄したのであろう．さらに9年後に『算術の基本法則』においてはじめて，フレーゲは，一層強力に展開された概念記法の使用により，算術命題の隙間のない導出を実行することになる．しかしフレーゲは，『基礎』でも『基本法則』でも，『基礎』自身が，マーティないしシュトンプ宛書簡で言及されていた，「ほとんど完成した書物」の部分的改作なのか，ないしは全く新しい独自の草稿なのかについて何の情報も与えていない．いずれにせよ概念記法の使用を断念したことはフレーゲを困難な立場に置いた．概念記法を使用しない『基礎』における，算術命題の分析性の論証概略は，「確からしい」という以上には出られないからである．しかも『基礎』での概念記法に訴えない説明も，シュトゥンプやフレーゲが望んだようには，同時代の人々がそれを受容するのに好都合には働かなかった．

　むしろフレーゲらの期待に反して，第二の著作の反響は一層悪かった．カントルは論点を逸し，心理主義の主唱者R.ホッペは極めて感情的な反発を示し，フレーゲ理論を「実りがなく真面目な考察に値しないもの」と酷評した．僅かの例外はE.フッサールであり，彼は『算術の哲学』(1890) において真面目にフレーゲ批判を行っている．約10年後，デデキントが「数とは何か，何であるべきか」(1888) の第2版 (1893) 序文において好意的に言及しているだけで，以後ラッセルの『数学の諸原理』(1903) の出現まで20年，透徹した見事な文体で書かれ，意味論上も豊かな可能性を内包するこの著作は，全く無視され続

ける.

　けれども記号使用なしの説明は，今日まで，数学の哲学におけるフレーゲの根本思想を，哲学に関心をもつ読者に近づきやすいものにし，『概念記法』や『基本法則』に付き纏うひとを脅かすような，また接近する者を排斥するような高踏的な雰囲気を『基礎』から払拭するのに，非常に，否，恐らくは決定的に役立ったのである．

　『基礎』本文の最初の頁でフレーゲがはっきり述べていることであるが，この著作における考察には二重の課題がある．第一は数学的な課題であって，それは数学をより厳密に基礎づけようという同時代の努力を一層促進すること，つまり，数学的概念を一層厳格に分析し，解析学の算術への還元（いわゆる「算術化」）を更に推し進めて，算術的諸命題を，その諸概念・諸命題の分析を介して，少数の見渡し可能な論理的公理に還元すること，である．一方，第二の課題は哲学的なものである．それは，算術的真理がアポステリオリか，綜合的か分析的かという哲学的な問いに，基数概念の，一層単純な概念による定義が可能か否かの決定によって，答えようとするものである．

　「分析的」「綜合的」の対と「アプリオリ」「アポステリオリ」の対の対比は，むろんカントの区別と関連するが，しかしフレーゲの区別は判断内容（カントでは，例えば，主語概念に述語概念が含まれるのか，あるいは前者を拡張するものか，が「分析／綜合」の一つの重要な区別規準であった）ではなく（従って認識の拡張とは無関係），専ら判断の正当化 Berechtigung に関わる．すなわち，ある証明可能な命題がそれ自体は証明不可能などの基礎的真理 Urwahrheiten に遡及しうるかが問題とされる．ある判断の真理性が，一般的論理法則と定義のみに依拠すれば「分析的」，さもなければ「綜合的」である．他方，ある判断の真理性の証明が，一般法則のみに依存すれば「アプリオリ」，特殊な事実に依存すれば「アポステリオリ」と称される（GLA §3；野本 [1986] 第二章）．かくて先の二つの課題は実は切り離しがたく結びついているのであるが，第二の哲学的課題の背景には，幾何学と解析学との原理的異同という当時の際立って論争的な問題があったのである．

§2 数学史的背景――解析学的方法と純粋幾何学的な綜合的方法

19世紀の数学者たちは，上記のフレーゲのような哲学的問題に関わりがなかったし，フレーゲの厳密さへの関心は数学的動機を欠くという見解がある (Kitcher [1984] 268f.)．だが，こうした見解には近年異論が提起され，数学史上華々しい展開を見せた19世紀数学の実際に一層立ち入って，フレーゲの仕事を歴史的に位置付ける研究も始まっている (Wilson [1992] [1999]; Demopoulos [1995]; Tappenden [1995])．フレーゲの仕事の歴史的背景について，こうした研究や若干の数学史を参考に，不十分ながらいくらか触れておくことにしよう．いずれにせよ，19世紀は「数学の黄金時代」と呼ばれるように，「解析学の算術化」が革命的に進展するとともに，「幾何学の英雄時代」とも称されるように，一方で非ユークリッド幾何学が明確で包括的な姿を現し，また別の意味でユークリッド幾何学を相対化する包括的な「射影幾何学」が展開された時代であった (Klein [1872] [1926]; Boyer [1968]; 寺坂 [1981])．

フレーゲが哲学的問題の核心と見なした，幾何学と算術の原理的異同問題（認識源泉の異同，両者の一般性比較）と，いわゆる数学的問題――算術の基礎は何か（算術と論理学との関連如何，数学的対象の構成法如何）といった問題とは密接に連関する．

幾何学と算術の異同問題の一つの重要なポイントは，フレーゲが幾何学と対比させて，算術の広範な妥当性，普遍的な応用可能性を強調していることである．フレーゲの主たる関心は当初幾何学にあった．1871年フレーゲは院生としてイエーナからゲッティンゲンに移り，A. クレプシュ Clebsch (1833-1870) の幾何学講義を聴講し，1873年に博士号を取得しイエーナに戻っている．フレーゲが言及している数学者たちの多くは哲学的関心に動かされており，それが彼らの数学上の仕事に影響を与えている．ゲッティンゲンのガウス，ディリクレを継いだ包括的な非ユークリッド幾何学の建設者 G. F. B. リーマン Riemann (1826-1866) も例外ではない．イエーナ大学におけるフレーゲの生涯の守護者 E. アッベ教授もリーマンの弟子であった．（フレーゲの教授資格請求論文 (1874) の主題は，リーマンの仕事と重なる．）当時ゲッティンゲンの H. ロッ

ツェら哲学者たちと数学者たちの間で，幾何学的認識をめぐる論争が行われていた．幾何学において代数的解析的方法と純粋な空間直観に基づく綜合的方法のいずれが相対的一般性をもつかというこの論争は，単にゲッティンゲンのみならず，ドイツ数学界，さらには全ヨーロッパの数学界において，しかも並み居る射影幾何学の建設者たちの間で，激烈に戦わされた．フランスにおいては，G. モンジュ Monge の二人の弟子，ジュルゴンヌ Gergonne は解析派，一方射影幾何学の創建者 J. V. ポンスレ Poncelet (1789-1867) は純粋綜合幾何学派として対立する．ポンスレは，解析的方法がより大きな一般性をもつことに気づきつつ，なお綜合的幾何学の主たる目的を同等の一般性をもちながら真に幾何学的な原則（つまり，一図形の一般的な関係は，射影による連続的位置変化によって導かれるあらゆる図形にも不変的に成立するという）「連続ないし不変の原理」に基づく展開に求めた．彼の射影幾何学の体系化はこの目的に向けられていた．

代数的解析的幾何学の精神は，ドイツの J. プリュッカー Plücker (1801-1868) に引き継がれる．しかしドイツでも，J. シュタイナー Steiner (1796-1863)，C. フォン・シュタウト Staudt (1798-1868)，H. グラスマン Grassmann (1809-1877) らの綜合幾何学派が優勢であった．この解析的と綜合的幾何学の最も激しい論争は，フレーゲの学生時代，1870 年代初期には終息に向かっていたが，なおゲッティンゲンの数学者たちの関心事であった．フレーゲは，既に博士論文 [1873] で「平行線は射影幾何学的には同一の無限遠点を通る直線のように振る舞い，無限遠点はすべての平行線に共通の，「方向」と呼ばれるものの別名に過ぎない」(PhD 3) と述べており，『基礎』での「双対原理」への言及や「方向」(「無限遠点」) の定義とフレーゲの基数定義との並置にも顕著なように，当然フレーゲはこうした新興の射影幾何学の動向に十分通じていた，と思われる．

さて，綜合的アプローチと解析的アプローチとの対立は，ポンスレ以来，シュタウト，物理学教授プリュッカー，そしてその学生・助手であった F. クライン Klein (1849-1925) に至る射影幾何学の進展自身に関わる対立となる．この対立を統合したのはクラインである．弱冠 23 歳でのエアランゲン大学教授就任講演「エアランゲン・プログラム」(1872) に明らかなように，クラインは幾何学を一定の変換群のもとで不変な図形の性質を研究する学問として統一

した．それは，解析的方法の一般性と綜合的方法の生き生きした図形感覚の双方を統合しようとするものであった (Klein [1926] 115)．それ以前に彼は，プリュッカーの没後，ゲッティンゲンのクレプシュとともに，プリュッカーの著作刊行のため，1869 年から 1971 年まで断続的にゲッティンゲンに長期滞在していたのである．先述のようにほとんど同時期にフレーゲもまたクレプシュのクラスに出席し，博士論文やその後の講義 (1883) でもその群論的テクニックを駆使している．

またリーマンの弟子 H. ハンケル Hankel (1839-1873) がフレーゲのゲッティンゲン到着の 2, 3 年前に再発見したグラスマンの「次元論」(n 次元ベクトル空間論) は，幾何学の一般化，複素数の一般的取り扱いを与えるものと見られていた．一般化された幾何学が空間的対象に基づくのか (プリュッカー)，点集合で表される抽象的多様体なのか (グラスマン，ハンケル) ということは，フレーゲら博士課程院生にはホットな論題であったろう．

§3 幾何学と算術――直観と一般性

さて算術が何故幾何学よりも相対的に一般的なのか，幾何学と算術の方法論上の差異はどこにあるのかというフレーゲの博士論文以来の哲学的な中心テーマは，『基礎』においてどのようなスタンスとして現れているであろうか．

ヒントは既に彼の博士論文にある．その論文中で彼ははっきり幾何学を直観に結びつけている．「幾何学全体は，その妥当性を直観的能力の本性から引き出す公理に基づく……」(PhD [1873] 3)．この想定によって，虚の点の許容可能な表現も，算術的演算の適用可能性の範囲も規制される．だが虚数にも実数の場合と同じ演算を援用しうるのは，フレーゲが (通常，直観的と解される) 距離の解析的特徴づけを認めたからである．「距離という概念に本質的であるのは，直線の直観的性格ではなくて，代数的解析の諸法則に従っていることだという見解をとれば，「距離」という名辞を，端点が虚である場合にも適用できる」(Ibid. 16)．ここでは解析学の一般化による幾何学への応用も示唆されていることになる．

教授資格請求論文 Hab (1874) では，幾何学と算術のプリュッカー流の対比

が一層明示的となる．「幾何学と算術にはその根本的原理が基づく仕方において注目に値する相違が存在する．幾何学的全構成の要素は直観であり，幾何学はその公理の源泉として直観を指し示す．算術の対象は直観的性格をもたないから，その根本的命題も直観からは由来しえない」(Hab 1)．「量の本質的な徴表としての加法のもつ一般的諸性質は，直観からの自由独立である」(loc. cit.)．「量という概念は直観には見出されず，われわれ自ら創造するのだとしたら，算術に従う領域をできるだけ広範に拡張するために，可能な限り多様な適用を許すように量の定義を定式化しようとすることは正当なことである」(ibid. 2)．量の「創造」という考えはやがて捨てられるが，量の観念が無制限の適用領域をもつという考えは後の著作にも維持される．『基礎』以降では算術の幾何学に対する相対的一般性は，算術の論理的本性に基礎づけられる．この立場は，算術と幾何学とを比較している『基礎』§§12-24 に明らかである．

> 幻想や虚構も，……それが直観可能である限り，幾何学の制約を受ける．概念的思考のみが，例えば，四次元空間や正の曲率をもった空間を想定する場合に，幾何学の公理から離れうる．……その際に直観を援用するとしても，それは常にユークリッド空間についての直観である．ただし，このときには，直観は額面どおりに解されるのではなく，別の何かを象徴するものとみなされる．例えば，直線や平面と呼ばれているのは，われわれが実際には曲がったものとして直観するものなのである．(GLA §14, SS. 20-21)

フレーゲはプリュッカー流の三次元ユークリッド幾何学を一般化する解析派の方法を，1883 年の講義で公然と擁護する．

> 最近の解析幾何学によってなされたきわめて広範な進歩の一つは，点のみならずそれ以外の形式（例えば，直線，面，球面）も空間の要素と見なし，座標によってそれらを確定するということである．このやり方で，われわれは直観の確固たる地盤を離れることなしに，三次元以上の幾何学に達するのである．(SBGP in KS 98 強調引用者)

このようにフレーゲは直観としてはユークリッド的空間直観のみを認め，実数・複素数のような解析的表現への座標による空間的存在の指定は，一種象徴的ないわばモデル構成としてのみ許容しているように見える．そして綜合幾何学派グラスマン，ハンケルの（基数以外の）「他の数」の一般的な抽象的構成に懐疑的で，ハンケルが基数についての演算法を安易に量・実数に拡張することに批判的である．また「量の（純粋）直観」「数の直観」を認めない（GLA §§18-19）．一方ハンケル，グラスマンの「次元論」のように，一般的な代数的構造を，証明なしに直ちに空間的関係の一般化によって産出することには反対である．フレーゲは「直ちに数を長さや面積間の比例数として幾何学的に把握する試みには反対しておきたい」（GLA §19, S. 25）と明言し，解析派よりのスタンスを採っている．

既述のようにフレーゲは，一般性をめぐって幾何学と算術を比較する．その相違は妥当性の範囲に関わる．「幾何学において一般命題が直観から得られるとすれば，……直観される点，直線，平面は，本来は決して特定のものではなく，それゆえにその類全体の代表と見なせる，ということである．しかし，数の場合は，事情は異なる．どの数もその独自性をもつ．ある特定の数が他のすべての数をどの程度まで代表できるのか，また，その数の特殊性がどこにあらわれるのかは，即座に言えるようなことではない」（GLA §13, S. 20）．直観の対象についての主張の一般性は，これらの対象が何か，それらが経験においてどのように与えられるかという直観によって直ちに保証される．しかし数の場合の一般性は証明を要し，数が与えられる仕方から直接は出てこない．『基礎』の末尾近くでフレーゲは，分数，無理数，複素数のような，基数以外の「他の数」についての，直観に基づく幾何学的説明を，「何か異質なものを算術の中に導入してしまう」（GLA §104, S. 114）と批判している．

次いでフレーゲは幾何学の公理と算術の基本命題を対照させ，両者の相違を明確にする．幾何学の公理はそれを否定しても自己矛盾には陥らないが，算術の基本命題を否定すれば，すべては混乱し思考は不可能になろう．その理由は算術が至る所で適用可能だからである．

算術の基礎は，すべての経験的知識の基礎よりも，それどころか，幾何学の

基礎よりも深いところに存するのではないか．算術的真理は，数えることが可能なものの領域を支配する．これは最も包括的な領域である．なぜなら，この領域に属するものは現実的なものだけではなく，また直観可能なものだけでもなく，思考可能な一切のものだからである．だとすれば，数の法則は，思考の法則と最も密接に結びついているのではないか．（GLA§14, S. 21）

§4　概念記法による厳密な証明と認識の拡張

次のフレーゲの文言は，彼の「論理主義」のプロジェクトが，そして「概念記法」の考案が，どのような含みを持つものなのかを，われわれに鮮やかに示している．

［『基礎』での非形式的な説明では，フレーゲは］算術命題の分析的な本性を確からしい wahrscheinlich もの以上にした，とは主張しない．なぜなら，その証明は純粋に論理的な法則だけから完全に遂行できるのか，どこかで別種の証明根拠が知らぬ間に介入するのではないか，と相変わらず疑いうるからである．……この疑念を除去できるのは，ひとえに隙間のない推論連鎖のみである．ただし，その推論連鎖においては，純粋に論理的と承認された，少数の推論様式のどれにも合致しない歩みは，決してなされてはならない．……数学者は，新たな判断への移行がどれも正しいと納得すれば，それで満足し，こうした納得の本性については問わない．……数学者は飛躍するような仕方で前進する．……このようなやり方では，直観に基づく綜合的なものを，分析的なものから明確に区分することは不可能である．……従って，推論における一切の飛躍を避けよ．……だが日常言語での論理形式は余りにも多様なため，すべての場合に十分に，また容易に見渡せる推論様式の範囲を画定し難い．この障害を軽減するために，私は自分の概念記法を考案した．私の概念記法は，表現をずっと簡潔にし，見通しやすくすることを目指すものであり，そして，計算のように少数の固定した形式のうちで展開されるものであって，どの場合にも当てはまる確たる仕方で設定された規則に従わない移行は決して許されない．（GLA§§90-91, 102-3）

かくして『基礎』には，フレーゲ自身が触れていたように，算術を厳密に基礎づけ，論理学にまで還元しようという数学的課題と，幾何学的命題と対比された算術的命題が分析的か否かを確定しようという哲学的・認識論的な課題とが認められる．しかしながら，この両者は別個の事柄ではなく，実は「論理主義」という，数学的課題と哲学的課題との両者が切り離しがたく結びついた一つのプロジェクトの表裏に過ぎない．算術的命題は，感覚知覚に認識根拠をおくアポステリオリで綜合的な経験的命題ではない．一方，幾何学的命題は，おしなべて空間的なものに妥当する一般性を持ち，その意味でアプリオリであるが，その正当化・認識の根拠は，やはり空間直観に求めざるをえず，綜合的なのである．それに対し，算術的命題はアプリオリで，単に現実の対象，空間的対象のみならず，およそ思考可能なあらゆる対象に関わり，数え上げ可能なすべてのものに応用可能な，最も広範な一般性をもつ．しかし算術命題がさらに「分析的」であるかどうかは，隙間のない純粋に論理的な推論様式のみに従って，最終的に論理的な基本命題と論理的定義のみに遡及すると証明できるかどうかに懸かる．こうした厳密で隙間のない証明・推論過程の確定のために，フレーゲは自らの「概念記法」なる記号言語を構成し，かつこの言語によって高階論理学の公理体系を樹立しなければならなかった．フレーゲにおいては，数学の哲学（算術の基礎づけ）と，論理学の構築，記号言語の形成とが一体をなして，「論理主義」というプロジェクトを構成しているのである．

　分析判断の認識拡張性に関するフレーゲの発言に言及しておこう（野本[1994]）．証明は正当化，保証された確実性を与える．厳密な証明は，アプリオリな認識を与える．だが19世紀の数学においても現代でも，証明の役割は確実性や正当化を与えるだけではない．証明はまた概念間，命題間の結びつきを明らかにする．複数の証明は同じ定理の異なった相を顕在化する（Tappenden [1995a]）．「およそ証明は，命題の真理性を疑問の余地がないところまで高める，という目的だけではなく，真理相互間の依存性への洞察を与える，という目的もまた持っている」(GLA §2)．フレーゲは，分析－綜合の区別を専ら正当化の問題に限定したが，一方で判断内容に関し，カントが分析判断を単に解明的とし，綜合判断のみを拡張的と見なしたことを，「分析判断の過小評価」(GLA §88)だと批判する．その論理概念の貧弱さと非生産的な定義論の故

に，カントの分析性の規定は狭隘すぎる．フレーゲは，多重量化を含む「関数の連続性」の定義や，数学的帰納法をも導出する数の論理的定義を念頭に，(学問の世界で広範に応用可能な)「より生産的な概念規定は，今までまったく与えられたことのない境界線を引くのである．それからわれわれが引出すことのできるものは，予め見て取ることのできないものである．……その諸帰結はわれわれの知見を拡張する．従ってカント的には綜合的と見なされようが，しかし純論理的に証明可能で，それ故分析的である．実際その諸帰結は定義中に含まれているが，しかし種子中の植物の如くにであって，家屋中の梁のようにではない」(GLA§88)と，主張するのである．

第4章 『算術の基礎』における文脈原理と再認判断

§1 予備的考察——個数言明と単位としての概念

さて次に『算術の基礎 GLA』(以下 GLA と略称) の内容を順に概観しよう．GLA においてフレーゲは，定義項に 2 階の論理的概念 (今日での初等集合論的概念) のみが現れる基数概念の定義を与えている．このことによって彼は算術的真理が分析的性格をもつという哲学的回答を与えようとする．

しかしその回答は最後の第Ⅳ部において現れるもので，それに先立って長い準備がなされており，それは当の関連問題に関する哲学者・数学者の諸見解の取りまとめとその批判である．とりわけその批判は，無理数や虚数はともかく，正整数にはいかなる困難もないという一般に流布していた迷妄を論破することに向けられている．

「緒論」でフレーゲは，数概念の探究を数学と哲学の共通の課題と見なし，そしてその解決に必要なこの二つの学問の協同作業は，「論理学にさえ侵入している心理学的考察法が哲学において優勢であること」(GLA V) によって妨げられていると見なす．

そこでフレーゲは GLA において，方法論上次の三つの原則・格率を立てている．

1. 心理的なものを論理的なものから，主観的なものを客観的なものから，明確に分離すること．
2. 語の意味 Bedeutung は，文という脈絡 Satzzusammenhang において問わ

れなければならず，語を孤立させて問うてはならない．
3. 概念と対象との間の区別を，念頭におかねばならない．（GLA X）

　第一の原則が示唆するのは，「客観的なもの」がすべて「論理的なもの」であるわけではないが，いずれにせよ数は，心理的なものではなく論理的なもので，主観的なものではなく客観的なもののはずだということである．また第二の原則においては，数といった抽象的存在を（存在するなら）名指すはずの数的表現の意味は，それが登場する文や式という脈絡において問うべしという，いわゆる「文脈原理 Context-Principle, Zusammenhangsthese」が表明されている．第三の原則が示唆する区別は，数が概念ではなくて対象だということに関わる．フレーゲは，本書で初めて，対象としての数という考えを正面から取り上げる．すると直ちに，では数はいかなる対象なのか，いかにして数を同定するのかといった存在論的・認識論的難問が立ち現れる．

　さて第Ⅰ部「算術的命題についての諸家の見解」（§§5-17）では，算術的命題が二種に分けられている．第一は，'$(a+b)(a-b) = a^2 - b^2$' のように，いわゆる変数を用いて表現される任意の数に一般的に妥当する算術法則であり，第二は，'$2+5=7$' のような数式であって，特定の数に当てはまるものである．こうした数等式は証明可能であろうか．カントはそれを証明不可能と見なした．だが数等式は一般的なものではなく，しかも無数にあるから公理でもない．一方ライプニッツは数等式を証明可能と見なした．しかしライプニッツの証明には，結合律をスキップするといったようにしばしば隙間がある．

　また J. St. ミルは数式が経験的対象間において観察される事実を表し，算術的法則が，自然法則，帰納法によって基礎づけ可能な経験的命題だと見なした．フレーゲはミルの見解が帰納法の正当化において再び帰納法に訴える循環に陥ると批判する．こうして，算術的命題が，アポステリオリで綜合的である可能性は退けられ，アプリオリで分析的かまたは綜合的かであるとされる．後者は，アプリオリな感性的直観（時間・空間）に訴えるカントないしはある種の幾何学者たちの見解である．しかしフレーゲは，算術と（空間的に直観可能なものを支配する）幾何学との親和性の過大評価を戒める．矛盾なしに，幾何学的公理の反対を想定することが常に可能であるから，幾何学的公理は論理的な原初

的法則からは独立であり、従って綜合的である (GLA§13). 一方, 数え上げ可能なものという最も包括的な領域を支配する数の科学の原則は、全く別である. 数の基本法則は思考一般の基本法則と非常に密接に結びついているので、すべてを混乱に突き落とすことなしには、その一つさえ否定できない. それゆえ算術的命題は分析的だと予想されるのである.

　第Ⅱ部「基数概念についての諸家の見解」の冒頭においてフレーゲは、基数の一般的な概念と個々の数とを区別し、後者は0と一つずつの増大によって定義されるべきだと見なす (GLA§18). だが数0から出発する各数の帰納的定義には、その帰納的ステップのために、基数概念が一般的に定義されねばならない.

　日常語での数詞の形容詞的・付加語的な使用法や「固い」「重い」といった性質語と同じ取り扱いは、「数をロック流に抽象する」といった見解に導きやすい. 樹木の個々の葉が緑であるとは言っても、個々の葉を1000枚とは言わないように、数は個々の数え上げられる事物にその性質として帰せられるのではない (GLA§22). またミルの言うように、集積に任意の分析方法に応じて数が帰せられるとしたら、数は何か主観的なものではないかと疑われる. しかし数はそうした心理学的探究の対象ではなく、「北海」という名前がある客観的な海面の名前であるように、数も何か客観的なものなのである (GLA§26).

　その際フレーゲは、「客観的なもの」を「手で掴めるもの、空間的なもの、現実的なもの」(GLA§35) と同一視することを斥ける. かくして数は、フレーゲにとって、空間的でも物理的でもなく、また主観的表象でもなくて、非感性的でありながら客観的な何かなのである (GLA§26).

　第Ⅲ部「単位と一」(§§29-54) で、フレーゲはまず「一」が通常の性質を表す述語ではないと主張する. 例えば、「ソロンとタレスは賢い」と同様には「ソロンとタレスは一である」とは言えない. また「単位」は、一方で互いに等しくなければならず、他方で互いに異なっていなければならないというディレンマに陥るように見える. この「単位の相等性と異他性を調停する」ためにフレーゲが提案するのは、数が付与される「単位」とは「概念」であり、しかも「一般にその下に属するものを確定的な仕方で境界づける、……分割不可能 *unteilbar* な概念」(GLA§54) だということである. つまり、「単位」と認めら

れる「概念」の条件が二つ挙げられており，「概念」がすべて「単位」であるとは認められない．第一の規準は，フレーゲの術語ではどの「概念」もが充たすべき「確定的境界づけ bestimmt abgegrenzt [後の言い方では，明確な境界づけ scharf begrenzt]」の条件で，どの対象に関しても当の概念に属するか否かが明確に定まっていて，「曖昧性 vagueness」を許さないということである．この条件によって，例えば，「赤い」などの色彩語は単独ではフレーゲのいう「概念」を表示せず，「この部屋には三つ赤いがある」とは言えない．第二の「分割不可能」条件に関しては，例えば「水」のようないわゆる物質名詞 mass term は「分割可能」で，「コップ一杯の水 a cup of water」のように何らかの「数的修飾句」を伴わなければ数え上げできない．よって「いくつ wie viel あるか？」といった問いに応じられるような「単位」となりうる概念を，C. ライトらは「種概念 sortal concept」(C. Wright [1983]) と総称している[1]．以下で「概念」と略称するのは，こうした「種概念」「単位概念」という意味合いでのこととする．

　さてフレーゲは，先の第二原則「文脈原理」に訴えて，「数とは何か」を「明らかにするためには，その元来の適用の仕方が現れる判断の脈絡において数を考察するのがよい」と考える (GLA§46)．「太陽系の惑星はいくつか」といった「個数言明 Zahlangabe」は何についての言明なのであろうか．この問いに対するフレーゲの回答は，それは「ある概念についての言明である」(loc. cit.) というものであった．個数言明，例えば，「金星は0個の衛星をもつ」は，衛星という天体についてでも，衛星の集積についてでもなくて，先の2条件を充たすような概念金星の衛星についての言明であり，つまり，この概念金星の衛星について，それは「自分自身の下には何も含んでいない」(loc. cit.) ということを言明しているのである．ちょうど，多くの人間がいるのに何故「人間」のイデアは唯一つなのかという，古来から提起されてきた「イデアの一と多のパラドクス」と同様，「数え上げ」が可能なためには，「単位」は一であってかつ多数でなければならない，という先の見かけ上の逆理を，フレーゲは，数の「真の担い手である一つの概念・単位」と，その概念の下に属する（多でありうる）対象との区別とによって解消する．

§2　個数言明と「ジュリアス・シーザー問題 [1]」

　フレーゲはまた，第三原則の対象と概念の区別を，不定冠詞や複数形を伴う概念語と，一意的存在を前提する定冠詞を伴う単称名という（印欧語での）言語上の区別に関係づける．等式や不等式のような数式，つまり算術的命題中の数詞は，固有名・単称名として登場しており，その意味合いでは基数は，概念ではなくて自存的な対象であると考えられる．そこでフレーゲは，第Ⅳ部「基数の概念」（§§55-86）において，個々の数と一般的な基数概念の定義に向かう．個数言明「木星は4個の衛星を持つ」は，「概念木́星́の́衛́星́には，数4が帰属するzukommen, beilegen」と言い換えられる．一般的には個数言明は次のような帰納的定義によって定義的に説明される．

① 「基底部 basic case」:「ある概念Fへの0や1の帰属（Fη0, Fη1）」の定義的説明．
　1) 概念Fに数0が帰属する[Fη0]のは，いかなる対象xも，概念Fに属さ（fallen unter）ない場合である．[$\neg \exists$xFx]
　2) 概念Fに数1が帰属する[Fη1]のは，Fに属するような対象が存在し，xもyもFに属するとしたら，xとyは同一である場合である．[$\exists$x [Fx & $\forall$y (Fy → x = y)]]
② 「帰納的ステップ」:「nからn＋1の帰属」
　3) 概念Fに基数n＋1が帰属する[Fη(n＋1)]のは，Fに属する対象xが存在し，かつ〈Fに属するが，xとは異なる〉という概念には数nが帰属するような場合である．[$\exists$x [Fx & (Fξ & $\xi \neq$ x) ηn]]

　だがフレーゲはこうした説明が十分であるとは見なさなかった．何故か．それはジュリアス・シーザー問題 [1] の故である．近年いわゆる「シーザー問題」と称されているものには，『基礎』のテキストでは見かけ上́少́なくとも二つ（ないし三つ）の議論が提出されている．第一は「個数言明」についての上記の説明に関わり，「われわれの与えた定義を用いても，ある概念に数ジュリ

アス・シーザーが帰属するかどうか，この周知のガリアの征服者が数か否かを決して決定し得ない．さらに言えば，われわれは上の説明の試みを援用しても，概念 F に数 a が帰属し，そして F に数 b が帰属する場合には，a = b でなければならない，ということを証明できない」(GLA §56, S. 68).

　上記の説明は，「概念 F に数 n が帰属する」という個数言明の意義説明をしている．正確に言えば，その必要条件を規定しているに過ぎず，概念 F には唯一の数 n が帰属し，n 以外に例えばシーザーが帰属することはない，という一意性はいまだ明らかではない．従って，「[F に帰属する] 唯一の 0 (*die* 0)，唯一の 1 (*die* 1) が自存的で再認可能な対象として識別可能」(GLA, loc. cit.) となっているわけでもない．数表現，数詞は，なお単に個数言明中で述語の一部として付加語的に現れているだけであり，個数言明「概念 F に数 n が帰属する」の説明においても，数詞 'n' が真にその対象の一意的存在性を充たす固有名として正当化されてはいない．それ故，数が概念ではなく対象だということも確立されていない．これを仮に「シーザー問題 [1]」と呼ぼう．

　この困難をフレーゲは，「個数言明」を「数等式」に置き換えることによって切り抜けようとする．すなわち，「木星の衛星という概念には数 4 が帰属する」は日常的にさえ「木星の衛星の数 = 4」のような等式に換言され，通常の数式「1 + 1 = 2」の場合と同様，数表現，数詞は，等式中で等号の両辺にまさに固有名として登場する．すると次節に見るように，この等式の分析が次の課題となる．

§3　新対象としての基数の導入？
——「抽象原理」としての「文脈原理」

　ところでフレーゲは，数詞が何らかの対象を意味するには何らかの直観・表象を必要とするという立場のいずれをも斥ける．「語の内容が表象不可能であるということは，その語からあらゆる意味 Bedeutung を剥奪したり，その語の使用を締め出したりすることへの何の根拠にもならない．それが反論らしく見えるのは，われわれが語を孤立させて考察し，その意味を問い，表象を意味と見なすことにより生まれるのである」(GLA §60, S. 71). かくしてフレーゲは，

いかなる種類であれ直観や表象を語の意味と同一視する心理主義やロック流の経験論的抽象理論，（時間における構成に訴える）カント主義，（空間直観に基づく）幾何学主義といった非算術的要因を混入する立場や，特異な数直観に訴えるプラトニズム，単なる定義による数創造説をすべて斥け，語の意味に関する独特な「文脈原理」を提起するのである．「ひとは常に全文 Satz を視野に収めていなければならない．文中においてのみ語は元来一つの意味をもつのである」(loc. cit.)．「全体としての文が一つの意義 Sinn をもつならば，それで十分である．そのことによってまたその諸部分もその内容を受けとるのである」(Ibid.)．こうした「第二原則をなおざりにすると，個々人の内的心像や行為を語の意味と解して，そのことにより，また第一原則と衝突せざるをえなくし」(GLA X)，心理主義に陥るのである．それでは「われわれが数についていかなる表象も直観ももちえない場合，一体どのようにして数はわれわれに与えられるのか．一つの文という脈絡においてのみ語は何かを意味する．だから，数詞がその中に登場する一つの文の意義を説明する erklären ことが課題であろう」(GLA §62, S. 73)．

§4　新対象導入戦略の数学史的背景——二つのパラダイム

ところが奇異なことに，後に見るように，フレーゲは，『基礎』の途中でこの方針を切り替え，概念の外延による基数の明示的定義を採用する．当時の数学界には新対象導入について二つの異なる戦略があり，フレーゲは『基礎』途中で戦略転換したとされる (Wilson [1992] [1999])．相異なる思考パターンの二戦略とは，次のものである．

(ⅰ) ある概念を新対象に変換する射影幾何学の「双対的 *dual*」思考．
(ⅱ) 既存の対象領域中の共通なものから，「抽象 *abstraction*」により新対象を創出する戦略[2]．

さてウィルソンによると，第一に『基礎』前半での，文内容の多重合成可能性 multiple composability と文脈原理は，射影幾何学での「双対的思考」の追

認である．「双対的思考」には，（1）「混合と再定義 amalgamate & redefine」，（2）領域中の「自然な代理 natural representatives」の発見，という二つのパラダイムが認められる[3]．

フレーゲが当初採用したのは，次のような射影幾何学的な双対的戦略（A）であるという．

(A) 旧対象領域中に自然な代理が見出せない場合，所期の概念・関数を対象に変換し，旧対象領域を拡大して，旧述語を新領域にも適用可能なように再定義すること．

数学史的説明を補足しておこう（Klein [1926]）．射影幾何学の創始者ポンスレは，「射影」と「双対」を新幾何学の統一原理に置き，中心射影による連続的位置変化で図形における関係を不変に保つ（例えば一直線上の2点間の距離の比＝「複比」の値は射影によっては不変）という「連続ないし不変の原理」を充たすため，通常の幾何学的要素を拡張する「無限遠要素」（無限遠点，無限遠直線，無限遠平面等）を要請する．また平面においては点と直線が，空間においては点と平面が互いに「双対」で置換可能とされる．こうした原理に従って，ポンスレは，例えば円錐曲線の交点の数は4個存在せねばならず，そのすべてが虚数でもかまわないと見なす．このような大胆な発想により「虚数，虚点領域」をも取り込み，「円は無限遠直線上の二つの虚定点（「円点」）を共有する円錐曲線である」といった「円の射影的再定義」を与える（「球面の再定義」等も同様）（Klein [1926] 訳 80f.）．このように，ポンスレは，実質的に幾何学的存在論の鋳直し，対象領域の拡大による幾何学的概念の再編を行う．

さらに A. F. メビウス Möbius (1790-1868) は二空間の間での点と点の一対一対応関係に着目し，それを合同・相似・アフィン・共線 collinear といった「同族変換 Verwandtschaft」に分類している．（「共線（線形）変換」は直線から直線への最も一般的な変換で，フレーゲ自身も言及している（GLA §64）．「変換」は「群」概念と同等である．）メビウスはこうした分類を統一し，ある変換によって不変な式または図形を求めることに想い至った（Klein [1926] 訳 120）．（これは「複比」理論に道を拓く．）同値関係から不変の式や新対象に向かうこうした

動向はいずれもフレーゲの「文脈原理」の先触れということができよう．

　純粋射影幾何学の原理上の発展に最も重要な貢献をしたのは，エアランゲンのフォン・シュタウトである．彼の対象と概念の相互往還（概念・関係から，「概念－対象 concept-object（抽象的対象？）」，イデアールな抽象的対象の定義への変換）や虚点，複素点の付加による旧ユークリッド的諸概念の再定義という複素射影幾何学上の提案[4]は，どれもフレーゲの「文脈原理」と関連する[5]．

　フレーゲが例に挙げる「方向（無限遠点）」の定義「直線 x, y が平行ならば，x, y の方向は同一である」は，「平行」関係から「方向」という概念－対象（抽象的対象）を引き出す定義である．（以上が，「（概念と対象の）混合と（旧述語の）再定義」という第一のパラダイムである．）

　さらに第二のパラダイム（B）によれば，ある概念から産出された概念－対象（抽象的対象）は基数の「代理」でなければならない．このパラダイム（B）が，フレーゲのいう「再認命題」の数学史的背景をなす，という．

　例えば「数1」は印欧語では定冠詞を伴って「特定の一意的個別対象」を指し，「異なった多くの数1ではなく，唯一つの数1が存在する」（GLA§38）はずだから，「一つの確定した数を把握し，かつ同じものと再認する wiedererkennen 一つの手段を獲得してはじめて，当の数に固有名としての数詞を付与しうるのである」（GLA§62, S. 73）．こうした再認手段は，先述のような「木星の衛星は4つ存在する」といった個数言明によっては与えられない．「記号 a がわれわれに一つの対象を表示すべきならば，b が a と同一であるかどうかを，至る所で決定しうるような一つの規準 Kennzeichen がなければならぬ」（loc. cit.）．こうした「再認規準」を与えるのが，「再認文」「再認判断」である．

§5　再認判断と同一性規準——基数抽象と「ヒュームの原理」

　フレーゲは，こうした「再認文 Wiedererkennungssatz」（GLA§106, S. 116），「再認判断」（§106f., SS. 116-7）を，次のような「数等式」（GLA§62, §106）に求め，「基数概念を獲得するには，こうした数等式の意義 Sinn が確定されねばならない」（GLA §62, S. 73）と主張する．

(N)　「概念Fに帰属する基数は，概念Gに帰属する基数と同一である．」
　　　［N (F) = N (G)］

かくして数的表現，数詞の意味 Bedeutung が問われるべきなのは，(N) のような再認文の脈絡においてであり，しかもそうした文の意義や「内容を，「概念Fに帰属する基数」といった表現が既に説明済みだと前提することなしに，別の仕方で再現しなければならない．そのようにして数の同一性に関する一般的規準 Kennzeichen を提供することになる」(GLA, loc. cit.)．その別の仕方とは，「対応を介しての数の同一性」(loc. cit.) の定義である．

　ここでフレーゲは，幾何学から次のような再認文の類例を引いている．

(Ri)　直線 a の方向と直線 b の方向は同一である．［R (a) = R (b)］
　　（先述の如く，ここでの「方向」とは射影幾何学での「無限遠点」の別名である．）
(Gi)　図形 A の形と図形 B の形 Gestalt は同一である．［G (A) = G (B)］

そしてこうした再認文は，直線間の平行関係，図形間の相似性のような（反射性，対称性，推移性を充たす）同値関係 equivalence relation を表す文，

(Rii)　直線 a は直線 b と平行である［a // b］
(Gii)　図形 A は図形 B と相似である［A ∽ B］

との同値性を介し，次のような同値言明によって，以下のように定義的に説明 erklären される．

(R)　R (a) = R (b) ↔ a // b
(G)　G (A) = G (B) ↔ A ∽ B

この (R) (G) こそ，ウィルソンいう所の「双対的思考」の（概念・関係から対象への）「混合・再定義」と「代理」発見の戦略に他ならない．

同様にして，(N) についてもフレーゲは，概念 F と G に属する対象が等数
的 *gleichzahlig* であれば，F と G には同じ基数が帰属すると考える．即ち，や
はり同値関係である「等数性」(eq) によって，次のような同値言明（ブーロス
は「ヒュームの原理 (HP)」と称する），

(HP)　概念 F の基数と概念 G の基数とが同一であるのは，F と G とが等数
　　　的である場合その場合に限る [N (F) = N (G) ↔ F eq G]

が提案される．こうした同値言明は，左辺の再認文の意義・真理条件を右辺に
よって説明するものである．つまり，右辺は，左辺に含まれる「直線からその
方向へ」「図形からその形へ」と同様，「抽象オペレータ」の一種である「（概
念からその基数への）基数オペレータ」を確定することによって，「方向」「形」
「基数」のような「抽象的対象」の「同一性規準」を確定し，当の抽象的対象
そのものを抽出するという役割を担うわけである．ウィルソンは，『基礎』で
のフレーゲの元来の意図が，以上の「混合・再定義」戦略による基数の導入で
あった，と主張する[6] (Wilson [1999] 252f.)．

§6　再認可能な対象領域の拡張と概念の保存拡大的再定義

ところで同一性規準を充たす対象の同定・認知を介し，再認可能で認識論的
に受容しうる対象の領域を拡張するということに伴う概念・関係，特に「同一
性」の保存拡大的再定義ないしは再調整を，フレーゲは実際どのように行って
いるのであろうか．
　上記 (N), (Ri), (Gi) のような新対象の再認文・同一性言明は，ライプ
ニッツの同一性に関する「真理保存的 *salva veritate* 置換原理」，即ち，

(SV)　「真理性を損なうことなく，一方が他方と置換可能なものは互いに同
　　　一である」(GLA§76) [a = b → (φ (a) ↔ φ (b))]

を満足しなければならない．フレーゲは次のように場合分けして，新対象導入

後にも (SV) 原理が妥当であることを示そうとする.

(1)「われわれがある直線の方向についての言明として唯一知っている [と想定する] のは, 最初はただ (直線の平行性についての言明と同値として導入された) 別の直線の方向との一致についての言明にすぎない」(GLA§65).

さて (R) ((G) も (HP) も同様だが) に見られるように, われわれは a // b を R (a) = R (b) の必要十分条件と見なして, 新対象を認知し要請ないし受容するわけだから, そうした新対象に関する (SV) の成立には, 次の (R*) が成立する必要がある.

(R*)　直線 a, b が平行ならば, a の方向と b の方向とは普遍的に代入可能である. [a // b → [φ (R (a)) → φ (R (b))]]

先ず 'φ (R (a))' の単純な事例として同一性言明 'R (a) = R (c)' について次の証明がなされる[7].

(R*1)　a // b → [R (a) = R (c) ↔ R (b) = R (c)]

更に次のような「条件法」を含む言明も成立する[8].

(R*2)　a // b → [(p → (R (a) = R (c))) ↔ (p → (R (b) = R (c)))]

よってこのような場合には (SV) は成り立つ.

(2) さて次にフレーゲはこう言う.「方向に関する他のすべての言明は, はじめに説明されねばならないのであり, またこの定義のためにはわれわれは, ある直線の方向と, それと平行なもう一本の直線の方向との置換可能性を保存しなければならない, という規則 Regel を設定しうる」(GLA§65, S. 77). 新対象導入に関わる言明についての, この「保存拡大的」規則は注目すべきもので, 敷延すれば,「方向についての言明として許容されるべきなのはただ, その真理値が当の言明中に現れる方向表現をそれと (「平行性」という同値関係という意味で) 同値な何らかの方向表現と置換した場合に, 不変な *unverändert* 言明

だけなのである」(Thiel [1986] XXXIX).

　例えば，直線 a, b が平行関係（同値関係）にあるならば，a, b はある性質 F に関して同値，不変 invariant である (a // b → (Fa ↔ Fb). e. g.: a // b → (a // x ↔ b // x)) ことが，直線 a, b の方向（無限遠点）という新対象の同一性条件を与えるのだと見なされる．こうした抽象によって導入・承認される方向，図形，基数その他の「新しい種類の対象」は，「抽象的対象 abstrakte Gegenstände」「抽象的存在」と称せられる．

　こうした手続きは，まさに「（概念・関係を対象に）混合し（不変性を保ちつつ保存拡大的に）述語を再定義する」ウィルソンのいう「双対的思考」に相当しよう．この「双対的思考」は，今日「抽象過程 Abstraktionsschritte」と呼ばれるが (Thiel [1986] XLI)，それはもちろん，フレーゲが斥けた (GLA§48)，ある複合概念の特定の徴表（部分概念）に注目し他を度外視するという，古典的経験論の意味合いでの「心理的抽象」ではない．そうではなくて，ここでの「論理的抽象」とは，次のような言明群のみに，「方向」「基数」「形」といったような語の登場を制限することなのである．即ち，「抽象」とは，「方向」「基数」のような語が現れてよい言明群を，その言明中に含まれる「方向」「基数」という語の代わりに，その当の語と一定の同値関係に立つ別の語と置換しても不変であるような，そのような言明群に制限することに他ならない．フレーゲの手続きそのものについてはなお吟味の余地が多く残っているが，しかしフレーゲの理解，とりわけ，抽象的存在についての言明が不変性という特性を示すという洞察は，今日の論理的抽象と極めて近いものがある．ウィルソンのいうように，フレーゲの「文脈原理」は，ポンスレ，メビウス，フォン・シュタウト，クレプシュといった射影幾何学者たちの「双対的思考」の算術における継承展開だと考えられる．同時にフレーゲの洞察が，現代的抽象理論 Abstraktionstheorie の先駆，恐らくはその最初の明確で厳密な定式化だと認めるのは，正当なことであろう[9]．

　抽象過程へのフレーゲによる非ロック的な「言語的‐論理的」アプローチでは，抽象的存在 abstractum とは，それについてのある同値関係が与えられることによって（いわば）「生起してくる」対象のことである，と言われることもある (Simons [1990] [1998])．この同値関係に訴えるプロセスはまた「抽象に

よる定義」とも呼ばれ（ペアノ），ワイルは一種の「創造的」定義と見なした（Weyl [1927] S. 9ff.）．それ以前にもメビウスが「同族置換 *Verwandtschaft*」という一種の「同値関係」の下で不変であるような性質による図形分類を行っている．ペアノ‐ワイルの伝統は存在論的には中立であるが，ペアノの「抽象」による基数定義（Peano [1895]）を厳しく批判したラッセル（Russell [1903] 125ff.）以降，ある捩れが生ずる．カルナップらによって用いられる「抽象による定義」は，むしろ「抽象なしで済ます原理」と呼ばれてよい唯名論的な方向に解され，今日ではいわゆる同値類をとるプロセスに使用されている．近年のこうした唯名論的な方向転換へと決定的に踏み出したのは，エアランゲン学派の P. ローレンツェンであろう．彼はこうした抽象定義を，フレーゲとは逆に，抽象的対象への存在論的コミットメントなしに，そうした対象が存在するかのように語る手立てだと見なしたのである．ローレンツェンは，ワイルのアイディア「ある単項述語 'P' が同値関係 E の下で不変 *invariance*」であることの必要十分条件を次のことに求める．

[I] 「すべての x，y について，もし Exy ならば，Px ↔ Py.」

すると，ある述語がある抽象的存在について真であるということは，ローレンツェンによれば，単にこれらの述語が当の同値関係の下にあり，かつ一定の具体的対象について真であるということに過ぎない（Lorenzen [1955] S. 99f.; Lorenzen [1962]）．

このようにローレンツェンは，[I] のような不変性条件を充たす述語は抽象的対象によっても充たされると主張したが（「転記的 transcriptive 抽象」），それには種々の難点が指摘された．しかし抽象的対象の導入による変動を考慮して，命題分析法を彫琢し直す「調整的 adjustive 抽象」により，当初の具体的対象についての述語と密接に関係する述語を獲得することができる（Simons [1998] 489）．例えば，直線 a の性質 A や関係 B に密接に対応する「方向 R (a)」についての性質 A・関係 B を，次のように導入できる（Thiel [1986] XLI）．

(D1) A (R (a)) = $_{df}$∀x (x // a → Ax)

(D2)　　B (R (a), R (b)) = $_{df}$ ∀xy (x // a & y // b → B (x, y))

a // b のとき，A の代入事例として，∀x (x // a → Ax) ↔ ∀x (x // b → Ax) が言えるからである．

ここで先の定義 (D1) により，

(R*3)　　a // b → [A (R (a)) ↔ A (R (b))]

よって，(R*1) − (R*3) から，(Ri)（同様に (Gi)，(N)）は，(R)（同様にして (G) (HP)）を介しての再認可能な新対象導入ないし容認による対象領域の拡張ないし受容にも拘らず，同一性言明の充たすべきライプニッツの「普遍代入則」(SV) を満足するのである．

　だがしかしフレーゲの「論理的抽象の方法」の元来の使用目的は，唯名論的なローレンツェンとは全く逆に，ワイルのいういわば「創造的」な方向，つまり，ポンスレ，フォン・シュタウトら 19 世紀の複素射影幾何学者たちが無限遠点，無限遠直線，虚点，虚直線，複素点等を要請したのと同様に，基数（さらに実数，複素数）といった抽象的対象を，再認可能な対象として，対象領域中に認知し受容するための，同一性規準を探索するという認識論に重きを置く実在論的な存在論の組み替えの方向にあったと思われる．

　このフレーゲ的「論理抽象」の戦略には，詳論はできないが，多くの問題性がある．そうした難点も含めての検討は数学の哲学における現在もなお興味ある課題である[10]．

§7　シーザー問題 [2]

　ところで実際フレーゲ自身も，上記のような同値言明が，直線の方向，図形の形，概念の基数といった抽象的対象の同一性規準を与えるのに十分であるとは見なさなかった．

　そうした抽象的対象が，「b の方向」「図形 B の形」「概念 F の基数」といった各抽象オペレータを伴う形式をもった表現で指定されている場合はよいが，

もしそうした形式で与えられていない場合，「例えば，イギリスが地軸の方向と同一かどうかを決定するのは不可能である」(GLA§66, S. 78). もちろん「イギリス」の代わりに「シーザー」でもよい．

　(N#)　N (F) ＝ジュリアス・シーザー
　(R#)　a の方向＝ q　[i. e. R (a) ＝ q]

のような場合には，先のような同値言明は役立たないのである．これを（このテキスト箇所には「シーザー」の名前は登場しないのだが）「シーザー問題 [2]」と称しておこう．

　何故か？　以下のような循環に陥るからである．その故にかくてフレーゲ自ら，「x の方向」「F の基数」といったオペレータ，ないし「方向」「基数」といった概念，つまり「a の方向＝ξ」「概念 F の基数＝ξ」の表す確定した概念が欠落している，と認めるのである (GLA§66, S. 78). つまり，もし q がおよそ方向でなければ，(R#) は否定されるべきである．だがもし q が一つの方向なら，「その方向が q と同一であるような直線 x が存在する場合，q は一つの方向である」('r (x)' を「x は一つの方向である」と読むと，∃x [q ＝ R (x)] → r (q)) ということを説明せねばならない．だがそれには 'q ＝ R (x)' のあらゆる場合に関してその真偽の決定方法が与えられねばならない．しかしこの式はまさしく (R#) 自身で，循環論法となる．つまり，(R#) が問うていたのは，「方向オペレータ」を含まぬ名前でもそれが方向の名前ならば，それはすべて当のオペレータを含む表現に還元可能か否かなのであった．

　同様に，もしシーザーが数でなければ，(N#) は否定される．だがもしシーザーが一つの数ならば [n (J. C.)], 「その基数が J. C. と同一であるような概念 H が存在する場合，J. C. は一つの数である」[∃H [J. C. ＝ N (H)] → n (J. C.)]. だがこれは循環である．その真偽の決定方法が問われていたのはまさに 'J. C. ＝ N (H)?' の形式の命題，つまり，表面上基数オペレータの現れない名前「シーザー」が一つの数の名前ならば，それはすべて「N (H)」という形式に還元可能か否かに他ならなかったからである．これが「シーザー問題 [2]」である．

のみならず (HP) その他で，一定の同値関係を介して「概念 F の基数」「直線 a の方向」といったオペレータの確定により，新対象の再認条件・同一性条件が確定され，旧認知対象領域が拡張されるとしても，再認可能な領域拡張の異なった仕方，オペレータの異なった解釈は可能で (Skolem-paradox)，例えば，ツェルメロ・フレンケル ZF では数列は $\varphi,\{\varphi\},\{\{\varphi\}\},\cdots$ だが，一方ノイマン・ベルナイス・ゲーデル NBG では $\varphi,\{\varphi\},\{\varphi,\{\varphi\}\},\cdots$ のように，不確定性が残るという議論もある[11]．

　ところで 1980 年代以降の，概念の外延による基数定義は許容するものの，外延は「ヒュームの原理」という基数抽象の原理導出までの無害な使用に限られるから，むしろ「ヒュームの原理」からの算術導出にフレーゲのプロジェクトを絞る C. ライトや B. ヘイルらのいわゆる「新フレーゲ主義ないし新論理主義」，あるいは G. ブーロスらは，概念の外延に訴えない，例えば「互いに等数的な概念 F, G には，ある対象が一意的に帰属する [$\forall F \exists ! x \forall G (G\eta x \leftrightarrow F$ eq $G)$]」という公理 *Numbers* を設定し（「シーザー問題 [1]」は封ぜられる），そうした公理と「概念 F と等数的な任意の概念に帰属する一意的対象が基数 (N(F)) である [N (F) = $_{df} \iota x \forall G (G\eta x \leftrightarrow F$ eq $G)$]」という定義とから「ヒュームの原理 HP」を導き，この唯一の「ヒュームの原理」から第 2 階論理においてデデキント・ペアノ算術の公理系が帰結すること（「フレーゲの定理 *Frege Theorem*」），そしてこの 2 階の「フレーゲ算術 *Frege Arithmetic* (FA)」がペアノ算術の無矛盾性と相対的に無矛盾であることを示した．そしてこうした「フレーゲ算術」がフレーゲの算術哲学の，少なくとも数学的に核心的な部分を矛盾から救い，かつ実はフレーゲ自身も『基礎』においてそうした目論見を遂行していたと主張し，多大な論争を喚起している．後にいくらかこの「新論理主義」については，言及しよう．また果たしてフレーゲ自身がこうした「新論理主義」的立場を採用していたかどうかには疑念があり，後段で触れる（本書第 14 章 §§1-2, C. Wright [1983]; Boolos [1986/87] [1987]. Heck らの解説と批判的検討は野本 [1999] [2000] [2000a] 参照）．

　ところでフレーゲは，『基礎』§68 では「シーザー問題 [2]」からさらに一歩踏み込んで，(HP) 型の「抽象原理」の一層「一般的な循環性」の問題（いわば「シーザー問題 [3]」）を引き入れているかに見える．すなわち，「かくして

われわれは，方向について明確に境界づけられた scharf begrenzt 概念を，そのようにしては何ら獲得しえず，同じ理由で基数についても何らそのような概念を獲得しえないのである」(GLA§68, S. 79). われわれはなお〈概念 F の基数＝ξ〉なる明確に境界づけられた概念を全く獲得していないと指摘されているからである．ところで「概念の明確な境界づけ」ということで，1890 年前後からフレーゲははっきり，概念定義が「完全であること」，つまり，(対象領域の如何にかかわらず)「すべての対象について」当の概念が当てはまるか否かが確定していることと解することになる．

§8　外延による集合論的定義への転換

それはともかく，少なくとも「シーザー問題 [2]」の循環性に直面したフレーゲは，一転して「われわれは別の途を試みよう」(GLA§68, S. 79) と述べ，「概念の外延」に訴える次のような明示的定義を提案するのである (GLA§68, SS. 79-80).

(RD)　直線 a の方向＝$_{df}$〈直線 a と平行〉という概念の外延 [R (a) ＝$_{df}$ἐ (ε // a)]

(GD)　図形 A の形＝$_{df}$〈図形 A と相似〉という概念の外延 [G (A) ＝$_{df}$ἐ (ε ∽ A)]

(ND)　概念 F の基数＝$_{df}$〈概念 F と等数的〉という概念の外延 [N (F) ＝$_{df}$ἐ [∃H∀x [ε＝ἀHα ∧ (H (x) eq F)]]]

(HP$^{\#}$)　概念 F の基数と概念 G の基数が同一なのは，〈F と等数的〉という概念の外延が〈G と等数的〉という概念の外延と同一のとき，そのときに限る．[N (F) ＝ N (G) ↔ ´H eq F ＝ ´H eq G]

なお右辺は詳しくは ἐ [∃H∀x [ε＝ἀHα ∧ (H (x) eq F)]] ＝ ἐ [∃H∀x [ε＝ἀHα ∧ (H (x) eq G)]] と表記できる．

さて「等数的」という関係は，「一対一対応」によって定義され，さらに後者は，「多対一」「一対多」関係によって 2 階の全く純粋論理内で定義される

(GLA§73, S. 85).

ところでGLAでは,「概念の外延」については何も説明されず,単に前提されているにすぎない.フレーゲは「私は,概念の外延とは何かを知っていると前提している voraussetzen」(GLA§68, fn., S. 80),「「概念の外延」という表現の意義を周知 bekannt と前提している」(GLA§107, S. 117) と言っている.かくして「概念の外延」の一般的説明は『算術の基本法則』に持ち越される.(すると「値域」一般について「シーザー問題」が再燃する恐れがある.)

いずれにせよ『基礎』では,フレーゲは,「ヒュームの原理」と第2階論理のみから算術体系を導出するという当初の目論見が「シーザー問題」で挫折し,唐突な仕方で,デデキント流の集合論的アプローチに転換しているように見える.

1) しかしいまは立ち入れないが,「種概念 sortal concept」とはどのような規準を充たすべきかについては,近年だけに限定しても,多くの論争がある.(例えば,Strawson [1959]; Quine [1960]; Geach [1962]; Wiggins [1967] [1980] [2001]; Furth [1988]; Hale & C. Wright [2001].)
2) 後者の例は,フレーゲ自身も (GLG [1903] 369) 触れているように,デデキントによる例えば3を法(modular)として合同と見られるガウス数,mod [2] = 2mod3 = 8mod3 = 11mod3 等の無限集合 |2, 8, 11, …|「イデアール」の同一視に見られる.だが共通的特性に注目しそれ以外を度外視するというロック流の「抽象」手続きを「心理主義的」だとして,フレーゲが厳しく攻撃していることは,「フッサール『算術の哲学』への批評」や『基礎』でのJ. S. ミル批判,GLG [1903] 等に明らかである.
3) Wilson [1999] 251. クラインの師プリュッカーは,概念的振る舞いに対象的振る舞いを求め,概念と対象という双対的領域を混合し,より広範な領域にもたらすことを強調した.
4) 例えば,「任意の点Pが任意の基本点 0, 1, ∞と作る投射(Wurf)」としてPの座標を順序数のみで表し,無理数の射影幾何学的表示を可能にした.また,共役な虚点の対を(無限遠点も)一定の対応関係により直線上の楕円的な実の対合で,更には直線に矢印の「向き」を付加して各虚点,複素点を射影幾何学的に作図可能にしたのである (Klein [1926] 訳 137f.).さらには解析幾何学の建て直しを図ったプリュッカーは,斉次座標の導入により無限遠直線,円点等はすべて解析的に表現されるとした.同一式中のいずれを関数,定数と解するかに関するプリュッカー流の異なる分析法は,まさに点と直線(点と平面)の「双対原理」に相当する (Klein [1926] 訳 125f.).

5) フレーゲ自身，射影幾何における「点」と「直線」「面」を入れ替える双対定理（GLA§26）や思想の多重分解・合成可能性（『概念記法』，1883年講義），さらには「新たに導入される数に関し，周知の計算規則を可能な限り保存する」(GLA§96)という「保存拡大」の要請（ハンケルは 'Permanenzprinzip' と称する）に言及しており，後述の「ヒュームの原理」型の文脈原理（論理的抽象原理）は，概念に関する同値言明が，対象間の等式と同値なことを述べているのである．
6) 詳しく立ち入れないが，ウィルソンによれば，通常の対象領域Oと第1階概念の領域Cとから出発し，拡張された対象領域O'中の新対象#(C)を各基数の代理と見なすわけである．フレーゲの元来の戦略では，1階概念についてその基数N(F)，N(G)…を導入し，その同一性条件を等数性，一対一対応により設定する．新対象領域O'に関する「同一性」の再定義は，「a, bの新同一性条件は，もしa, bがともに旧O中の対象なら旧同一性条件，もしa, bがO中にない新対象の場合にはその同一性条件は(HP)，つまり，概念F, Gが等数的（一対一対応）で，a＝N(F)かつb＝N(G)の場合である」となる．よって(HP)を満たさないa, bはトリヴィアルに偽か，既に旧同一性条件によって確定しているかであり，aが旧領域にbが新領域に属する場合も偽となる．（あからさまなシーザー問題（後述）には逢着しない．）また外延も登場せず，基数定義にも問題はないというのがウィルソンの見解である（Wilson [1999] 253）．
7) 先の同値言明(R)からこれは 'a // c' と同値であり，また「平行性」は「同値関係」で，対称的だからa // b → b // a．また推移的であるから(R)によりb // c．従って(R)からR(b) = R(c)．即ち，a // b → (a // c → b // c)．'R(b) = R(c)' の場合は推移性により明らか．故に，(R*1)．
8) フレーゲは注では，φが同一性を含む例として，「p → ξ = R(c)」といった述語を考える．この場合でも(R*1)で明らかなように，a // bならばR(a) = R(c) ↔ R(b) = R(c)が導かれるからである．
9) Thiel [1972] [1986] XLII; Stuhlmann-Laeiz [1995]; Simons [1990] [1998]; Fine [1998].
10) Weyl [1927]; Lorenzen [1955] [1962]; Thiel [1972] [1986] XLII; Simons [1998]; Fine [1998].
11) Benacerraf [1965]; Schröder-Heister [1987]; 野本 [1993] [1997] [1999]; Fine [1998].

第5章 『算術の基礎』の基数論

§1 「ヒュームの原理」の導出と算術体系

さて集合論的戦略の下で「ヒュームの原理 (HP)」は、実際にはどのように導出されているのであろうか。(HP) N (F) = N (G) ↔ F eq G の証明のスケッチは、前章での明示的定義 (ND) N (F) = $_{df}$ ἐ [∃ H ∀ x [ε = ἀH α ∧ (H (x) eq F)]] を介して、以下のように与えられている (GLA§73)。(HP) の左辺 'N (F) = N (G)' は、(ND) の右辺 (定義項) を 'H eq F' と略記すれば、(ND) を介し、(HP$^\#$) N (F) = N (G) ↔ 'H eq F = 'H eq G の右辺 (i) のように書き換えられる。

(i)   'H eq F = 'H eq G.

フレーゲは明示していないが、ここで実は GGA の基本法則 (V) の第2階ヴァージョンの次のような事例 (V*) に訴えなければ、推論連鎖の隙間を回避できない。

(V*)   ∀ H [H eq F ↔ H eq G] ↔ 'H eq F = 'H eq G.

しかし (V*) は、(V) 自体とは異なり、その一事例にすぎず、ラッセル・パラドクスを免れており、従って、ヒュームの原理は無矛盾である (Burgess [1984]; Boolos [1987] [1990])。以下、「等数」関係の「同値性」に訴える証明

のスケッチが与えられている.

　ここで，フレーゲが想定していたに違いない証明を補足しておこう（野本[2001]）.
　(a) まず (i) と (V*) の左辺の普遍例化により (ii) が導かれる.

(ii)　F eq F ↔ F eq G.

等数性は同値関係故，反射性をもつ．よって，F eq G. 従って，(HP) の左辺から右辺は簡単に導かれる.
　(b) 次に (HP) の右辺から左辺を導く．(イ) F eq G, H eq F を仮定する. Eq は推移性をもつから，H eq G. よって仮定 H eq F を落として H eq F → H eq G. 同様に (ロ) F eq G, H eq G を仮定する. Eq は対称性をもつから，G eq F. 推移性により H eq F. 仮定 H eq G を落として, H eq G → H eq F. (イ) (ロ) から (iii) H eq F ↔ H eq G. 普遍汎化により (V*) の左辺が得られ，(V*) を介して (i) が，(DN) を介して (HP) の左辺がえられる．よって，(イ) (ロ) の仮定 F eq G を落とすと (iv) F eq G → N (F) = N (G). 以上の (a) (b) によって (HP) が証明される.
　以下フレーゲは，「等数性」を，「一対一対応」によって定義し，後者を第2階論理によって「一対多」「多対一」関係の定義を介し，純粋論理的に定義する[1].
　次いで，「n は基数である」は「n はある概念に帰属する基数である」[∃F (Fηn) つまり ∃F (n = N (F))] と定義される (GLA§72).
　さてフレーゲは，既に第2章で述べたように，実はデデキント (Dedekind [1888])，ペアノ (Peano [1889]) に先立って，既に『概念記法』において，デデキント・ペアノ算術を含意するような，しかし「純粋な論理主義的な構造主義的算術」，「前進列的算術」の基礎を「概念記法－算術 (BA)」として与えていたのであった．だがいまやフレーゲは，『基礎』において，ペアノでは未定義である，算術の公理体系に必要な三つの基本概念，「0」「後続」「基数」のうち，すでに BA で定義済みの「後続関係」に加えて，「0」と「基数」の定義を与え，デデキント・ペアノ算術をさらに徹底した「論理主義的算術」，いわゆ

る「フレーゲ算術」を展開していたのである．

まず「0 は「自己自身と同一でない」という概念に帰属する基数である」[0 = df N（ξ ≠ ξ）]（§74）．敷衍すれば，「0 は（ξ ≠ ξ）と等数的な概念の外延 [έ ∃ F ∀ x [ε = άFα] ∧ F (x) eq (ξ ≠ ξ)]」と定義される．

一般に「n は φ - 系列において m に直続する」[n S_φ m] は，『概念記法』と同様に，次のように定義される．

「ある概念 F と，F に属するある対象 x とが存在し，F に帰属する基数は n であり，かつ「F に属するが，x とは同一でない」という概念に帰属する基数は m である」(§76)
[∃ F ∃ x [Fx & N (F) = n & N (F ξ & ξ ≠ x) = m]]

また「1 も「ゼロと同一」という概念に帰属する基数」[1 = $_{df}$N（ξ = 0），i.e. [έ ∃ F ∀ x [ε = άFα] ∧ F (x) eq (ξ = 0)]]] と定義される (§77)．

以上の諸定義で証明できる次のような算術の定理がいくつか例示されている (§78)．

1. a が自然な数列で 0 に直続するなら，a = 1. [aS0 → a = 1]
2. 1 がある概念に帰属する基数なら，その概念に属する対象が存在する．[N (F) = 1 → ∃ xFx]
3. 1 が概念 F に帰属する基数の場合，対象 x が F に属し，かつ y も F に属するなら，x = y. [N (F) = 1 → (Fx ∧ Fy → x = y)]
4. 概念 F にある対象が属し，また x が F に属し，y も F に属することから，一般に x = y が推論可能なら，1 が F に帰属する基数である．[∃ xFx ∧ ∀ x ∀ y (Fx ∧ Fy → x = y) → N (F) = 1]
5. 「n は自然な数列 N において m に直続する」によって定まる m, n の関係は一対一である……．[∀ a ∀ b ∀ c ∀ d (aSc ∧ bSd → (a = b ↔ c = d))]
6. 0 以外の基数はどれも，自然な数列 N においてある基数に直続する．[∀ n (Nn ∧ n ≠ 0 → ∃ m (Nm ∧ nSm))] (§78)

§2 可算無限基数の導出

また「nは有限基数である」とは「nは0から始まる自然な数列に所属する」と同じ意味とされる（§83）．（なおここでフレーゲが「自然な数列 natürliche Zahlenreihe N」と称しているのは，可算無限 χ_0（アレフ・ゼロ）も含むので，いわゆる「自然数列」ではない．）この最後の命題はまた「0で始まる基数列に所属する対象はその基数列中で自己自身に後続しない $[\forall x [xf^*_= 0 \to \top xf^* x]]$」，つまり，「いかなる有限数も基数列中で自己自身に後続しない $[\forall n [\text{Fin}(n) \to \top nf^*n]]$」と定義される（§83）．このことから直ちに，「どの基数にもその後続者が存在し $[\forall m (\text{Nm} \to \exists n (\text{Nn} \land nf^*m))]$，従って基数列は無限である」ということが示唆されている．すなわち，「「有限基数」という概念に帰属する基数は，一つの無限基数 ∞_1 である $[N(\text{Fin } \xi) = \infty_1]$」（§84の目次表題，§108）．

この無限基数の証明が目標である．そのために，まずフレーゲは『概念記法』（§76）で「（強）祖先関係」と称された（「ある関係 φ について，y は φ - 系列で x に後続する」）下記の定義に訴える．（但し以下では，'$y \varphi x$'を第1部に揃えて 'yfx' に変えてある）

x が関係 f にたつ対象はすべて概念 F に属しており，そして d が概念 F に属するということから，d が何であれ一般的に，d が関係 f に立つ対象はすべて概念 F に属するということが帰結するならば，F がいかなる概念であっても，y は概念 F に属する．$[\forall F [\forall a (xfa \to Fa) \& \forall d [Fd \to \forall e (dfe \to Fe)] \to Fy]]$

さらに『概念記法』を想起しておけば，フレーゲは「（ある性質 F が f - 系列で）遺伝的 hereditary である」という性質を，「すべての x が性質 F をもてば，x が関係 f に立ついかなるものも，性質 F をもつ」$\text{Her}(F) =_{df} \forall x [Fx \to \forall y [f(x, y) \to Fy]]$ と定義していた．

すると「m, n が強祖先関係にある」，つまり「n が f - 系列で m に後続する $[nf^*m]$」のはまた，「すべての x について，m が x に対し関係 f に立てば，x

は性質 F をもち，かつ f が遺伝的ならば，n も F をもつ場合である」とも簡略に定義された [i.e. ∀ F [∀ x [mfx → Fx] → Her (F) → Fn]]].

さて関係 f が，「n は自然な数列 N において m に後続する」により定まる関係の場合，f-系列は「自然な数列 N」という．

さらに「x は z から始まる f-系列に所属する [xf*=z]」(つまり「z は x で終わる f-系列に所属する」)は『概念記法』の「弱祖先関係」に相当する「x は f-系列において z に後続する [xf*z] か，または，x は z と同一である [x = z]」と定義される．そこでいま「f-系列」を「自然な数列 N」に例化し，強祖先関係にある後続を「<」で，弱祖先関係にある後続を「≦」で表記すると，「0 が n で終わる [ないし n が 0 で始まる] 自然な数列に所属する [nf*=0] のは，n が自然な数列において 0 に後続するか，または 0 と等しい場合である」[nf* 0 ∨ n = 0] (§§79-81) は，「0 < n ∨ n = 0」つまり，「0 ≦ n」に相当する．

かくてフレーゲは，「n が有限基数である (Fin (n))」とは，「n が 0 で始まる基数列の成員である (nf*0)」，つまりは，「n が 0 と同一であるか，または n が基数列で 0 に後続する」[n = 0 ∨ nf*0, i.e. 0 ≦ n] ということであると帰納的に定義する (§82). 以下この定義と 0 の定義とにより，「数学的帰納法」により，「n の後者が常に存在する [∃ yyf*n]」，つまり，「基数列には最終項・最大数が存在しない，終わりがない [⊤∃ xxf*=x]」ことの証明の示唆が与えられている．

すなわち (§82)，「さらに指定される条件 [∀ n (nf*=m → n ≠ m), i.e ∀ x ⊤ xf*=x] の下で示されるべきなのは，概念「n で終わる自然な数列に所属する [∀ x [nf*=x → xf*n]]」に帰属する基数が自然な数列において n に後続することである」[∀ m (nf*=m → mf*n)]. すると，「⊤∃ xxf*x ということが証明される」(§82).

以下はフレーゲによる，その証明の進め方への手短な示唆である．証明されるべきは，次の二つである．

1. a が自然な数列において d に後続し [af*d]，かつ d について，概念「d で終わる自然な数列に所属する」に帰属する基数は自然な数列において d に後続する [∀ n [df*=n → nf*d]] ならば，a についてもまた，概念「a で終わる自然な数列に所属する」に帰属する基数は自然な数列において a に後続する

[∀n [af* = n → nf*a]] ということが成り立つ（§82）.

2. 上記のa, dについて言明されたことが, 0についても成立することが証明されねばならない. そのときnが0から始まる自然な数列に所属 [nf* = 0] すれば, 当該のことはnについても成り立つ [∀n [nf* = 0 → 0f*n]]（§82）.

ところでここでの「推論法 Schlussweise」は, 注目すべきもので, 「系列における後続」(「y は自然な数列において x に後続する [yf*x]」) に与えた先の定義 (§79) [∀F [∀a (xfa → Fa) & ∀d [Fd → ∀e (dfe → Fe)] → Fy]] の一つの適用だとフレーゲは言う.「但しその際, [上記1, 2中の] d と a, 0 と n についての共通の gemeinsam 言明を概念 F と見なさねばならない」と言われる. すなわち, 上記の言明中, 共通の言明とは「ζ f* = ζ → ζ f* ζ」であろうが, 2 階量化と関係を含むこの複合的概念語を, 上記の定義中の F に「代入 substitute」するということであろう. この推論法が, 分離則 Modus ponens や普遍汎化 UG 以外にフレーゲが, 暗黙に使用している基本的推論規則「代入則」の, 大胆かつ卓抜な適用事例の一つであろう. 2階量化を含む弱祖先関係を, 1階述語 F に代入するというフレーゲの離れ業を, ブーロスは, 飛行機を発明したライト兄弟が, その処女飛行で宙返りしてみせるようなものだという (Boolos [1985] 336).

前節の命題 (1) の証明には,「a が「a で終わる自然な数列に所属するが, a と等しくない」という概念 [af* = ζ & ζ ≠ a] に帰属する基数であることを示さねばならない」. それにはこの概念が「d で終わる自然な数列に所属する [df* = ζ]」という概念と等しい外延を持つことを証明しなければならない [ὲ [af* = ε & ε ≠ a] = ὲ [df* = ε]]. そのためには, 次の命題が必要である. すなわち,「0 から始まる自然な数列に所属するいかなる対象も, 自然な数列において自己自身に後続しえない」[∀x [xf* = 0 → ⊤ xf* x]].

この命題も同様に, 先の系列における後続の定義と先のような「代入」によって証明される. この命題が必要になるので, 概念「n で終わる自然な数列に所属する」に帰属する基数は自然な数列において n に直続するという命題に, 次の条件「n は 0 から始まる自然な数列に所属しなければならない」[nf* = 0] を付加せねばならない. それをフレーゲは, 次のように説明する. すなわち, 「nf* = 0」は「n は有限基数である [Fin (n)]」と同じ意味である. 後者は, つ

まり,「いかなる有限基数も自然な数列において自己自身に後続しない」[∀n [(Nn & Fin (n)) → ⊤nf*n]] (§83), ということである.

さらに「「有限基数」という概念に帰属する基数」[N (Fin (ξ))] は一つの「無限基数∞_1」[χ_0] であると主張されている (§84).(このことは「ヒュームの原理」が一種の「無限公理」であることを示す.)

なお補足的に,混乱を避けるため,カントルの用語法との異同に簡単な注解が付されている (§85).カントルの 'Anzahl' とは順序数 'Ordnungszahl' を意味し,順序づけが引き合いに出され,「継起列 Succession 中の何番目か？」という問いに答えるものだが,フレーゲの 'Anzahl' は「いくつ wie viel？」という問いに答える慣用法に従うもので,「特定の順序づけへの指示は全く含まれない」.カントルはフレーゲの「基数 Anzahl」をむしろ,「カーディナル数 Kardinalzahl」「濃度 Mächtigkeit」と称している.但し,高次の無限基数の場合には,カントルでは,順序づけに関わる[2].またカントルの「継起列における後続」とフレーゲの「系列における後続」の差異も注意されている (§86).

§3　新フレーゲ主義ないし新論理主義的動向瞥見

後述のように,ラッセルのパラドクス発見により,ラッセルの型理論,ツェルメロの公理的集合論,ブラウワーらの直観主義・構成主義,ヒルベルトの形式主義といった公理的集合論や数学基礎論の 1920 年代以降の隆盛により,フレーゲ流の「論理主義」は破綻した時代遅れの数学の哲学として,顧みられることが極めて稀となり,研究の前景から引いていった.

ところが 1980 年代に至り,特に C. ライト (C. Wright [1983]) らが,C. パーソンズ (C. Persons [1965]) の示唆を承けて,値域概念なしに,先の「ヒュームの原理 (HP)」

(HP)　N (F) = N (G) ↔ COR (F, G)

と,「基数概念」「ゼロ」「後者」の論理的定義から,無矛盾な「フレーゲ算術」が構成可能であると推測し,またブーロス (Boolos [1987]) らは,フレーゲ自

身が既に GLA (§§68-83) において，その証明の骨子を非形式的に展開していた，と主張した．さらにブーロスは，第 2 階論理学の範囲で，「互いに一対一対応する概念には，一意的な抽象的対象が帰属する」という「存在公理 Numbers」と，基数オペレータ N (φ) の定義「概念 φ の基数とは，φ と一対一対応する概念に一意的に帰属する対象である」から，(HP) を導き，この (HP) のみから，(基数の可算無限を含む) ペアノ算術と同型の公理体系を導く「フ・レ・ー・ゲ・の・定・理・ (FT)」を含む，第 2 階の全算術体系を「フ・レ・ー・ゲ・算・術・ Frege Arithmetic: FA」と呼ぶよう提案した．こうした多様な「新フレーゲ主義 Neo-Fregenism」のうち，ライト＝ヘイルのスコットランド「新論理主義者 Neo-logicist」(Hale & C. Wright [2001]) は，「ヒュームの原理」が 2 階の「論理的真理」だと主張する．(もしそうなら，公理 V を除いて，上の「存在公理 Numbers」に基づいて「フレーゲ算術」を含む第 2 階論理は，意味論的にも「完全な論理的言語」の条件を充たすことになる．) 先の「フレーゲの定理」が示すように，この原理は 2 階ペアノ算術を含意するから，フレーゲの元来の体系同様，可算無限の対象の存在を許す．しかしブーロスは，無限な対象の存在にコミットするような理論が「論理的」だと断定することをクワイン流に差し控え，自らの「存在公理 (Numbers)」を含め，それらが分析的な「論理的真理」というよりはむしろ，「アプリオリ」な一般的原理だと見なす」(Boolos [1998])．

　ブーロスその他はまた，公理 (V) に一定の制限を課して，そうした「新 V (New V)」から整合的な一種の集合論を構成する，ないしはむしろフレーゲの提唱した「外延の理論」を整備して，それから整合的なフレーゲ的算術体系を，延いては解析学全体を導こうと試みてもいる (Boolos [1998] etc.)．さらには，一般化された「論理的抽象原理」の及びうる射程を測定し，その限界をさぐる K. ファイン (Fine [2002]) の試みがある．

　一方先述のように，パラドクスの本来の根は，単に公理 (V) だけにあるのではなく，むしろ「文脈原理」「ヒュームの原理」「公理 (V)」を含めた「論理的抽象原理」のもつ「悪友 bad company 問題」，すなわち「非可述性 impredicativity」にある，と執拗に主張するのは，ダメットであり，ライトらとの間で論争が続行中である (Dummett [1991] [1994]; 野本解説 [2000] [2001]; Burgess [2005])．

こうした状況下，様々な「可述的 predicative」理論が提案され，その整合性が証明されているが (cf. Heck [1996]; Ferreira & Wehmeier [2002] etc.)，そうした諸理論にとっては，どの程度の算術・解析学が回復可能か問われよう (Burgess [2005]).

以上は，いずれもフレーゲが数を対象として理解しようとした立場を引き継いだ試みであるが，フレーゲが GLA で触れている「個数言明」は「概念」についての言明だという考えを継承して，「F は n 個存在する」($\exists_n xFx$) といった「個数存在量化」を，第 2 階概念と考え，「数」を対象ではなくて，こうした「個数量化」の 2 階概念と見なそうという試みもある (Rayo [2002]). このようにフレーゲの算術の哲学は，現在もなお百家争鳴的ともいうべき活況を呈し，様々な試行や提案を喚起する力を持っている，といってよい (Burgess [2005]). よって，フレーゲ的な論理主義的算術の哲学が，算術の「分析性」を示すことに失敗したのか，なお見込みがあるのか，換言すれば，フレーゲの「概念記法」が算術・解析学を導出するに足る「論理的に完全な言語」でありうるのかは，なお生きた研究課題であり続けている．(「論理主義」の帰趨についての解説は，三平 [2005a]; 岡本 [2007] 参照.)

§4 「論理主義的算術」の哲学的意義
—— 認識論的・存在論的含み

「V 結び」(GLA §§87-91) では，以上のような算術に関する論理主義の試みの哲学的論評が付されている．

1. 算術的命題の分析性

上述のように，1980 年代以降のフレーゲ研究では，ライト・ヘイルらの外延による基数定義から，あるいはブーロスの Numbers という唯一の公理から，「ヒュームの原理」を導き，この基数抽象原理から第 2 階論理においてデデキント・ペアノ算術の公理系が帰結すること (「フレーゲの定理 Frege Theorem」)，そしてこの 2 階の「フレーゲ算術 Frege Arithmetik (FA)」がペアノ算術の無矛盾性と相対的に無矛盾であることが示された．そしてこうした「フレーゲ算

術」がフレーゲの算術哲学の，少なくとも数学的に核心的な部分を矛盾から救い，かつ上に概略を示したように，実はフレーゲ自身も『基礎』においてそうした目論見に近似するものを遂行していたと主張されている（詳しくは Boolos [1986/7] [1987] [1990] etc.）．

　こうしたいわば数学的・論理的探究を背景に，フレーゲは『算術の基礎』の第 2 の課題，すなわち，哲学的・認識論的課題に回答しようとする．「算術法則は分析判断であり，よってアプリオリ」だということ，つまり，論理主義の主張「算術は論理学の一層発展した姿にすぎず，各算術命題は派生的ではあるが，論理法則である」は，正当化された（§87），のであろうか．だがフレーゲは「算術命題の分析的本性を確からしい wahrscheinlich もの以上にしたとは主張しない」と言う．というのは，GLA では，証明の非形式的な概略が与えられただけで，

> その証明が純粋に論理的な法則だけから完全に遂行できるのか，どこかで別種の証明根拠が知らぬ間に介入しないのか疑いうるからである．……それを除去できるのは，……純粋に論理的と承認された，少数の推論様式に従わない歩みは決してなされていない，というほどの隙間のない推論連鎖である．（§90）

そのためには，概念記法による表記・証明が不可欠である．

> 推論における一切の飛躍を避けよ……私の概念記法は，表現をずっと簡潔にし，見通しやすくすることを目指し，計算のように少数の固定した形式のうちを動くことにより，確たる仕方で設定された規則に合致しない移行はゆるされないようにするものである．（§91）

（ところで，マーティ宛書簡等から，実際は，『基礎』での非形式的な論述の背後には，既に「概念記法」を駆使した形式的に厳密な草稿が完成していたと考えられる．本章の諸処で，適宜，証明はともかく，算術的概念や命題に関しては，フレーゲの非形式的論述に対し，煩瑣ながら，現代風の表記で，容易に概念記法風の形式

的論理的な定式化が補足可能だった由縁である.)

　ところでフレーゲは，カントが「分析判断」を，余りに狭隘にとることによって過小評価したと考える．第一にカントの取り上げているのは，「全称肯定」判断のみで，単称判断も存在判断も念頭にない．第二に，「判断」を主語概念と述語概念の包含関係，徴表 Merkmal（部分概念 Teilbegriff）間の並列と解する．すると「分析的」判断は，主語概念の内に（暗黙にせよ）述語概念が，部分概念（徴表）として含まれ（「分析性」=「意味によって真」の原型），それゆえわれわれの「認識を拡張しない」単なる「解明的 Erläuterung 判断」と見なされた．判断や定義を徴表の並列とみなす見解は，既にフレーゲのシュレーダー批判の草稿の際に触れたように，ヴェンやオイラーの図式によって具象化されるが，そうした定義や判断は「最も生産的でない概念形成」，判断構成である，とされる．「例えば関数の連続性の定義［あるいは「後続関係の連結性 connectedness」の定義. BS の式 133（§91）］といった，数学上実際に有用で生産的な fruchtbar 定義［は］……一連の並列された徴表などではなく，［入れ子状の多重量化を伴う］諸規定のもっと緊密な innigere もっと有機的 organischere な結合 Verbindung であり」，それは「今までに全く与えられていなかった境界線を引く．それから何が推論できるか，あらかじめ見通すことはできない．これらの帰結はわれわれの知識を拡張し erweitern，それゆえカントに従えば綜合的とみなされるべきだろう．にもかかわらず，それらは純粋に論理的な証明が可能であり，よって分析的なのである．……」(GLA§88)．そうではあってもフレーゲは，カントが「綜合判断と分析判断との区別を設けたこと」自体が「多大な功績だ」と見なしている (GLA§89)．

　第 3 のカントの問題性は，その「対象」概念（それは同時に「概念」の有意味性）の狭隘さにある．すなわち，「「感性なしにいかなる対象もわれわれには与えられない」とのカントの主張 [Kant, I. KrV, B75] の一般性に対しても異論を唱えざるをえない」(GLA§89) という．既に「$1000^{(1000^{1000})}$ より大なる数はどれもわれわれの直観においては与えられえない」のみならず，カント的には，$0, 1$，無限 ∞_1 はいずれも対象でないことになる．こうした「直観において対象が付与されない」概念は，空虚で内容を欠き，有意味な概念でないとされる (loc. cit.)．

数は「空間的にわれわれの外にも内にもない.」しかし「主観的ではなく，……多くの人にとって共通した対象……すべての人にとって厳密に同一である」(§93)．ところで数学者が存在不可能とみなすのは「論理的に不可能なもの，自己矛盾するものに限られる」(ibid.)とされるが，しかし自己矛盾な概念には何もその下には属さないというだけで，そうした概念に何の疑義もない．だが逆に，無矛盾だからといってその概念を満足する対象が存在するとはいえない(§94)．（例えば，拡張された計算規則の）無矛盾性から直ちに（新対象の）存在を「創造する」というのは，「形式理論」の誤謬である．「数学者も意のままに何かを創造 schaffen しえないのは，地理学者と同じことである．数学者も，現にあるものを発見して entdecken，命名する benennen ことしかできない」(§96)．

　ここにフレーゲのプラトン的実在論を窺うことができる．しかしながら，フレーゲは何らかの「知的直観」のようなものを要請しはしない．「われわれが算術で取り扱うのは，外部から感官を通じて何か異質なものとしてわれわれに知られる対象ではなく，理性に直に与えられる対象であり，理性が自分に最も固有なものとして完全に見通せる対象なのである」(GLA§105)．

　フレーゲはこれまでの「基数定義」を回顧し，「結局のところ，分数，複素数等を定義する場合でも，すべては，[基数の場合の「ヒュームの原理」と同様に]両辺にまさに新しい数がくる等式へと変換できるような，判断可能な内容を探し出すことに懸かっているだろう．換言すれば，われわれはこうした数に対して再認判断の意義を約定しなければならない．……新しい数は概念の外延としてわれわれに与えられることになるだろう」(§104)と述べている．

　以下，§106から最後の§109までの「回顧」において，フレーゲは第Ⅳ部「基数概念」での探究の過程を振り返る．まず「語の意味は孤立させて説明してはならず，文という連関の中で説明せねばならぬ」といういわゆる「文脈原理」を遵守することによって，消極的には，数の「物理主義的見方」や「心理主義的見方」を回避し，積極的には数等式という「再認命題」の意義を，「数」という語を使わずに，ある概念 F と G の一対一対応によって確定するという，いわゆる「ヒュームの原理」「基数の抽象原理 abstraction principle」を介して，「F に帰属する基数」の意味を確定しようとした．しかしいわゆる「シーザー

問題」に逢着し，一転して，概念Fに帰属する基数とは，「Fと等数の概念」という概念の外延として定義した．「その際「概念の外延」という表現の意義は既知として前提した．……が概念の外延に訴えることに決定的な重要性をおいてはいない」(§107) という両義的態度を示す．

次に「一対一対応」を「純粋に論理的関係に還元した後」，0，「基数列における直続」，1 の各定義を与え，いくつかの定理を挙げ，次いで，基数列の無限性を認識させる「どの数にも基数列において後続する数がある」(§108)，すなわち「基数列には終わりがない」，さらに，「「有限基数」という概念に帰属する基数」は一つの「無限基数 ∞_1」であると述べる．「基数列における後続」を，「一般的な φ - 系列における対象 y の対象 x への後続」で定義し，後者をも純粋論理的関係に還元した．そのことにより，「n から (n + 1) への」いわゆる「数学的帰納法」は，数学特有ではなく，一般的な論理的推論法に基づくことを示した (§108)．

そして最後の節 (§109) の最後の段落でフレーゲは，「大事なのは，正整数の場合と同様に，再認判断の意義を約定することである．こうした約定がどの数についてもなされれば，負数，分数，無理数，複素数は正整数よりも謎めいたものではなく，後者は前者よりも実在的，現実的，具体的なわけでもないと思われる」と述べて，本書を閉じている．ということは，正整数が「ヒュームの原理」という「抽象原理」によって確定されるのと同様に，何らかの「抽象原理」を介して，負数，分数，無理数，複素数についてもまた，確定されるはずだという見込み，ないし企図を，この時期フレーゲは表明している，と解しうる．

2. 認識論的存在論的含意——フレーゲ・プラトニズムの認識的・意味論的相貌

『基礎』では，フレーゲは，「ヒュームの原理」と第 2 階論理のみから算術体系を導出するという当初の目論見が「シーザー問題」で挫折し，唐突な仕方で，デデキント流の集合論的アプローチを採用しているように見える．

ウィルソンによれば，この地点で「フレーゲは，シュタウト的「混合と再定義」戦略から「自然な代理」戦略へと切換え，固定した対象領域 O 中の既存の対象として，概念の外延，同値クラスに訴える「集合論的戦略」を採用し，

第2階概念〈Fと一対一対応する概念φ〉の外延を，基数の「自然な代理」と見なした」(Wilson [1992]) と解される．その際，外延は既知の対象領域 O 中に含まれると見なして，同一性の再定義は不要と見られる．

　だがしかし，この時点で，フレーゲは恐らく，単に外延は論理学者には「周知」だとされていると解したに過ぎず，その再認のための同一性規準まで含めて「既知」だと考えた訳ではないはずである．というのは，概念の外延・関数の値域の再認条件は，やがて公理 (V) として改めて『算術の基本法則』中の中心問題として提起されねばならなかったことから，明らかである．

　その上，ウィルソンによれば，フレーゲは，当初基数の導入を「混合と再定義」戦略で企てながら，シーザー問題 [2] に遭遇し，固定した対象領域中の「自然な代理」戦略へ切換え，予め既知として存在を前提された対象，概念の外延，を基数の代理と見なした，という．だが後述のように，値域に関する「シーザー問題 [3]」がやがて再燃する以上（野本 [1999] [2000] 参照），実際は，概念の外延が確固とした存在として既に対象領域に認められていたのではない．先述のように，差し当たりは当時の論理学においても，「概念の外延」という用語が論理的用語として一定の認知を得ていたという程度に留まるであろう[3]．従って，フレーゲの取り組むべき課題は，当の概念の外延，関数の値域，の再認条件の確定と，それに基づいた基数概念の確定という，二重性を帯びているというべきであろう．

　また基数抽象の眼目も，ウィルソンの云うような，単純に既存の対象領域中の既存の対象である概念の外延に基数の自然な代理を求め，存在論的に重ねあわせるということではなく，むしろ，対象領域中に含まれると単に暗黙にないし朧げに前提された外延や基数が，その抽象原理を介してはじめて，共通の公共的・客観的なものとして，何が話題にされているのか，外延や基数などの抽象的対象とは何なのかを，はじめて明示的に認知・再認することを目指すのだということであろう．その意味合いでは，「ヒュームの原理」も「基本法則 (V)」も，ライトの言うように，認識論的原理という側面を色濃くもっていると解される．

　このことは，外延についてのフレーゲの，「概念の外延を既知として前提したが……概念の外延に訴えることに決定的重要性を置いているわけではない」

（GLA§107）といった両義的態度に窺われると思われる．

　『基礎』§67 までの議論ではフレーゲが，存在論的に，唯一の固定した対象領域を想定していたと断定するのは困難に思われる．基数の「論理的抽象」による確定を，ウィルソンの云うように，当時の幾何学者たち同様，端的に，無限遠点，虚点といったイデアールな新対象の導入による旧領域の拡張という専ら存在論的な路線上で考えていたかどうか，必ずしも断定はできないように思われる．では (HP)(V) 型の「抽象原理」においては，「基数オペレータ」「値域オペレータ」その他による新対象の確定と，領域拡張とが同時的になされていると断定してよいのかどうか．もしそうなら，ダメット (Dummett [1995]) 指摘の「新対象と対象領域との同時的確定」という循環性の問題もまた浮上する危険があるといわねばならない（野本 [1999][2000] 参照）．あるいは，「文脈原理」という「文脈中で数詞の意味を定めよ」という「意味論的な」方法論的格律に則った，(HP) に具体化される「抽象原理」は，ライト (C. Wright [1983]) らの新論理主義者の示唆するように，新対象の導入という存在論的な原理というよりはむしろ既存領域中で暗黙に定かでないが，その存在が想定され，前提されてはいるが，未だそうした対象の再認条件の確定が不十分な場合について，その同一性規準をいわば意味論的に確定することを通じて，再認条件を認定し，対象領域中にその存在を受容していくという，認識論的な，しかも意味論的な統制に従う独特の存在論的手続きなのではないであろうか．こうしたフレーゲの，一種意味論的・認知的な統制下での存在論的容認の独自性は，やがて主著『算術の基本法則』における原初的論理語の意味・表示として，「水平線」「否定線」「条件線」さらには「値域記号」の意味である関数の意味論的な確定手続きにおいて，一層鮮明な形で確認されると考えられる．

　ここでいわゆる「フレーゲのプラトニズム」について十分論ずることはできないが，その「プラトニズムないし実在論」は，いきなり数学的直観のようなものに訴える素朴なものではないのは明らかである．他方フレーゲは，形式主義者のような数学についての全くのノミナリスト（数学的対象のような客観的な内容はなく，単に記号の操作・記号による演算ゲームに過ぎない）には与せず，また数学者は定義その他を介し，名前を導入することだけによって新対象を「創造」しうるという創造説にも反対，またさらに何らかの数学的直観によっ

て，新数学的対象を直接把捉可能だという直観的プラトニズムにも同意せず，また数学的対象をおしなべて主観的な表象にすぎないとの表象説にも反対であった．フレーゲは，数学的対象や数学的思想（ピタゴラスの定理）・数学的真理が，主観的なものではなく，客観的で多数のひとびとの共有財であり，数その他の抽象的存在も，同一性規準によって再認可能な客観的対象であって，学問的探究は発明ではなく発見であるということを強調するが，と同時にフレーゲにとって特異なのは，「文脈原理」の具体化である．「ヒュームの原理」のような「抽象原理」を通じて，必要な言語的・記号的表現手段の構成を介して，同一性規準を定式化することによって，その意味・表示対象を確定し，再認可能な対象として，対象領域内に明示的に認知し受容することを目指したことである．フレーゲは，デデキント・ペアノ算術のように，算術を単に「前進列」としての数列の，構造主義的理解，ないし半順序構造中の位置の確定だけに尽きるとは見なしていない．それは，「基数とはある概念に帰属するものがいくつあるか」という「数え上げ」の回答を用意するものであり，0, 1…などの個々の数が何か，をはじめ，可算無限をも含む自然な数の全体が何かにも答えようという姿勢に窺える．

§5　カントルの論評への応答

カントルもフレーゲも，基数の同一性規準を，いわゆる「ヒュームの原理」に見られるように，一対一対応に求めた．特に，この規準を無限集合にまで拡張して，無限基数を導入した点で，フレーゲはカントルの試みを『算術の基礎 GLA』で，大いに歓迎した．ところが，カントルの GLA への批評は意外に厳しいものであった．

> 数概念を厳密に基礎づけようとする彼［フレーゲ］の試みは，わたしにはそれほど成功していないように思われる．つまり，著者は，学校論理学で「概念の外延」とよばれるものを数概念の基礎に据える，という芳しからざる考えを思いつく――その際彼は，ユーバーヴェークの『論理の体系』§53 での示唆に従ったようである．彼は，「概念の外延」が一般には，量的に全く

不確定なものであることを全く見落としている．ただ何らかの場合にのみ，「概念の外延」は量的に確定している．その場合にはもちろん，「概念の外延」には，それが有限であればある特定の数 Zahl が，無限であればある特定の濃度 Mächtichkeit が帰属する．しかし，「概念の外延」のそのような量的確定のためには，「数」と「濃度」という概念が，すでに予め与えられていなければならない．後者の二つの概念を「概念の外延」という概念の上に基礎づけようとするなら，それは正しい有り様の転倒である[4]．(Cantor [1885] 440)

さらに続けて，「私は，著者が §85 で次のような見解を表明するとき，それもまた正しくないと考える．すなわち，私が「濃度 Mächtichkeit」と呼ぶものは，著者が「基数 Anzahl」と呼ぶものに一致するという見解である．私が「諸要素の総体ないし集合の濃度」……と呼んでいるのは，その下に，与えられた集合と対等な äquivalent すべての集合，そしてこうした集合のみが属するような一般概念のことなのである．ここで，二つの集合が「対等」と呼ばれるのは，それらの集合を一対一に，要素ごとに，互いに対応づけ出来る場合である」(Ibid., 441) と述べている．

これに対するフレーゲの反論はこうである．

……この論評は，私が与えた定義には決して当てはまらない．私の定義によれば，木星の衛星の基数は，「概念：木星の衛星と等数的 gleichzahlig」という概念の外延である．ここでは，この概念の外延を量的に確定することは決して問題とはなっていないからである．——それ故，私は，誤解があるのではと推測している[5]．(Frege [1885])

フレーゲは，カントルのいう「濃度」という「一般概念」の定義が，フレーゲのいう「基数」の定義と同じだと考えたのである．

ツェルメロも，上記『カントル論文集』への編者注 (Zermelo [1932] 441f.) でフレーゲの反論を支持し「今日のわれわれには，二人の同時代人，偉大な数学者と称賛に値する論理学者が……互いにこうもわずかしか理解し合えなかっ

第 5 章 『算術の基礎』の基数論　201

たということは，ただ奇異で残念なことだとしか思えない」と述べている (Zermelo [1932] 442)．

フレーゲは，等数性を介して基数を定義したので，「概念 F の外延」として定義したわけでは確かにない．「対等」と「等数」，「集合」と「概念」といった用語上の相違はあるが，現在の論点には無関係である．一対一対応するすべての概念ないし集合が共有する「不変なもの Invariante」を捉える点で，両定義は一致している．そして，外延として捉えられたこの不変なものは，量的に確定している必要はない．「「基数」という述語が帰属すべきなのは，この外延ではなく，概念 F 自身だからである」(loc. cit.)．

もっともツェルメロは，「フレーゲが全く考慮していなかった，超限 transfinit 集合に対して，順序型として，カントルの「基数」という概念を導入する点で，カントルは確かに正当だった」とも認めている (loc. cit.)．この点は，次のフレーゲ–カントルの応酬に関係する．

カントルは，「数学の基礎づけなどという事後処理的な仕事には関心を払わず，一対一対応のみを唯一の手段として前人未踏の実無限の世界に入り込み，ひたすらその本質にせまろうとした」(倉田 [1988] 39)．そして例えば，初めて「超限順序数」の一般理論を提唱，集合論史上の画期をなす「一般多様体論の基礎」と題する全 14 節の論文を刊行する．いま関連するその一端のみを瞥見しょう[6]．

すなわち，カントルは，有限集合には「数 Zahl」が，無限集合には「濃度」が帰属すると考えた．「濃度」概念を明確にするため，有限無限にかかわらず，整列集合を数え上げていく数が一般的に考察されるようになる．そして一番目の濃度として自然数と対等な可算無限濃度と連続体の濃度とを区別した上で，諸濃度の系列をどう得るかが問題となる．

そこでカントルは，超限順序数の形成のために，「産出原理 Erzeugungsprinzip」を二つ使用する．正整数列では単位を次々加えていけるから，第一産出原理は「既に形成済みで存在する数に単位を一つ加える原理」とする．次にある数系列はすべての自然数に続く「最大数が存在しない場合，それらの数系列の極限をその数系列に続く最初の数として，形成する」という第二産出原理とする．

すると，1, 2, ⋯, ν, ⋯, ω, $\omega+1$, ⋯, $\omega 2$, ⋯, ω^2⋯, ω^ω, ⋯が得られる．

次に，「抑制原理 Hemmungsprinzip」により，正整数の絶対的に無限な系列中に切断を入れ，その切断こそ「数クラス Zahlenklassen」なのである．第一数クラス（Ⅰ）は 1, 2, ⋯, ν, ⋯ という有限な正整数の集合 Menge で，二つの集合に同じ濃度が帰属されるのは，両者が相互的かつ一意的に，各要素ごとに，互いに対応づけ zuordnen られる場合である．有限集合の場合には，濃度は基数 Anzahl と一致する．しかしそれに続く第二数クラス（Ⅱ）は，定まった系列 Sukzession をなして継起する [ω, $\omega+1$, ⋯, $\omega 2$, ⋯, ω^2⋯, ω^ω, ⋯] 一定の無限な正整数から成り，第二数クラス（Ⅱ）の濃度は第一次クラスの濃度の次に高い濃度である．以下同様．

かくしてカントルは，濃度を「数クラスの濃度」と解したことになる．つまり，濃度クラスという同値類から数クラスが選び出され，それが「不変なもの」，濃度の「自然な代表者」とされる．よって，カントルの濃度は，フレーゲのいう基数と同一視されてはならない．以上が，カントルがフレーゲの同一視に反対した由縁だと思われる（三平 [2003]）．

§6　存在概念と算術の形式理論批判

1．ピュンヤーとの対話――**存在概念**[7]

『基礎』でフレーゲは，はっきり「存在」や「一意性」が，対象の性質（第 1 階概念），事物 res についての概念ではなく，概念の性質である第 2 階概念 Begriff zweiter Stufe であって，それゆえ神の存在論的証明は成立しないと明言している（GLA§53）．フレーゲのこの見解は，同じく神の存在論的証明に反対したカントの（消極的・否定的な）論拠，「存在 Sein は明らかに何ら実在的な real 述語ではない，すなわち，事物の概念に付け加わりうるような何らかのものについての概念ではない」（KrV. A598/B626）と部分的には重なっている[8]．ただ「ピュンヤーとの対話」では，「存在」について未だ両義的な発言がなされている．全体としてフレーゲの論理体系では，一般的に「ある」という述語には，少なくとも次の四つの意味が区別される．

(1)「人間である」のように，述語の一部をなすコプラ（第1階概念の非独立的共義的な syncategorematic 部分），
(2)「宵の明星は明の明星である」のような，（対象間の）同一性，
(3)「人間は動物である」の場合のように，第1階概念間の「従属関係 Unterordnung」，ないしは，概念の外延（クラス）間の「内含関係 inclusion」，
(4)「木星には衛星がある」のように，第1階概念の性質である第2階の「存在概念」．

「対話」でフレーゲは，「レオ　ザクセが存在する」のような単称存在命題は「自明的 selbstverständlich」であるという見解を支持するが，これはどういう意味であろうか．一方対話相手のイエーナの同僚である神学者ピュンヤーは，「存在する」という語は，単称存在命題の場合も「人間が存在する」のような特称存在命題の場合も，同様に「経験可能 erfahrbar」と同意的だと主張する．つまり，上記の二命題は「レオ　ザクセは経験可能な対象である」「人間は経験可能な対象である」となる．しかもピュンヤーにとっては「経験の対象」は「表象の対象」の一部にすぎない．フレーゲはこうした見解が矛盾に陥ることを示す．即ち，もし「Aがない」ということが「Aは経験の対象でない」と同じ意味なら，「経験の対象でないものがある」という言明は，「経験の対象でない経験の対象がある」と同じ意味になってしまう（NS 71-2）．後書きでフレーゲは「Aである」が自明的でない場合，ある状況ではその否定が真でありうることになろうと述べる．もし命題「存在しないもの（経験の対象でない対象）が存在する」が，「存在するものが非存在 Nichtseiende という概念の下に属する」と同じことを意味するとすれば，それは「存在しない対象が存在する」という矛盾した命題である（NS 79）．また，もし「Bがある」という命題が「存在するものがBだ」と同意味であるなら，存在という概念は自明的だ，と主張している[9]．

フレーゲの示唆によれば，例えば「人間がいる」のような存在命題は，「人間」という概念の徴表・部分概念を用いて「ある生物は理性的である」のように特称命題に変換されるが，一方（それができない単称存在命題「レオ　ザクセが存在する」の場合には）「存在」という概念は，「自己同一性 sich selbst gleich sein」のような，自明的で最も一般的な概念と同一視される[10] (NS 71)．後者の場合には，存在概念，つまり「自己同一性」は確かに第1階の対象についての性質・概念ではあるが，あらゆる対象に無差別に述語づけ可能で，それ故逆に，対象を特定化することのない空疎な概念となろう．

「対話」の終わりの所でフレーゲは存在が概念の性質だという主張を導入している (NS 75)．一方で彼は第1階概念として使用される存在は空疎だとしつつ，第2階概念としての存在概念の有意味性を主張しており，「存在」概念をなお両義的と解しているように見える[11]．

先述のように，『基礎』(S. 65) では，「存在」概念と「数的概念」が密接な連関に置かれている．「存在の肯定は数0の否定に他ならない」．例えば「神は存在する」とは「神」という概念の下に属するものが0ではないということで，「存在」概念は神という対象の性質でもなく，「神」概念の徴表（部分概念）でもなく，「神」概念の性質，つまり第2階概念なのである．また既に述べたように数が帰属されるべき「単位」とは「概念」にほかならず，「地球の衛星は1個存在する」のような個数言明中の数的述語「0個存在する」「1個存在する」は，地球という対象の性質・第1階概念ではなく，「地球の衛星」という第1階概念の性質，つまり第2階概念なのである．かくしてフレーゲは，対象と概念の区別のみならず，概念間の階の区別もはっきり導入したのである．

2. 算術の形式理論批判——実数・複素数論にむけて

『基礎』の末尾近くの §92 以下でフレーゲは，基数以外の「他の数」，すなわち，負数，分数，無理数，複素数にごく簡単に言及している．その標的は「算術の形式理論」の批判にある．19世紀の解析学・幾何学において，虚数・複素数，虚点・複素点のようなレアールでない数学的対象の存在問題は，数学的にも哲学的にも焦眉の厄介な難題であった．ハンケルは，数学的対象でその存在が認められないのは，自己矛盾的で論理的に不可能なもののみだと主張することで，この存在問題をかわそうとした．フレーゲの批判点は次のようである．ハンケルには概念と対象の混同がある．概念の無矛盾性はその概念を充たす対象の存在を保証しない．また表象や幾何学的直観といった異質なものを算術に持ち込むことは許されない．さらに単なる定義によって，数学者が随意に

対象を創造することは不可能であり，意味を欠いた単なる記号，図形を持ち込むだけである．

1885 年の講演「算術の形式理論について」は，そうした「形式理論」への簡明な批判的論説である．

フレーゲは，「形式理論」の二つの見方を区別する．そのうちの第一の見方はフレーゲ自身も採用するもので，算術命題すべてを専ら論理学の基本法則と定義のみから純粋論理的形式的に導出しようとするものである．従って，第一に論理学と算術には明確な境界はない．第二に，論理学の一般的推論法に還元できないような，算術に固有の推論法は存在しない．第三に，あらゆる算術的命題は定義によって論理的なものへと還元される．

他方，フレーゲが反駁を加えるもう一つの「形式理論」とは，分数，無理数，複素数等の記号が空な記号だと主張する理論である．だがこの見解でも正の整数にはレアールな内容を認めている．まさにその故にこの理論は首尾一貫性を欠き，実行不能である．記号自体が数であるのなら，それは何かの「記号」ではなく単なる「図形」に過ぎない．図形は幾何学的，物理化学的な性質をもつ．だがこうした図形からどのようにして「自身を加えると 1 を生じる」といった算術的性質が帰結するのか．定義によってか．しかしいかなる定義も，一切の内容を欠いた図形にそうした性質を付与しえない．もしそうできるのなら，数学者は，嘘つきのレッテルを貼るだけでひとを嘘つきにできるはずである．

ところで空な記号が算術の対象だという主張が現れたのは，負数，無理数，複素数といったイデアールな対象導入を巡ってであった．こうした対象導入への抵抗感は幾何学的解釈によって緩和されたが，しかしそれは算術に異質なものを導入する結果となった．だが純粋算術的な命題が幾何学的公理に依拠するのは，不合理であろう．そこで算術の純粋算術的，さらには純粋論理的導出ということが不可避の課題となる．

ところで高等な数，例えば無理数を「$\sqrt{2}$ は自乗すると 2 となるもの」のように，当の数の性質から定義することは，乗法という演算法を既に無理数にも当て嵌まると前提しているか，または，$\sqrt{2}$ と乗法との二つを同時に定義する誤りに陥っているかである．

いずれにせよ，この定義だけではある概念が得られただけであり，この概念

の充足が証明されたわけではない．本質的なのは，そのような高等な数の存在である．幾何学中の証明において，しばしば当の命題自体には現れない点や線や，補助点や補助線の存在を示す必要があるように，算術においても多くの命題が例えば-1の平方根iの補助によって証明され，しかも当の命題にはiは現れないのである．この場合iが存在しなければ，証明は崩壊してしまう．ところで，数は単なる図形であるか，または記号の内容であるかである．数が図形なら，確かにその存在は疑いえない．だが図形には数に要求される性質は全くない．他方数が記号の内容なら，当の記号が空でないと証明されねばならない．

また当時，算術を規則によるゲームと見なす形式的理論があった．つまり，チェスでの規則による駒の移動と同様に，算術でも定められた規則に従い，ある等式から別の等式へと移行できる．ではチェスの駒の配置同様，等式は真偽と無関係で無意義なのか．しかし形式理論家も大抵は不徹底で，等式が正の整数のみを含む場合は有意義で真偽が問えるという．そしてそれらの規則が無矛盾で，正の整数の法則に関して矛盾を含まないなら，一般にそうした規則から矛盾は生じないという．だが規則の無矛盾性証明は，正の整数のみに関する証明では不十分である．その規則は複素数の如き高等な数に特有な性質と矛盾し得るし，実際に正整数の全規則が複素数の場合に保持され得るわけではないのである．表面上複素数が現れないある定理を，複素数を含むある式を介して証明するとしたら，その証明は循環に陥っている．一般に複素数に関する当該の計算規則の無矛盾性が先に証明されなければならないからである[12]．

このように算術の対象を専ら数詞や図形と見なし，算術をそうした図形の操作・演算ゲームと見なす「形式的理論」に対するフレーゲの一層詳しい批判は，『算術の基本法則』第2巻第Ⅲ部で展開されることになる（『フレーゲ著作集3』本書第15章§5参照）．

1) 一対多関係：$\exists \varphi [\forall x [Fx \to \exists y [Gy \& \varphi(x, y)]] \& \forall y [Gy \to \exists x [Fx \& \varphi(x, y)]]]$
   多対一関係：$\forall dae [\varphi(d, a) \& \varphi(d, e) \to a = e] \& \forall dba [\varphi(d, a) \& \varphi(b, a) \to d = b]$
2) cf. Cantor, G. [1883a] in [GA].

3) cf. Hamacher-Hermes, A. [1994].
4) cf. Cantor, G. [1883] in [GA]. および Cantor [1885].
5) フレーゲの反論 (Frege [1885],『フレーゲ著作集 5』所収) 参照.
6) Cantor [1883] [1885] in [GA]. より詳しくは, Tait [1997]; 三平 [2003] 参照.
7) Frege, G., 'Dialog mit Punjer uber Existenz' [vor 1884] in [NS] & in [SLS]. Stuhlmann-Laeisz [1975] in Thiel [1975]; Haaparanta [1985] [1986].
8) 『フレーゲ著作集 3』の編者解説では, カントのこの箇所から, カントも「存在 Sein」を事物 res の性質を表す実在的な述語ではないと言っているのみならず, さらにフレーゲ同様に, 概念の概念, 第 2 階の概念であると見なした, というように解説したが, 永井均氏の指摘を受けて再考し, Dr. W. Etrl 氏にもドイツ語を確認した結果, 後半部分は (カントの本文もミスリーディングではあるが) カントの最屓の引き倒しになる読解だという結論に達したので, この解説部分は 3 刷 [2011] で訂正しておいた. 再考の機縁を与えて下さった永井均, Dr. Etrl 両氏に感謝する. なお同『著作集 3』の本論文の翻訳において既に中川大氏の適切な解説が, 訳者注 8 に与えられている.
9) フレーゲにとっては, 量化子は全対象領域に関わるものであったから, 全領域に関わる量化子 '∃' と例えば現実的対象領域のみに関わる量化子 'E' のように, 領域ごとに量化子を区別し, 先の「現実には存在しないものが存在する」も '∃z [~Ex (z = x)]' と解するような余地はなかった.
10) Stuhlmann-Laeisz [1975] (S. 121f.) は,「自明的」概念を, 偽となることが不可能な, その外延が全クラスであらゆる対象に当てはまる概念 [例えば, 自己同一性 $\xi = \xi$] と解する.
11) 量化を用いれば,「人間がいる」は, '∃x [Ax & Rx]' のように, また「レオザクセが存在する」も結局は量化を含んだ '∃x [x = s]' のように変換可能であろう. 後者の場合第 1 階の存在概念は, '∃x (x = ξ)' によって複合的に表記されることになろう.
12) フレーゲの挙げている例は [103], 以下の式が $(\cos \alpha + i \sin \alpha)$ を n 乗することで,
$$\cos n\alpha = \cos^n \alpha - \frac{n(n-1)}{1 \cdot 2} \cos^{n-2} \alpha \sin^2 \alpha + \cdots$$
複素数を介して証明される場合とは, この表面上は複素数が現れてはいない等式が, ド・モアブルの定理 $((\cos \alpha + i \sin \alpha)^n = \cos n\alpha + i \sin n\alpha)$ を使って証明される場合で, この証明は複素数用の計算規則が無矛盾であることに依存しているのである (『フレーゲ著作集 2』187, 訳注 5 (渡辺大地) 参照).

第Ⅲ部　論理と言語の哲学

第6章 『算術の基本法則』の概要と方法[1]

まず第Ⅲ部の概要を簡単に述べておこう.

『算術の基本法則 *Grundgesetze der Arithmetik*』(Bd.I (1893), Bd. II (1903) 以下『基本法則GGA』と略称)は,高階の論理学および「論理主義」に立つ数学の哲学を厳密に展開しようとしたフレーゲの主著である.

フレーゲの生涯のプロジェクトは「論理主義」,すなわち「算術(解析学を含む)は論理学の一分枝であり,展開された論理学である」を実証することであった.しかし,19世紀までには,算術・解析学をそこから導出するのに十分強力な「論理学」は存在しなかった.そこでまずフレーゲは処女作『概念記法』(1879)において,そうした新しい論理学を創始した.そして第二作『算術の基礎』において,非形式的にではあるが,この新しい論理学を暗に用いて,算術を基礎づける試みに挑戦した.しかしその試みは,「シーザー問題」に逢着し,また非形式的な仕方で行われたから,フレーゲ自身述懐するように,「論理主義」を「確からしい」ものにしたという以上には至れなかった.論証の厳密さが担保されてはいなかったからである.そこで,一層厳格な仕方で,論理学そのものを構築し(第6章,第7章),かつ今日の論理学の意味論の原型を創始し(第8章,第9章等),その論理学を基礎に,基数論,実数論を展開した(第Ⅳ部).それと平行して発表された哲学的諸論文によって,論理と言語に関わる深い哲学的考察を展開(第11章),今日の論理的意味論や内包論理の基礎を据えたのである.(競合する意味論については第12章で瞥見する.)

第Ⅲ部では,まず論理学の統語論・意味論のほぼ全容をやや立ち入って探索することにしたい.

§1 はじめに

既に『概念記法 BS』(1879) で述べられていたように，フレーゲが論理的に基礎づけようと目論む「算術」は，内容を欠いた記号の単なる演算操作にすぎないような「形式的算術」「演算ゲーム」ではなく，運動学，力学等の諸科学で広範に応用され，BS 後に既にデデキント (Dedekind [1888])，ペアノ (Peano [1889]) によって，いわゆる「デデキント・ペアノ算術 DPA」として公理体系化された「内容」豊かな算術であり，例えば，「どの自然数にもその後者が存在する」(ペアノの公理 PA (2)) や「完全帰納法」(同公理 PA (5)) 等々から，可算無限を含む自然数に関するあらゆる「定理」が導出されるはずのものである．すると「論理主義」は，これも『概念記法』で既述のように，こうした算術の諸公理・諸定理中に含まれる「自然数」「後続関係」「加法」等をはじめ「数学的帰納法」や「無限」概念，解析学の中心概念である「極限」概念，関数の「連続性」といった，すべての算術的・解析学的概念・関係を，論理的基本語のみによって「定義」し，その定義に依拠して算術の基本法則・公理群をすべて論理的概念・関係のみによって表現し，かつそうした公理ならびに算術の定理群がすべて真であることを，論理的公理の真理性から「証明」しなければならない．そのためにはしかし，その礎石となる論理的に基礎的な表現とはどれか，またその各意味は何か，論理学の公理はそれら基礎的表現からどのように構成されるのか，その真理性，ならびにそれらを前提として算術の基本法則・定理を導出するための推論規則の妥当性は，どのようにして示されるのか等々の，諸問題に対処しなければならない．

こうした課題の解決のために，まずフレーゲは算術的命題を，すべて正確に表現するに足りる論理的言語を創始し，そうした言語によって，算術的命題の真理性を証明しうる新しい強力な論理体系を構築しなければならなかった．それゆえ，フレーゲの第一の課題は，そうした論理体系の構築，新しい論理的言語の創設であった．しかし，こうした課題に応える「論理学」とはどのような「論理」でなければならないか，そうした新しい「論理」を表現する「言語」はどのようなものでなければならないのか，また妥当な「証明」とはどのよう

な条件を満足しなければならないのか，といった課題にも答えなければならなかった．

『算術の基礎 GLA』でのフレーゲによれば，ある命題が「分析的」に真なのは，それが妥当な「論理的推論」によって，真なる「論理法則」から，論理語による算術的概念の「定義」を介して，導出・「証明」されうる場合その場合に限る．分析的真理とは，かくて論理的公理から論理的推論によって帰結する真理である (GLA §3)．すると問題は，何が基礎的論理語であり，何が原始的な論理的真理であり，妥当な論理的推論なのかである．

フレーゲの哲学的見解は，そうした意味論的説明を与える余地を排除している，という有力な見解がある[2]．だが，ヘックの言うように，基本法則 (V) が論理学の真理かどうかは，フレーゲにとって何ら本質的な問題でさえないという見解に加担しない限り，こうした主張がどうして可能なのか理解するのは困難である (cf. Heck [2010] 352)．

また，論理学を専ら「一般性」という見地から特徴づけ，「最大限の一般的な原始的真理が論理的ということ」だという「統語論的解釈」の主張がある．その解釈によると，①「論理の基本法則はすべての事物，すべての特性を超え，あれこれの事物に言及しない一般化を行い」，その内容については何ら「主題特定的 topic-specific ではありえない」[3]．すると論理学の法則は「最大限に一般的真理で……いかなる特定の事物にもいかなる特定の特性にも言及せず，その言明がいかなる特殊科学に属する語彙の使用も要求しない真理である」[4]．だがしかし，論理的であれ他の場合であれ，どの真理の表現もある固有の概念への指示必要とする．フレーゲ自身，次のような所見を述べている．「論理学にもそれ固有の諸概念，諸関係があり，まさにそれらによって論理学は内容をもつことができる」[5] (Frege [1906]; Heck [2010] 355)．実際，先述のように，例えば，先のペアノの公理 PA (2)「すべての自然数にはその後者が存在する」や「数学的帰納法 PA (5)」，またフレーゲの基本法則 (V) を，論理的な定義に基づいて表現しようとすれば，量化子，否定詞，条件法，あるいは等号といった論理語が不可欠である．またフレーゲの云う「論理学 Logik」においては，「真理」「意味 Bedeutng」「有意味 bedeutungsvoll」「表示する bezeichnen」「意味する bedeuten」といった意味論的用語が頻出する．そして「普遍量化子

は固有の2階概念を,否定記号は特定の1階概念を,条件法は1階の関係を,表示するのである.主たる課題は,まさにどの概念が論理的な概念であるかを決定することである」(Heck [2010] 355).

②統語論的解釈の第二の問題点は,原始性 primitiveness という観念を非常に重視していながら,その説明法を与えていないことである.「最大限の一般的な原始的真理が論理的だ」という統語論的解釈も,原始的真理とは何かについての規定がなければ内容空虚である.フレーゲも,ある推論規則や真理が原始的だと認めてはいるが,それは選択の問題で,本質的に原始的な何らかの推論規則や真理の存在は自明でなく,「一つの真理が公理かどうかということは,体系次第で決まることである」(LM in NS 221; cf. Burge [1998] [2001])と述べている.この争点に関し,論理的法則が思想と推論にとって基礎的なのは,それらを否定すると,「われわれの思想を混乱に陥れる」というフレーゲの主張(GGA I vii)だけでは十分ではない.「必要なのは,何故特定の言明に論理法則という特権的身分が許されるのかの説明である.このことが,何故フレーゲが意味論的観念の探究に向かわねばならなかったか,……『基本法則 GGA』執筆時期と並行して,刊行されたフレーゲのいわゆる哲学的諸論文においても,意味論的諸概念が,何故……中心的となったか」(cf. Heck [2010] 356)と関連する.この主著においても,以下に論じるように,フレーゲは,タルスキのように形式化された意味論として整備された形ではないが,いわば「前タルスキ的」に,ないしはタルスキ意味論の「先駆」または「代替」として,史上初めて,否定,条件法,量化子といった論理的基礎概念を,意味論的概念によって解明し,それに基づいて,論理的諸公理の真理性と推論の妥当性の「意味論的正当化 semantical justification」に取り組んでいる,と思われる[6].

ところでフレーゲは,新しい論理学の構築,『概念記法』という新しい論理的言語の構成に際して,「論理学者の仕事は,心理的なものと,また一部は言語と文法に対する絶えざる闘争である」(L [I] [1879-1891] in NS 7)と述懐している.しかしなぜ通常の日常言語,さらには算術言語では不十分なのか? 先述のように,その欠陥を,フレーゲは日常語の曖昧性・多義性に求めた.わけても,算術的言語でさえ,日常言語に劣らず最も問題的なのは,両者がともに,何も表示しない,意味を欠く表現(例えば,「発散無限級数」)(FB 19)を多く含

むことであった．さらには数学者による証明も，しばしば飛躍に富み，しかも多様な推論形式をもつように見え，その証明や推論に，論理的でないような何か直観的な要素が忍び込んでいないかを，どのように剔抉するのかが常に問題になる．こうして「既に導入された記号から文法的に正しい仕方で固有名として形成された表現が」何も表示せず，何も意味しないといったことを一切許容しない，「論理的に完全な vollkommen 言語（概念記法）」(SB 41) の構築こそが，フレーゲ論理主義に至るための最優先の課題となった．

　だが当時の多くの論理学者は，心理主義ないし極端な経験論的観念論に支配され (GGA の「序言」はその詳しい批判である)，一方数学者の多くは，数学の対象を記号と見なす形式主義者であって (GGA 第Ⅲ部にその詳細な批判が展開されている)，こうした風潮とフレーゲは生涯戦わざるをえなかった．フレーゲが親近感を寄せたシュレーダー，カントル，ヴェンといった数学者・論理学者はしかし，フレーゲの仕事をブールの二番煎じとしか評価しなかった．それ故，後に現代論理学の画期と見なされるフレーゲの処女作『概念記法』(1879) も，明晰で見事な文体で「論理主義的算術」を非形式的に説明した第2作『算術の基礎』(1884) も，当時の学界からは酷評ないしは無視という冷遇を受け，フレーゲはしばしば意気阻喪したと述懐している（序言）．その上，『基本法則』は，フレーゲ考案の特異な記号が乱舞していて，受容される見込みはきわめて薄く，経済的リスクは一目瞭然であった．それ故，刊行を引き受ける出版社を見つけるのにさえ困難をきわめた．イエーナの出版社によって，ようやくその第Ⅰ部と第Ⅱ部の途中までが引き裂かれて第Ⅰ巻として1893年に出版された．残りはその結果次第ということになり，結局第Ⅱ部の残りと第Ⅲ部が第Ⅱ巻として自費出版されたのは実に10年後の1903年のことであった．しかも第Ⅱ巻の最終校正中 (1902) にラッセルによりその体系中の矛盾が知らされるという悲劇に見舞われ，急遽「後書き」で応急の対処を付したのであるが，没後10余年にその応急策からも矛盾の出現が証明された．ツェルメロ，ラッセルらによって発見されたこの矛盾はひとりフレーゲのみならず，デデキントの自然数論，カントルの素朴集合論等に等しく当てはまるものであった．20世紀初頭のこうした数学の基礎や論理学・集合論におけるパラドクスの発見は，ラッセルらのタイプ理論，ヒルベルトの形式主義，ブラウワー・ヘイティング

らの直観主義，ツェルメロ・フレンケルらの公理的集合論といった数学基礎論の隆盛を招き，ゲーデルの不完全性定理，ゲンツェンの自然数論の無矛盾性証明，タルスキのモデル論といった数学基礎論の展開過程においては，フレーゲの算術の哲学は，ラッセル・ツェルメロのパラドクス発見によって破産してしまった，時代遅れの数学の哲学として，ほとんど忘れ去られた存在であった．ところが，1980年代に入って，C.ライト（C. Wright [1983]）やブーロス（Boolos [1986/7]），ヘック[7]等の精力的な研究によって，フレーゲの数学の哲学には整合的な解釈が可能だという主張がなされ，他方でH.フィールド（Field [1980]）の大胆な唯名論的物理主義に立った数学の哲学が提案されたこともあいまって，論理主義，数学的プラトニズムの再評価・再検討が活発になされ，多くの著作や論集が出版されるに至っている[8]．

そこで本章では，論理的意味論を中心にフレーゲの論理学の哲学を概観しよう．算術の哲学（基数論・実数論・形式主義批判）については第13章〜第15章で，近年の評価のポイントについて解説しつつ，若干の検討を行う．

§2 本章の主要な課題

先ず予め本章の行論の道筋について簡単に述べておこう．

1. 論理学の哲学

フレーゲの「論理学の哲学」について，当時の哲学者・論理学者に支配的であった「心理主義」へのフレーゲによる批判から始めて，彼の高階論理学を，「統語論」「意味論」の順に探索する．

「すべて」のような量化の変項の範囲が，対象領域のみならず概念や関数にも及ぶ高階の論理学の画期的な公理体系化は，既にフレーゲ自身によって彼の処女作『概念記法』(1879)において提出されていたのであるが，『基本法則』においてさらに整備がなされ，特に表現の使用と言及，ないし論理体系そのものを提示する記号言語（概念記法）と，それについて説明を加える言語（メタ言語）が相当はっきり区別されている．また記号言語の文法的・統語論的 syntactic 説明と意味論的 semantic 解明とが明確に区別されつつ関連づけられている．

（尤も，先述のように，「論理的普遍主義者」フレーゲにはそうした外部主義的な externalist 視座の余地はありえない，フレーゲの「普遍主義 universalism」には，論理体系の外に立って，メタ的見地からの考察という余地はなく，比喩等による「隠喩的解明 metaphorical elucidation」があるのみだという有力な解釈が存在する[9]．）ところで 1920 年代以降，現在では，集合論などとは区別して「論理学」と称されるのは主として第 1 階論理学となったのであるが，その範囲ではフレーゲの論理学は無矛盾で完全な体系である（T. Parsons [1987]）．（第 2 階の可述的な断片も整合的である．Heck [1996]．）

2. 統語論——命題優位と関数論的分析

さてフレーゲ論理学の顕著な独自性は，「判断・命題優位のテーゼ」と「関数論的分析」に見いだされるであろう．つまり，統語論的には，論証の前提・結論を構成する判断・主張言明（「概念記法命題」と呼ばれる）から出発し，次いでその主張する力 Kraft を落とした複合的な表現（通常の文ないし文基，それをフレーゲは固有名に同化し「真理値名」と称する）は，例えば，'$2^3 + 1$' が '( )$^3 + 1$'（関数表現）と '2'（項／引数 Argument の表現）へと「関数論的」に分析されるのと類比的に，否定文「ソクラテスはカエルではない」も，まず「( )ではない」（否定詞）と「ソクラテスはカエルである」（要素文）に，今度は後者の要素文はさらに，「( )はカエルである」（述語）と「ソクラテス」（固有名）に分析される．統語論的分析に際し，こうした「除去 ausschliessen の方法」によって真理値名からその構成要素表現が摘出され，最終的には

「水平線（内容線）'―ξ'」
「否定詞 '⊤ξ'」
「条件法［標準的記法では '$\zeta \to \xi$'］」'$\begin{matrix}\xi\\\zeta\end{matrix}$'
「普遍量化記号 '$\forall a$'」'―$\overset{a}{\frown}$―'
「等号 '$\xi = \zeta$'」
「値域記号 '$\acute{\varepsilon}\varphi(\varepsilon)$'」
「記述記号 '\ ξ'」

「高階普遍量化子 '∀f'」'―̠ϝ̠―'

の8個の論理的な原初的関数名が析出される．

逆に「充当 *ausfüllen*・代入の方法」によっていまの手続きを逆に辿って，単純な表現から複合的な表現を再帰的に合成するいわゆる「合成原理 *composition principle*」が認められる．

また '$a^2 - 1 = (a+1)(a-1)$' のように一般性を表すためのラテン文字 'a' 等と「すべて」のような「量化と（いわゆる）束縛変項［ドイツ文字で表記］」，とりわけ多重量化（後述）を導入することによって初めて，例えば「どの基数にもその後続者が存在する」のような算術的命題が表現可能となったのであった．

3. 意味論の原型

こうした統語論的に適正な手続きによって形成されたすべての表現は，意味論的には先ず「この論理体系中で意味 Bedeutung をもつ」という基本的想定がなされ（かくして意味を欠く表現は「論理的に完全な *vollkommen* 言語」から排除される），ついで「真理値名は真か偽を意味する」といういわゆる古典的な「二値の原理 *principle of bivalence*」の大前提が立てられ，真理値名の構成要素表現の意味は真理値への貢献と見なされる．次に原始的な基本的論理語が有意味 bedeutungsvoll であることが，いわゆる「一般化された文脈原理」によって証明される．こうして8個の論理的な原初的関数名の一つ一つに，フレーゲは固有の論理的な原初的関数を意味論的に約定する．一方，有意味な要素表現が与えられると，複合的表現の形成規則に見合う論理構造に即して，複合的表現の有意味性が回帰的に証明されれば，「すべての適正に形成された表現は有意味である」という「論理的に完全な言語」の条件は充たされる．

ところで一般的に，固有名の意味 Bedeutung はその表示対象，述語の意味は概念・関係と見なされ，関数論的に対象ないしその順序対から真理値へと写像する関数と見なされる．また関数・概念には階 *Stufe* の区別が導入される．「述語・概念語とその意味である概念はすべての対象について真か偽かである」

という「明確な境界づけ *scharfe Begrentzung*」条件が課せられる．先のこうして「一般化された文脈原理」によって原始的関数名の有意味性が証明され，また意味論的約定によってその意味が約定されると，それを基底部 *basic case* として，複合的表現は「合成原理」に従い，回帰的にその意味が確定される．タルスキ以降，現在では常識になっている論理学における意味論的ないしモデル論的手続きの，これは未だ形式的整備はなされていないものの，その原型 prototype，史上初の先駆的な定式化，ないしタルスキ型の代替といえよう．但し，現代のタルスキ型のモデル論では，形式的言語が形成されると，まず空でない個体領域 D と各表現に指示を指定する解釈関数 I の順序対〈D, I〉が，モデル M として用意され，各単称名辞には D 中の個体が，述語には充足条件として，D 中の然るべき部分集合が付値され，各文についてはその真理条件の指定により真理定義がなされるのが一般である．が，フレーゲには，明示的に個体領域 D と相対的に各表現の指示ないし意味を定めるというモデル構造に相対的な考えは，見かけられない．しかし後に詳しくみるように，先ほど言及した各論理的基礎表現が何を意味するのかは，その一々について一種の「意味論的約定 *semantical stipulation*」（Heck [1999] [2010]）によって，確定される．

　以上のような「意味 Bedeutung」についての理論をベースにして，最後に，意味論的見地からみた「意義 Sinn」が取り上げられる．真理値名は，それがどのような条件の下で真を意味するのかという，いわゆる「真理条件」を表し，それをフレーゲは「思想 Gedanke」と称した．そして真理値名の表す思想を，「意味」と区別して「意義」と呼び，真理値名の構成要素表現の意義は思想への「貢献 Beitrag」であると見なした．これが「意義に関する文脈原理」，少なくとも「命題優位のテーゼ」の現れである．こうしてすべての文法に適った表現は，その意味を意味・表示し，その意義を表現する．逆に構成要素表現の意義が与えられれば，複合的表現の意義は確定されるという「意義に関する合成原理」も与えられる．

§3　心理主義批判

　フレーゲは，『基本法則』の「序言」で，アリストテレス以来の論理学革命

を達成した彼の処女作『概念記法』(1879)，また算術の論理学への還元という論理主義の輪郭を鮮明に描いた『算術の基礎』(1884) に対する，論理学者・数学者の酷評ないしは無視，ならびに彼の著作が「それに抗して戦わざるをえない不利な学問的諸潮流に直面して，時に私は意気阻喪した」(GGA I-I (以下，第Ⅰ巻第Ⅰ部の略) xi) と述べている．当時の論理学・数学の哲学の主要な潮流といえば，心理主義，形式主義，また観念論・独我論に至るような極端な経験主義・実証主義であった．

　「感覚によって知覚されないものを否認する」傾向が (現在同様) 当時も広く流布しており，非感性的な数という算術の対象を可視的な数記号と同一視する「形式主義」もまた，こうした実証主義的傾向と深く結びついていたのであった (GGA I-I, xiii)．（形式主義については，第 15 章で詳述する．）また，当時の支配的な「論理学」は「徹頭徹尾心理主義に汚染されており……事物そのものではなく，単にその主観的な模像，表象のみを考察する［という］……論理学への心理学の致命的な侵入」(GGA I-I, xiv) が，「すべての微妙な形式を覆い隠してしまう不健康な心理学的脂肪でむくんだ分厚い論理学書」(GGA I-I, xxv) の出現を許している，というのがフレーゲの診断であった．

　「序言」でフレーゲは，次のような心理主義批判を展開している．

(1)「論理法則」は，「心理学的法則」か，それとも「思考の規範」か
　「法則」という語には，二重の意味合いがある．一つは「現にあるもの」に関わり，一つは「あるべきもの」の指令に関わる．前者の意味合いでの「思考法則」は，外界の諸過程を支配する自然法則と同様，心的過程としての思考を支配する心理学的法則，つまり，人々が「平均して」そう考える一般的な法則で，人々の一般的合意に基づき，時代と所によって変化しうる条件つきの (GGA I-I, xv) 心理学的社会学的法則にすぎない．だが「論理法則」は，こうした意味合いでの「思考法則」ではない．

　第二の意味合いでの「思考法則」は，「思考の規範」であり，論理法則は「およそ思考がなされる場合には至るところで，いかに思考されるべきかを指令する最も普遍的な法則」なのである (GGA I-I, xv)．

(2)「真であること Wahrsein」と「真と見なすこと Fürwahrhalten」

　先の二つの意味合いでの「思考法則」の区別は，「真であること」と「真と見なすこと」の区別と密接に関連する．「心理的思考法則」は，結局個々人が「真とみなすこと（判断）」に還元され，ある時代ある文化圏のある集団に属する人々が平均的・一般的に合意し承認して従っている一定の規則性に過ぎず，時と所，人々の心的傾向の変化とともに変化するものである．

　だがフレーゲによれば，「真であること」は，「真と見なすことには決して還元されず」(GGA I-I, xvi)，誰かの「承認には依存せず……判断する者との関係」(loc. cit.) からは独立であって，「所と時に関わらない ort-zeitlos」(GGA I-I, xvii)．かくして論理法則は，「われわれの思考にとっての規準であり……真と見なすことに関する心理法則ではなく，真であることの法則」(GGA I-I, xvi) である．「一度真であることの法則を承認した者は，このことによってまた，いかなる所でいかなる時にまた誰によって判断が下されようと，いつも判断がどのようになされるべきかを指令する法則を承認したのである．……私［フレーゲ］にとって真は何か客観的なもので，判断する者から独立なものである」(GGA I-I, xvii)．

　それでは何故またいかなる権利である論理法則を真と承認しうるのか．いまこの問題には立ち入れないが，フレーゲの回答は「論理学はただ，当の［派生的な論理］法則を他の［より基本的な，そして最終的には公理としての少数の自明的な］論理法則に還元することによってのみだ」というものである (GGA I-I, xvii)．だが，公理自身の真理性の正当化は可能なのか，それとも単に「自明性」に訴える他はないのか．あるいは公理を構成する基本的論理語の「意味論的約定」に基づく何らかの「意味論的正当化」をフレーゲは用意していなかったのか．この問題は後段で取り上げよう．

(3)「主観的なもの」と「現実的なもの」

　当時の実証主義的風潮に染まっていた心理主義的論理学者はまた，「現実的でないもの Nichtwirkliches をいきなり主観的なものと見なす」(GGA I-I, xviii)．フレーゲのいう「現実的なもの」とは，『基礎』では，手で掴めるもの，空間的なもの，物理的なもの (GLA§§26-27) で，主観的でない客観的なものであ

る．しかし，フレーゲは同時に客観的だが現実的でないものとして，思考により把握される概念的なもの，ことばで表現可能なもの，点，面，数などの数学的対象を認めるプラトニズムにコミットする (loc. cit.)．

もし数詞 '1' の表す対象は，現実的でないものであるから，まったく主観的なものと見なすならば，各人にとってのそれぞれの 1 の主観的な表象 Vorstellung があるのみとなり，1 の算術的性質についての論争は意味をなさないことになる．「必要な対象の共通性が欠けているからである」(GGA I-I, xviii)．「月」という語の表す月という対象と「月」という語に結びつける各人の表象が区別されるように，「人間である」のような述語が表す〈概念〉についても，概念そのものと各人がその述語に結びつける固有の表象とは区別されねばならない．現実的でない抽象的対象や概念がすべて各人各様の主観的な表象に過ぎないとするならば，「意見の衝突や相互理解は，不可能となろう．共通の地盤が欠けている[からである]」(GGA I-I, xix)．かくして一切は表象となり，「観念論へ，最も徹底した場合には独我論へと合流してゆく」(loc. cit.)．

フレーゲは，現実的ではないが客観的な存在の「われわれの把捉 erfassen は……それに随伴する諸表象およびその変化から独立に存立している」(GGA I-I, xxiv) と見なしている．そして，心理主義的論理学者の誤謬は，「存在する es gibt」「存在 Existenz」と「現実性」との混同，ならびに後者と「客観性」との混同にある．第一の混同は，第 1 階概念と第 2 階概念との混同である (GGA I-I, xxv)．フレーゲの論理学は，対象と概念・関数の間の階 *Stufe* の区別，概念間の階の区別，概念とその徴表（部分概念）と対象の性質の区別，概念とその外延（値域），意味と意義等々の重要な区別に基づいて展開されるが，心理主義的論理学者はこれら一切を主観的な表象と混同しかねないのである．

勿論，現実的でないが客観的であるような対象や概念が，どのようにしてわれわれに与えられるかは，単に（存在論的ならびに認識論的）プラトニズムを主張しただけでは正当化されえない．関数の値域（概念の外延），真理値，数のような抽象的対象の一意的存在を確定する同一性規準は何か，基礎的な関数や概念・関係の「明確な境界づけ条件」（すべての対象に関して，それが当の関数・概念を充足するか否かを決定する条件）が充たされているか否かが，問われなければならない．数学的プラトニズムの当否を巡っては，改めて後述するが，依

然論争が絶えないのである[10].

§4 論理主義的基礎づけ・正当化の方法
―― 始原への遡及／逆数学的アプローチ？

　フレーゲは，『算術の基礎』において，「算術が論理学の一分枝であり，経験からも直観からもなんらの証明根拠も借用する必要がない」ことを示そうとした，という (GGA I-I, S. 1).『基本法則』においても「算術が一層展開された論理学にすぎない」(GGA I-I, vii),「数論は論理学の一部である」(op. cit., viii) というデデキントをはじめとする当時の何人かの数学者によって表明されていた論理主義の立場を，実際に少数の基礎的な論理的概念・関係と少数の基本法則（公理），定義，そして少数の推論規則によって，単純な推論ステップに分解しつつ，「隙間のない推論連鎖」(GGA I, vii, viii) を介し，高階の古典論理学（第Ⅰ部）・基数論（第Ⅱ部）・実数論（第Ⅲ部）の体系を導出・証明しようとする．これが，ユークリッド以来の「厳密な学問的方法」，公理的体系化の理想を現実化しようというフレーゲの〈論理主義〉構築の試みである．そして古典論理を前提にした上での算術の論理主義構築の鍵は，フレーゲの基本法則 (V) に懸っており，またこの法則 (V) が論理法則であるかどうか，それが整合的であるかどうかが焦点となる．ツェルメロ・ラッセルのパラドクス発見以前に既にフレーゲ自身，もし生じうるとしたら，「論争は値域に関する私の基本法則 (V) を巡ってのみ生じうる」(GGA I-I, vii) ことに気づいていた．しかしフレーゲは敢えて「私はそれを純粋論理的と見なす」(loc. cit.).やがて悲劇的なことに1902年，第Ⅱ巻の校正刷の段階で，ラッセルの書簡によりこの法則からパラドクスの導かれることが，フレーゲに知らされた．急遽加えられた「後書き」中のフレーゲ自身の応急の修正案も，フレーゲ没後ではあるが，逆理を免れないことが証明されたのであった．勿論ツェルメロ・ラッセルのパラドクスは，ひとりフレーゲに限らず，デデキント，カントルをはじめ素朴集合論が一様に陥るパラドクスである．しかし近年，フレーゲの第1階の論理学部分は無矛盾であり，さらに概念の外延（値域）を一般的に容認する基本法則 (V) に訴えずに，フレーゲ自身が基数論・実数論を無矛盾に展開していたと

見ることができるという提案さえもなされて，論争が続行中であり，一層慎重な評価が求められる状況となった．

またもし「古典論理」の基本法則（公理）群が最終的に依拠する基本的な意味論的前提が，「命題は真か偽かである」との「二値原理」であるとすれば，その原理そのものが，20世紀に構成主義の立場からの挑戦を受けねばならなかった．古典論理・古典的数学の公理・推論は，その性質が人間の思考や活動から独立で，二値原理に立てば永遠の真理だと見なされている．しかし，構成主義的な論理や数学では，人間の数学的活動によって新しい真理が創造／構成されてゆくと見なされる．構成主義は，共通の自存的な数学的対象の想定なしに，相互主観的な数学的活動に依拠可能と考え，数論の同型モデルとしての自然数を，われわれの相互主観的な活動のための基礎と見なす．フレーゲの古典的な論理・数学・意味の理論が，構成主義的な論理・数学・意味の理論にどう応えうるか，両者の関係をどう考えるべきかもまた依然最も論争的な問題である[11]．

次にフレーゲが，論理主義を追及するに当たって，その算術の論理的基礎づけ Begründung という探究過程をどう捉えたのか，その判断・論証・正当化（前提への遡及）論を見てみよう．

（一定の認識段階で）認識と見なされた判断も不可謬ではない．フレーゲ自身予め認めていたように，自らの論理体系から矛盾が生じたら，あるいは同等な説得力をもつ代替的体系が提示されれば，正当化の手続きは再検討を要する (GGA I, Vorwort)．

こうした認識過程に関して，特に注目すべきはフレーゲの判断論，論証・証明論である．フレーゲは論証・証明を「認識論」的に見る (L [I] in NS)．すなわち，「論証・証明」とは，結論を構成する判断を，「前提」である「基礎的真理 Urwahrheiten」へ遡及する「正当化 Berechtigung」(L [I] in NS 8) と見なすのである．前提・結論は，いずれも主張 Behauptung，すなわち，判断 Urteil の表明である．（それはGGAでは，'⊢A'と表記され，「概念記法命題 Begriffsschrift*satz*」と称される．判断線'|'は「主張力」を表す．「力」がオースティンらによって展開される「発語内の力 illocutionary force 論」「言語行為論」の端緒であることは，既に周知のことである．）

フレーゲによれば,《認識論的》な正当化は以下のような過程を辿る (L [I] in NS 8). (a) 探究は「問い」から出発するが,問いは,「思考」=「思考内容／思想の把握」を前提する.（'⊢'を除去した'—A'は,真偽いずれかの真理値を意味する真理値名で,判断の表記である主張文・概念記法命題から「主張力」を除去したいわば「命題基 Satzradikal」に相当する.）（だがフレーゲ以後の論理学では,'⊢'は単に定理の印,さらにはそれも省略されて,前提や結論は単なる文・命題と見なされてきた. 論証におけるフレーゲ的な主張・判断が再認識されはじめたのは比較的最近のことにすぎない (e.g. Martin-Löf [1985]).)

　認識過程の次のステップ (b) は,ある思想を「真と見なすこと Fürwahrhalten」（主観的確信 Überzeugung）を,一定の「想定・仮定 Annahme/Hypothese」として定立することである. ステップ (c) は,その検証,「探究・吟味 Prüfen, 正当化」の手続きで,これが「論証・証明」に他ならない. フレーゲによれば,論証・証明とは,主観的確信・仮定・想定を結論に見立てて,それを正当化する前提へと遡及しようとする. 遠くは「仮設ならざる始原」へと上昇・遡及するプラトンのディアレクティケー（『国家』511B),ユークリッドの公理化,近代ではデカルトのいう「発見の方法」[12],さらに近年では一種の逆数学的な *reverse mathematical* 作業[13],と通底するものである.

　実際フレーゲは,彼が「概念記法」の構想を抱くに至った動機について,こう語っている.「私が概念記法の必要性を痛感するようになったのは,全数学の基盤となるようなそれ自体は証明不可能な基本命題,つまり公理を探し求めていたときだった. ……すでにユークリッドがその問題を立てていたように思われる. しかしそれはまだ満足に答えられていない. その理由はわれわれの言語の論理的な不完全さに見出されるべきだろう. ひとそろいの公理が完全なものであるかどうかを確かめたいと思えば,その公理から数学の関連する分野におけるあらゆる証明を導き出そうとしなければならない[13]. そしてその際,純粋に論理的な法則のみに従って帰結を導くことに厳密に注意を払わねばならない. ……日常言語がこの目的にほとんど適していない理由は,その表現がしばしば多義性をもつというだけでなく,とりわけそれが論証のための定まった形式を欠いているということにある. ……論理的な完全さと可能な限りの簡潔さとを兼ね備えた思考表現のためのまったく新しい手立てを導入すること」,そ

れがフレーゲにとって，概念記法構成の動機・目的であった（『著作集6』「ペアノ氏の概念記法と私自身のそれについて」，Frege [1896] 362-4）．

このように全算術（解析学を含む）をそれらから導出するに足る公理群を探究するということが，まさに「概念記法」構成の動機であった．それは上述のように，プラトンの無仮定の始原を求めて遡及するディアレクティケーの上昇の途，全幾何学が依拠する公理群を求めたユークリッドの方法，第一原理を発見しようとするデカルトの解析的方法，そして「古典的数学の任意の定理に対し，どのような集合存在公理があればそれを証明可能か」を問い，古典的数学全般の枠組みとなる2階算術 Z_2 の任意の定理は，回帰的集合の存在を述べる回帰的内包公理 RCA_0 で証明できるか，さらにまた逆に RCA_0 の公理は Z_2 の部分系の定理となるか，を問う逆数学 *reverse mathematics* の方法[14]にも，ある類似性を認めうるかもしれない．

さて先述のように，遡及されるべき前提・基礎的真理が，特殊事実的でなく一般法則的判断であれば，帰結判断は「アプリオリ」，論理法則のみであれば「分析的」と称される（『基礎GLA』）．こうした正当化の手続きを経て，仮定が基礎的真理に遡及され，その基礎的真理から，真理保存的な推論によって，真として論証されると，単なる「真と見なすこと・仮定」（主観的確信）は，(d)「判断」＝「思想の真理性の承認 *als wahr anerkennen*」に至る．正当化された真なる「帰結判断」が，「認識 *Erkenntnis*」である．しかし，先にも述べたように，(e) [一定の認識段階で] 認識と見なされた判断も不可謬ではない．フレーゲ自身予め認めるように，自らの論理体系から矛盾が生じたら（当然，背理法によって）基本的前提の真理性は崩れ，あるいは同等な説得力をもつ代替的体系が提示されれば，正当化の手続きは再検討を要する（GGA I, Vorwort）．実際GGAの公理（V）から，ラッセル・パラドクスが導かれた．かくて正当化の手続きは，遡及された前提から矛盾が生じうるならば，反証可能 falsifiable だと認めることになる．

とすると，フレーゲは，自ら論理的な基礎的真理と見なした公理が，一方で，それ以上に遡及されるべき基礎的真理の存在していない以上，「証明は不可能」という意味で「正当化不可能」で，かつユークリッド・アリストテレス的な古典的意味合いで「自明的」とみなしつつ[15]，他方で，そうした公理でさえ阻却

可能 defeasible でありうる，と認めたのであろうか．これは明らかに自己撞着ではないか．この事態はどう説明されるべきであろうか．しかしながら，フレーゲがラッセルのパラドクス発見の書簡を受け取って，驚愕し，必死でその解決に腐心したことは，彼が薄々その問題性を感じていた値域に関する「基本法則 (V)」の自明的真理性が揺らいだ，従って，「論理主義」の主張が揺らいだことを，フレーゲがはっきり感得したことを意味する．それはまた，原始名と想定した「値域名・概念の外延名」が常に「有意味」とはいえず，従ってフレーゲの構成した「概念記法」は「完全な論理的言語」ではないことが示されたことを意味する．パラドクスに直面してフレーゲの採った態度は，古典的な意味合いでの「公理」観，「自明的な真理」としての「公理」観の実質的な放棄を意味する．つまり，自らの立てた「公理」が明らかな自己撞着に直面すれば，修正するにせよ，全面的な放棄に至るにせよ，いかなる対処を行うべきかについて，更なる吟味，探究・正当化への試みへ向わねばならないことを意味する．また対等な説得力をもつ対案が提示されれば，やはり然るべき再考に向かわねばならないであろう．もしそうなら，フレーゲの《認識論的態度》は，こうした点からみれば，一種の可謬主義 fallibilism といってよいことになろう．

1) 本章は，元来『算術の基本法則』の翻訳（『フレーゲ著作集3』）の解説用として，1995年に初稿を草したが，長大に過ぎたので東京都立大学『人文学報』295号（野本 [1999]）に発表，その短縮版を上記「解説」として収録した（野本 [2000]）．本書への収録に当たって，その後展開された新しい知見をも視野に入れつつ，若干の改訂を施したものである．
2) Heijenoort [1967a]；Goldfarb [1979] [2001]；Dreben & Heijenoort [1986]；Ricketts [1986]．
3) Ricketts [1986] 76.
4) Ricketts [1986] 80.
5) Frege [1906] 'Grundlagen der Geometrie' in KS, S. 428（『著作集5』p. 165）．
6) Heck [1997] [1999] [2010]；Linnebo [2004]．
7) Heck [1992] [1993] [1995] [1995a] [1997] [1997a] [1999]．
8) Dummett [1991]；Demopoulos (ed.) [1995]；Schirn (ed.) [1998]；Boolos [1998]；Hale & Wright [2001]；Fine [2002]；Burgess [2005]；Cook (ed.) [2007]．
9) 注2参照．
10) 例えば，フレーゲ的プラトニズム擁護のC. Wright [1983]，論理主義を発展させようとする Aczel [1980]，フレーゲを内部実在論と特徴づける Dummett [1995]，

デデキント風の構造主義者 Benacerraf [1965]，近年の Resnik [1997]，C. Parsons [2008]，ノミナリストの Field [1980] [1989] を参照．
11) Brouwer [1913]；Heyting [1931] rep. in Benacerraf & Putnam [1983]；Dummett [1973] rep. in [1978] [1991]；Resnik [1980] 39; Prawitz [1987] [1994] 等参照．バージが Burge [1998] において，フレーゲのいう公理の「自明性」という観念について詳しい検討を行っている．
12) 周知のことだが，デカルトは新しい知識の「発見の方法」として，「分析／解析」の方法に注目した．そのモデルとして彼は，作図問題において，幾何学者が求める図形を既に与えられと仮定してその条件に遡る分析の方法，および代数での未知数を求める問題において，当の未知数をいわば得られたものと仮定してxとおき，求められる条件をみたす方程式をたてて（分析），それを解くことにより，xの解を求める（綜合）ことに注目した．それを一般化して，彼は，この分析・綜合の規則に明証と枚挙との規則を加えて，学問研究の方法として採用したのであった（デカルト『方法序説 Discours de la Méthode』II, 1637, 野田又夫訳）．
13) ここに公理系の「完全性」の観念が窺われる．
14) 田中 [1997]；Simpson [1999]；山崎 [2007]．
15) 上記 Burge [1998] 参照．

第7章　フレーゲ高階論理の統語論

　ところで，フレーゲの「論理主義」のプログラムは，例えば，ロッツェと比して，格段に明確な輪郭をもったものであり，算術の還元先と想定される「論理学」そのものに関しても，デデキントと比しても，革命的転換を示している．「論理主義」とは，その名の示すとおり，算術・解析学の「厳密化」要求を継承し，消極的には，「心理的なもの」ないし感覚知覚や幾何学的空間，カント的時間等の「直観」からの，算術的真理の独立性・自律性を確保すること，積極的には「論理」のみにその根拠を求めることを目指す．そこで「論理」以外の要素を排除するに当たってフレーゲは，こうしたプロジェクトの障害となる最大の要因を，①算術に用いられる日常語・算術的用語の曖昧性・多義性，わけても，「何も表示しない無意味な表現」の排除（「言語との論理学者の戦い」），②算術での数学者による「証明」中の，飛躍に富んだ「隙間のある，多様な」推論のうちに，認めたのである．①の要請に関わるのが，ある論理体系中の「すべての表現が何かを表示し，有意味であるべし」という，「論理的に完全な vollständig な言語」の要請である．②はごく少数の単純な推論規則の確定により是正される．その両者に関し自らの『概念記法 Begriffsschrift』（その言語を「概念記法 B」と呼ぼう）の構成によって，その実現を期したのであった．

　その上で，「論理主義」プロジェクトの実現には，この「概念記法」を用いて，算術的定理が還元されるべき「論理体系」の公理論的提示，つまり，「定理」(派生的論理法則)としての判断が，最終的には，その体系の公理・基礎的論理法則に依拠することを，当の公理から少数の推論規則によって証明する必要がある．さらに，当の公理自体の真理性と，基本的推論規則の正しさはどう正当化されるのか．諸定理は，公理と推論規則によって正当化されるが，公理

自体は,「証明不可能で,それ以上の正当化は不要,自明的に」確実だという古典的なユークリッド・アリストテレス的な公理観を,フレーゲも単に踏襲していたのであろうか.あるいは,論理を論理で基礎づけることの無限背進ないし悪循環を指摘することによって「基礎づけ主義」をゲティア風に懐疑論的に放棄するのであろうか.

§1 「普遍主義」とメタ理論

だがここで浮上するもう一つの予備的問題は,「序論」でも触れた,フレーゲは内部主義者 internalist か,また,フレーゲの論理探究にはメタ的探究の余地はないのか,である.

再度序論でのフレーゲの「(B1) 論理哲学探究」の,(1) メタ的説明 (Erklärung [BS]; Darlegung [GGA]) を復習しよう.

(a) フレーゲの論理観を「普遍主義的 universalist」と見なして,1920 年代以降の現代論理との断絶を強調する有力な主張がある (Goldfarb [1979]; Dreben & Heijenoort [1986]; Ricketts [1985] [1986]; Hintikka & Sandu [1992]; Weiner [1990] etc.).これらの主張によれば,フレーゲ的な普遍主義的アプローチには,現代のモデル論的発想は塞がれており,いかなるメタ論理的統語論・意味論もありえないとされる (「論理中心主義の窮境 logocentric predicament」).ある論理的体系そのものを形式的探究の対象と解する可能性を認める「外部主義 externalism」に対して,「内部主義 internalism」とは,「論理は自分で自分の面倒を見なければならぬ」として,論理を外側から見る可能性を否認したヴィトゲンシュタインに通ずる見解 (尤も『論理哲学論考』自体,超越論的なメタ的語りそのものではないかとの嫌疑あり),ないし「論理学とは帰結を引き出すという実践に尽きる」という考え (Antonelli & May [2000] 251) と解しておくと,いまは深入りできないが,フレーゲには,たかだか比喩その他を駆使したヴィトゲンシュタイン的な「解明 Erläuterung」のみが許される「内部主義者」であったのかを巡って論争が続行中である (Tappenden [1995] [2000]; Stanley [1996]; Heck [1999] [2010]; Linnebo [2004] etc.).あるいは後期ヴィトゲンシュタイン的に,証明はどこかで終わる,「正当化の営みはどこ

かで底を打つ」(UG§204). そこでは「われわれの鋤は反り返ってしまう」. われわれはただそうしている. 「それには根拠がない」(UG§559), 「それがわれわれの生活形式である」(PU II-11), 残るのはその使用法を, 比喩その他を駆使して「解明 elucidation」するだけなのだろうか. 実際, フレーゲにこうしたヴィトゲンシュタインへの先駆を認めて, フレーゲの「論理主義」に「汎論理主義」「論理中心主義の窮境」を認める, 上述のように有力な論者たちが存在する.

確かに, 先述のようにフレーゲは, 論理の基本法則が一層基礎的な真理 Ur-wahrheiten への遡及という意味合いでの「正当化は不可能」, つまり「概念記法」の内部での証明は不可能であると認める. また原初的論理語も, 論理的に単純ゆえ, 明示的名目的定義は不可能である. さらにフレーゲにはモデルを変動させ, 量化とその可変的領域確定を結合させるという発想はない. かつまた数学から内容・意味をすべて奪い, 全くの無意味な図形の演算ゲームと見なす「形式主義」的発想をフレーゲは厳しく批判したことも確かである (GGA II [1903]). さらにフレーゲは, 解釈されていない無意味な記号図式／シェマに, 任意の取り決めによって, 適当な意味を任意に割当て・外挿するというモデル論に見られるような言語観にも強い違和感を抱いていたと見られる.

しかしながら, それ故にフレーゲには何らのメタ的, 意味論的考察がない, ありえないという主張は, 実際のテキストから見ても, 不可解である. 問題は, むしろ, メタ論理的考察, 意味論的考察が, 1930 年代以降に標準的になった (野本 [2006a]), 形式主義的手法, タルスキ的手法のみに限定されるのかどうかである. フレーゲには, なお素朴ないし非形式的とはいえ, それらのアプローチへの先駆, ないし, それらとは異なるメタ的／意味論的な代替的アプローチの萌芽があったのではないか. それは彼の厳しい「形式主義」批判と通底すると思われる.

(b) さて既に見たように, フレーゲは, 「概念記法」という「補助言語 Hilfssprache」を対象言語として用いて, 狭義の論理体系を表現し, その原初記号, 公理, 推論規則について (メタ言語「説明言語 *Darlegungssprache*」(LA) による) メタ的「説明」, 証明構成の予備的説明 (「分析 *Zerlegung*」) を, 実際に展開していた. 一方「比喩的な示唆による解明」は, 極めて限定された局面にのみ関

わることにも注意すべきである．狭義の論理体系展開のための記号言語「概念記法」に対し，むしろメタ的探究全体を，フレーゲはまさに「論理 Logik」「論理探究 Logische Untersuchungen」と称していたのである．例えば，以下を参照されたい．

① BS (1879) 第 I 部「表記法の説明 Erklärung」での，原初記号導入のメタ的説明．

② GLA (1884) は，いわば全編，特に後半 3 分の 1 ほど（Ⅳ部〜Ⅴ部）の自らの「論理主義」の骨子についての非形式的な説明は，まさにメタ的説明である．1882 年のマーティ（ないしシュトゥンプ）宛書簡（WB 163,『著作集 2』p. 189）では，既に論理主義を実証する「書物をほとんど完成した」と語り，また GGA 序言（1893）でも，GLA 発刊以降，「ほとんど完成していた手稿」を放棄し，値域の導入により大幅な改訂をした，と記している．「概念記法」という対象言語で書かれ，ほぼ完成していたはずの記号的公理体系の公刊をシュトゥンプの助言に従って延期し，その非形式的なメタ的説明を与えたのが，「数概念についての論理・数学的探究」という副題をもつ『算術の基礎 GLA』であろうと思われる．

③ GGA [1893], I 部「原初記号の説明 Darlegung」での，原初的論理記号の有意味性証明（成功すれば，フレーゲ的無矛盾性の，従って「論理的に完全な言語」の立証に相当），公理の真理性，推論規則の真理保存性のメタ的な「説明」は，一種の「意味論的正当化 semantic justification」である，といえよう（野本 [1986] 60-70; Heck [1998] [1999] [2010]; Linnebo [2004]）．

しかし値域名の意味確定は特異で，基数オペレータに関する「ヒュームの原理」同様，対象言語中の基本法則 (V) という抽象原理を介し，概念の同値性によって値域の同一性規準を規定する仕方で，値域名の意味が指定される（GGA I,§9）．

(V)　⊢ έF (ε) = άG (a) ↔ ∀x [Fx ↔ Gx]

この第 V 公理からパラドクスが導かれ，その他にも「シーザー問題」や「非可述性 impredicativity」，「悪友 bad company 問題」（値域名の意味の確定と，量

化領域の確定を同時に行なうという循環)といった，面倒な問題が含まれる (Dummett [1991]；野本 [2000] [2001] の編者解説).

実際，フレーゲの主著『算術の基本法則』のテクストそのものを見れば，フレーゲに上記のようなメタ論理的探究の余地が全くないとは，到底思われないのである．そのテクストは明らかに，論理体系そのものを表記する「対象言語」(補助言語 Hilfssprache) である「概念記法」について言及し mention，その論理的文法について語る「統語論 Syntax」が，非形式的にせよはっきり現れており，また概念記法中の諸記号の「意味 Bedeutung」について，命題の「真理 Wahrheit」について，ドイツ語で語る，いわば「メタ言語」(説明言語 Darlegungssprache) が，「対象言語」である「概念記法」から明示的に区別され (LA in NS 280)，タルスキ流の意味論の先駆，ないしその代替となるような，「意味論 Semantics」の少なくとも「原型 prototype」が，非形式的にではあるが，組織的に展開されていると思われる．

そこで以下では，基礎的論理法則・公理の真理性を，フレーゲはどのように根拠づけているのかを探ろう．フレーゲは，注目に値する仕方で，その課題に取り組んでいると思われるからである．論理的公理は，複合的な命題である．すなわち，それらは，原初的表現から構成されるのだから，その真理性は構成要素である論理的原初記号の「意味」によって確定されるはずである．そこでフレーゲがどのように，彼の論理体系の原始的表現・論理語の意味を定めるか，また基本的な推理規則の正しさをどう根拠づけているかを，探索してみよう．

さてフレーゲは，「概念と関係とは私がその上に私の建物を構築する礎石 Grundstein である」(GGA I-I, S. 3) と語っているが，同時に「諸概念が精確に把握されても，特殊な補助手段なしには，証明遂行に課さねばならない要求を満たすことは困難，ないし不可能で，……その補助手段が私の概念記法 Begriffsschrift だ」と述べている (loc. cit.)．そして，「記号自体について語る場合と，その意味について語る場合とを区別する」必要から，引用符を多用することを強調している (GGA I-I, 4)．ラッセル＝ホワイトヘッドの『数学原理』が，記号の使用 use と言及 mention の区別にほとんど無頓着で多くの混乱をもたらすのに比して，『基本法則』のフレーゲは少なくとも意識的にその区別に留意しており，誤解を生じない場合には，時に明示的な意味論的形式を欠く場

合が相当認められるにせよ，一般に論理体系がそれによって展開される概念記法（対象言語）と当の概念記法についての統語論的説明 Darlegung や記号の意味（や意義）についての意味論的説明を行うメタ言語とがはっきり区別されている[1]．

　論理学は正しい論証・証明とそうでない論証とを区別する規範を提出しなければならない．論証とは，いくつかの前提と結論から成るが，フレーゲによれば前提・結論を構成するのは，判断 Urteil を表す主張文で，それをフレーゲは「概念記法命題 Begriffsschriftsatz」，と称している（略して「主張命題 Satz」と呼ぼう）(GGA I, §5). （従って，ダメットの言うように，フレーゲは GLA から後退して，文・命題 Satz を固有名に同化したと言うのは，ミスリーディングであろう．次章参照.）「主張命題」とは，それが表現する内容（「思想」と呼ばれる）が真であるという承認 Anerkennung・判断を含み，その真理性の主張 Behauptung という言語行為の力 Kraft を伴うとされる．そして妥当な正しい論証とは，規範となる推論様式に従った論証であり，前提の真理性が結論において保存されるような（真理保存的 truth-preserving）論証である．フレーゲは，自らの論理学の出発点を，論証の前提・結論をなす主張命題，その真理性（ならびに命題の表現する思想）に求め，それらの分析を通じてその各構成要素を析出するという〈分析的〉アプローチを採用した．そしてこのことを，主語・述語の表す諸概念を既知と見なして，その既知の要素から判断・主張命題や論証へ向かう〈原子論的〉な合成法を基本とする伝統的な論理学者たちとの根本的な差異として強調している．そこで主張命題とその真理性・思想から出発するフレーゲのこのアプローチを，先に「判断・命題優位テーゼ primacy thesis of judgement/ proposition」と呼んだ．

　さて主張命題は '⊢ A' で表され，「判断線」と呼ばれる垂直線 ' | ' は，「主張する力」を表す．判断線を除去した '― A' は，真ないし偽（真理値 Wahrheitswert と呼ばれる）を意味する複合的な固有名に同化され，「真理値名」と称される．（主張命題と真理値名の区別に注意！　フレーゲは，判断・主張文・主張命題を真理値名と同一視してはいない．むしろ GLA では，'Satz' ということで，未だ判断と真理値名の区別がなされていなかったというのが実情ではないか.）

§2 名前形成の二つの方法

さてリネボによれば，GGA の §30 は，二つの異なる目的に仕える．第一は，概念記法の正整的 well-formed 表現の回帰的定義を与えること．第二は，帰納のステップを遂行することである．奇異なことにフレーゲはこの二つを明確に区別していない．さらに，正整的表現のクラスの回帰的定義もそのクラスを特定化する現代の仕方と比べると，ひどく扱いにくいように思われる．だがこの奇妙さもフレーゲの側から見れば，彼の重要な理論的コミットメントの自然な帰結だと説明可能であろう．明確化のため，ここでは §30 でのこの二つの目的を区別する (Linnebo [2004] 87).

まず第一の目的，つまり正整的表現の回帰的定義を取り上げよう．

1. 除去法 ausschliessen

複合的な名前の要素分析は，「除去 *ausschliessen*」の方法によって (GGA I-I, §26, §30) 関数論的に遂行され，関数名 Funktionsname と固有名 Eigenname とに分析される．例えば，固有名 'A' を真理値名 '—A' から除去し，かつメタ記号 'ξ' を，固有名の充当されるべき場所（項場所）を識別させる場所指定子 place-holder として用いることにより，①関数名 '—ξ' を得る．「関数表現は，補完を要し，不飽和 ungesättigt である」(GGA I, 6). 固有名の代入されるべき空所をギリシャ小文字 'ξ' が明示するからである．

いまカテゴリアル文法的に (Evans [1985] 9-10; 飯田 [1987])，広義の固有名の統語論的カテゴリーを N, 真理値名（複合的固有名）のそれを特に Ns とすると，関数名 '—ξ' のカテゴリーは Ns/N で表記できる．否定文 '⊤A'（[標準的表記では] '¬ A'）から '—A' を除去した②関数名（否定詞）'⊤ξ' のカテゴリーは Ns/Ns となる．これらのカテゴリーに属するのは，（通常の単項述語（概念語）を含む）第 1 階単項関数名と言われる．また別の真理値名

$$\text{`} {\vdash\!\!\!\begin{array}{l} A\text{'} \\ B \end{array}}$$

第 7 章 フレーゲ高階論理の統語論

（条件文［標準的表記では］'B → A'）中の'── A', '── B'を除去し，それぞれ'── ξ', '── ζ'を代入すると，カテゴリー Ns/ (Ns, Ns) の，標準表記での第 1 階二項関数名（条件法③）

$$\begin{array}{c} \phantom{\text{'}}\!\rule{1.5em}{0.4pt}\!\!\begin{array}{l}\xi\\ \zeta\end{array}\phantom{\text{'}} \end{array}$$

（標準的記法では，'ζ→ξ'）がえられる．

また④等号 'ξ = ζ' はカテゴリー Ns/ (N, N) (GGA では 'ξ = ζ' は同値関係 'ξ↔ζ' の場合 Ns/ (Ns, Ns) も含む) の関係語に属する．

さらに印欧語の定冠詞の役割に相当する記述関数名⑤ '\ ξ' は，第 1 階単項関数名と見なされ，固有名（確定記述句 'the x Fx'）から固有名（特に値域名（後述））を除去することによってえられるから，そのカテゴリーは N/N と表記されうる．一般に第 1 階関数名のカテゴリーは，N/ $(N_1, ..., N_n)$ で，特に概念語・関係語のそれは Ns/ $(N_1, ..., N_n)$ となる．

さて「すべての a について，a は人間である」のような普遍命題から述語「……は人間である」を除去し，任意の述語が代入されるべき項場所を 'X' で表すと，第 1 階述語・関数名の普遍性・普遍量化子 universal quantifier を表す第 2 階の関数名・概念語「すべての a について，a は X である」（標準的には '∀aX (a)'）を

$$\phantom{\text{'}}\!\overset{\mathfrak{a}}{\rule{2em}{0.4pt}}\!\!\rule{0pt}{1em}\ X(\mathfrak{a})\phantom{\text{'}}$$

のように表記した場合，その量化子部分⑥ '∀a φ (a)' のカテゴリーは，Ns/ (Ns/N) である．（その際，いわゆる通常の束縛変項 bound variable 記号には，フレーゲはドイツ語母音文字を当てている．）

また概念の外延の名前（値域 Wertverlauf 名）'έΦ (ε)' から当の概念・関数を表す述語・関数名 'Φ (ξ)' を除去することによってえられる値域関数名⑦ 'έφ (ε)' も，第 2 階単項関数名であるが，そのカテゴリーは N/ (Ns/N) である．（値域名中では無気息記号で縛られる変項記号には α, ε のようなギリシャ語母音小文字が当てられている．）

一般に，カテゴリー N/ $(N_1, ..., N_n)$ の第 1 階関数名の代入場所が明示されて

いる第2階関数名のカテゴリーは N/ (N/ (N₁, ..., Nₙ)) で，代入結果のカテゴリーが Ns の真理値名である場合には，第2階概念語である．唯一の第三階の普遍量化記号のカテゴリーは，Ns/ (Ns/ (N/ (N₁, ..., Nₙ))) である［標準的記法では⑧ '∀f (M_β (f (β)))'］．

真理値名ないし関数名からの「除去の方法」を繰り返し適用することによって最終的に析出される単純な上記の8つの関数記号が，フレーゲの論理体系の原初的記号である．なお，例えば '—Φ (Δ)' のような真理値名から，関数名 'Φ (ξ)' と固有名 'Δ' をともに除去すると，'—φ (ξ)' という二項関数名が得られる．これはある対象の，それが「帰属する fallen unter」概念への関係という「異階 ungleichstufig 関数」を表す名前である（GGA I-I,§22）．そのカテゴリーは，Ns/ ((Ns/N) , N) であろう．（「対象の1階概念の下への帰属関係 fallen unter」（GLA）に相当．）フレーゲはある遺稿でこの関係こそ「論理的な基礎的関係 logische Grundbeziehung」だと言っており（ASB in NS 128），さらに二つ以上の対象間の多項関係と「1階概念の2階概念の内への帰属関係 fallen in」（BG 201）'M (φ)' を加えた関係が，つまりはフレーゲの基本的な「論理形式」に相当する．

2. 充当法 ausfüllen（合成法）

［a］ある0階の固有名の生成［添数字は階 Stufe を表す］．

(1) 0階の一つの固有名と第1階単項関数の名前とから
　　［e.g.：a_0 + f_1 () → [f (a)]$_0$］

あるいは

(2) 第1階関数の名前と第2階単項関数の名前とから
　　［e.g.：f_1 () + [∀x φ (x)]$_2$ → [∀x f (x)]$_0$］

あるいは

(3)　第2階第二種単項関数の名前と第3階関数の名前 $[\forall f. \mu_\beta (f(\beta))]_3$ とから
　　$[e.g.: F_2() + [\forall f. \mu_\beta (f(\beta))]_3 \to [\forall f F_\beta (f(\beta))]_0]$

同様に，[b] 関数名の充当による生成.

「第1階単項関数の名前は，固有名と第1階二項関数の名前とから生成する」(GGA I, 47).
　　$[e.g.: a_0 + g_1 (\zeta, \xi) \to [g(a, \xi)]_0]$

しかし充当法では形成できないような固有名，例えば，'$\forall x (x = x)$' のように，'$\xi = \xi$' を介して形成される，1階関数名に2階関数名を適用して得られる固有名がある．

除去法は，非完結性の度合を上げるから，充当法も補足されねばならない．

第1階関数の名前の，第一の形成の可能性［除去法］が認められる．すなわち，まず第二の仕方［充当法］で一つの名前を形成し［'$\xi = \zeta$' から '$a = \zeta$' を介し '$a = a$'］，続いてこの名前の一部を成す（ないしそれと完全に一致する）固有名をすべてのあるいは若干の場所で――しかしながらその際，これらの場所は第一種項場所として識別されている――除去するのである［'$\xi = \xi$'］［除去法］．(loc. cit.)

フレーゲは明言していないが，第一の方法は高階の新関数名の形成にも許容されねばならない．また上記の二方法の反復も許容される．

こうしてわれわれは，例えば，第二の仕方［充当法］で固有名 'Δ' と関数名 '$\xi = \zeta$' とから，関数 '$\Delta = \zeta$' を形成し，更に後者と 'Δ' とから固有名 '$\Delta = \Delta$' を形成することができる．また第一の仕方［除去法］を2回適用して後者から関数名 '$\xi = \xi$' を形成し，またこれと関数名 '$\forall x \varphi x$' とから第二の仕方［b］の2回適用で固有名 '$\forall x (x = x)$' を形成する (GGA I, §30).

そして§30の最後でフレーゲは閉包条件を「適正に形成される名前はすべてこのようにして形成されるのである」(loc. cit.)と述べており,「ある表現がフレーゲの定義の意味で適正な名前なのは,それがフレーゲの原始的表現に基づく,現代の意味で閉じた正整式の場合である,ということは容易に証明される」(Linnebo [2004] 86).

フレーゲは,以上のような(「判断／命題優位テーゼ」に基づく)「除去」による分析的な名前の析出法と,その逆に与えられた関数名の空所に固有名を,あるいは第2階関数名に第1階関数名を充当するという「充当・代入」による複合的な名前の形成・「合成」の方法,ならびにその回帰的併用を,ともにはっきり採用している(GGA I-I,§30).

「除去」の方法によって獲得される8つの基礎的論理記号に,「充当」と「除去」のプロセスを回帰的にrecursive繰り返す「帰納的ステップ」によって,潜在無限の複合的表現が「合成」されうるわけである(これを統語論的な「合成原理composition principle」と呼ぼう).

§3　ラテン文字,ドイツ文字,ギリシャ文字

フレーゲは,以上のような基礎的な論理語以外に,対象言語としての「概念記法」中に,ラテン文字,ドイツ文字(今日での,それぞれ自由変項記号,束縛変項記号と称される文字にほぼ相当)を,また対象言語中の表現に言及するメタ記号としてギリシャ文字も導入している.そしてそうした表現の使用法について,以下のように,特異な,しかも細心の注意を払った所見を披瀝している.

方程式 '$y = (2 + 3 \cdot x^2) \cdot x$' の場合と同様に,'$\top\!\top a \to a$'[二重否定律]といった表現のうちには,

> 例えば,記号 '2' [や '+','$\top$','$\to$'] のような確定した数[や和法,否定や条件法]を意味するのではなく,不確定に暗示する unbestimmt andeuten だけの[ラテン]文字 'x' [や 'a'] が現われる.'x' ['a'] に代入される相異なる数記号に応じて,一般に相異なる意味が得られる.……関数の本質はむしろ,'x' ['a'] に代置される記号[の表示する]数と……[関数値]との間に

成立する対応において告知される．……関数の本質はそれ故，'x'['a']を除いても現存している表現の部分にある．関数の表現は，補完を要し ergänzungsbedürftig, 不飽和 ungesätigt である．文字 'x'['a'] はただ当の表現を補完すべき数記号のために場所を空けておくのに役立つだけであり，そのようにしてまさに表示される関数の固有な本質をなす特別な種類の補完の必要性を識別させるのである．この目的のために以下では 'x'['a'] の代りに文字 'ξ' が用いられよう．……以下で「関数Φ (ξ)」[ζ→ξ]のような表現が用いられる場合，'ξ'['ζ'] はそれが項場所を識別させるかぎりにおいてのみ関数の表記のために役立つにすぎない……．(GGA I, §1, 5f.)

そしてフレーゲは，特に「この 'ξ' は概念記法の展開そのものの中には全く現われないであろう．私はそれをただ概念記法の説明 Darlegung および解明 Erläuterung の場合にのみ用いる」(loc. cit. fn. (2)) と述べ，ギリシャ子音文字 'ξ' や 'ζ' が，概念記法の対象言語ではなくて，メタ言語に属することを明示的に注意している．

ドイツ文字は，量化記号に後置される束縛変項記号に相当し，

$$`\underbrace{\qquad}_{\mathfrak{a}}\quad X(\mathfrak{a})\text{'}$$

のように，対象言語中に登場する．またギリシャ小母音文字 'α', 'ε' は無気息記号 'ἐ' 等に束縛された場合，値域記号の一部として対象言語に登場する (e.g.: 'ἐ φ (ε)').

さてフレーゲは，量化記号によって束縛されていない，いわゆる自由変項と称される記号に（相当すると通常は見なされる）ラテン文字を概念記法中に導入し「ラテン標識 Marke」(チャーチは 'form' と呼んでいる．Church [1956]) と称して，'$a^3 + 2a^2 + a = a \cdot (a^2 + 2a + 1)$' のように，ある範囲での「一般性 Allgemeinheit」を表すのに用いている．ラテン標識は，名前と異なり，特定の対象ないし関数を意味する bedeuten ことはなく，単に暗示する andeuten だけである[2] (GGA I-I, §26)．

さてラテン小文字（ラテン標識）'a', 'b' には，フレーゲの特異な注目すべき考えが窺える．自由変項を含む開放文 open sentence の真理性については，

今日典型的には (例えば Quine [1972] chap. 24)，その普遍閉包 universal closure が真のとき真 (e.g.: '$[a^3 + 2a^2 + a = a \cdot (a^2 + 2a + 1)] \leftrightarrow \forall a\, [a^3 + 2a^2 + a = a \cdot (a^2 + 2a + 1)]$') というように約定するのが通例である．しかし，フレーゲのラテン文字にこうした自由変項の考えを帰属させることには異論がある (Heck [1997] [2010]; Linnebo [2004])．

　クワインに代表されるように，束縛変項を含む量化文・普遍閉包の真理をベースにして，それから自由変項を含む開放文の真理が (普遍例化を介して) 考えられる場合が多いが，フレーゲにとっては，むしろ順序が逆で，普遍量化子 $\forall$ ならびにそれに伴う束縛変項は後述のように，一般性の及ぶ作用域を限定するために導入され，また推論規則である普遍汎化 UG を介してはじめて推論中に登場するのであり，その前提をなす式中には，いわゆる「自由変項」と称されるラテン文字が含まれ，ラテン文字の導入と，その一般性の説明の方が，量化とドイツ文字の導入に先行していると思われる．

　量化子を欠いたラテン文字による文が，それだけで真偽の問われる「一般的内容・思想」を表現する判断を形成しうる (例えば，'$\vdash a > 2 \to a^2 > 2$') ことが，フレーゲにとっては，一般性表現の原型だったと思われる．しかもそうした一般文は，その部分文 [e.g.: $a > 2$] だけ取り出すと無意義になり，何らの思想も表現せず，従って，それだけでは真偽が問えないのである．「真なる普遍的思想を表現する文 [例えば，'$a > 2 \to a^2 > 2$'] を，その部分文 ['$a > 2$'] を無意義にせずに分割することはできない．その部分文はもはや，真であれ偽であれ，いかなる思想も表現しないのである」(EL [1906] 206)．

　実際，フレーゲの処女作『概念記法』においても，事態はそう読まれる．つまり，実はフレーゲは既に『概念記法』冒頭において，いわゆる「自由変項」と称されるラテン文字について，こう語っていたのである．すなわち，「不確定のままの数 unbestimmt gelassene Zahl を代表する文字」としてラテン文字を導入し，文字の「不確定性 *Unbestimmtheit* のおかげで，$(a + b)c = ac + bc$ の場合のように，命題の普遍妥当性 Allgemeingültigkeit を表現するのに用いうる．……相異なる多様なもの *Verschiedenes* を表すのに用いうる記号……は文字であり，これらは主として一般性 *Allgemeinheit* を表現するのに用いる」(BS§1)．注目すべきは，さらにすぐこう続けられていることである．

あらゆる不確定性にもかかわらず，文字は，一度与えられた意味 einmal gegebene Bedeutung を同̇じ̇文̇脈においては in *demselben Zusammenhange* 保持̇す̇る̇ *beibehalten*，ということが，固守 festhalten されねばならない．（BS §1）

つまり，「一般性」を表すには，今日のタルスキ型モデル論での自由変項への付値（対象列 sequences による充足 satisfacion），「同時的付値 simultaneous assignment」の代替となる（Heck［1997］）ような具合に，各ラテン文字 'a'，'b'，'c' は，それぞれが各個同̇一̇の対象を暗示する andeuten のでなければならない，という注目すべき主張が見られる．このラテン文字の同一文脈内部での「一意的固定的な rigid 暗示」については，§5 で再論する．またラテン文字の 'andeuten' の一般性と同一文脈内での固定性というフレーゲの考えは，クリプキが固̇定̇指̇示̇ rigid reference の，カプランが直̇接̇指̇示̇ direct reference の，各範型 *paradigm* を自由変数に求めた考えと符合する（Kripke［1959］［1963］; Kaplan［1977］in［1989］484 ; 野本［1988］209-10, 279）．

§4　基本法則（公理）と推論規則の導入
　　　——ゲンツェンの自然演繹・ゼクエント算との親近性

ともあれ，先述のような8つの原始的関数記号と，ラテン標識（自由変項記号），ドイツ文字（量化束縛変項記号），ギリシャ母音文字（値域束縛記号）を用いて，フレーゲは以下のような高階論理学の6個の基本法則（公理）を導入する．

I.

⊢┬a   ⊢┬a
 ├b   └a
 └a,

($⊢(a \to (b \to a))$, $⊢a \to a$ に相当)

IIa.

⊢┬──f(a)
 └ₐ─f(𝔞)

(普遍例化 [UI] $⊢\forall x f(x) \to f(a)$ に相当)

IIb.

⊢┬──$M_\beta(f(\beta))$
 └_f─$M_\beta(\mathfrak{f}(\beta))$

(2階普遍例化 $⊢\forall f(M_\beta(f(\beta)) \to M_\beta(\mathfrak{f}(\beta)))$ に相当)

IIIa.

⊢┬g(⌢_f┬f(a))
 │   └f(b)
 └g(a = b)

(普遍代入則 $⊢a = b \to \forall f(\mathfrak{f}(b) \to \mathfrak{f}(a))$ にほぼ相当)

IV.

$$\vdash \begin{matrix} (\text{---}a) = (\text{---}b) \\ (\text{---}a) = (\ \top b) \end{matrix}$$

（対偶律 $\vdash (\top a \leftrightarrow \top b) \to (\text{---}a \leftrightarrow \text{---}b)$ に相当）

V.

$$\vdash (\dot{\varepsilon}f(\varepsilon) = \dot{\alpha}g(\alpha)) = (\underbrace{\quad \mathfrak{a} \quad}\ f(\mathfrak{a}) = g(\mathfrak{a}))$$

（値域抽象の原理 $\vdash \dot{\varepsilon}f(\varepsilon) = \dot{\alpha}g(\alpha) \leftrightarrow \forall x (f(x) \leftrightarrow g(x))$ に相当）

VI.

$$\vdash a = \backslash \dot{\varepsilon}\ (a = \varepsilon)$$

（記述関数 $\vdash a = \iota\, x\, (a = x)$ に相当）

　基本的推論規則としては，フレーゲは唯一つ（「規則6，推論 (a)」として）分離則 Modus Ponens のみを導入している．

$$\vdash \begin{matrix} \Gamma \\ \Delta \end{matrix} \quad \vdash \Delta \over \vdash \Gamma \qquad\qquad {A,\ A \to B \over B}$$

（上記右は，分離則に相当する自然演繹 NK での表記）

　しかし実際には，先述の「充当法」はラテン標識に（きわめて複雑な）固有名・関数名の充当を許すものとして縦横に使用されており，またこうした置換 Ersatz は，規則のとりまとめ（§48，規則9）において，明示的に言及されている．これは，いわゆる「代入原理 substitution principle」を導入しているのに等しい．

　派生的な推論規則としては，仮言的三段論法 HS（推論 (b)），対偶変換 TP（規則 3），単純構成的ディレンマ CD（推論 (c)）等が挙げられている．近年フ

レーゲの概念記法表記とゲンツェンの自然演繹 NK，ゼクエント算 LK との親近性が指摘されているが (Tichy [1988]; Kutschera [1989] etc.)，GGA §48 で挙げられている諸規則のとりまとめ中のいくつかで例証しておこう．

上記の「分離則 MP」は，LK では「条件法→の左入れ規則」として表記される．より簡便には，右記のようになる．

$$\frac{\Gamma \Rightarrow \Theta, A \quad B, \Delta \Rightarrow \Lambda}{A \to B, \Gamma, \Delta \Rightarrow \Theta, \Lambda} \qquad \frac{\Gamma \Rightarrow A \to B}{A, \Gamma \Rightarrow B}$$

「規則 2．下件 (前件) の交換」は，LK の下記の「構造に関する推理規則」に相当する．

$$\frac{\Delta, D, E, \Gamma \Rightarrow \Theta}{\Delta, E, D, \Gamma \Rightarrow \Theta}$$

「規則 4．等しい下件 (前件) の融合」は，LK の下記の「構造に関する推理規則」に相当する．

$$\frac{D, D, \Gamma \Rightarrow \Theta}{D, \Gamma \Rightarrow \Theta}$$

「規則 7．推論 (b) [仮言的三段論法 HS]」は，LK の「構造に関する推論規則」cut に相当．簡単には，下記記右のようになる．

$$\frac{A \Rightarrow \Theta, \Gamma \quad \Gamma, B \Rightarrow \Delta}{A, B \Rightarrow \Theta, \Delta} \qquad \frac{A \Rightarrow \Gamma, \Gamma \Rightarrow \Delta}{A \Rightarrow \Delta}$$

「規則 8．推論 (c) [構成的ディレンマ]」は，LK の「選言に関する推論規則」(∨-左入れ) に相当．

$$\frac{A, \Gamma \Rightarrow \Theta \quad B, \Gamma \Rightarrow \Theta}{A \lor B, \Gamma \Rightarrow \Theta}$$

「規則 5．普遍汎化 UG における改名規則」

$$\vdash X(a)$$

$$\vdash \overbrace{\quad\mathfrak{a}\quad} X(\mathfrak{a})$$

は，LK での，変数条件つきの次の「∀に関する推論規則」に相当．

$$\frac{A \Rightarrow F(a)}{A \Rightarrow \forall x F(x)}$$

§5 ラテン文字（自由変項？）とドイツ文字（束縛変項）

ラテン標識からドイツ文字を用いての量化への移行（普遍汎化 universal generalization）と，その際「前提には現れない新しい変項を使用すべし」との変項条件（改名規則）は，『概念記法』以上に，明瞭に以下のように定式化されている（GGA I-I,§8,§17,§48 の上記規則 5）．

> ある命題において一つのラテン文字を，それが現われるすべての個所で一つのそして同じドイツ文字で置き換えることが許される．このドイツ文字はその場合同時にその外には先のラテン文字が現れないような上件に前置されたくぼみの上に置かれなければならない．この上件のうちにドイツ文字の作用域が含まれており，かつこの作用域のうちに先のラテン文字が現れている場合には，後者［このラテン文字］の代わりに導入されるドイツ文字は先のドイツ文字とは異なった文字が選択されなければならない．（§8の第 2 規則［改名規則]）(GGA I,§17)

5 ラテン文字のドイツ文字への変換［普遍汎化 UG］および改名規則
ある命題において，一つのラテン文字［自由変項，より適切には，固有名の代表としての，不確定に暗示する標識］をそれが現われる，到る所で，同一のドイツ文字［束縛変項］により，しかも対象文字を対象文字により，また関数文字を関数文字により，置き換えることが許される．このドイツ文字は，そ

の際同時に，それ以外には当のラテン文字が現われていない上件の前にあるくぼみの上に置かれなければならない［普遍汎化に相当］．もしドイツ文字の作用域が全くこの上件内に含まれ，その作用域内に当のラテン文字が現われていたならば，後者［ラテン文字］に代入されるべきドイツ文字は先のドイツ文字とは異なるものが選択されなければならない．［改名規則：一つの作用域の内部では同じ文字は同じ対象を，異なる文字は異なる対象を，暗示しうる］

移行記号：⌒

この記号はいくつかのドイツ文字がいまのような仕方で導入されるべきときにも適用される．直ちに最終結果が記される場合でも，［ドイツ文字は］順次導入されたと考えなければならない．（GGA I, §48）

ところで，ラテン標識によって，例えば 'x・(x − 1) = x² − x' のように，一つの相等性の普遍性を表すことができる．にもかかわらず，何故普遍量化記号を導入する必要があるのであろうか．それは，ラテン標識のみでは，普遍性の作用域 Gebiet が十分境界づけられておらず，そのために例えば '⊢ 2 + 3x = 5x' が，「普遍性の否定」（部分否定）と解されるべきか，それとも「否定の普遍性」（全称否定）と解されるべきなのかが曖昧だからである．そこで普遍量化子を表すくぼみとドイツ文字を用いて，「否定の普遍性」は '∀𝖆 ⊢ (2 + 3𝖆 = 5𝖆)' のように表現され，「普遍性の否定」は，'⊢ ∀𝖆 (2 + 3𝖆 = 5𝖆)' のように表される．また「1 の平方根が存在する」は，'⊢ ∀𝖆 ⊢ (𝖆² = 1)' のように表現される．しかしこれだけでは十分ではない．例えば '∀𝖆 (𝖆 = 𝖆)' は，関数 '𝖆 = ξ'，'ξ = 𝖆'（これらはそもそもくぼみを伴ったドイツ文字 𝖆 が先行していなければ無意味である）ではなくて，関数 'ξ = ξ' のみを「対応 zugehörig 関数」としてもちうる．前者に量化した二つの関数 '∀𝖆 (𝖆 = ξ)'，'∀𝖆 (ξ = 𝖆)' をさらに量化しようとすれば，すでに現れているドイツ文字とは異なる文字を選んで，例えば '∀𝖊 ∀𝖆 (𝖆 = 𝖊)'，'∀𝖊 ∀𝖆 (𝖊 = 𝖆)' としなければならない．このようにドイツ文字の改名規則を明記して「対応関数」を確定しつつ，フレーゲは，ドイツ文字を伴うくぼみ（普遍量化記号）に続き，それとともに対応関数の値がすべての項に対し真となるような真理値名を形成するような記号列を，くぼみの上に現れるドイツ文字の作用域 Gebiet と称している（GGA I

-I, §8).

　一方ラテン文字の場合には，作用域は判断線を除くすべてを包括するとフレーゲは約定している．このことによって，両義性は除去されるが，しかしそれで普遍量化子が不要になるのではない．先の約定によって，ラテン文字により「否定の普遍性」は表現可能であるが，「普遍性の否定」は（従って「存在」概念もまた）決して表現されえない (GGA I-I, §17)．さらに算術では「どの自然数にもその後続者が存在する」のように，（普遍量化，存在量化を入れ子状に含む）「多重量化 multiple quantification」（それは，標準的には，'$\forall x [Nx \rightarrow \exists y (Ny \& Pxy)]$'のように表記される）が現れる公理・定理が頻出するが，それらはラテン標識のみでは表現できない．

　それでは普遍量化が導入されれば，ラテン標識は不要になるのであろうか．そうではない．フレーゲはラテン文字の作用域を下方［結論］に向かってのみ境界づけ，［前提に遡及する］上方に向かっては境界づけない，と約定する．そのことによって，推論に際し，一つの判断線が先行する主張命題（判断）の内部でのみ有効で，作用域が厳格に閉じられているドイツ文字のなし得ないような役目，つまり，例えば，下記のように，各判断（主張命題）の作用域を超えて，命題論理中の推論様式である分離則 (MP)，仮言三段論法，ディレンマ，対偶等を適用可能にすることによって，隙間のない推論連鎖の各ステップを明示する役目，を果たすのである (GGA I, §17)．

　つまり，「推論という見地からは，文全体の範囲を超えて広がる［ラテン文字による］一般性は，その範囲が文の一部に限られる［量化子とドイツ文字による］一般性とはまったく異なる意義をもっている．したがって，こうした異なった役割を，ラテン文字とドイツ文字という別種の文字によって見た目にも識別できるようにしておくことは，わかりやすさにとって本質的な貢献をなすものといえる」(Frege [1896] 378)．

　ところで例えば，判断線'｜'の外側からの普遍閉包による推論の，次のような表記は，無論ナンセンスである．

$$\forall x\ [\vdash x^4 = 1 \rightarrow x^8 = 1,\ \vdash x^2 = 1 \rightarrow x^4 = 1\ /\therefore\ \vdash x^2 = 1 \rightarrow x^8 = 1]$$

よって自由変項を含む開放文間の推論関係を普遍閉包で説明することには難がある．それ故，通常は以下の例のように，普遍例化 UI，存在例化 EI によってラテン標識を含む開放文間の推論に戻してから，必要に応じて再度，普遍汎化 UG，存在汎化 EG を使用して，量化文を形成する必要があるわけである．

準フレーゲ的表記で，次のような推論は，

```
      (1)                (2)              (3)                (4)
  ⊢┬─ x⁸ = 1        ⊢∀a ┬ a² = 1      ⊢┬─ x⁴ = 1         ⊢∀a ┬ a⁴ = 1
   │   x⁴ = 1            └ a⁴ = 1        │   x² = 1             └ a² = 1
   └∀a ┬ a² = 1                          └∀a ┬ a⁴ = 1
        └ a⁴ = 1                              └ a² = 1
─────────────────────────────[MP]  ─────────────────────────────[MP]
     ⊢┬─ x⁸ = 1                         ⊢┬─ x⁴ = 1
      └  x⁴ = 1                          └  x² = 1
─────────────────────────────────────────────────────────[仮言三段論法 HS]
            ⊢┬─ x⁸ = 1
             └  x² = 1
                ⌣  [普遍汎化 UG]
        ⊢∀a ┬ a⁸ = 1
             └ a² = 1
```

標準表記では上記の各判断は下記のようになる．

[#] (1) ⊢∀a [$a^4 = 1 \to a^2 = 1$] → [$x^4 = 1 \to x^8 = 1$]
   (2) ⊢∀a [$a^4 = 1 \to a^2 = 1$]
   (3) ⊢∀a [$a^2 = 1 \to a^4 = 1$] → [$x^2 = 1 \to x^4 = 1$]
   (4) ⊢∀a [$a^2 = 1 \to a^4 = 1$]

上記 [#] の各構成要素文を以下のように略記する．

  A. $x^4 = 1$ B. $x^2 = 1$ C. $x^8 = 1$ Aa. $a^4 = 1$ Ba. $a^2 = 1$ Ca. $a^8 = 1$.

第 7 章　フレーゲ高階論理の統語論　　249

すると，上記の準フレーゲ的な推論表記は以下のように標準表記で略記でき，推論の構造が見通し易くなる．

$$\frac{\vdash \forall a\,(Aa \to Ba) \to (A \to C),\ \vdash \forall a\,(Aa \to Ba)\ [MP]}{\vdash A \to C}\quad \frac{\vdash \forall a\,(Ba \to Aa) \to (B \to A),\ \vdash \forall a\,(Ba \to Aa)\ [MP]}{\vdash B \to A}$$
$$\frac{}{\vdash B \to C\ [HS]}$$
$$\vdash \forall a\,(Ba \to Ca)\ [UG]$$

さてフレーゲの高階論理においては，原理上関数に関し無限の階 Stufe がありうる．しかしその表記に関し，無限の階の関数名を導入する必要があるであろうか．フレーゲは第 2 階関数に関する普遍性の表現として，第 3 階関数名［第三階量化子 '$\forall f\,(M_\beta\,(f\,(\beta)))$'］を導入している．しかし彼は，それ以上の階の関数名は不要であり，しかもこの第 3 階関数名も先の公理 IIb のうちで現れるだけだという．そして「この節約が可能となるのは，第 2 階関数がある仕方で第 1 階関数によって代理されるからであり，そしてその際前者の項として現れる関数はその値域によって代理される」(GGA I-I, §25) と述べている．このことはどのようにして遂行されているのであろうか．項 Δ に対する関数 Φ (ξ) の値，つまり Φ (Δ) を，Φ (ξ) の値域 $\dot{\varepsilon}\Phi$ (ε) と二項関数 $\xi \cap \zeta$ ［通常のメンバーシップを表す '$\in$' に相当］とを用いて，'$\Delta \cap \dot{\varepsilon}\Phi$ (ε)' と表す (GGA I-I, §27)．この表記法が，どのように第 2 階関数の代わりに第 1 階関数を用いるのに役立つのか．さて次のような第 2 階関数 φ (2) を考えることができる．φ に第 1 階関数 $\xi + \xi = \xi \cdot \xi$ を代入すると，φ (2) には $2 + 2 = 2 \cdot 2$ が対応する．さていまや 'φ (2)' の代わりに '$2 \cap \dot{\varepsilon}\varphi$ (ε)' と書くことができる．しかしこれはまだ第 2 階関数名である．だが '$\dot{\varepsilon}\varphi$ (ε)' の代わりに 'ξ' と書けば，'$2 \cap \xi$' において第 1 階関数名を得る．かくして第 2 階関数 φ (2) は，項としての第 1 階関数 Φ (ξ) に対し，第 1 階関数 $2 \cap \xi$ が項として $\dot{\varepsilon}\Phi$ (ε) に対する真理値 $2 \cap \dot{\varepsilon}\Phi$ (ε) と同じ真理値 Φ (2) をもつ．例えば，Φ (2) が先の例のように，$2 + 2 = 2 \cdot 2$ であれば，$2 \cap \dot{\varepsilon}\Phi$ (ε) は $2 \cap \dot{\varepsilon}$ ($\varepsilon + \varepsilon = \varepsilon \cdot \varepsilon$) となり，その真理値は一致する (GGA I-I, §35)．

いずれにせよ，値域と第 1 階関数 '$\xi \cap \zeta$' の導入は，第 3 階関数を IIb に現れる普遍性概念のみに限定し，高階論理を実質上第 2 階論理の表記法で済ませ

るという表記上の「節約」のためだという側面があることに注目しておく必要がある．この点は，何故フレーゲが「関数の値域の導入は，本質的な進歩なのであり，そのおかげで非常に大きな柔軟性が与えられる」(GGA I-I, ix) と述べたのかに関わるのみならず，「値域なしにすますことはまったくできないだろう」(Ibid. x) と言った本旨はどこにあるのか，値域の導入が算術の公理体系に必須であるかどうか，もしそうでないとしたら何がポイントなのかという重大な論点に関わるが，それは第9章以下で取り上げよう．

1) 恐らく最晩年1925年における未完の草稿 'Logische Allgemeinheit' において，「概念記法」を「補助言語 Hilfssprache」(対象言語)，それについて説明を加えるドイツ語を「説明言語 Darstellungssprache」(メタ言語) として極めて明瞭に区別している (LA in NS, S. 280)．
2) 「概念記法において私は，ドイツ文字，ラテン文字およびギリシャ文字を名前 *Name* と呼ぼうとは思わない．というのは，それらは何ものも意味 bedeuten すべきではないからである．……私は，それ故，……一つの対象を意味するはずの記号を固有名ないし対象の名前と呼ぶが，対象を単に暗示する *andeuten* だけの記号をそうは呼ばない」(GGA I, §26, 43 強調引用者)．

第7章 フレーゲ高階論理の統語論　251

第8章　論理学の意味論の創始

　論理学の意味論を展開するにあたってのフレーゲの狙いは，①GGA Iの§§30-31で，すべての正整的well-formed表現が一意的意味をもつと証明すること，また②その証明は，すべての表現の複雑さの上の帰納法によって進行させる，ということである．しかしながら，③基本法則（V）をめぐるラッセル・パラドクス等により，値域記号の一意的有意味性の証明は誤りである，と見なされる（Heck [1997] 487）．

　ところで，フレーゲが，明らかに意味論的アプローチを採用していることを示す，「記号'— A'は真偽いずれかの真理値を表示・意味する」といった明示的に意味論的形式をもつ表現と並んで，しばしば，記号の使用useと言及mentionの区別を無視したかのような「ΔとΓが共に真なら，Δ→Γも真である」といった表現が登場し，両方の表記の仕方の間を行き来するフレーゲの論述からも，先述のように，原理的にフレーゲにはメタ的視座はなく，意味論的アプローチもないと，上記①を拒否する有力者たちも存在する（Dreben, Goldfarb, Rickets [1985] [1986]; Hintikka & Sandu [1992]; Weiner [1990]．その批判的検討はHeck [1997c]; Stanley [1996]; Linnebo [2004] 等）．その点にも留意しつつ，フレーゲの意味論を検討してみよう．

§1　論理的に完全な言語 ── 有意味性証明と「二値の原理」[1)]

　さて意味論上のフレーゲの最高原則は，「正規的にrechtmäßig形成された名前は常にあるものを意味しなければならない」（GGA I-I,§28），すなわち，論理的に「完全なvollständig言語」の要請，に求められる．つまり先述の「充

当法」「除去法」や統語論的カテゴリーなどの文法的制約に則って正則的に recht 形成されたすべての名前（固有名・真理値名，関数名）は有意味でなければならない，ということである．何故ならば，フレーゲにとって算術は，単に内容を欠いた形式的演算ゲームではなくて，「内容をもった inhaltlich 算術的命題」から構成されている以上，彼の生涯のプロジェクト「論理主義」，つまり，算術の厳密化を徹底して，算術的概念をすべて論理的に定義し，算術の全体系を「論理学」から導出・証明するためには，当のそうした「生産的な」論理的概念，論理的命題を表現する言語である「概念記法」は，すべて有意味，つまり，上記の意味合いで「完全」でなければならないからである．ことに，論理と算術を架橋すると見られる，関数の「値域名」が一意的な意味をもつことが示されなければならない．

　そして，こうした論理的な体系から，算術の基本法則の導出・証明に成功するならば，そこで初めて「論理主義」のプロジェクトは成就することになる．

　この目的のために，フレーゲは，史上初の斬新な方法を導入した．すなわち，基礎的な論理語の有意味性を「意味論的約定 semantic stipulation」によって確定し，それを「基底部 basis case」として，彼の論理体系中の各公理の真理性を，その論理的構造の複雑さの上の回帰的な recursive「帰納的ステップ inductive step」を踏んで確立しようとするのである．こうしてフレーゲは，今日では論理的意味論で常套手段となった「基底部＋帰納的ステップ」という「帰納法的手続き」を介して，公理の真理性のいわば「意味論的正当化 semantic justification」を，タルスキの先駆，ないしその代替として，史上はじめて試みていると見られるのである（cf. Heck［1998］［2010］; Linnebo［2004］）．

　のみならず，フレーゲに特異なのは，「基底部」における基本的な論理語の意味確定の方法である．通常，今日の真偽二値の命題論理の意味論でも，論理定項，例えば，否定文 '⊤ A' 中の否定詞のような文結合子は，真理表的に，'A' に真理値真を付値すると偽を，偽を付値すると真を返す関数（真理関数）を表す，と説明される．こうした真理関数の一種文脈的説明にも，実はフレーゲに始まる「命題優位の文脈的アプローチ」が継承されているのである．

　先述のようにフレーゲの論理学形成の方法論的守則は，部分から全体に向かう〈原子論的〉なアプローチではなく，命題，その内容，その真偽から出発す

る「判断／命題優位のテーゼ」を基本とする．すなわち，「われわれは真理値の名前が，あるもの，真または偽を，意味する bedeuten ということから出発する」(GGA I-I,§32)．しかもここで表明されているのは，(主張命題 Behauptungssatz '⊢A' から主張力を落とした) いわば命題基 Satzradikal '— A' の意味論的値 semantic value＝意味 Bedeutung とは，真または偽であるという「二値の原理 principle of bivalence」である．命題基はかくて真偽いずれかを意味する「真理値名」と称せられ，真理値名は複合的な固有名に同化される (Dummett [1991] 等により，『算術の基礎 GLA』においてはっきり区別されていた文 Satz と固有名とが，GGA では文を名前に同化する文法上の混乱を，また後段で触れる循環を，引き起こすと難ぜられる．前者に関しては，しかし，GGA でも主張・判断の表記である「概念記法命題 Begriffsschriftsatz」(フレーゲ自身が命題 Satz と略称) は「真理値名」からははっきり区別され，むしろ GLA においては論証の前提・結論をなすのが，文ではなくて，判断・主張だという点が明確でなかった点が，GGA において明示的にされていることは銘記されるべきだろう．循環については後述する)．そして判断から「主張力」を表す判断線を落とした「命題基」＝真理値名が，先述のように，統語論的な「除去の方法」により，関数論的に，固有名と関数名とに分析されるのである．

のみならず，もう一つの注目すべきフレーゲの意味論的戦略は，新しい有意味な名前の受容ないし名前の範囲の拡張策である．「受容されるべき名前が，既に受容されている名前とともに……有意味な名前を形成することを証明することによって，有意味と承認されるべき名前の範囲を徐々に拡大」(GGA I, §32) しようというのである．

§2 「一般化された文脈原理」ないし「文脈規準」

それでは，統語論的な「除去の方法」によって析出された 8 個の原初的な名前の有意味性は，具体的にどのように確定されていくのであろうか．原始的表現に関するこの手続をヘックに倣い「意味論的約定 *semantic stipulation*」と呼ぼう (Heck [1998] [1999] [2010])．

先述のようにフレーゲ意味論の最高原則的な要請は，「正規的に形成された

名前は常にあるものを意味しなければならない」(GGA I-I,§28) であるが，固有名としては先ず真理値名しか想定されていないから，名前の拡張に関する上記のような統語論的統制に従えば，当座の対象領域には，意味＝表示対象としてはさし当たり真理値しかその存在が認定ないし想定されていない．なぜフレーゲが，ちょうど二つの真理値にその領域を制限するのかに関して，リネボも，「フレーゲの領域は，統語論的に特徴づけられていて，それまで採用された統語論が制限されているから，領域もそう制限されている」という (Linnebo [2004] 85)．だが出発点である，主張命題⊢A はすべて水平線を伴う真理値名 '— A' を構成要素として含み，それは真偽のみを値とするから，この統語論的制限はフレーゲが「二値の原理」(「命題は真または偽を意味する」) を前提したこととは何も背馳しない．

　かくて，「われわれは真理値の名前が，あるもの，すなわち真または偽を，意味するということから出発する」(GGA I,§31)．「次いで，受容さるべき名前が，既に受容されている名前とともに――一方[の名前]が他方[の名前]の適合する項場所に登場することにより――有意味な名前を形成するということを証明することによって，有意味と承認されるべき名前の範囲を徐々に拡大する」(loc. cit.)．

　このフレーズに，真または偽という真理値を意味する名前のみを明示的に受容する「基底部 basis case」の核心と，それから出発して，以下の「一般化された文脈原理」(Dummett [1991]) ないし「文脈規準 context criteria」(Linnebo [2004]) を介して，各一意的意味の約定される原初的表現が次々に導入され，そのようにして有意味として受容される名前の範囲が拡大されていくという，フレーゲのある種「統語論的に統制された」(対象ならびに関数の) 存在領域設定の (ないし少なくとも存在認定の) 戦略が現れている，といえよう．(それ以外の対象の存否には，後述の「水平線―Γ」の真偽の付値に関して，「―Γ が偽になるのは Γ が真でない場合」だと述べて，真偽以外の対象の余地を持たせているが，普遍量化子が覆う領域に関する「何であれ真偽以外のすべてのもの」については，基底部ではそれ以上何も言及されておらず，差し当たり，真理値しか対象として認定されていない．)

　さて，どのような場合に名前は有意味と認められるかについて，フレーゲは

6個のいわば「相対的な有意味性」の規則を挙げている (GGA I-I, §29)．この規則は，『算術の基礎』(1884) 以来のフレーゲのいわゆる「文脈原理 Context principle」(「名前の意味はそれが現れる文の脈絡において問え」) の精神を再現しており，ダメットによれば，文を複合的固有名に同化した上での「一般化された文脈原理」(Dummett [1991] 212) で，それは，簡単には「複合的固有名 (例えば，真理値名) が有意味ならば，その構成要素の関数名または固有名は，他のすべての構成要素名が有意味のときに限り有意味である」，ないし，より大まかには，「ある名前が有意味なのは，それが登場しうるあらゆる文脈が有意味な場合である」という「文脈規準 context criteria」(Linnebo [2004]) で，フレーゲはその規準を次のように分節する (GGA I-I, §§29-30)．

さていつ名前はあるものを意味するのか……．われわれは [考察を] 次のような場合に制限する．[[5][6] 以外はフレーゲの挙げる事例を付加し，やや簡略化して表す．]

[1] 第1階単項関数の名前 ['Φ(ξ)'] が意味 Bedeutung をもつ (有意味 bedeutungsvoll，あるものを意味する bedeuten) のは，その項場所 [ξ] を有意味な固有名 ['Δ'] で充当した複合的固有名 ['Φ(Δ)'] が有意味な場合である．

[2] 固有名 ['Δ'] が有意味なのは，

(i) 有意味な単項関数名 ['Φ(ξ)'] の項場所に ['Δ'] を充当した結果の複合名 ['Φ(Δ)'] が有意味であり，かつ

(ii) 有意味な二項関数名 ['Ψ(ξ,ζ)'] の ξ-項場所，ないし ζ-項場所にそれぞれ有意味な固有名 ['Δ', 'Γ'] を充当した単項関数名 ['Ψ(Δ,ζ)' および 'Ψ(ξ,Γ)'] が有意味な場合である．

[3] 第1階二項関数の名前 ['Ψ(ξ,ζ)'] が一つの意味を持つのは，ξ-項場所が有意味な固有名 ['Δ'] によって充当され，ζ-項場所もまた有意味な固有名 ['Γ'] によって充当されることによって生成する固有名 ['Ψ(Δ,Γ)'] が，常に一つの意味を持つ場合である．

[4] 第2階関数名 ['$\forall_\beta \varphi(\beta)$'] の場合には，その項場所に有意味な第1階関数名 ['Φ(ξ)'] を充当した結果得られる固有名 ['$\forall_a \Phi(a)$'] が有意味であれば，当の第2階関数名も有意味である．

[5] 従って，各有意味な固有名［e.g. '0'］とともに一つの有意味な固有名［e.g. '0＜1'］を形成する第1階単項関数の名前［'ξ＜1'］もまた，第2階第二種単項関数の有意味な各名前［'⊤∀a⊤φ(a)', i.e. '∃aφ(a)'］とともに一つの有意味な名前［'⊤∀a⊤a＜1', i.e. '∃a(a＜1)'］を形成する．（[5][6]での事例は非公式なものである．）

　[6] 第3階関数の名前 '∀fΩ_β(f(β))' が有意味であるのは，第2階第二種単項関数の名前［e.g. '∫'₀f(x)dx'］があるものを意味するということから，'∀fΩ_β(f(β))' の項場所にその［第2階関数の］名前［'∫'₀f(x)dx'］を代入することによって生成する固有名［'∀f∫'₀f(x)dx'］が一つの意味を持つということが，一般に帰結する場合である．（GGA I,§29）

　しかし，この「一般化された文脈原理」ないし「文脈的規準」には循環がある．(i)『基礎GLA』の文脈原理に関わる旧来の循環は，（いわば被定義項の）関数名に適用される有意味性の概念［上記二重下線部］が，[1][3]に見られるように，（いわば定義項中の）条件中に残存する固有名の有意味性［一重下線部］によって特徴づけられているが，後者は今度は[2]に見られるように関数名の有意味性［二重下線部］よって特徴づけされているのである（cf. Linnebo [2004] 79）．

　(ii) さらにダメットが指摘する新循環は，GGAで文を固有名に同化した結果，[2]の（いわば被定義項の）固有名［上記一重下線部］の有意味性が，（いわば定義項の）条件中の固有名［波形下線部］の有意味性からの導入に由来している（Dummett [1973] 2nd ed. (1981) 645; Dummett [1981] 409; Linnebo [2004] 79）．

　しかし，上記のような循環にフレーゲも気づいていた節がある．彼は，こう述べていたのである．「以上は，「一つの意味をもつ」「あるものを意味する」の定義ではない．既にいくつかの名前の有意味性を前提しているからである．しかし，これらの規則は，有意味な名前の範囲を次第に拡張していくのに役立ちうる」（GGA I-I,§30）．

　ところで，先述のように，フレーゲが本当に「メタ的視座」「意味論的アプローチ」を採用しているのかという疑念が表明されてきた．後述のように，① 水平線—ξの約定に当たってフレーゲは，引用符で括ることも，「真理値名

'Δ'が真を意味する」という意味論的形式を採用することもせず，直截に「私は水平線を以下のように関数名として把握する．すなわち，―Δは Δが真であれば真であり，それに反してΔが真でなければ偽である．……」(GGA I, §5, 9-10) と記し[2]，また②「関数┬ξの値は，次の関数―ξの値がそれに対して真であるどの項に対しても偽であり，他のすべての項に対しては真であるべし……」(GGA I-I, §6)，③ 'Γ＝Δ' の説明では「Γが Δと同じである場合に……」(GGA I-I, §7) と引用符を用いず，また必ずしも常に明示的な意味論的形式を採ってはいない．これらには使用と言及の混同の惧れはないのであろうか．こうした非明示的表記は，GGA の比較的冒頭部分に近い，いわば予備的な導入の諸節（§§5-8 等）で目につく．また後述の，公理群や推論規則の場合にも，意味論的形式が明示化されないケースが散見される．一方§31 の原初的な名前の意味確定の総括に相当するような節では，概括的な纏めではあるが引用符が注意深く多用され，ほぼ厳格に使用と言及の区別が守られて，明示的に意味論的形式が採用されている．但し前掲の冒頭部に近い§7 内の同一の文中でさえ「'Γ＝Δ' は，Γが Δと同じである場合に<u>真を意味し</u>……」(GGA I-I, §7) と記されていて，「'Γ＝Δ'」と引用符が使われ，下線部のように意味論的形式を採っているから，フレーゲには，使用と言及，意味論的形式とそれからの逸脱といった行きつ戻りつ back and forth の揺れが見られるとしても，総括的な部分では，かなり慎重かつ明示的に意味論的形式が採用されていると思われる．

またフレーゲの量化子の説明には，「対象的 objectual」と「代入的 substitutive」の混在があるように見える．フレーゲは一方で，名前と（何らかの対象や関数であるはずの）「項 Argument」をはっきり区別していながら，他方で時に「すべての固有名に関して真」(§3) と「すべての項に関して真」(§8) を区別せず，これらの表現を交換可能のように見なしているように見える．§20 では式 '∀f.F (f)' は，表現 'F (f)' が「［真理値］真の名前」のときかつそのときのみ，それがどんな関数名であっても，真だと言っている．しかし§20 の先行箇所では，対象的な 1 階量化と呼びうるような定義を繰り返していた．

フレーゲの，こうした揺れをどう考えるべきか．フレーゲの量化子理解は結局「代入的」だと見なす解釈がある (Resnik [1986]; Dummett [1973] 2nd ed. (1981) 215-22; Hintikka & Sandu [1992]）が，そう考えるべきではないという強力な議論も提出されている（Burgess [1993]）．

§3　ラテン文字と「補助名」？

　そこでヘックは，フレーゲの所論中のこうした使用と言及の混同や，量化子の「対象的」解釈と「代入的」解釈の対立と見えるものを調停すべく，「補助名 auxiliary name」というアイディアを提案する．この着想が，とりわけ，上述の①②③のような命題論理での真理関数的合成の簡明な説明や，量化子の対象的理解と代入的理解とを両立可能にする解釈を与えると考えるのである．つまり，「すべての名前に関して」を「すべての項に関して」と同値であると解釈しうる，名前の特別のカテゴリーがフレーゲにはあったという（Heck [1998] 特に§§2-3, Heck [2010]）．それは先述の，Δ, Γ のようなギリシャ大文字で，それらは上記の「水平線—Δ」の意味約定（GGA I,§5）の脚注で導入されたものである．
　だが注意すべきは，「私はここでギリシャ大文字に［特定の］意味を与えてはいないにも拘らず，あたかもそれらが何かを意味しているかのごとくに名前として用いている．概念記法の展開自体には，それらは 'ξ' や 'ζ' と同様に現れることはないであろう」，加えて「そうした名前は概念記法には属さない［つまりはメタ記号］」（loc. cit.）というようにフレーゲが注記していることである．
　これに対するヘックの苦肉の提案は，以下のようなものである．

　項場所の充当について語る際，実際の *actual* な名前ではなく，補助的な *auxiliary* 表現で語っていると解することである．名辞 'Δ' は，「概念記法」中の名前とは全く想定されていない．それは形式的な工夫，新しい *new* 名前で，ただ，それが領域中のある対象を意味するはずだという条件にだけ従って，当の言語に付加された名前にすぎない．つまり，'$\Phi(\Delta)$' は，'Δ' が何であれ何かを意味するなら，有意味である限り，有意味である．と言うことは，正確に，'$\Phi(\xi)$' はすべての付値 assignment に対して一つの値をも

つと言うことなのである．(Heck [1998] 441)

こうした条件をタルスキ風に述べるなら，……ある述語 'Φ(ξ)' が外延をもつのは，開放文 'Φ(v)'（'v' は新しい変項記号）が，何が 'v' に付値されようと，真理値をもつ場合，その場合に限る（その外延とは，'v' への付値が 'Φ(v)' を真にするような対象の集合である）．私が自由変項への付値について語る場合に，フレーゲは単にある対象を意味するためだけに想定された補助的な名前について語るのである．……[このフレーゲの語り方は][対象]列による充足というタルスキ流の語りの代替 *alternative* である．(loc. cit.)

さてヘックは普遍量化の代入的解釈「すべての名前に関して」の「名前」を，彼のいう「補助名」と解すれば，対象的解釈「すべての項に関して」と交換可能と見なしうるという．こうしてヘックは，「補助名」を用いて「一般化された文脈原理」の興味深く，かつ詳細な「補助的 auxiliary 分析」を与えている（Heck [1998]）．

そして，揺れはあるにせよ，フレーゲに何らのメタ的視座も意味論的探究もなかったと結論すべきではなく，「[明示的，非明示的語りの]どちらもそのポイントは，各表現の表示・意味が何かを語ることであり，§31 でこれらの約定こそが原始的表現の表示・意味を確保するもので，また§30 ではこうした約定が，もしすべての原始的表現に表示・意味を付値するなら，すべての複合的表現にも表示・意味を付値するのに十分であると主張している」(Heck [2010] 359) のだと，フレーゲを擁護している．

だがその前に，いわゆる「自由変項記号」ないしフレーゲのラテン文字・ラテン標識の扱いとヘックの「補助名」の関係について，もう少し検討しておこう．ダメット（Dummett [1973] ch. 2）とエヴァンズ（Evans [1985] pp. 83f.）の示唆をさらに進めて，ヘックは「補助名」が「領域中のある対象を意味するはずだという条件にだけ従って，当の言語に付加された名前」(Ibid.) であり，ラテン文字・ラテン標識をまさにフレーゲが補助的名前として使用していると語る．だがここには何らかの混乱があるように思える．

フレーゲによれば，「ラテン文字の場合には，作用域は判断線を除く命題中

に現われているすべてを包括すると約定する」(GGA I, §17). つまり，ラテン文字は主張命題，例えば，'⊦Φ (x)' の中に現れると，その文字の作用域は式'—Φ (x)' の全体を包括する．(式の妥当性に関わる限り，) ラテン文字は，暗々裡に先頭の (普遍的) 量化子によって束縛されているように見える．その理由で，自由変項は実際にはフレーゲの体系には現れないとしばしば言われる．すると，ラテン文字の使用はただ，冠頭の普遍量化子を省略する約定にすぎないのであろうか．ではフレーゲはなぜラテン文字をその体系に導入したのか．その理由は明らかである．先述の通り，冠頭の普遍量化子を除去してラテン文字 [自由変項]・ラテン標識のみでの，仮言三段論法の推移性を駆使して '$x^2 = 1 \to x^4 = 1$' および '$x^4 = 1 \to x^8 = 1$' から '$x^2 = 1 \to x^8 = 1$' への証明がはじめて可能になるからであった (GGA I, §17).

「推論という見地からは，文全体の範囲を超えて広がる一般性は，その範囲が文の一部に限られる [量化による] 一般性とはまったく異なる意義をもっている．この異なった役割を，ラテン文字とドイツ文字という別種の文字によって……識別」(Frege [1896] 378) させることが，両種の文字導入の理由であった．

ところが，この推論規則「仮言三段論法 HS」の妥当性の正当化では，後述の通り，ギリシャ大文字を用いて，真理表的に，$\Delta \to \Gamma$ と $\Theta \to \Delta$ との真から，$\Theta \to \Gamma$ の真が推論可能なことを，Θ, Γ, Δ の真偽の真理表的組み合わせによって説明している (GGA I, §17). つまりは，仮言三段論法は，Γ, Δ, Θ がラテン文字を含む場合も，含まない場合と全く同様に適用すべきだということである．すると問題が起こる．先の推論の妥当性の正当化は，ラテン文字を含む場合には単純に適用できない．例えば，'$a^2 = 1$' は単独では真理値を意味せず，単に「暗示する andeuten」だけだからである (EL 206).

上記の節は，何が推論を正当化するか，特にラテン文字・ラテン標識を含む推論の正当化に関わる．フレーゲはこうした推論を，ラテン文字が現れない同じ形の推論を精確に正当化するものによって，正当化したいのである．しかしこれには問題がある．やや詳しく見よう．例えば，先の条件法の推移性に関する推論のフレーゲの正当化は以下の如くである．

二つの命題'⊢Δ→Γ'と'⊢Θ→Δ'とから，われわれは'⊢Θ→Γ'を推論することができる．というのは，Θ→ΓはΘが真でΓが真でないときに限り，偽だからである．しかしΘが真であるならΔも真でなければならない．というのは，もしそうでなければΘ→Δが偽となるだろうからである．しかしもしΔが真であってΓが真でないならば，Δ→Γは偽となろう．Θ→Γが偽である場合は従って生じないのであり，かくてΘ→Γは真なのである．（GGA I, §17）

これは先述のように，いわば真理値表による正当化であり，フレーゲの意図は，Γ，Δ，Θがラテン文字を含む場合も，含まない場合と全く同様に（ラテン標識である場合も，固有名の場合と全く同様に）適用すべきだということにある．すると問題が起こるように見える．正当化は，当該の文がラテン文字を含む場合には単純に適用できない．というのは，繰り返せば，先述のように，ラテン標識 '$a^2 = 1$' は（少なくとも'⊢$a^2 = 1 \to a^4 = 1$'中に現れる場合には）真理値を持たないという単純な理由からである．それは真理値を意味せず，単に「暗示する」だけである[3]．

だが'⊢$a^2 = 1 \to a^4 = 1$'が妥当な判断を表し，従って'$a^2 = 1 \to a^4 = 1$'は真なる複合思想を表す以上，その構成要素の'$a^2 = 1$'は，単独で真偽が確定しない（従って，確定した思想を表現しない）にせよ，真偽いずれか（つまり，$a = \pm 1$の場合は真，それ以外は偽）であるから，真理値を「暗示する」ラテン文字 A で，同様にして後件を B で表記すれば，元のラテン標識の式は「概念記法」中の正則的表現 A → B となり，その式をメタ記号で'Δ→Γ'と表記することに問題はなかろう．実際，上記のフレーゲのフレーズでは，「二つの命題'⊢Δ→Γ'と'⊢Θ→Δ'……」（GGA I,§17）と言われており，'Δ'，'Γ'，'Θ'とも，確定的に真偽のいずれかを意味しているのではなく，単に真ないし偽のいずれかを意味した場合に……という仮定上の場合分けがされているだけである．換言すれば，これらのギリシャ文字は，「概念記法」中のラテン文字（自由変項記号・開放文）の代理を勤めているメタ記号，例えばラテン文字 a の引用符名'a'でもありうるのである．よって，仮言三段論法の上記の正当化が，確定的な真理値をもつ「補助的な名前」としてギリシャ文字'Δ'，'Γ'，

第8章　論理学の意味論の創始　263

'Θ' 等の導入に相当すると考える必要はないと思われる.

さらに，そもそもギリシャ文字，例えば 'Δ'，'Γ' が「概念記法 BS」というフレーゲの「補助言語」=「対象言語」には属さず，フレーゲの「説明言語」=「メタ言語」中にいわばメタ記号として導入されるとしても，BS 中の（真理値名を含む）固有名・関数名（？），ならびにラテン文字・ラテン標識（いわゆる自由変項記号・述語）の代理の役割を，メタ言語中でどのように担うのであろうか？　例えば Θ は $a^2 = 1$ の引用符名 '$a^2 = 1$' に，Δ は $a^4 = 1$ の引用符名 '$a^4 = 1$' に，Γ も引用符名 '$a^8 = 1$' に相当する，と解してみよう．フレーゲは，論理語に関しては，メタ言語中でも BS 中と同じ記号を使用しているから，判断 $\vdash a^2 = 1 \to a^4 = 1$ のメタ的表記 '$\vdash a^2 = 1 \to a^4 = 1$' は $\vdash \Theta \to \Delta$ と表記され，このメタ的表現について言及しようとすると '$\vdash \Theta \to \Delta$' といったメタメタ表記になるであろう．そうすると，先には使用と言及の混同と見えた次のフレーズ「─Δ は Δ が真であれば真であり……」(GGA I,§5, 9-10) は，例えば Δ を a の引用符名 'a' とすれば，「'─a' は 'a' が真［を意味する］ならば真［を意味するの］であり，……」となって混同はない（但し，原文そのものは，こうした書き換え事例とは異なり，依然，明示的な意味論的形式は欠如しているが）．また，仮言的三段論法の正当化に関しても，先の「二つの命題 '$\vdash \Delta \to \Gamma$' と '$\vdash \Theta \to \Delta$' とから，われわれは '$\vdash \Theta \to \Gamma$' を推論することができる．というのは，$\Theta \to \Gamma$ は Θ が真で Γ が真でないときに限り，偽だからである．……かくて $\Theta \to \Gamma$ は真なのである」(GGA I, §17) は，「二つの命題 '$\vdash a^4 = 1 \to a^8 = 1$' と '$\vdash a^2 = 1 \to a^4 = 1$' とから，われわれは '$\vdash a^2 = 1 \to a^8 = 1$' を推論することができる．というのは，'$\vdash a^2 = 1 \to a^4 = 1$' は '$a^2 = 1$' が真［を意味し］ '$a^8 = 1$' が真［を意味し］ないときに限り，偽だからである．……かくて '$a^2 = 1 \to a^8 = 1$' は真［を意味する］のである」と書き換え可能で，使用と言及の混同はない（但し，依然原文は明示的意味論的形式は採られていない）．

しかしヘックが「補助的解釈」のために「補助的名前」を特に用いようとしたのは，名前の確定的意味表示 *bestimmte Bedeutung*・一意的表示に着目したからであろうと推測される．

この問題はしかし，ヘックによれば，「タルスキが導入した量化言語に関する標準的な意味論によって解決されている．ここで必要なのは，異なる命題中

の自由変項に対象を同時的に付値する *simultaneous assignment* という考えである．例えば，'Φ (a) →Ψ (a)' と 'Ψ (a) →Π (a)' から 'Φ (a) →Π (a)' への推論が，タルスキの説明で妥当なのは，最初の二つがある特定のしかし同じ付値の下で真になるときには常にその同じ特定の付値の下で，最後の文が真になる場合なのである．フレーゲがラテン文字の作用域は前提と結論の両方を超えて広がるべきであると述べるときに表現しようとしていたのは，この同時性 *simultaneity* というアイデイアなのである．つまり，文字はこの三つの命題中の各出現において同じ *same* 対象を暗示 andeuten しなければならないのである」(Heck [1998] 444-5).

普遍汎化規則については改めて後述するが，フレーゲは，上記の同じ節でこう言っている．

> ラテン文字を含んでいるために一つの対象や関数を意味せず，単に暗示するにすぎない記号結合が 'Γ' と 'Φ (ξ)' に対して代入されたとしても，上で言われたことは各ラテン文字に対し何であれ一つの名前が代入される場合には妥当する．従って，普遍的に妥当する．(GGA I,§17, 33)

ヘックによれば，「フレーゲの言っていることは，命題中のすべてのラテン文字を一様に（対象ないしは関数の）名前に置き換えるならば，正当化は遂行されるということだけである．……このことからフレーゲが単純な場合に与えた正当化は，ラテン文字を含む推論にも妥当すると結論する．フレーゲにとって，妥当な推論は，真理‐保存性 truth-preserving……である．上記の，ラテン文字の作用域に関する約定が，単純に，ラテン文字を含む命題に真理値を付値する．普遍汎化の規則が妥当なのは，いつでも前提が真のとき結論が真，ないし前提の普遍閉包が真のとき，結論の普遍閉包が真の場合である．さて前提の閉包が真なら，そのすべての事例は真である．従って，先の節により，結論のどの事例も真．よって普遍閉包も真であろう」(Heck [1998] 445-6).

ヘックは続けて，次のように述べている．

> タルスキ的用語では，自由変項が現れない場合の正当化は，'Ψ (a) →∀

第 8 章 論理学の意味論の創始　265

x.Φ (a, x)' と '∀x [Ψ (a) →Φ (a, x)]' はどの付値の下でも同じ真理値を持たねばならない，ということである．フレーゲは付値という観念は使用していないが，その代わり，(単に対象を暗示するだけの) ラテン文字に対して(対象を意味する) 名前を代入するという．ないし，むしろ補助的 *auxiliary* 名前を使用する．ある表現が意味を持つ条件は，同じ仕方で形成される——フレーゲが，'Φ (ξ)' が有意味なのは，'Φ (Δ)' が，どの有意味な名前 'Δ' に関しても有意味であると言う時，'Δ' を，当の理論に付加された，補助的名前と解すべきであり，それはその領域中の任意の対象を意味しうるものなのである．(Heck [1998] 446)

だがここでもフレーゲは「ラテン文字を含むために一つの対象や関数を意味せず，単に暗示するにすぎない記号結合が 'Γ' と 'Φ (ξ)' に対して代入されたとしても，上で言われたことは各ラテン文字に対し何であれ一つの名前が代入される場合には妥当する」(GGA I, §17, 33) と述べているが，ヘックはこれを「フレーゲの言っていることは，命題中のすべてのラテン文字を一様に (対象ないしは関数の) 名前に置き換えるならば，正当化は遂行される」(loc. cit.) と解している．

つまり，一般に，ギリシャ文字 'Δ'，'Γ'，'Θ' 等は「概念記法」中の，対象や関数を確定的に意味する名前および不確定に暗示するラテン文字・ラテン標識の代理を勤めるメタ的記号であって，仮言三段論法の場合も，「Δ が真，Γ が偽の場合……」と言う代わりに，代入的に「各ラテン文字に対し何であれ一つの名前 [今の場合には真理値名] が代入される場合に……」と言っているのみで，実際 Δ→Γ の真偽は，真理表で図式化されるように，Δ, Γ の真偽の組み合わせの場合分けが必要となり，各場合に応じて Δ, Γ とも真または偽のいずれかの名前だと仮定するにすぎず，特定の真理値名であるわけではない．ヘックは上述のように，「[フレーゲは] (単に対象を暗示するだけの) ラテン文字に対し (対象を意味する) 名前を代入するという．ないし，むしろ補助的 *auxiliary* 名前を使用する．……それはその領域中の任意の対象を意味しうるもの」(loc. cit.) だという．

だが，ここでもフレーゲは「概念記法」中のラテン文字 (自由変項) に仮に

真ないしは偽を割り当てて名前に見立て，推論の「正当化」のメタ的説明においてギリシャ文字で代理させているに過ぎず，特に「補助的な名前」の導入をことさら考える必要はないように思われる．ましてや補助名をして「その領域中の任意の対象を意味しうるもの」という役割を負わせるのであれば余計そうである．「任意の対象を意味する」というのは，正確には「暗示する」というラテン文字の「一般性」という特徴に関わる特性と，名前の意味の一意性（固定的指示性？）ないしタルスキ的「同時的付値」の役割とを，「補助名」に併せ持たせようという意図からくる，一種の混乱なのではないか？　ラテン文字（自由変項）こそ，「概念記法」においてその両方の役割を果たすはずの表現であり，ギリシャ大文字 'Δ'，'Γ' 等は，メタ言語中で，各種の名前とラテン文字のその双方の代理を担う表現にほかならない．

そもそも，先述のように，「補助名」は単に「概念記法」中のラテン文字や名前の，例えば，引用符名といったメタ的記号に相当するのなら，それぞれ引用された名前ないしラテン文字自身を一意的に表示するメタ的名前であるにすぎず，ヘックが期待するような，「その領域中の任意の対象を意味しうるもの」ではありえない．また例えば引用符名 'a' にすぎない「補助名」が，それが名指す当の名前の一意的表示や当のラテン文字 a の（一意的表示と一般性を併せもつ）意味論的役割を，どのようにして担えるのかも不可解である．

§4　ラテン文字の一般性と一意的固定性

ところで，実際，フレーゲの処女作『概念記法』においても既に，タルスキの「同時的付値」と相通ずるアイディアが窺われるのである．

既に前節の統語論で述べたように，実はフレーゲは既に『概念記法』冒頭において，いわゆる「自由変項」と称されるラテン文字について，こう語っていたのである．すなわち，「不確定のままの数 unbestimmt gelassene Zahl を代表する文字」としてラテン文字を導入し，文字の「不確定性 Unbestimmtheit のおかげで，$(a+b)c = ac + bc$ の場合のように，命題の普遍妥当性を表現するのに用いうる．……相異なる多様なものを表すのに用いうる記号……は文字であり，これらは主として一般性を表現するのに用いる」(BS§1)．つまり，

「一般性」はラテン文字の「不確定性」から由来する訳である．注目すべきは，直続のフレーゲの次の文言である．「あらゆる不確定性にもかかわらず，文字は，一度与えられた意味 einmal gegebene Bedeutung を同じ文脈においては in demselben Zusammenhange 保持する beibehalten ということを，固守 festhalten しなければならない」(BS§1)．つまり，「一般性」を表すには，今日のタルスキ型モデル論での自由変項への付値（対象列 sequences による充足 satisfaction），「同時的付値」の代替となるような具合に，各ラテン文字 'a'，'b'，'c' はそれぞれが同じ文脈では各個同一の対象を暗示する，という注目すべき主張が見られたのである[4]．

つまり，ラテン文字は，第一に，「多様なもの」を「暗示する」「不確定性」の故に，「一般性」を表すのに使用されるが，さらに第二には，同じ文字は「同一の文脈では同一のもの」を一意的に［固定指示的に］暗示し続ける表現なのである．こうしたラテン文字から一つの量化文内に作用域を限定されたドイツ文字に変換が可能（「普遍汎化 UG」という推論規則に相当）で，ラテン文字による「一般性」を表す文が，作用域の限定された「一般性」を表す普遍量化記号の冠頭されたドイツ文字（今日「束縛変項記号」と言われる）を含む文（いわゆる「普遍閉包」）に変換されるのである．

すると，ラテン文字，ないし自由変項記号に求められる役割のポイントは，第一に①「一般性」の表現であって，その表現がある特定の対象ないし関数等を一意的に「意味する bedeuten」ことではなく，多様なものを「不確定に暗示する unbestimmt andeuten」ことにある．にもかかわらず，他方，②同一の文脈内部では，同じラテン文字は何であれ，一意的に同一のものを暗示し続ける「固定性」をも担うこと，であると思われる．

従って，ヘックのように，②の役割の重視のために，敢えてメタ記号 'Δ' を「補助名」という，特に「新しい名前」として，対象言語に導入することはミスリーディングなのではないか．フレーゲが導入したギリシャ文字 Δ, Γ 等は，「概念記法」中の名前（固有名・真理値名・関数名）およびラテン文字・標識（自由変項記号・開放文）を適宜表示する（「概念記法」外の）メタ記号であるが，そうした役割を超えて，さらに何故こうした引用符名が，同時にそれが名指す当の名前やラテン文字自身が意味ないし暗示する特定対象・特定関数を一

意的に「意味し bedeuten」，「その領域中の任意の対象を意味しうる」対象言語中の「新しい名前」と見なすことができるのか，依然不可解である．ラテン文字・標識（自由変項記号・開放文）のもつ文脈に相対的な変動性と，しかも一文脈内での一意的固定性とを併せもつ「暗示」の特性に着目すれば，フレーゲが述べているように，ギリシャ文字Δは，単にそうした，名前やラテン文字・標識をともに区別なく表示し，意味するメタ記号，例えば，引用符名にすぎないであろう．

のみならず，先述の「一般化された文脈原理」「文脈規準」のヘック流の「補助的分析」にも，「補助名」を，フレーゲと異なり，「その領域中の任意の対象を意味しうる」「新しい名前（固有名ないし関数名）」としていわば「概念記法」に付加してしまうと，先述のような循環を回避できないということが指摘されている．

その循環とは，再録すれば，(i)『基礎GLA』の文脈原理に関わる旧来の循環は，（いわば被定義項の）関数名に適用される有意味性の概念［二重下線部］が，[1][3]に見られるように，（いわば定義項中の）条件中の固有名の有意味性［一重下線部］に依存するが，後者は今度は［2］に見られるように関数名の有意味性［二重下線部］に依存するのである（cf. Linnebo [2004] 79）．

(ii) さらにダメットが指摘する新循環は，GGAで文を固有名に同化した結果，[2]の（いわば被定義項の）固有名［上記一重下線部］の有意味性が，（いわば定義項の）条件中の固有名［波形下線部］の有意味性に依存している（Dummett [1973] 2nd ed. (1981) 645; Dummett [1981] 409; Linnebo [2004] 79）．

さて，上述のフレーゲの6個の規則をリネボは「文脈的規準 context criteria」と称し，しかもヘックの「補助名」による分析が陥る循環を回避する「非補助的 nonauxiliary 分析」を，以下のように簡略化し，かつ一般化して形式化している（Linneo [2004] 81）．

非補助的分析にとって鍵になるのは，非補助的読解では文脈的規準は「言語Lに相対化」されるということである（フレーゲの場合Lは，真理値名から出発する「概念記法BS」である）．（新しく受容されるはずの名前を「候補名 cadidate」と呼ぶと）「候補名」が有意味と言われうるのは，当の候補名を一定の言語Lからの「背景 background 名」（既にL中で有意味と前提されている名前）と結合

することから結果するどの名前もが有意味な場合である．リネボによる文脈規準の形式化の提案[の一部]は以下の如くである．(上付き添字 L は，相対化されている言語 L，0, 1, 2 の下付き添字はフレーゲ的階 Stufe の表記で，0 は対象の階，1 は 1 階概念，2 は 2 階概念を，'$a \in L_0$'，'$f \in L_1$' は，a, f が L-背景名であることを表す．太字は統語論的存在を変域とする．)

(CC^L_0) a が有意味 $^L_0$ なのは，$f \in L_1$ ならば常に，「$f(a)$」が有意味 $^L_0$ な場合その場合に限る．(上記 [2] - [i] に相当)

(CC^L_1) f が有意味 $^L_1$ なのは，$a \in L_0$ ならば常に，「$f(a)$」が有意味 $^L_0$ な場合その場合に限る．(同 [1])

($CC^L_{1_1}$) g が有意味 $^L_{1_1}$ なのは，$a, b \in L_0$ ならば常に，「$g(a, b)$」が有意味 $^L_0$ な場合その場合に限る．(同 [3])

(CC^L_2) F が有意味 $^L_2$ なのは，$f \in L_1$ ならば常に，「$F(f)$」が有意味 $^L_0$ な場合その場合に限る．(同 [4])[略]

文脈規準のこの解釈は，有意味な名前の範囲を拡張する手続きのフレーゲの先述の特徴付けによく適合する．というのも，対象言語「概念記法」中で，有意味な名前の範囲の拡張のために必要なのは，(諄いが再録すれば)「真理値の名前が，真または偽を意味するということから出発する．次いで，受容さるべき名前 [候補名] が，既に受容されている名前 [背景名] とともに――一方 [候補名] が他方 [背景名] の適合する項場所に登場することにより――有意味な名前 [候補名] を形成するということを証明することによって，有意味と承認されるべき名前の範囲を徐々に拡大する」(GGA I,§31) からである．

このように文脈規準が定式化されると，GLA での旧循環 (i) は消失する．文脈規準の (いわば定義項の) 条件法の前件 $a \in L_0$, $a, b \in L_0$, $f \in L_1$ には [言語 L への相対化により，少なくとも表面的には] 名前の有意味性は現れないからである．しかし新循環 (ii) は残存する．(CC^L_0) はじめどの (定義項の) 条件法の後件にも (上記波形下線部)「有意味 $^L_0$」がなお現れているからである．しかしそれは [下記のように] 無害である．

だが出発点に取られた「既に有意味性を前提されている名前 [背景名]」と

は，明示的には，「二値原理」を前提した真理値名のみであり，また有意味性証明において考察されている候補名は，第1階関数の名前，つまり，述語——すなわち，(真理値を含む対象一般から真理値への) 真理値を関数値とする関数の名前——のみで，かくて非拡張的 *nonexpansive* なのである．(リネボは，「関数名 f が，次の場合，ある言語 L と相対的に，非拡張的だ」と言う．すなわち，f がすべての有意味な固有名 'Δ' に関し，「f(Δ)」が L 中のある固有名 [背景名] に還元される場合である．この条件が当てはまらない場合，その関数名は，言語 L と相対的に拡張的 *expansive* だとされる．するとフレーゲの水平線関数—ξ は，「概念記法」と相対的に非拡張的である．項としての真に対し値として真をとり，その他すべての項に対しては偽をとると説明されているからである．普遍量化関数名 '∀x.φx' も同様で，真または偽を意味するからである．この非拡張性が，この循環が無害なことを示す．「名前は常に，それが有意味な名前の範囲に既に受容されていたある名前 [背景名] に還元されることを示すことによって，有意味 [真または偽] だからである」(Ibid. 81)．

要するに，候補名が第1階関数名 [述語] なら，その値は真理値で，既に有意味な名前の範囲に受容されているいずれかの名前 [背景名] に還元される，「非拡張的」なものである．

フレーゲは，候補名がいかにして有意味と示されうるかについて，それを「既に受容されている名前 [背景名] とともに」すべての許容された結合が有意味だと示すことによって，と述べていた．すると，背景名は既に受容された名前の内に入っていなければならない．だがヘックのいう「補助名」は，「概念記法」のいかなる部分でもない [メタ記号である] から，補助的読解とは折り合わないのである．(Linnebo [2004] 79)

もしまたギリシャ大文字が，フレーゲの言に反して，「補助名」として「概念記法」中に入っているとすれば，上述の循環に巻き込まれるか，ないしは「概念記法」は，その「背景名」の内には常に各背景名自身の (例えば，引用符名) 名前をも含んでいなければならず，もしそうなら，引用符名の引用符名等々も然りといった無限後退 (「引用符のパズル」?) に陥り，「概念記法」は無

第8章 論理学の意味論の創始 271

限の語彙をはじめから含んでいなければならないであろう．すると「概念記法」は無限の資源をもつ習得不能な無限言語となるだろう．

ともあれ，真理値名の各構成要素名となる名前の意味は，真理値名の意味＝真理値への貢献 *Beitrag* に他ならないのである．意味 Bedeutung とは「真理値ポテンシャル truth-value potential」だというかつてのトゥーゲントハットの主張は示唆的であった（Tugendhat [1975]）．

1) 「二値の原理」を巡っては，現在のわれわれの情報・知識では真偽の確定ができない命題や，有限の立場では原理的に決定不能な命題，また何も指示しない名前や明確な境界づけ条件を充たさない「曖昧な vague or fuzzy」述語を含む文のように，二値原理に反し，排中律を充たさない場合の論理と意味論をどのように用意すべきかに関して，多くの試みと論争がある（Strawson [1950] の指示の前提論，van Fraassen [1968] の重ね値 supervaluation (rep. in Lambert (ed.) [1991] 参照)，Dummett [1975]，Fine [1975]，Williamson [1994] [2000] らの曖昧性 vagueness の問題等）．しかし，論理的文法に適ったすべての表現は有意味で，文は真偽二値をもつべしというフレーゲの大前提を充たす「古典論理」は，すべての論理的表現の有意味性という「論理的完全性」の要請，概念の「明確な境界設定」の要求に立つ限り，「曖昧性」を排除する論理体系である．現在，研究が進展中の構成主義論理，線形論理，量子論理，多様な内包論理，矛盾許容型論理といった多様な論理の構造的スペクトラム上のどこに位置づけられるにせよ，古典論理は，「標準論理」の名の通り，ユークリッド幾何学のごとくに，他の多様な幾何学の展開に対比されるべき，多様な論理のいわばプロトタイプ・範型として，その地位を失うことはないであろう．

2) ここのテクスト（GGA I, §5, S. 10）で不可解なのは，Δ が真でない場合として，関数・概念の場合も，ナンセンスとはされておらず，「Φ (ξ) が一つの概念であるなしに拘らず，また Ψ (ξ, ζ) が一つの関係であるなしに拘らず，一様に関数－Φ (ξ) は一つの概念であり，関数－Ψ (ξ, ζ) は一つの関係である」（GGA I, §5）と約定されていることである．つまり，－ξ の ξ に関数・概念等が代入されても文法違反にはならず，従って sinnlos, bedeutungslos にならず，ただその値が偽になるだけなのであろうか．だが，その場合には，－ξ は 1 階関数なのか，関数・概念をも項に受容する高階関数なのかに関し，体系的多義性を表すことになるという疑念を引き起こすであろう．第一，対象言語の「概念記法」中では，概念語・関数語が単独で現れることはなく，少なくとも項場所にラテン文字 a, b を伴って，'Φ (a)'，'Ψ (a, b)' のような形式ではじめて少なくとも対象を「暗示 andeuten」はできるはずなのである．

3) 「真なる普遍的思想を表現する文［例えば，「$a > 2 \to a^2 > 2$」］を，その部分文［「$a > 2$」］を無意義にせずに分割することはできない．その部分文はもはや，真で

あれ偽であれ，いかなる思想も表現しないのである」(EL 206).
4) 先述の通り，この点は，近年のクリプキの「固定指示子 rigid designator」やカプランの「直接指示 direct reference」の考えと深く関係すると思われる．繰り返せば，カプランは，自由変項への付値が，彼のいう「直接指示」のパラダイムだと見なす．その際，カプランが念頭においている自由変項への付値は，「当の変項の変域中の個体を，約定的規則によって，当の変項に割り当てることによってなされる」というものである (Kaplan [1977] in [1989] D. 484). しかも「指示の固定性」はこの「直接指示性」の系なのである．すべての直接指示語の「指示対象は，それが一度確定されたならば，あらゆる可能的状況において固定 fix されていると解されるのである」(D. 493). かくて「すべての直接指示語は……固定指示子である」(D. 497). 実際，クリプキ・モデルにおいても，量化された束縛変項 (従って，記述句) への付値は各可能世界の領域に制限されるのに対し，自由変項への付値は，そうした各個体領域に制限されず，そうした各個体領域の合併集合∪中の個体でよいとされ，だが一度付値されたら，その同じ個体を指示し続けるという意味で，固定指示子のパラダイムと見られる (Kripke [1959] [1963]; 野本 [1988] 209-10, 279).

　こうした「指示の固定性」に見合うようなラテン標識による「暗示」の「一意性」が，後段で見るように，ラテン標識の作用範囲の拡張を可能にし，ラテン標識を含む推論の妥当性を支え，真理関数的な命題論理内の推論法則と量化を含む述語論理を連結させる鍵・結節点を構成すると見られるのである．しかも，自由変項への付値の規則は，一定の領域内の「任意的対象 arbitrary object」を指定してよいのであるから，ファイン Fine の注目した，普遍汎化 UG や存在例化 EI における「任意的対象に関わる推論 Reasoning with arbitrary object」とも連関すると思われる．(但し，フレーゲは，ファインが敢えて容認しようとした「任意的対象」の存在を認めることには強く反対するであろうことは，彼が「可変的 veränderlich・不確定な unbestimmt 数」(WF 659-60) を強く否認した点からも明らかであろう.)

第9章　有意味性証明と意味論的正当化

§1 「概念記法」の原始的名前の有意味性

さてフレーゲは，第8章で論じたように，「われわれは真理値の名前が，あるもの，すなわち真または偽を，意味するということから出発する」(GGA I, §31, 48) と注意している．そして，先述の「一般化された文脈原理」ないし「文脈規準」を介して，まず「関数名 '—ξ' と '⊤ξ' があるものを意味するということを示すためには，われわれはただ 'ξ' に対し真理値 (他の諸対象をわれわれはここではまだ知らないのである) の名前を代入した場合に形成される名前が有意味であることを確証するだけでよい．……得られた名前は再び真理値の名前である」(GGA I-I, §31, 48) と述べている．ここでは '—ξ' と '⊤ξ' の項場所 'ξ' には真理値の名前が代入され，結果として形成されるのも真理値の名前だと言われていて，ヘックのいう「補助名」に訴える「補助的解釈」が適切のようにも思われる．だがそれでよいであろうか？

ヘックによれば，フレーゲはここで，「いまの所，少なくとも真と偽を含むというだけでなく，この二つの対象のみを含む領域について考えているのだということを語っているのである．手始めの目標が，もし領域が二つの真理値だけを含むのなら，先の約定は少なくともいくつかの原始的名前——それを概念記法の論理的表現と呼ぶ——の意味は確保するということを示すことである．このことを示した後に，フレーゲは全体系にその結果を拡張しようとする．以上の議論から，フレーゲがここで示そうと意図しているのは，水平線と否定記号とがすべての項に対して値をもつことであり，……しかしそのことは，水平

275

線についての意味論的約定，つまり，それはすべての項に対して値をもつ，から明らかに帰結する．つまり，彼は，'―ξ' が項としての真に対しては値：真を，他のすべての項に対しては偽をもつと約定する」(Heck [1998] 448-50)．

① 『算術の基本法則GGA』の冒頭に比較的近い節での，意味論的形式を明示的にはもたない予備的なフレーゲの約定によれば，「私はそれ [水平線] を以下のように関数名として把握する．すなわち，―ΔはΔが真であれば真であり，それに反してΔが真でなければ偽である．すると―ξは，その値が常に真理値である一つの関数である．言い換えると，われわれの約定に従えば，一つの概念である．……」(GGA I, §5, 9-10)．ここでのΔも，一見「補助名」でヘックの「補助的解釈」が有利に見える．

だが他方「非補助的解釈」によれば，Δを「概念記法」中のラテン文字（自由変項），例えばaの引用符号 'a' など，のようなメタ記号と見なす．つまり，Δは，「暗示」するラテン文字aの引用符号 'a' で，いま場合分けとして 'a' (i.e. Δ) が真を意味する場合，'―a' (i.e. ―Δ) は真を意味すると約定し，他方もし 'a' (i.e. Δ) が真を意味しない場合には '―a' (i.e. ―Δ) は偽を意味すると約定するのである．すると―ξは真から真へ，真以外からは偽へと写像する関数・概念だ，と解されることになる．

意味論的に，より整備された表現に沿って (§31) 言い換えれば，関数名 '―ξ' は，「二値原理」を前提とし，項場所ξに（「概念記法 BS」中で容認済みの）真理値真が仮に付値されたメタ記号Δ (e.g. ラテン文字aの引用符号 'a') を代入すれば，―Δ [i.e. '―a'] は真を意味し，さもなければ偽を意味するというように，その値が常に真理値である特定の関数・概念を意味すると約定される[1]．

また同様に，② §6の意味論的形式の明示的でない表現によれば，「[否定] 関数┬ξの値は，次の関数―ξの値がそれに対して真であるどの項に対しても偽であり，他のすべての項に対しては真であるべし，と．それによってわれわれは┬ξにおいて，その値が常に真理値であるような一つの関数を持つ．それは真を唯一の例外として一切の対象がその下に属する一つの概念である」と予備的に約定される (GGA I-I,§6)．

どのラテン文字aであれ，その 'a' が真を意味する場合には，そのaに対す

る関数─ξの値は①によって真となるが，その場合'⊤a'は偽を意味し，その他の場合には真を意味する，という約定によって，関数⊤ξが確定される．

次に，後段で下記のように，特定の真理関数・概念を意味する1階二項関数名の有意味性が明示的に意味論的形式で約定される．

二項関数名

$$\mathop{\top}\limits_{\zeta}^{\xi}$$

および等号'ξ＝ζ'は，項場所ξ，ζに真理値の名前を代入すると，真理値を意味する真理値名を得るから，有意味である．(GGA I-I,§31)

しかしその約定の，フレーゲの予備的定式は，以下のようである．
③「'Γ＝Δ'は，ΓがΔと同じである場合に真を意味し，他のすべての場合にはそれは偽を意味する」(GGA I-I,§7)．

ΓやΔ，Γ＝Δは，先述のように，例えば，不確定的になんらかの対象を「暗示」するラテン文字・標識a, b, a＝bの引用符名'a'，'b'，'a＝b'をその事例と見なしうる．つまり，「非補助的解釈」では，上記の約定の一事例は，「'a＝b'は，'a'と'b'とが同じもの[を意味する]場合に，真を意味し，……」のように解される．

また④二つの項を持つ関数[条件法]

$$\mathop{\top}\limits_{\zeta}^{\xi}$$

は，「ζ-項として真が，ξ-項として真でない何らかの対象がとられた場合に，その値は偽となるべきであり，他のすべての場合には関数値は真となる」ように約定されるような真理関数(的条件法)を意味する (GGA I-I,§12, 20)．

この場合も明示的には意味論的形式を採用していないが，真理表的に，ζ-項に真理値真のラテン文字aを，ξ-項に真でない何らかの対象を割り当てるラテン文字bを充当すると，(標準的表記では)ラテン標識の引用符'a→b'は

偽となり，他のすべての場合には真となるように，条件法 '$\zeta \to \xi$' の意味する真理関数を約定する，ということである．

さて⑤第2階関数名（普遍量化記号）

$$\text{'}\overset{\mathfrak{a}}{\frown} \Phi(a)\text{'}$$

の場合，フレーゲの約定によれば，「関数$\Phi(\xi)$の値がすべての項に対して真であるならば真を意味し，そうでなければ偽を意味する」(GGA I-I, §8) から，[標準表記で] $\forall a \varphi(a)$ なる第2階関数が導入される．

かくて第2階関数名も有意味な名前の範囲に受容される (GGA I-I, §31).

ところで，普遍量化に関するフレーゲの上の約定は，「すべての項について」となっており，「項」とは GGA では記号ではなくて記号の意味（この場合は対象）であるから，基本的には量化をいわゆる「対象的 objectual」に解していると考えられる（同様に，GGA I-I, §13, S. 24)．下記の箇所では，一層明白に，使用と言及を区別し，明示的な意味論的形式で表現されている．

「第2階関数の名前 '$\forall a \varphi(a)$' があるものを意味しているかどうかを探索するためには，われわれは関数名 '$\Phi(\xi)$' があるものを意味しているということから '$\forall a \Phi(a)$' の有意味性が一般に帰結するかどうかを問おう．さてもしすべての有意味な固有名 'Δ' に対して '$\Phi(\Delta)$' があるものを意味しているならば，'$\Phi(\xi)$' も一つの意味を持つ．このことが成立すれば，それ ['$\Phi(\xi)$'] の意味は ('Δ' が何を意味しようと) 常に真であるかあるいは必ずしも真とは限らないかのいずれかである．第一の場合には，'$\forall a \Phi(a)$' は真を意味し，他の場合には偽を意味する．それ故代入された関数名 '$\Phi(\xi)$' があるものを意味するということから，一般に '$\forall a \Phi(a)$' があるものを意味するということが帰結する．こうして関数 '$\forall a \varphi(a)$' は有意味な名前の範囲に受容されるべきである．」(I§31, 49)（但し $\overset{\mathfrak{a}}{\frown}$ を $\forall a$ に換えてある．）

(しかし微妙なのは，上記の量化の途中説明では，「もしすべての有意味な固有名 'Δ' に対して '$\Phi(\Delta)$' があるものを意味しているならば，'$\Phi(\xi)$' も一つの意味

をもつ」(Ibid. S. 49) と言われており，いわゆる「代入的 substitutional」な量化の解釈とも受け取れる叙述もある．)

⑥第3階の普遍量化記号についても，同様な仕方で，その有意味性が保証される．「このことは［第3階普遍量化記号［標準的表記では'∀f μ$_β$ (f (β))'］］に関しても類似の仕方で帰結する」(I§31, 49).

かくてこれまでの所は，ヘックの言うように，次のように総括できよう．「これまでの……証明部分が示しているのは，……どのような対象をその領域が含もうと，それが二つの真理値を含む限り，……原始的論理的表現に関する意味論的約定が，……概念記法の論理的表現から形成されるどの表現に関しても，意味を提供することを示した」(Heck [1998] 450-1).

だが無気息記号・値域関数名の場合には，困難な問題がある．

⑦無気息記号 (I)：第2階の値域関数名 'ἐφ (ε)' に関しては，先ず第3節で次のような予備的な約定が与えられている．これも明示的な意味論的形式は採られていない．

「関数Φ (ξ) は関数Ψ (ξ) と同じ値域 Wertverlauf を持つ」という語句を，私は，「関数Φ (ξ) とΨ (ξ) 関数は同じ項に対して常に同じ値を持つ」という語句と同じ意味 gleichbedeutend に用いる．(GGA I,§3)

ここで提起されているのは，下記の「値域抽象の公理 (V)」のメタ的意味論版である．

(V)　$\dot{ε}Φ(ε) = \dot{α}Ψ(α) ↔ ∀x [Φ(x) ↔ Ψ(x)]$．(GGA I§10, 16)

基本法則 (V) は，GLA において，数詞 'N (F)' の表示対象・意味＝基数の再認規準，同一性規準に相応する，値域 ἐΦ (ε) の再認規準，同一性規準を与えようとする提案である．『算術の基礎 GLA』において，フレーゲは基数という抽象的対象を，概念の外延に訴えて定義した．しかし，概念の外延，より一般的には関数の値域という抽象的対象については，周知と見なして，何もその再認規準を与えていなかった．しかし，概念の外延，関数の値域といった抽象的

第9章　有意味性証明と意味論的正当化　279

対象に関して，フレーゲは何らの直観も認めなかったから，それが一体いかなる対象であるかに関しては，何らかの再認規準，同一性規準が与えられない限り，そうした対象の客観的存在もその認識も担保されえない．すなわち，

> 総じて論理的対象が存在するとすれば——そして算術の対象は論理的対象である——それを把握し，認識する手段もまた存在しなければならない．そして，それに役立つのが，相等性の普遍性から相等性への変換 Umwandelung を許す先の論理的基本法則である．……こうして数学が扱う豊富な対象と関数の全体を，8つの関数——その名前は第Ⅰ巻第31節で挙げられている——から，[植物の]胚からの[成長の]ように，発展しうると期待するのである．われわれのこうしたやり方を創造 Schaffen と呼ぶことができるであろうか．
>
> 　この問いの検討は容易に語義上の論争に堕しうる．ともあれ，われわれの創造は——もしそう呼びたいのであれば——なんら無制限でも恣意的でもなく，そのやり方が許されるかどうかは，いかなる場合にも確定されているのである．(GGA II, §147, 149)

それでは，関数の値域，概念の外延を，どのような場合に，われわれは同一なものとして再認しうるのであろうか．

> われわれは……もしある関数（第1階単項関数）と第二の[同様の]関数とは，両者が同じ項に対していつも同一の値をもつというようであれば，そういう代わりに第一の関数の値域は第二の関数の値域と同一であると言うことができる，と言ったのである．その際，われわれは二つの関数に共通なもの etwas Gemeinsames を承認している anerkennen のであって，この共通のものを等しなみに第一の関数の値域とも第二の関数の値域とも呼ぶのである．われわれがこの共通のものを承認する権利を有するということ，そしてそれに従って相等性の普遍性を一つの相等性（同一性）に変換してよいということ，こうしたことをわれわれは論理的基本法則と見なさなければならない．この変換 Umsetzung は定義とみなされるべきではない．これによって，……

「値域」ないし'ἐΦ(ε)'のような記号結合も，両者が同時に定義されているわけではないのである．……(GGA II,§146, 147)

だがしかし値域関数名'ἐφ(ε)'の場合には，事柄はそれほど簡単ではない．

というのは，われわれはこれによって単に新しい関数名を導入するのみならず，同時に第1階単項関数の各々の名前に対してそれぞれ新しい固有名（値域名 Wertverlaufsname）を導入するのであり，しかも既知［の第1階単項関数名］に対してばかりではなく，おそらく今後導入されるかもしれない一切［の第1階単項関数名］に対しても，予めそう［新しい値域名を導入］するからである．(GGA I-I,§31)

つまり，「値域関数 εφε は「概念記法」というこの言語と相対的に拡張的である．'ἐφε' の形式の名前は，この形式を持たない名前に還元できないからである」(Linnebo [2004] 80)．この新しい値域関数名 'ἐφε' と同時に真理値に還元されない「拡張的な」新しい固有名（値域名）が導入され，しかも φ-項場所への代入は，既知の第1階関数名のみならず，今後導入されうる一切の有意味な関数名に関わるゆえに，難しい問題を孕むのである．リネボは，値域名に関して特に，ヘック流の「補助的読解では，新しい固有名の有意味性証明は不可能だ」と言う(Linnebo [2004] 86)．

名前が意味を持つためのフレーゲの条件を理解する鍵は，§31 の先の句である．彼はこう書いていた．

われわれは真理値の名前が，あるもの，すなわち真または偽を，意味するということから出発する．次いで，受容さるべき名前が，既に受容されている名前とともに——一方［の名前］が他方［の名前］の適合する項場所に登場することにより——有意味な名前を形成するということを証明することによって，有意味と承認されるべき名前の範囲を徐々に拡大する．(GGA I, §31, 48)

つまり，先述の「一般化された文脈原理」「文脈規準」の「第2階関数名」'ἐφ(ε)'に関する有意味性に関わるフレーゲの規則，すなわち，[4*]「第2階の値域関数名'ἐφ(ε)'が有意味なのは，その項場所['φ']に何らかの有意味な第1階関数名['Φ(ξ)']を充当した結果得られる値域名['ἐΦ(ε)']が有意味な場合である」が満たされねばならない．

しかも値域名は固有名であるから，「固有名」に関する「文脈規準」をも満たさねばならない．つまり，[2*]「固有名＝値域名['ἐΦ(ε)']が有意味なのは，(i) 有意味な単項関数名['Φ(ξ)']の項場所に'ἐΦ(ε)'を充当した結果の複合名['Φ(ἐΦ(ε))']が有意味であり，かつ(ii) 有意味な二項関数名['Ψ(ξ,ζ)']のξ-項場所，ないしζ-項場所にそれぞれ有意味な固有名・値域名['ἐΦ(ε)']を充当した単項関数名['Ψ(ἐΦ(ε),ζ)'および'Ψ(ξ,ἐΦ(ε))']が有意味な場合である」をも満たさねばならないのである．

さらには，[4*]の値域関数名'ἐφ(ε)'の有意味性の条件は，何らかの有意味な関数名'Φ(ξ)'の値域名'ἐΦ(ε)'の有意味性に依存する．そこで[2*]の値域名'ἐΦ(ε)'の有意味性条件であるが，[2*]の(ii)に関して，「背景名」つまり，有意味な二項関数名としてこれまで容認されたのは'ξ＝ζ'と条件法'ξ→ζ'である．

すると，仮に例えば有意味な関数名'Φ(ξ)'の値域名'ἐΦ(ε)'を，'ξ＝ζ'中のζ-項場所に充当した'ξ＝ἐΦ(ε)'が有意味かどうかが問題になるが，それにはξ-項場所に背景名として有意味と容認されるのは真理値名ないし（仮ではあるが）値域名のみだから，それらを充当した真理値名（等式）が有意味かどうかが問われる．例えばいまξに仮に値域名'ἀΨ(α)'が充当されると，'ἀΨ(α)＝ἐΦ(ε)'の有意味性が問題となるが，フレーゲの公理(V)を前提すれば，この式は'∀a[Ψ(a)＝Φ(a)]'と同意味で，右辺と同じ真理値をもつから，有意味である．だがここには明白に循環がある．[2*]において，まさに値域名の有意味性自体が証明されなければならない当のものなのであった．

次に，'ξ＝ζ'中のζ-項場所に真理値名が充当された場合に関しても，フレーゲは，これまでは存在容認されたと仮定して出発していた「真理値」を，相異なる値域，例えば，真をἐ(―ε)と，偽をἐ(ε＝⊤∀a(―a＝a))，と同

一視することによって，むしろ「値域」一元論に還元するかの如く，真理値の場合も，先の公理 (V) によって値域の再認・同定の場合と同様に処理しようと考える (GGA I-I, §31; T. Parsons [1987])．

§2 シーザー問題の再現

しかし何故フレーゲは，真理値を何らかの値域に還元しようとするのか．それは「シーザー問題」の再現だからだと思われる．正則的値域名に関するフレーゲの条件 [(V)] は，『基礎 GLA』において論じられていた条件に相当するのである．『基礎』において，フレーゲは「概念 F の数は概念 G の数と同一である [N (F) = N (G)]」という形式の文が，「F は G と等数的である [F eq G]」と同値だという「ヒュームの原理」を採用した．しかし，この (HP) だけでは「シーザー＝ F の数」のような言明の真理値を決定しないのであった．そこで彼は概念の外延による明示的定義によって対処を試みた．

しかしいまや GGA で問われているのは，概念の外延を一般化した，「関数の値域」自体の再認規準である．そして値域名を支配する意味論的規約の場合もまったく並行的であり，シーザー問題は値域名の場合にも生ずる．つまり，'ξ = N (F)' に関し，ξ に 'N (F)' の形式をもたない 'Caesar = N (F)' が代入された場合の真偽の決定には，「どの数にも，その数が，F と等数的な概念の数であるようなそうした概念が存在する '∃ G∀x (x = N (G) ∧ G eq F)'」が真でなければならないが，それは下線部の故に，循環に陥った．それと同様に，先の (V) において，値域名 'ἐΦ (ε)' のような形式をもたない固有名が 'ξ = ἐΦ (ε)' の 'ξ' に代入されると，「シーザー問題」と同様の問題を引起こすのである．そこで「背景名」，つまりこれまで容認された論理的固有名は真理値名のみであるから，真理値真を 't' で表すと 't = ἐΦ (ε)' の真偽の判定には，'∃ F∀x (x = ἐΦ (ε) ∧ ∀z (Fz ↔ Φz)' が真でなければならないが，それは下線部の故に，循環に陥るのである．そこでフレーゲは，少なくとも彼の論理体系の内部においては，それを避けるべく，真理値を値域に還元し，真理値の再認規準，同一性規準を下記のように公理 (V) の形式に還元しようという技術的トリックを施しているのだと思われる．t = $_{df}$ ἐ (―ε)，f = $_{df}$ ἐ

($\varepsilon =\top \forall a\,(—a = a)$) と約定すれば，

(Vt) 　$\dot{\varepsilon}\,(—\varepsilon) = \dot{\varepsilon}\,\Phi\,(\varepsilon) \leftrightarrow \forall x\,[(—x) \leftrightarrow \Phi\,(x)]$
(Vf) 　$\dot{\varepsilon}\,(\varepsilon =\top \forall a\,(—a = a)) = \dot{\varepsilon}\,\Phi\,(\varepsilon) \leftrightarrow \forall x\,[\top \forall a\,(—a = a) \leftrightarrow \Phi\,(x)]$

　もしそうだとすると，これまでのフレーゲの全論理体系およびその意味論は「真理値名は意味，すなわち，真偽の真理値をもつ」にすべて依拠してきたが，いまや真理値は，ある特定の値域にすぎないとされるなら，関数の値域名の有意味性，値域の再認・同定規準を与えるはずの公理 (V) に一切は懸かっていくことになる．だがここでもこの約定はこれまでの基礎的論理語の説明に循環を生じさせる疑いがある．真理値真 $\dot{\varepsilon}\,(—\varepsilon)$ の再認規準には，水平線 $(—\xi)$ が，また真理値偽 $\dot{\varepsilon}\,(\varepsilon =\top \forall a\,(—a = a))$ の再認規準には，否定線 $\top \xi$，普遍量化 $\forall$，同一性関数 $\xi = \zeta$ が現れているが，それらの有意味性証明はすべて真理値を前提になされてきた．これは明らかに循環ではないのか？（残された問題点については，以下の議論および第 13 章を参照.）

　さらに，フレーゲは，先述の「一般化された文脈原理」ないし「文脈規準」の「第 2 階関数名」'$\dot{\varepsilon}\,\varphi\,(\varepsilon)$' に関する有意味性条件に関わる規則，すなわち，[4*]「第 2 階の値域関数名 '$\dot{\varepsilon}\,\varphi\,(\varepsilon)$' が有意味なのは，その項場所 ['$\varphi$'] に何らかの有意味な第 1 階関数名 ['$\Phi\,(\xi)$'] を充当した結果得られる固有名・値域名 ['$\dot{\varepsilon}\,\Phi\,(\varepsilon)$'] が有意味な場合である」が満たされるかを問う．

　一つの値域名があるものを意味するかどうかの探索を企てる必要があるのは，ただ第 1 階単項関数の有意味な名前［既に有意味と受容された関数名］から形成される値域名についてのみである．われわれはこれを簡単に正則的な recht 値域名と呼ぼう．正則的値域名が '$—\xi$' と '$\top \xi$' の項場所に代入されると，一つの有意味な固有名を生みだすのかどうか，また更にそれが '$\xi \to \zeta$' と '$\xi = \zeta$' の ξ-ないし ζ-項場所に充当されると，その度毎に第 1 階単項関数の一つの有意味な名前を形成するのかどうかを，われわれは吟味しなければならない．(GGA I, §31, 49)

この問いに対する肯定的回答「これまで有意味と承認された第 1 階関数の単純な名前のすべて，つまり '―ξ'，'⊤ξ'，'ζ→ξ'，'ξ＝ζ' は，項場所への正則的値域名の受容によって有意味な名前を与える」(GGA I, §31, 50) というこの主張を（ヘックはフレーゲの「中心的主張 central claim」と称する (Heck [1997] 453)）証明することによって，はじめて，「有意味と承認されるべき名前の範囲を徐々に拡大する」(GGA I, §31, 48) ことが可能となる．

　さてフレーゲの論証は，これまで有意味と承認された第 1 階関数の一連の還元から始まる．その筋道はこうである．最初に，'―ξ' と '⊤ξ' は項場所の前に水平線を含むから，これらは水平線の場合に還元される．次に，水平線 '―ξ' は 'ξ＝(ξ＝ξ)' と同じものを表示するから，前者は後者の場合に還元される．すると考える必要のあることは，同一性関数の名前 'ξ＝ζ' だけだということが帰結する．関連する文脈規準の適用によって，このことは 'ξ＝ἐ.Φε' が有意味かどうかの問題に至る．すなわち，値域名が意味を持つのは，「これまで有意味と承認された第 1 階関数の単純な名前のすべて，つまり '―ξ'，'⊤ξ'，'ζ→ξ'，'ξ＝ζ' が，項場所への正則的値域名の受容によって有意味な名前を与える」(GGA I, §31, 50)，つまり，フレーゲの言うように，結局，正則的な値域名を 'ξ＝ζ' に代入した結果が意味を持つことを示せば十分だということになる．

　というのは，もしそうなら，次のことが帰結するからである．

　それによってまた，関数名 'ξ＝(ξ＝ξ)' から，その項場所に正則的値域名を代入すれば，常に有意味な固有名を得ることが知られる．さて，われわれの規定に従い関数 ―ξ は，同一の項に対して，関数 ξ＝(ξ＝ξ) と常に同一の値をとるから，関数名 '―ξ' についても，それから正則的値域名の代入によって常に真理値の固有名が生じるということが知られる．われわれの規定に従うと，名前 '⊤Δ' と 'Δ→Γ' とは，名前 '―Δ' と '―Γ' があるものを意味する場合は常に意味を持つ．……項場所に正則的な値域名ないし真理値の名前を代入することによって，関数名 '⊤ξ' と 'ζ→ξ' から常に有意味な固有名が得られる．(GGA I, §31, 50)

フレーゲの論証は以下の如くである．

まず「背景の関数名」として，これまでに容認されたすべての第1階原始的関数名 '—ξ'，'⊤ξ'，および

$$\vdash \begin{matrix} \xi \\ \zeta \end{matrix}$$

に関し，その項場所を有意味な値域名で充当した結果は有意味であるかが問われる．

フレーゲは，水平線 '—ξ' を，上述のように 'ξ = (ξ=ξ)' と同一視し，また「真理値」を，相異なる値域，真を ἐ(—ε) に，偽を ἐ(ε=⊤∀a(—a = a)) と同一視したから (GGA I-I, §31)，

関数名 'ξ = (ξ=ξ)' も ξ-項場所に有意味な値域名を代入すれば常に真ゆえ有意味であり，かつ同じ項に対し関数名 '—ξ' は常に先の関数と同じ値をとるから，ξ-項に有意味な値域名を代入すると '—ξ' も有意味になる．'⊤ξ'，および

$$\vdash \begin{matrix} \xi \\ \zeta \end{matrix}$$

の各項場所に有意味な値域名が代入されると有意味になる．

従って，これまで導入されたすべての第1階原始的関数名に関しては，その項場所を有意味な値域名で充当した結果は有意味であるから，[[2*] により] 有意味な第1階単項関数名から形成される値域名は有意味な名前に受容されてよい．そのことによってまた [[4*] より] 第2階値域関数名 'ἐφ(ε)' も有意味と認められる．(GGA I-I, §31, 50)

かくして，同一性関数の一つの項場所に正則的値域名を代入した結果が有意味であることを示すに十分であろう．やや先走り過ぎたようである．諄いが出発点に戻って，もう少し各論証を見よう．

すると，‘$\xi = \dot{\varepsilon}.\Phi\varepsilon$’ が第1階単項関数の有意味な名前であるかどうかが問題となる．そのためにはまた，そのξ-項場所に真理値の名前をあるいは正則的値域名を代入することによってこれ［‘$\xi = \dot{\varepsilon}.\Phi\varepsilon$’］から生じる固有名のすべてが，あるものを意味しているのかどうかを問わなければならない．(GGA I, §31, 49)

しかし，なぜ ‘$\xi = \dot{\varepsilon}.\Phi\varepsilon$’ の$\xi$-項を真理値名と正則的値域名で充たせば十分なのか．恐らくそれらのみがそれまでに受容されている固有名だからである．値域名の導入は，適切な統語論上の規制に服さなければならない (Linnebo [2004] 86).

われわれの約定，すなわち［①］[基本法則 (V) に従って]‘$\dot{\varepsilon}.\Psi(\varepsilon) = \dot{\varepsilon}.\Phi(\varepsilon)$’ が ‘$\forall x [\Psi x = \Phi x]$’ と常に同じ意味であるべしということ，[②] そして ‘$\dot{\varepsilon}(-\varepsilon)$’ は真を，‘$\dot{\varepsilon}(\varepsilon = \top \forall x (x = x))$’ は偽を意味すべしということ，これらのことによって ‘Γ’ と ‘Δ’ とが正則的値域名ないし真理値の名前ならば，どの場合にも ‘$\Gamma = \Delta$’ の形の固有名に一つの意味が確保されるのである．……(GGA I, §31, 49)

かくて「項場所に正則的値域名ないし真理値名を代入することによって，関数名 ‘$\top\xi$’ と ‘$\zeta \to \xi$’ から常に有意味な固有名が得られる」(GGA I, §31, 50).
しかしながら，なお微妙な困難が残っている．フレーゲの「新しい有意味な名前の受容ないし名前の範囲の拡張策」は，「受容されるべき名前が，既に受容されている名前とともに……有意味な名前を形成することを証明することによって，有意味と承認されるべき名前の範囲を徐々に拡大」(GGA I, §32) するものであったが，値域関数名のごとき2階関数名 ‘$\dot{\varepsilon}\varphi(\varepsilon)$’ のような場合には，‘$\varphi$’ に充当するのに「単に新しい関数名を導入するのみならず，同時に第1階単項関数の各々の名前に対してそれぞれ新しい固有名（値域名）を導入するのであり，しかも既知［の第1階単項関数名］に対してばかりではなく，多分今後導入されるかもしれない一切［の第1階単項関数名］に対しても，予めそう［新しい値域名を導入］する」(GGA I-I, §31) ものであったから，高階の関数名の場

合には,「非拡張的」と判明している普遍量化子や上述の値域関数（公理(V)）の意味論的対応物によってうまく制御されうると仮定すれば，有意味性条件は満たされる）以外にも，新しく導入される候補名が「拡張的」な場合が想定されうる．2階のすべての関数名Fに関して，名前の有意味性条件［先述の(00_2)］を一般化するには，その「言語［例えば「概念記法」］への相対化」条件を落とす必要がある．するとリネボに従えば（Linnebo [2004] 83），条件(00_2) は以下のように無制限に open-ended 一般化されねばならない．

($0E_2$)　Fは，'Φ' が有意味$_1$であるとき常に，「F(Φ)」は有意味$_0$である．

こうすれば,「非補助的」分析にはフレーゲの拡張手続きを生かしうるが,「補助的」解釈は容易に失敗するであろう，とリネボは主張する（Linnebo [2004] 83）．

フレーゲの原初的な名前のうち残っているのは，⑧第1階記述関数 \ξ のみである．フレーゲは，次のように約定している．

(1) もし $\dot{\varepsilon}(\Delta=\varepsilon)$ が［関数 \ξ の］項となっているような，そうした種類の対象Δが，当の項 [$\dot{\varepsilon}(\Delta=\varepsilon)$] に対応して，存在するならば，その場合当の関数の値はΔそれ自身である．(2) もし $\dot{\varepsilon}(\Delta=\varepsilon)$ が［関数 \ξ の］項となるような，そうした種類の対象Δが，当の項に対応して，存在しないならば，その場合には，この項 [$\dot{\varepsilon}(\Delta=\varepsilon)$] 自身が当の関数の値である．(GGA I, §11)

さらに後段ではより明瞭に意味論的な定式化を与えている．「'Δ'が値域 $\dot{\varepsilon}(\varepsilon=\Gamma)$ の名前ならば，Γを意味し，こうした対象Γがまったく存在しない，ないし二つ以上存在するならば，当の値域自体を意味すべし」と約定し，ラッセルのそれとは異なる独自の記述理論を提示している．かくして固有名（確定記述）'\Δ' は常に有意味で，従って，記述関数名 '\ξ' もまた有意味なのである（GGA I-I, §11, 31）．

以上により，値域名についてはなおシーザー問題，ラッセル・パラドクス等，

種々の困難が残されてはいるが，一応は原初的関数名はいずれも有意味であると認められたので，「二値の原理」と先の「一般化された文脈原理」ないし「文脈規準」といった「相対的有意味性の規則」により，有意味な名前の範囲を次第に拡張することが可能となる．

> 項場所に正則的な値域名ないし真理値の名前を代入することによって，関数名 '$\top \xi$' と '$\zeta \rightarrow \xi$' から常に有意味な固有名が得られる．これまで有意味と承認された第1階関数の単純な名前のすべて，つまり '$—\xi$'，'$\top \xi$'，'$\zeta \rightarrow \xi$'，'$\xi = \zeta$' は，項場所への正則的値域名の受容によって有意味な名前を与えるということがわかった．正則的値域名は従って有意味な名前の範囲に受容されてよい．それによってしかしまたわれわれの関数名 '$\acute{\varepsilon}\varphi(\varepsilon)$' に関しても同じことが確定される．というのは，一般に，第1階単項関数の名前があるものを意味するということから，それ［その関数名］の '$\acute{\varepsilon}\varphi(\varepsilon)$' への代入によって生成する固有名があるものを意味するということが帰結するからである．(GGA I, §31, 50)

未だ値域名には留保を要するとしても，真理値名中のそれ以外の各構成要素となる名前の意味は，真理値名の意味＝真理値への貢献 Beitrag に他ならない．意味 Bedeutung とは「真理値ポテンシャル truth-value potential」だというかつてのトゥーゲントハットの主張は依然示唆的なのであった (Tugendhat [1975])．

だがしかし，既に容認済みの「非拡張的」名前ばかりでなく，新しい「拡張的な」関数名，固有名への「拡張」をも許容するとすると，「シーザー問題」の循環は，先の「真理値名」の「値域名」への還元においてのみならず，「拡張的な」新しい関数名，新しい「値域名」についても，生起する惧れなしとしない．実際，その危惧は「ラッセル・パラドクス」という形で，そして「入れ替え議論 permutation argument」という形で，現われたのである．それらはフレーゲの「論理主義」の「数学の哲学」に直結するから，第13章で再度取り上げよう．その前に，以上のような原初的論理記号の「意味論的約定」を基礎に，高階述語論理の公理体系の諸公理と推論規則のフレーゲによる「正当化」

を見ておこう．

§3 基本的論理法則（公理）群と推論規則の「意味論的正当化」

フレーゲは以上のような，原初的論理記号の「意味論的約定」を基底部として，各公理の論理構造・複合性の上への帰納法による証明，つまり，各公理の複合性の各帰納的ステップを回帰的に辿ることにより，その真理性と，推論規則の真理保存性の証明を試みる斬新なものである．これらの論証を，ヘックは「解明的論証 elucidatory demonstrations」と呼んでいる (Heck [2010] 360)．これらの論証は，しかし，大方明示的には意味論的形式をもたない傾向がある．（以下，準標準的表記で表す．）

1. 公理群の真理性の証明

公理 (I) の真理性の証明について，フレーゲは次のように述べている．

第12節［条件法の約定］によれば，
　$\Gamma \to (\Delta \to \Gamma)$
は Γ と Δ が真であり，他方 Γ が真ではないときに限って偽であろう．これは不可能である．従って
　$\vdash a \to (b \to a)$．(GGA I, §18, 34)

(IV) 対偶律については，次のように述べている．

$-\Delta$ と $\top\Delta$ は常に異なっており，そしてこれらはともに真理値である．さて $-\Gamma$ も同様に常に真理値であるから，$-\Gamma$ は $-\Delta$ か $\top\Delta$ のいずれかと一致しなければならない．以上から，$\top(-\Gamma) = (\top\Delta) \to (-\Gamma) = (-\Delta)$ は常に真だということが帰結する．というのは，これは，$\top(-\Gamma) = (\top\Delta)$ が真，すなわち $(-\Gamma) = (\top\Delta)$ が偽で，かつ $(-\Gamma) = (-\Delta)$ が真ではない，すなわち，偽である場合にだけ偽であろうからである．換言すると，$\top(-$

Γ) = (⊤Δ) → (—Γ) = (—Δ) は (—Γ) = (—Δ) のみならず，(—Γ) = (⊤Δ) もまた偽である場合に限って偽であろう．しかしこれは上で見たように不可能である．

　従って，⊤ (— a) = (⊤ b) → (— a) = (— b) (Ⅳ)．(GGA I,§18)

　これらの場合も，明示的に意味論的形式はとられず，「水平線」「否定」「条件法」の各意味である真理関数—ξ，⊤ξ，ξ→ζの，先の意味論的約定と，Γ，Δを引用符なしで，真理値を「暗示する」'a'，'b' といったラテン文字の代理をするメタ的記号として使用して，真理表的に，公理（Ⅰ）と対偶律の恒真性を論証している．後段の推論規則の妥当性証明も同様である．

(Ⅱa) 普遍例化については，次の通りである．

　∀aΦ (a) が真となるのはすべての項に対して対応関数Φ (ξ) の値が真であるときに限る．この場合，それ故，Φ (Γ) も同様に真でなければならない．このことから，Φ (ξ) がどのような単項関数であっても，∀aΦ (a) →Φ (Γ) は常に真であるということが帰結する．

　……さてわれわれは '∀f [∀af (a) → f (Γ)]' ということで，'∀af (a) → f (Γ)' 中の 'f' の場所にどのような関数名が代入されようと，常に [真理値] 真の名前が得られるということの真理値と解する．この真理値は 'Γ' がどんな対象を意味しようと真である．すなわち，⊢∀f [∀af (a) → f (Γ)]．……ドイツ文字の代わりにラテン文字を書くことができる．

　すなわち，⊢∀af (a) → f (a) (Ⅱa)．(GGA I,§20)

2. 推論規則の妥当性

　次に推論規則の妥当性は「真理保存性 truth preserving」として次のように説明される．そのいくつかを紹介しよう．

(1) 第一推論様式 a (分離則 MP) は，以下のように説明される．

　命題 '⊢Δ→Γ' と '⊢Δ' から '⊢Γ' が推論できる．というのは，もしΓが真でなければ，Δは真である故，Δ→Γが偽となってしまうだろうからであ

る．(GGA I, §14, 25)

(2) 派生的推論様式 b (仮説三段論法 HS) については，以下の通りである．

二つの命題'⊢Δ→Γ'と'⊢Θ→Δ'とから，われわれは'⊢Θ→Γ'を推論することができる．というのは，Θ→ΓはΘが真でΓが真でないときに限り，偽だからである．しかしΘが真であるならΔも真でなければならない．というのは，もしそうでなければΘ→Δが偽となるだろうからである．しかしもしΔが真であってΓが真でないならば，Δ→Γは偽となろう．Θ→Γが偽である場合は従って生じないのであり，かくてΘ→Γは真なのである．(GGA I, §15)

(3) 普遍汎化規則 (UG) は，次のように表される．

$$\frac{\vdash X(\mathfrak{a})}{\vdash \overbrace{\quad\mathfrak{a}\quad}\; X(\mathfrak{a})}$$

UG はゲンツェンの LK 風には ∀ に関する推論規則

$$\frac{A \Rightarrow F(a)}{A \Rightarrow \forall x F(x)}$$

に相当する．

第2階関数名 (普遍量化記号)

$$\overbrace{\quad\mathfrak{a}\quad}\; \Phi(\mathfrak{a})$$

の場合，フレーゲの約定によれば，「関数 Φ (ξ) の値がすべての項に対して真であるならば真を意味し，そうでなければ偽を意味する」(GGA I-I, §8) と言われていた．なお「ラテン文字については，それがある対象を意味している *bedeuten* とは言わず，ある対象を暗示している *andeuten* と言う」(§17)．

すると簡単には，「ラテン文字 x が任意の対象を暗示するとき，'X (x)'が

真理値真を暗示しているなら，すべての対象 a は X である．つまり，

$$\vdash\!\!\!\underbrace{\quad\quad}_{\mathfrak{a}}\!\!\!-X(\mathfrak{a})\text{'}$$

は真を意味する」と直接 UG の妥当性を主張してもよさそうである．ところがフレーゲはそう述べていない．

> ラテン文字を持つ命題は常にドイツ文字を持つ命題へと変換されうるが，そのくぼみは判断線から水平線によってのみ分離されているだけである．われわれはこうした移行を次のように記す．
>
> $$\text{'}\vdash\Phi(x)\text{'}$$
>
> $$\vdash\underbrace{\quad\quad}_{\mathfrak{a}}\Phi(\mathfrak{a}) \quad [\text{i.e.} \vdash\Phi(x) \Rightarrow \vdash\forall \mathfrak{a}\,\Phi(\mathfrak{a})]$$
>
> この場合，……第8節の第2規則［改名規則］を考慮しなければならない．……(GGA I-I, §48)

また「あるラテン文字からドイツ文字への移行に際しては，なお次の場合に言及しておかなければならない」として，「普遍汎化 UG」の直接の正当化ではなく，むしろ上記ゲンツェン LK 風の∀の推論規則の妥当性の意味論的な正当化に等しいことを遂行していることは，非常に興味深い．実際，現代風の術語でも，普遍汎化規則は，「'x' が 'Γ' 中で自由でない限り，'⊢Γ→∀x.Φ(x)' から '⊢Γ→Φ(x)' への推論を許す」(GGA I, §48, 規則 5)．

ヘックによれば (Heck [1997] 445)，「この規則の妥当性のための論証は3部分に分かれる」．①第一に，'⊢Γ→Φ(x)' が，ラテン文字を含む式はその普遍閉包と同値だから，'⊢∀x(Γ→Φ(x))' と同値．

第二は，次の節句に含まれる．フレーゲは次のように述べている（以下②）．

> 命題 '⊢∀a[Γ→Φ(a)]' を考えよう．'Γ' は固有名であり，'Φ(ξ)' は関数名である！
>
> ∀a[Γ→Φ(a)] は，関数 Γ→Φ(ξ) がなんらかの項に対して値として偽

をとるならば，偽である．それはΓが真で関数—Φ（ξ）の値がなんらかの項に対して偽である場合である．他のすべての場合には∀a［Γ→Φ（a）］は真である．

　従って，'∀x（Γ→Φ（x））'が語っているのは，Γが真でないかあるいは関数Φ（ξ）の値はすべての項に対して真であるということである．

　これを'Γ→∀x.Φ（x）'と比較してみよう．後者［の式］は，もしΓが真で，かつ∀x.Φ（x）が偽なら，偽を意味する．しかし後者の場合が成立するのは，関数—Φ（ξ）の値がなんらかの項に関して偽の場合である．他のすべての場合には，Γ→∀x.Φ（x）は真である．

　かくて命題'⊢Γ→∀x.Φ（x）'は，'⊢∀x（Γ→Φ（x））'と同じことを主張しているのである［i.e. ⊢Γ→∀aΦ（a）↔⊢∀a［Γ→Φ（a）］］．(GGA I,§17, 32)

　これは'p→∀x.Fx'と'∀x（p→Fx）'の同値性のお馴染みの論証である．しかしそれは，'Γ'と'Φ（ξ）'が名前なら——すなわち，'Γ'も'Φ（ξ）'もラテン文字を含まないなら——同値であるということを確立しているに過ぎないことに注意せよ．そうでなければ，Γの真理値について語るのは不適切であろうから．この規則の妥当性が，一般的な場合に確立されるには，付加的な論証が要求される（Heck［1997］445）．その議論は以下の節で与えられている（以下③）．

　ラテン文字を含んでいるために一つの対象や関数を意味せず，単に暗示するにすぎない記号結合が'Γ'と'Φ（ξ）'に対して代入されたとしても，上で言われたことは各ラテン文字に対し何であれ一つの名前が代入される場合には妥当する．従って，普遍的に妥当する．……もっと正確には，あるものを意味すべき記号ないし記号結合のみを名前 Name と呼び，ラテン文字および……［ラテン文字］が現われる記号結合は，……名前ではなく……単に暗示するにすぎない．［しかし］……ラテン対象標識と……ラテン関数標識［を導入］すると，命題'⊢Γ→∀aΦ（a）'は'Φ（ξ）'が関数名で'Γ'が固有名である場合のみならず，'Φ（ξ）'がラテン関数標識で，'Γ'がラテン対象標

識の場合にも，命題 '⊢∀a [Γ→Φ (a)]' と同一のことを語っていると言うことができる．(GGA I, §17, 33)

§4 意味と意義・思想

フレーゲは，さらに（上記の有意味な名前の拡大策の証明を介して）ある与えられた文が，真を意味するのは，関係する（真理）条件が得られる場合その場合に限るということも証明したのである．その場合，当の文はその条件が問題の文のメタ的説明だと解しうる．この理由により，彼は §32 で，次のように言うことができたのである．

われわれの [原初] 記号から適正に形成されたすべての名前には意味ばかりでなく，意義 Sinn も帰属する．真理値のこのような名前のおのおのは，一つの意義，一つの思想 Gedanke を表現する．つまり，われわれの約定によって，どのような条件のもとでその名前が真を意味するかが確定されるのである．この名前の意義，思想はこれらの条件が充足されているという思想なのである．(GGA I, §32, 50)

フレーゲが成し遂げたことは，概念記法の論理的断片に対し，真理の非形式的な，公理的理論を産出し，かつ，非形式的にではあるが，「当該の理論は，大まかにタルスキの意味で，十全 adequate であるということを証明したのである」(Heck [1997] 451).

フレーゲの公式的見解と通常解されているのは，真偽を本来的に問われるのは文ではなくて，文の意義・思想であり，文の真偽は単に派生的に問われるにすぎないし (G 61)，また語の意味・表示対象もその語の意義の媒介 Vermittelung によって，それによってのみ，関係する (ASB 135) と，されている（詳細は野本 [1986] 第 4 章参照）．ところがそうした意味（真偽・表示対象）に対する意義・思想のある種の優先性を，実際のフレーゲの手続きは遵守してはいない．そのことは，固有名の意義とは，「その表示対象が与えられるその仕方 die Art des Gegebenseins des Bezeichneten」(SB 26) が含まれるものという規定に

も既に伺えるように，むしろ表現の意味・表示という観念に訴えて，その表現の意義の観念を説明しているのである．意義と意味の規定をめぐるこうしたフレーゲの実際の手続きは，『基本法則』においては鮮明に現れていて，これまでつぶさに見てきたように，意義や思想には何も言及することなく，論理的に原始的な表現の意味（真偽，概念，関数，論理的対象等）が確定された上で，それを基礎にして，その意義・思想の規定へと進むアプローチが採られている．以下その点を確かめつつ，フレーゲの意義論を見よう．

いわゆる外延的論理 extensional logic に関わる限り，フレーゲの用語で言えば，われわれは「意味 Bedeutung 論」の範囲を越える必要はない．'3 > 2'，'$3^2 = 4$' のような真理値名（命題基）は真偽いずれかの真理値を表示する bezeichnen ないし意味する bedeuten のであり，固有名の意味はなんらかの対象 Gegenstand である．対象は，関数でない一切のもの，例えば数，真理値，値域で，いかなる空所もなく飽和している gesättigt (GGA I-I, §2). だが論理的には（問題は残っているがさし当たり）値域（概念の外延等）のみを前提すればよく，真理値も値域に同化されうる．第1階の関数名，例えば '$(2 + 3\xi^2) \cdot \xi$' の表示する意味は，関数 Funktion で，その本質は 'ξ' に代入される記号の表示する数とそれに対する関数値との間の対応 Zusammengehörigkeit において告知され，曲線の軌跡・グラフにおいて直観化される．関数名同様，関数自身もいわば「不飽和 ungesättigt」で「補完を要し ergänzungsbedürftig」(GGA I-I, §1), また第1階概念語（述語）・関係語の表示する概念・関係は，その項に対する値が真理値であるような特殊な関数である．フレーゲの場合，公理 (V) が示すように，例えば '$\xi^2 = 4$' と '$3 \cdot \xi^2 = 12$' のごとく，同じ項に対して同じ真理値となるような概念は，その外延が同一であるのみならず，概念自身が同一と見なされるのである．その意味合いではフレーゲの場合には，概念・関係は，外延的である．

例えば，'$2^2 = 4$' と '$2 + 2 = 4$' とはともに真理値真を表示し，意味において何も異なるところはない．しかしながら，フレーゲは名前の意味からその意義 Sinn を区別する．'2^2' と '$2 + 2$' が同じ4を意味しながら，同じ意義をもってはいないように，'$2^2 = 4$' と '$2 + 2 = 4$' も同じ意義をもたない．真理値名の意義をフレーゲは思想 Gedanke と呼び，また名前はその意義を表現

し ausdrücken，その意味を意味する・表示する，という（GGA I,§2）．それでは思想とはなにか．フレーゲによれば，「われわれの約定によって，どのような条件の下で名前が真を意味するかが確定される．この名前の意義，思想は，これらの条件が充足されているという思想なのである」（GGA I-I, §32 強調引用者）．

　フレーゲはなおこう補う．「われわれはΦ（Γ,Δ）が真であるならば，対象Γは対象Δに対して関係Φ（ξ,ζ）にある，と言う．同様にわれわれはΦ（Δ）が真であるならば，対象Δは概念Φ（ξ）のもとに属する fallen unter と言う」（GGA I-I, §4）．つまり，われわれの表記上，固有名'Γ'，'Δ' はそれぞれ対象Γ，Δを表示・意味し，また関係語 'Φ（ξ,ζ）' は関係Φ（ξ,ζ）を意味すると意味論的約定をしたとすると，真理値名 'Φ（Γ,Δ）' の意味（Φ（Γ,Δ））, 即ち，真理値が真であるのは，ΓがΔに対して関係Φ（ξ,ζ）にあるという条件が充足されている場合であり，また同様に固有名 'Δ' は対象Δを意味し，概念語 'Φ（ξ）' は概念Φ（ξ）を意味すると約定すると，真理値名 'Φ（Δ）' の意味（Φ（Δ））が真理値真であるのは，Δが概念Φ（ξ）の下に属するという条件が充足されている場合だ，ということである．（なおフレーゲの論理的意味論についての詳細は，野本 [1986] を参照．）

　この箇所は，やがてヴィトゲンシュタインが，命題の示す意義とはその命題がいかなる条件の下で真となるかという真理条件 Wahrheitsbedingung であり，命題を知るとはその真理条件を理解することだ（Wittgenstein [1921] 4.022f.）とあからさまに主張し，さらにはタルスキの真理定義の逆転用を介して，D. デイヴィドソン（Davidson [1984]）によって展開される，いわゆる「真理条件的意味理論 truth conditional theory of meaning」の標準的箇所 locus classicus である．（その展開過程については，野本 [1988]．一層詳しい近年までの議論は飯田 [2002] 参照．）

　さらにフレーゲは，「真理値の名前がそれらから構成されている単純ないしそれ自身既に合成されている名前は，思想を表現するのに貢献する．そして個々の名前の貢献 Beitrag がその意義なのである」（GGA I, §32 強調引用者）と述べている．この句は，意義に関する「文脈原理」，ないし少なくとも「命題優位のテーゼ」を表している．すぐ言葉をついでフレーゲは「もしある名前が

真理値の名前の部分ならば，その名前の意義は後者［真理値名］が表現する思想の部分なのである」(loc. cit.) とも述べているが，これはいわば意義に関する「合成原理」を表している．

間接話法のような (GGA I-I, x) 複雑な文脈は別として，外延的論理の範囲では，明示的に「意義・思想」に言及する必要はないが，しかし推論というものが主張・判断から構成されているとしたら，判断は一つの思想を表現し，それが真であるという承認に他ならないのであるから，推論の学である論理学は，実は「思想なしですますことはまったくできないのである」(GGA I-I,§32)．

1) Aczel [1978]（邦訳 pp. 280-2) は水平線の導入から，ラッセル・パラドクスが帰結するという．しかし，それは値域関数が導入された後の段階で，その導入にこそ問題があり，水平線自体に問題があるか疑問なしとしない (cf. Greimann [2003a])．またフレーゲでは，(V) から '$\Phi(\Delta)$' が '$\Delta \cap \acute{\varepsilon}\Phi(\varepsilon)$' と置換可能だとしても，階の差異を無視して '$\Phi(\xi)$' と '$\acute{\varepsilon}\Phi(\varepsilon)$' が置換可能なわけではないことを背理法的に証明している（ラッセルとの書簡を参照．本書第 14 章 §2 も参照）．

第10章　交流と批判

§1　ペアノとの往復書簡——目的の相違

　G. ペアノ Guiseppe Peano (1858-1932) は，トリノ大学数学教授であった．論理学・自然数論への多大な貢献のうち，最も有名なのは『数学公式集 *Formulaire de mathématiques*』(1895-1901) である．この著作中でペアノは，ホワイトヘッド - ラッセルの *Principia Mathematica* に受け継がれ，今日の論理学において広く使用されている標準的な記号法の基礎を与えた．

　フレーゲとペアノとの書簡交換は，主に1894年から1896年に行われており，それは，フレーゲの『算術の基本法則』第Ⅰ巻出版 (1893) 後から，ペアノの『数学公式集』第Ⅱ巻 (vol. II, Sect. 1: 1897; Sect. 2: 1898; Sect. 3: 1899) の準備中に互っている．交換書簡は次のものを含む．

(1) 8篇のフランス語によるペアノの手紙，そのオリジナルはダルムシュテッター集成 SlgDarm にある．
(2) はじめ *Rivista di matematica* 誌上に公刊された，フレーゲの書簡一通とイタリア語のペアノの返答．
(3) フレーゲの下書きのうち一つのオリジナルは SlgDarm に保管されており，もう一つはフレーゲ文庫にコピーがある．それ以外は不明である (cf. WB; Kennedy [1980]; Grattan-Guinness [2000])．

　ペアノは早期にフレーゲの仕事を評価したごく少数の一人である．1891年

の *Rivista di Matematica* 誌（vol. 1）でフレーゲの概念記法表記に言及している．1894 年以前にペアノはフレーゲに葉書と何編かの自著論文を送っている．

　第 1 信は，1893 年執筆と推測されるフレーゲの手紙の下書きで，葉書と論文のお礼が述べられ，フレーゲは，単称命題と一般命題の記号化とその理解におけるふたりの一致を確認している．またペアノの普遍命題，存在命題の表記ならびに∈と⊂（メンバーシップとクラス間の包含関係）の区別に同意している．

　第 2 信（1894.1.30）でペアノは，大学図書館にフレーゲの『算術の基本法則』を購入させたこと，また彼自身『算術の基礎』は購入済みであると伝えている．フレーゲの記号法読解も，それによる数学的命題の表記も，難しいと嘆いている．すぐ続いてペアノは第 3 信で *Notations de logique mathematique* (1894) と *Arithmetices principia* (1889) を送り，その「批判と書評」を依頼している．ペアノはフレーゲの著書を読み進むのが大いに楽しみだと告げる．ペアノは自分の表記法で表記した三つの命題を，フレーゲが彼の表記法に翻訳してくれるよう依頼している．（欄外にフレーゲの書き込みがある．恐らくペアノに送られたのであろう．）

　一年後の第 4 信（1895.8.14）でペアノはフレーゲに『公式集』（vol. 1: 1895）を送ったことと，『基本法則』を読了しその書評を執筆中と伝えている．その書評は *Rivista* 誌（vol. 5: 1895.7）に掲載された．概して好意的なこの書評中でペアノが主に関心を寄せたのは，数学の基礎ではなくて，概念記法である．そしてそれを自らの *Formulario* と比較し，後者の方に明らかに利点があるという．フレーゲの基本記号は 5 つであるが，*Formulario* は 3 つであるので，より深い分析を与えると結論している．ペアノはフレーゲの論理的命題と推論規則との区別を理解し損なっており，またフレーゲが日常言語で論理的命題の正当化を試みていると誤解し，的はずれの批判をしている．しかしペアノはフレーゲの著作を歓迎し，概念記法が数学の様々な部門に適用されるように希望している．

　ペアノは彼の雑誌 *Rivista* 上での共同作業を提案し，フレーゲに書評を依頼，またペアノ流の記号法で再現できれば，『公式集』でフレーゲの諸式を公刊したいと述べている（第 2，3，5，10，12 信）．第 10 信でペアノは自分の式とフレーゲの式の比較を試みる．

先のペアノの要請や書評に，フレーゲは第7信で応えている．しかしそれ以前にリューベックで行われた数学会での講演とその詳論「ペアノ氏の概念記法と私自身のそれについて」(1897,『著作集1』所収)で，フレーゲはペアノの概念記法を自らのそれと対比して論じている．第7信 (1896.9.29) においてフレーゲは，ペアノの書評に応え，またこの書簡を *Rivista* 誌上に公開するよう要請している (遅れて *Revista* 誌 (vol.6) に 1899年に公刊)．その返信中でフレーゲは，基本的観念の数の多寡によって分析の深さを表面的に判定する以前に，そもそも①ペアノの三つの記号だけではその他すべての記号を定義するには十分でないことを示す．フレーゲは②ペアノの定義がしばしば「不完全」，つまり「概念の明確な境界づけ条件」に反し，その結果同じ記号を複数回「多重に」定義したり，「条件付きに」定義したりしていると批判する．また③ペアノは関数記号や概念語の本質である「補完の必要性」や，④単なる思想表現から判断・主張を区別する「判断線」の不可欠性を理解していない，またペアノは，⑤フレーゲのドイツ文字，ラテン文字，ギリシャ文字の使用を誤解していることを指摘している．これらの点のいくつかをペアノは後にフレーゲへの公刊回答 (*Rivista* 誌，vol.6 (1899)) で認めている．すなわち，三つの記号では不十分で，*Formulaire* の最新刊では9個の未定義語を含むとする．彼は部分的にはフレーゲの定義批判を受け入れるが，概略は自らの手続きを擁護する．

　第10信での，数学者たちは実際にはペアノの言うような多重的で条件付きの定義を行っているというペアノの反論に対し，フレーゲはとりわけ第11信で再度，歴史的な展開過程と体系的叙述とを対比して反論している．そして全算術が分析的なら，算術は貧弱な同一律に基づく貧弱な内容しかもてないという反論に，意味と意義の区別に基づく認識価値の違いを説明している．

　この往復書簡は，フレーゲとペアノとの概念記法構成の目的が異なっていたことを明示する．フレーゲの目標は，算術の基礎の探究にある．ペアノは，数学の多様な理論を表現するのに十分な記号法の構成を目指した．ペアノから見れば，フレーゲは，数学的理論の単に一部門である，算術・数論の記号法を編み出した，ということになる．

　なおフレーゲとペアノの概念記法構成の目的の相違について，フレーゲがはっきり認識していたことを，「ペアノ氏の概念記法と私自身のそれについて」

(1896)における,以下のフレーゲの文章が明瞭に語っている.

数学の基礎の探究が彼の表記法の動機であるわけではなく,それが実際にどのように展開されたかの決定要因であったわけでもない.というのも,この「序説」の第2節では,実数,有理数,素数などの全体のクラスを表す記号が導入されているが,その際これらの概念がすべてすでによく分かっているものと見なされているからである.同様のことが,演算記号 '+', '−', 'x', '√' などの意味に関しても起きている.このことから分かるのは,これらの論理構造をその単純な構成要素に分析することが意図されていたのではないということである.そしてそうした分析がなければ,私がもくろんでいるような探究は不可能であるから,ペアノ氏の意図の中にはこうした探究はなかったということになる.(Frege [1896] 365)

§2 ディンクラーとの往復書簡——条件つき証明と背理法

H. ディンクラー Hugo Dingler (1881-1954) は,ミュンヘン大学の数学・物理学・天文学の分野で,1906年に学位を取得.1912年教授資格を取得後,第一次世界大戦に従軍,1920年ミュンヘン大学員外教授,1932年ダルムシュタット工科大学哲学教授に招聘されたが,1934年政治的理由でそのポストを追われた.

1910年ディングラーは著書『科学の限界と目的 Grenzen und Ziele der Wissenschaft』(1910) その他をフレーゲに贈呈する.しかし内容のある哲学的書簡は,従軍士官として多忙中の1917年に集中的に交わされている.きっかけは,ディンクラーがフレーゲに送った論文「集合論の論理的逆理と逆理なき集合の定義 Ueber die logischen Paradoxien der Mengenlehre und eine paradoxienfreie Mengendefinition」(1913) である.だが,フレーゲが立ち入って議論しているのは,真でない命題を前提とした推論の可能性で,その後の二人の議論も真理概念を巡って行われている.その背景には,ヒルベルトの公理的方法および「真」と「無矛盾」を同一視するという考えがある.

残存しているのはフレーゲの書簡,葉書10通とディンクラーの書簡の写し

4通である．フレーゲのディンクラー宛書簡では，フレーゲはまず論証について自説を開陳する (1917.1.31)．上記 1913 年の論文で，ディンクラーはこう述べていた．

> もし一群の前提から，その中の一つの概念についてある言明が成り立つと同時に成り立たないということを論理的に導出できれば，これら一群の前提は矛盾する．(定理 II 4)

フレーゲはそもそもこの事例の可能性を疑う．適正な論証手続きで，複数の真なる命題から一つの命題を「導出 ableiten」するなら，この一つの命題も真である．フレーゲは，自分のいう「論証 Schluss」に関して，古典的に「真なる命題からしか，何事も論証する schliessen ことはできない．……一つの前提 Praemisse からの帰結 Folgerung の図式は，「A は真である，従って B は真である」となる」と言う．それ故，その真理性が未知である，ないしは偽であるような命題を前提には用いえない．従って，矛盾する二命題の両方が，それから矛盾命題の帰結する folgern 前提にはなりえない．正しい論証の前提からは，真理性の疑わしい命題はすべて除外されなければならない，という．

ここで対比されているのは，「論証」と「擬似論証 Pseudoschluss」である．そして「導出する」は両者を覆うように使用されている．真偽を知らずに，ある命題群から，別の命題を「純粋形式的には導出できる」が，「この導出は決して論証ではない．前提の真理性が欠けているからである」．こうした「導出」をフレーゲは「擬似論証」と呼ぶ．「擬似論証は，結論の真理性を「根拠づけ begründen ない．結論の真を前提の真によって根拠づけるのは，論理法則に従った正しい論証のみなのである」．

ディンクラーは直ちに返信し (1917.2.2)，数学に真理概念を持ち込むことは不必要かつ不適当であり，「前提の「真理性」は論証の妥当性にとって重要ではない．数学においては，純粋な概念計算で十分である」と主張する．

続いてディンクラーは，いわゆる「背理法」による「間接的証明」に相当する導出を弁護する．つまり，「ある新概念 X についての二命題から結論を引き出そう ziehen とするとき，それらが「真である」と仮定する voraussetzen こ

第10章 交流と批判　303

とはごく自然である．ここで「真である」はただ「暫定的考察のための仮定」を意味するにすぎない．そして矛盾が引き出されれば，先の二命題は矛盾し，少なくとも一方は偽であることが示される」．

　フレーゲは，二人の用語について相互了解を試みる (1917.2.6)．まず「判断論」の自説を述べる．思想の把握が思考で，思想を真とする承認が判断，判断の告知が主張である．また「思想を単に表現すること（例えば，舞台上での役者のセリフ）と，それを主張することとは別のことである」．よって思想と判断，思想表現と主張とが区別される．最重要なのが複合命題の場合で，最も簡単なのは，例えば「⊢ (3 > 2 → 3 + 1 > 2 + 1)」のように，条件命題［前件］，帰結命題［後件］がそれぞれ一つの部分思想を，また複合命題全体も一つの複合思想を表現している場合である．このとき，前件，後件は判断・主張ではないが複合命題全体の思想の真理性は主張できる．

　さらには主張力を伴う「⊢ (a > b → a + 1 > b + 1)」のような「一般的複合命題」を「証明する beweisen」ことは可能である．しかし一般性を表す文字「a」「b」を含むこの一般的命題と，先の代入事例命題とは全く異なる．一般的複合命題「⊢ (a > b → a + 1 > b + 1)」の全体は，真偽の言える「本来的 eigentlich 命題」だが，個々の命題「a > b」「a + 1 > b + 1」は，単独ではいかなる思想も表現しない「非本来 uneigentlich な命題」「見かけ上の前提」にすぎない．先の一般命題は，三つの思想をではなく，唯一の思想を表現しているのである．

　多忙な軍務の中から，ディンクラーは，二人の見解の相違の核心について反論を展開する (1917.2.26)．ディンクラーは，命題の「本来的」「非本来的」の区別は程度の差に過ぎないと主張する．3 > 2 と a > b 中の「2」「3」「a」「b」は，単なる記号にすぎない．記号は，その前提・公理によってはじめて，「意義」を獲得する．命題「3 > 2」の外見上の意義は，前論理的，前公理論的な学問段階における「通俗概念」に過ぎない．各命題は，独立ではなく，還元不能な仮定・公理の系列に基づく一つの複合命題の一部分である．数学は一層高度な発展段階にある学問で，全く新しい論理が必要であって，その特徴は，異なる学問相互間の論理的写像の原理である．各学問分野の還元不能な公理の中だけで，命題形式と「意味」とが直接に結びついていればよい．この種の論理

内部で，命題が無矛盾な論理的体系に属し，その中で正しく導出されていれば，その命題は真と称せられる．

以降何通かの書簡交換では，内容的議論はない．「条件つき証明」や「背理法」という論証の容認を迫るディンクラーに対して，フレーゲは，「論証する schliessen」ということを，基本的に「前提」の真理によって「結論」の真理を「基礎づける begründen，正当化する berechitigen」ものである，とする立場を堅持する．つまり，「真なる前提から真なる結論」のみを「論証 Schuluss」と見なす古典的な立場を譲らない．けれども，「条件つき証明」「背理法」の場合には，「論証 Schluss」「論証する schliessen」とは区別されるが，「擬似論証 Pseudoschluss」としては認め，両者を覆うような「導出 ableiten する」という広い意味合いでの「推論」の余地をも残すような形跡を窺わせるにとどまり，ゲンツェン流の「→の導入」や「¬ の導入」を「論証」として容認する所までは踏み込まない．この点は，あくまでも「結論」（数学的命題）の真理性を，「前提」（基本的論理法則）の真理性による「正当化」という「論理主義」のプロジェクトが眼目である限り，「論証」とは前提の真を結論の真に保存することだという，フレーゲの立場からは，理解可能なことであろう．

但し，注目してよいのは，この書簡でも他の書簡でもフレーゲが，「純粋な形式的導出 rein formale Ableitung」の余地を残しているように見えることである (cf. GLG [1906]; Jourdain 宛 (1914) in WB)．後者は，いわゆる条件付き証明や（矛盾を介して否定を導く）ソクラテス的背理法で，ゲンツェンの自然演繹 NK で言えば，「→や¬ の導入」規則に，ゼクエント算 LK なら各「右入れ」規則に相当する[1]．

§3　シュレーダー批判

この節では，「E. シュレーダー『論理代数講義』[2] における幾つかの点についての批判的解明」[3] 中のフレーゲのシュレーダー批判の若干について触れておこう．シュレーダーの『論理代数講義』は3巻にわたる大著で，3巻目は没後出版 (1905) であり，この第Ⅰ巻 (Schröder [1890]) だけでも，700頁を越える大部のものである．フレーゲ自身の批評も，ほとんど専らシュレーダーの領域

計算 Gebietskalkül のいくつかの問題点に関わっているのみなので，本節もそれらの基礎的な問題のみに絞る．（[　] は野本の補足である．）

　シュレーダーは，ブールの議論領域 *universe of discourse* ないし多様体 Mannigfaltigkeit の要素を領域・クラスと呼ぶ．シュレーダーによると，領域間の最も重要な関係は，領域 A の領域 B による「包含 Einordnung」「包摂 Subsumition」で（Schröder [1873] 28-31），以来 'A ⋹ B' といった特殊な記号表記がなされており [標準的表記では，'A ⊆ B' に相当]，次の二つの原理 (P) が成り立つ，とされる．

1. どの領域も自分自身に含まれる．[A ⋹ A] [i.e. 反射性 A ⊆ A]
2. 一つの領域が二番目の領域に含まれ，そしてこれが三番目の領域に含まれるならば，一番目の領域は三番目の領域に含まれる．[⋹ の推移性] [i.e. A ⊆ B & B ⊆ C. → A ⊆ C]

ところでシュレーダーによると，(A)「個体」「個物」は不要で，「要素」も重要でない．どの領域も，要素から複合可能なら，全体の中でどの部分を要素と呼ぼうと，どうでもよいとされ，個体とクラスの区別は流動的，相対的となる．[この (A)，すなわち，クラスとその要素，個体との区別を絶対的とはせず，専ら相対的と見なすこと [urelement を想定しない？] が，おそらくすべての混乱の原因と推測される．(A) から，クラス間の「包含」関係 [⊆] と要素とクラス間の「成員」関係 [∈] の区別が曖昧となり，A ⋹ B という領域間の包含関係で兼務せざるをえなくなっているのである．] [フレーゲが指摘するように，もし (A) なら，成員関係 ∈ については，(P) の上記の原理「反射性」「推移性」はいずれも不成立のはずである．]

　すると，①「一つの個体でさえも，まさしくこの個体だけを含むクラスと呼ばれ」(S. 148)，一個体とその単元集合が一致する [a = |a| ?]．すると種々の面倒な問題が生ずる．

　クラス間の和の定義から，恒等和 [A ∪ B] もクラス，クラスの積は恒等積 [A ∩ B] を形成するが，しかし後者の場合，A, B がいかなる部分も共有しないと，A ∩ B は消失するとされる．シュレーダーによれば，基本的に，(B)

相対的にせよクラスは対象から成り立ち，対象の集まりとされるから，対象が消失すればクラスは消失する．［(A) と (B) の想定は，場合によっては両立しないおそれがある．］

　従って，いずれにせよ，②空のクラスはあり得ない，とされる．［②と後の 0 の想定は矛盾すると思われるが，何も説明がない．］こうした恒等的領域・クラス計算は，様々に応用・解釈が可能で，領域・クラスと解釈した文字を，概念の外延，さらには概念と解釈すると，論理に至る．つまり，クラス間の包含関係が外延間の関係に，さらには概念間の従属関係 Subordination に置き換えられると，論理学の分野に至る．

　③すると，「A は B の一部分である 'A ⋹ B'［A ⊆ B］」は，「A であるものはすべて B である［∀x [Ax → Bx]］」と翻訳される．しかしここで種々のずれから，好ましくない諸帰結が出る．

　やがてシュレーダーが，ブールの議論領域 1 を拒否するという箇所に至るとすぐ困難が顕在化する．ブールの 1 はすべての領域・クラスを含むはず［∀A [A ⊆ 1]，i.e. B = 1 → ∀ A [A ⊆ B]．対偶をとれば，∃ A (A ⊊ B) → B ≠ 1］である．しかしクラスは，ブールの議論領域 1 と異なり，すべてを含むものであってはならない，とされる．

　さて④「0 は集合体 1 から生成され得るクラスのいずれのうちにも含まれる［∀X (0 ⊆ X ⊆ 1)］」．

　⑤ところで「a を，集合体のうちの 1 と等しいクラスのクラスとすれば……［$a = |x | x = 1|$］このクラスは唯一つの対象，すなわち 1 それ自身，集合体の全体を含む［1 ⊆ a］――しかしこれの他にも「無」，0 をも含む［0 ⊆ a］．すると 1 と 0 は，1 と等しくあるべき対象のクラスを構成することから，1 = 1 のみならず，0 = 1 もまた認められねばなるまい．……」(S. 245).

　⑥この考察は 1 ではなくとも任意のクラス b にも適用され，0 = b という矛盾に至る．

　フレーゲは，こうした矛盾的事態に陥ったのは，シュレーダーのもともとの構成に誤りがあるからだと見なす．

　ところでフッサールも，シュレーダーへの著作の書評において，「あるクラスが何らかのものを要素として含む [x ∈ y]」という表現と「あるクラスが何

らかのものを従属クラスとして含む［x ⊆ y］」という表現を区別し，この難点を除去しようと試みている．フレーゲによれば，ここで重要なことは，シュレーダーが同一の記号［包含 '⋐' の記号］を用いて表記している二つの関係［∈と⊆］の本質的な相違である．よって，われわれはもはや領域計算の基盤の上にはいない．領域計算では，部分の全体に対する関係［⊆］があるだけであり，従ってあるクラスが，何らかのものを個体として含む場合［A ∈ B］と，クラスとして含む［A ⊆ B］場合との区別を立てる理由はなかったからである．オイラー図はこうした重要な相違を明らかにできないから，論理的な関係にとっては説得力のない類推である．

　事柄を明晰にするためには異なる事態を別様に表記することが必要だとして，フレーゲはこの論文のなかで表記上の整備を行っている（以下現在の標準表記も付記する）．

　「A sub B」［A ⊆ B］

は，A がクラス B に従属するクラスであること述べるとする．一方，

　「A subster B」［A ∈ B］

は，A が個体としてクラス B に含まれることを表現する．しかし，その違いはどこにあるのか．先のクラス間の原理 (P) に基づく「反射性」「推移性」は「成員性 subster, ∈」に関しては不成立である．つまり，クラス・集合体 M は，いかなる A，B に対しても，命題

　B subster M［B ∈ M］
　A subster B［A ∈ B］
　A subster M［A ∈ M］

が同時に真になることはない．さて 0 = b という結論は，シュレーダーがクラスを概念と関連させて彼の式に与えた翻訳によってのみ可能で，純粋な領域

計算においてはそのようなことは生じないのである．純粋な領域計算から離れ，上述のような解釈をとって概念を考察し論理の領域へと足を踏み入れた途端に，subster‐関係の区別をすることが必要となる．そこでもし sub [⊆] と subster [∈] の相違を明確にしたいと思えば，クラスを概念の外延とみなし，これに解釈の基礎を据えなければならない．

これに従って以下のことを取り決めてみる．

v が単一のものであり，A が a である対象のクラスである [|a| = A] とすれば，

「v subster A」[v ∈ A]

は，「v はある一つの a である」[v = a] と翻訳される．そして B が b である対象のクラスである [|b| = B] とすれば，

「B sub A」[B ⊆ A]

は，「b であるものはすべて a である」[|b| ⊆ |a|, i.e. ∀x [x = b → x = a]] と翻訳される．

さてそれでは注目の論過が起こる可能性をより精確に考察してみよう．そのためには，シュレーダーの恒等的ゼロの定義では，包含という関係は，sub‐関係なのか，subster‐関係と理解されるべきかを決める必要がある．その定義は「すべての領域 a に対して包含という関係にある領域は，0 と呼ばれる」(S. 188) である．こうして問題は，(a) クラスとして集合体のクラスのすべてに従属している [∀a [0 ⊆ a]] のか，あるいは (b) ゼロは個体として集合体のクラスのすべてに含まれる [∀a [0 ∈ a]] のか，ということになる．先ず (b) を検討してみよう．すると，(b) を集合体としたとき，

a sub M [a ⊆ M]

が成立すれば，

第10章 交流と批判　309

0 subster a $[0 \in a]$

が成立することになる．今 Q を P と一致する対象のクラス $[Q = |P|]$ とする．その時 Q は P だけを個体として含むので

P subster Q $[P \in Q]$．

ここで Q sub M とする $[Q \subseteq M]$ と，われわれのゼロについての仮定に則って，

0 subster Q $[0 \in Q]$

すなわち，0 は P に一致する $[0 = P]$．この可能性は著者の要請によって除去される．その理由は，

P subster Q $[P \in Q]$

と，Q sub M $[Q \subseteq M]$ とから，

P subster M $[P \in M]$

が帰結する．然るに，P は Q と同じである $[P = Q]$．クラス Q は，実は，P に縮約している．従って，Q subster M もまた成立するので，

Q subster M $[Q \in M]$
P subster Q $[P \in Q]$
P subster M $[P \in M]$

も得られることになる．しかしこれはシュレーダーの要請に反する．このことは，クラスは単一のものからなるという見方と完全に対応する．

特に，(集合体の) 個体自身もクラスに属しているが，このクラスが唯一つの
個体に縮約していれば [|a|]，このクラスを「単一的な」「特異的な」クラ
スと呼ぶ．(S. 247)

そしてまた先の①の「一つの個体でさえも，まさしくこの個体だけを含むクラ
スと呼ばれてもよかろう．|Q| = Q ?」(S. 148) からすると，シュレーダーの
原理に基づくと，Q は P と一致する．

　しかし，ここで奇妙な困難に突き当たる．もし一つの対象からのみなるクラ
スがその対象と一致するとすれば，シュレーダーの要請は，個体を含む集合体
に対しては満たされ得ないことになる．a をそのような個体とすると，

　　a subster M [a ∈ M]

を得るが，この時 a 自身は，クラスにも属し，つまり特異的なクラスである．
すると

　　a subster a [a ∈ a]

を得る．従って，いかなる A, B に対しても

　　B subster M [B ∈ M]
　　A subster B [A ∈ B]
　　A subster M [A ∈ M]

が同時に成立してはならない，という彼の要請は満たされない．なぜなら，も
し A と B とをともに a ととれば [A = a = B]，それはわれわれが考えている
場合ということになる．そこでシュレーダーはこう書いている．

　たとえ唯一つの特異的な「クラス」をここ (集合体) に作った [|a|] としてしても，そしてそのようなクラスをその集合体の新しい個体として認めたとして

第10章　交流と批判　　311

も，恒等的ゼロはただちにまたそこへ入り込むだろう．(S. 248)

これは，シュレーダーが他の箇所で表明している原理と合致していない．というのは，これらの原理によれば，特異的なクラスが最初に構築される必要は全くないからである．もし a が集合体の個体だとすれば [a ∈ |a|]，そのことによって a は，クラスでもあり，そしてこのクラス a を更にその集合体の新しい個体として認める必要はなく，a は既にその集合体の個体なのである．因みに，恒等的ゼロがクラスに入り込むのに要求されるのは，クラスが集合体に個体として与えられることではなく，そのクラスが集合体にそれに対するクラスとして含まれねばならないということである．問題になっているのは，subster‐関係ではなく，sub‐関係なのである．

各々の個体はそれだけからなるクラスとみなされてもよいのか [先の想定 (A): a = |a| ?] という疑念は以下の考察によって一層強烈なものとなる．上述の議論における P は，それ自身幾つかの個体を含むクラスと考えることもできる [P = |a, b, c|]．というのも，シュレーダーが 148 ページで言うように，そのようなクラスは，思考の対象として，従って一つの個体としてみなされ得るからである．ここで Q が前と同様に，P と一致する対象のクラスだ [Q = |P|] とすると，Q は P のみを個体として含む特異的なクラスである．今仮に，特異的なクラスは，そのクラスに含まれる唯一の個体と一致する，とすれば [|P| = P]，Q は P と一致する [P = Q] ことになろう．さて，a と b を P に個体として含まれる相異なる対象とすれば [a ≠ b ∧ P = |a, b|]，それらは Q にも含まれることになろう [Q = |a, b|]．すなわち，a と b はともに P と一致する [a = P ∧ b = P ?] ことになろう．その結果，a は b とも一致する [a = b] ことになろうが，しかしこれは a と b は異なるというわれわれの認めた仮定に反する．シュレーダーは恐らく，そもそも a と b を問題としたことに異論を唱えるだろう．なぜなら彼の要請によるとそれらは集合体の個体に数えられてはならないであろうからである．しかし既に見たように，この要請は，われわれの仮定の下では満たされ得ない．従ってその要請は廃棄せねばならない．

特異的なクラスは個体と一致する [|A| = A] というわれわれの仮定はクラスは個体からなる (b)，という領域計算から生じる考えからの必然的な帰結で

ある．この考えは，論理学的には適しておらず，領域計算は論理学にとって有益であるどころか，単に誤解を招くだけのものである．注目すべきは，最後の考察はゼロを引き合いに出さず，ゼロの定義に全く依存していないことである．

以上で判明したのは，クラスが個体からなり，単一なものは特異的なクラスと一致するという考えは [a = {a}]，支持され得ないということである．矛盾が生じるからである．一方シュレーダーの要請を受け入れれば先の問題的論過は避けられない．

フレーゲのこの論文においては，シュレーダー流の，「領域計算」ないし「クラス算」は「論理学」と称することはできないということが，様々な事例を通じて論じられている．そしてその基本的な根拠は，フレーゲによれば，結局以下の諸点に収斂する．

最後に，本論の議論の帰結は以下のように要約できよう：
1. 基本的な関係が部分の全体に対する関係である領域計算は，論理学とははっきり区別されねばならない．
2. ある概念の外延は，その概念の下に帰属する対象から成るのではなく，概念の外延は，概念のみを拠りどころとしているのである．従って，概念は論理的にその外延に優先する．
3. 以下のことが互いに区別されねばならない．
   a) ある対象（個体）が概念の下へ帰属する場合，その対象の，当該の概念の外延に対する関係（subster‐関係）[∈]
   b) ある概念が別の概念に従属する場合の前者の概念の外延と後者の概念の外延との間の関係（sub‐関係）[⊆]
4. 定義も，所期の性質をもった対象を創出できず，魔法のような具合に所期の性質を空なる名前・記号に与ええない．
5. 固有名が何かを意味するかどうかという問いと概念がそのもとに何かを従わせるかどうかという問いとの区別．何らの意味ももたない固有名は科学においては不当である；空なる概念は排除され得ない．（S. 456）

1) 「論証 Schluß」と「擬似論証」を区別し，しかも前者を重視するフレーゲの考えは，アリストテレスの「論証 ἀπόδειξις」と単なる「推論 συλλογισμός」の区別に見合う，ギリシャ以来の正統的な見解である（cf. 大出 [2010] 612f.）．
2) Schröder [1890] rep. by Thoemmes Press [2001]．
3) Frege [1895] S. 433-56（『著作集 5』所収）．

第11章 論理と言語の哲学——意味論的考察

　本章では，数学の哲学関係の諸論文ならびに初期の論文を除き（但し，未完草稿「論理学 I」(1879-1891) と「論理学についての17のキー・センテンス」(1892以前) と称されているものは含む），フレーゲが最も旺盛な学問的活動に従事していた時期 (1890年代初頭からの10余年間) から，(第一次世界大戦を挟んだ1918年から) 1923年以降の最晩年の未完草稿「論理的普遍性」までの，いわゆる「哲学的諸論文」を取り上げたい．

　また本章では，フレーゲに馴染みのない読者のために，哲学諸論文中，以下の各節のような多様な諸側面について，その要点の解説を主眼にしたいと思う．(より詳しい検討は，旧著『フレーゲの言語哲学』(1986) を参照されたい．また特に「指示詞」や「いま」「私」「きょう」などの「指標詞」については，フッサールとの比較をしている次章の §4，あるいは前掲拙著および『現代の論理的意味論』(1988)，『意味と世界』(1997)，および拙論 [2006] も参照されたい．)

§1　言語批判

1. いわゆる「哲学諸論文」の主題

　これら哲学論文の性格づけを巡って，いまも論争が続いている．曰く，それは存在論ないし形而上学的なものである[1]，曰く，「言語哲学 philosophy of language」として特徴づけられるべきものである[2]，曰く，認識論的なものである[3]，あるいは「思想の哲学 philosophy of thought」[4] である等々．ここでこの問題を詳しく検討する余裕はないが，私は基本的には「論理学の哲学 philosophy of logic」，フレーゲ自身の用語では広義の「論理学 Logik」ないし「論理

探究 logische Untersuchung」あるいは論理体系構築のための「準備 Vorbereitung」(LM in NS 228)，「予備学 Propädeutik」(Hilbert 宛書簡 (1899.12.7)，WB 63) と特徴づけるのが適切だと思う[5]．

ところで既述のように，一部にフレーゲの「論理中心主義 logocentricism」には，論理を，さらには言語やその意味を，当の言語の外側から議論する余地はない，という有力な主張があるが，いま詳しく検討する暇はない．ただ既に第9章で詳しく見たように，論理学の意味論・セマンティクスに関しては，むしろフレーゲが現代のその領域の原型を開拓したと言ってよいと，私は考える．

というのも，前章までで詳しく論じたように，『算術の基本法則』(『フレーゲ著作集3』) 第Ⅰ巻第Ⅰ部で，高階論理の公理的体系化とその意味論的正当化がなされ，本書第Ⅳ部で取り上げるが，論理主義のプログラムに則って，第Ⅰ巻第Ⅱ部では基数論の公理的体系化，および第Ⅱ巻第Ⅲ部では，形式主義批判や実数論の基礎の探究がなされる．が，先に本書第Ⅲ部第7章〜第9章で詳論した，論理的言語「概念記法」に即した，統語論的ならびに意味論的考察は，タルスキの先駆ないし代替をなすような極めてユニークなものである．しかしそれでも，そうした考察のより一般的な哲学的説明は必要最小限に止められている．

フレーゲ自身，主著『算術の基本法則』(1893) の近刊を前に行った，イエーナ医学・自然科学協会研究集会 (1891) での講演を，『関数と概念FB』(1891) という小冊子として出版することの，彼自身にとっての価値をこう語っている．この小冊子で説明されるような一種哲学的な内容は，主著では，「ある人々にはおそらく直接には本題に関係がないと不興を買い，それに反して他の人々からはその欠落を嘆かれるような論究には，かかわる必要がなくなるからである」(FB) と．本章で取り上げる哲学諸論文は，論理学・数学に関わる主著のこうした欠を補い，論理学の課題，自らの論理学的アプローチの独自性，フレーゲ論理学の基本的な概念的区別 (例えば，「補助言語 (概念記法という対象言語) と説明言語 (メタ的言語)」，「固有名と関数名・概念語」，「対象と関数・概念」，「包摂と従属」，「確定的表示と不確定的暗示」，「意味と意義・思想」，「真理と真と見なすこと」，「思考・判断・主張」，「表象・色合い・力」等々) について，様々な角度から示唆を与え説明を加えて，自らの基本的な論理的概念について読者

の理解を得ようと努めているのである．これがフレーゲのいう広義の「論理学」「論理探究」，（狭義の論理学への）「準備」「予備学」であり，それはメタ的な「論理学の哲学」として特徴づけられうるであろう．しかしこの特徴づけは，フレーゲの哲学諸論文が，言語哲学的，存在論的ないし認識論的考察と全く無縁であるということを含意してはいない．

というのも，こうした探究の各局面において，一方で日常言語ならびに数学的言語の論理的不完全さへの批判を含みつつ，興味深い言語哲学的ないし意味論的考察が展開されているのは事実だからである．しかし，フレーゲ自身のプロジェクトとして「自然言語の意味理論」（それがモンタギュー的なものであれ，デイヴィドソン的ないしダメット的なものであれ）を与えようという意図はなかったであろうと思われる．また一方信念文などに関わるいわゆる「内包 intensional 論理学」の構想も（チャーチ流であれ，カルナップ-モンタギュー流であれ）明確にあったとは言いがたいであろう．しかしながら逆に，フレーゲが厳しい言語批判をしているからといって，彼に言語哲学的・意味論的洞察がなかったとは言えない．論理的厳密性を備えた人工的な概念記法も一つの言語であり，その統語論的・意味論的考察から出発しつつ，しばしば日常言語・数学的言語に例証を求めながら，言語哲学的と称されうる考察が展開されており，伝統的に認識論的ないしは存在論的と称されたような考察もまた，こうした言語哲学的・意味論的考察と密接不離な仕方においてなされているのである．そのゆえに，後続の哲学者たちが，「自然言語の意味理論」を構想するに当たって，事実，フレーゲの考察から，量化理論や意味・意義・力・色合いといった多様な局面で，言語哲学的な深い示唆を与えられてきたのであり，また他方，フレーゲの著作は，「内包論理学」の意味論構築の試みを鼓舞するのに十分の洞察を内蔵していて，事実そうした試みを推進する原動力になったのである．

だがまたフレーゲの「論理探究」は，タルスキに発する純粋にモデル論的な意味論とは異なる側面をもっている．フレーゲの「意義」という概念は，単にモデル論的な枠組みには収まらないような，（具体的ならびに抽象的）対象や概念へのわれわれの認知的な接近法や思想の把握・理解，また信念・認識等のわれわれの心的態度と密接不離な仕方で考えられていると言わなければならない．しかしその故をもって，フレーゲの考察は，全く認識論的なものであって，言

語哲学的・意味論的色彩はないと断言することは，次節で詳しく述べるように，片手落ちと言わねばならない．

2. 言語批判と論理的不完全さ
(1) 論理的不完全さの諸相

　晩年の「ダルムシュテッターへの手記」(1919) [以下「手記」と略称] において，フレーゲは自らの学問的生涯を回顧して，次のように述べている．まず彼は数学から出発し，その学問の最緊急の課題がその基礎づけにあると考えた．そこで数とは何かが基本問題になるが，フレーゲは数がものの堆積・系列ないし堆積の性質ではないこと，「数え上げ」に基づいてなされる「太陽系の惑星は9個ある」のような「個数言明」は，〈太陽系の惑星〉という概念についての言明を含むことに気づいた．個数言明は，「特定の概念Fを満足するものが幾つ存在するか？」という問いに，「数え上げる」ことによって答える言明なのである．すると「概念」を過不足なく正確に表現するような言語，「数え上げ」とはどのようなことなのかを分析できる言語が必要になる．しかしながら，日常の言語のみならず算術の言語さえ，こうした目的には不十分である．こうした日常言語および算術言語の「論理的不完全さ」がフレーゲの目指す探究の妨げになっていた，という．

　ここで言われている「論理的不完全さ」とは，具体的にどのようなことなのか．例を挙げれば，(1)「ある sein」の多義性，(2) 言語の硬直性，(3) 見かけ上の (意味を欠いた) 名前，見かけ上の (真偽を問えない) 内容・虚構を表現する文や (主張力を欠いた) 見かけ上の主張，(4) 言語表現が喚起する心理的な要因 (表象や色合いの差異)，論理的には不必要な文法的区別 (主 - 述，能動 - 受動などによる色合いの差異)，(5) 文法的な区別の不完全さ (主語 - 述語分析の無力さ) と不精確さ，(6) 文脈依存的な指示詞や指標詞，時制のようなそれだけでは完全な意義・思想を表しえない表現の存在等が挙げられよう．既に，1891年以前と考証される未完草稿「論理学 I」(1879-1891) においても，フレーゲは「短く要約すれば，論理学者の仕事は，心理的なものに対する，また一部は言語と文法——両者が論理的なものを純粋な形で表現にもたらさない限りは——に対する，絶え間なき闘争なのである」(NS 7) と述べており，その考えは生涯

変わらなかった．

　(1) フレーゲが早期から指摘する言語の「多義性」の典型的な例は，「ある sein」である (e.g. Pünjer [vor 1884] in NS; Frege [1895])．それは，「同一性」を表す「等号」なのか，第2階概念「存在 Existenz」を表す「概念語」なのか，いわゆる「繋辞 Kopula」なのか (それはまた，単独では意味をもたず，単に「人間である」のように述語の一部に過ぎない共義的 syncategorematic 表現なのか，「ソクラテスは人間である」のような，対象の第1階概念への「帰属 fallen unter／包摂 Subsumition」を表すのか，「2の平方根がある」のような，1階概念の2階概念への「内属 fallen in」を表す [その場合は上記の「存在」を表す] のか，「人間は動物である」のように同位概念間の「従属 Unterordnung」(BG 195) ないしはクラス間の包含関係 (「subster‐関係 [⊆]」) を表すのか，「3は自然数である」のような，対象の，概念の外延への成員性 (「sub‐関係 [∈]」(Schröder [1895] 441ff.) を表すのか)．

　(2) メタ的な論理的探究においては，例えば「概念人間 Der Begriff *Mensch* は空ではない」のように，概念について言明する必要がある．が，その場合その言明では概念が文法的主語の意味 Bedeutung として現れる．しかし印欧語では定冠詞を伴う 'Der Begriff *Mensch*' は，広義の固有名・単称名 Einzelname であって，なんらかの対象を意味し，述語的本性を持ついかなる概念も意味しない．ここにフレーゲは「なんとしても避けえない言語上の硬直性がある」(BG 197) と認め，「こうした障害は，事柄自体とわれわれの言語の本性とに根ざしているということ，言語上の表現の不適合性は回避できないということ，そのことを自覚し，いつも勘定に入れておくという以外にはどうしようもない」(BG 205)，「対象と概念との間の鋭い境界を曖昧にしないように，言語 [の不正確さ] を常に意識し続けるという以外に手がない」(EL 210) と見なす．しかしながら，こうした窮境は，先の例文が，対象言語では「人間が存在する [∃xHx]」あるいは「人間の外延には何も属さないわけではない [¬∀x¬(x ∈ εH(ε))]」のように表現可能であり，括弧内の表記のように，先のような例文は専ら，日常語でのメタ的な「説明言語」中に現れるのみで，対象言語としての「補助言語」，すなわち，「概念記法」的表記では出現しないように工夫され，回避される．

第11章　論理と言語の哲学　　319

(3) フレーゲはまた,「言語というものはいずれも [論理的見地から見た場合には] 欠陥 Mangel をもっており，文法形式によれば確かに対象を表示するように見えながら，……その役目を果たせない表現が含まれる．……このことは要するに言語の不完全性に基づくもので, 解析学の記号言語でさえこの不完全性から全く自由というわけではない」(SB 40-41) と,「無限発散級数」のような意味をもたない見かけ上の scheinbar 固有名への警戒の重要性を強調している．しかしフレーゲは概念記法においては, 例えば,「無限発散級数」は数 0 を表示すると人工的に約定することによってこうした不完全性は退けうると考える (SB 41)．こうした対象約定論, 見かけ上の思想・虚構や見かけ上の主張については後述する.

(4)「言語は事実あるときはこの固有名を, あるときはあの固有名を文法的主語にすることによって, 同一の思想を多様な仕方で表現することができる. この相異なる表現方法は, ……特別な陰影 Beleuchtung や色合い Färbung [に関係する]」(EL 209).「主張文は, 思想と主張力以外に, しばしば, 第三のものを含む. それが聞き手の感情, 気分に影響し, その想像力を喚起する. ……」(G 63). こうした「気分, 雰囲気, 陰影, 抑揚やリズムによって彩られるものは, 思想に属さない」(G 63).

心理学的観点を論理学においては拒否すべきと強調するフレーゲは, また次のように論じている.

人間にとって, 思考は表象および感情と混ざりあっている. 論理学は, 論理的なものを純粋に取り出すことを課題とする……. われわれは意識的に論理的なものと, 論理的なものに観念や感情というかたちで結びついているものとを区別しなければならない. 困難は, われわれがある言語で考えるということ, ならびに, 文法……が論理的なものと心理的なものとを混合しているということに存する. ……われわれは論理学者の愛好する「主語」「述語」という表現を徹底して避けたい. ……論理学者は, 文法に盲目的に従う代わりに, 言語の束縛からわれわれを解放することのうちに自らの課題を見いだすべきである. というのも, 少なくともある程度高度な思考が言語によって初めて可能になるということを認めなければならないとしても, われわれ

言語に頼ることのないよう十分注意しなければならないからである．というのは，推論の誤謬は，言語が論理的に不完全であることに基づいて生じるものだからである．（L［Ⅱ］［1897］154-5）

思想の持っている［非］心的な性格から，論理に関するどんな心理学的な取扱いも害をもたらすという結果が帰結する．論理学という学問には，論理的なものをそれと異質なものから，それ故心理学的なものからも，純化するという課題が存在し，また言語に備わっている論理的な不完全性を示すことで，思考を束縛する言語の力から解放するという課題が存在するのである．（L［Ⅱ］160-1）

表象，陰影，色合いについては，§2でもう少し言及しよう．
(5) また日常言語では，

否定は，ある思想が疑うべくもなく否定的な思想であるといったことなしに，文のどこかに潜みうる．「否定的判断」（否定的思想）という表現が，どのような厄介な問題を導きうるかが分かろう．……言語から［否定的判断・思想の］徴表を引き出すことはできない．というのは，言語は論理的問題においては頼りにならないからである．だが思考する者に対し言語によって仕掛けられた罠を指し示してやることは，論理学者の些末的ならざる課題の一つなのである．（V 150）

例えば，「不健康な」と言えば，否定的な徴表は明らかだが，「健康な」という表現にも，「病気ではない」という意味合いでの「否定的」要因が潜みうるのである．

不精確さは日常言語ばかりではなく，意外にも，本来論理的明晰さの模範と思われている数学の言語においてこそ，「現実には，いかなる学問的著述においても，数学の著述における程の多くの歪んだ表現と，その結果としての歪んだ思想とが見いだされることはなかろう」（WF 666）とまで，フレーゲは極言している．それは「簡潔さを求める努力が，数学の言語中に多くの不精確な表

現を導入したのであり，こうした表現が遡って思想を濁らせ，また誤った定義をもたらしたのである」(loc. cit.)とされ，関数と関数値の，あるいは等号と繋辞の取り違えや，可変数，不確定数といったありえないものの導入などの例を挙げている．そして「いかなる場合にも，論理的正確さを表現の簡潔さの故に犠牲にすべきではなく……可能な限りの簡潔さを，極めて厳格な精確さと結びつけるような，一つの数学的言語を創り出すことは，たいへん重要なことである．……思想を直接表現しうるような，諸規則の一全体である一つの概念記法が最適であろう」(loc. cit.)と述べている．

また単称的思想「月はそれ自身に等しい」と普遍的思想「すべてはそれ自身に等しい」とは文法的に類似の形をもつが，

> 固有名（「月」）の位置に現れる「すべて」という語は，しかしそれ自体いかなる固有名でもなく，いかなる対象を表示するのでもなく，当一般性を付与するのに役立つだけである．論理学においては，しばしば言語によって過度に影響を受けることがあるから，言語上の形式からの分離を促進するためにも，概念記法が価値をもつのである．「月はそれ自身と等しい」は，……また「月は月と等しい」と言うこともできる．……しかし「すべてはすべてと等しい」［には移行できない．］数学上の……［ラテン］文字を用いて，例えば，「aはaと等しい」と言うことができる．その場合の文字……それ自身は固有名ではなく，……ただ当の文にその内容の一般性を付与するために役立つだけである．こうした文字の使用は，論理的見地から見るならば，言語がこの目的のために提供する手段よりも一層単純で一層適格なものとして，選び取られるべきであろう．(EL 204)

> 「あるもの」や「それ」のような語が，日常言語ではしばしばこうした文字の代用をしている．……ここでも，言語は不完全なのである．論理的なものへの洞察のためには，文字の使用は言語使用よりも有益である．(EL 207)

論理構造を厳密に表現するには，言語は不完全なものなのである．

(6) また後述のように，「これ」のような指示詞，「いま」「ここ」「きょう」

「昨日」「私」のような指標詞 indexicals や発話の現在時制のような発話状況に依存的な表現は，それだけでは完全な意義 Sinn・思想の表現たりえず，「発話に随伴する諸状況の知見」の補完が必要なのである (G 64-5).

かくして，フレーゲは，日常言語ならびに数学の言語の論理的不完全性を攻撃し，こうした言語の罠・論理的欠陥との戦いを論理学者の課題だと主張するが，それは広義の言語的記号的表現手段への全面的懐疑ではまったくなく，むしろ論理的推論を遂行するための補助となる言語・「概念記法」，論理的に完全な言語の必要性の強調と表裏をなすのである．

§2 表象と色合い・陰影

上記の (4) についてのフレーゲの考えに，もう少し触れておこう．すでに処女作『概念記法』においても，主張文・判断の内容中，推論に関わる論理学にとって核心となるような内容，真偽に直接関係をもつ内容を，そうではないものからはっきり区別して切り出すべきだと主張されている．

文や語は，われわれの感覚印象，想像力の産物，感情，気分，傾向性，願望等，総じてフレーゲによって「表象 Vorstellung」と一括されるもの，を名指し，喚起することがある．そしてこうした表象がしばしば語の意味と混同される．ところがフレーゲによれば，表象とは，(1) 不可視．不可触で，(2) 各人がその都度所持する意識内容で，(3) 各唯一人の担い手 Träger のみをもつ (G 67-8)．要するに，表象は各人各様のそのときどきの主観的な意識内容である．しかし感覚印象，感情，痛みのような表象が，全く主観的だとすると，それを名指し・表示しようとする語は，その表示対象が全く私秘的であるが故に，他者には伝達不可能な，ウィトゲンシュタインの批判した「私的 private 言語」を容認する危険性がある．

フレーゲは，『算術の基礎』(1884) において，「赤い」のような色彩語に主観的な意味と客観的な意味とを認めている (GLA§§24-26)．こうした色彩語は，一方で各人の主観的な感覚を指すのみならず，われわれの日常的な言語使用においても，たとえ色覚異常の場合でも使用可能な仕方で，客観的な性質 objektive Beschaffenheit（それは，正常な光線の下で正常な視覚を備えた被験者によっ

てしかじかの見えを示す云々という傾性的 dispositional な性格をもち，反実条件法的な分析を必要とするであろう）をしばしば表示するのである．フレーゲはまた，例えば複数の医師が患者の激痛を，その激痛の担い手でないにもかかわらず，「共通の反省 gemeinsames Nachdenken の対象」にしうることも認める (G 73). しかしフレーゲは，主観的か客観的かという二分法にこだわりすぎ，客観的ということでも，われわれからの独立自存性ということと，共通的 gemeinsam ［公共的 public・間主観的 intersubjective］ということの差異に触れつつも，十分展開してはいない．いずれにせよ，フレーゲの表象の扱いは，正面からのものではなく，表象が判断の客観的内容ではないという否定的側面に主眼がおかれていて，十全なものとはいいがたい[6]．「赤いという感覚は，しかじかの条件が満足されると生起する」，「この患者のこの激痛は，しかじかの処置によって軽減できる」等はいずれも真偽の問える，従って思想を表現している文であると思われるが，こうした文の思想について立ち入った検討はなされていない．

　表象の喚起と関係するであろうが，特に聞き手の感情・気分に働きかけ，その想像力を刺激する効果に関わる言語の相を，フレーゲは特に「色合い Färbung・陰影・光彩 Beleuchtung」(SB 31)，「気分 Stimmung，香気 Duft，陰影」(G 63) と呼んでいる．この相は，文芸や雄弁術にとって死活の問題である．こうした効果は，声の抑揚やリズムによって，あるいは能動ー受動の語順や倒置による強調点の移動，「そして，かつ」などの並列と「しかし，けれども」といった対比との対照，あるいはほぼ同じ意味の語でも，例えば「我」「私」「わたくし」「俺」「ぼく」「あっし」「わし」「おいら」「自分」等の差異を，翻訳で伝えることはほとんど不可能であろう．こうした色合い・陰影の効果ないしそれへの感受性は，各人に依存する相対的なものでありうるが，しかし後述の意義に差のない語句同士でも上記のような色合い・陰影はその言語をマスターしているひとびとの間では共通に（間主観的に）了解されているのであり，全く主観的とは言えないであろう．だが，こうした色合い・陰影（光彩）上の差異は言語的コミュニケーション・言語使用の際の，美学的ないし言語媒介的効果に関係するもので，学問的な言語使用に際しての，判断の真偽や推論の正誤に関わる内容からは除外されてきた．

　ただし，語の「色合い，陰影」は，言語的コミュニケーションにおいては，

例えば,「アフリカン」と「ニグロ」,「ジャパニーズ」と「ジャップ」等の対比に見られるように,毀誉褒貶,差別などに関係し,しかもその差異は単に主観的なものではなく,公共的・社会的な影響・効果をもつ.そして,例えば「オバマ大統領はアフリカンだ」という前提から,「バラクはニグロだ」という結論を引き出したとすれば,その推論は,たとえ真理保存的には妥当であっても,適切な推論だとはいえないであろう.すると推論の正しさ・妥当性を,専ら前提の真から結論の真への「真理保存性」に求める従来の正統的な古典的論理(「真理保存的論理LT」)以外に,「真理保存性＋プラス」[7]の保存を考慮する論理が考えられうるであろう.特にその「プラス」にフレーゲ的な「色合い／陰影」を考慮するなら,前提から結論への移行において,その推論が妥当であるためには,「色合い／陰影の保存性」をも求める拡張された論理,「真理＋色合い保存的論理LTC」(「真理＋色合い」妥当な論理)を構想することが可能であろう.その際,「色合い」の保存性ないしその同一性規準が厄介な問題になろうが,しかし以下の例にあるように,前提になかった新しい「色合い／陰影」が結論において付加される場合(ないしその逆のケース,例えば「敬称」が故意に省略される場合も恐らくは),その推論は,LTCにおいては,妥当とは見なされない,ということは担保されてよいと考えられるかもしれない.

「オバマ大統領はアフリカンである／∴バラクはニグロである.」(LT‐妥当だが,LTC‐非妥当)

しかしながら,以上のような「言語批判」が認められるからといって,フレーゲが「言語」一般にいかなる信もおかず,直観や知性の区別のような認識能力に訴える伝統的な認識論の枠組みを踏襲したと見なすことは誤りである.先の引用にも明らかなごとく,言語や文法と戦うのはそれらが「論理的なものを純粋な形にもたらさない限り」でなのである.実際フレーゲは,文法に盲従することを戒めつつも,例えば,算術において数詞が等号 '＝' の両辺に現れているということを手引きに,固有名の役割を果たしていると見なし,数詞は数という抽象的対象を表示するはずだという数学的プラトニズムの仮説を採用したのである.(もっともパラドクスの発見後,晩年には(1908年以降),数詞を

算術言語の慣例に従って，単称名と見なしたことは誤りだったかもしれない，という揺れを示すようである．)

のみならず，『算術の基礎 GLA』(1884) においてフレーゲがその生涯の課題を提示しているフレーズが，認識論的・存在論的考察がどのようにして言語哲学的・意味論的考察と深く結びつけられるに至ったかを示している．すなわち，

> 数についてわれわれがいかなる表象も直観ももちえないとしたら，数はわれわれにどのように与えられるのか．語が意味を持つのは文という脈絡においてのみであるから，われわれの問題は，数詞の現れる文の意義を解明することである．(GLA§62)

この箇所こそ，ダメットによれば，いわゆる「言語への転回 linguistic turn」を指し示す標準的箇所 locus classicus と見なされるにふさわしいものであり，この転回が単に日常言語の些末的な詮索への手引きを意味するのでないことは明らかである．

また，文の構造 Aufbau を思想の構造の像 Bild と見なし (Gg [1923] in KS 36)，文の文部分への分解が，それらが表現する思想の構造，思想部分への分解に対応し，文はそうした仕方で，思想の写像 Abbildung と見ることができると述べているのである (Darm [1919] in NS 275).

さらに晩年フレーゲは，論理学の頂点においていた「真」という語および概念についても，次のように論じている．ひどく無内容で，また論理学の基礎において混乱を引き起こす「真」という語を欠くことができないのは，言語の不完全性に原因がある，と見なすのである．

> 論理的に完全な言語があるならば，おそらくわれわれはさらにいかなる論理も必要としない，ないしわれわれはその言語から論理を読み取ることができるであろう．しかしわれわれはそうした状態から程遠いところにいる．論理学上の仕事は，まさにその多くの部分が，われわれにとってはまた避けがたい道具である言語の論理的欠陥との戦いなのである．われわれの論理学上の仕事が完成後に初めて，われわれはある完全な道具を手にいれるであろう．

(Einsicht [1915] 272)

従って，フレーゲは言語一般を軽視したのではさらさらなく，まさに通常の言語ならびに数学の言語に認められる様々な「論理的不完全さ」を除去し，明確な統語論と意味論を備えた，「論理的に完全な」記号言語，「概念記法 Begriffsschrift」を「補助言語」・対象言語として構成しようとしたのである．そして実際，高階論理の公理体系を構築して論理学史上の画期をなしたのは他ならぬフレーゲであった．「こうして私 [フレーゲ] は数学から論理学に至った」(Darm in NS 274)．

§3 フレーゲの論理学理解——判断論

それでは次にフレーゲの論理学についての積極的な考えを見ておこう．

1. 補助言語と説明言語

まずきわめて顕著なのは，フレーゲが少なくとも主著『算術の基本法則 GGA』執筆の前後からは，恐らく史上はじめて意識的に，狭義の「論理学」を体系的に展開してゆく言語と，それに言及し説明を加える言語とを明確に区別し，『算術の基本法則』においてほぼ一貫してその方針が遵守され，のみならずいわゆる「哲学的諸論文」はその方針に則って著述されている，ということである．この点は，恐らく最晩年の 1923 年以降（フレーゲは 1925 年に死去している）の最後のアカデミックな未完論文草稿である「論理的普遍性 LA」において，このうえなく明瞭に語られている．すなわち，フレーゲは，論理学の形式的体系を厳密に展開するための「補助言語 Hilfssprache」である記号言語（彼の命名では「概念記法」）と，それについて言及する（算術的表現も含んだ）ドイツ語である「説明言語 Darstellungssprache」・メタ言語とを，はっきり分けているのである．

補助言語の文はその説明言語において話題にされる対象なのである．……それら補助言語の文も説明言語中で表示できなければならない．そうした補助

言語の文という固有名として，その文そのものを，ただし引用符つきで用いる．(LA in NS 280)

この引用に，われわれはフレーゲが，やがてタルスキによって引かれる当面の研究対象である「対象言語 object language」と「メタ言語 metalanguage」との区別の先駆を明瞭に認めることができる．そして，フレーゲの広義の「論理学 Logik」ないし「論理探究 Logische Untersuchungen」，すなわち，いわゆる「哲学的諸論文」は，基本的に，「補助言語」(対象言語) によってなされる狭義の「論理学」についての「説明言語」によるメタ言語的な説明なのである．

2. フレーゲの論理理解の独自性

さて論理学についての彼の理解の独自性は，フレーゲ自身により次のように述べられている．

［さし当たり］「真」という語の内容を頂点におき，次いで直ちに思想を後続させる．かくて私は，概念から出発し，それらから思想ないし判断を合成するのではなく，思想の分解 Zerfallung によって思想部分を獲得する．このことにより，私の概念記法は，ライプニッツと彼の後継者たちの類似した創案から区別される．(Darm in NS 273)

ここにライプニッツ並びにその後継者と目されるブール，シュレーダーらもまた従っていた「概念→判断→推理」という，部分から全体にむかう「原子論的」ないし「煉瓦積み building-block の方法」[8]，とは正反対の「文 (真理・思想) の優位テーゼ primacy thesis」，複合から部分を析出する「分析的方法」の意識がはっきりと読み取れる．もちろん，一旦基本的要素に達すれば，それらから複合的全体を構成する「合成原理」の重要性をも，それが「フレーゲの原理」と称せられるほどに，フレーゲははっきり認識していたのである．

言語が成し遂げることは，驚嘆に値する．というのも，言語はわずかの音節で見渡し不可能なほどの多くの思想を表現し，しかも，いまはじめてある地

球人が把握した思想にも，それが全く初耳である別の人物にも分かるような言い廻しを与えることができるのである．このことは，思想を文部分に対応する部分へと区別することができ，その結果，文の構造を思想の構造の像 Bild と見なしうることによってはじめて可能になることであろう．(Gg 36)

ここに有限の能力しかもたない地球人が，有限の語彙と（繰り返し現れ，組み合わせ可能な有限の）構造とによって新しい思想を（潜在）無限に表現できるという，言語のいわゆる「創造性」とまた「習得可能性」とが，この回帰的 *re-cursive* な「合成原理」によって説明可能とされているのである．

3. 判断・思想・真理
既に早期にフレーゲは，次のように述べていた．

学問的努力の目標は真理である．……論理学が扱うのは，判断の，真理であるような，根拠のみである．他の真理を正当化の根拠として意識することにより判断を下すことは，論証することと呼ばれる．こうした正当化の仕方に関しては種々の法則が存在しており，正しい論証についてのこうした法則を立てることが，論理学の目標なのである．……「真」という性質を考察すること……それは論理学の仕事である．論理法則とは，「真」という語の内容の展開以外のなにものでもない……．(L［Ⅰ］[1879-1891] in NS 2-3)

真理論に先立って，予備的な考察に触れておこう．それは，判断・主張と真ということとの関係である．先の「論理学Ⅰ」で既にフレーゲは，「何かを内的に真と承認する anerkennen ことでわれわれは判断し，その判断を言表することでわれわれは主張する．真であるものは，われわれの承認からは独立に真である．われわれは誤りうる」(NS 2) と述べている．ここに既に「判断」とは，何かを真と承認することであり，その判断の言表が「主張」ということであり，かつ真理とはそうしたわれわれの判断からは独立に真である，ということが明確に表明されている．そしてこの時期に既に真と承認される何かとは，『概念記法』(1979) の用語では「判断可能な内容 beurteilbarer Inhalt」と呼ばれ，そ

れは「内的な出来事の結果でもなければ、人間の精神的営為の産物でもなく、何か客観的なもの、即ち、すべての理性的存在者、それを把握する能力のあるすべての者に対して、正確に同じものである」(NS 7) と、特徴づけられている。やがてフレーゲはこの「判断可能な内容」を、「表象 Vorstellung の連合」から区別し、「真か非真 unwahr かという問いが意味をもつことが、その外的特徴」であるような「思考上の結合 denkende Verbindung」で、その「言語的表現が文である」ような「思想 Gedanke」だと称するようになり、「思想の表現である場合にのみ、文は真または非真でありうる」(17KL [vor 1892] in NS 189) と見なすのである．

また、『概念記法』で「判断可能な内容」から区別されて、判断線 '|' によって表されていた「肯定」が、GGA の執筆時期以降には「主張力 behauptende Kraft」を表す記号と見なされ、かつ述語からこの主張力を分離し、述語づけることと判断することとを明確に区別するに至る．つまり、思想は、その真偽の承認・否認なしに、把握可能なのである．(i)思想の把握 fassen が「思考 Denken」で、(ii)思想の真理性の承認が「判断 Urteil」、(iii)その承認の、主張する力を伴っての表明が「主張 Behauptung」であるという三分法が確立される (Übersicht [1906] in NS 213; EL [1906] in NS 201; G [1918] 62)．かくして、フレーゲによれば、その真理性を承認することも否認することもなしに、判断を差し控え zurükhalten つつ、思想を把握・理解しうるのであり (Übersicht in NS 213)、文の内容中「専ら真として承認されるないし偽として退けられるような部分……を文において表現された思想と呼ぶ」(Ibid in NS 214).

かくして「伝説や虚構を度外視し、科学的意味での真理が問題となるような場合だけを考察するとすれば」(EL in NS 201; Übersicht in NS 214)、「論理学において妥当するのは、どの思想も真であるか偽であるかであって、第三の途はない tertium non datur」(Übersicht NS 214) というフレーゲ論理学の根本的な前提、いわゆる「二値原理 principle of bivalence」が表明されるのである．

§4　発話の力と文の叙法

フレーゲは、先述のように主張力その他の「力 Kraft」を述語や思想から分

離することに努め (Übersicht in NS 214; EL in NS 201; G 62),そのために文の種類分けを行っている.命令文,希求文,依頼文等の表す内容を後述の意義 Sinn には数えているが,思想 Gedanke には数えない.その理由は,その内容が真理の問題になるようなものではないからである.かくして,何かを伝達し主張する主張文（言明文）と文疑問 Satzfrage（疑問詞で始まる語疑問 Wortfrage とは区別された「諾否」を求める疑問文）だけが思想を表現する.そして主張文・文疑問は,思想以上のもの,まさに「主張」,また［「諾否」の応答を迫る］「要求 Aufforderung」を含む (G 62).こうした言語行為の相を,フレーゲは「力」と呼んだ (Übersicht 214; EL 201; G 63).

フレーゲは確かに文の種類分けと力の種類分けとを一見重ね合わせているように見える.しかし舞台上の役者の主張について,それは単に「見かけ上の主張」であり,「形式上は主張文に見えても,なおそれが常に現実に主張を含むかどうか問われねばならない」(G 63) と述べている[9].のみならず,より重要なのは,「日常語には,主張するという役目だけを果たす語ないし記号が欠けており」(EL 201),「主張力にはいかなる語も,いかなる文部分も対応しない.同じ字句がある場合には主張力を伴って,別の場合にはそれなしに発話されうる」(Einsicht [1915] in NS 272) というフレーゲの洞察である.

> 『概念記法』中において私は,主張力を,独自の記号に,つまり判断線に,備えさせた.私の知っている言語にはこうした記号が欠けており,また主張力は主文中の直説法としっかり結びつけられている.(Übersicht 214)

伝説や詩,演劇等の虚構中の見かけ上の主張は除外しても,文の種類と力の種類とは必ずしも対応しない.疑問文,命令文,感嘆文でも,主張力をもつことが可能である.ピリオド,感嘆符,疑問符も,直説法 indicative,疑問法 interrogative,希求法 optative といった叙法 Modus, mood も同様に,力の特定に決定的であるわけではない.日常語には,そうした力だけを表す記号が存在しないということは,フレーゲの重要な観察である.つまり,力は語や文の意味内容あるいは文の種類,さらには叙法に直接関わっているのではなく,文が話し手・聞き手間のコミュニケーションにおいてどのように使用されるかという言

語使用の次元に属する問題なのである[10]．にもかかわらず，フレーゲが同時に「主張力は……直説法としっかり結びついている」(loc. cit.) とも語っていることは注目してよい．「力」と「叙法」とはやはりある密接な関係にあるのであって，それがどのようなものであるかはさらなる探究を必要とする[11]．

またフレーゲは，（ブレンターノのように）承認と否認とを対比させ，承認の表出である主張以外に，否認に特別の名称や記号を用意する必要を認めない．否定は後述のように思想に属し，ある思想の否認とその思想の否定の承認とは同じ一つの行為だと見なされる (EL 201; Übersicht 214)．

さらに，主張力 '⊢' と否定詞 '¬' および唯一の判断様式（肯定式 modus ponens）

$$\frac{\vdash p \quad \vdash p \to q}{\vdash q}$$

のみで次のような否定を含む場合も同様の扱いで節約して済ますことができるのに対し，

$$\frac{\vdash \neg p \quad \vdash \neg p \to q}{\vdash q}$$

肯定的主張力と否定詞とは別に否定的主張力（否認）'⊣' を導入すると，上の推論は次のような肯定式以外の推論様式を導入しなければならなくなり，論理体系はきわめて複雑になるのである (cf. V 154)．

$$\frac{\dashv p \quad \vdash \neg p \to q}{\vdash q}$$

§5　真理論

それでは思想がそれについて問われる「真」とは何か．

1. 定義不可能性

①「真理とは，一つの像と写像されたものとの一致 Übereinstimmung にある」(G 59) といういわゆる「真理対応説」についてフレーゲはどう考えたか．ある文の表す「思想こそ，一般にそれについて真理性が問題になりうる当のもの」(G 61) と見なされた．それである思想が真であるのは，「その思想がある現実と一致することだ」と定義しても，定義項の真理性自体，つまり，その思想が現実と一致しているということは真か否か，が問題になり，被定義項が前提されるから，循環となる (L [Ⅱ] in NS 140) と，フレーゲは主張する[12]．

②また他方，「Aが真なのは，それがある性質ないし関係にある場合である」のように，真理概念を何らかの部分概念 (徴表 Merkmal) M_1 と M_2 によって定義しても，ある思想が真であるといわれる場合に，それが当の性質ないし関係をもつというのは真であるか，つまり当の思想が M_1 かつ M_2 であることは真であるかが再び問われ，循環に陥る．かくして「「真」という語の内容は，全く独自で，定義不可能だと推定される」(G 60) というのがフレーゲの少なくとも晩年に近い頃 (1918) の考えであるが，最盛期頃 (1897) にも同様な考えであったようである．すなわち，「真理とは，一層単純なものへと還元することの不可能なほど根元的で単純なものなのである」(L [Ⅱ] in NS 140)．

2. 「真」は述語か

「真」が定義不可能な原初的観念だとしても，日常語では「真である」は述語のように振る舞うことをフレーゲも認める．「文 '3＞2' ないしその思想が真である」という場合，言語形式からは，当の文ないし思想が「真」という語で表される性質をもつように見える (LM in NS 251)．

われわれが「その思想は真だ」という場合，われわれは真理を性質として思想に添えているように見える．もしそうなら，われわれは包摂 Subsumition の一事例をもつことになろう．思想は対象として真という概念に包摂されているかのようである．しかしこの場合，言語がわれわれを欺いているのである．(EL 211)

ところが，「真」という語は，「何かあることが言明されるときに常に一緒に言明されているという点で，他のすべての述語から区別される」(L [Ⅱ] 140). つまり，「いかなる事物についてもある性質を認識するには，それと同時に当の事物が当の性質をもつという思想をわれわれが真と分かることなしには，可能ではないということは，考えさせるものがある．だからある事物のどの性質にも，思想のある性質，すなわち，真理という性質，が結びついている」(G 61)．しかしながら，文，思想の真理への関係は，主述関係により把えられた文・思想の真理概念の下への包摂関係であろうか．もしそうなら，「真」という述語は文の思想に何かを付加しなければならないであろう．

3. 同値テーゼと余剰説
だが，フレーゲは以下のようにも述べている．

「5は素数であるという思想は真である」……によっては，そもそも「5は素数である」という単純な文において言われている以上のことは何も言われていない．……「5が素数であるという思想は真であるという文は，ただ一つの思想，しかも単純なこと「5は素数である」と同じ思想しか含んでいない．(SB 34; EL 210)

「私が菫の香りをかぐ」という文は，「私が菫の香りをかぐということは真だ」という文と同じ内容をもつ．……すると真理という性質を思想に添加することによっては，当の思想には何も付加されたことにはならないように見える．(G 61)

「海水は辛いということは真であるということ」のような語句中で表現された思想は，「海水は辛いということ」という文の意義［後述］と合致する．従って，「真」という語は，その意義によっていかなる本質的な貢献も思想には与えていないのである．(Einsicht in NS 271)

ここに対応説であれ，斉合説であれ，分析的定義説，あるいは余剰説であれ，

ほとんどの真理論が許容する「同値テーゼ equivalence thesis」，すなわち，

(E)　A が真であるのは，A の場合その場合に限る．

のあるヴァージョンが提出されていると見てよい．但し，詳しくは立ち入らないが，フレーゲ自身の定式化は，一つだけのヴァージョンというよりは，複数のヴァージョンに解釈可能である（Nomoto [1995]; 野本 [1997]）．最も強い定式化は，文 'A' が表す思想を A_1 と表すと，「A_1 は真である」（$T(A_1)$）の思想 $[T(A_1)]_1$ は A_1 と同一だというものであろう．

(E1)　$[T(A_1)]_1 = A_1$

T. パーソンズ（Parsons, T. [1981]）の証明に従い，思想 A_1 の思想／間接的思想 $(A_1)_1$ とは当の思想 A_1 に等しいとすると，(E1) は次のようになる．

(E1*)　$T_1(A_1) = A_1$.

しかもフレーゲは，「A_1 が真である」も「A_1」も，「真理の主張は主張文の形式にある」（SB 34）と述べ，さらに次のように述べている．

2 と 3 の和が 5 だと私が主張するとき，それと一緒に私は，2 足す 3 が 5 であるということは真であると主張している．……だからもともと主張文という形式は，それと一緒に真理が言明されるものであり，真理の言明のためには「真」という語は不要なのである．そこでこう言うことができる．――「……ということは真だ」という表現法が適用される場面でさえ，実際には主張文の形式が本質的なのだ，と．（L [Ⅱ] 140）

われわれは一つの判断を言明しているとすれば，それ［判断］は「真」という語のうちにあるのではなくて，われわれが「である」という語に添加している主張力のうちにある．（EL 210）

ここで認識すべきなのは，主張は「真」という語の中にはなく，当の文がそれと共に発話される主張力の中にある，ということである．(Einsicht in NS 271)

以上のことから，上の「同値テーゼ」(E)，さらにはより強い思想の同一性テーゼ(E1) (E1*) を受け入れることは，いわゆる「真理の余剰説 redundancy theory」あるいは「真理のデフレ deflationary 理論ないし引用符解除 disquotational 理論」[13]に，フレーゲが加担していたと解すべきであろうか．つまり，「余剰説」のように，「真」という語は無意味で消去可能な余剰であり，単に強調や，例えば「プラトンの言ったことはすべて真だ」のように文の明示的な言明を省略し一般化する日常語での慣用に必要とされるにすぎない，とフレーゲは考えたのであろうか．あるいはまた，「デフレ理論」のように，「真」という語の意味は，同値テーゼを満たすということに尽きていると見なしたのであろうか．

ここで疑念として浮かび上がる問題は，フレーゲが，「真である」という語を，①「概念記法」という「補助言語」(対象言語) に属すると見なしているのか，それとも②「説明言語」という一種のメタ言語に属すると見なしていたのか，について何か混乱がある，少なくとも不分明なところがある，ということである．少なくとも『概念記法』(1879) の「概念記法」にも，また『算術の基本法則』(1893) での「概念記法」にも，原初的基本語中には，真理値真または偽という対象を意味する固有名として，「真理値名」という表現は登場するが，「真である」という述語は表立って登場しない．

①「真である」という述語が，対象言語中に登場するとしたら，通例の gewöhnlich 文脈ではなくて，思想の名前 A_1 が登場するような，間接的な ungerade ないし内包的な intensional 文脈に拡張された「概念記法」においてであろう．すると同値テーゼは (T1) のようになろう．

(T1)　思想 A_1 は真である．$[T(A_1)] \leftrightarrow A_1$

②あるいは，むしろ，下記の例のように，「真である」を，引用符で括った

真理値名や文の名前 'A' に関するメタ的説明言語中のメタ述語だと解すると，同値テーゼは下記の如く，タルスキの真理定義での (T) 文に近似することになる．この場合には，先の分類で言えば，「真である」はメタ言語に属することになる．②の場合は最後に考えることにしよう．

(T2)　文 'A' は真である．[T ('A')] ↔ A

その前に先ず①もし言語の階層ということに差し当たり加担しないとすると，フレーゲの所論には，序論で触れたように，ヴィトゲンシュタインの「語り Sagen」と「示し Zeigen」の区別の先駆を探るという選択肢がありうるかもしれない (Wittgenstein [1921])．

(イ) 対象言語内では「語りえざる unsagbar こと？」
　通常われわれは対象言語内では，語を使用してその語の「意味 Bedeutung」について「語る」が，意義は「示される」のみだとダメットは主張し (Dummett [1973] 227f.)，ギーチによれば，関数名・述語の意味 B についても「語りえず」(Geach [1976])，パターンの並置，量化命題との推論関係といった「結合関係のうちでのみ」(GLG [II])，関数はいわば「示される」．
　また真理値名 'F (a)' の一般的「論理形式 logische Form」(GLA§70) も，対象言語中では「語りえない」．メタ言語に昇階すれば，「対象 a は概念 F に属する a fällt unter einen Begriff F」とメタ的には「語りうる」といえよう．

(ロ) 「意味 B」と「意義」のメタ言語における「語り」と「示し」
　「意義」「思想」は，メタ言語中でさえ明示的には「語りえない」であろう (野本 [2004])．例えば，フレーゲは「思想」について，真理論的には，いわゆる真理条件的意味論の原型とされる箇所で，次のように述べている．「真理値名は，われわれの約定によって，いかなる条件下で真を意味するのか，それが確定される．これら真理値名の意義，思想は，これらの条件が充足されているという思想」(GGA I,§32. 強調引用者) である．例えば，以下の (T) は真理値名 'F (a)' の真理条件が何であるかを，いわば，示している (cf. GGA I,§4)．

（T）　F (a) が真であるならば，対象 a が概念 F (ξ) に属する *fallen unter*.

　真理値名の「意義・思想」は，メタ言語中でも直接に「語られない」．（T）のようにメタ的に「語る」ことにより，メタ言語中で 'F (a)' の「意義・思想」を右辺において，いわば「示す」，ないしメタ言語中では，真理値名 'F (a)' は，その意義・思想〈対象 a が概念 F (ξ) の下に帰属する〉を「表現する *ausdrücken*」（GGA I,§2）と云われる．

　認知的な相では，異なる表記，例えば，「宵の明星」「明けの明星」は，同一対象の異なる「与えられ方」（SB 26）を含む異なる意義を「表現する」（SB 32）．各表現は，対象言語中で，その表示対象を「意味し」，さらにその「意義」を「表現する」．しかしその「意義」は，当の対象言語／概念記法中では「表現され」「示される」のみで，「語られ」はしない．そう「語る」にはメタ言語に昇階せねばならない．（一方間接話法や「思う」「信じる」といった命題的態度の報告中では，従属節の表現する「通常の意義・思想」が，「間接的 *ungrade* 意味」として，対象言語中でも「語られうる」．この考えは，多様な内包論理の意味論に刺激を与えた．）（カルナップ（Carnap [1947]）の内包／外延の区別，チャーチ（Church [1951] [1973] [1993]）の特異な「意義と表示の論理 logic of sense and denotation」，モンタギュー文法（Montague [1974]）等，野本 [1988] [1997] [2005]．）

　ところでフレーゲは晩年（1915）次のように述べている．

「真」という語は，そもそもいかなる意義 Sinn ももたないのだ，と考えるかもしれない．しかしもしそうなら，「真」が述語として現れるような文もいかなる意義もないことになろう．……「真」という語は，それが述語として現れる全体の文の意義に，いかなる貢献もしないような意義をもつのだ．しかしまさにこのことによってこの語は，論理学の本質を指し示すのに適しているように見える．（Einsicht in NS 271，強調引用者）

このフレーズは，明らかにフレーゲがいわゆる「真理余剰説」には与していなかったことを表しているように思われる．なぜなら，「真」という語は，全体

の文の意義に何も貢献しないような特異な意義 Sinn をもつと述べているからである．そして上記の同値テーゼの，内包的文脈における強い定式化「同一性テーゼ」(E1) (E1*) から，「真」という述語がもし登場するとしたら，その意義は，ある思想から当の思想へと写像する同一性関数であると解されるのである．

「意義と意味 Bedeutung」の区別は後述するが，それでは，そういう文脈（対象言語）における「真」という語の意味は，どう考えられるであろうか．GGA の時期のフレーゲは文 A を真理値の固有名に同化したから，同値関係も同一性関係に同化し，従って「同値テーゼ」(E) は，次のような形になろう．

(E2)　A が真である＝ A．

①すると「真である」の意味は，A の真理値から当の同じ真理値へと写像する特異な真理関数，フレーゲの表記では '―ξ' によって次のように表される水平線関数 (つまり，A が真理値真の場合その場合に限って―A の真理値も真となる) が対象言語としての概念記法中でのその有力候補と考えうる．

(E2*)　―A ＝ A．

実際 GGA においては，真理値真がこの真理関数の値域・外延 $\grave{\alpha}$ (― a) と同一視されているのである．つまり，「概念記法」中の対象言語に敢えて「真である」に相当する表現を求めるとすると，それは，水平線 '―ξ' が有力候補となり，その「意味」は (B2*) ― A ＝ A が示す，真には真を，偽ないし真でないものには偽を返す真理関数と同一視される．そしてその「真である」が表現する「意義 (―ξ)₁」は，先の (E1) ないし (E1*)

(E1)　$[T(A_1)]_1 = A_1$　ないし　(E1*)　$T_1(A_1) = A_1$

によれば，ある真理値名 'A' の表現する意義・思想 A_1 からそれ自身への同一性関数と同一視されることになる．

ところで，対象言語「概念記法」中の「真である」の候補として考えられるのは，水平線 '―ξ' であろう．その場合，その意味は，真理値真から真，偽から偽への真理関数であるが，真理値真をフレーゲの約定に従って，この水平線関数の外延 ($\acute{\varepsilon}(-\varepsilon)$) と見なせば，'―ξ' は「ξ は真である」と読めるかもしれない．すると水平線関数は以下の (T1) のように表しうる．

(T1)　　$-\acute{\varepsilon}(-\varepsilon) = \acute{\varepsilon}(-\varepsilon)$

　一方，真理値偽をフレーゲに従い，$\acute{\varepsilon}(\varepsilon =\top \forall x (x = x))$ と約定すると，水平線 '―ξ' の意味（水平線関数）によって $-\acute{\varepsilon}(\varepsilon =\top \forall x (x = x))$ も真理値偽となる．即ち，

(T1)*　　$-\acute{\varepsilon}(\varepsilon =\top \forall x (x = x)) = \acute{\varepsilon}(\varepsilon =\top \forall x (x = x))$

　だが，水平線 '―ξ' を「真である」と読むとすると，(T1)* の左辺は日常語での読みでは「偽は真である」という虚言と読め，その場合，右辺のように虚偽と解され，いわば「（嘘が）真なら偽」となる．逆に，右辺（つまり，虚偽）ならば，それはすなわち，左辺（「虚偽は真である」）となって，「虚偽が真である」といった「嘘つきのパラドクス」紛いの発言と解される危険性があろう．(cf. Greimann [2003a] GGA では，文を固有名に同化し，文の間の同値 '↔' も同一性 '=' に同化されていた．) また，水平線は，ラッセル・パラドクスを招く疑いが指摘されてもいる (e.g. Aczel [1980] (cf. Greimann [2003] [2003a]))．
　②そこで第 2 の選択肢，タルスキ的な言語階層説に加担し，そのいわば先駆として，フレーゲの真理論を考えることを試みてみよう．（階層説に加担しない，近年のクリプキの斬新な試みがあるが，いまは措く．）
　その場合，先述のように，「真である」を，引用符で括った真理値名や文の名前 'A' に関するメタ的説明言語中のメタ述語だと見なすと，同値テーゼは下記の如く，タルスキの真理定義での (T) 文に近似することになる．この考えでは，「真である」はメタ言語に属することになる．

(T2)　文 'A' は真である　[T ('A')] ↔ A

　先にも触れたが，フレーゲは「思想」について，真理論的には，いわゆる真理条件的意味論の原型とされる箇所で，次のように述べていた．「真理値名は，われわれの約定によって，いかなる条件下で真を意味するのか，それが確定される．これら真理値名の意義，思想は，これらの条件が充足されているという思想」(GGA I,§32. 強調引用者) である．先の (T) は真理値名 'F (a)' の真理条件のメタ的説明と解される (GGA I,§4)．

(T)　F (a) が真であるならば，対象 a が概念 F (ξ) に属する *fallen unter*.

　真理値名の「意義・思想」は，(T) により，メタ言語中では，真理値名 'F (a)' は，その意義・思想〈対象 a が概念 F (ξ) の下に帰属する〉を「表現する *ausdrücken*」(GGA I, §2) と云われる．

4. 同値テーゼと真理条件

　ところで「同値テーゼ」は，「真理のデフレ理論ないし引用解除理論」とは両立可能のように思われる．フレーゲは自らの論理学理解の独自性を「真理」を頂点においたことだと語っていたが，先の引用に続いて次のように言う．

　「真」という語は不可能事，即ち，主張力に対応するものを思想への貢献と思わせるということ，を可能にするように見える．……「真」は，本来，論理学を指し示そうとして，失敗した試みにすぎないのである．論理学において本来問題なのは，「真」という語の中には全くなくして，文がそれと共に発話される主張力にあるからである．……それでは，どれほど無内容に見えようと，「真」という語を欠くことができないということは，どうなるのか．少なくとも論理学の基礎においては，混乱を引き起こしうるにすぎないこの語を，すっかり回避することができないものだろうか．われわれがそうすることができないということは，言語の不完全性に [その原因が] ある．論理的に完全な言語があるならば，おそらくわれわれはさらにいかなる論理も必

要としない，ないしわれわれはその言語から論理を読みとることができるであろう．しかしわれわれはそうした状態から程遠いところにいる．（Einsicht in NS 272）

何かを真と定立するためには，われわれは特別の述語を必要とせず，当の文の発話に伴う主張力のみを必要とするだけである．（LM [1914] 252）

ここから真偽二値に基づく古典論理とは異なる，「主張」という「力」や「主張可能性」に基づく論理学の可能性を読み取ろうとすることは，あながち不可能ではないであろう[14]．『概念記法』や『算術の基本法則』における論理体系において，形式的な統語論に関する限り，確かに真偽の概念は不必要であり，判断線によって表される主張力を伴った「判断・主張」で十分である．また外延的な高階論理の意味論に関しても，フレーゲのいう「意味 Bedeutung」に関する限り，文に真理値が付与されれば十分で，思想・思想の真理性・真理概念への明示的な言及は不必要なのであった．

　従って，文・思想と真理との関係を，主語‐述語の関係に比している限り，「主語と述語とは，（論理的な意味では）まさに思想部分であり，それらは認識にとっては同一の次元にある．主語と述語の結合によっては，常に一つの思想にしか至らない」(SB 35)．かくてさしあたりフレーゲの引き出す結論は，以下のようになる．「思想の真理値への関係が，主語の述語への関係に比せられるのは許されぬということを見て取るべきである」(loc. cit.)．確かに統語論的にも意味論的にも，判断や主張，論証をなすには「真理概念」は不要に見える．すると「真理概念」の導入は，「主張力」と「真」との取り違えにすぎない，ということなのであろうか．だがしかし，そもそも「判断すること」「主張すること」がいかなる発語内 illocutionary の行為であったかといえば，それはとりもなおさず，理解・把握された「思想の真理性を承認し，そう表明すること」に他ならなかった．従って，思想の真理性の承認というポイントの理解なしには，「判断」「主張」とは一体いかなる営為，いかなる発語内行為なのかさえ理解できないことになろう．かくしてフレーゲは，「思想だけでは認識を与えず，その意味 Bedeutung［＝真偽という真理値］と結合した思想にしてはじめ

て認識を与える．判断は，一つの思想からその真理値への前進と把握される」(SB 35) と述べるのである．のみならず，われわれの判断・主張には誤りの可能性がある．ある思想をわれわれが「真と見なすこと Fürwahrhalten」と，その思想が「真であること Wahrsein」とは全く異なることは，フレーゲが再三強調するところである (GGA I-I, xvi)．思想の真理性は，われわれの判断・主張・「真と見なすこと」からは独立なのである．把握・判断・主張という営為は，われわれからは独立の思想への，かつまた真であること，真なる思想 (即ち，フレーゲのいう「事実」) への，われわれの側からの関わり・接近に過ぎないのであって，それによって思想や真理概念がはじめて生成するのでも，逆に不要になるのでもない．フレーゲの見地では，逆に，思想・真理概念の存在を前提してはじめて判断・主張の客観的な正しさと誤りとが弁別可能となるのである．

のみならず，フレーゲは，主著『算術の基本法則』においては，上の同値テーゼを次のように定式化している．「われわれは $\Phi(\Delta)$ が真であるならば，対象 Δ は概念 $\Phi(\xi)$ のもとに属する fallen unter という」(GGA I-I, §4)．この文の解釈は少なくとも4通りは可能であろうが (野本 [1986] 第4章)，次のようなタルスキ流のメタ的なものも一つのありうる解釈であろう．($\Phi(\Delta)$ を，補助言語 (対象言語) 中の主張文 (真理値名) $f(a)$ を名指す，説明言語 (メタ言語) での名前 (構造記述名) とする．実際，ギリシャ大文字は，代表的には対象言語中のラテン標識，つまり，この場合は任意の真理値名，の代理をなすというのが，その統語論的役割である．)

(E3)　$\Phi(\Delta)$ が真であるのは，対象 Δ が概念 $\Phi(\xi)$ のもとに属する場合その場合に限る．

右辺は，$\Phi(\Delta)$ の名指す (対象言語中の) 任意の文 $[f(a)]$ がどのような条件のもとで真となるかという条件，つまり「対象 Δ が概念 $\Phi(\xi)$ のもとに属する場合である」という真理条件，をメタ言語で述べていると解するのである．そしてフレーゲは「われわれの約定によって，どのような条件のもとで名前が真を意味するのかが確定される．この名前の意義，思想は，これらの条件が充足

されているという思想なのである」(GGA I-I,§32) と述べる．このようにフレーゲは，「真理」概念を，「真理条件の充足」という形で，主張文の内容・「思想・意義」の最も基本的な規定に関係させているのであり，真理と意味ないし意義との連関を否定する「真理のデフレ理論ないし引用解除理論」とフレーゲの立場とは合致しない．「デフレ理論」から見れば，フレーゲの立場も「真理のインフレ理論」ということになるであろう．

いずれにしても，「真である」のフレーゲ的な「意味」＝「真理概念」とその「意義」については，メタ的概念を含めてさらに検討の必要があるが，上記の同値テーゼ((E)～(E3))を充たすことが制約となることは明らかである[15]．

§6 真理と意味・有意味性

1. 関数論的分析

先にフレーゲが自らの独自な論理学理解を，判断・主張文とその内容である思想とその真理から出発し，例えば対象と概念のような各構成部分へと分析を進めるアプローチにあると述べているのを見た．このようにフレーゲの論理探究の方法論的意識には，文・判断の優位，思想・真理の優位テーゼが認められ，「語の意味は文という脈絡の中で問え」(GLA) という，いわゆる「文脈原理」に相通じるものとして理解することができよう．

実際の論理学における分析がどのように遂行されたかは，主著『算術の基本法則』第Ⅰ部に詳しい（第7章〜第9章参照）が，統語論的にも意味論的にも，関数論のアイディアの拡張に基づくのである．「哲学諸論文」では，関数論の拡張についても説明が加えられているので，先ずはその骨子を見ておこう．

第一に，フレーゲは関数論自体の一つの混乱を捌くことから始める．即ち，記号表現とそれが表示する bezeichnen ものとの区別である．さて '$2 \cdot 1^3 + 1$'，'$2 \cdot 2^3 + 2$' のような数学的表現は，異種の部分に，つまり恒常的な共通部分と可変的な部分に分けられる．前者は普通 '$2 \cdot x^3 + x$' のように表され，後者はその 'x' に代入されるべき '1'，'2' のような数字である．前者は関数記号，後者は項／引数 Argument 記号と言われる (FB 7; WF 664)．しかし厳密には 'x' は関数記号には属さず，関数記号は '$2 \cdot (\ )^3 + (\ )$' のように空所，あ

るいはメタ的に'$2\cdot\xi^3+\xi$'のように項（の代入されるべき）場所を伴う「補完の必要性 ergäzungsbedurftig」「非完結的 unvollständig」，あるいは化学からの比喩によって「不飽和 ungesättigt」(FB 6; WF 663) と称せられる特徴を持つ．それに対し，数字のような項記号，さらには'$2\cdot 1^3+1$'のような複合的な数表現は，「完結し」「自らのうちで閉じた全体」(FB 6-7) で，「飽和している」．

　さてこのような統語論的区別と意味論的カテゴリー分けを相即させ，フレーゲは，それ自体飽和し完結した数とは区別されて，関数記号が表示する関数自体も「非完結的で，補完を要し，不飽和である」(FB 6) と見なす．また関数 $2\cdot\xi^3+\xi$ の項，数1に対する関数値 $2\cdot 1^3+1$ は，関数自体から区別される完結し飽和した数3に他ならない．多様な項に対する関数 $2\cdot\xi^3+\xi$ の値は，解析幾何学においては通常グラフとして直観的に現示される (FB 8-9)．この関数の「値域 Wertverlauf」(FB 9) とフレーゲが称するのは，いわばこのグラフに直観化される項と関数値との順序対の集合である．しかし関数自体は，項場所を占める数でもなく，関数値でもなく，またグラフに直観化される関数の値域でもなく，「その本質は，項とそれに対する値との間に成立する対応 Zusammengehörigkeit のうちに告知され」(GGA I-I, §1)，項とそれに対する関数値とを一意的に対応づける対応 Zuordnung の法則なのである (WF 662)．

　ところで項および関数値が常に数のような完結し飽和した対象とは限らない．まず項場所が二つある $2\cdot\xi^3+5\cdot\zeta+1$ のような関数の ζ 項場所に1を代入しても，関数値は完結した数ではなくて，もう一つの関数である．関数にはただ一つの項場所を伴う単項関数のみならず，複数の項場所を伴う多項関数があるわけである．さらに例えば，解析学における定積分 $\int_b^a f(x)dx$ や導関数 $df(x)/dx$ (フレーゲ流には，それぞれ $\int_b^a \varphi(\beta)d\beta$, $d\varphi(\beta)/d\beta$ と表記できよう) は，(φ に) その項として通常の関数 f を受け入れるのである．こうした関数をフレーゲは，通常の完結した数を項としてとる第1階の関数に対して，第1階関数を項にとる第2階関数という．このようにフレーゲは，関数に階 Stufe の区別を導入した．また不定積分 $\int_b^x f(x)dx$ は，数を項場所とする x と第1階関数を項場所にする f の異なる階を伴う異階 ungleichstufig 関数である．

　さて，第1階単項関数の項および関数値を，数のみならず対象一般にまで拡張すると (FB 17)，「英国の首都」という複合的単称名辞（確定記述）も，「（　）

の首都」という関数表現に「英国」という固有名を代入した結果と見ることができるから，「英国」「英国の首都」はそれぞれ英国という国とロンドンという都市を表示し，また「（　）の首都」は一つの関数を表すと見なすことができる．

　このように，数字，地名，人名その他のそれ自体完結し，補完を要しない飽和した単称名辞 Einzelname を，フレーゲは一括して「固有名 Eigenname」と称し，「固有名の意味 Bedeutung を，それが表示し bezeichnen 名指す benennen 対象 Gegenstand」(ASB 128) と見なした．それに対して，非完結的で補完を要し「不飽和な部分［の表現・関数名］の意味を　関数と名づける」(FB 17)．

　フレーゲによるもう一つの関数概念の拡張は，算術の等式，不等式中の等号 '（　）＝（　）'，不等号 '（　）＞（　）' の表す「同一性」や「大小関係」も，関数の一種と見なすことである．するとこれらの空所に適当な固有名を代入してえられる '$(-1)^2 = 1$'，'$3 > 5$'，「明けの明星＝宵の明星」，さらには「明けの明星は，太陽系の惑星である」といった主張文一般もまた，ある項に対する然るべき関数の値の表現であり，主張力を除去すれば，一種の複合的な固有名に同化可能だ，とフレーゲは見なしたのである．いずれも飽和し完結した表現だからである．すると等号，不等号のみならず，通常「（　）は太陽系の惑星である」のような述語と称されている表現も，一種の関数の表現と見なされることになる．

　そしてフレーゲは，われわれがある文について，「「それは本当か？」と問う，つまり，真理値がわれわれの関心を引くと同時に，その問い［文中の名前の意味・表示対象は何か］も，われわれの関心の的となる」(ラッセル宛書簡 (1902.12.28)．WB 235) と主張する．また逆に，「一つの文に関し，その構成要素の意味が問題の場合には常に［当の文に関しても］一つの意味を探すべきである……そしてこのことは，われわれが真理値を問う場合，かつその場合にのみ成立するのである．そこでわれわれは，文の真理値 Wahrheitswert を，その意味と見なすように押しやられるのである．文の真理値ということで，私はそれが真であるという事態 Umstand，偽であるという事態，と解している」(SB 33-4) と，フレーゲは主張する．かくしてフレーゲは，文の真偽，真理値への問いが文中の語の意味への問いを引き起こし，逆に文中の語が何かを表示し意味

すると前提してはじめて全文の真偽が問われうるから（文中の語が何も表示しない空な名前であると分かっている場合には，その文の真偽を問いはしない），文の真理値こそが，文の意味なのではないかという推定を行うのである．

そしてフレーゲはこの推定を，次のような「同一者代入則 law of substitutivity of identicals」ないし「真理保存的（salva veritate）置換原理」によって検証している．

(SI)　A＝B　ならば，　Φ(A)↔Φ(B)．

さてこの推定が正しいならば，「一つの文部分が同じ意味をもつが，意義は異なる別の表現で置換されても，その真理値は不変でなければならない．そしてそれは事実その通りなのである．ライプニッツは明快に説明している．「同一なるものは，真理性を損なうことなく，相互に置換可能である」．その構成要素の意味が一般的に問題になっているどの文にも，全く普遍的に帰属しているもので，今述べたような種類の置換に際して不変であるものが，真理値以外にも他に一体何がまた見いだされうるであろうか」(SB 35)とフレーゲは問い，次いで「文の真理値は，文中の一つの表現を他の同じ意味のもので置換しても，影響を受けないということを見いだした」(SB 36)と結論づけている．

例えば，「明けの明星は，太陽系の惑星である」と「宵の明星は，太陽系の惑星である」の間には，内容（思想）上の違いが明らかに認められる．「明けの明星＝宵の明星」を知らないひとは，一方を真としながら，他方を偽と見なすことがありうるからである(FB 14)．にもかかわらず，「明けの明星＝宵の明星」は真で，二つの名前の意味は同じであるから，「明けの明星は，太陽系の惑星である」が真ならば，「宵の明星は，太陽系の惑星である」も真であって，真理値に差異はない．従って，もし固有名の表示対象 das Bezeichnete をその意味 Bedeutung であると約定するとすれば，先の「代入則」「真理保存的置換原理」により，文の意味としてフレーゲが真理値を選択することは自然であろう．（因みに，『算術の基本法則』では，真理値真には真理関数－ξの値域$\varepsilon(-\varepsilon)$が割り当てられている．もっとも，T. パーソンズ[16]により，二つの真理値は，互いに異なった対象のペアであれば，どのペアでも用が足りると証明されている．）

さて固有名の意味がその表示対象で，1階の関数表現の意味は対象から対象への関数で，文の意味がその真理値であるとすると，文のいわゆる述語（概念語・関係語）の意味は何か．「文法的述語は，概念 Begriff を意味し」(BG 194)，「概念語は一つの概念を意味する」(ASB 128)．また「関数の場合に不飽和性と称していたものは，概念の場合にはその述語的性格と称しうるであろう」(ASB 129),「概念の述語的性格とは……補完の必要性，不飽和性の単なる特殊ケースにすぎない」(BG 97, fn. 11)．かくして要するに概念とは，「その値が常に真理値であるような関数」(FB 15) であると見なされる．

さてそれではフレーゲは，抽象的存在である概念の外延性や同一性についてどう考えたのか．概念語の代入則 (SI) は，問題なく肯定されているように見える．

> どの文に関しても，概念語は，それらに同一の概念の外延が対応すれば，真理を損なうことなく互いに代替可能である．……概念はその外延が異なる限りにおいてのみ異なった振る舞いをする．(ASB 128)

『基礎』(1884) では周知として未定義であった「概念の外延 Begriffsumfang」は，『基本法則』では関数の「値域」に一般化されて，その同一性条件を示すのが，まさにラッセルのパラドクスを導く問題的な公理 (V) なのであった．

(V)　「概念 F の外延＝概念 G の外延であるのは，すべての x について，x が F ならば x は G であり，その逆でもある場合その場合に限る．」[$\grave{a}F(a) = \acute{\varepsilon}G(\varepsilon) \leftrightarrow \forall x [Fx \leftrightarrow Gx]$]

上の引用に従えば，概念 F, G の同一性規準も，その外延の同一性規準と同様，(V) の右辺によって次のように与えられるように見える．

(V)'　概念 Der Begriff F ＝概念 G ↔ $\forall x [Fx \leftrightarrow Gx]$

しかしドイツ語での 'Der Begriff F' という表現は，その定冠詞の故に，「述

語的性格，不飽和性を欠き，概念のではなく，対象の名前だ」(ASB 131) という言語の硬直性に妨害される．そもそも同一性関係は，対象間の第1階関係で，概念間には適用できない (ASB 131) のである．しかしながらフレーゲは「相等性関係は，対象の場合のみに考えられうるとしても，にもかかわらず，概念の場合にも類似の関係が見られ，それは先の相等性が第1階の関係と呼ばれるのに対し，概念間の関係として第2階の関係と呼ばれる関係である．……われわれは事実，対象間の相等性と対応する，第2階の関係を持っている」(ASB 131-2) と主張する．そして日常語では概念を「概念語Φが意味するもの was das Begriffswort Φ bedeutet」で表記し，概念間の2階の同一性を例えば次のように表現しうると見なす (ASB 133).

(*) 概念語 '$\xi^2 = 1$' の意味するものは，概念語 '$(\xi+1)^2 = 2\cdot(\xi+1)$' の意味するものと同じである．

この (*) と同じ思想をフレーゲは次の表記で表現しようと考えていたように思われる (ASB 132).

(B)　$(a^2 = 1) \stackrel{a}{\asymp} (a+1)^2 = 2\cdot(a+1)$

またフレーゲは「二つの概念語の意味するものが同一であるのは，対応する概念の外延が合致する場合，その場合のみである」(ASB 133) という (B) の真理条件を与えており，かつ公理 (V) を介して，それは「関数間の普遍的相等性として表現し，把握したことになる」(ASB 132)．つまり，一般的に表記すれば次のようになる．

(VB)　$\Phi(a) \stackrel{a}{\asymp} \Psi(a) \leftrightarrow \dot{\varepsilon}\Phi(\varepsilon) = \dot{\alpha}\Psi(\alpha) \leftrightarrow \forall x\,[\Phi(x) \leftrightarrow \Psi(x)]$

さらに簡単に，概念間の同一性を単純に '$=_2$' と記し，また14章§2で後述するが，関数・概念を，その値域・外延と区別して，有気息記号を用いて，$\dot{\varepsilon}\Phi(\varepsilon)$ のように表記すると，(VB) は下記のようになる．

(VB)*　　$\dot{\varepsilon}\Phi(\varepsilon) =_2 \dot{\alpha}\Psi(\alpha) \leftrightarrow \forall x [\Phi(x) \leftrightarrow \Psi(x)]$

また概念の外延性も次のようになる．

(EB)　　$\forall a [\Phi(a) \leftrightarrow \Psi(a)] \rightarrow \Phi(a) \stackrel{a}{\asymp} \Psi(a)$
(EB)*　　$\forall x [\Phi(x) \leftrightarrow \Psi(x)] \rightarrow \dot{\varepsilon}\Phi(\varepsilon) =_2 \dot{\alpha}\Psi(\alpha)$

2. 真理関数

さて次にいわゆる命題論理中に現れる否定詞や条件法などの「文結合子」もまた，ある特別の関数（その関数値が真理値になるから概念・関係の一種で，一つを除いて項も真理値をとるので真理関数 Wahrheitsfunktion と呼ばれる）を意味すると解される．

水平線 $-\xi$ は，項として真理値真がとられると関数値は真となるが，他のすべての場合には，この関数値は偽となる，と約定される（FB 21）．

否定詞 $\top\xi$ は，$-x$ が真ならその値は偽，偽なら真にと項の真理値を逆転する真理関数である（FB 22）．

最後に条件法

$$\top \begin{matrix} \xi \\ \zeta \end{matrix}$$

は，ζ - 項に真が，ξ - 項に真でない対象がとられるときのみ偽となり，他のすべての場合にはこの関数の値は真となる（FB 28）．

3. 量化と普遍性

さて次に，普遍性を表す表現について考えよう．算術では恒等式（等式の普遍性）は次のように，不確定に暗示する unbestimmt andeuten 文字 'x' を用いて表現される．

(1)　　$x^2 - 4x = x(x-4)$

左辺，右辺を孤立して取り出すと，各々はやはり何も確定的に表示せず，ただ不確定になんらかの対象を暗示するだけの表現（フレーゲの用語では「標識 Marke」）(GGA I-I,§26) にすぎないが，(1) 全体では，真なる「等式の普遍性」を表現していると見ることができよう (cf. FB 10)．そしてフレーゲは，この等式の普遍性の代わりに，「関数 x (x − 4) の値域は関数 $x^2 − 4x$ の値域に等しい」という値域間の等式として把握可能で，しかもそれは論理的な基本法則だ，と主張している (FB 10)．つまり，

(V*) $\quad \dot{\alpha}\,(a^2 − 4a) = \dot{\varepsilon}\,(\varepsilon\,(\varepsilon − 4)) \leftrightarrow x^2 − 4x = x\,(x − 4)$．

さて標識を用いての普遍性表現の一つの大きな制限は，例えば，'$x^2 − 4x = x\,(x − 4)$' の否定が，普遍性の否定（部分否定，つまりは一種の存在命題）を表すのか，否定の普遍性（全称否定）を表すのかという区別，即ち，否定の作用域 Gebiet を明確化できないということにある．この作用域の明確化を，フレーゲは量化記号（くぼみ）とドイツ文字（束縛変項に相当）の導入によって行う (FB 24f.)．すると，まず (V*) の右辺から

(2) ─⌣𝔞─ $\mathfrak{a}^2 − 4\mathfrak{a} = \mathfrak{a}\,(\mathfrak{a} − 4)$ ［現在の記法では $\forall x\,[x^2 − 4x = x\,(x − 4)]$］

がえられる（普遍汎化 universal generalisation）．(2) の部分否定は，

(3) ┬─⌣𝔞─ $\mathfrak{a}^2 − 4\mathfrak{a} = \mathfrak{a}\,(\mathfrak{a} − 4)$．［$\neg\forall x\,[x^2 − 4x = x\,(x − 4)]$］

全称否定は，次のように区別できる．

(4) ─⌣𝔞─┬ $[\mathfrak{a}^2 − 4\mathfrak{a} = \mathfrak{a}\,(\mathfrak{a} − 4)]$．［$\forall x\,\neg\,[x^2 − 4x = x\,(x − 4)]$］

「1 の平方根が少なくとも一つ存在する」のような存在言明は，次のように表記される．

(5) $\underbrace{\qquad}_{\mathfrak{a}} \mathfrak{a}^2 = 1.$ $[\neg \forall x \neg (x^2 = 1), \text{i.e.} \exists x (x^2 = 1)]$

また次の命題は，次のように条件法を含んだものとして少なくとも二様に表記されうる．

(6) 人間は動物である．
(6#) $\begin{array}{l} \text{A}(x) \\ \text{H}(x) \end{array}$ $[\text{H}(x) \to \text{A}(x)]$
(6*) $\underbrace{\qquad}_{\mathfrak{a}} \begin{array}{l} \text{A}(\mathfrak{a}) \\ \text{H}(\mathfrak{a}) \end{array}$ $[\forall x [\text{H}(x) \to \text{A}(x)]]$

さて「ソクラテスはギリシャ人である」(G (s)) といった単称言明は，対象ソクラテスが〈ξはギリシャ人である〉という第1階概念のもとに属する fallen unter と言われるが，「1の平方根が少なくとも一つ存在する」のような存在言明は，〈ξは1の平方根である〉という第1階概念が第2階の存在概念〈φが少なくとも一つ存在する〉の内に属する fallen in というように，フレーゲは，対象，第1階概念，第2階概念の型 Stufe を厳格に維持すべきことを主張する (BG 201).

一方こうした「包摂 Subsumition」の関係とははっきり区別されるべきものとして，フレーゲは等しい階同士の概念間の「従属 Unterordnung」を挙げる．上記の (6#) は，第1階の概念同士の間で，〈人間である〉という概念が〈動物である〉という概念に従属していることを表す (BG 198)．その場合，〈動物である〉という概念は，例えば，〈二足歩行である〉のような概念ともども，〈人間である〉という概念の部分概念 Teilbegriff (「徴表 Merkmal」) を構成する．〈動物である〉は〈人間である〉の徴表で，また両概念とも，例えば，ソクラテスという対象の「性質 Eigenschaft」である (BG 201).

こうした量化装置の導入によって，例えば日常語でもお馴染みの (a)「人は誰でも誰かを愛する」と (b)「誰からも愛される人がいる」の相異を表現することが可能になったのである．即ち，

(a)　∀x [Hx →∃ y [Hy ∧ Lxy]]
(b)　∃ y [Hy ∧∀x [Hx → Lxy]]

のみならず，それはそのまま，算術に必要な表現力，例えば，(a*)「すべての自然数にはそれより大きい自然数が存在する」のような定理の表現に不可欠の，多重量化 multiple quantification

(a*)　∀x [Nx →∃ y [Ny ∧ x < y]]

を獲得したのである．

多重量化装置によってはじめて，この定理と偽なる命題 (b*)「最大の自然数が存在する」

(b*)　∃ y [Ny ∧∀x [Nx → x < y]]

との構造的差異が一目瞭然となったのである．しかも，(a) と (a*)，(b) と (b*) とは全く同じ論理構造をもつことが明示されているのである．

§7　有意味性・真理値間隙・対象約定

1. 有意味性条件

ここで，文，固有名，関数名・概念語のフレーゲによる有意味性 bedeutungsvoll 条件を確認しておこう．まず文の有意味性条件は，それが真または偽のいずれかであるという「二値の原理」を充たすということであった．

(広義の) 固有名の有意味性条件としては，既に『基礎』(1884) で，概念を介しての対象指定の定義という記述理論において明示的に与えられていた，その概念に属する対象が少なくとも一つ，そしてたかだか一つしか存在しないという「一意的存在 einzige Existenz 条件」(GLA§74, fn. 88) が，『基本法則』前後でも一貫して採用されており，本来の固有名もいわゆる確定記述 (定冠詞＋概念語) の場合も，一意的対象が，表示される，ないし記述句に含まれる概念に

帰属するのでなければならない (SB 41-2).

　関数名・概念語についての有意味性条件は，二値原理に対応する「すべての対象について，それが当の概念のもとに属するか否か確定していること．換言すれば，概念に関し，明確な境界づけ scharfe Begrenzung の要請……関数一般に関しても，それらがどの項に関しても一つの値をもつべしという要請」(FB 20) に表されている．この要請が，概念の定義の「完全性の原則」(GGA II,§56) で，排中律はこの要請の別形式に他ならず，「任意の対象Δは，概念Φに属するのか，または属さないのかのどちらかであって，第三の途はない tertium non datur」(loc. cit.).

　2. 存在前提

　固有名の場合，初期のピュンヤーとの対話 (1884 以前) において既に，フレーゲは，論理学の法則は論理学中の語が空でないことを前提しているという存在仮定を表明している．「「ザクセは一人の人間である」が本物の判断であれば，「ザクセ」という語は何かを表示しなければならない．……A が一つの個体の名前である場合に，「A は一つの B である」という形式の文が，一つの意義をもち，かつ真でありながら，「B なるものが存在する」が偽となる例を挙げることができるでしょうか」(NS 67) と存在汎化 existential generalization という量化法則の成立に前提される 'A' の表示対象に関する「存在仮定 existential assumption」を明言している．

　また「17. のキー・センテンス」(1892 以前) でも同様に，「9. 一つの文は，それが一つの思想である場合その場合にのみ真かまたは非真でありうる．10. 「レオ　ザクセが一人の人間である」という文は，「レオ　ザクセ」が，なにかを表示する場合にのみ，一つの思想の表現なのである」(NS 189) と主張されている．

　論理学を含め学問においては，主張文が一つの思想を表現し，従って真偽いずれかの真理値をもつには，その文中の名前は意味 Bedeutung を持たなければならないのである．しかしながら，そのことは，こうした存在仮定が名前や確定記述句の意義 Sinn に含まれていることを意味しない．もしそうなら，「ケプラーは惨めな死に方をした」や「楕円軌道の発見者は惨めな死に方をした」

の否定は，それらの文の単純な否定ではなくて，例えば「ケプラーは惨めな死に方をしなかったか，または「ケプラー」という名前は無意味 bedeutungslos であるかだ」となるはずである[17] (SB 40).

むしろ，フレーゲは次のように主張する．

> ひとがなにかを主張するとすれば，そこで用いられている単純なないし複合的な固有名が，一つの意味 Bedeutung をもつという前提 Voraussetzung は，常に自明なことである．それ故，「ケプラーは惨めな死に方をした」と主張するならば，その場合，「ケプラー」はなにかを表示するということが前提されているのである[18]．(SB 40)

しかしながらフレーゲは事実としてこうした期待が裏切られ，解析学の言語も含めて，「諸々の言語は，文法的形式に従えば，一つの対象を確かに表示するようにみえるのに，その目的を達しないような表現がありうるという欠陥をもつ」(SB 40) ことを認め，「発散無限級数」のようなそうした名前を「見かけ上の scheinbar 固有名」(SB 41) と呼んでいる．そういう場合でも，少なくとも記号の表示対象について「語ることを正当化するためには，語ったり考えたりする場合の［意味の存在前提という］われわれの意図 Absicht に言及すればさし当たり十分である」(SB 32) とフレーゲは考える．

3. 真理値の間隙と対象約定理論

だが例えば「名前「オデュッセウス」が，一つの意味をもつかどうか疑わしいので，それ故また全体の文［「オデュッセウスは，イタカの海岸に降ろされた」］が一つの意味［真理値］をもつかどうかも疑わしい」(SB 32)．かくて後年のフレーゲによれば，「ウィルヘルム・テルは，息子の頭上のリンゴを射落とした」のように，「その文中に見かけ上の固有名が現れている場合には，一般に，その文の意義は虚構 Dichtung で，……単に見かけ上の思想 Scheingedanke なのである」(Logik [1897] in NS 142)．かくして，論理学等の学問と虚構とが峻別され，真偽いずれかであるような本来的思想 eigentlicher Gedanke を表現する学問上の使用と，見かけ上の思想が区別され，見かけ上の主張文は，真偽いず

れでもなく，虚構を表現し，そうした場合真理値の間隙 truth value gap があることになる．

だがフレーゲは，一般的に存在仮定を落として，真，偽，虚構のいわば三値をとる三値論理ないしは存在仮定から自由ないわゆる「自由論理 Free logic」を採用したのではない．論理学を含む学問においては，彼は二値原理を貫こうとした．

> 伝説や虚構は度外視し，科学的意味での真理が問題となるような場合だけを考察するとすれば，どの思想も真かまたは偽であって，第三の途はない tertium non datur と言うことができる．(EL in NS 201)

そのために採用したのが，ラッセルの記述理論と対比されるいわゆる「(対象)約定理論 chosen object theory」(Kaplan [1972]) である．

それは「論理的に完全な言語(概念記法)においては，既に導入済みの記号から，文法的に正しい仕方で固有名として形成されたすべての表現は，また実際一つの対象を指し，それに一つの表示対象が確保されないようないかなる記号も固有名として新しく導入されてはならない」(SB 41) を満足しようとする，一種人工的な，しかし数学者・論理学者には愛好される方策である．かくして一意的存在条件を充たさない見かけ上の固有名や記述にどのような対象が人工的に割り当てられるかはそれほど重要なことではない．例えば，「無限発散級数」には0が割り当てられている (SB 41).

一方『算術の基本法則』(I–I,§11) では，次のような記述理論を提案している．

(i) 記述 'the Φ' が本来的記述，つまり，概念Φのもとに唯一の対象Δが属する場合には，勿論Δがその記述の表示対象＝意味である．

記述 'the Φ' が見かけ上の記述，つまり，概念Φにはいかなる対象も属さないか，または二つ以上の対象が属する場合には，その記述の表示対象は概念Φの外延だと約定するのでる．するとΦに何も属さなければその表示対象は空クラス，a, b 二つ属すならば，a, b のペアのクラスがその表示対象である[19]．

4. 定義の完全性原則のための約定

さて, 関数表現や概念語の有意味性条件は,「明確な境界づけ」条件であった.

算術では整数のみが考察され, 加算記号も整数間のみで説明されればよいのであるが, 対象の範囲が拡大される毎に, 新しい説明が必要になる. 表現が決して意味を欠くことがないように, また気づかずに空なる記号 (例:「発散無限級数」) を用いて計算したりしないように, 予防措置を講ずるのは学問的厳密性を保つのに必要だとフレーゲは信じた.

それ故,「◎」が太陽を意味するとした場合に, 例えば,

「◎＋1」

が, 何を意味するのかが, それから帰結するような約定をしておく必要がある. この約定がどのようになされるかは, 比較的どうでもよいことである. 本質的なのは, 'a', 'b' の代わりに, 確定的対象についてのどのような記号が代入されようと, 'a + b' は常に一つの意味を保持するように, その約定がなされるということである. 概念に関しては, ……概念はどの項に対しても値として一つの真理値をもつこと, どの対象についても, それが当の概念に帰属するか否かが確定していることである. 換言すると, 概念に関しては明確な境界づけ scharfe Begrenzung を要求しているのである. (FB 20)

例を挙げよう. (i)「x は 2 より大である $[x > 2]$」と, (ii)「x の平方は 2 より大である $[x^2 > 2]$」はどうか. (i) (ii) の 'x' に数を表示する表現が代入されれば, 真偽いずれかに確定される. だがまた (i) の 'x' に数では全くないような対象の固有名を代入して得られるどの文でも,「一つの思想を表現しており, しかも当の対象がいかなる数でもないならば, この思想は常に偽である」(EL in NS 206). しかし (ii) の場合には「事情は別である」.

何故なら,「x の平方」という表現から, 'x' に一つの対象の固有名を代入することによって生ずる表現は, 通常の言い廻しに従えば, この対象が一つの数である場合にのみ一つの対象を表示するからである. その責任は,「平

方」についての通常の説明の不完全さにある．しかしこの欠陥を次のように約定することによって是正することができる．即ち，ある対象が数でない場合には，その対象の平方とは当の対象自身だと解すべきだが，しかし「ある数の平方」は，算術の［通常の］意味で解されるべきだと約定するのである．その場合には，……［(ii)］から，'x'にいかなる数でもないような対象の固有名が代入された場合には，常に偽なる思想を表現する文を得るのである．(loc. cit.)

こう約定すると，例えば(ii)「月の平方＞2」は(i)「月＞2」となり，後者は偽であるので，「(i)ならば(ii)」[$(x > 2) \rightarrow (x^2 > 2)$]という仮言文は，'x'に任意の固有名が代入されても真となる（数を表示する固有名以外の代入の場合は，(i)(ii)とも偽となる）から，常に真となる「普遍的思想」を表現していることになる(loc. cit.)．フレーゲはこういう仕方で，学問においては，『基本法則』第Ⅱ巻第Ⅲ部冒頭で主張している「定義の完全性の原則」，つまり，「任意の対象Δは，概念Φに属するか，属しないかのいずれかである．即ち，〈第三の途はない tertium non datur〉」(§56)という排中律的要請を遵守しているのである．

また『基本法則 GGA』第Ⅲ部の §57 以下で，学問領域の拡大に合わせた漸進的定義（例えば '+' をまず正の整数について，ついでゼロや負の数，有理数について，やがて無理数を含む実数全体について，さらに虚数，複素数についてというように段階的に再定義すること）が拒否されている．フレーゲの回避策は，古い記号や名称を新しいもので置き換えることである (GGA II-III,§58)．例えば，基数と実数とは全く排反的である二種類の数であると見なして，基数 0, 1, 2, ……と，実数中の整数 0, 1, 2,……のように記号を変えるのである．基数 0, 1 はそれぞれ，空なる概念の外延に付属する基数 Nὲ (ε ≠ ε)，〈0と同一である〉という概念の外延に付属する基数 Nὲ (ε = 0) と定義される (GGA I-I,§41f., S. 58)．また '+ 1' は基数列中での直続関係 f と解され，'a + 1 = b' は「b は a に直続する」('a ∩ (b ∩ f)') と表現される (GGA I-I,§43, S. 58; II-III,§157, S. 156)．一方，実数 0 は，合成積 ∩ を用いれば，A ∩ A⁻¹ のように，また加法 a ＋ b は A ∪ B，減法 a − b は A ∪ B⁻¹ のように表記される (GGA II-III,§162,

S. 160).

　しかし日常言語中の「（　）は禿である」「（　）は山である」のような述語は，フレーゲのいう「明確な境界づけ」に馴染まない「曖昧な vague, fuzzy」な述語であるとの指摘がなされてきた[20]。もしそうなら，こうした述語はフレーゲの規準では一意的な概念を表示せず，従ってそうした述語を含む文は真か偽かいずれかであるような思想を表現しないことになろう。すると，日常言語の相当数の述語を含む文に関しては，一意的な真理条件を問うことに意味がないことになる。フレーゲ的意味論を，自然言語の意味理論にまで拡張しようとする場合に，「曖昧性」の問題は，当然「二値の原理」に直接影響する問題として，真理条件的意味論のアキレス腱となりうるものである。

§8　意義と思想

1．判断可能な内容から思想へ

　さてフレーゲは自らの論理学理解の独自性について，「「真」という語をその頂点におき，次いで直ちに，それについて真理性がそもそも問われうるそのようなものとして，思想を後続させる」(Darm in NS 274) と語っていた。これまで既に「思想」や「意義」については，十分な説明なしに言及してきたが，ここで改めて取り上げることにしよう。

　既に『概念記法』において，主張文の内容は「判断可能な内容 beurteilbarer Inhalt」と称されていたが，「思想 Gedanke」という用語も早期の遺稿「論理学」(1879-1891) において異なる言語で同じ思想が表現可能だという脈絡で登場している (NS 6)。しかし真と承認され，判断される客観的な内容，真理の内容はむしろ「判断可能な内容」と呼ばれているのである (NS 7-8)。『算術の基礎』(1884) では，語や文の「内容」という言い方と共に，未だ明確な区別の意識なしに，語の意味 Bedeutung，文の意義 Sinn という言い方が現れている。1892年以前と考証されている「17 のキー・センテンス」においては，未だ意味と意義の区別への言及なしに，「思想」の言語的表現である限りで，文は真または非真であると言われている (NS 189)。1891 年 5 月 24 日のフッサール宛書簡では「判断可能な内容」が「思想」と「真理値」に分けられ，主張文の意

義 Sinn は思想に,文の意味 Bedeutung は真理値に同化され,固有名の意義と意味（対象），概念語の意義と意味（概念（概念の外延から区別された））といった明確な区別が述べられている (WB 96). だが意味と意義の区別は,既に 1891 年 1 月 9 日に行われた講演「関数と概念」においてはっきり言及されており,その脚注では (FB 14, fn. 6) では「意義と意味について」の近刊予告がなされている. 論文「意義と意味」の掲載誌 *Zeitschrift für Philosophie und Philosophische Kritik* の編集者エアランゲン大学教授 R. ファルケンベルクは,1890 年 6 月 16 日付けのフレーゲ宛返信で,「意義と意味」論文を受領したと記している (WB 48). 従って,真偽の問われるものという「思想」の性格づけにすぐ続くような形で,1890 年 6 月には既に「意味と意義」の区別,並びに主張文の意義と思想との重ね合わせが成立していることになる.

さて思想の本質的特徴づけは,「一般にそれについて真理が問題になりうるあるもの」(G 60), 真偽が本来的に問われる当のもの (L in NS 142; 150) ということであった. それでは真偽の問われる思想とは何なのか.

2. 真理条件と意義

論理学の意味論という見地からいうと,根本的規定は,次のことである.

われわれの約定 Festsetzung によって,真理値名はいかなる条件下で unter welchen Bedingung 真を意味するのか,それが確定される. これら真理値名の意義,即ち,思想,とは,これらの条件が充足 erfüllen されているという思想である. (GGA I-I,§32, S. 50)

例えば,(1) '⊤ p' の真理条件を考えてみよう. '⊤ ξ' は,−ξ が真理値偽ならば真理値真に,真ならば偽に,元の真理値を逆転するような真理関数を表示・意味すると約定しよう. すると,(1) の真理条件は次の (T1) の右辺のように与えられる.

(T1)　'⊤ p' is True ↔ '−p' is the False.

また (2) 単称文 'F (a)' の真理条件は，固有名 'a' が対象 a を表示し，述語 'F (ξ)' が概念 F (ξ) を意味すると約定すると，次の (T2) の右辺として与えられる．

(T2)　'F (a)' is True ↔ F (a)．

フレーゲ自身の言い方はこうであった．

Φ (Γ) が真ならば，対象Γは概念Φ (ξ) の下に属する．(GGA I-I,§4, S. 8)

右辺の「対象Γの概念Φ (ξ) への帰属 fallen unter」ないし「包摂 Subsumition」が，文 'Φ (Γ)' の真理条件を表していると解釈可能であろう．(先述のように，いくつかの解釈がありうる[21]．)

さてこのように (T1) (T2) は，ヴィトゲンシュタイン的な言い方を借りれば，'⊢p'，'F (a)' の各文の真理条件が何であるかを右辺において語る sagen, say ことによって，当の各文の思想を示す zeigen, show とも言えよう[22]．

§9　思想の分解と合成——虚構

1. 思想優位テーゼと思想の分解

さらにフレーゲは，次のように述べている．

真理値名がそれから構成される単純名ないしそれ自体既に合成されている名前は，当の思想を表現するのに貢献する．個々の名前のこの貢献 Beitrag が，その名前の意義なのである．ある名前が，真理値名の部分ならば，その名前の意義は，真理値の名前が表現する思想の部分なのである．(GGA I-I,§32, S. 51)

例えば，先の例で言うと，各文の構成要素表現に関する約定，

(B1) '⊤ξ' は，−ξ の関数値・真理値を逆転する真理関数を意味・表示する．
(B2-i) 'a' は対象 a を意味・表示する．
(B2-ii) 'F (ξ)' は概念 F (ξ) を意味・表示する．

は，思想全体への各表現の貢献，意義，思想の部分を「示している」とみることができよう．これが意義に関する文脈原理ないし少なくとも思想の優位テーゼである．
　それでは思想の思想部分への分節化はどのようにして行われるのか．フレーゲによれば，

一つの思想は，多様に分析される zerlegen のであり，またそのことにより，ある場合にはこれが，他の場合にはあれが，主語としてまた述語として現れるのである．思想自体によってはなお，主語として何が把握されるべきかは規定されない．「この判断の主語」というとき，ひとは同時に，ある確定した分析の仕方 eine bestimmte Art der Zerlegung を指定する場合にのみ，ある限定されたものを表示するのである．このことは大抵，ある確定された言い廻しに関連づけて行われる．しかし相異なる文章が，同一の思想を表現しうることを忘れてはならない．……言語が，ある場合には思想のこの部分を，他の場合にはかの部分を，主語として出現させる手段をもつ．……それ故，同一の思想が，ある分析の場合には単称的 singulär，別の場合には特称的 partikulär，第三の場合には，全称的 allgemein として現れることは不可能ではない．(BG 199-200)

例えば，(1)「4 の平方根が少なくとも一つ存在する」は特称的思想を，(2)「数 4 は，その平方が 4 となる実根があるという特性をもつ」は単称思想を表現するが，それらは（論理的に同値だという意味では）同一の思想である．
　後年フレーゲはこうした思想の分析と文との関係についてよりあからさまに次のように語っている．

思想はどのようにして分解されうるのであろうか．その諸部分の連関はどのようにして切断されうるのであろうか．思想からなる世界は，文，表現，語，記号の世界においてその写像 Abbild をもつ．思想の構造 Aufbau には，諸々の語からなる文の合成 Zusammensetzung が対応し，その際一般にその順序 Reihenfolge はどうでもよいことではない．（V 148 [1918/1919]）

文は，次のような仕方で，思想の写像 Abbildung として見ることができる．つまり，思想と思想部分の場合における部分の全体への関係には，全体として，文と文部分の場合におけるのと同じ関係が対応する．（Darm [1919.7] in NS 275）

またそれが比喩だと断りつつも，「思想を文部分が対応するように部分に区分することができ，その結果文の構造 Aufbau を思想の構造の像 Bild と見なすことができる……」（Gg [1923-1926] 36）と述べている[23]．

さて最も単純な場合は，主語 - 述語単称文によって表現される「単称的思想」である．ここで，一つの思想を，いずれも思想でないような部分に最も単純に二つに分解する場合を考えよう．

その二つの部分は異質 ungleichartig である．即ち，一方は不飽和で，他方は飽和（完結）されている．……このような思想を表現する文は，一つの固有名——それは思想の完結した部分に対応する——と，思想の不飽和な部分に対応する述語的部分とから成る．因みに，単称性は，本来は思想そのものにではなく，単に思想の可能的分解の一つの仕方に関わるだけである．（EL in NS 203）

単称的思想の分解によって，完結された種類と不飽和な種類の構成部分……が得られる．しかし，一方の種類のいずれの構成部分も，もう一方の種類の任意の部分と一緒になって，一つの思想を形成する．（EL 204）

固有名には，その意味とは異なるあるもの，同じ意味をもつ異なる固有名の

場合には異なりうるあるもの，そしてその固有名を含む文の思想内容にとって本質的なあるもの，が結びついている．そのうちに固有名が登場する本来的な文は，一つの単称的思想を表現する．そして思想のうちに，われわれは完結した部分と不飽和な部分とを区別する．前者は固有名に対応するが，それはその意味ではなくて，その意義である．思想の不飽和な部分もまたわれわれは意義として，即ち，固有名以外に現前している文の部分の意義として，把握する．そしてこの約定の方向において，われわれはまた思想そのものを，意義として，即ち，文の意義として把握するのである．思想が全文の意義であるごとく，思想の部分は文部分の意義である．(EL 209)

一つの思想の諸部分のうち，すべてが完結していることは許されず，少なくともその一部分は，なんらかの仕方で不飽和，つまり，述語的でなければならない．さもないと，それら諸部分は互いに接着しないであろうから．(BG 205)

こうして単称文の表現する単称的思想には，述語の意義という不飽和で完結していない「接着剤 Bindemittel」の役割を果たす思想部分が要請される (BG 205)．

4. 複合思想と複合子

さて以上のような，単純な単称的思想の場合のみならず，否定や条件を含む「仮言的思想」(EL 205) などの「複合思想 Gedankengefüge」にもまた，こうした接着剤としての意義・思想部分が含まれているのである (EL 207)．

先ず「否定」についてフレーゲは，「「でない」という語は，それ以外の諸々の語の配置を変えずに，挿入される．……その結果は，一つのしっかり複合された構成 ein festgefügter Bau なのだ」(V 148) と主張する．

[ある思想と]矛盾する思想を表現する文は，もとの思想の表現から，否定詞を介して形成される．(V 154)

ある思想と矛盾する思想は一つの文の意義であって，……前者と否定とから合成されている zusammengesetzt ようにみえる．……思想はその存立にいかなる補完も必要とせず，それ自体で完結しているのである．それに反して，否定は一つの思想による補完を必要とする．二つの構成部分は……全く異質であり，全体の形成に全く異なる仕方で貢献する beitragen. 前者［思想］は補完し，後者［否定］は補完される．そしてこの補完によって，全体がまとめられる．この補完の必要性を言語上においても識別可能とするために，「……の否定」と書くことができよう．（V 155）

そして，例えば，「3 は 5 より大であるという思想のその否定 die Verneinung des Gedankens, daß 3 grösser als 5 ist」という表現は，（ドイツ語では属格を伴う）「……の$\overset{\cdot\cdot}{その}$否定 die Verneinung $\overset{\cdot\cdot}{des}$...」が補完の必要な部分を，残りの表現が先の部分を補完する部分を表現することにより，一つの思想の合成 Zusammensetzung を認識させ，また合成された表現の全体はドイツ語では定冠詞を伴った「単称名 Einzelname，固有名の代理」で，ある確定された個別，即ち，一つの思想，を表示すると主張している（V 156）．

すると否定詞'⊤ξ'の意義・複合子は，ある思想からそれと矛盾した思想へと写像する関数ということになろう．

以上の場合をフレーゲは，論文「複合思想」（1923）において，「ある思想が，言語的には否定詞に対応するような，補完の必要な，ないし不飽和な……部分と一つの思想とから合成されているように見える場合」と見なし，否定されるものは思想で，この思想によって不飽和な部分が飽和され，補完されて，全体の合成 Zusammenhalt が実現するとしている．そして「論理的な事柄において一般に，全体への複合 *Fügung* は常に不飽和なものが飽和されることを通して行われる，と想定するのが自然だ」（Gg 37 強調引用者）と主張している．

さてフレーゲは一般に，「思想から構成されてはいるが思想だけから構成されているのではないような思想」を「複合思想 *Gedankengefüge*」と称する（Gg 37）．思想は完結し飽和したものであるから，「思想でないものによって接ぎ合わされない限りは，互いに接合しない．それ故，この［思想と思想とを］複合するもの［［思想］$\overset{\cdot\cdot\cdot}{複合子}$］ *das Fügende* は，不飽和なものであると想定してよ

い」(loc. cit.). 複合思想も，真偽いずれかの思想である．なお仮言文の思想は，「仮言的思想」と呼ばれる (EL 205).

例えば，「（　）そして（　）」は，二重に不飽和な語である．同様に，意義の領域で「そして」に対応するものも，二重に不飽和で，二つの部分思想によって飽和されなければならない．飽和された連言的複合文「A そして B」が表現するのは，一つの複合思想 (Gg 39)，「二つの部分思想の連言 Konduktt」(EL 205) である．かくして「そして」が表現する「複合子」も二重に不飽和で，部分思想により二重に飽和されて，連言的複合思想を合成する．「複合子」とは，部分思想を複合して一つの複合思想を合成する「（　）でない」「（　）そして（　）」「もし（　）ならば，そのとき（　）」といったいわゆる文結合子の不飽和な「意義 Sinn」に他ならないのである (Gg 40, 41, 43). 例えば結合子 '—ξ' の意義・複合子は，ξに代入されるのが真理値名の場合には，その真理値名が表現する特定の思想から当の思想自身へと写像する思想間の〈同一性関数〉であると解されるのである[24]．しかし不確定に暗示するラテン標識 'a' をも含む

(1)　もしあるものが2より大であるならば，そのときその平方は2より大である (Wenn a grösser als 2 ist, so ist a etwas, dessen Quadrat grösser als 2 ist)
$[(a > 2) \to (a^2 > 2)]$

によって表現されるような常に真となる「普遍的思想」は，どのように分析されるべきであろうか．'a $>$ 2' のような表現を，フレーゲは「非本来的な un-eigentlich 文と名づける．それは文という文法形式をもってはいるが，しかし一つの思想の表現ではなく，にもかかわらず［(1) のように］一つの思想を表現し従って本来的な文として表記される複合文の部分ではありうるようなものなのである」(EL 207).

'a $>$ 2' 中の標識 'a' に固有名 '3' を代入すると，例えば '3 $>$ 2' という本来的な文を得る．この文は，固有名 '3' と思想の不飽和部分に対応する 'ξ $>$ 2' を得る．かくして 'ξ $>$ 2'，'ξ^2 $>$ 2' に対応する不飽和な思想部分は，(1)

が表現する普遍的思想の部分でもある．フレーゲによれば，これらの不飽和な思想部分が互いに接着するには接着剤が必要である．そしてその接着剤には，

「もし……ならば wenn」および「そのとき so」，文字 'a' という語と，「である」……の語の配置が対応する．しかしこの特殊な種類の接着は実は否定，連言の形成や否定の繰り返し及び普遍化 Allgemeinigung……によって実行される．(EL 207-8)

すると二つの述語の表現する不飽和な意義 $\langle \xi > 2 \rangle$, $\langle \zeta^2 > 2 \rangle$ を接着しているのは，結局「もし ξ ならば，そのときは ζ」という通常の条件法の意義・複合子なのであろうか．しかし ξ - 項場所や ζ - 項場所に代入されるべきなのは，普遍的思想の場合は思想ではなくて，不飽和な述語の意義なのである．するとこの場合には，概念間の「従属関係 Unterordnung」に対応する意義として，不飽和な意義を項にとるいわば第2階の関係的な複合子を表現する「もし φ ならば，そのときは ψ」を考案すべきなのか．フレーゲはその点について明示的には何も語ってはいない．

5. 合成原理

さて，しばしばフレーゲの原理ともいわれる意義に関する「合成原理 composition principle」，つまり，有限の語彙の意義と有限の組み合わせ規則（フレーゲの場合なら，有限個の関数表現・概念語の意義）によって，複合的表現の意義は確定する，という原理に基づいてはじめて，有限の意味論的資源からわれわれがいかにして潜在無限の文を理解し発話可能なのかという言語習得の可能性ならびに（チョムスキーのいう）創造性[25]が説明可能であることを，比類ない明晰さをもって，フレーゲは次のように述べている．

言語が成し遂げることは驚嘆に値する．わずかの音声とその組み合わせによって，言語は見渡し不可能な莫大な数の思想を，しかもこれまで誰によっても把握されたことも，表現されたこともなかったような思想を表現することができるのである．(NS 243)

ジャーデン宛の書簡でも次のように述べている．

> 以前にわれわれが耳にしたことのないような文をわれわれが理解できる可能性は，明らかに次のこと，つまり，われわれは文の意義を語に対応する諸部分から構成するということ，に基づいている．二つの文章中に同じ語，例えば「エトナ」，を見いだすならば，われわれはまた対応する思想に共通のなにか，この語に対応する共通のなにかを認めるのである．こうしたことなしには，本来の意味での言語は不可能であろう．（WB 128）

以上が，真理条件という意味論的役割からみた「意義」の側面であるが，最後に次項で真偽の問われるべき思想と虚構との対比に触れておこう．

6. 本来的思想と見かけ上の思想・虚構

先述のように，フレーゲは既に早期から，「レオ　ザクセは人間である」が真偽のいえる思想を表現しているためには，固有名「レオ　ザクセ」は何かを表示していなければならない，と主張していた．『算術の基礎』（1884）においては，「一つの対象について語る」ことと「一つの概念についての言明 Aussage」（GLA§§46-47）とが対比されている．一つの対象について語るためには，それを表示ないし名指す必要があり，固有名とは，一つの事物の名前（GLA§47,§51），一つの自存的対象（GLA§55）の名前である．後年もこの〈対象についての言明〉として把握されるべき単称文と，〈概念についての言明〉と解されるべき特称文や全称文とが鋭く対比され（BG 200），さらには「対象の第1階概念への帰属 fallen unter」と「第1階概念の第2階概念の内への帰属 fallen in」とが対比されている（BG 201）ことは既に述べた．

それでは，対象と思想とはどう関係するのか．単称判断においては，

> 一つの対象についてあることが言明される．このような思想を表現する文は，一つの固有名——思想の完結した部分に対応——と，思想の不飽和な部分に対応する述語的部分とから成る．……固有名は対象を表示する．そして単称的思想は対象に関わる．しかし対象は，固有名が対応する文の部分であるの

と同様に，思想の部分であると言うことはできない．雪と氷との塊を伴うモンブランは，モンブランが 4000 m 以上の高さだという思想の部分ではなく，当の対象には，先の思想の一部が更に考察されるべき一定の仕方で対応する，と言いうるだけである．（EL 203-4）

固有名は対象を表示しなければならない．そしてわれわれは，固有名が表示する対象をその意味と名付ける．他面固有名は，一つの思想を表現する文の構成部分である．さて対象は思想とどのように関係すべきなのか．対象が思想の部分でないことを，「モンブランは 4000 m 以上の高さだ」という文において既に見た．その場合対象は，文が一つの思想を表現するために，そもそも必要なのだろうか．（EL 208）

フレーゲの理論的枠組みでは，意味と意義・思想は明確に峻別され，固有名の表示対象である意味や述語の意味である概念が，思想の構成要素になることはない．しかしながら，思想は，本来，真偽を問われるべき当のものであり，真理が問題とされる論理学を含む学問においては，真偽いずれかであって第三の途はないものである限り，その思想を表現する文の構成要素が，意味を欠くことは許されない．従って，真偽を問われるべき文中の固有名は一意的にある対象を表示しなければならず，また述語は明確な境界づけ条件を充たす概念を意味しなければならない．単称的思想を表現する単称文中では，固有名は確定した表示対象を意味し，述語は明確な概念を意味する．真偽いずれにせよ，単称思想は〈対象についての言明〉，即ち，〈対象の概念への帰属〉の表明によって裏打ちされていなければならず，また特称的思想や全称的思想は，〈概念についての言明〉，〈1 階概念の 2 階概念の内への帰属〉の表明を伴っていなければならない．（エヴァンズのいう，「ラッセル的単称名辞」の条件，つまり，名辞はそれが指示対象を欠けば，その名辞を含む文の語られる内容はなにもない[26]，さらにはそれを拡大した，それが関わる対象がない場合にはその思想は全く存在しえないという「ラッセル的単称思想」[27]が，少なくとも学問的領域に関しては，フレーゲとも一脈通じるかもしれない．）

しかし「オデュッセウスは，深く眠ったままイタカの砂浜に降ろされた」と

いう文は，明らかに意義をもつ，とフレーゲは認める（SB 32）．

「オデュッセウス」という名前は何も表示せず，いかなる意味ももたないということが考えられる．こう想定しても，そうだからといってオデュッセウスという名前がそのうちに現れるオデュッセイア物語の必ずしもすべての文章から，いかなる思想内容をも奪ってしまうことにはならないであろう．（EL 208）

われわれが思想にとどまっていたければ，意義をもって満足することができよう．意義，従って思想だけが問題であるのなら，文の構成要素の意味に心を煩わせる必要はない．文の意義に関しては，文の構成要素の意味ではなくて，ただ意義のみが考察されうるからである．名前「オデュッセウス」が意味をもつか否かに関わらず，その思想は同一のままである．……それ故例のホメロスの韻文を芸術作品として理解している限りは，例えば「オデュッセウス」という名前が意味をもつか否かはわれわれにとってどうでもよいことでさえある．（SB 33）

だがこの文言と，思想は真偽いずれかであって，従ってその思想を表現する文中の名前は表示対象をもたねばならないと認めていたこととは，明らかに矛盾するのではないか．先の引用の前後でフレーゲは「なぜ思想だけで満足しないのだろうか．それはわれわれにとって思想の真理値が問題になるからであり，かつその限りにおいてである．……真理を問うとすれば，われわれは芸術の享受を去って学問的考察に向かうことになろう」（SB 33）と述べ，また先のフレーズに次のような興味深い脚注を付加している．

意義だけしかもたないような記号には特別の表現を与えるのが望ましかろう．例えば，そうした記号を像 Bild と名付けると，舞台上での役者の言葉は像だということになろうし，役者自身も一つの像だということになるだろう．（SB 33, Fn.）

やがてフレーゲは，遺稿「論理学」(1897) において，より明示的に，論理学等の学問と虚構 *Dichtung* を峻別することにより，先述の不整合的言い廻しを回避しようとする．その構成部分の固有名が表示対象をもち，真偽いずれかであるような主張文によって表現される意義は「本来的思想 *eigentlicher Gedanke*」と称される．一方，次のような発言も見られる．

　なにかを名指すという目的を達しない名前は，見かけ上の固有名 Schein-eigenname と呼ぶことにしたい．［ウィルヘルム・］テルの物語が伝説であって史実ではなく，「テル」という名前が見かけ上の固有名であっても，やはりこの物語に対し，その各文が意義をもつことを認めてやらざるをえない．しかし文「テルは息子の頭上のリンゴを射落とした」の意義は真でなく……偽でもなく……虚構であると宣言する．(L［II］141)

　「虚構」と言う代わりに「見かけ上の思想 Scheingedanke」とも言えよう．かくして主張文の意義が真ならざる場合，それは偽かまたは虚構なのであり，その文中に見かけ上の固有名が現れている場合には，一般に，その文の意義は虚構なのである．……虚構においては主張も真面目にとられるべきではない．それは見かけ上の主張 Scheinbehauptung にすぎない．また思想も，学問におけるように，真面目にとられるべきではない．それは単に見かけ上の思想なのである[28]．(L［II］141-2)

　かくしてフレーゲによれば，事態は次のように捉えられる．一方で伝説や文学作品の有意義性 sinnvoll を「虚構」「見かけ上の思想」として容認しつつ，しかしながら論理学や学問的探究は，こうした「見かけ上の思想」を気に懸ける必要はなく，真偽いずれかである「本来的思想」にのみ関わるのである．芸術作品は見かけ上の思想，虚構に関わる「一つの遊戯 Spiel」(L［II］142) なのである．そして，論理学や学問においては，すべての表現は意味をもち，主張文は真偽いずれかの本来的思想を表現すると前提されて研究が進められるが，例えば「オデュッセウス」や「ナウーシカ」のような架空名のみならず，「フロギストン」「エーテル」等の見かけ上の名前のように，ある固有名 'N' が指

第11章　論理と言語の哲学　371

示を欠くと判明した場合には，そうした固有名 'N' の登場する原始文 'F(N)' が偽となるように（すると「N は存在しない（¬∃x (x = N))」のような単称非存在言明は真になろう），既に先に述べたような然るべき「対象約定」によって対処すべし，というのがフレーゲの回答であった[29]．

§10　意義——認識価値／認識論的・命題態度論的位相から

さて，フレーゲの意義 Sinn は，タルスキの真理論を逆転用したデイヴィドソンの意味理論におけるように専ら真理条件的に，ないしはモンタギューの内包のようにモデル論的にのみ考えられているのではない．フレーゲの場合，文や語の意義は，対象の与えられ方や，文の真理性を知ることの認識上の価値（認識を拡張するか否か），その文の真理性を知るために特別の認識活動が必要か否か，さらにはわれわれの信念内容や認識内容とどう関連するのかといった諸問題と，密接に関係するのである．

1. 意義と認識価値，与えられ方

論文「意義と意味について」(1892) の冒頭でフレーゲは，'a = a' と 'a = b' とでは，認識価値 Erkenntniswert に相違があるというカント的問題を提起する．即ち，「a = a は，カントに従えば，アプリオリで分析的だが，他方，a = b という形の文は，われわれの認識のきわめて価値ある拡張を含み，かつ，必ずしも常にアプリオリに基礎づけできない」(SB 25).

こうした認識価値の相違は，'a'，'b' の表示対象＝意味 Bedeutung のみでは説明できない．'a = b' が真なら，両者の意味は同一だからである．フレーゲの回答は，このように同一の表示対象に対し，別々の表記がある場合について，次のように述べている．

[記号の] 相違が，表示されたものの与えられ方 die Art des Gegebenseins des Bezeichneten に対応する．……記号（名前，語結合，文字）には，表示されたもの，記号の意味以外になお記号の意義 Sinn と私が名づけたいものが結びつけられていると考えられ，その記号の意義のうちに [対象の] 与えられ方

が含まれているのである．(SB 26)

　既に『概念記法』においても，同一の概念内容の異なる「確定法 Bestimmungsweise」(BS 14-5) に触れられていたが，この論文ではじめて，こうした認識論的側面が言語表現の意義という言語論的・意味論的局面に取り込まれたのである．かくして

　表示されるものの……その各々の［与えられる］仕方に，当の名前を含む文の一々の特定の意義が対応する．……かくて，どの固有名にも，それを介して表示されるものがいかに与えられるかという唯一の仕方が結びついているということが，本来は要求されねばならない．(G 65-6)

文・判断の場合にも，その意味＝真理値が同一であっても，それぞれ固有の真理値の分析法を含むと考えられる．

　判断は，特定の真理値内における諸部分の区別であると言いうるであろう．この区別は，思想への遡行 Rückgang によって生ずる．一つの真理値に属する各々の意義は，分析 Zerlegung の一つの固有の仕方に対応するであろう．(SB 35)

つまり特定の文の表現する思想＝意義は，その意味＝真理値の各構成部分への固有の分析の仕方を含むのである．
　かくして，広義の名前・単称名 Einzelname に埋め込まれた，意味＝表示対象への与えられ方・確定法の差異が，'a = a' と 'a = b' との認識価値を説明する．

　'a = a' と 'a = b' との認識価値が一般に異なるのを見いだすならば，それは文の意義，即ち，文中で表現された思想が，認識価値にとって，文の真理値である意味に劣らず考慮に入れられるということによって説明される．さて a = b［が真］とすると，なるほど 'b' の意味と 'a' の意味とは同一で，

従ってまた 'a = b' の真理値と 'a = a' の真理値とは同一である．そうだとしても，しかし 'b' の意味は，'a' の意味とは異なりうるのであり，従ってまた，'a = b' において表現された思想は，'a = a' において表現された思想とは異なりうる．その場合，二つの文は同じ認識価値をもたない．（SB 50）

以上の意味確定法，認識価値，意義の関連についてのフレーゲの主張を定式化すると次のようになろう．但し，W (a = b) は，'a = b' の意味確定法・与えられ方を，E (a = b) は，'a = b' の分析性やアプリオリ性に関わる認識価値を，S (a = b) は 'a = b' の思想＝意義を表記する（詳しくは野本 [1986] 第4章9節）．

(i)　W (a = a) ≠ w (a = b) ↔ S (a = a) ≠ S (a = b)
(ii)　E (a = a) ≠ E (a = b) ↔ S (a = a) ≠ S (a = b)

2. 特別の認識活動と意義

なおフレーゲは，ペアノの概念記法への論評中で，次のように述べている．天文学者 X の発見した彗星と天文学者 Y の発見した彗星とを別々の表記で語っていたが，それらが同一天体＝同一の意味をもつと判明した場合でも，しかし「意義は異なる．なぜならその一致を理解するためには特別の認識活動 besondere Erkenntnistat が必要になるからである」（Frege [1896] 369; ラッセルへの書簡 (1902.12.28)）．また '3 + 1'，'1 + 3'，'2 + 2'，'2・2' といった算術の場合も同様に考えているから，「特別の認識活動」とは，観察・実験などの経験的探究のみならず，算術の場合の証明手続きのようなア・プリオリな場合も含まれよう（野本 [1986] 第4章9節）．いま 'a = b' の真理性を知るのに，こうした特別の認識活動を必要とすることを T^+ (a = b)，不必要な場合を T^- (a = a) と表記すると，次のようになる．

(iii)　T^+ (a = b) & T^- (a = a) → S (a = b) ≠ S (a = a)．

3. 思想と真と見なす判断

先述のように，フレーゲは，いわゆる「代入則」，ライプニッツ流の「salva veritate 原理」，即ち「一つの文中のある表現を，同じ意味の gleichbedeutend 表現によって置換する場合に，当の文の真理値は影響をうけない」(SB 36) を受け入れていた．しかしながら，フレーゲは，直接話法報告，間接話法報告，信念・疑問・目的・知識・因果や理由等に関わる複雑な複合文に関しては，こうした代入則が成り立たないようにみえることを認める．先ず最も基本的な「ある文（の表現する思想）を真と見なす」という「判断」についてフレーゲは次のように主張する．

われわれが「宵の明星はその公転周期が地球のそれより小さい惑星である」という場合，「明けの明星はその公転周期が地球のそれより小さい惑星である」という文におけるのとは別の思想を表現したのである．というのは，明けの明星が宵の明星だということを知らないひとは，一方を真としながら，他方を偽と見なす für wahr, bzw. falsch halten ことがありうるからである．にもかかわらず，二つの文の意味［真理値］は同じでなければならない．何故なら，同じ意味をもつ，即ち，同じ天体の固有名である語「宵の明星」と「明けの明星」が互いに交換されているにすぎないからである．意義と意味とを区別しなければならない．(FB 14)

「明けの明星は，太陽によって照射されている物体である」という文の思想は，「宵の明星は太陽によって照射されている物体である」という文の思想とは異なるからである．宵の明星が明けの明星であることを知らないひとは，一方の思想を真と見なす für wahr halten が，他方の思想を偽と見なすことがありうるであろう．(SB 32)

いま「あるひと x が文 'p'（従って，思想 S (p)）を真と見なす」を 'Ax (p)'，「x が文 'q'（従って思想 S (q)）を偽と見なす」を 'Ax (¬ q)'，「ありうる」を '◇' と表記すると，フレーゲの主張は次のようになる．

(iv) 「誰かがS(p)を真と見なしながら，S(q)を偽と見なしうるならば，S(p)はS(q)と同一でない」（◇∃x [Ax(p) & Ax(¬q)] → S(p) ≠ S(q).）

もう少し弱く，「xが 'q' を真とは見なさない（判断を差し控える）」（¬ Ax(q)）場合にも，次の定式化が成り立つであろう．

(v) 「誰かがS(p)を真と見なしながら，S(q)を真と見なさないことがありうるならば，S(p)とS(q)は同一ではない」（◇∃x [Ax(p) & ¬ Ax(q)] → S(p) ≠ S(q).）

かくしてフレーゲは次のように主張する．

しばしば同じ対象が異なる固有名をもつ．しかしにもかかわらず，固有名が例外なく交換可能だとは限らない．このことは，同一の意味をもついくつかの固有名が異なる意義をもちうることによってのみ，説明されうる．「モンブラン山」という固有名が「ヨーロッパの最高峰」という表現……と同じ山を表示してはいるが，「モンブラン山は 4000 m 以上の高さである」という文は，「ヨーロッパの最高峰は 4000 m 以上の高さである」という文と同じ思想を表現してはいない．（EL 208）

§11 話法・信・知——命題的態度の意味論

より一般的には，こうした文脈についてフレーゲは，次のように言う．

語を通常の gewöhnlich 仕方で用いる場合にひとがそれについて語ろうとするのは，その語の意味である．しかし，語それ自身について，あるいは，語の意義について語ろうとすることも起こりうる．（SB 28）

こうした文脈では，引用文や副文・従属節は意味を欠いているのではなく，

意味が変移しているのである．「直接話法においては，［引用］文は一つの文を意味し，間接話法においては一つの思想を意味する」(SB 36)と言うべきで，通常の文脈では語や文は「通常の意味」をもち，それについての代入則が成り立つが，間接的文脈では「間接的 ungerade 意味」をもち(SB 28)，その間接的意味について代入則が成り立つと主張する．かくして，文脈ごとに，語や文の何が全体の真理値を変更せずに置換できるかによって，その文脈での語や文の意味が何かを探索しなければならない．詳しくは立ち入れないが，フレーゲは自然言語の微妙な言い回しについて示唆に富んだ意味論的分析を与えている(詳しくは野本 [1986] 第 6 章)．

　直接話法の場合には，引用された当の文が引用文の意味であろう．間接話法中，「信ずる」(SB 32) はじめ「言う sagen」「思う meinen」「確信する überzeugt sein」「と思われる es scheint」「望む hoffen」等々(SB 37, 38)の動詞に導かれる副文，「のために damit」で導入される目的節，また「命令する」「依頼する」に続く副文に関してフレーゲは次のように述べる．

> こうした事例において，副文中の語はその間接的な意味をもち，またそのことから，副文自体の意味も間接的意味である，即ち，真理値ではなくて，思想，命令［内容］，依頼［内容］，疑問［内容］である……名詞節は名詞として把握可能だったのであり，実際，思想，命令［内容］等の固有名だと言うるかもしれない．(SB 37)

命令［内容］や依頼［内容］は，思想ではないが，思想と同一次元にあると見なされている (SB 38-9)．

　さて，副文の［間接的］意味が思想であることの消極的理由として，フレーゲは，その思想の真偽が文全体の真理値に無関係であることを挙げている．例えば，「コペルニクスは，惑星の軌道が円であると信じた」と「コペルニクスは，太陽の見かけの運動が実際は地球の運動によってもたらされると信じた」において，信念内容である思想は，前者は偽で，後者は真であるが，それとは無関係に，コペルニクスは両方を事実信じていたが故に，「真理を損なうことなく，一方の副文を他方の副文と置換することができる」(SB 37)．しかしな

がら，誰かaが両方の思想 [S (p), S (q)] を信じたからといって，その思想が同一とは限らない訳である [[Ba (S (p)) & Ba (S (q))] & ◇ [S (p) ≠ S (q)]].
　続けてフレーゲはさらに，次のように主張する．

> このような場合，副文において，一つの表現を同じ通常の意味をもつ別の表現で置き換えることは許されず，同じ間接的意味，即ち通常の意義をもつ別の表現で置き換えることだけが許される．(SB 37)

これが信念文脈における間接的意味＝通常の意義に関する代入則である．即ち，

> (vi) 「S (p), S (q) が同一の思想ならば，a が S (p) を信じれば，a は S (q) も信じる．」
> [S (p) = S (q) → [Ba (S (p)) → Ba (S (q))]]

対偶をとると，

> (vi)* 「誰かが一方の思想を信じながら，他方の思想を信じないとしたら，その思想は異なる．」
> [[Ba (S (p)) & ¬ Ba (S (q))] → S (p) ≠ S (q) .]

　先の「真と見なす判断」に関する (v) と，この「信念」に関する (vi) とは，「判断」さらにはその表明である「主張」と「信念」との密接な関係，すなわち，「x は文 'p'（の思想 S (p)）を真と見なす」からの，（同一言語内での）引用解除 disquotation ないし（異言語間の）解釈・翻訳を介して，信念帰属「x は S (p) と信じる」への移行可能性，

> (Q)　　Ax (p) → Bx (S (p))

を示唆する[30]．
　フレーゲはまた，確信や信念が，「推論の場合のように，もう一つの確信の

根拠ともなりうる」(SB 28) と論じている．

「コロンブスは，地球が円いということから，西に向かって航行すればインドに到達できるだろう，と推論した」という文には，諸部分の意味として二つの思想がある．すなわち，地球が円いということと，コロンブスが西に向かって航行すればインドに到達できるであろう，ということとである．ここで再び重要なことはただ，コロンブスが前者および後者の思想を確信していたということ，ならびに一方の確信が他方の確信の根拠であったということである．地球が現に円いかどうかとか，コロンブスが西に航行すれば，彼が考えたように現実にインドに到達できたかどうかということは，この文の真理性にとってはどうでもよいことなのである．しかし，「地球」のかわりに「その直径が，それ自身の四半分より大きい直径をもつ衛星を伴う惑星」を代入できるかどうかは，どうでもよいことではない．この場合にもまた，われわれは語句の間接的意味を持つことになる[30]．(SB 38)

なお「知る」「認識する」のような場合の副文は，一方でその思想を間接的意味として，他方でその真理値を通常の意味としてもつ，とフレーゲは見なしている (SB 47-8)．すると，「a は p であると知っている (Wa (p))」は，「a は p であると信じていて (BaS (p))，かつ p は真である」という，さし当たり伝統的な「知は真なる信念」という考えが採られていることになる．

フレーゲは，論文「意義と意味について」(1892) の後半において，ライプニッツのいわゆる「salva veritate 原理（真理を損なうことなく交換可能なものは同一である）」が貫徹される，数学や論理の厳密な表記法である自らの「概念記法」から逸脱するかに見える，日常言語の豊穣な表現可能性のいくつかの例を取り上げて，綿密かつ斬新な検討を加えている．そして，その検討結果を次のように総括している (SB 49-50)．この検討内容は，例えば，内包的意味論の展開に関して，なお汲み出すべき示唆に富んだものである．やや長いが，以下に引用しておきたい．([　] は引用者の補足).

言語中に与えられたすべての可能性を汲み尽くすことは困難である．しか

しにもかかわらず，なぜ，複合文全体の真理値を損なうことなく，一つの副文を同じ真理値をもつ別の文で置き換えることが必ずしも常には可能でないのかということの理由は，本質的な点では見出されたと，私は期待したい．すなわち，その理由は次のとおりである．
1. 副文は，一つの思想の一部分のみを表現するゆえに，いかなる真理値も意味しない．
2. 副文は，なるほど真理値を意味するが，しかしそれだけに限られない．というのも，その意義が一つの思想以外にまた別の思想の部分をも含むからなのである．

第一の場合は，次の二つの場合が生ずる．
   a) 語が間接的意味をもつ場合［例えば，上記の「信じる」「言う」「確信する」「推論する」さらには，「命令する」「依頼する」等の動詞が「……ということ (daß, that...)」を伴う副文・従属節を先導する文の場合］
   b) 文の一部分が，固有名ではなく，ただ不確定的に暗示する場合［例：「ある数が1より小で0より大ならば，その平方は1より小で0より大 $[0 < x < 1 \to 0 < x^2 < 1]$」］

第二の場合においては副文は，次のように二重に解されうる．すなわち，ある場合には通常の意味において，別の場合には，間接的意味において理解される．つまりは，副文の一部分の意義が同時に別のもう一つの思想の構成部分でありうる場合で，それはその構成部分が当の副文中で直接に表現されている思想と一緒になって主文と副文の意義全体を形成しているという場合である．

［例1.「理由」を表す文：「氷は水より比重が小だから，水に浮く」．
 例2.「反実仮想」：「鉄が水より比重が小だった wäre ならば，それは水に浮くことだろう würde」．
 例3.「誤解・妄想」：「ベーベルは，アルザス゠ロレーヌの返還によって，フランスの復讐欲を和らげうると妄想した」等々．］

以上のことからフレーゲの引き出す強気な結論は，こうである．

副文が同じ真理値をもつ別の文で置き換えられない場合があるからといって，それは，真理値が文の意味であり，そして文の意義は思想である，というわれわれの見解を何ら反証するものではないのである．(SB 50)

§12　本来的固有名とその意義の公共性

フレーゲは，表象などの主観性と対比して，意義・思想の客観性・われわれの思考や把握からの独立性を強調していた．思想の客観的独立存在という実在論的な主張を括弧にいれても，少なくとも意義は多数の人間の間で伝達可能な公共性をもつ，と見なしていた．フレーゲは，「固有名の意義は，その名前が所属する言語ないしは表記法の全体を十分熟知しているだれにでも把握される」(SB 27) もので，「多数の者にとっての共有財 gemeinsames Eigentum であり……人類は，世代から世代へと譲渡される思想の共有財産 gemeinsamer Schatz をもっている」(SB 29) のであり，「思想とは……多数者の共有財でありうる客観的な内容」(SB 32, Anm.) であって，「人間から人間への影響は，大抵は思想によって媒介される．思想は伝達される mitteilen. ……世界史上の大事件，それらは思想の伝達 Gedankenmitteilung を他にして成立しえたであろうか」(G 77) とはっきり述べている．

広義の固有名，単称名 Einzelname のうち，「最小の素数」のようないわゆる確定記述の意義は，その構成要素表現の意義からの合成であるから，その公共性・伝達可能性は比較的容認しやすいであろう．また記号言語中の派生的固有名，例えば基数 '0' は「〈自己同一でない〉という概念の外延の基数 N (ε ($\varepsilon \neq \varepsilon$))」であるという定義によって導入されると，その意味も意義も定義項から付与されるにすぎないから，記述の場合と同様に考えられる．

しかし人名や地名のような「本来的な固有名 eigentlicher Eigenname」の場合には微妙な問題がある．フレーゲ自身，こうした固有名の意義にはひとにより「ゆれ Schwankung」があることを認めつつ，次のように述べている．

「アリストテレス」といった本来的固有名の場合には，確かにその意義について，見解が分かれうる．例えば，〈プラトンの弟子でアレクサンダー大王

第11章　論理と言語の哲学　381

の教師〉をその意義と解しうるであろう．そう解するひとは，「アリストテレスはスタゲイラ生まれだった」という文に対し，〈アレクサンダー大王の，スタゲイラ生まれの，教師〉を当の名前の意義と解するひととは，別の意義を結びつけるであろう．意味さえ同じである限り，意義のこうしたゆれには耐えられる．（SB 27, Anm.）

しかしそうすると，本来的固有名に関しては，その意義は各人各様でありうることになり，本来的固有名とその意義との結びつきはいわば「個人言語 idiolect」に属すると見なされることになろう．このことは勿論本来的固有名が「私的言語 private language」に属するということを意味しはしない．各人が何を意義としてある本来的固有名に結び付けているのかを，他者に伝達することは十分可能だからである．

> ヘルベルト・ガルナーが，グスタフ・ラウベン博士は 1875 年 9 月 13 日に某地で生まれたということ……を知っているが，それに反して現在ラウベン博士がどこに住んでいるかも……知らないと仮定しよう．他方レオ・ペーターは，グスタフ・ラウベン博士が 1875 年 9 月 13 日某地に生まれたということは知らない［但し，周知の住居に住む医者であるということは知っている］とする．すると，固有名「グスタフ・ラウベン博士」を考慮に入れる限り，ヘルベルト・ガルナーとレオ・ペーターとは，この名前で同じ人物を表示しているとしても，同じ言語を話してはいないのである．……かくして，ヘルベルト・ガルナーは「グスタフ・ラウベン博士は負傷している」という文に，レオ・ペーターが当の文で表現しようとしているのと同じ思想を結びつけてはいないのである．（G 65, 傍点引用者）

もし本来的固有名の場合の意義が，「私的言語」ではないので伝達不可能ではないにしても，その結びつきが各人各様のハンプティ・ダンプティ的「個人言語」に属するものだということになると，本来的固有名を含む文の表現する思想が何かを突き止める必要がでてくるから，信念帰属の意味論には厄介な課題となる[32]．

また，フレーゲのいう意義にも，(i) 真理条件に関わる限りでの思想とそれへの貢献としての意味論的な役割，(ii) 間接話法や信念文の副文の間接的意味・信念等の内容としての思想，(iii) 意味・表示されるものの確定の仕方・与えられ方といった諸側面が認められる．そのいずれもが原理的には公共的で伝達可能であっても，(ii)(iii) に関しては，(a) 一定の言語共同体においてある表現には一定の意義が公共的・ステレオタイプ的に結合されている場合と，(b)「本来的固有名」の場合に顕著なように，表現と意義の結合が「個人言語」中で各人各様である場合とが区別されねばならないであろう[33]．

§13　指示詞・指標詞の意味論

1. 指示の脱コンテクスト化

　フレーゲは，単なる公共性・伝達可能性を越えた，思想の実在論的な客観性を主張し，全く主観的な表象という内的世界と，客観的だが現実的な外的世界のいずれとも区別される第三の領域に思想は属している，とまで主張している (G 75f.)．「思想は，それを誰かが真と見なすかどうかとは独立に真」(G 69) であり，「思想（例えば，自然法則）は，真であるためにわれわれの承認を必要としないばかりか，そのために一度としてそれがわれわれよって思考されることさえ必要としない．自然法則は，われわれによって考案されるのではなく，発見 entdecken されるのである」(L [II] 144)．「思想を把握ないし思考するとき，それを創造する schaffen のではなく，既に予め成立していた思想に対し，ただある関係に入るのである」(G 69, Anm.)．従って，「学問の仕事は，真なる思想［それがフレーゲにとって「事実」である］を創造することではなく，発見することである．だから真理はその発見とともにはじめて成立しうるようなものではない」(G 74)．こうしたわれわれの把握・思考・承認からは独立な例えば「ピタゴラスの定理において言表される思想は，無時間的，永遠的で，不変である」(G 76) と言われる．

　かくして「思想は，それが真の場合には，われわれの承認とは独立に真で」(L [II] 138, 145)，「思想は，真であれば……常に……ないしより的確には，無時間的に真であるか，または，それが偽であればそれは端的に偽である」(L

第11章　論理と言語の哲学　383

[II] 147). こうしてフレーゲは，「真理……は無時間的である」(G 76) と，その絶対的独立性を主張する．

だがフレーゲも勿論例えば，「この帝国の王」とか「この棒の mm 単位での長さを示す数」のような表現の，発話への隠れた文脈依存性に気づいていた．つまり，こうした表現は，その発話の日時指定を欠けば何も表示しないし，しかもその発話の日時が変動すれば表示対象は異なることにも気づいていた (WF 657-8)．

だがフレーゲは，「きょうは真であるが，半年後には偽となるような思想もまた存在するのではないか」(G 76) と自問しつつ，発話の「現在時制」(G 76; L [II] 147) や，人称代名詞「私」(L [II] 146)，また「これ」(L [II] 146; G 64) のような指示詞に言及し，先の問に以下のような回答を与えている．

(1) 「快晴である」
(2) 「私は退屈している」
(3) 「これは赤い」

(1) は「一つの思想の完全な表現ではない．時間限定が欠けているからである．……可変的なのは言語であって，思想ではない」(L 147)．「時間限定によって補完され，あらゆる点で完全な文にしてはじめて一つの思想を表現する」(G 76)．「当の思想を正しく把握するには，その文がいつ発話されたかを知らなければならない．すると，発話の時点は，思想表現の部分なのである」(G 64)．このように発話の時点（必要なら発話地点）を表す表現を補完した完全な文の表現する思想は，「それが真なら……無時間的に真である」(G 76).

(2) についても同様で，誰が（必要なら，どこで，いつ）(2) を発話したかを補完しなければならない．「同一の文は，必ずしも常に同一の思想を表現するわけではない．何故なら，コトバは，完全な意義を明示するにはある補完を必要とするのであり，かつこれらの補完は状況により多様でありうるからである」(L [II] 146).

(3) の指示詞については，フレーゲは，「身ぶり，表情」(L [II] 146)，「指さし，手振り，眼差し」(G 64) を，「発話に随伴する状況 die das Sprechen beglei-

tenden Umstände」(G 64) に数え，こうした振る舞い（直示行為 demonstration）(Kaplan [1989]) の補完が必要と見なしている．

いずれにせよ，フレーゲの考えは，こうした文脈依存性を示す文の場合には，それが表現する思想の・正・し・い把握 richtige Auffassung の為には，「発話に随伴する状況についての知見 Kenntnis」(G 65 強調引用者) の補完を必要とし，こうした補完によっていわば脱コンテクスト化・永久化 eternalize されてはじめて，・完・全・な・思・想・表・現がえられ，かつそのようにしてえられた思想表現の表す思想は，もし真なら，発話状況一切から独立に絶対的かつ不変的に真なのだ，というものである．

また，フレーゲは，発話状況の変動につれて，同一の思想を表現するには，文脈的表現を，例えば，「きょう」を「きのう」に，「ここ」を「そこ」にと，適切に置換しなければならないという，当然のしかし文脈依存のダイナミズムを捉えるのには本質的なポイントの指摘も行っていた (G 64).

フレーゲは，どこにも自然言語が文脈的表現無しで済ませられるとは主張していないが，彼の永久化・脱コンテクスト化はその可能性を示唆するものと解されないこともない．それは，彼の補完が「発話状況の知見」を表す恐らくは非文脈的な表現によって行われるからであろう．しかしこうしたある意味で発話状況の客観的な知見なしにも，文脈的表現は使用できるし，また伝達可能でもある．それには (a) フレーゲ的な「意義」「思想」と，(b) 先の (1) (2) (3) のような文脈的表現を含む文—タイプが表す意味論的規則・言語的意味と，(c) それらの意味論的規則プラス発話状況そのものによって確定される「発話内容」の異同について，立ち入った検討が必要である[34]．

2. 人称代名詞「私」

最後に簡単に自己意識についての，興味深いしかし当惑させる点も含むフレーゲの示唆について触れておこう．

[1] さて各人は，彼がいかなる他人に対しても与えられないような，ある独自でもともとの仕方で in einer besonderen und ursprünglichen Weise，自分自身に与えられる．[2] ところで，ラウベン博士は，彼が負傷していると考

えるなら，その場合彼は，おそらく彼が自分自身に与えられるそのもともとの仕方を基礎にしているだろう．[3] そして，そのように規定された思想 der so bestimmte Gedanke は，ラウベン博士自身だけが把握しうるのである．……[4] しかし彼のみが把握しうるような思想を，彼は [他人に] 伝達できない．[5] そこで彼は「私は負傷している」という場合には，「私」を，他人にも把握可能な意味において，なにか「この瞬間君たちに話しかけている者」といった意味で，用いなければならない．[6] その際，彼は彼の発話に随伴する諸状況を，思想表現に役立たせているのである．(G 66)

先ず第一に，他人に伝達不可能な思想とは，思想の定義に反するであろう．第二に，ラウベン博士の「私は負傷している」という発話の内容は，その場に居合わせている日本語 (？) のわかる聞き手には，何の困難もなく理解可能であるし，発話状況の知見を補えばフレーゲ的な思想さえ理解可能であろう．しかし第三に，多分フレーゲの強調したいポイントは，むしろ「私」という人称代名詞を「ラウベン博士」とか「この瞬間君たちに話しかけている者」で置き換えると決定的に失われてしまう何かが，「私」という一人称の指標詞の固有の言語的意味・意味論的規則に含まれている，という形で掬い上げられるべきではないであろうか．「私」という指標詞は，デカルトの「われ思う，故にわれあり」においても決定的な役割を果たしており，その当の発話者への独自のパースペクティヴ，接近法を用意する言語的通路なのである[35]．

1) Klemke (ed.) [1968]; Kluge [1980]; Dummett [1973].
2) Dummett [1973].
3) Sluga [1980]; Gabriel [1986]; Carl [1994].
4) e. g. Evans [1982].
5) 武笠 [1983]; 野本 [1986] 5-6.
6) Dummett [1993] Ch. 9.
7) cf. Kaplan [2000] (東京都立大学講演，未刊).
8) Davidson [1977] rep. in [1984] 220.
9) Dummett [1973] Ch. 10.
10) やがて言語行為論の見地から，Austin [1962]; Searle [1969] などによって，「発語内の力 illocutionary force」「発語内行為」論が展開されたことは，既に周知

のことである．また Vanderveken [1990] 以来，illocutionaly logic が山田 [1995]，更には，Benthem [1996] らによって，多様な Dynamic Logic が展開されている．(Yamada [2012])
11) Davidson [1979] rep. in [1984] の試みを参照．
12) 対応説による真理定義に対するフレーゲの批判を，論文「思想」(G. 59-61.) にもう少し即して，補足しておく．(一層詳しくは Stuhlmann-Laisz [1995a] 参照)．
　「x は真である [T (x)]」とは，①「ある像 x がある現実 y と一致・対応する [∃yU (x, y)]」ことだと定義すると，x と y とが「完全に一致」するなら，x, y は合体し，一体化してしまう．しかし像 x と現実 y とは区別されつつ，その対応が問われているのが眼目のはずである．そうなら，「完全な対応」「完全な真理」は存在しない．では②真理には程度がある，ないし，例えば「x は y とある点 i で対応する [∃i∃yU (x, y, i)]」のように，真理は何らかの点に相対的なのか．だがそうなら，再び「x は y とその点で対応する」というのは真かが問われ，出発点に戻る．③真理は複合概念で，その徴表（部分概念）A, B により，「x は真」とは，「x は A ないし and/or B だ」と定義すると，個別事例 x では，再び「x は A か」「x は B か」とその真が問われ，循環に陥る．
13) Ramsey [1927]; Field [1986]; Horwich [1990].
14) Dummett [1991a]; Prawitz [1987]; Martin-Löf [1985].
15) Nomoto [1993]；野本 [1997]『意味と世界』第 6 章．ここでは検討できなかったが，さらに最近の議論については，例えば以下を参照．Sluga [2002]; Greimann [2003] [2003a] etc.
16) Parsons, T. [1981].
17) この箇所は同時に，後のラッセルの「記述理論」(「表示について On Denoting」(1905)) が抱える多義性を予め明示している箇所でもある．すなわち，ラッセルは大方の固有名を確定記述句の省略であると見なし，かつ記述句をそれが登場する文全体に解体することによって，見かけ上の表示 denotation の問題を回避しようとした．その際，確定記述句「現在のフランス王」[ιxFx] の登場する文，例えば「現在のフランス王は禿である [B (ιxFx)]」の表す命題ないし意義・思想に，記述句の表示に一意的存在性を含意させて，次のように変形・解体したのである．
　(*)　∃x [Fx & ∀y [Fy → y = x] & Bx]
しかしそう解すると，ここでフレーゲが指摘しているように，記述句が，否定文（および様相や命題的態度を表すような複雑な文脈）中に埋め込まれたときに，真偽が逆転するような多義性を示す結果となるのである．例えば (*) の否定は，以下のいずれかに分析可能となる．
　①∃x [Fx & ∀y [Fy → y = x] &¬ Bx] ∨　②¬ ∃x [Fx & ∀y [Fy → y = x] & Bx]
それゆえラッセルは，記述句に，上の各選言肢に対応する，①第一次的 primary 現われと，②第二次的 secondary 現われ，ないし①広い作用域と②狭い作用域 wide/narrow scope の区別を（中世の言表様相 de dicto／事象様相 de re modali-

ty のいわば一般化に相当），以下のように導入せざるをえなかったのである．
① [ιxFx]¬ B (ιxFx), ②¬ [ιFx] B (ιxFx)]

18) この前提 presupposition 論は，やがて Strawson [1952][1952] らによって展開される．van Fraassen [1969]; Soames [1976]，また野本 [1997] 第5章も参照．

19) こうしたフレーゲの方策は，Carnap [1937] §7; Gödel [1931]; Quine [1951] 47; Leonard & Goodman [1940] 36 等多くの論理学者によって，多様な仕方でではあるが，採用されている．特にカルナップの議論は，Carnap [1947] §8, p. 37 において，当該議論領域外の存在者ないし議論領域自体が一般に * として選択され，自然な付値がなされている（野本 [1986] 第5章）．また，「自由論理」では，例えば van Fraassen [1966] の重ね値 supervaluation の方法のような，柔軟な付値の工夫がなされている（野本 [1997] 第5章）．

20) Dummett [1975] rep. in [1978]; Fine [1975]; Haak [1996]; Wiliamson [1994].

21) 野本 [1986] 186f.; Nomoto [1995].

22) Geach [1976]; Dummett [1973] 227; Dummett [1981] 135-6.

23) フレーゲはヴィトゲンシュタインに宛てた書簡（1919.6.28）において，はじめて，『論理哲学論考』草稿に対する感想を述べており，その前便（1918.10.15）ではまだ『論考』草稿を受け取っておらず，かつ感想の遅れた理由として，フレーゲの名誉教授推挙に関する雑事（1918 末）がほのめかされているから，1918 年中にはフレーゲは『論考』の草稿を受領していたと推察される．すると，先の引用中の「写像」「像」という用語に，ヴィトゲンシュタインの影響が疑われるかもしれない．しかしながら，最初の引用が含まれる論文「否定」は，既に大体完成し，公刊しようとしていると，1918.10.15 の便でヴィトゲンシュタインに告げているから，「写像」という考えと用語はフレーゲも独立に採用していたのである．実際，'Abbildung' という集合論的概念は，1870 年代に既にデデキント，フレーゲの師クレプシュによって使用され，さらにはメビウス，リーマンに遡るものである．

24) しかし，ξ に真理値名以外の固有名が代入されると，'―ξ' の意義は，その固有名の意義から特定の偽なる思想への関数と解される．

25) Davidson [1967] もまた，有限の言語的資源（有限の語彙と形成規則）から，無限の文を構成しうる言語の習得可能性ならびにいままでだれによっても表現されたことのない文を創造しうる可能性が，こうした回帰的な合成原理によることを，指摘している．

26) Evans [1982] 70.

27) Evans [1982] 71.

28) Dummett [1973] Ch. 10.

29) だが例えば「オデュッセウス＝オデュッセウス」は，真偽いずれなのか，また単称存在言明ももっと厄介な問題を抱えており，「自由論理」においてもいろいろの提案がなされている（Lambert [1991]; 野本 [1997] 第5章）．

30) cf. Kripke [1979]; 野本 [2006].

31) 確信・信念 B に関する論理においては，義務論理 deontic logic の場合と同様，

D-S4 という体系が成り立つと考えられ，その場合，「B $(p \to q) \to (Bp \to Bq)$」はその公理 (B) と認められる．そうだとすれば，この場合にも，'p' を 'p$_1$ & p$_2$' (つまり「地球が円く，かつ西に航行する」)に分析でき，'$(p_1$ & $p_2) \to q$' は 'p$_1$ $\to (p_2 \to q)$' と同値だから，'q' を「インドに到達できる」とすれば，'$p \to q$' は，'p$_1 \to (p_2 \to q)$'(「地球が円ければ，西に航行すればインドに到達する」)となる．公理 (B) に2回訴えれば，'B $[(p_1$ & $p_2) \to q]$' は，'B $(p_1) \to [B (p_2) \to Bq]$' であるから，コロンブスの確信「地球は円い」(B (p_1)) と「西に航行している」という信念 (B (p_2)) から，「インドに到達する」という確信 (B (q)) が，分離則 MP の2回適用によって得られる．よって，「地球が円い」と「西に航行すればインドに到達する」というコロンブスの二つの確信は，「インドに到達する」というコロンブスの確信の根拠になっている．

32) Kripke [1979]；野本 [1986] 第5章，第6章；Nomoto [1993] [1995]；野本 [1997] 第14章．
33) Kripke [1979]；野本 [1997] 第12章．
34) 詳しくは Kaplan [1978] [1989]；Perry [1978]；Evans [1982]；野本 [1986] [1988] [1997]；Husserl [1900]．
35) 詳しくは野本 [1986] 第7章，野本 [1988] [1988a] [1997] 第13章，第14章；Husserl [1900]．

第 12 章　意味論論争

§1　ラッセルとの往復書簡 (1) ——ラッセルの論理的意味論

　フレーゲ・ラッセル両人の往復書簡中残存しているのは 21 通である (1902-1912)．ふたりの往復書簡はラッセルのパラドクス発見の報知という劇的な形で始まって，フレーゲによる必死の対応策の模索と，同時にまたラッセル自身のいくつかの克服策の提案およびフレーゲによるその批判的検討と拒否という緊迫したやり取りが，ドーヴァー海峡を越えて大変な密度で取り交わされている．終始互いに敬意を払い，友好的な雰囲気のうちに行われた，実に率直で歯に衣着せぬやり取りは，学問的なダイアローグの見事な見本を示している．この交換書簡において，基数，クラスや値域・概念の外延といった問題概念の徹底的な検討，関数と対象の区別の確認，意義と意味の区別，とりわけ命題の意味と意義とは何かをめぐる両者の最後まで互いに譲らない手に汗握る論争が展開されており，深い感動を誘うものである．のみならず，この論争に含まれる数々の豊かな着想は，その後今日までの数学の哲学ならびに哲学的な意味論の展開にとって，極めて深い示唆を与えるものである．
　フレーゲ - ラッセルの往復書簡における，パラドクス以外のもう一つの中心的な論題は，論理学の哲学，ないしは論理的意味論の問題である．二人の間には無視できない意味論上の根本的な対立があり，それが今日まで，例えば，ある面でラッセル的なクリプキ・パトナムの単称名辞論，カプラン・ペリーの直接指示論とダメットやエヴァンズのフレーゲ擁護論の対立に見られるように，繰り返し論争を引き起こす起爆力を依然として維持し続けているのである．

ラッセルのパラドクスの詳細については第13章〜第14章で取り上げることとし，本節ではラッセルの論理的意味論に焦点を当ててフレーゲとラッセルの往復書簡を論じることにしたい．

ところでラッセルは，第一次世界大戦でドイツに対する開戦に反対，反戦平和運動を展開して投獄され，ケンブリッジを追われた．だが獄中で名著『数理哲学序説 Introduction to Mathematical Philosophy』(1919)を完成，1919年復職したが講義することなく辞任．理論的な仕事は，主に1920年代までになされた．以降1930年代にシカゴ大，UCLAで教えるまで在野で通す．1944年ケンブリッジに戻り，トリニティ・コレッジのフェロー，1949年英国学士院名誉会員に選出された．

多元的実在論 ふたりの文通前後の時期のラッセルの哲学的立場の変遷について，予め少しだけ補足しておこう．ラッセルは，はじめ当時の英国の新ヘーゲル主義者ブラドレイなどに関心をもったが，ムアとともに，観念論を離れる．新ヘーゲル主義の，特に「内的関係説」と「全体論的一元論」に反対であった．内的関係説とは，例えば〈ロミオはジュリエットを愛する〉という関係は，主語個体〈ロミオ〉の，従って〈ジュリエット〉の各個体の内的特性に含まれるという説である．「全体論的一元論」とは，どの個体も他のどの個体とも何らかの関係にあるから，ある一つの個体がある特性を持つか否かは，他のすべての個体およびその特性から分離不可能という，いわば「唯一絶対の真理」にコミットするものである．これに対しラッセルは，「関係」が「特性」に還元不可能だという「外的関係説」を採り，また各個体は互いに独立で，〈ロミオはジュリエットを愛する〉のような各命題の表す事実は，他の諸命題の表す事実から独立に真であり，そうした無数の相互に独立な個体の，相互に独立な事実が存在するという「多元的実在論」を主張した．

『諸原理』(1903)の意味論・存在論 この時期のラッセルは，新ヘーゲル主義とは逆の極端な実在論者である．まず彼は，文中のどの表現もすべて何らかの存在者 entity を「指示する indicate」と主張する．そうした存在者が各表現の「意味 meaning」である．固有名のような単称名辞は「もの thing」を，述

部（形容詞・動詞・前置詞等）は「概念 concept」（関係を含む）をそれぞれ指示する．文も何らかの複合的なもの（命題・事実）を指示する．例外は「すべてのひと」「あるひと」「現在の日本の大統領」といった「表示句 denoting phrase」である（前二者を，「不確定記述 indefinite description」，後者を「確定記述 definite description」という）．表示句もそれぞれある「表示概念 denoting concept」を指示する．しかしわれわれが「あるひとは酔っ払いだ」という命題で語りたいのは，〈あるひと〉という表示概念についてではなくて，ある人物についてである．そこでラッセルは各〈表示概念〉の「表示する denote」〈すべてのひとのクラス〉〈あるひとのクラス〉〈現在の日本の大統領である特定の人物〉をその「表示対象 denotation」と称した．ラッセルによれば，彼の「表示概念」はフレーゲのいう「意義 Sinn」に相当する．

　しかし表示句には，「現在の日本の大統領」のように，その表示概念が何も表示しない（時には二つ以上の対象を表示する）句がある．するとこうした句の現れる命題（A）「現在の日本の大統領は女性である」は真偽いずれでもなく，いかなる事実も対応しない（ないしは何か〈否定的事実〉を表す？）．さらに根本的なのは「表示概念について語ろう」とする時のパズルである．この難点がラッセルをして表示理論の放棄に追いやった（松阪 [2005] kaplan [2005] 参照）．

　記述理論　そこでラッセルの提案したのがいわゆる「記述理論 theory of description」であり，彼にとっての量化理論「表示について On Denoting」(1905)であった．それは表示句を命題の独立の構成要素と見なすことを破棄し，命題全体に貢献するだけの文脈的機能を持つに過ぎない「不完全記号」として統語論的に解体してしまう方策である．例えば「すべて」「ある」「ならば」「そして」を '$\forall$'，'$\exists$'，'$\rightarrow$'，'&' と表記すると，「すべてのひと Hx は死すべきもの Mx である」「あるひとはすべてのものを愛する Lxy」は，それぞれ「$\forall x [Hx \rightarrow Mx]$」「$\exists x [Hx \, \& \, \forall y Lxy]$」と表記され，同様に，先の命題 (A) は「現在の日本の大統領 Px がただ一人存在し，かつそれは女性 Fx である」という意味であろうから，(A*)「$\exists x [Px \, \& \, \forall y [Px \rightarrow y = x] \, \& \, Fx]]$」と表記されよう．するとこの再定式化には，「現在の日本の大統領」という表示句は独立の要素としては登場せず，先の論理記号と等号，不定の個体を表す変

項 variable 'x', 'y' 以外に，特定の意味をもつのは述語 'Hx', 'Mx', 'Lxy', 'Fx' のみとなる．しかも，(A*) は有意味な命題であるが，現在の日本には大統領という特性 Px をもったものは，男女を問わず存在しないから偽となると考えられる．もちろんその場合には，命題が事実（〈否定的事実〉に訴える苦肉策を別にすれば）の名前であるといった考えも捨てる必要がある．

　この「記述理論」が，哲学的分析の典型として称揚されたのは，この分析によって，表示句の表示対象の存在を否認するために，マイノング流の何か影のような存在を認める必要が払拭されると考えたからである．しかしフレーゲが予め気付き (SB [1892])，ラッセル流の記述理論を採用せずに別の記述理論を採用したように，この記述理論には困難がある．つまり，確定記述の現れる命題が，その〈意義〉中に〈存在〉概念を含むと考えると，(A*) は実は多義的になるのである (SB 40)．例えば，(A) を否定すると，否定詞の作用範囲によって，(A*) の全体を否定したのか，述語「女性である」を否定したのか，二様の解釈が可能であり，そのいずれであるかによって，真偽が逆転してしまう．こうした難点を回避するために，ラッセルは記述句の作用域の大小（第一次的，第二次的現れ等）の区別を導入しなければならなかった．（一方フレーゲは，意味の「前提 presupposition」説や「対象約定説 chosen object theory」を提案した．第 11 章 §7，第 2 項，注 17 参照．）

　命題・事実・判断　ところで，ラッセルの「命題」概念は曖昧で揺れがあり，言語的な「文」を表すのか，非言語的な何らかの複合的対象を表しているのか，不分明である．『原理』では，先述のように，例えば〈シーザーはルビコン河を渡った〉という命題は世界の中に存在する個体と，命題関数・関係〈x は y を渡る〉からなる複合体，〈シーザー，ルビコン河，〈x は y を渡る〉〉である．その場合，命題と事実との関係はどうなるのか．

　フレーゲとの文通以後だが，*Principia Mathematica* の時期 (1906-1912) のラッセルの「真理論」では，真理は信念・判断の性質で，信念・判断と事実との対応にあるとの，「真理対応説」が採用されている．つまり，「オセロは，デズデモーナがキャショを愛する，と信じる」のような信念・判断が真であるのは，判断主体オセロと，信念対象・複合体・命題〈デズデモーナ，キャショ，

愛する〉との間に，〈信ずる〉という多項関係があり，かつその命題・複合体が事実である場合，つまり，命題・信念対象と事実との対応に求められる．未完の草稿『知識の理論』(1913) では，「論理形式」という新しい考えを導入し，命題と事実の対応は，両者の「論理形式」'xRy' の共有・一致に求められている．

だが，デズデモーナはキャシヨを愛してはいないとすると，先の命題は何か〈否定的事実〉を名指すのであろうか．

論理的原子論　やがてラッセルは，こうした信念・判断の「多項関係説」を捨て，旧学生のヴィトゲンシュタインの影響下，「論理的原子論の哲学」(1918) を提唱する．命題には，一つの事実に対し「真である」という関係と，「偽である」という関係とがある．よって，命題は関係項の一つである事実という複合的対象を名指す名前ではなく，事実を語る say ものであると見なされるのである．

まず第12信では，「命題 Satz」の用法が，フレーゲとラッセルではずれていることが指摘される．フレーゲが論理学者とともに「Satz」を思想の記号表現と見なすのに対し，ラッセルは数学者とともにむしろ思想と解している．フレーゲは，(間接話法は別にして) 命題の意義を思想，意味を真理値と見なす考えを改めて説明する (1902.10.20) が，ラッセルは，命題の意味＝真理値説に納得しない (書簡13, 1902.12.12)．

哲学的意味論に関して，フレーゲは自説の要点を簡潔に説明している．「宵の明星＝明けの明星」のように，異なる記号が同じ対象を表示する場合，真理値が同じでも認識価値は異なる．「特別の認識活動」が必要なのである．同一対象が異なる仕方で確定されており，二つの名前を無条件で置き換えられない．こうした認識価値上の相違をフレーゲは命題の意義・思想の相違に結び付ける．ところで命題中の名前の表示対象＝意味に関心をもつのは，当の命題の真理性が問題になる場合である．そこでフレーゲは，命題の意味とは，意義は異なっても同じ意味の記号と置き換えても変わらない何か，つまり真理値だと考えるのである．真理保存的な代入則ないし同一者不可識別の原理「$a = b \rightarrow (F(a) \leftrightarrow F(b))$」が成立するからである．

先述のように,「命題 Satz」を,フレーゲは複合的言語表現・文と見なすが,ラッセルはフレーゲ流には「思想」に相当するように用いている.また間接話法中の従属節は,フレーゲに従うと,通常の直接的な gewöhnlich, gerade 意味をもたず,間接的な意味＝意義しかもたない.しかも信念態度等が重積する場合には,間接の間接的意味（間接的な意義）といったように,フレーゲは意義に階梯 Grad の相違を認めようとする（この着想は,やがてチャーチによって展開される.Church [1951]）（書簡 14, 1902.12.28).

　しかしラッセルは（書簡 15, 1903.2.20),命題の意味＝真理値説に依然納得しない.判断,思想は全く独自なもので,固有名に同化できないと見なすからである.

　フレーゲは再び哲学的論理学の基本的問題,命題の意味と意義について,基本的見解を披瀝している.真理値が命題の意味でないとすると思想が命題の意味なのか.だがそうなら,「2^3」と「3^2-1」は同じ対象を意味するから,「$2^3>7$」と「$3^2-1>7$」は同じ意味＝思想を表示せねばならない.しかしこの二つの命題の真理性を知るには,異なる認識活動が必要であり,従って両者の思想は同じではない.よって思想は命題の意味ではなくて意義なのである.それでは命題は意味を欠き,意義のみをもつのか.もしそうなら命題の部分にも意味はない.しかし命題部分には意味が不可欠だとしたら,命題自身も意味をもち,真理値こそがその意味なのである.よって真なる命題の意味はすべて同一である（書簡 16, 1903.5.21).

　ラッセルは,直ぐに返信を書き（書簡 17, 1903.5.24),判断の対象は複合体で,真偽同値な命題も同一ではない,つまり,ラッセルは命題の意味を内包的複合体と見なしている.

　書簡 18 でフレーゲはさらに論理学の哲学の基本的な問題を論じる.まず思想の理解と思想を真と認めること（判断）を区別する.また「真」という語は,通常の述語ではなく,「$2+3=5$ は真である」という命題は「$2+3=5$」という命題以上のことは何も言っていない［同値テーゼ］.よって,真理は思想の構成部分ではない.続いて再び意義と意味の区別,命題の意義＝思想,意味＝真理値の説明が繰り返される（書簡 18).

　フレーゲの意味と意義の区別に,ラッセルは容易に同意することができな

かった．ここに両者の意味論の基本的対立が露わになる．ラッセルによれば，「思想」は心理的個人的事柄で，われわれが主張するのは思想の対象だと言う．思想の対象とは，ある複合体（客観的命題）で，モンブラン山自体がその一つの構成部分なのである．モンブラン山自体が，「モンブラン山は高さ 4000 m 以上だ」という命題において主張されているものの構成部分である．そうでなければ，われわれはモンブラン山そのものについて何も知らないことになる．かくて命題の意味とは真理値ではなく，ある複合体で，それが真や偽であるということになる．

　また「ソクラテス」といった単純な固有名には意義はなく，心理的な観念 Idee と対象だけを認める．意義と意味の違いは，例えば，数学的関数 $\xi + 1$, ξ^2 の値にのみ認める．よって，すべての真なる命題が同一であるとは認められない．「モンブラン山は高さ 4000m 以上である」と「すべての人間は死すべきものだ」との命題の構成部分は異なるからである．しかし（客観的）命題の同一性は，構成部分の意味だけでは決まらない一種内包的なものだと，ラッセルも認める．つまり，一方でラッセルは，$(4^2 - 3^2 = 7) = (7 = 7)$ を偽と見なす．'$4^2 - 3^2$' と '7' とは意味は同じでも意義は異なるからである．ラッセルはここにある落ち着きの悪さを認めている（書簡 19，1904.12.12）．ラッセルの論理的意味論における，命題の構成要素である，数学的関数のみならず，述語が表す概念・命題関数の，従って思想の対象，複合体（客観的命題）自体の，非外延性という問題が，顕在化しているからである．いずれにせよ，「ソクラテスは人間である」のような単称命題の表す思想ないし思想の対象（複合体）が，フレーゲの言うように専ら意義から構成されるのか，あるいはラッセルの言うように，ソクラテス当人という対象自体を含むのかは，最近の直接指示 direct reference を巡る基本的な論争点なのである．

　いまは失われてしまったラッセルからフレーゲへのケンブリッジでの数学者会議での招待講演への依頼状（書簡 20，1912.3.16）に対して，フレーゲは「誠に名誉なことはよく承知していますが，お受けする決心がつきません．ケンブリッジに赴くべき相当の理由があることもわかりますが，それでも何か打ち勝ちがたい障害のようなものを感じて」，結局辞退している．これが二人の最後の文通となった（書簡 21，1912.6.9）．

§2　ヴィトゲンシュタインへの書簡[1]——論理的意味論を巡って

　ヴィトゲンシュタイン Ludwig Wittgenstein (1889-1951) は，恐らく1911年の夏の終わりか秋に，はじめてフレーゲを訪問したようである．手紙の交換は二つに分かれ，後半部分は1915年から始まり，後に『論理哲学論考』となる論理哲学論文が話題にされ始める．フレーゲにヴィトゲンシュタインは『論考』草稿コピーを送り，意見を求めた．しかしフレーゲの返信はヴィトゲンシュタインをひどく落胆させた．ヴィトゲンシュタインへのフレーゲの影響は（生涯に亙るが）とりわけ初期には甚大で，『論考』序文の通りである．だがこの時期でもヴィトゲンシュタインは，しばしばフレーゲの見解に不賛成だった．

　失われた書簡は24通 (1913. 10. 22-1919. 12. 29) である．H. ショルツは1936年4月2日の書簡でヴィトゲンシュタインに，フレーゲとの交換書簡をショルツ文庫 SchArch に利用させてほしいと願い出た．しかしヴィトゲンシュタインは，その書簡が純粋に個人的なもので，哲学的内容はなく，フレーゲ論集には価値がないと返答している (1936. 4. 9)．

　近年発見された書簡は，A. ジャニック Janik 編で，*Grazer Philosophische Studien,* 33/34, 1989 に掲載された．彼の序言によると，1986ないし87年ヴィーンで偶然ヴィトゲンシュタイン宛の幾百通もの書簡が発見された．それらはヴィトゲンシュタインの精神的発展，この時期の個人的な境遇について豊かな情報を与える由である．『フレーゲ著作集6』に訳出したフレーゲの書簡は（たとえ哲学的にはそれほどでないにしても，少なくとも伝記的には）その最も興味深いものに属する．ヴィトゲンシュタイン宛のフレーゲの郵便葉書と書簡の束は，21の文書で，1914-1920年（フレーゲ66歳から72歳，ヴィトゲンシュタイン25歳から31歳まで）の期間に亙る．

　両人共通の問いの立て方と互いの深い敬意にも拘らず，二人の間には初めから相当の考えの違いが存在したように思われる．ヴィトゲンシュタイン自身の陳述によれば，最初の出会いにおいてフレーゲに「こぴっとくやっつけ」られ，また来るようにとフレーゲが招いてくれたことだけがヴィトゲンシュタインを安堵させたという (Geach [1961])．『論考』の序文で「私の思想に対する刺激

の大部分はフレーゲの偉大な業績と我が友人バートランド・ラッセルの著述」に負うと書かれているように，フレーゲは，終始ヴィトゲンシュタインが無制限の敬意を抱いていたごくわずかの哲学者の一人であった．ヴィトゲンシュタインがフレーゲの著作から長いパッセージを暗記していたことが知られている．ヴィトゲンシュタインは後に「私の文体は尋常でないほど強くフレーゲの影響を受けている．そしてそうしようと思えば，一見しただけでは誰もそれに気がつかない場合でも，私はこの影響を確認することができるだろう」(Wittgestein [1967] sect. 712) と告白している．

フレーゲの書簡には，若きヴィトゲンシュタインに対する老フレーゲの慈父のような愛情と深い期待が認められる．しかし一方また二人の思想家が哲学の論述の仕方，明晰性，論理学の基礎概念，観念論等について，非常に異なる考えをもっていたことが窺われる．

1. 両人の交流

発見されたフレーゲによる最初の書簡は，軍事郵便葉書 (1914.10.11) でポーランドのクラカウ軍事司令部志願兵のヴィトゲンシュタイン宛てである．その後何度となくフレーゲは，過酷な軍隊生活の中でもヴィトゲンシュタインが学問に打ち込めることに驚嘆し，その仕事を励ましつつ，戦後の再会と交流への期待を表明している．フレーゲの激励に応えて，厳しい軍務の中でヴィトゲンシュタインは仕事を続け，やがて『論考』の起草後，フレーゲにその学恩を謝して礼金を送ったと推測される (1918.4.9)．戦時中の困難な時期，実際フレーゲは (既に70歳) 決して豊かな状態にはなかった．

『論考』脱稿が近づいた頃，失われた書簡の中で，ヴィトゲンシュタインは自らの仕事への懐疑を洩らしたのかもしれない．第16信 (1918.9.12) は，学会での無視，酷評，孤立に耐えてきた老フレーゲによる (学問的後継への期待を滲ませる)，若き後輩への慰めと励ましの言葉である．

自分以前にまだいかなる人間も行ったことのない険しい山道を自ら切り拓こうとしている者にとって，もしかしたらすべては無駄なのではないか，誰かいつかこの山道を後からついてこようという意欲をもってくれるであろうか，

といった疑惑にしばしば襲われることを，確かによく理解できます．私もまたそのことを熟知しています．けれども私はいまは必ずしもすべてが虚しいわけではない，という確信をもっています．

2. 『論考』成立まで

　1915年，ヴィトゲンシュタインは『論考』の第一稿（少なくとも構想と梗概）を作成しようとしていた（ラッセル宛書簡 1915.10.22）．だが 1916 年にはヴィトゲンシュタインは危険な大砲監視員として前線に向かい，自分の仕事の紛失を気遣わざるをえない状況となった．1916 年夏，東部戦線でロシア軍の大攻勢が開始された．戦況は過酷で無慈悲となり，双方とも多くの死傷者がでた．ヴィトゲンシュタインはいまや絶えず生命の危険に曝される．第 9 信（1916.8.28）にフレーゲは，「あなたの思想をたとえ切れ切れで無秩序にでも紙に書き付けて私に知らせられる時間を時には残しておけないでしょうか．そうすれば私はその書簡を保管するように試みます」と書き送り，恐らくヴィトゲンシュタインはフレーゲの言葉にも励まされて，自分の思想の文字による摘要に着手したのであろう．

　しかしヴィトゲンシュタインは 1917 年 1 月末（ブコヴィナ山中の）東部前線に転属された．以後戦争形態は陣地戦に変わり，恐らくこうした最前線への配置がすべてを遅れさせたのであろう．ブコヴィナの前線にいる間の短期の休暇中に，ヴィトゲンシュタインはフレーゲをヴィーンに招待している．恐らく既に，フレーゲに見せるために，一定の段階での草稿を用意していたのであろう．しかし，第 11 信（1917.6.30）で，フレーゲは，衰弱のため，ヴィーンへの招待に従えないのを謝し，第 12 信（1917.9.16）でも「あれほど親切なご招待に添えなかったことを申し訳なく思います．あなたの仕事のよい成果を期待しています」と返信している．翌 1918 年 5 月ヴィトゲンシュタインから，『論考』の準備状況を知らされ，第 15 信（1918.6.1）でフレーゲは，

　　一定の決着に至ったことを嬉しく思います．失くしてしまわないように，成就したことをすべて，すぐ記録することが許されるように．恐らくそれによって，私が骨折ってきた困難な地帯において私もまた支援を受けられるこ

とでしょう．勿論私はいつでも学び，もし私が間違っていたら，私を正しい道に引き戻す用意もできています．たとえ私が本質的なところであなたに従うことができないとしても，いつも私はあなたが進んで行った道を学び知ることから何かを手にいれると期待しています．

と記している．1918年秋，最初のオーストリア軍解体現象が現れ，最終的崩壊は10月末にやってくる．その直前，ヴィトゲンシュタインからフレーゲに『論考』の完成が知らされる．第17信（1918.10.15）において，フレーゲはお祝いの返信を送っている．

あなたの葉書は私を大変喜ばせました．あなたがお仕事を完成されたことを心からお祝い申し上げると共に，このような時期にこうした状況の下であなたがそれを完成されたことに驚嘆しています．その仕事が印刷されるのを見，また私がそれを読めるような機会の与えられますように！

しかしヴィトゲンシュタインは捕虜となり，イタリアのモンテ・カッシーノの捕虜収容所にいた．姉が「論考」草稿をタイプし，その複写をフレーゲに発送している．

3. フレーゲによる『論考』の検討

ヴィトゲンシュタインは，フレーゲ宛の失われた葉書（1919.4.10）で，自らの「仕事に対する評定を依頼」している．

ところで，第5信（1916.4.21）でもそうだが，フレーゲがしばしば，もっとよく話をすれば，互いに徐々にもっと接近していくに違いない，という希望を表明しているが，このことは逆に当初から二人の間で哲学上相当の見解の相違があったことを示唆する．こうした両者の哲学的見解の相違は，実際，ヴィトゲンシュタインからの『論考』暫定的決着の報に接して非常に喜びつつも，フレーゲが「たとえ私が本質的なところであなたに従うことができないとしても」（1918.6.1）とか，あるいは論文「思想」をヴィトゲンシュタインに送付する際にフレーゲが「恐らくそれに全面的には賛成されないだろうと思います」

(1918.10.15) といった予感を洩らしているところからも窺える．

　さてフレーゲは，ようやく第18信 (1919.6.28) でヴィトゲンシュタインに返信する．フレーゲは，雑務に煩わされ，しかも衰弱して，ヴィトゲンシュタインの論文に立ち入って取り組めず，根拠ある判断を下すことができないと釈明する．その上質問責めでうんざりさせることを恐れつつも，しかしフレーゲは，彼が『論考』のごく始めの部分で躓いてしまう理由を，実に率直に述べている．（フレーゲが『論考』草稿のごく最初の部分以上に読み進んだかどうか疑わしい．）要点は，次のようである．

　(1) この論文が非常に理解しにくいのは，①諸命題が基礎づけなしに並記され，②説明なしに日常的言い廻しが次々に使用されて，当の命題の意味が明晰でないからである．例えば「成り立っていること」「事実」「事態の存立」(Wittgenstein [1921]) は，同義的と思われるのに，何故三重の表現が必要なのか．こうした使用は禁ずるべきだ，とフレーゲは言う．

　ここに両人の哲学上の方法論に，一見基本的な対立があるように見える．フレーゲは，算術を含む論理体系中の用語には，常に一意性を求めた．一方ヴィトゲンシュタインは，上の例でも見られるように，事態，事実といった複数の用語を用いて，多面的にある基本的な事柄を表わそうと試みる．しかし事はそう簡単ではない．フレーゲもまた，例えば「関数」「概念」「対象」「意味」「意義」といった「概念記法」内では表記不能な基本的観念については，飽和・不飽和という化学用語や，望遠鏡の比喩に訴えて「示唆」を与え，あるいは定義不能な論理的単純者については日常言語で縷々説明を加えて，読者の理解を得ようとする．フレーゲのいわゆる「哲学論文」はすべて，体系以前の「前庭 Vorhof」「準備」「予備学」「解明」である．しかし『論考』全体も「言いえざることを言おうとする」試みであるから，フレーゲの予備学・解明言語と「概念記法」の区別は，「語ることと示すこと」との対比の先駆と見うるかもしれない (Geach [1976])．（もっともフレーゲは，概念記法という「補助言語」（対象言語）とメタ的な「説明言語」とを区別するから (NS 280,『著作集4』)，ラッセルやタルスキの言語階層論の先駆とも見られうる．）

　(2) またフレーゲは，事実，事態，状況，存立している事態等は言語的にどう表記されるのか，事態と事実との差異は？　と問う．ラッセルも同じことを

問うている (Russell からヴィトゲンシュタイン宛書簡 (1919.8.13). ヴィトゲンシュタインの返答は，後述するラッセル宛書簡 (1919.8.19)).

(3) フレーゲは，ヴェスヴィオ山やその溶岩が事態や事実の構成要素になりうるかと問う．フレーゲ的には，「事実」は「真なる思想」で意義しか構成要素にならない．フレーゲは，『論考』の事実概念に，ラッセルの命題論との類似性を認め，反対論を述べている．

ヴィトゲンシュタインは恐らくフレーゲの反応を最も期待していたのであろう．このフレーゲの手紙にひどく落胆したに違いない．1919年8月19日，彼はラッセルに次のように記している．

> 私はフレーゲにも私の草稿を送りました．彼は先週手紙をくれましたが，彼はその草稿の一言も理解していないと推測します．それで私の唯一の希望は直にあなたに会って，すべてをあなたに説明することしかありません．というのもただ一人でそれを理解するのは極めて困難だからです．(1919.6.28 ラッセル宛書簡)[2]

しかし理解困難というフレーゲの反応もまた当然の率直なものであって，今の書簡もそうだが，ヴィトゲンシュタイン自身，ラッセル宛に既に3ヶ月前に「実際この原稿は全く簡潔な言葉で書いてあるので，あらかじめ説明しなければあなたにはお分かりにならないと思います．（無論誰もそれを理解できないであろうということです．ただそれが結晶体のように明晰であると確信しています．……）」(1919.3.13) と書いていたのである．

失われてしまったヴィトゲンシュタインのフレーゲ宛書簡 (1919.8.3, 9.6) の中で，ヴィトゲンシュタインは彼の「論文」について何かを伝えているという．それらには，恐らくフレーゲの上記書簡に対する回答も含まれていたであろう．そしてその回答はラッセルへの回答（後述．1919.8.19）と部分的に重なるのかもしれない．

その間，ヴィトゲンシュタインは捕虜から釈放 (1919.8.21) され，8月25日にヴィーンに帰還した．フレーゲの第19信 (1919.9.16) で，フレーゲはまず捕虜からの帰還に祝意を伝えた後，恐らく前信でのヴィトゲンシュタインの落

第12章 意味論論争 403

胆に接して，大略，次のように返信している．まず哲学において，ヴィトゲンシュタインが考えているよりももっと了解しあえると見込んでいること，フレーゲが論理学において認識した事をヴィトゲンシュタインもやがて擁護するようになるという望みをもっていること，そしてたとえ部分的には異なる道ではあっても，両人は同様に真理探求者なのだ，と．さらにフレーゲは言葉をついで，二人の相違がまさに，「私によって発見されたことを補い，恐らくはさらに正すことのできる何かをあなたに見出した，という望みをもたせるのです．それで私は，あなたに私の目をもって見ることを教えている間に，私自身はあなたの目をもって見ることを学ぼうと期待しているのです．あなたとの意思疎通への希望をそれほど簡単には私は放棄しません」と述べる．

しかし同時に，率直な評言は少しも緩まずに次のように続けられる．

(1) 『論考』の序文に従えば，「その中で表現されている思想を他人が既に考えたことがある場合にのみその目的は達しうることになり，……この本は学問的業績というよりむしろ文芸的な業績になってしまう」．

ところで，前信でヴィトゲンシュタインは，恐らく次のようなラッセル宛の手紙と同様の説明をフレーゲにも送ったのであろう．つまり，「事態は，それが真であれば，要素命題に対応するものであり，事実は，要素命題の論理積（その積が真のとき）に対応する」[3] (1919. 8. 19, ラッセル宛)．恐らくこれに対しフレーゲは「事態，事実，状況について書いてきてくれたことを，たとえ……あなたの見解にどれほど親しんでいたとしても，私は自分ではほとんど思いつきもしませんでした」と書いて，自分がヴィトゲンシュタインの本を「理解するようになる人々に属しているのだろうか．あなたの援助なしには困難だと思う」と告白している．他方，主観的な「表象」と公共的な「意義」の区別という一致点を見出して喜んでいる．

(2) しかしヴィトゲンシュタインの返信中での (S)「要素命題に対応するのは，それが真ならば，一つの事態の存立である」は，「一つの事態の存立」という表現の説明［定義］にはなりえないと見なす．そこでフレーゲは (S) の一つの理解の試みを提示し，それに対するヴィトゲンシュタインの賛否を尋ねている．

この間，ショルツ・メモによれば，ヴィトゲンシュタインの失われたフレー

ゲ宛書簡 (1919.9.16) で，ヴィトゲンシュタインはフレーゲに論文「思想」への礼を述べ，それに対して批判的なコメントを加え，またフレーゲにヴィトゲンシュタインの仕事を Beiträgen zur Philosophie des deutschen Idealismus 誌に公刊する斡旋を依頼していたという．

これに対してフレーゲは慎重で，第 20 信 (1919.9.30) において，編者 B. バウホ（イェーナ大学教授，新カント学派）に，ヴィトゲンシュタインを「徹底して真面目な態度で考える人物」だとは紹介できるが，論文自体についてはいかなる判断も下せない，と率直に書く．理由は，その内容がフレーゲには未だはっきりしないこと，また当の草稿が雑誌の一冊分をも占める大部のものだということであった．そして雑誌で公刊するとしたら，その論文の分割が必要とされるだろうが，受容ということからもそれも悪くはないと助言している．

また論文の書き方について，フレーゲは科学論文の標準的スタイル，つまり，「一つの問い，その解決を知ることが喜ばしいような一つの謎，を先頭に立てる」のがよいと薦めてはいる．「しかしそれは基本的には当人のみ答えうる問題です．……けれどもこれらのコメントで私を悪く取らないで下さい．それらは善き意図でなされたのですから」と付加している．

書簡の交換はなお続いたが，ヴィトゲンシュタインの方からすれば何も成果はなかった．ヴィトゲンシュタインは絶望して次のようにラッセルに書き送っている．

> フレーゲとは書簡の交換を続けています．彼は私の仕事を一言も理解せず，私は説明ばかりすることにもうすっかり疲れ果てました．(1919.10.6，ラッセル宛書簡)

先述のようにフレーゲは，ヴィトゲンシュタインに論文「思想」を送った．これに関連して，V. ウリクトは次の事実を指摘している[4]．

> ショルツのメモが 1919 年 9 月 16 日の書簡に関係していて，こう記されている――「フレーゲ宛 W の書簡 (1919.9.16)．内容：〈思想〉への礼状．それに対する批判的コメント……」．(von Wright [1982] 92)

ヴィトゲンシュタインは「思想」論文に対する異議を余りに激烈に述べたので，自分がフレーゲを傷つけたと信じたと推定される．ヴィトゲンシュタインの恐らく釈明を含んだ，失われた手紙 (1920.3.19) に対し，フレーゲは第 21 信 (1920.4.3) で，まず「勿論私はあなたの率直さを悪く取ってはいません」と伝え，次のようなことを話題にしている．

　(1) ヴィトゲンシュタインはその手紙で，実在論と観念論の結びつきについて何かを主張したのであろうか（『論考』(5.6-5.641) 中で［ショーペンハウアー的］独我論では観念論と［フレーゲ的］実在論とは合致すると主張されている）．フレーゲは「観念論の，私が把握したことのない，どんな深い根拠を考えているのか知りたい」と言い，自分はヴィトゲンシュタインが考えているような意味で観念論と戦いたいとは全く思っていなかったし，「観念論」という表現を使用していない．著者の意図通りに受け取るように，と要求している．

　(2) 次いで，『論考』冒頭の「世界は成り立っているもののすべてである」の意味が明晰でない，と主張する．すなわち，この「である」は，単なる繋辞なのか，それとも相等性記号なのか．後者ならその等式は定義なのか，認識を拡張しうる再認判断なのか．

　「ある sein」が，繋辞か，等号か（それも同一性関係か，それとも定義か），存在かといった区別は，ヴィトゲンシュタイン自身が既にフレーゲ，ラッセルから早期に学び，その区別を強調してきたもので，それを改めて指摘されることは，苦々しいことであったろう．しかしフレーゲの指摘は，些細なこととは言えない．当時の数学者・哲学者の論述が，しばしば多義的で厳密さを欠いていた風潮と，生涯を賭けて戦ったフレーゲにしてみれば，期待を寄せるヴィトゲンシュタインにはなおのこと，曖昧さを見過ごす訳にはいかなかったであろう．残念なことに，ヴィトゲンシュタインの返信は失われ，またフレーゲの数年を経ずしての逝去により，互いに相手の目で互いの著作を見，かつ批判的に検討する機会は永遠に失われたのである．

　§3　ジャーデンとの往復書簡

　ジャーデン Phillip E. B. Jourdain (1879-1919) は，わずか 40 歳で早逝したが，

その間論理・数学・自然科学の分野で多数の論文を公刊し，集合論・論理学の歴史についての論文集が近年出版された (Jourdain [1989])．彼はまた世界中の重要な数学者たちと書簡を交換した．ラッセルとの往復書簡 *Dear Russell-Dear Jourdain* [1977] は著名である．『フレーゲ著作集 6』に収録された往復書簡でも，ジャーデンは，フレーゲの論理学と算術の哲学の核心を，フレーゲ自らに語らしめる卓越したインタヴューアーを演じている．『フレーゲ著作集 6』には，ジャーデン論文 (Jourdain [1912]) 中の 'Gottlob Frege' と題された部分とそれに対するフレーゲ自身による貴重な注釈を含め (それらは上記の Jourdain [1989] にも収録されている)，残存する 13 通が収録されている．

文通はジャーデンから 1902 年 9 月に始まった．当時彼はカントル，デデキントらの多様体理論に関する数学史的研究に従事していた．そしてフレーゲの著述を知り，算術の基礎づけが『概念記法』から導かれたのではないか，という問いで第 1 信を始めている．

フレーゲは直ぐ返信し，算術の基礎づけに際し暗黙の諸前提を排除する必要性が，『概念記法』へ導き，逆に後者との取り組みが算術の基礎概念のより厳密な把握を強いたと言う．特に，数の担い手が概念 (その外延・クラスでもよい) だという認識は，本質的には概念記法によって促進されたと答えている．

1. フレーゲの注釈

1910 年ジャーデン論文への校閲依頼に応えて，フレーゲは注釈を付し，上記ジャーデン論文 (Jourdain [1912]) が公刊された．フレーゲの注釈中，興味深い論点について言及しよう．それらはジャーデンがラッセルの影響下，ラッセル流の用語法によってフレーゲを説明する点に対するフレーゲの批判的コメントである．

(i) ラッセルの用語「変項 Variable」は極度に曖昧だから放棄し，フレーゲの「不確定に暗示する文字」に取って替えるべきだと言う．

(ii)「命題 proposition」，「項 term」は，文や語という記号なのか，思想 thought や概念 notion なのか明確でない．

(iii)「論証の前提 Prämisse／結論」と「仮定 Hypothese, Annahme／帰結」を峻別すべきである．フレーゲによれば，論証 Schliessen, Schluss の前提は，

ある思想—A の真理性の承認，つまり判断 Urteil［ないし主張力を伴う主張 Behauptung］⊢A でなければならない．真理性の承認・主張を伴わない単なる「仮定」は，論証の「前提」や「結論・帰結判断 Schlussurteil」にはなりえない．フレーゲにとって「論証」は，ある主張・判断（帰結判断）を，より基本的な判断・基礎的真理，つまり前提へと遡及することによる正当化 Berechtigung（GLA）に他ならない．遡及による正当化という観点からは，正しい論証では，前提の真理性が結論において保存され，結論の真理性を保証すべきなのである．

> 論証の前提……は，真でなければならない．従って……前提となる文は主張力をもって発話すべきである．前提の真が，論証の正しさにとって本質的だからである．（書簡 12 in WB 111）

従って，前提から結論への「論証」は，「A を真とするという単なる仮定」から「どのような帰結 Folgerung」が導かれるかを調べることからはっきり区別される．
　そしてもし「—A」を真と仮定することから「—B」が帰結するならば，この「仮定—A」は「帰結—B」への「条件」（主張力を欠いた，単なる思想の表現）として，仮言的思想（—A →—B）の一部を構成する．［この考えは，G. ゲンツェンの「自然演繹」における「ならば」の導入則と（メタ的には演繹定理と）アナロガスである．導入則は，もしフレーゲ流に，仮定（単なる思想表現）—A と判断・主張⊢A をはっきり区別し，「帰結する」を二重矢印で表せば，「—A ⇒—B／⊢（—A →—B）」と表記できよう．これにはゲンツェンの「ゼクエント算」の「条件法の右入れ」（A ⇒ B／⇒ A → B）規則が対応しよう．］
　同様のことは，「分離則 modus ponens・「ならば」の除去規則」や「否定の導入規則」・背理法についても言える．否定の導入や仮言的な思想結合（—A →—B）の表現には，思想をそれが真であると主張することなく，表現できなければならない．
　（iv）思想の真偽は，時や発話文脈の変動に依存せず，真偽いずれかである（「二値原理」）．命題が思想を表現するには，必要な時間指定を含む完全な命題

でなければならない．

(v) 論理と算術——フレーゲ論理学の基本部分は概念・関係の関数算でクラスを要しない．だが算術では数が対象として登場するから，算術が展開された論理学なら，概念から対象（概念の外延・クラス）を入手しなければならない．概念が基本的でクラスは派生的である．クラス計算は概念計算に，概念計算は判断の計算（真理値の計算）に基づく．クラスの導入は，単純化と共に多くの困難（ラッセルの矛盾）も招いた．

(vi) ブール・シュレーダーのクラス計算は，推論計算 calculus ratiocinator であって記号言語 lingua characterica ではなく，複雑な論理構造分析を一目で見通すには役に立たない．

2. 論理学の哲学——フレーゲとラッセル

1914 年 1 月ジャーデンは，ラッセルの『数学原理』に対するフレーゲの見解を，三点について質している．(Q1) フレーゲの「階 Stufe」とラッセルの「階 order」の異同，(Q2) 主張は単に心理的なものか，(Q3) ラッセルの命題分析は，名前には意義 Sinn を認めず意味 Bedeutung のみを想定しているが，意義は心理的なものか．書簡 12，13 における回答は，フレーゲとラッセルの対立点を鮮やかに照らし出す．

(Q1) 先ず，ラッセルでは言葉の使用と言及の区別が曖昧で，彼の「関数」「変項」が記号なのか，記号の内容なのか明確でない．「命題」や「命題関数 propositional function」も，複合的記号群（文や変項を含む一種の述語）なのか，それとも記号群の意味（ないしフレーゲ的な意義・思想）なのか，ラッセルの用法は必ずしも一貫しない．従って「Stufe」と「order」の異同もはっきりしない（書簡 13，1914.1.28）．

(Q2) 主張し判断する作用は心的過程であるが，主張内容・判断内容は各発話者固有の心的なものではないし，真であることも認識者から独立で客観的である．

(Q3-1) 名前の意義——文は意義を表現し，かつ文が複合的であると認めるなら，それらの部分自体もまた全文の意義に寄与する意義をもたねばならない．「エトナ山はヴェスヴィオス山より高い」という文に登場する名前「エトナ山」

第12章 意味論論争 409

は，他の文中にも現われる．

> われわれがいまだかつて聞いたことのない文を理解することが可能であるのは，われわれが諸々の語に対応する意義から文の意義を構成するというそのことに明らかに依存する．もしもわれわれが二つの文に同じ語，たとえば「エトナ山」を見いだすならば，そのときわれわれは，対応する［二つの］思想に共通する何ものか——この語に対応する何ものか——をも見いだす．このことなくしては，通常の意味合いでの言語は不可能となり，完全に新しい文であって，しかも他の人に理解されるような文を，形成することはできないことになろう．(WB 127)

このいわゆるフレーゲの「合成原理」こそ，われわれが有限な語彙とその形成規則の習得から潜在無限の新しい文を創出し理解できるという言語の創造性，理解可能性，習得可能性に説明を与えるのである．

(Q3-2) 最後はラッセル的単称命題（それは名前と述語の各意味 Bedeutung から構成される）とフレーゲのいう「思想」との異同を巡る問題である．

フレーゲによれば，「「エトナ山」という名前に対応する思想の部分は「エトナ山」そのものではありえないし，この名前の意味ではありえない」．凝固した溶岩の破片は，思想の部分ではありえない．フレーゲは，名前の意味と名前の（思想の部分としての）意義の両方が必要だと見なす．理由は，意味なしに思想をもつことができるからである（伝説や虚構の場合）．しかし一方でフレーゲは，虚構中の擬似思想は真偽を問える科学的認識に関わる本来的思想ではないとも認める．従って，フレーゲ的な単称思想もまた，（真偽を問える限り）「ラッセルの原理」（当の文の各構成要素表現は意味をもつ）を充足せねばならない．いずれにせよ，意義なしにはいかなる思想もないという (WB 127-8)．

それでは何故，意味 Bedeutung 以外に意義・思想が必要なのか．フレーゲの挙げる論拠は以下のようである．即ち，二人の探検旅行家が未踏地でそれぞれ高い雪山を見たとする．一人はその山の名前が「アフラ」であると知り，もう一人は「アテプ」だと知る．各人とも位置観測を行う．後刻，二人の発見したのは同じ山だったと判明する．この (a)「アテプはアフラである」という文

の内容は，価値ある地理学的認識を含む．この文の内容は，文 (b)「アテブはアテブである」の内容とは異なる．だがもし思想部分として名前「アフラ」「アテブ」に対応するものが名前の意味＝山そのものなら，それは同一だから，先の二つの文が表現する思想も一致するはずである．しかし決してそうではない．それゆえ，各々の名前に対応する思想部分は違わねばならない．よって，それは意味ではありえない．かくして二つの名前の意義は異なり，各名前を含む文の意義もまた互いに異なる．

また文 (b) を真とみなす人が，文 (a) も真とみなすとは限らない．命題態度の差異は命題内容・思想の差異の十分条件たりうる．一つの対象は異なる仕方で確定されうる．その各々が別の名前の成立に至りうる．そのときこれらの名前は異なる意義をもつ．異なる仕方で確定されたものが同一対象であるということは自明でないからである．こうしたことは小惑星や彗星の事例に見いだされる．以上が，フレーゲが，いわば意味 Bedeutung のみから構成されるラッセルの単称命題論に反対し，意味とは異なる意義・思想を文に結び付ける理由である．

さらにフレーゲは意義・思想が主観的・心理的なものであるというラッセルの主張を退ける．名前や文の意義・思想が主観的なものであれば，各人は同一の文に異なる思想を結び付けている．各人はそれぞれの「個人言語 idiolect」をもつに過ぎない．これに対して，フレーゲは，その場合には，「思想の共有財産，共通の科学は不可能となるし」，また発言内容の「対立も不可能になる．なぜなら，彼らは同じ思想を表現しているのではなく，てんでに自分自身だけの思想を表現していることになるからである」．よって，名前の意義は主観的なものではないと見なすのである (WB 128-9)．

§4 フレーゲと初期フッサール (1)
——論理学の哲学（論理的意味論）を巡って[5]

フッサールとフレーゲに関しては，既に種々の角度から比較検討が行われているが，本節では，フレーゲと初期フッサールの立論の異同について，主に論理学の哲学（ないし論理的意味論）に限定して，対比をはっきりさせることを主

眼にして，考えてみたい[6]．そうすることが的外れでないことは，フレーゲには論理学・数学の哲学の考察と並んで，それと分かち難い仕方で，論理学の意味論的考察ならびにさらに広く言語や意味をめぐる諸哲学論文があり，後者の方がむしろ1950年代以降，欧米の哲学に深い影響を及ぼし続けているからである．一方フッサールの場合は，その第二作が『論理学研究』(I, 1900; II, 1901) と題されていることからも明らかであろう．さらに第二に，その後のいわゆる現象学と分析哲学の枠組みを越えて，両者の立論には，立ち帰って吟味すべき基本的論点が提示されており，既に，そして今後も，発展させるに値する豊富なアイディアが含まれていることを確認したいと思う[7]．

1. 論理的意味論 (1) ── 外延的論理学の意味論
(1) 共通性

フッサールの『論理学研究』(Husserl [1910/1911]．以下本節ではLUと略称) に対し，フレーゲも，記号言語「概念記法」による公理体系の展開としての論理学とは区別して，そうした狭義の論理学についての哲学的考察を (広義の)「論理学」,「予備学」,「論理学探究」と称したことからも窺えるように，「意味なるもの」への二人のアプローチには，「論理的意味論」と特徴づけてよいような共通の土俵がある，と思う．

その上，フェレスダール (Føllesdal [1958]) 以来既に多くの論者が指摘するように (例えばMohanty [1982])，二人の意味論には，少なくとも表面的には，相当の共通性がある．

フレーゲ中後期の，〈表象 Vorstellung〉-〈意義 Sinn〉-〈意味 Bedeutung〉(SB) の三分法に対し，通常フッサールの〈作用 (志向体験) ＋実的内容 (感覚・ファンタズマ)〉-〈志向質料・統握意味 Sinn/Bedeutung〉-〈志向対象・統握対象〉(LU V, VI) が重ねられる．『算術の哲学 *Philosophie der Arithmethik*』(Husserl [1891]) での心理主義は，『論理学研究』では払拭され，両者とも主観的な〈表象〉や〈実的内容〉は論理学・算術から排除される．フッサールは〈作用の性質〉として，表象，知覚，想像，思考，主張，判断，信憑，欲求，疑い，期待等を挙げている．フレーゲもまた〈表象〉以外に，次のような区別を導入している．すなわち，(i) 自他のコミュニケーションにおいて，主張・依頼・

命令し，回答を迫る〈力 Kraft〉(J. オースティンの「発語内の力 illocutionary force の原型．「力」は，直説法・疑問法・命令法等といった文の種類分けに関わる叙法 mood と関係しつつも，はっきり区別される)，「そして」と「しかし」や能動 - 受動の区別に見られるような，比較対照，評価や美学的・修辞学的な差異に関わる (ii)〈色合い Färbung・光彩 Beleuchtung〉，さらにフッサールの〈志向性 Intentionalität〉に通底する，「信じる」「知る」「願う」「意図する」等のいわゆる (iii)〈心的・命題的態度 mental, propositional attitudes〉を，明確に区別しているのである (本書第 11 章，野本 [1986] 第 4 章)．

(2) フレーゲの意味 Bedeutung 論

　上記のような共通性があるにしても，フレーゲの〈意味 Bedeutung〉の分節とフッサールの〈志向・統握対象〉の分節に関して，ずれが表面化する．そしてそのずれは，両者の外延的な「論理的」意味論に対する体系的戦略の相違ないし有無に関わる．ライプニッツをへて近年のブールに至るまでの「要素から全体へ」という伝統的な「原子論的方法」に対し，自らの論理学へのアプローチの独自性としてフレーゲが初期から一貫して強調するのは，「判断・命題の優位テーゼ primacy thesis of a judgement/proposition」である．つまり，フレーゲ論理学の出発点は，「判断・命題，思想，真理」なのである．命題・思想といういわば「複合的分子」の分析によって，論理的要素がはじめて摘出される．かくしてフレーゲにとって有意味性の定位点は，言語，それも「文 Satz」にあり，(数などの抽象的存在を表す)「語の意味 Bedetung [B と略す]」は一つの文 (の内容・意義) において問うべし」(GLA) といういわゆる「文脈原理」が提唱される．そして文とは真偽いずれかであるといういわゆる「二値原理」という大前提に立ち，文の〈意味 B〉は，真偽いずれかの真理値に重ねられる (排中律)．その上で，文の「関数論的分析 function theoretic analysis」によって，文の構成要素 (単語) は (広義の)「固有名 (単称名)」と「述語 (概念語・関数表現)」に分節され，それぞれの〈意味 B〉は，真理値への貢献として確定される．

　つまり，ライプニッツの「真理保存的置換 salva veritate 原理」(「同一なものは真理を変えずに置換しうる」という SV 原理) を試金石として，固有名の〈意

味 B〉はその表示対象 das Bezeichnete, 述語の〈意味 B〉は（空所を伴う不飽和な）概念（対象から真理値への関数・写像）であると確定される．すなわち，単称名の有意味性は，その表示対象の一意的存在条件に，また述語・概念語の有意味性は「すべての対象に関して当の概念語が満足されるか否かが確定している」という「明確な境界づけ scharf begrenzt」条件に求められる．しかしフレーゲの〈概念〉は，〈概念の外延〉と同様に外延的（cf. 公理（V））であって，その同一性規準 'Fa = ₂Ga' は，先述のように，「概念 F を満足する対象はすべて概念 G をも満足し，その逆でもある（∀x (Fx ↔ Gx))」(ASB) に求められている．

　第 7 章〜9 章において述べたように，フレーゲは「文優位のテーゼ」に立って，まず「統語論」において，「除去」の方法により，複合文を「関数論的に分析し」，水平線，否定線，条件線，等号，普遍量化記号を原初的論理記号として析出し，次いで，「二値の原理」を前提に，これらの原初的論理記号の意味 Bedeutung を，「一般化された文脈原理」ないし「文脈規準」に従って，「意味論的約定」によって確定する．ついで，統語論的な「充当法」に従って，複合的表現，特に，基本的論理法則（公理）を構成し，ついで，それらの公理の真理性を，原初的論理記号の意味から「意味論的に正当化」するのである（「合成原理 composition principle」）．その際，例えば，基本法則（V）の場合のように，「関数の値域記号」の意味確定には，「文脈原理」は，いわゆる「論理的抽象原理」という形で具体化されている．

　複合文の場合，例えば否定文は，否定詞と構成要素命題に分析され，否定詞は構成要素文の意味 B ＝真理値の真偽を逆転する特殊な関数（真理関数 Wahrheitsfunktion）を，その〈意味 B〉としてもつ．こうした真理関数論によって，今日では常識となった〈命題論理〉の簡明な意味論が与えられたのである．

　単称文「3 は素数である」が真理値真を意味するのは，数詞「3」の表示対象が概念語「ξ は素数である」の表示する概念〈ξ は素数である〉に帰属する場合である．「対象 x が概念 F の下に帰属する fallen unter」という関係が，単称文のフレーゲの「論理形式」（GLA）である．フレーゲの述語論理における画期的な前進は，その「多重量化 multiple quantification 理論」にある．一般性を表す文は，数学ではしばしば文字が使用されるが，それだけでは例えば全称否

定と部分否定の差異を表現できない．また日常語でも算術でも，例えば「誰でも誰かを愛する」「どの自然数にもその後者が存在する」のような関係および多重な量化の現れる文が頻出するが，従来の論理学ではそうした文を表現できない（両者ともフレーゲ的には「∀x [Fx →∃y (Fy ∧ Sxy)]」と表される）．さてフレーゲは概念の階 Stufe を区別し，全称文「すべての x は F である」が真理値真を意味するのは，第 1 階概念〈ξ は F である〉が第 2 階概念〈すべては φ である〉（普遍性概念）の「内に属する fallen in」(FB) 場合であり，かつ結局は，すべての対象 x が概念 F の下に帰属する場合かつその場合に限るのである．こうした明確な戦略的指針に立って，フレーゲの革命的な高階述語論理の公理的体系とその論理的意味論が展開されたのである（本書第 8 章，第 11 章．野本 [1986] 第 1-3 章，野本 [1988] 第 1 章）．

(3) フッサールの志向対象論

他方，フッサールによれば，単称名辞の〈志向対象・統握対象〉は対象そのもの，一般名・共通名（述語）の〈志向・統握対象〉は（その述語を満足する）対象の「集まり Sammelung，総括 Inbegriff，（複数性 Vielheit としての）集合 Menge」と見なされている．フッサールの場合，「総括」としてのクラスの観念も多と一の間で揺れがあるが，『算術の哲学』では個物の「集積的結合 kollektive Verbindung」(Husserl [1891] 20)，その言語的表現としては個物の「A と B と C」というように「連言」で表される緩やかな全体なのである (S. 80)．従って，個物 A とその単元総括の区別や空な総括に関して困難に直面する．単称名と一般名をコプラで繋ぐ単称文の〈志向・統握対象（内容）〉は，（初期ヴィトゲンシュタイン同様）〈事態 Sachverhalt〉とされている．ヴィトゲンシュタインの場合，事態は対象の構造的連鎖・配列であり，フレーゲの場合は，いわば〈対象が概念の下に帰属すること〉が論理的基礎連関であった．しかし，フッサールの場合，コプラを単純に集合論での「成員関係∈」に重ねることはできない．恐らくブレンターノから引き継いだ，〈部分と全体〉の論理に則り，単称文の志向対象（内容）としての〈事態〉とは，単称名の志向対象である〈対象そのもの〉という「部分」が，一般名の志向対象である〈総括・集積的に結合されたクラス〉という「全体に含まれる」という「包含関係」（以下，'<' で

表記）と解されよう．こうした特異な論理「メレオロジー mereology」は，後にポーランドのレシニエフスキらによって展開されることになる．好意的に見て，メレオロジーへの萌芽が認められるにしても，総じて初期フッサールには，フレーゲのような透徹した革命的な量化理論を含む論理学の構想も明確な論理的分析の手法も明示的になっているとは言い難い．

　それでも『論理学研究』のⅢで，部分と全体が関係し合う依存と自存の形式的関係が論じられている．フッサールの形式的存在論でも，フレーゲのそれと同様，二つの原始的な存在論的カテゴリー分けがあり，自存的 selbstständig・完結的な存在者と，存在論的に依存的で unselbständig 不完全な存在者が認められる．依存と自存，全体と部分という分類の組み合わせにより，「部分」は（イ）全体に対し自存的な部分である「断片 Stück」，（ロ）全体に対し依存的な部分（抽象的部分）である「契機 Moment」に二分され，他方，「全体」も（ハ）自存的全体，強い意味での全体である「具体者 concreta」，具体的対象，個体（その部分は依存的な「契機」）と，（ニ）依存的な弱い全体，部分複合（存在論的には自律的でなく，その真部分が自存的な「断片」である全体），「総括」に二分される (LU Ⅲ,§17, S. 467) (cf. Simons [1983] [1987])．

　次に存在論的な「基づけ Fundierung」という関係が次のように定義される．「x が y によって基づけられる」とは「x が y に存在論的に依存する」ということである (LU Ⅲ,§21, p. 475)．ところで基づけ関係，依存関係は，対象の（緩やかな意味での）種類 kinds ないし種 species 間の関係である．ある一定の類・種に属する対象である限りの対象のみが，別の種に属する対象と基づけ・依存関係に入りうる．「φ であるそのようなもの ein φ als solche」とはそういう種のものだということである．そうだとすると，「総括」とはこうした類・種に重ねることが可能となり，少なくとも空総括が存在しないということも，事例のない類・種はないということと類比的に考えられよう．

　さてフッサールの「全体‐部分 mereological」理論には 6 個の定理があるという (Simons [1983])．しかしベルによれば，それは，部分‐全体関係の「推移性 transitivity」によって導出され，要するに次の二つの原理からの帰結だという (Bell [1990] 101)．

(1) xがyの部分であり，yがzの部分であれば，xはzの部分である．[(x＜y ＆ y＜z) → x＜z]

(2) xがyの部分であれば，yはxに基づけられる．[x＜y → yFx]
（例えば，「脳xが人間yの部分ならば，人間yは脳xに基づけられる」）

さらに「yはxに基づけられる[yFx]」は以下のように定義される（LU III-2, §14 の定義）．

(D) 「ある種yの個体uにとっては，別の種xに属し，かつuの部分であるような個体vの存在が，本質的に不可欠な要件である[□∀u[u＜y → ∃v[x ≠ y ＆ v＜x ＆ v＜u]]]」，簡略には「xの存在がyの本質的不可欠要件[□∀u[u＜y → ∃v[x ≠ y ＆ v＜x]]]」（cf. Simons [1983] ; Fine [1995]を若干修正）

上の (D) から，「基づけ関係」は必然命題だから，「□p → □□p」の成り立つ「様相論理体系 S4」においては，「yFx → □yFx」が成り立つ．
かくしてフッサールの「総括論」の論理は，実は既に様相論理 S4 に見合うような「内包的な intensional 論理」なのである．

　以上のようなフッサールの意味論は，フレーゲの Bedeutung 論が「文優位」という「分子論的な」特徴をもつ「純粋に外延的なもの」なのに対し，伝統的な「名辞優位」で「原子論的」な，しかも既にある種の「内包的なもの」なのである．

2. 論理的意味論 (2) —— 内包的意味論
(1) 真理条件としての思想

　フレーゲは 1890 年 6 月（論文「意義と意味について」の掲載誌『哲学および哲学的批判』編集者の受領返信）には既に，「意義 Sinn」と「意味 Bedeutung」の区別に至っていたのであるが，やや遅れてフッサールも恐らく独立に類似の「志向質料・統握意味 Sinn, Bedeutung」と「志向対象・統握対象」の区別に

至ったようである．

　ところでフレーゲの意義論は，元来未分化ながら文の「判断可能な内容 beurteilbarer Inhalt」論（『概念記法 BS』）に発し，1890 年に至って，真理値と「思想 Gedanke」とに分化したものである．思想とは，文の〈意義 S〉に重ねられ，真偽の問われる当の担い手で，当の文がその下で「真となる条件」つまり「真理条件 Wahrheitsbedingung」（Wittgenstein [1921] の用語）であるとの〈真理論的規定〉が根底にある．そして文の構成要素の意義は，当の文が表現する思想・真理条件への「貢献」で（文脈原理），論理的結合子の意義も部分思想を合成して複合思想を形成する「複合子」と称される（Gg）．逆に思想はそうした構成要素表現の意義によって確定され（合成原理），この合成原理により，言語の習得可能性，（潜在無限の）文の理解可能性・創造性が説明されている．

　こうした思想の同一性条件を巡っては，フッサールもフレーゲに書簡で問いかけ，フレーゲは論理的同値にほぼ相当するような同一性条件を提示している（1906.12.9, in WB, 野本 [1986] 第 4 章）．やがて，ヴィトゲンシュタインを経て，またタルスキの真理定義を逆転用する仕方で，1970 年代に至って，デイヴィドソンによって自然言語の断片への（外延的な）「真理条件的意味理論」の展開を招くことになる（Davidson [1984]; 野本 [1988] 第 3 章, 野本 [1997] 第 5-6 章）．

(2) 言語理解と意味志向

　ところで，フレーゲとフッサールとの意味論での顕著な対比は，次のことにも認められる．フレーゲが意味や意義を問題にする場面は，（日常語，記号言語を問わず）言語である．先述の「文脈原理」は，数のような抽象的存在への存在論的・認識論的問いを，「数詞が現れる文においてその意味を問う」という形で，言語の〈意味〉の問題へと転轍させて，いわゆる「言語への転回」の先駆となったが，言語的表現こそがそれぞれの意義を表現し，またしかるべき対象を表示・意味し，概念や真理値を意味するのである．そして表現の〈意義〉は，それが属する「言語ないし表記法の全体に十分に通暁しているすべてのひとによって把握され」（SB 27），「多数のひとの共有財であり，……人類の，世代から世代へと継承してきた思想の共有財」（SB 29）で，「思想は，多数のも

のの共有財となりうる客観的内容」(SB 32, Anm 5) であって，表象のように個々人の意識内容や「心の様態……個々人の思考という主観的作用」(Ibid.) の産物ではない．意味と意義の区別当初 (1890) から数年間には，フレーゲは〈意義・思想〉の客観性を，主として個人の主観性からの独立性，言語・表記法を共有するひとびとの「共通性 Gemeinsamkeit・公共性・間主観性」に求めている．(但し，意義を間接話法中の従属節の「間接的意味」と同一視する点において，意義・思想への存在論的コミットメントが始まっているのかもしれない．) しかし早くもある遺稿 (1897) 中において，思想がおよそ人間の思考や把握全体から独立に存在するという主張がやや不明瞭な言い廻しながら登場し (L [II] 145f.)，やがて晩年に至って人類の存在からの存在論的・認識論的な独立自存性といったような強い意味合いでの「客観性」の主張が「思想」(1918-1919) 論文などで前面に出てくる．言語の公共性を軽視し，客観的に自存する意義・思想の把握・理解という面が強調されると，ある言語表現にどの意義・思想が結びつけられたのかが不明になり，意思疎通に困難をきたす (「個人言語 idiolect」の問題)．だが幸い，フレーゲは最晩年まで，同時に言語と思想の密接な関係を切り離さず，文の構造が思想の構造の像 Bild であり (Gg 36)，文が思想の写像 Abbildung (NS 275) だと見なしていたのである．

　フレーゲにとっての困難は，本来的な固有名の場合である．「アリストテレス」にどのような意義を結びつけるかは，各人各様の「ゆれ」がある (その点では固有名は各人の「個人言語」に属する)，とフレーゲは認める (SB 27; Anm; G 65)．そうではあっても，その意味・表示対象が同一ならなお公共性は保たれる，というのが彼の回答であった (本書第 11 章，野本 [1986] 第 5 章)．

　他方，フッサールにとっての「意味 Bedeutung/Sinn」は，本来個々の心的・志向的作用によって賦与されるもので，言語表現との結びつきも，そうした作用によって表現にはじめて意味付与 bedeutungsverleihend がなされ，いわば生命が吹き込まれるのであろう．にもかかわらず，意味そのものは，イデア的なスペチエスとして独立に存在する抽象的存在と見なされている．するとある言語表現に特定のスペチエスとしての意味が結びつけられるのは，各人各様の「独我論的 soliptic な」志向作用に依存することになり，その「結合の公共性」は保証されないことになろう．言語の公共性から出発しないフッサールに

従えば，他者には，（アリスには，ハンプティ＝ダンプティの言う'glory'が'nice knock-down argument for you'を意味するなどということが理解できなかったように (Carroll [1872] Chap. 6)）話し手がどのイデア的〈意味〉をある表現に結合したか必ずしも理解できず，「ハンプティ＝ダンプティ」的な「個人言語」観に陥る危険があろう (cf. Dummett [1993])．

ところでフレーゲの〈意義・思想〉論を，言語の公共性よりは，人間が対象について考え，概念を抱く能力，対象について考える仕方 a way of thinking about an object を含むものとして，言語哲学というよりは「思想の哲学 philosophy of thought」と考える G. エヴァンズの仕事は，フレーゲからフッサールへの橋渡しと考えられるほどに「現象学的」である．エヴァンズによれば，単称文「aはFである」の表す思想の理解は，単称名'a'を理解する能力と述語'F'を理解する能力との複合である．すなわち，対象aについて考える能力と，概念Fを所有し行使する概念的能力の使用との複合である．「aはFである」が表現する真理条件を知っているということは，対象aについての知識（対象の観念）と述語'F'についての知識（述語の観念，概念 concept）の複合なのである (Evans [1982] 100f.)．

しかし言語と思考の優位性を逆転するエヴァンズの試みに，ダメットが繰り返し批判的検討を加えるのも，そこに一種のメンタリズム，主観的心理主義に陥る危険性を感知するからであろう (Evans [1982]；Dummett [1991] [1993])．

(3) 認識論的な規定

他方フレーゲには，以上のような〈真理条件的〉な意義の規定と並んで，〈認知的〉な規定も共存している．例えば「宵の明星」と「明けの明星」，「3^2」と「2^3+1」との表示対象＝意味Bは同一だが，その意義Sは異なり，後者には表示対象の相異なる「与えられ方 die Art des Gegebenseins」(SB)，「確定法 Bestimmungweise」(WB 128) が含まれる，と見なした．

この点では，フッサールもまた，「等辺三角形」と「等角三角形」，「ワーテルローの敗者」と「イエーナの勝者」とは，それぞれ同じ志向対象が異なった仕方で異なった質料で確定され bestimmt，統握 auffassen されている，と主張する (LU I)．フッサールの〈意味 Bedeutung, Sinn〉ないし〈意味志向作用〉は，

「対象への指向性 gegenständliche Richtung」(LU 289),「対象への関係性 Beziehung auf den Gegenstand, gegenständliche Beziehung」(LU I,§13,§15) をもつのである.

フレーゲは,論理学を含む学問的使用においては,名前の意義には必ず表示対象が対応し(ラッセル的単称名辞),思想は必ず真偽いずれかである(ラッセル的単称思想)ことを要請した.(それが満足されないように見える場合には,適当な対象を割当てるという「対象約定 chosen object 説」を採用する(本書第11章,野本[1986]第5章).)しかし虚構などの場合には表示対象を欠く空な名前,真理値を欠く「見かけ上の思想」が登場することを認めた.フッサールの場合,そもそも〈意味・意味志向作用〉は,一般的には,「対象への指向性 Gegenständlichkeit」を有するのみで,必ずしも当の志向対象が存在する保証はないのである (LU I,§15; V.§20).

さて,フレーゲは上記のような意義Sの差異が,(i)「明けの明星＝明けの明星」と「明けの明星＝宵の明星」,「9 = 9」と「9 = 2³ + 1」,つまり「a = a」型と「a = b」型の命題間の認識価値 Erkenntniswert の差異(つまり,カント的には前者はアプリオリで分析的なのに,後者は必ずしもそうではない),(ii)その真理性の認識には特別の認識活動 Erkenntnistat,例えば,経験科学的探究や形式的証明,が必要であるかどうかと深く関わっていることを指摘する.(iii) また「a = b」の真理性を知らないひとは,「a = a」を信じても,「a = b」を信じないことがありうる,といったある人物の心的・認知的態度が,少なくともその人物にとってのこれら二つの等式の意義Sの差異性の十分条件をなすと見なしている(本書第11章,野本[1986]第4章・第6章,野本[1988]第1章,野本[1997]第2章).

(4) 内包論理の意味論

さてフレーゲは,この(iii)の条件を使用し,「信じる」といった心的・志向的態度に関わる論理と意味論の着想を与えた.(iii)のように,たとえ「a」「b」の意味B＝表示対象が同じで,従って間接話法での従属節の等式が客観的にはともに真であっても,ある人物は一方を信じながら,他方を信じないことがありうる訳である.従って,従属節中の語の〈意味B〉は「通常の

gewöhnlich」意味ではなく，なにか「間接的な ungerade」意味でなければならない．かくしてフレーゲは，「真理保存的置換 SV 原理」に則って，その間接的意味 B を各語，各従属節の「通常の」〈意義 S〉と同一視する．

「信じる」等の命題的ないし志向的態度に関する「内包論理 intensional logic」の意味論展開において，こうしたフレーゲの着想は，賛否両論を巻き起こしつつ，強力な駆動力となり，1940 年代以降，カルナップ (Carnap [1947])，チャーチ (Church [1950])，ヒンティカ (Hintikka [1962])，モンタギュー (Montague [1974])，カプラン (Kaplan [1969]) 等といった隆盛を招いたのであった (野本 [1986] 第 6 章，野本 [1988] 第 6 章，野本 [1997] 第 14-15 章，飯田 [1995])．

フレーゲの信念文の扱いは，従属節の表す信念内容に関わる「p ということを信ずる」のようないわゆる「叙述的信念 de dicto belief」であった．それに対しフッサールの志向性分析では，知覚や想起の場合に顕著なように，「対象 res への指向性」「対象への関係性」がより鮮明な「事象的志向性 de re intentionality」であり，「思考」や「信念」のようなフッサール的には高次の「命題的態度」も，その志向対象は〈事態〉で，事態は結局全体・部分関係にある個体的対象とその総体であるから，そうした志向対象そのものについて「かくかくと信じる」のようないわゆる「事象的信念 de re belief」が主となる，と見られる．両者のこうした心的，志向的態度分析は，相補的だと言えるかもしれない (Kaplan [1969] は，フレーゲ的方法を事象的信念にまで拡張した早期の論文である)．

(5) 指示詞・指標詞──「偶因的表現」の脈絡依存性

フレーゲも，発話の現在時制や，「あれ」「私」「いま」「きょう」「きのう」等のような指示詞や代名詞，副詞，またそれらを含む文が，発話状況の変動につれて，その表示対象や真偽，さらにはその意義・思想さえ変動してしまうように見える言語事象に気づいていた (GGA 序言)．だがフレーゲは，こうした時間限定等を欠いた文は，実は「思想の完全な表現ではなく」(L [II])，「時間限定が補完され，あらゆる点で完全な文のみが思想を表現する」(G 76)，従って「思想の正しい把握には，その文がいつ [だれによって，どこで] 発話されたかを知らねばならない」(G 64) と見なした．とりわけ指示詞の場合には，こ

うした補完されるべき「発話に随伴する状況」(Ibid.) に「身振り，指差し，眼差し」などをも数えている．こうした対処によって，完全な文は，脱コンテクスト化され，いわば永久化されて，その思想は，時と所を越えて真偽いずれかに確定する．

一方でフレーゲは，時間の推移により，例えばきのうの発話「きょうは晴だ」と同じことを，きょう発話しようとすれば「きのうは晴だった」のように言わねばならないこと，逆にいえば，「きょう」を「きのう」に変えれば，翌日にも同じことを，しかも同一の思想を発話できることを認めていた (G 64)．つまり，「きょう」は「きのう」の翌日であるという連関に，意義には同化しえない「語義」，意味論的規則を暗黙に認めていた．しかし他方で特に「私」は，話し手を「独自な，もともとの仕方」で与えると見なし，その場合には「私は負傷している」というラウベン博士自身による発話が表現する思想は，他者には伝達できない，と主張した (G 66, 詳しい批判的検討は野本 [1986] 第7章，野本 [1997] 第15章)．

一方，フッサールも『論理学研究』(LU II-I , 3章；VI-I, §5) において「本質的に偶因的な okkasionell 表現」と称して，発話状況に依存的な指示詞，人称代名詞，その他の副詞を取り上げている．これらの表現は，「その折々の機会 Gelegenheit に応じ，話し手とその位置 Lage に応じて，その都度の実際の意味 aktuelle Bedeutung [フレーゲ的には Sinn か] を方向づけなければならない．言表の実際の状況 Umstand を顧慮して初めて聞き手にある確定された意味 Bedeutung [フレーゲ的 Sinn] が構成されうる」(S. 81) という．例えば以下のように論じられている．

「私」という語は，場合毎に別々の人物を名指し nennen，しかも常に新しい意味によって名指すのである．その都度その意味がどれであるかは，ただ生きた会話とそれに属する直観的状況 anschauliche Umstände からのみ察知されうる．……もちろん，それがその折々の話し手がそれで自身を表示する bezeichnen 語であることを，われわれは知っている．しかしその……概念的表象は，「私」という語の意味 B [フレーゲ的 Sinn] ではない．そうでなければ，「私」は単純に「自身を表示するその都度の話し手」と置換してよい

ことになろう．……その都度の話し手を表示するのが,「私」という語の一般的な〈意味機能 Bedeutungsfunktion〉であるが，しかしこの機能を表現する概念は，直接自身でその意味を構成する概念ではない．……話し手はすべて私‐表象 Ichvorstellung（それと共に,〈私〉の個体概念 Individualbegriff）をもっているのであり，それゆえ，ひとごとにその語の意味は異なる．しかし各人が，自分自身について語る場合，それぞれ〈私〉と言うのであるから，この語はこの事実に対する普遍的に有効な指標 Anzeichen という性格を有している．この〈指示 Anzeige〉を介して，聞き手には意味の理解が成り立つ……「私」という語の場合には，聞き手にいわば「相手は自分自身のことを考えているのだ」と呼びかける指示機能 anzeigende Funktion が媒介となっているのである．（SS. 82-3）

このようにフッサールは，各偶因的表現に，指標としての固有の一般的な意味機能，「指示機能」を認めるとともに，指標に関してはさらにその都度の発話の状況と相対的にはじめて，本来の「意味」が確定すると見なしていた．すなわち，ここには

二つの意味が重ね合わされており……一方の一般的 allgemein 機能に関わる意味は，現実の表象作用において指示機能が遂行されうるような仕方でその語と結びついており，次いでこの指示機能がもう一方の個別的な表象 singulare Vorstellung と共同して，その対象を，同時に包摂するという仕方で，〈いまここで〉思念されているもの das *hic et nunc* Gemeinte として告知するのである．それゆえ，第一の意味を「指示する意味 anzeigende Bedeutung」，第二の意味を「指示される angezeigt 意味」と呼びうるであろう．（S. 83）

フッサールは，各「偶因的表現」について，フレーゲよりも一層明確に，二つの意味 Bedeutung，①それぞれ固有の一般的な意味機能，「指示する意味」と，②特定の発話状況と相対的に確定する「指示される意味」（本来の意味，フレーゲ的には意義 Sinn に相当）とを区別していたわけである．そして表示対象は，発話状況込みの「指示された意味」によって確定されると見なしていたと

考えられる．この「指示する意味」と「指示される意味」の区別を，フッサールはさらに，例えば指示詞について次のように説明している．前者①は，「「これ」という語で思念されているものの不確定な表象」「指示 Hinweisung という一般的性格」に，後者②は「それを補完する表象によって生ずる変容，確定的に方向づけられた指示作用」「指示を確定するもの das Bestimmende, そこにあるこれの指示へと制限するものに関わる」．

「これ」と言えば，[指示する意味によって]聞き手は少なくとも何かが指示されていることを知る．……しかし，その言葉の本来の目標は……当該の対象への直接的志向である．目指す目標は[指示される意味を介しての]まさにその対象とその内容的充実 Inhaltsfülle なのである．(LU VI-I, §5, SS. 22-3; D. W. Smith [1982]; Smith, B. & Smith, D. W. [1995]; Künne [1997] etc.)

1970年代から，こうしたフッサール的な「指示する意味」(言語的意味)と「指示される意味」(フレーゲ的意義)に見合うような，ストローソン(Strawson [1952])の(言語的)意味(規則)と言明との区別を承けて，独特の指示詞・指標詞 indexicals の論理と意味論を展開したのは，D. カプラン (Kaplan [1989]) である[8]．彼は，(「指示する意味」に見合う)「意味性格 character」という語義的な意味論的規則を，使用のコンテクストから(「指示される意味」「フレーゲ的意義」，カルナップ的「内包」に一部見合う)「内容」への関数として表象する．一方「内容」は一般的には，真偽を値踏みする時点と世界とから真理値への関数と見なす．但し，カプランは，フレーゲ，フッサール，カルナップと異なり，指標詞・指示詞の特異性は，その「意味性格」が「直接指示的 directly referential」にあることである，と主張する．つまり，「私」「いま」「ここ」が特定の使用脈絡で使用されたら，それだけで各語義，「意味性格」はそのコンテクストと相対的に既にその各指示対象を一意的に確定するのであって，フッサール的「指示される意味」，フレーゲ的「意義」，カルナップ的「内包」は不必要である，と主張される．同じ路線でフレーゲ説批判を展開したのはペリーである(Perry [1977]；野本 [1986] 第7章，野本 [1988] 第5章，野本 [1997] 第12章．なおこうした内包的意味論の展開も意識した近年のフッサール研究の動向について

は，Dreyfus [1982]；Smith, B. & Smith, D. W. [1995]；Künne [1997]；Benoit [2008] 等を参照).

この「直接指示説」に対し，フレーゲ的（ないしはいわばフッサール的）見地から，鋭く反論を展開したのはエヴァンズであった．彼は指標詞などの機能は，変動するコンテクストを亙って「対象を追跡する仕方 a way of keeping track of an object」であると見なし，かつ発話状況の把握・理解なしに，その指示対象を確定することはできない，といわばフレーゲ・フッサール的な立場を詳細に展開している (Evans [1982])．ダメットも，エヴァンズの意味論規則とフレーゲ的意義の同一視は批判しつつも，やはり指標詞にもフレーゲ的 Sinn が必要と見なし (Dummett [1991])，論争が続行している．

(6) フッサールの意味充実と直観

ところで，フッサールの〈意味 Sinn, Bedeutung〉は，志向的対象に向かう「指向性・関係性」にすぎず，志向的作用が意味賦与 bedeutungsverleihend されても，なおそうした意味志向 Bedeutungsintention の志向的対象が与えられるとは限らない．それにはその意味を充実する erfüllen 直観・知覚が必要である (LU VI, §6)．そうした意味充実 bedeutungserfüllen する直観によって，志向作用ははじめて客観性を獲得し，正当化され，真と見なされ，認識となる．その際，三つの作用が区別可能である (cf. Bell [1990] 144)．つまり，

(1) 意味志向 Bedeutungsintention の作用 (LU VI,§8)，
(2) 直観 Anschauung 作用——（対象 res そのものが与えられる）充実する erfüllend 直観（拡張された知覚）(LU VI,§6, 14)，
(3) 同定 Identifizieren, identifizierende Deckung の作用——適合の直接的意識 (LU VI,§6)．

フッサールによれば，「真理 Wahrheit」「明証性 Evidenz」とは「ものと知性の適合 adequatio rei et intellectus」，つまり，意味志向という知性的作用の対象と直観・知覚の対象が，対応し übereinstimmen，適合しているという直接的意識だという．つまり，「意味されたもの das Gemeinte と，そうしたものと

して与えられたもの das Gegebene als solches との全き一致 die volle Übereinstimmung. その一致を，適合的同一化 adäquate Identifizierung が現実に実現しているという明証性 Evidenz において，体験する erleben こと」(LU VI,§39)，である．対応説的真理が，知覚的直観において，明証性を与えられる訳である．

知性とはこの場合，思想志向，意味志向である．適合が実現するのは，意味された対象が厳密な意味で，われわれの直観に与えられ，しかもわれわれが思考するまさにそのとおりに与えられるときなのである．(LU VI,§37)

以上のように，フッサールが，具体的対象の認知に，充実する直観の範を知覚に求めていたことは確かであるが，のみならず，論理学や数学に関わる，抽象的存在についても，直観ならびに知覚の拡張を考えており，なんらかの仕方で知覚に基づけられた，純粋直観，本質直観といったものを，考えていたようである．それについては，第14章の§3において取り上げよう．

1) 本節は，野本 [2003] 第16章2節と相当部分，重複していることをお断りしておく．
2) Wittgenstein [1995] 68, LW-BR, p. 124.
3) Wittgenstein [1995] 68, LW-BR, PS. pp. 125-6.
4) Wright, G. von [1982]．
5) 本節は，本書の第14章§3同様，日本現象学会における「フッサール『論理学研究』刊行100周年記念シンポジウム」(2000年11月19日，東京大学) の提題者として招かれた際に，その要旨を述べ，また『現象学年報17』に元来の草稿の短縮版を掲載したが，それを旧に復し，かついくらか敷衍したものである．岡崎文明氏から「哲学史研究会」(2002年3月20日) にお招き頂き，渡邊二郎，門脇俊介，谷徹，榊原哲也の諸氏はじめ出席者の方々からの熱心な質疑からも裨益を受けた．謝意を表する．
6) 渡邊 [1986] には，フレーゲと初期フッサールの仕事と論争に関する比較検討がある．
7) Kaplan [1989]; Perry [1977]; Evans [1982]; 野本 [1986] [1988] [1997]．また Dummett [1991] や特異な Castañeda [1999] も参照．

第Ⅳ部　数学の哲学 —— 論理主義

第13章 『算術の基本法則』における基数論

§1 算術の哲学の概要

本章でフレーゲの基数論を，次章ではラッセル・パラドクスを，第15章で実数論を取り上げ，フレーゲの生涯のプロジェクトであった「論理主義」(「算術は論理学の一分枝であり，展開された論理学である」)が，どの程度まで成功しているのかという問題を巡る近年の議論を紹介し，多少の検討を加える．まずその前に，議論の大筋を述べておこう．

1. 算術の哲学 —— 基数論

ラッセルのパラドクス発見によって，フレーゲのプロジェクトは崩壊したという評価が，少なくとも，1970年代には支配的で，フレーゲの数学の哲学はもはや時代遅れの遺物にすぎないと見なされていた．しかし，特にC.ライト (C. Wright [1983])による『算術の基礎 GLA』(1884)の再評価とフレーゲ流の数学的プラトニズムの擁護，またG.ブーロスの精力的な仕事(Boolos [1983] [1986/7] [1987]等)に刺激されて，フレーゲの数学の哲学の研究状況は大きく変動し，現在も活発な論争が続いている．

ライトやブーロスは，フレーゲの『基礎』にはラッセルのパラドクスを避けて，デデキント・ペアノの2階算術の全体系を整合的に展開する余地があった，ないし現実にフレーゲはそれを実行していたのだと主張する．つまり，概念の外延に訴える基数の明示的定義なしに，基数の同一性条件を概念の「等数性 Gleichzahligkeit」・「一対一対応」によって与える基数の「抽象原理 abstraction principle」（ライトはそれを (N＝) と表記し，ブーロスは「ヒュームの原理 (HP)」と命名）のみから，「基数概念」の外延の可算無限性を含むペアノ算術を整合的に導出可能で，これをブーロスはフレーゲによる数学上の最大の業績として「フレーゲの定理 Frege Theorem: FT」と呼んでいる．実際フレーゲの『基礎』(1884) は，デデキント (Dedekind [1888])・ペアノ (Peano [1889]) に先んじて（デデキントはその 2 版 (1893) 序文でそう認めている），しかも論理的に一層徹底した仕方で，算術の体系を基礎づけようとしていたと見ることができる．

　さてそれでは，『算術の基本法則 GGA』でもラッセルのパラドクスを生み出す元凶であった公理 (V) に訴えずに，算術体系を整合的に展開することが可能なのであろうか．ヘック (Heck [1993] [1995]) は，まさにそれが可能であり，のみならずフレーゲ自身がそのことに気づいていたと主張する．公理 (V) がその同一性条件を与えるはずと見なされる（概念の外延を一般化した）「値域 Wertverlauf」は，確かに GGA の第 II 部のほとんど全頁に現れる．しかし「基数抽象の原理 HP」に相当する「基数の基本法則」（第 II 部の定理 32 と定理 49）の GGA 中の形式化での証明には値域は確かに不可欠だが，それ以後の算術体系の導出には不要であること，のみならず，フレーゲは，公理 (V) に訴えることなしに（つまりは値域なしに），（基数の同一性条件を与える）「基数抽象の原理 HP」がヘックの名付ける「フレーゲの原理」（後述）から引き出される可能性に気づいていた，という．かくしてこの「フレーゲの原理」から HP が導かれ，かつフレーゲは HP からのデデキント・ペアノ算術の公理群導出の証明を与えている．特にペアノの第 2 公理「すべての基数はその後続者をもつ」から，フレーゲは基数概念の可算無限性を引き出し，基数概念の基数が可算無限・デデキント無限であることを強調している．かくして先述のように，(HP) から無限基数を含意する算術体系が 2 階論理学内で証明可能だということを示した「フレーゲの定理」は，不当に無視されてきたフレーゲの数学上の最大の業績だと見なされるのである．またフレーゲは，デデキント・ペアノ算術とは異なる，しかし同型の算術の公理体系を与えていることも注目に値するヘックの再発見である (Heck [1995])．

　なお残された数学的・哲学的係争問題は，フレーゲ的なこうした整合的な算術体系が，数学的プラトニズムと言えるかどうか，また「論理主義」と言える

かどうかである．ライト，ヘイルはこうしたフレーゲ的算術が数学的プラトニズムの名に値すると主張する．しかしダメット（Dummett [1991] [1995] [1998]）は，いわゆる「シーザー問題」（後述），そして最終的には「基数抽象の原理 HP」や公理 (V) の「抽象原理」が孕む「循環性・非可述性」（後述）という深刻な問題の指摘により，ブーロス，ライトの主張に疑問を投げかけ，依然論争が続行中である．(HP) 自身が真に基数の可算無限集合の存在を齎すのかどうか．また上述のような整合的なフレーゲ算術が「論理主義」といえるかどうかは，結局 (HP) のような「基数抽象の原理」やさらにそれが導かれるというヘックの「フレーゲの原理」その他が，論理学的な原理であるかどうかにかかっている．ブーロス自身もそうした原理が，算術の領域に固有な普遍的でアプリオリな法則だとは認めるが，「論理法則」ないし「分析的真理」だとは認めないのである．

2．実数論と形式主義批判

GGA の第Ⅲ部で，フレーゲは現代の大方の実数論の扱いとは異なり，基数と実数とは互いに素な別種の数だと考えている．基数は「ある種類の対象がいくつ wie viel 存在するか」に答えるものであるが，実数は所与の量が単位量と比較して「どのくらい [何倍] の大きさか wie gross」という問いに答えるものだ，と考えるのである．従って，正負の有理数・無理数などを含む実数は，その部分集合として基数を含まず，いきなり基数と対比される．量の種類には，長さ，質量，温度，照度，面積，速度，加速度等があり，また量には正負，ゼロが許され，加法・減法のような演算操作が適用できねばならない．例えば a が b の北 5 km にあるということは，b が a の南 5 km にあるということであり，南北関係は互いに逆の関係で，つまりは b は a の北 5 km にあるということである．そこでフレーゲは正負の対立を逆関係と捉える．また，二項述語，例えば「2 倍である」が表示する「意味」は一つの「関係 Beziehung」であり，その「関係の外延」（「直積 Relation・重積値域」と言われる）は，⟨1 g; 2 g⟩, ⟨5 g; 10 g⟩, ⟨2 m; 4 m⟩, ⟨3℃; 6℃⟩……といった順序対から成るクラスであるとフレーゲは考える．すると A^{-1} は直積 A の逆元に対応し，和 (a + b) は直積 A, B の合成積 (A∘B) [フレーゲの記号法では A ∪ B] に，差 (a − b) は直積

AとB^{-1}（Bの逆元）との合成積（A∘B^{-1}）［A∪B^{-1}］に，ゼロは直積Aとその逆元との合成積（A∘A^{-1}）［A∪A^{-1}］に対応する．

　この直積（順序対のクラス）のクラスを，フレーゲは「量領域 Grössengebiet」と称する．さて，実数とは，任意のタイプの量と同じタイプのもう一つの量との比，「量の比 Grössenverhältnis」，直積の直積であり，先の直積（順序対のクラス）の例でいえば，それらはみな量の同じ比・実数1/2を構成する．さて基数の場合にはフレーゲは，空なる概念の外延，空クラスを用いて基数ゼロを定義し，可算無限に至る手続きを確保した．非可算の連続体である実数の存在を保証するには，無理数的比を含む少なくとも一つの量領域（直積のクラス）の存在を証明しなければならない．そこでフレーゲは，初項が基数，第二項が0を含まない基数の無限クラスからなる順序対を，実数構成の基礎をなす集合と見なして，連続体の濃度をもつ対の直積族を生成し，加減算法の演算操作も集合論的に説明する．かくしてフレーゲによれば，実数とは，基数と〈有限基数のクラス〉という概念の（非可算）無限基数との直積和およびその逆ということになる．

　フレーゲはまた当時の粗い「形式主義」に対し史上はじめて明晰な定式化を与え（レーヴェンハイムはこのフレーゲの形式主義の定式化を称賛した．こうした計算理論的発想はチャーチのλ計算論に繋がるものである），その上で，徹底的な批判を加えている（第15章§6）．批判の要点は，形式主義が，(1)記号とそれが表示するものとを混同している，(2)ゲームとゲームについての理論，形式的理論とそのメタ理論とを混同している，(3)無限列の説明が不可能，(4)数学の固有内在的な応用可能性の説明不能といった諸点に求められよう．ヴィトゲンシュタインは，この形式主義批判を相当詳しく研究したと思われるので，中後期の彼の数学の哲学のみならず，言語ゲーム論にも，フレーゲとの対決が色濃く反映しているに違いない．（この点について余りまともな研究がないのは奇異であるが．）

　最後にフレーゲが，ガウス以来のゲッティンゲン学派また師のE.アッベの精神を継いで，応用可能性を算術の本質に属すると見なしていたことは注目に値する．しかも論理主義からすれば，算術は論理学の展開で，いかなる直観も経験も，いかなる他の学も前提しない一般性をもたねばならないから，外挿的

で個別的な応用は算術の本質には属さない．フレーゲによれば，基数論は，その基数の説明が，いかなる対象であろうとそれを「数える」，つまり「一対一対応をつける」ということを本質的に組み込んでいなければならず，また実数論は，その実数の説明が，いかなる種類の量であれ，それの測定，つまり単位量との比という関係を本質的に組み込んでいなければならないのであり，これこそが算術の「一般的」応用可能性の説明なのである．

以下において，上述の要点をやや立ち入って説明しよう．

§2 フレーゲの算術の哲学——基数論

1950年代までには，フレーゲの論理学体系がアリストテレス以来の論理学史上の画期と認められ，また1970年代には彼の意味論が現代哲学の言語的転回を画するものとして分析哲学の祖父と認められるに至った．にもかかわらず，つい最近までフレーゲの数学の哲学はほとんどその真価を認められなかった．1902年のラッセルによるパラドクスの発見を決定的契機とし，逆理を回避しようというその後の公理的集合論，タイプ理論を含む論理主義，形式主義，直観主義ないし構成主義の提唱，ゲーデルの不完全性定理の証明等々といった数学基礎論の展開過程において，フレーゲの算術の哲学は，ツェルメロ・ラッセルのパラドクスによって破産してしまった時代遅れの旧式な数学の哲学として，顧みられることが極めて少なかった（例外は，例えばC. Parsons [1965] 等）．しかし1980年代に入り，M. レズニク（Resnik [1980]），あるいはA. チャーチ（Church [1941]）らのλ計算とタイプ理論を組み込んだP. アクゼル（Aczel [1980]）による「フレーゲ構造 Frege structure」の提唱，他方でのH. フィールド（Field [1980]）の物理主義的唯名論からの挑戦，また特にC. ライト（C. Wright [1983]）による『算術の基礎』(1884) の再評価・フレーゲ流の数学的プラトニズムの擁護をきっかけとし，B. ヘイル (Hale [1987]) や特にG. ブーロス（Boolos [1985] [1986/7] [1987] [1990] in [1997]）による後述の「フレーゲの定理」再発見を中心とする一連の精力的な仕事に刺激されて，フレーゲの数学の哲学の研究は新しい局面を迎えた．1990年代に入ってダメット（Dummett [1991]）といった大家の仕事のみならず，若い研究者たちによって『算術の基

本法則』における算術の哲学についても新しい再発見がなされ，急逝したブーロスの論文集 (Boolos [1997]) やいくつかのアンソロジーが相継いで編まれている[1]．

§3 数学的形式的問題
――値域としての基数とラッセル・パラドクス

この節では『算術の基本法則 GGA』の「基数論」(第Ⅰ巻第Ⅰ部 (I-I)，第Ⅱ部 (I-II)) における数学的形式的諸問題を取り上げる．

『基本法則 GGA』では，『算術の基礎 GLA』で周知として前提された「概念の外延」は，1階概念の (一般的には関数の)「値域 Wertverlauf」に一般化され，その同一性条件を当の概念同士の同値性 equivalence に求める次の基本法則 (いわば「値域抽象の原理」) が導入される．

(V)　$\acute{\varepsilon}F\varepsilon = \acute{\alpha}G\alpha \leftrightarrow \forall x\,(Fx \leftrightarrow Gx)$　　[GGA I-I, §20]

しかし基本法則 (V) の，正確には (Vb) $\acute{\varepsilon}F\varepsilon = \acute{\alpha}G\alpha \leftrightarrow \forall x\,(Fx \leftrightarrow Gx)$ は，ラッセルのパラドクスの源泉で，(Vb) を含む第2階理論は不整合であると見なされる[2]．

いま，次のような概念をラッセル的 R ( ) と称することにする．すなわち，ある概念 F に関し，(a) $x = \acute{\varepsilon}F(\varepsilon)$ [F の外延・値域] かつ (b) $\neg Fx$ とする [i. e. $\exists F\,[x = \acute{\varepsilon}F(\varepsilon)\ \&\ \neg Fx]$]．さて x = 'R [R の外延の表記] のとき R ('R) かそれとも ¬R ('R) か？

(1) R ('R) と仮定しよう．すると R ( ) の定義から $\exists F\,['R = 'F\ \&\ \neg F(\text{'}R)]$ ①．'R = 'F のとき公理 (V) により，$\forall x\,[Rx \leftrightarrow Fx]$．よって R ('R) → F ('R)．¬F ('R) (①より)．従って¬R ('R)．故に R ('R) → ¬R ('R)．

(2) ¬R ('R) と仮定しよう．すると R ( ) の定義から ¬$\exists F\,['R = 'F\ \&\ \neg F(\text{'}R)]$ ②．つまり，$\forall F\,['R = 'F \to F(\text{'}R)]$．すると 'R = 'R → R ('R) だから，R ('R)．∴ ¬R ('R) → R ('R)．

(1) (2) より，R ('R) ↔ ¬R ('R) (Russell のフレーゲ宛書簡 (1902. 6. 16) in

WB 211. GGA II-II, Nachwort; Boolos [1986/7] 440; Boolos [1997] 150). よって (V) は一意的な意味を持ちえない.

　問題は基本法則の意味論的対応者が (V) の右辺の同値関係を定義し損なっているからである. 'έΦ (ε) = έΨ (ε)' が真を意味するかどうかを決定するには, '∀x [Φ (x) ↔ Ψ (x)]' が何を意味するかを確定する必要がある. しかし後者の式中の変項 'x' は値域を変域とし, その値域は, それがいつ 'έΦ (ε) = έΨ (ε)' が真を意味し, いつ偽を意味するのかが, 既に確定済みでなければ, きちんと定義されてはいないのである. ここに悪循環がある. フレーゲはなぜこのことに気づき損なったのか？　恐らく, 彼は普遍量化子の名前が非拡張的であるという事実に惑わされて, 誤って '∀x [Φ (x) ↔ Ψ (x)]' が真偽いずれかに確定済みだと推理したのである. だが '∀xΦ (x)' という形式の文は量化のある領域が特定されなければ, なんらの意味も付値されない (cf. Linnebo [2004] 91).

　しかしながら, フレーゲの誤りは, 意味についての彼の文脈的説明にあるのでも, 有意味な名前を拡張していく手続きにあるのでもなくて, こうした着想の適用 *application* にある (loc. cit.).

　問題は (V) の非可述性 *impredicativity* にどう対処するかである.

　　(*)　　$(α) = $(β) ↔ Σ (α, β)

型の抽象原理は, 右辺の同値関係 Σ (α, β) が '$(α)' 形の名前が意味しようとする種類の存在者上に量化しないなら, 可述的 *predicative* と言われる.

　(*) が非可述的な場合, 有意味な名前の範囲を拡張するフレーゲの手続きに問題が起こる. (*) の右辺の量化する対象と関連する同一性の規準が, 正確にこれから確定しようと試みている当のものだからである. かくて循環に陥る. これはすべての非可述的な抽象原理に関して成り立つ. (V) のような矛盾的原理のみならず, (HP) のような無矛盾な原理もそうである. だが可述的抽象原理, 例えば, GLA での「方向抽象原理」(D) は健全である (Linnebo [2004] 89).

§4 「後書き」でのパラドクスへの対処案

 GGA の「後書き」においてフレーゲはこのパラドクスの回避策をいくつか検討している.

 ①その第一の対処法は,後のラッセルのタイプ理論[3] の考えに似たものである.フレーゲは,一方で対象と関数・概念を峻別し,かつ関数・概念間についても階 Stufe の厳格な区別を導入していたが,固有名の意味 Bedeutung である対象 Gegenstand には一切タイプの区別をせず,排中律が妥当すると解していた.しかしクラスや値域は,排中律が無条件に妥当する「本来的な eigentlich」対象ではなく,すべての第 1 階関数の項として登場することが必ずしも許される訳ではない「非本来的な」対象のタイプを成すと考えうるかもしれない.その場合には,関数も,本来的対象のみを項ないしは値とする関数,本来的および非本来的対象を項ないしは値としうる関数,非本来的対象のみを項ないしは値としうる関数といったように,さらにはそれら新種の関数に新種のクラスや値域という非本来的対象が対応し,こうしてほとんど見渡し不可能な多様な種類の対象と関数が登場する,いわば「分岐 ramified 階型理論」となるであろう.かくしてフレーゲの元来のシンプルな論理体系が極めて錯綜したものとなるが故に,フレーゲはこうした階理論を斥ける[4]（GGA II, Nachwort, SS. 254-5）.

 ②第二の方策としてフレーゲが取り上げているのは,クラス名,値域名を,単に見かけ上の名前 Scheineigenname として,実はいかなる意味 Bedeutung ももたず,ただ全体としてのみ意味をもつ記号群の部分と見なすべきだ,という考えである.これもまた後にラッセルが（自らの記述理論（Russell [1905]）をクラス名にも拡張する仕方で,Russell [1908] で萌芽的に,『数学原理 PM』(1910-) で完成した形で）「不完全記号 incomplete symbol」の文脈的定義論として展開する着想の先駆をなす.しかしフレーゲは,例えば '2' のようないかなる合成も含まないような単純な数記号が自存的な部分を代表しないと見なすことは不合理だとして,この方策も斥ける（GGA II, Nachwort, S. 255）.

 ③さらに第三に,フレーゲが示唆しているのは,パラドクスを回避するために,素朴集合論の「包摂公理」の適用可能性に制限を加える公理的集合論風の

方策である．つまり，(V)の左辺は右辺と同意味，つまり同値とは必ずしも言えないのであって，「いかなる外延ももたない概念が存在する可能性を考慮に入れる」(GGA II, Nachwort, S. 257) という方策である．すなわち，「概念の外延」「値域」「クラス」といった語の一般的な適用可能性を否定すること，つまりは，(V) ないしは包摂公理

(C)　　$\exists y \forall x \, [x \in y \leftrightarrow Fx]$

に例外を認めることである．かくしてツェルメロ (Zermelo [1908]) 以降のいくつかの「公理的集合論」の焦点は，「包摂公理」のどこで例外を許すかにあり，ZF，クワインのNF等の各体系は，包摂公理がどの場合に成り立ち，どの場合に成り立たないかについて，互いに異なる．

④しかしながらフレーゲ自身はこうした方向を採用せず，矛盾をもたらす基本法則 (V)，特に (Vb)，従って包摂公理 (C) を修正しつつ，なお概念の外延・値域・クラスをあらゆる場合に要求する次のような「一般的な再解釈」を値域記号 '$\acute{\varepsilon}\Phi(\varepsilon)$' に与えようとしたのだと解される (Quine [1955] 155).

(V')　二つの第1階単項関数が同じ値域をもつのは，それらが，どちらの関数の値域でもないような任意の項に対して同じ値を常にもつ場合その場合に限る．
　　$[\acute{\varepsilon}f(\varepsilon) = \acute{\alpha}g(\alpha) \leftrightarrow \forall x \, [[x \neq \acute{\alpha}g(\alpha) \,\&\, x \neq \acute{\varepsilon}f(\varepsilon)] \to (f(x) \leftrightarrow g(x))]]$

(V'b)　二つの関数が同じ値域をもつのは，それらがその関数の一方の値域でないような任意の項に対して同じ値をもつ場合のみである．
　　$[\acute{\varepsilon}f(\varepsilon) = \acute{\alpha}g(\alpha) \to \forall x \, [x \neq \acute{\varepsilon}f(\varepsilon) \to (f(x) \leftrightarrow g(x))]]$　　(GGA II, Nachwort, S. 262)

しかしながら，フレーゲ自身のこの修正案も，フレーゲの没後であるが，二つ以上のものが存在する世界では，やはり不整合になることが証明された (Lesniewski が1938年に証明したという．Quine [1955] in [1960] 151; Geach

[1956]; Resnik [1980]).実際フレーゲ自身が1906年のシェーンフリース論文の検討中にこのことに気づき，(Vb)' による解決を断念した，とダメットは推測している[5].しかし事態はもっと微妙である．公理 (V) から導かれるフレーゲの包摂原理は，素朴集合論中の包摂原理 (C) ($\exists y \forall x \, [x \in y \leftrightarrow A]$) よりも弱い．任意の式 A がその式を満足する集合を確定するかわりに，同値な式は同じ値域を確定しなければならないと主張しているだけだからである．もちろん関数への量化が許されれば，フレーゲの包摂原理からも直ちにラッセルのパラドクスが導かれる．しかしフレーゲの体系の第1階部分系ではシュレーダー-ハイスター (Schröder-Heister [1987]) の推定通り，(V) を含む第1階部分系は整合的であることが証明された (T. Parsons [1987]).（またこのパーソンズの仕事の拡張により，可述的 predicative な第2階断片も整合的である (Heck [1996]).）

さらにブーロスは，フレーゲが，GGA の形式的理論の整合的な部分系内で，それら算術の公理を「ヒュームの原理」からのペアノ2階算術の導出可能性が，「フレーゲの定理」として知られていないのは残念だと主張する (Boolos [1990] 243).

§5　ヘックの「フレーゲの原理」

さてそこで GGA に関してわれわれにとって問題となるのは，次の (Q1)〜(Q3) の三つの形式的・数学的な問い (Heck [1993] 259) と，(Q3) にも関わるより哲学的・存在論的な問い (Q4) であろう．

(Q1) GGA での算術公理のフレーゲによる形式的証明も，(HP) そのものの証明以外は，(HP) のみに依拠しているか否か？　即ち，フレーゲは GGA において「フレーゲの定理」の形式的証明を提示しているか？

(Q2) フレーゲ自身が，算術の公理体系は「フレーゲ算術」，つまり第2階論理＋(HP)，から証明可能だと知っていたか？

(Q3) このことは彼の論理主義という立場の理解にとってどのような意義があるか？　また「フレーゲの定理」は，(Q4)「シーザー問題」に，さらにはダメットのいう文脈原理の循環性に関わる数学的プラトニズムの問題，つまり，

数的単称名辞の指示対象を確定するか，つまり数という抽象的対象の存在を確立するかという問題がある．

1. 「フレーゲの定理」の証明と値域

先ず，第一の問いは，算術の導出に値域は必要か，である．

そこで第一の問題 (Q1) は，フレーゲが実際 GGA において第2階論理内で (HP) のみから算術の公理を導出しているかどうか，である．

ヘックにより，結論を先取りして言えば，GGA でも GLA 同様，フレーゲは (HP) の導出後は本質的に値域・外延を使用してはいないのである！

確かに値域を表す名辞は GGA 中で使用され，第Ⅱ部のほとんど全頁に現れる．しかしその表面的事実は，フレーゲが算術法則を (HP) から導出したかどうかを決着づけない．ヘックが示そうとするのは，(HP) の証明そのものにおける使用を除いては，算術の基本法則のフレーゲによる証明中の値域のすべての使用が，一様な仕方で消去可能だということである．しかも当の例外に関しても，フレーゲは値域を単に便宜上使用しているにすぎない．フレーゲ自身も記号法の「節約」のためだと述べていた (GGA I-I, §25)．

フレーゲは実際第1階関数を対象によって表すのに値域を使用したが，それは関数への量化を対象への量化に置換させるためではない (Heck [1993] 261f.)．むしろ彼は第2階関数の表現 'μx (φx)' を ［φx ＝ ėφ (ε) に，さらに ξ へと置換し］第1階関数の表現 'μ (ξ)' によって置換したかったのである．

> ……今後は第2階関数の代わりに，第1階関数を用いてよい．……このことは第2階関数の項として現れる関数をその値域によって代表することによって可能となる．(GGA I-I, §34; cf. §25)

ではなぜ第2階関数の代わりに第1階関数を使用したのか．そうすることにより先と同じように形式的体系を簡素化し，また第三階量化を避けるためであろう．しかしこうした値域の使用は，フレーゲの証明の大方にとっては非本質的で，困難なく消去可能なのである．(HP) の証明中での使用以外の値域の全使用は，容易にまた一様に，フレーゲの証明から消去可能である (Heck [1993]

262)(ヘックは明言しないが,'$\xi \in \varepsilon\varphi(\varepsilon)$' を '$\varphi(\xi)$' へ,また '$\Delta \in \varepsilon\varphi(\varepsilon)$' を '$\varphi(\Delta)$' へと,2 階論理の表記法に戻せばよい).それ故,フレーゲの,(HP) からの算術の公理の証明そのものは,値域への言及を本質的には必要としない (Heck [1993] 264).

2. フレーゲは,「フレーゲ算術」の導出には値域の不要性に気づいていたか?
(Q2) フレーゲによる「数抽象の原理 (HP)」の導出を見る前に,フレーゲが概念の外延に訴えずに 2 階の算術体系を導出する可能性に気付いていたというヘックの主張を検討しよう.

確かに GLA においてフレーゲは「概念の外延にさえなんら決定的な重要性を付与しない」(GLA§107) と言っている.またフレーゲは自らの全体系の礎石が「概念や関係」であると言っていた.即ち,「概念と関係とは私がその上に私の建築物を構築する礎石 Grundstein なのである」(GGA Einleitung, SS. 2-3).そして概念の外延,関数の値域の同一性規準は,概念,関数の同一性規準と全く同一の,概念間の「同値性」に求められることは,前章で言及した (ASB).

さらに,ラッセルへの 1902 年 7 月 28 日の手紙には,後述のように,フレーゲが,公理 (V) の使用を避け,(HP) を公理とする算術理論の可能性を示唆している重要な箇所がある.

次のような命題が成り立つある関係 Φ (ξ, ζ) がある場合,即ち,1. Φ (a, b) から Φ (b, a) が帰結する [対称性].2. Φ (a, b) と Φ (b, c) から Φ (a, c) が帰結する [推移性].その場合,この関係を相等性(同一性)に変形し,'Φ (a, b)' の代わりに例えば '§a = §b' と書くことができます.その関係が例えば幾何学的な相似性のそれであるとすると,「a は b と相似である」という代わりに「a の形は b の形と同じである」と言うことができます.恐らく貴兄は「抽象による定義」と称するでしょう.しかしこれらの場合の諸困難は,相等性の普遍性を値域の相等性へと変形する場合の困難と同じです.(WB 223-4)

ここでは,「等数関係 (F eq G)」が 1. 対称性 ((F eq G) → (G eq F)),2. 推移

性((F eq H) & (H eq G) → (F eq G))(および反射性)を充たす同値関係であるといえるから，上記の§(ξ)に基数オペレータN(ξ)を代入して，基数の同一性N(F) = N(G)へと変形が(そしてその逆も)可能である．つまりまさに(HP)'N(F) = N(G) ↔ F eq G'が示唆されているのである．先述のように，公理(V)は，不整合性と，さらにシーザー問題の両方の困難に直面する．だが，(HP)が『基礎』において先ず直面した困難は，「シーザー問題」であった(Heck [1995]; Heck [1995a] 128)．けれども，この困難回避のために訴えた外延の明示的定義は，結局は公理(V)と類似のパラドクスに逢着する．それ故，困難の同定に関して，フレーゲは混乱してはいないであろう．ヘック自身は英訳の誤訳に基づき，この箇所をフレーゲが(V)と(HP)との困難は別物だと知っており，それ故「フレーゲ算術」の可能性を知っていたことの決定的な証拠としているが，それはミスリーディングである[6]．のみならず，外延による明示的定義なしに，(HP)に依拠しようとするなら，この原理自身の論理的身分，その整合性が改めて問題化する．そしてさらに一般的には，'§A = §B ↔ Σ(A, B)'(Σは同値関係とする)のような「抽象原理 Abstraction Principle」一般の，整合性また循環性如何の問題を示唆するであろう(Dummett [1991]; Heck [1992]; Boolos [1999]; Fine [1998])．

3.「フレーゲの原理」と「ヒュームの原理(HP)」

次の問題は，GGAにおける「ヒュームの原理(HP)」と「フレーゲ算術」の関係である．

GGAでの「ヒュームの原理(HP)」は，第Ⅱ部「基数の基本法則の証明」の冒頭§53に登場する次のような定理32とその逆である定理49(§69, S. 93)の連言によって極めて簡潔に表されている．

> (HP)「ある概念の基数が第二の概念の基数と同一なのは，ある関係が第一の概念を第二の概念へ，かつこの関係の逆が第二の概念を第一の概念へと写像する場合」(§53, S. 70; S. 243) その場合に限る．[N(F) = N(G) ↔ ∃R [Map (R) (F, G) & Map (ConvR) (G, F)]]

ここで注目に値するのは，フレーゲの概念記法的表記では，定理 32，定理 49 ではいずれも値域（概念の外延）と重積値域（関係の外延，順序対の集合）が用いられているが，それらの定理のフレーゲ自身による非形式的なメタ的説明は，上記のように，概念と関係にのみ言及していることであり，つまりは（上記の［　］内のように）値域なしで記号表記可能であるということである．（実際，第 II 巻の「後書き」では，フレーゲ自身「概念 Φ の基数」という N (Φ) - オペレータと読めるような関数表現 'M$_β$ (Φ (ß))' を導入している (GGA II, Nachwort, S. 258).)

　またこの定式化は一見 GLA のそれとは別様に見えるが，しかしフレーゲ自身 GLA の「ヒュームの原理 (HP)」の定式化を引用しており (GGA I-I, §38)，この GGA での「ヒュームの原理 (HP)」は，いくつかの定義（即ち，(i) 逆関係 ConvR の定義 (GGA I-I, §39)，(ii) 関係 R の一意性（同 §37)，(iii) ある概念 F に属する対象をもう一つの概念 G に属する対象へと写像する関係 Map (R) (F, G) （同 §38)）を介して，GLA と同様の仕方で，容易に理解可能である．

　ところで先に述べたように，GLA での「ヒュームの原理 (HP)」の証明のスケッチは，次のようなものであった (GLA§73)．即ち，(HP) の左辺 (1) 'N (F) = N (G)' は，(2)「〈F と等数的〉という概念の外延と〈G と等数的〉という概念の外延との同一性」に書き換えられ，こうして証明されるべきなのは，(2) と (HP) の右辺 (3)「F と G は等数的である (F eq G)」の同値性であるが，フレーゲによれば，(3) は (4) ∀H [(H eq F) ↔ (H eq G)] によって証明されるのであった．先述のように，ブーロスはここで新しい存在公理 Numbers を導入した．だが注意してよいのは，もし (1) と (4) との以下の同値性を，2 階概念の外延に訴えることなく（それをヘックは「フレーゲの原理 Frege Principle: FP」と称する），いわば公理として設定すれば，(FP) から (HP) が導かれることである．

> (FP)「F と G が同じ基数をもつのは，任意の H について，F と H の等数性が G と H の等数性と同値な場合その場合に限る」[N (F) = N (G) ↔ ∀ H [(H eq F) ↔ (H eq G)]]　(Heck [1995a] 131)

フレーゲの GGA における証明も，値域その他への言及を消去すれば，この GLA でのスケッチに非常に類似したものである (Heck [1995a] 130f.).

　定理 32 と定理 49 の連言は，結局 (HP)「F と G の基数が同一なのは F と G が等数的の場合その場合に限る (N (F) = N (G) ↔ (F eq G))」にほかならない．その証明には，GLA の場合と同様，補助定理として定理 32∆ (S. 86)「F, G が等数的なのは，任意の H について，F と H の等数性が G と H の等数性と同値な場合その場合に限る ((F eq G) ↔ ∀H [(F eq H) ↔ (G eq H)])」に訴えられているのだが，後者は「等数性」が同値関係であることから帰結する．さらに，(HP) が GGA の定理 32 と 49 の形式をとるためには，確かに公理 (V) と基数を値域とする明示的定義その他が必要ではある．しかしながら，(HP) を第 2 階論理内で算術の公理体系を導出するためにのみ使用するのなら，公理 (V) や値域による明示的諸定義は不必要であって，その補助定理を介しての (HP) の導出には，ヘックの言う通り，ただ先の「フレーゲの原理 (FP)」が必要なだけである．即ち，ここに提案された「フレーゲの原理」は，ブーロスの提案した Numbers 同様，この唯一の単純な原理から，第 2 階の論理内において，不整合に陥る危険のある値域・概念の外延の一般的導入を回避しつつ，(HP) を導出し，それによってペアノ算術の全公理体系を引き出す強力な原理なのである．

　かくて，ヘック (Heck [1993] [1995]) は，(HP) が GGA において，(V) を使用せずに「フレーゲの定理」の証明にどのように整合的に展開できるかを，また概念の外延・値域という観念が GGA の他の箇所では不要であることをも示すと見なしたのである．

　だが実は，(FP) は以下のフレーゲの補助定理 32δ (S. 86) と (HP) から導かれるもので，(HP) との循環も疑われ，(FP) をわざわざ公理として設定することに，疑念なしとしない．

§6 「フレーゲの定理」と「フレーゲ算術」

1. ペアノ算術の公理体系の導出と可算無限

　それでは実際にフレーゲは，算術の公理系を彼が新しく定式化した「ヒュー

ムの原理（HP）」からどのように導出しているのであろうか．

　GGA の緒論でフレーゲは，「算術が論理学の一分枝だ」という自らの論理主義の主張は，「論理的手段のみによって基数の［算術の他のあらゆる法則を含意する］最も単純な法則の導出によって確証されるだろう」（GGA I-I, Einleitung）と述べている．

　これらの基本的な法則とはまさに算術のための諸公理である．ペアノ算術の公理系 PA には周知のように次の 5 個の公理がある．（'Nξ' は「ξ は基数である」，'Sxy' は「y は基数列において x に直続する」と読む．）

A1.「0 は基数である」（N0）
A2.「どの基数にもその直続数が存在する」（$\forall$x (Nx → $\exists$y (Ny & Sxy)))
A3.「0 は何ものにも直続しない」（¬ $\exists$x (Sx0)）
A4.「数列において，ある基数の，それに直続する基数への関係，ならびにその逆関係は一意的である」（$\forall$xyzw ((Sxw & Syz) → (x = y ↔ w = z)))
A5.「任意の基数 x について，0 が F であり，かつ F が，どの基数に関しても，直続関係による数列において遺伝的であるならば，x は F である」（$\forall$x {Nx → $\forall$F [F0 & $\forall$x (Nx & Fx → $\forall$y (Sxy → Fy)) → Fx]}）

　これらの公理の証明には PA では未定義の三つの基本語彙「0」「後続者」「基数」の定義が必要であるが，それらはフレーゲによってそれぞれ次のように与えられている．

D1.「0 は〈自己同一でない〉という概念の基数である」（$0 =_{df} N (\xi \neq \xi)$）（GGA I, §41, 定義Θ）
D2.「n が m に後続するのは，ある概念 F に属する対象 x が存在し，かつ F の基数が m で，概念〈F に属するが，x とは同一でない〉の基数が n である，ということである」（cf. GLA §74）（$Smn =_{df} \exists F \exists x [Fx \& m = N(F) \& n = N(F\xi \& \xi \neq x)]$）（GGA I, §43, 定義H）

基数概念 N の定義のためには，先ず，いわゆる「強祖先関係」が次のように定義される（定義 K）．

> b が Q 系列中で a に後続するのは，(i) a が Q 関係にあるすべての対象は概念 F に属し，かつ (ii) Q 系列において遺伝的である（つまり，Q 関係にある任意の対象 x, y に関し，x が F に属するならば，y もまた F に属する）ならば，b はそうした任意の概念 F に属する場合である．（∀F [∀x (Qax → Fx) & ∀x∀y (Fx & Qxy → Fy) → Fb]）(GGA I, §45, S. 60)

またいわゆる「弱祖先関係」は定義 Λ により次のように定義される．

> b が a で始まる Q 系列に属するのは，b が Q 系列中で a に後続するか，b が a と同一であるかの場合である．(bQ*=a =df bQa ∨ b = a) (GGA I, §46, S. 60)

かくして有限基数 endliche Anzahl という概念の定義は次のようになる．

> D3. ある基数が有限であるのは，消極的には「ゼロで始まる基数列に所属するいかなる対象もその基数列中で自己自身には後続しない．ないし，いかなる有限基数も基数列中で自己自身には後続しない」．(∀x [Nx → ∀b [Nb ∧ bQ*=0 → ¬ bQ*b]]) (GGA. I-II, §108, S. 137)

つまり，それがゼロで始まる基数列に所属する場合なのである．

さて，これらの定義から先述のペアノ算術の各公理が証明される．

A1 は，弱い祖先関係の定義 Λ から直接帰結する．

A3 は，定理 108 として証明されている (GGA II, §102)．

A4 は，定理 71（その証明は GGA II, §§66-87），定理 89（その証明は GGA II, §§88-95）として証明されている．

A5 の帰納法は，定理 152「b が a で始まる Q 系列の系列項であり，a が F であり，かつ F は，a で始まる Q 系列の系列項に限れば，Q 系列において遺

伝的であるとするならば，bはFである」(GGA II, §118, S. 148) のQ系列を直続関係による数列に，aを0によって特定すると得られる．

A2に相当する定理157のフレーゲによるエレガントな証明は，GGA I-I, §§114-120に与えられている（その解説はHeck [1993] 275ff.を見よ）．

背景の基本的アイディアは，定理155「bが有限基数であれば，〈bで終わる基数列に所属する〉という概念に帰属する基数が，基数列中でbに直続する」(GGA I-II, §§114-119) で，この定理から「ここで直ちに，どの有限な基数にもそれに直続する基数が存在するという帰結が導出される」(GGA I-II, §114, S. 144, S. 149) とフレーゲは述べている．

また興味深いのは，ペアノ第2公理 (A2)「どの基数にもその直続数が存在する」の証明にすぐ続けて「このことによって，0で始まる基数列は終わることなく前進するということが言われている」(GGA I-II, loc. cit.) と付け足し，また定理155の先の「分析」においてはやはりすぐ続けてA2は「基数列は無限である」(S. 144) と同義であるとされていることである．このようにしてフレーゲは，最初の無限基数$\aleph_0$に到達する．

> ゼロで始まる基数列に所属しない基数，ないしこうも言えようが，有限でない，無限である基数，が存在する．そのような基数は，〈有限基数〉という概念の基数である．それを私は〈[可算] 無限 Endlos〉と呼び，'∞' で表記したい．そこでそれを次のように定義する：
> [可算] 無限∞は，〈ゼロで始まる基数 (有限基数)〉という概念の基数である．(GGA I-II, §122, 定義M, S. 150)

これが最初の超限数 [可算無限] $\aleph_0$ であり，また無限基数は，有限数と異なり，それ自身に後続する．

ペアノ第2公理のヒュームの原理からのフレーゲの証明は，基数の「不定な拡張可能性」を利用して，基数列の任意の開始部分から，数列の次の項をいかにして特徴づけうるかを示す (Dummett [1991] 317)．つまり，フレーゲは基数論の領域が，一度その領域が与えられれば，この既に与えられたものにより新しい要素を常に特徴づけうるという意味で，「自体的に無限」であるというこ

とに気づいていたのである.

またベル (Bell, J. [1995]) は，フレーゲの定理が集合論へのどのような貢献であるかを説明している[7]. つまり，フレーゲは結果的に，無限集合の存在を明示的に要請せずに，彼の，概念とその外延の理論の整合的な断片内で，無限集合の存在の導出と無限基数の存在証明とを許すような「無限公理」を (HP) からの「ひとつの定理」として，発見したのである. この不当に無視されてきた業績は，ツェルメロの整列定理の証明に比せられる. ツェルメロの選択の定式化が整列には明示的に言及していないのと同様，フレーゲの無限についての定式化，つまり (HP) は，無限集合ないし無限基数には何も明示的に言及していないからである.

(HP) からなる第2階の理論が基数の無限性を含意するという，再発見された「フ・レ・ー・ゲ・の・定・理 Frege Theorem」は，繰り返せば，フレーゲの数学上の最も重要な業績である.

その唯一の（ブーロスによれば，'non-logical' な）公理が (HP) であるような第2階理論は，ブーロスに従って「フ・レ・ー・ゲ・算・術 Frege Arithmetic: FA」と呼ばれてよいであろう. 即ち，フレーゲ算術はペアノ第2階算術と同等に整合的で，従ってほぼ確実に整合的である (Boolos [1987]). かくて GGA 中の算術公理のフレーゲの証明は，値域への言及なしに「フレーゲ算術」中の証明として再構成可能なのである. しかもヘックに従えば，フレーゲは，算術の諸公理が第2階論理中で (HP) のみから導出可能であることに気付いていたという. かくて GGA の主要定理（ブーロスのいう「フレーゲの定理」）とは，(HP) が第2階算術の諸公理を含意するということである (Heck [1995] 297).

2.「フレーゲ算術」の公理系と「デデキント・ペアノ算術」との同型性

さらに注目すべきことは，フレーゲが，定理263によってペアノ算術とは異なる独自の算術の公理化を与えていたことをヘックが再発見したことである (Heck [1993] [1995]).

定理263と定理207（定理263の逆）とは，その基数が（可算）無限であるような概念の特徴づけも与える. つまり，定理263が語っているのは，有限基数の基数は（可算）無限だということである. 定理263のフレーゲによる説明は

以下のようである.

　ある概念に属する諸対象の基数が[可算]無限なのは，これらの対象が，[1]ある対象で始まり，かつ[2]分岐せず，[3]自己還帰することなく，[4]無限に前進する一つの系列中に順序づけられる場合である．[可算]無限は〈このような系列の系列項である〉という概念に帰属する基数である，ということを示すことが重要なのである．(GGA I-II, §144, 定理263, S. 179; S. 250)

換言すると，定理263の語るところは以下のようになる．即ち，次の条件を満足する関係Sが存在すると仮定する．

[F1]　基数Nであるものはある対象で始まる直続系列S中の項である（$\exists x \forall y (Ny \leftrightarrow Sxy)$），
[F2]　直続関係Sは関数的・一意的（Func (S)）である，
[F3]　S列中でいかなる対象もそれ自身に後続しない（$\neg \exists x. Sxx$），
[F4]　各Nであるものは，ある対象に対しS関係にある，つまりどの系列項もある対象により直続されるということである（$\forall x (Nx \rightarrow \exists y Sxy)$）．

その場合，Nの基数は[可算]無限である[8]．
　では「フレーゲ算術」展開の文脈における定理263の意義はどこにあるのか？　定理263を，フレーゲは，順序対公理を加えた第2階論理中で証明している．しかしヘックによれば，この定理の証明は第2階論理中で（HP）から再構成可能であり，その証明中では基本法則（V）も順序対の使用も省略可能であることにフレーゲもはっきり気づいていた（Heck [1995] 321f.）．

　重要なのは，[可算]無限が〈こうした系列の項である〉という概念に付属する基数だということを示すことである．……そのためには，命題(32)を用い，その基数列をxで始まるQ系列に写像し，その逆が後者を前者に写像するような関係を実証することである．(GGA I-II, §144, S. 179)

命題 (32) とは (HP) の一方向のことに他ならない.

しかしなぜ定理 263 がここにおかれているのか？ 定理 263 の本当のポイントは GGA 内部での使用では明らかにならない. 条件 [F1] – [F4] は「フレーゲ算術」のための公理である. デデキント・ペアノ公理系はそれらから容易に導出される（その逆も）．定理 263 の証明が示しているのは, 算術のためのフレーゲの公理群を満足する任意の二つの構造が「同型」だということである (Heck [1995] 325). S [後続] 関係によって順序づけられた, N であるものは, 基数と同型 isomorphic だからである. フレーゲの証明していることは, [F1] – [F4] の条件を満たすものが, 基数と構造的に同型なるものを確定しているということなのである. つまり, 定理 263 は, [F1] – [F4] がデデキント・ペアノ算術と緊密に関連しているが, 異なる算術の公理系を確立していることを示している. そして, フレーゲが, 定理 145「いかなる有限基数も基数列中で自己自身に後続しない」を強調していた (GGA I-II, §108, S. 137) のは, それが算術の彼の公理 [F3] だからなのである.

フレーゲ算術の公理群は, デデキント・ペアノ系同様, 基数の構造についてのわれわれの直観をよくとらえている. 即ち, 基数は数ゼロで始まる数列の成員であり ([F1]), 各基数はその数列中で一つかつ唯一の基数に直続される ([F2] & [F3]).

GGA における算術の公理群のフレーゲによる導出は不当に無視されてきた. 彼の証明は第 2 階論理において再構成可能であるのみならず, 彼の与えた証明自体が算術のための公理群——フレーゲ算術の公理群ならびにデデキント・ペアノ公理群——の, ヒュームの原理からの, 第 2 階論理内での, 導出なのである. フレーゲは,「フレーゲの定理」をまさに証明していたのである (Heck [1993] 285).

かくして, 繰り返しになるが, ヘックによれば, 定理 263 のフレーゲの証明とその意義に関する以上の説明が正しければ, GGA のフレーゲの成果の評価は変わらねばならない. GGA は, 単に第 2 階論理内で, (HP) から, 算術のための公理群を導出しているばかりでなく, 算術のためのフレーゲ自身の公理群が基数と同型的な構造をもつクラスを確定するということの証明を, フレーゲ算術中に含んでいるのである. さらには, それはこれらの公理群を満足する

すべての構造が同型であるという，一層一般的な事実の証明を，純粋な第2階論理中に含んでいるのである (Heck [1995] 327)．

　以上のことは GGA の第Ⅱ部の構造についてのパズル，つまり，なぜ［可算］無限への言及がなされ，先行列においていかなる基数もそれ自身に後続しないという定理 145 の証明が強調されるのか，に回答を与える．この定理はフレーゲ算術の公理 [F3] に他ならないのである．

3.「フレーゲ算術」の哲学的含意

　この定理 145 [F3] が (HP) から帰結することの重要性は，先述のように，フレーゲの公理がわれわれの日常的な直観にかなっていることにもあるが，さらに，「数え上げ」という算術の通常の「応用可能性」に結びついている点が本質的である．つまり，「数え上げ」というプロセスの結果がしっかり確定されるということは，フレーゲによれば，いかなる有限基数もそれ自身に後続しないということの帰結なのである．さらに補足すれば，「フレーゲ算術」には，「ゼロ」「後者」「自然数」が未定義語とされるペアノ算術の公理系には見られない，重要な哲学的説明が含まれているのである．既に『算術の基礎 GLA』で準備されていた，「ヒュームの原理」は，数の本性についての重要な哲学的主張を組み込んでいる (cf. C. Wright [2000] 256)．即ち，(i) 基数操作子 N (φ) が，概念をその項 φ にとるものとして導入されているように，「数え上げ」とは一定の「概念」に属するものが「いくつあるか」に答える営為であり，よって「数はある概念に帰属すること」，(ii) 基数名辞 N (F) が単称名辞であることにより，「数自体が対象であること」が組み込まれていること，また，(iii)「ヒュームの原理」は「数とはいかなる種類の事物であるか」について，「概念間の一対一対応」を介しての「同一性規準」を与えていること，である．デデキント流の系や連鎖，切断等に関する道具立てに，数についてのこうした類の主張を読み取ることは可能ではあろうが，しかしデデキント流の自然数論・実数論の構造主義的方法にはこうした問いを取り上げる意図はないであろうし，ペアノの公理系は，専ら自然数列中に各数の順序的な位置を定める，ラッセル云うところの，「前進列 progression」以上の規定を付与しないであろう．

§7　数学的プラトニズム再論 (1)
—— 入れ替え議論，指示の不確定性

1.「シーザー問題」の再現 ——「真理値問題」

　値域や数などの抽象的対象の存在に関わるプラトニズムに関しては，なお問われるべき問題がある．第一は「シーザー問題」，つまり，(HP) が循環に陥ることなく数的な単称名辞の指示対象を指定するかという問題であり，第二は概念の外延・値域の不確定性の問題，第三は (HP) ないし公理 (V) の循環性・非可述性の問題である．

　フレーゲのプラトニズムは，(知覚に類比的とされるゲーデルないしマッデイ流のようには) 何らかの数学的直観に訴えることはない (但し，ゲーデルのいう直観がどういうものか，特に晩年の「概念的実在論 conceptual realism」については，慎重な検討を要する．戸田山 [2007])．いずれにせよフレーゲは，数の知的直観といった素朴なプラトン的描像なしに抽象的対象の指定を求めた (Dummett [1991] ch. 18)．また，いかなる表象にも，具体的対象に関わる経験的直観ないしカント的な純粋感性的時間直観にも依拠せずに，また幾何学，力学から独立に，どのようにして算術の対象である数がわれわれに与えられるかが，GLA の基本的な問いであった (GLA§62)．これらの問いに対するフレーゲの回答は，数詞の指示は，それらが登場する同一性言明の真理条件を「文脈原理」に基づく (HP) といった論理的「抽象原理」に訴えて純粋に論理的言語によって確定しようという，まさに「言語への転回」を画するものである．

　しかし GLA では「シーザー問題」に逢着し，算術の知識の感性的直観からの独立性を示すために，概念の外延が導入された．さらに GGA では，算術の対象があらゆる直観やそれに依拠する他の学問から独立の自律性をもつことを示すために，論理学の公理 (V) として，概念の値域・外延の同一性条件が導入された．

　公理 (V) の哲学的意義について，フレーゲは 1902 年のラッセルへの手紙で次のように語っている．

私自身長い間，値域やそれとともにクラスを認めることに抵抗してきました．しかし算術を論理的に基礎づけるそれ以外の可能性を見つけられませんでした．問題は，論理的対象をわれわれはどのように把握する fassen のかということです．そしてそれに対する答として次のことしか私には見出せなかったのです．つまり，われわれはそれを概念の外延として，より一般的には，関数の値域として把握することです．私はこれには諸々の困難が纏わっているということを見過ごしはしませんでしたし，あなたの矛盾の発見によってその困難は一層増大しました．しかし他にどんな途があるでしょうか？
(1902.7.28, WB 223)

外延・値域の導入は，算術をあらゆる直観から独立に論理主義的に基礎づけ，数を論理的対象として確定するために必須と見られたのであった．

　しかし先述のようにラッセルのパラドクスは，公理 (V)（フレーゲ自身のその修正版も含め）のような形での一般的な値域・外延の導入を不可能にした．(その後の公理的集合論やタイプ理論の公理群が，純粋に論理的であると言えるかどうか論争のあるところである．)

　さらに「シーザー問題」が，GGA において，概念の外延・値域に関しても再燃しないのかどうか．実際，GLA のシーザー問題と GGA 第 I 部の §10 の議論とは，類比的である．

　GGA の I-I (§3, §9, §20) で，概念の値域・外延は，形式的には (HP) と正確に類比的に，基本法則 (V) によって導入されていた．

$$(\text{V}) \quad \dot{\varepsilon}\varphi(\varepsilon) = \dot{\alpha}\Psi(\alpha) \leftrightarrow \forall x\,(\varphi x \leftrightarrow \Psi x)$$

　だがこの「値域抽象の原理」は，第一に，左辺から右辺への移行 (Vb) からはラッセルのパラドクスが導かれるから，値域名の指示確定に有効でない．のみならず，それを度外視してもなお値域・外延の一意的指定に失敗しているのではないか？

　それにより既に値域として識別されている '$\dot{\varepsilon}\Phi(\varepsilon)$' という名前で指示され

る場合に常に値域であると識別する手段があるだけである．これまでの所，そのようには与えられていない対象が値域かどうかは決定できない．（GGA I-I, §10）

　基数の場合も，値域・外延の場合も，ある形の同一性言明の真理値は，(HP) や基本法則 (V) という「抽象原理」の形の言明によっては不定のままである．そこで GGA の形式的体系内部に限っては，フレーゲは，ある約定によりその欠陥を是正しようとする．
　GGA の論理体系に限れば，論理的に原始的関数・概念でない論理的対象は，概念の値域と真理値のみである．フレーゲはまず論理的に原始的な概念の値域・外延の一意性を確定する．
　GLA においては「シーザー問題」は，例えば「ジュリアス・シーザー」が数的単称名辞であるか否かをどう決定するのか，言い替えると，関数 '$\xi = N(F)$' はいかなる対象について真となるのかという問題で，フレーゲは，基数を〈F と等数的な概念〉の外延として明示的に定義することによって，この困難を回避しようとしたのであった．それに対し，それでは概念の外延・値域とは何かが問われることとなり，かくて GGA において再現している一般的な問題は，公理 (V) 中の左辺の '$\xi = \acute{\varepsilon}\Psi(\varepsilon)$' に「シーザー」が代入されても有意味であるかどうかである．それにしても，何故フレーゲはこうした一見数学的に無関係で奇怪に見える問いを提起するのか．それは詰まる所，フレーゲの，概念に対する「定義の完全性」の厳格な原則 (GGA II-III)，つまり，概念はすべての対象について真偽が確定しなければならないという「明確な境界づけ scharf begrenzt」条件の要請に由来するであろう．
　さてフレーゲの議論の大要を先走りして述べておこう．フレーゲはまず，これまで形成してきた自らの GGA の論理的言語「概念記法」による論理的体系内で，真偽という真理値（それは，GGA において，いわば大前提としてその領域中でその名前が有意味性を容認されてきたにすぎない「真理値名」の「意味」であって，値域として与えられていない唯一の論理的対象である）それ自身が値域であるかどうか，もしそうなら，どのような値域かという形の問いに限定して，「シーザー問題」の再現（「真理値問題」と言おう）に対処しようとする．このよ

うに限定した問いに対しフレーゲは，第一に，公理 (V) と整合的に，各真理値を任意の関数の値域と同一視してよい，つまり，'t = ἐΨ (ε)' の形式の任意の式が真かどうか，式 '∃F. t = ἐF (ε)'（「t がある関数の値域である」）が真であるかどうかを問う．もし 't' により表示される対象が値域として与えられれば，つまり，'t' が 'ἐφ (ε)' の形式をもてば，公理 (V) は 'ἐφ (ε) = ἐΨ (ε)' が真かどうか決定しうるであろう．しかしその対象が値域に還元できず，例えば，ジュリアス・シーザーとして，あるいは真理値としてのみ与えられると，それが値域かどうか，どの関数の値域か，を決定する方途がない．「真理値問題」はまさに『基礎 GLA』§66-67 でのシーザー問題の再現なのである．

さてフレーゲはこの「真理値問題」に対し，これまでフレーゲの論理体系構築に際しての「文優位」という方法論上の原則に沿う形で，対象領域で容認されてきた真偽という真理値を，各それ自身の単元値域（真 =$_{df}$ ἐ (−ε)；偽 =$_{df}$ ἐ (ε = ¬∀x (x = x))）と同一視するという約定を行う (GGA I, §10)．T. パーソンズ (T. Parsons [1987]) は，こうした同一視の可能性とその制約つき任意性を示した[9]．

こうして，GGA の論理体系の対象領域を値域・外延という論理的対象のみに限ることによって，フレーゲは論理的対象中で値域・外延ではない対象の識別問題を消去しようとする．その限り，こうした約定により，対象が値域か否かの問題は，解消される．

しかしこの約定によってはシーザー問題に一般的に対処することはできない．先述のように，フレーゲの「新しい有意味な名前の受容ないし名前の範囲の拡張策」は，「受容されるべき名前が，既に受容されている名前とともに……有意味な名前を形成することを証明することによって，有意味と承認されるべき名前の範囲を徐々に拡大」(GGA I, §32) するものであったが，値域関数名のような 2 階関数名 'ἐφ (ε)' のような場合には，'φ' に充当するのに「単に新しい第 1 階単項関数名が導入されうるのみならず，同時に当の関数名の各々に対して新しい固有名（値域名）が導入されうるのであり，しかも既知 [の第 1 階単項関数名] に対してばかりではなく，多分今後導入されるかもしれない一切 [の第 1 階単項関数名] に対しても，予めそう [新しい値域名を導入] しよう」(GGA I-I, §31) というものであった．よって，高階の関数名の場合には，「非

拡張的」と判明している普遍量化子や上述の値域関数（公理（V）の意味論的対応物によってうまく制御されうると仮定すれば，有意味性条件は満たされる）以外に，新しく導入される候補名が「拡張的」な場合も想定されうる．

対象領域に非論理的対象が含まれる場合には，この解決はきわめて人工的となる．さらに§10の長い脚注では，真理値をその単元クラスで置換する処置を，(V)と矛盾せずに，値域・外延として与えられてはいないどの対象にも拡張することは不可能であると見なされている．ある値域・外延がシーザーと同一かどうかの問題は，GGAの言語の（非論理的対象の名前を含む）拡張の度毎に提起されうるが，フレーゲによれば，そうした一々の場合に，公理（V）と整合的に，その名辞の指示対象についてのしかるべき約定を付加しなければならないのである（GGA I-I, §10）．換言すれば，関数名 '$\xi = \dot{\varepsilon}\Psi(\varepsilon)$' が有意味であるか否かを，つまりは，対象領域の確定を，段階的にではなく，予め一般的に一挙に決定しておくことはできないということである．このことは概念の「定義の完全性」の原則（GGA II-III），つまり，概念はすべての対象について真偽が決定していなければならないという「明確な境界づけ」条件，つまるところ，(主張)文は真偽いずれかでなければならないという，フレーゲ意味論の根本原理「二値の原理」に抵触するという重大な帰結を含むことになる．この問題は，ダメットの指摘する，対象領域の特定と新たに導入された名辞を含む文の真理条件の確定とを同時に行おうとする手続きの循環性の問題とも関わるであろう．すると「シーザー問題」は，「二値の原理」に基づくフレーゲの「実在論的意味論」ならびに数学的プラトニズムにとって重大なアキレス腱となりうるであろう．

2. 入れ替え議論と指示の不確定性

のみならず概念の外延・値域自体の不確定性 indetermnacy の問題がある．フレーゲ自身，一般的にいわゆる「入れ替え permutation 議論」によって，次のような入れ替え関数 χ を導入して，この問題を取り上げている（GGA I-I, §10）．即ち，χ は，$\chi(\dot{\varepsilon}\varphi(\varepsilon)) \neq \dot{\varepsilon}\varphi(\varepsilon)$ でありながら，次のように値域と同一性条件を共有しうる関数と約定する．

(V)$^{\#}$　$\chi\,(\acute{\varepsilon}\varphi\,(\varepsilon)) = \chi\,(\acute{\alpha}\Psi\,(\alpha)) \leftrightarrow \forall x\,(\varphi x \leftrightarrow \Psi x)$

 すると値域の表現の指示は，(V)，(V)$^{\#}$の右辺で与えられる同値類という，GGAの任意のモデル領域の任意の入れ替えのところまでしか固定されていないのである．

 基本法則(V)をめぐる「入れ替え議論」による，抽象的対象指定の不確定性の問題は，当然「ヒュームの原理」，さらにはブーロスのいう「フレーゲ算術」の存在公理 "Numbers" そのものにも及ぶであろう．概念の等数性を同一性規準とする基数の確定という(HP)も，またこの原理がそれから導出される "Numbers" に依拠した基数オペレータならびに基数の確定も，次のような入れ替え関数χによる不確定性をまぬがれない（例えば，フレーゲ自身の定義，またフォン・ノイマン＝ベルナイス＝ゲーデル型NBGでは$\varphi, \{\varphi\}, \{\varphi, \{\varphi\}\}, \cdots$とツェルメロ＝フレンケル型ZFでは数列は$\varphi, \{\varphi\}, \{\{\varphi\}\}, \cdots$といった基数定義の差異を考えればよい．つまり，$\chi_2\,(N\,(F)) = \chi_2\,(N\,(G)) \leftrightarrow F\ eq\ G \wedge \chi_1\,(N\,(F)) \neq \chi_2\,(N\,(F))$.）(構造主義の観点から類似の指摘をしているベナセラフ(Benacerraf [1965])の，数は対象ではあり得ないとする議論も，つまるところ，こうした入れ替え関数による不確定性や不可測性 inscrutability の問題に依拠すると言いうるであろう(Quine [1969]; Davidson [1979a]; 三平 [2000]).)

 しかしもしそうだとすると，概念の等数性による基数ないし何らかの抽象的対象の一意的存在公理 "Numbers" は，実は概念の等数性を充たす同値類 equivalence class という不変性 invariance 以上の一意性を確定できないのであり，その「一意的存在性」の主張そのものも，同値類を越える確定性をもたないことになるのであろう．

 もしそうなら真理値を値域・外延と解するとしても，GGAさらに「フレーゲ算術」の体系のどのモデルも，値域・外延そのものが「入れ替え」による同値類の確定という不変性条件までの確定でしかないのなら，真理値やシーザーが値域・外延と同一か否かの問題を確定的には決着づけない．

 こうした見地に立つと，先述の(V)に関する二つの異なる入れ替え関数χ_1, χ_2の導入，例えば，χ_1はフォン・ノイマン＝ベルナイス＝ゲーデル型NBGの指示の枠組みとすると，$\chi_1\,(0) = \varphi, \chi_1\,(1) = \{\varphi\}, \chi_1\,(2) = \{\varphi, \{\varphi\}\}, \cdots$と

なり，χ_2 をツェルメロ＝フレンケル型 ZF の指示の枠組みとすると，$\chi_2(0)$ $= \varphi$, $\chi_2(1) = \{\varphi\}$, $\chi_2(2) = \{\{\varphi\}\}$, … となる．すると，$[\chi_1(\text{N}(\text{F})) = \chi_1(\text{N}(\text{G})) \leftrightarrow \text{F eq G}] \wedge [\chi_2(\text{N}(\text{F})) = \chi_2(\text{N}(\text{G})) \leftrightarrow \text{F eq G}]$ で，しかも $\chi_1(\text{N}(\text{F})) = \chi_2(\text{N}(\text{F}))$ でも，$\chi_1(\text{N}(\text{G})) \neq \chi_2(\text{N}(\text{G}))$ であることがありうるのであり，例えば上記 $\chi_1(0) = \varphi = \chi_2(0)$，$\chi_1(1) = \{\varphi\} = \chi_2(1)$．だが $\chi_1(2) = \{\varphi, \{\varphi\}\} \neq \chi_2(2) = \{\{\varphi\}\}$．

こうした不確定性，ないし不定性に基づく議論もまた，数的対象という抽象的対象の存在を主張する，数学的プラトニズムにとって，厄介な問題であり続けるであろう．

だが，指示の不確定性が名前とその担い手とされる具体的対象間にも及ぶとしたら，直示もまた特権的地位を失うであろう．われわれが例えば，指差しによって，何かを直示するとき，何を直示したのか，実はいろいろなコトバで直示の不確定性を補わなければならないだろう．しかしその補うコトバもまた不確定性を免れないとしたら，無限後退に陥る．こうした問題は，なんら数学的対象に限らず，単称名辞や自然種名などの指示とその対象との間の不確定性，という一般的な問題となるであろう．さらにそれは存在論的相対性，各言語への相対性，各言語内部での問題になるであろう．（三平 [2000]）

3. テクスト上の「真理値問題」と「入れ替え議論」の確認

それでは以下で，諄いがフレーゲのテキストに即して，「シーザー問題（真理値問題）」ならびに「入れ替え議論」を再確認しておこう．

まずフレーゲは，値域名の指示の不確定性に関して次のように述べている．

［先の公理 (V) によって］記号結合 '$\acute{\varepsilon}\Phi(\varepsilon) = \acute{\varepsilon}\Psi(\varepsilon)$' を，'$\forall x [\Phi(x) = \Psi(x)]$' と同じ意味を有するものとして措定したということによっては，勿論まだ '$\acute{\varepsilon}\Phi(\varepsilon)$' のような名前の意味が完全に確定されているわけでは決してない．われわれが手にしているのはただ，ある値域が '$\acute{\varepsilon}\Phi(\varepsilon)$' のような名前……によって表示される場合に，それを常に再認する手段にすぎない．けれどもこれまでのところ，われわれにそのような［先の名前により表示されるものとしては与えられていないある対象が一つの値域であるのかどうか，

その対象は例えばどんな関数に対応しているのかを決定することもできないし，またもしこの性質が対応関数の性質と結び付いているということを知らない場合，一般にわれわれはある所与の値域がこの所与の性質を持っているかどうかも決定し得ないのである．（GGA §10）

そこでフレーゲは，例えば次のようなある関数「X (ξ)」を仮に導入する．

X (ξ) は異なる項に対しては決して同じ値を取らない関数である [例えば，α ≠ β ならば，X (α) ≠ X (β)]．すると，その名前が 'X (έΦ (ε))' という形式を持つ諸対象に対しては，その記号が 'έΦ (ε)' という形式を持つ諸対象に対するのと全く同じ再認 Wiedererkennung の規準 Kenzeichen が当てはまる．すなわち，その場合にはまた 'X (έΦ (ε)) = X (έΨ (ε))' は '∀x [Φ (x) = Ψ (x)]' と同意味的 gleichbedeutend である．このことから帰結するのは，'έΦ (ε) = άΨ (α)' の意味 [真理値] と '∀x [Φ (x) = Ψ (x)]' の意味 [真理値] との同一視によっては，'έΦ (ε)' のような名前の意味は決して完全に確定されることがないということである．――少なくとも，項としての一つの値域に対するその値が当の値域それ自身と必ずしも常に同じでないような関数 X (ξ) が存在する場合 [はそうである][10]．

ではこの不確定性はどのように克服されるのであろうか．[それは] どの関数に関してもその導入に際し，他のすべての項に対してと同様，項としての値域に対してその関数がどのような値を取るのかが確定されることによってである．このことをこれまでに考察された関数に関して行ってみよう．それらは次のような関数である．

　　　ξ＝ζ, ―ξ, ⊤ξ

最後の関数は考慮の外においてよい．というのは，その項としては常に一つの真理値が考えられ得るからである．……さて更にわれわれは関数―ξを関数ξ＝ζへと還元することができる．すなわち，われわれの約定によれば，関数―ξはすべての項に対して関数ξ＝(ξ＝ξ) と同じ値を取る．というのは，関数ξ＝ξの値はすべての項に対して真であるからである．このことか

ら次のことが帰結する．——つまり，関数—ξの場合と全く同様に，関数の値は，項として真を取るときにのみ真となり，他のすべての項に対しては偽となる．こうして一切は関数$\xi=\zeta$の考察へと還元されるのであるから，われわれはある値域が項として現われるときこの関数がいかなる値を取るのかを問おう．（GGA§10. 強調引用者）

これまでフレーゲの論理体系「概念記法」中に導入された，対象を項にとる第1階関数は，水平線関数—ξ，否定関数$\top\xi$，同一性$\xi=\zeta$のみである．また$\top\xi$は—ξの値だから，改めて考察する必要はない．—ξの値，つまり，真理値が分かればよいからである．ところで—ξの値は$\xi=(\xi=\xi)$に等しい．そこでフレーゲは，少なくとも彼の論理体系に関する限り，不確定性は，同一性関数$\xi=\zeta$の考察に絞られると考える．この戦略の背景には，フレーゲの「概念記法」の意味論における基本的方法は，「一般化された文脈原理」ないし「文優位のテーゼ」であり，それは要するに真理値名が真偽いずれかの名前として，出発点から容認されていたということである．その前提に立って，$\xi=\zeta$，$\top\xi$，—ξの有意味性が容認されてきた．その項も関数値も真理値だから，こうした関数名の有意味性も問題なく容認されていた．ところがいまや，普遍量化子（これはまだその値が真理値だからまだしも），さらには値域関数のような2階関数が導入され，その有意味性が問題となった．しかも値域名は，真理値ではない対象の固有名の候補である．そしてその値域の同一性規準は基本法則（V）に求められた．ところが，'N（F）'のような数詞の確定性に関する「シーザー問題」と同様，値域名に関しては，これまで当然視されてきた真理値名が再認言明の一辺に登場すると，真理値とは値域なのかそうでないのかが緊急の問題として浮上した．「真理値問題」である．真理値が何らかの値域ならば，$\xi=\zeta$の有意味性は（V）から直接帰結するが，$\top\xi$，—ξはどのようにその有意味性が再確定されるのか．

以下，フレーゲのいささか込み入った議論を追ってみよう．

われわれはこれまでのところ真理値と値域のみを対象として導入したのであるから，真理値の一つが例えば一つの値域であるのかどうか［①真理値が

値域と同一視可能かどうか] だけが問題となりうる．そうでない [②真理値と値域とは同一視不可能な] 場合には，このことによってまた，関数 $\xi = \zeta$ の値は，項の一つとして真理値が他の項として値域が取られるときは常に偽となると決定される．他方，[①] もし真が同時に関数 $\Phi(\xi)$ の値域であるとするならば [∃Φ. $t = \dot{\varepsilon}\Phi(\varepsilon)$]，このことによってまた，項の一つとして真が取られるすべての場合に関数 $\xi = \zeta$ の値は何であるか [i. e. $\dot{\varepsilon}\Phi(\varepsilon) = \dot{\alpha}\Psi(\alpha)$?] が決定されるのであり，また偽が同時にある関数の値域である場合にも事情は同様である [$f = \dot{\varepsilon}\Phi(\varepsilon)$]．さて，真理値の一方が値域であるかどうかという問題は '$\dot{\varepsilon}\Phi(\varepsilon) = \dot{\alpha}\Psi(\alpha)$' が '$\forall x[\Phi(x) = \Psi(x)]$' と同じ意味を持つべしということからは決定不可能である．なぜなら，'$\widetilde{\eta}\Phi(\eta) = \widetilde{\alpha}\Psi(\alpha)$' が '$\forall x[\Phi(x) = \Psi(x)]$' と同じものを意味すべしということを [(V#) $\widetilde{\eta}\Phi(\eta) = \widetilde{\alpha}\Phi(\alpha) \leftrightarrow \forall x[\Phi(x) = \Psi(x)]$]――それから $\dot{\varepsilon}\Phi(\varepsilon)$ と $\widetilde{\eta}\Phi(\eta)$ の同一性を推論可能とすることなしに――一般的に約定することは可能なのである [i.e. (H3) $\dot{\varepsilon}\Phi(\varepsilon) \neq \widetilde{\eta}\Phi(\eta)$]．しかし右辺の再認条件は値域のそれと同一と仮定する．すなわち，上述の (V#) の右辺 [$\forall x[\Phi(x) \leftrightarrow \Psi(x)]$] である．

われわれはそうした場合，例えば '$\widetilde{\eta}\Phi(\eta)$' という形の名前を有し，その区別と再認に関し値域に関するのと同じ規準が当てはまるような対象のクラスを持つことになるであろう．

さてわれわれは関数 $X(\xi)$ を次のことによって確定することができるかもしれない．――つまりその値は項としての $\widetilde{\eta}\Lambda(\eta)$ に対して真であるべきであり，項としての真に対してはその値は $\widetilde{\eta}\Lambda(\eta)$ であるべきであるということ [(H4-1) $X(\widetilde{\eta}\Lambda(\eta)) = t$ かつ $X(t) = \widetilde{\eta}\Lambda(\eta)$]，更に関数の値は項 $\widetilde{\eta}M(\eta)$ に対しては偽であるべきであり，項としての偽に対しては $\widetilde{\eta}M(\eta)$ であるべきであること [(H4-2) $X(\widetilde{\eta}M(\eta)) = f$ かつ $X(f) = \widetilde{\eta}M(\eta)$]，しかもその他のすべての項に対しては関数 $X(\xi)$ の値は項自身と一致する [他のすべての項 x に関しては，$X(x) = x$ となる関数である] ということによってである．

さて，関数 $\Lambda(\xi)$ と $M(\xi)$ とが同じ項に対して必ずしも同じ値を持たないとするならば [(H5) $\exists x(\widetilde{\eta}\Lambda(x) \neq \widetilde{\eta}M(x))$]，(V#) から，われわれの関数 $X(\xi)$ は相異なる項に対しては [$\Lambda(\eta) \neq M(\eta)$ (1)] 決して同じ値を持た

ず [X (ῆΛ (η)) ≠ X (ῆM (η)) (2)], それ故その場合にはまた 'X (ῆΦ (η)) = X (α̃Ψ (α))' は, [(H1) の対偶と例化から, (3) X (ῆΦ (η)) = X (ῆΨ (η)) ↔ ῆΦ (η) = ῆΨ (η) だから] '∀x [Φ (x) = Ψ (x)]' と常に同じ意味を持つのである [(3) の右辺の再認条件は, (V#) により ∀x [Φ (x) ↔ Ψ (x)]]. その名前が 'X (ῆΦ (η))' という形を持つような対象は, その場合従って値域と同じ手段によって再認されるであろうし [X (ῆΦ (η)) の再認条件も, 値域 εΦ (ε) の再認条件と同じ ∀x [Φ (x) ↔ Ψ (x)]], X (ῆΛ (η)) は真で X (ῆM (η)) は偽であるかもしれない. 従って 'ε̇Φ (ε) = α̇Ψ (α)' と '∀x [Φ (x) = Ψ (x)]' との同一視によって [ῆΦ (η) は値域ではない [(H3) から] が, X (ῆΦ (η)), X (ῆΨ (η)) は値域 εΦ (ε), εΨ (ε) と同一視可能] 矛盾に陥ることなしに, 任意の値域が真で他の任意の値域が偽であるべきだということを確定することが常に可能である. (GGA I, §10. 強調引用者)[11]

かくしてこの「同・一・視・テ・ー・ゼ・」に基づきフレーゲは, 以下にあるように, 「任意の値域が真で他の任意の値域が偽であるべしと確定することは常に可能である」とし, よってフレーゲは, 次のような回答を提出する.

それ故, われわれは ε̇ (—ε) が真であり, ε̇ (ε = (⊤∀x (x = x))) が偽であるべしと約定しよう! ε̇ (—ε) とは, その値が項が真である場合にのみ真であり, 他の一切の項に対してはその値が偽であるような関数—ξ の値域なのである. 以上のことが当てはまるすべての関数は同じ値域を持っており, そして後者 [その値域] はわれわれの約定によれば真なのである. こうして —εΦ (ε) は関数 Φ (ξ) がその下に真のみが属するような概念のような場合にのみ真となり, 他のすべての場合には偽となる. 更に, ε̇ (ε = (⊤∀x (x = x))) は項が偽の場合にのみその値が真となり, 他のすべての項に対してはその値が偽となるような関数 ξ = (⊤∀x (x = x)) の値域である. このことがそれについて当てはまる関数のすべては同じ値域を持ち, そして後者 [その値域] はわれわれの約定によれば偽である. かくその下に偽そして偽のみが属するすべての概念は概念の外延として偽を持つ.

われわれはこうして値・域・をここで可能なかぎり広く規定した. 更に, これ

まで知られた関数に完全に還元可能ではないような関数が導入されるということが問題となるときに初めてわれわれはそれが項としての値域に対していかなる値を取るべきかを約定することができるのである．そしてそれはその場合，かの関数と同様，値域の確定と見なされるのである．（loc. cit.）

以上の手続きにより，フレーゲは値域名の意味に関する不確定性を，自らの論理体系内では解決したと見なした．しかしその成否を巡ってはなお論争が続行中である[12]．

§8 数学的プラトニズム再論 (2)
―― 文脈原理の循環性と非可述性

1. 循環性と非可述性

さらにダメットが執拗に主張するフレーゲ–ライト的プラトニズムのより深刻な問題性は，文脈原理，具体的には，公理 (V) ないし (HP) の「循環性」ないし「非可述性 impredicativity」である[13] (Dummett [1991] 232ff.; Dummett [1993] [1998])．

文脈原理は，一つの形式言語の解釈を定める場合に，[通常のモデル論でなされるように] 変項の領域を先ず特定し，次いではじめてその領域に関する原初記号の意味［指示］を約定［解釈］すべく試みるべきではなく，この二つの仕事を同時に達成する必要があるということを要求しているように思われる．これが可能であることは少しも明らかではない．フレーゲの整合性証明［対象の存在証明］を非妥当とし，また事実その体系を不整合に導くのは，確かにこの手続きの循環性なのであった．フレーゲは，値域名の意味を保証するためには，それに適用される原始的関数の値を特定すれば十分だと考えた．……その目的は，こうした名辞を含むすべての文に関する真理値を確定することであった．……誤謬はまさに第一歩において現れる．公理 (V) に現れる値域の同一性規準を含む原始的関数を支配する約定が確定されうるのは，ただ専らないしほぼ値域からなる領域が確定されている場合のみなのである．

しかしその領域は値域名の意味を固定することによって確立される途上にあるのであり，従って，この手続きは循環をなす．(Dummett [1995] 17-8)

通常の原子論的なモデル論では，例えば1階述語論理体系なら，意図されたモデルにおいて量化される変項の関わる対象領域 D が確定されたと前提した上で，その D と相対的に原始的表現にその指示として適当な存在を付値する解釈がなされ，複合的表現の指示はそうした原始的表現の統語論的規則に則って帰納的に定義される．しかしながら，文脈原理は，(HP) や公理 (V) の場合に明示的なように，基数や値域という抽象的対象を含む対象領域 D の特定と，当の対象領域の元への原始的表現（基数オペレータや値域関数）の適用条件を（つまりは基数や値域の一意的存在を，そうした原始的表現を含む文の真理条件の確定を介して）特定することとを同時に行おうとするのである．だが量化の領域の確定と新たな名辞を含む文の真理条件の確定とを同時に行うことは循環である．(のみならず，フレーゲの論理は高階であり，関数，概念，関係などの高階の抽象存在への量化の領域の確定の問題をも巻き込むのである．そして算術において，ある概念の定義が，インプリシットにその当の概念に訴えてしか可能でない，といった非可述性が現れることは珍しくはない.)

こうした循環は，後述のいくつかの場合においても例示される．いま対象領域 D がいかなる基数も含んでいなければ，一定の条件を充たす対象のクラス間で一対一対応をつけられても，それらに基数を割り当てることができず，(HP) は偽となる．D 中には基数が存在しないからである．基数を帰属しうるためには，D ははじめから基数を含むと前提するか（これは循環である），またはそのように D を拡張しなければならない．また D 中にたとえ個々の自然数がすべて含まれていたとしても，例えば奇数という概念と偶数という概念に割り当てられる基数は D 中には存在しないのである．そうした概念に帰属する数は，自然数ではなく可算無限 $\aleph_0$ だからである．従って，この場合も，(HP) は偽となる．もしこの原理を真にし，先のような概念に数を割り当てるためには，D がはじめから $\aleph_0$ を含むと前提する（これは循環である）か，$\aleph_0$ を含むように D を拡張しなければならない．するとフレーゲ的プラトニストは，循環を避けようとすれば，新しい原始的述語が導入されるたびに，対象領域を「不

定的に拡張可能 indefinitely extensible」かどうかが，新しい争点となる．

　ダメットは，（述語の表示する）概念の本質的特徴を，第一に「ある与えられた対象が当該の概念に帰属するための規準」（フレーゲ的には述語・概念の「明確な境界づけ」条件）のみならず，第二に「その概念に帰属するすべての対象について何かを主張するための［つまり，全称量化のための］規準」に求める（Dummett [1994] 338）．例えば，すべての自然数について何かを主張するための後者の規準は，ある対象を自然数と認知するための前者の規準を超出する．つまり，算術的真理は「不定的に拡張可能 indefinitely extensible」なのである．すると，基礎的な数学理論の対象領域は，不定的な拡張可能性という考えによって，新しい原始的述語の導入により既存の形式体系を超える度ごとに，絶えず拡張しつつも，その都度特定可能であることになる．しかし，フレーゲ流の二値原理を要求する古典論理は，量化に関し確定した領域を必要とし，従ってその領域がどの対象を含むかが確定していなければならない．それにはすべての対象について確定的に真または偽であるような明確に境界づけられた述語に関する量化は，言明に常に確定した真理値を与え，従って古典論理の法則に従うのでなければならない．かくてダメットは，「不定的拡張可能性」という考えが古典論理での量化の観念に背馳すると見なし，「不定的拡張可能性」を認める場合には，直観主義的・構成主義的な推論しか許さないという代償を払わねばならない，と主張する．一方，ライト等はそうした非可述性は無害だと主張しており，なお立ち入った検討を要する[14]．

　またもし概念の外延や値域を避けるために明示的定義や公理（V）を消し，(HP) が導出される Numbers や先述のヘックの「フレーゲの原理」を公理として認めたとしても，その右辺には隠れた形で個体領域への量化が現れており，やはり循環性を疑われる．かくしてなおフレーゲ流の数学的プラトニズムについては依然論争の只中にあるわけである[15]．

2. 論理主義？——「ヒュームの原理 (HP)」は論理的真理であるか

　最後に (HP) の真理性が純粋に論理学に属するといえるか否か，ないしヘックの「フレーゲの定理」が，フレーゲの論理主義の改訂版に資するかどうかについて若干触れておきたい．つまり，一般的には概念の外延・値域には訴えな

いライトやブーロス，ヘックらによって再構成された「フレーゲ算術」がどの程度まで論理主義といえるのであろうか．

まず基本法則 (V) およびフレーゲ自身による修正案もパラドクスに陥ることは既に触れた．しかし，2階の抽象公理と "Numbers" ないしは「フレーゲの原理」および基数オペレータの定義とから出てくる (HP) から導かれる「フレーゲ算術」では，外延一般ではなく，概念の基数が導入されるのみであるので，ラッセルのパラドクスは生じない，と思われる．

それ故，ラッセルの矛盾の発見をフレーゲが知った後でさえ，論理主義のプログラムへの形式的な障害は，ダメットの指摘する非述定性という深刻な問題の検討を別とすれば，本質的には何も存在しないようにも思われる．だが，フレーゲ自身が非可述性の問題に気づいていたようには見えないにもかかわらず，算術の法則を論理学の内部で導出することはもはやできないとフレーゲが認めたのはなぜであろうか．問題は，(HP)（ないし "Numbers"，「フレーゲの原理」）の身分に関わる．

論理的対象をどのように解すべきか．(HP) を原初的真理として受け入れても，原初的な論理的真理としては受け入れない障害は何か．フレーゲが，論理の根本的真理として，証明の必要もないような (GLA§3)「原初的真理」として，「値域抽象の原理」である基本法則 (V) を受け入れる用意がありながら，(HP) はそう見なさなかったのはなぜか．公理 (V) のフレーゲにとっての意義，論理主義のプロジェクトにとっての意味はなにか．

ブーロスのいう「フレーゲの定理」，つまり (HP)（ないし "Numbers" や「フレーゲの原理」）からペアノ算術ないしフレーゲ算術のフレーゲによる導出は，基数がなんらかの対象であることを要求するが，しかしその導出がフレーゲの論理主義を支持するには，数は単に対象（第1階概念の変項の値）であるのみならず，「論理的」対象でなければならない．

それでは，ブーロスらによって再発見された「フレーゲの定理」が依拠し，「フレーゲ算術」がそれから導出される，(HP)（ないし "Numbers" や「フレーゲの原理」）は，原始的論理法則とは言えないのであろうか．(HP) は，先述のように，外延一般にはコミットせず，基数の同一性規準を与えているだけの無矛盾な原理であった．

ブーロスによれば，2階の抽象原理やすべての1階概念Fに一意的に対象を付属させる2階の全域的関数 total function #F に関しては命題'∀F∃!x (x ＝ #F)'は論理的真理であり，さらに関数 #F は外延的である．つまり，次の「抽象原理」(#) も論理的真理である．

　　(#)　#F ＝ #G ↔ ∀x [Fx ↔ Gx]

しかし，Numbers，従って (HP) は論理的真理とは言い難く，よって論理主義的還元は全面的には成功しないという．全面的論理主義ではない一つの理由は，次のようである．フレーゲ算術ではどのような概念も基数をもち，また概念〈有限基数である〉の基数 N [Fin (ξ)] は (可算) 無限となる．従って，既述のように，Numbers，「フレーゲの原理」，(HP) は，無限に多くの対象の存在を証明してしまう．しかしながら，論理的真理は世界にどのような存在がどれだけ存在しようとそれとは独立に成立する真理であるべきだと，クワイン流に，ブーロスは主張するのである (Boolos [1987] 231).
　しかしながら，もしフレーゲがかつまたデデキントが「論理的真理」についてブーロスのような「主題中立的 topic neutral」な見解を持っていたとしたら，「論理主義」のプログラムそのものがはじめから達成不可能であることは自明であろう．『算術の基礎』での概念の外延による基数の明示的定義や『算術の基本法則』における公理 (V) が，仮に無矛盾であるなら，この明示的定義ないし公理 (V) は (HP) を，従ってデデキント＝ペアノ算術の公理系を含意しなければならず，それ故基数の [可算] 無限性を含意するはずなことはフレーゲにとって明らかなことであった．そうでなければ，算術の基礎づけや算術の基本法則を提示したことにならない．従って，フレーゲは，ブーロスのように，無限個の対象を含意することが「論理主義」に反するとは毛頭考えなかったと思われる．それ故ブーロスの挙げる先の理由だけでは，フレーゲの念頭においた「論理主義」の妨げにはならないであろう．その限り，ブーロスの Numbers あるいは「フレーゲの原理」から導出される (HP) がフレーゲの意に沿う「論理的原理」ではなく，従って「フレーゲ算術」がフレーゲのいう「論理主義」に反している，とは断言できないであろう．実際ライトらの抵抗はこう

した「論理概念」を巡っているともいえる.

だがむしろ注目すべきなのは，先に触れたように，対象領域Dが有限の場合には，(HP) は偽となることである．それは次のような議論による．まず基数オペレータN (F) が全域的関数であるためには，N (F) は任意の概念Fに対し，D中に含まれる対象である一意的基数を付属させねばならない．ところで二つの概念F, Gが等数的である場合その場合に限り，F, Gは同じクラス，つまり〈Fと等数的である概念〉のクラス ('H eq F') に属し，このようにして概念は〈Fと等数的である概念〉等々といった同値類 equivalence class に分割されることになる．さて，いまDにはk個の対象，簡単には1からkまでの有限個の自然数しか含まれていないとする．すると，すべての概念は，〈0個の対象が帰属する（つまりいかなる対象も帰属しない空な）概念と等数的な〉すべての概念のクラス，〈正確に1個のみの対象が帰属する概念と等数的な〉すべての概念のクラス，……そして〈k個すべての対象が帰属する概念と等数的な〉すべての概念のクラスといった同値クラスに分割される．従って，こうした同値類はk＋1個存在する．ところが，D中にはk個の対象（自然数）しか存在しないから，等数的でない概念には異なる対象を割り当てるような，（概念から対象へ写像する）関数は存在しないことになる．かくして公理 (V) と同様に，(HP) の左辺から右辺へは成り立つが，右辺から左辺へは，対象領域が有限なモデルの場合には成り立たないのである (Boolos [1996] 144; Boolos [1997] 250).

それではDが自然数の集合Nの場合はどうか．偶数の各自然数 (0, 2, 4, … 2n) には奇数の各自然数 (1, 3, 5, …2n＋1) を直続関係とその逆により一対一対応させることができる．ところで (HP) が真ならば，偶数の集合の基数と奇数の集合の基数とは同一でなければならない．しかし領域D中には自然数の集合自身に付属される可算無限基数は含まれないから，D中のいかなる個々の自然数もそうした基数ではありえない．従って，Dが個々の自然数しか含まない自然数の可算無限集合Nであっても，(HP) は真ではあり得ない．奇数集合の基数，偶数集合の基数は一自然数ではなく，一つの超限数だからである．かくして (HP) は，（フレーゲにモデル論的な論理的真理の概念はなかったが）いかなるモデル（いかなる個体領域D，いかなる付値関数f）においても真であるべし

というモデル論的な意味では，「論理的に妥当」であるとは言えないことになる (Boolos [1997b]; 151; [1996] 145; [1997] 250).

しかしながら，選択公理から，いかなる無限領域Dに関しても，(HP) が<D, f>において真となるような関数fが存在するということが帰結する．実際 (HP) が任意のモデル<D, f>において真なのは，次の場合その場合に限る．即ち，Dのすべての部分集合A, Bに関してAからBへの一対一対応関数が存在する場合である．

ところで，(HP) は有限領域のあらゆるモデルで偽であり，また，自然数の無限集合Nを領域とする上記のような通常の基数オペレータの解釈に基づくモデルでは偽となる．しかしながら，Dが自然数Nの場合でも，(HP) が真となる次のようなモデル<N, f>がある (Boolos [1996] 145; [1998] 152ff.).

すなわち付値関数fを次の如く定義するのである．Nの任意の部分集合Aに関し，Aがn個の成員を含む有限集合の場合にはfA = n + 1，またAが無限の場合にはfA = 0とする（通常の基数オペレータN (F) を 'The number of F' と読めば，fFは例えば 'The number by F' と読む）．このとき (HP) は<N, f>において成立する．つまり，「fA = fB ⇔ (A eq B)」．さてAは有限か無限かである．[1] A, B ⊆ Nとし，Aがn個の成員をもつ有限集合とすると，fA = n + 1．またfA = fBであるのは，fB = n + 1となる場合のみだが，それはBもn個の成員をもち，AからBへの一対一対応関数が存在する場合に限る．即ち，(A eq B)．[2] Aが無限の場合，定義からfA = 0，Bが無限の場合に限りfB = 0で，そのときに限り，fA = fB（自然数の二つの無限集合は等数的である．i.e. (A eq B)）．

かくして (HP) は，対象領域Dが無限個の対象を含み，しかも可算無限$\aleph_0$をさえ含むようなモデルにおいては問題なく成り立つ．しかしながら，任意のモデルにおいて普遍的に真である訳ではない．Dが有限領域の場合は偽である．またF, Gのすべての選択に関して真であるわけではないし，Dが自然数の無限集合Nであっても，通常の個々の自然数や基数オペレータの通常の意味に関しては真ではない．しかし 'the number of'（基数オペレータ）を 'the number by' と再解釈するならば普遍的に真なのである．(HP) はこう再解釈されると自然数に関して真なのだから，それは論理的に整合的であって，論理

によって偽とすることはできない．((HP) のこの整合性証明は，非ユークリッド幾何学の整合性証明が，ユークリッド幾何学による再解釈によってなされたのと同様である (Boolos [1998] 153).)

かくしてモデル論的な観点から見るならば，(HP) はいかなるモデルでも真となるような妥当な論理的真理ではないことになる．しかし領域を変動させるようなモデル論的発想がフレーゲにはなく，かつフレーゲにとっては少なくとも2階論理が関わる世界 (それには対象領域のみならず，1階および2階の関数，概念の領域も含まれる) がわれわれの認識能力とは独立に無限定に与えられているとのプラトン主義的想定を維持するとしたら，改めてダメットの指摘する「非可述性・循環性」の問題が緊急の検討課題となるであろう．「不定的拡張可能性」の問題やラムダ計算のモデルとして「フレーゲ構造」を与えることを通じて論理主義を再構成しつつ，パラドクスに対処するアクゼルらの試みも含め，「算術」がそれから導出されるべき「論理主義」に相応しい「論理」とは何かという根本的な問題の問い返しが必要となるように思われる (C. Wright [1997]; Boolos [1997a]; Dummett [1998]; Aczel [1980]; Flagg & Myhill [1986]; 岡本 [2003a]; 津留 [2005]; 土屋 [2007]; 大西 [2008]).

§9 悪友問題その他

さて主として基数論等をめぐるフレーゲの論理主義およびネオ・論理主義が直面する諸課題を，リネボの編集で，最近にも *Synthese* 誌が充実した特集を組み，シャピロ，ウズキアーノ，クック，リネボ等が力作を寄稿し，マクファーレンの批評に対し，ヘイルとライトが回答を寄せている．150頁を越える大部の特集なので，詳細には立ち入らないが，リネボの手引きに従って，内容を簡単に紹介しておこう (*Synthes*, vol. 170, no. 3 [2009] 321-482).

1. 悪友問題 bad company problem の背景

フレーゲの論理主義は，算術と解析学に対し，論理学がこれらの分野のアプリオリな知識の源泉を与えると主張し，その見解をまず GLA において，次の二つのステップで擁護しようとした．

①-a：基数を N (F) のように概念 F に付属させ，かつ既述のように，b：下記の「抽象原理」（ヒュームの原理（HP））によって，基数の同一性規準の説明を与えた．

(HP)　N (F) = N (G) ↔ F ≈ G（右辺 'F ≈ G' は「F と G は一対一対応関係にある」の意）

②第二のステップは，「シーザー問題」に直面し，'N (F)' という形式の数表現を「F と等数的である」という「概念の外延」に訴える明示的定義への切り替えであるが，概念 F の外延 έFε，一般的には関数の値域の同一性規準は，主著『算術の基本法則 GGA』の以下の「基本法則 (V)」へと引き渡された．

(V)　έFε = έGε ↔ ∀x (Fx ↔ Gx)

こうして「F の基数」は概念 F と同値な概念の外延として以下のように定義される．

(N)　N (F) =_{df} έ∃G (ε = άGα ∧ F≈G)

この定義から (HP) が導出される．フレーゲはこの定義と彼の外延の理論がどのようにデデキント・ペアノ算術を含意するかを証明した．しかしラッセルのパラドクス (1902) 発見により，他の素朴集合論同様，その論理主義は破綻に追い込まれた．

だが 1983 年 C. ライトは，②と外延の不整合な理論を放棄し，①の (HP) のみによりラッセル・パラドクスを回避しようした．この接近法の可能性は，二つのより最近の技術的発見により擁護された．すなわち，(V) と異なり (HP) は無矛盾なこと，より精確には，ブーロスが名付けるところの「フレーゲ算術 (FA)」とは，その唯一の論理的でない公理 (HP) ＋ 2 階論理であること，の再発見と，2 階ペアノ算術の無矛盾性と相対的に FA は無矛盾である (Geach [1975] 446-7; Boolos [1987]) ことが示され，第二の発見として，FA およびい

くつかのごく自然な定義が，2階のデデキント・ペアノ算術のすべての公理を引き出すのに十分であることが示され，それが「フレーゲの定理 (FT)」と云う．フレーゲの数学上の最重要な貢献と見なされたのである (C. Parsons [1965]; C. Wright [1983]; Boolos [1990]; Heck [1993]).

19世紀以来1世紀以上の間，非形式的算術に対してはほとんど例外なく，デデキント・ペアノ流の公理化が与えられ，自然数はω列中でのその位置によって定義される有限順序数，ラッセルが云うところの「前進列」と見なされていた．しかしフレーゲの定理は，自然数とはある概念に付属するものがいくつあるか wie viel という濃度 cardinalities によって定義される，有限濃度 cardinals・基数 Anzahl であるという考えに基づいて，序数とは概念的には全く異なる数概念の公理化を達成していたのであった．

ライトに始まる新フレーゲ的プログラムは，技術的には相当の前進をみたが，なおまだ多くの課題が残っており，こうした技術的成果の哲学的意義を一層明らかにする必要がある．またこのプログラムは算術・基数論を超えて拡張される必要がある．いわゆる「悪友問題 bad company problem」は，この双方に立ち塞がる大問題である (Burgess [1984] 639; Hazen [1985] 253f.).

2. 悪友問題の意義

その最古のものは，ラッセル発見の基本法則 (V) の不整合性であるが，しかし一層厄介で不整合な抽象原理がある (Hodes [1984] 138; Hazen [1985] loc. cit.). 概念間の等数性と呼ばれる概念の同形性 isomorphic という次の抽象原理の問題である．つまり，「抽象原理：二つの同形タイプの二項関係が同一なのは，それらの関係が同形の場合その場合に限る」，すなわち，

(H^2P) $\$R = \$S \leftrightarrow R \simeq S$

これは，(HP) 同様無矛盾に見えるが，実際はブラリ=フォルティ Burali-Forti のパラドクスを再現するので，不整合である．

こうした困難から得られる控え目な教訓は，フレーゲ的抽象が受容可能であるための条件について一層立ち入った理解が必要だということである．

だがさらに論争的な教訓として，ダメットは，この「悪友問題」がネオ・フレーゲ的プログラムにとって，直ちに致命的だと主張しているように見える（Dummett [1991] 188; cf. Dummett [1991] 最終章; Dummett [1998]）．ダメットの議論は，先述のように，ネオ・フレーゲ的プログラムの「非可述的 impredicative」推論の不可避的な使用と関わる．

3. 受容可能な抽象の説明探索
(1) 二つの袋小路
それでは，フレーゲ的抽象 AP が受容可能であるための条件を探ってみよう．①まず無矛盾性は，抽象原理 AP の受容可能性の必要十分条件ではなかろう．例えば，(HP) は（選択公理の仮定下で）無限領域においてのみ充足可能だが，他の抽象原理は有限領域のみで充足可能で，それぞれは無矛盾だが相互には矛盾しあうからである．

②抽象原理 AP の受容可能性の必要十分条件は，「保守性 conservativeness」であろうか？ （ある抽象原理が保守的であるのは，その原理が，新しく導入される抽象的存在を除いた既存のすべての対象から成る「旧存在論」に関し，新しい結果を何も含意しない場合を云う (C. Wright [1997] §IX; Shapiro & Weir [1999]; Weir [2003]; Field [1989]).）この示唆は上記の悪友問題を排除するには十分である．だが，保守性も抽象原理 AP の受容可能性を保証しない．保守的でありながら，不両立な濃度の宇宙を要求する公理 V の一群の制限が指摘されている（Weir [2003] 27-8）．

(2) 安定性 Stability
ある抽象原理 AP の受容可能性の必要十分条件は，その安定性（つまり，当の AP には $\lambda \geq \kappa$ なる任意の濃度 λ のモデルにおいて充足可能なカーディナル数 κ が存在する場合）だという示唆がある．また抽象原理が「和平的 irenic」なのは，それが保守的でかつ他のすべての保守的な抽象原理と両立可能な場合である．ワイアー（Weir [2003]）は，抽象原理の安定性は，その和平性と同値だと主張したが，リネボ（Linnebo [2011]）に依れば，AP の「和平性」は「安定性」の十分条件だが，その逆は成立しない．実際，抽象原理 AP の「安定性」はある

深刻な技術的ならびに哲学的挑戦に直面する.

①一つは，K. ファイン（Fine [2002]）により，各抽象原理は安定なのに，結合すると不整合となる抽象原理の体系が指摘された.

②もう一つの挑戦は，G. ウズキアーノ（Uzquiano [2009]）による. 悪友問題を「絶対的 absolutly ないし無制限のすべて unrestricted everything」上で量化すると，異なる濃度をもつ宇宙を要求する，無矛盾で妥当な異なる集合論が存在するという. ウズキアーノは無限公理と弱い形の置換性をもつどの集合論も安定的ではありえないことを証明している. すると安定性の要求は，集合論の核心的原理と不両立となる.

③最後に，なお残る憂慮は，安定性という概念の数学上の扱いにくさ intractability に関わる. 抽象原理の安定性を，論点先取なく決着するのは難しい. 集合論的階層の限界に関する論争的な問題に触れるからである. さらに，安定性の非常に単純な問題さえ現在の数学的処理を超える（Cook [2009]）[16].

(3) K. ファインとリネボの提案

各抽象原理 AP は無垢に見えながら，結合すると矛盾するというファインの抽象原理の体系問題に対し，Fine [2002] は，そうした体系が受容可能なのは，各抽象原理が非膨張的 noninflationary（絶対的ないし無制限な，領域中で充足可能）の場合であるという. フレーゲ流のある抽象原理 AP が「無制限 unbounded」なのは，その AP が濃度 k の無制限な列に関し，k-充足可能な場合その場合に限る，ということである（Linnebo [2011]）. だがワイアーの主張に反し，AP の「安定性」は「無制限性」の十分条件ではあるが，その逆は不成立である（Linnebo [2011], cf. Weir [2003]）. リネボによれば，AP の受容可能性の規準の相互関係は，以下のように図示される（Linnebo [2011]）.

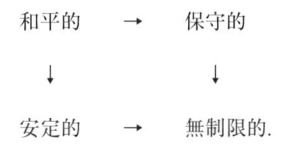

$$
\begin{array}{ccc}
\text{和平的} & \rightarrow & \text{保守的} \\
\downarrow & & \downarrow \\
\text{安定的} & \rightarrow & \text{無制限的.}
\end{array}
$$

(4) 可述性と確かな基底的 well-founded 個体化 individuation

　ダメットによれば，悪友問題はある不法な非可述性の所為である．このことは，フレーゲ的抽象が受容可能なのは，それが可述的な限りにおいてであるということを示唆する．課せられる可述性要求は2階論理を背景とする．2階包括シェマ

　　(Comp)　　$\exists R \forall x_1 \cdots \forall x_n [Rx_1 \ldots x_n \leftrightarrow \varphi(x_1 \ldots x_n)]$

を可述的事例，つまり，φ が2階の変項を含まない場合，に制限する．基本法則Vを含むすべての抽象原理を受容しても，この制限は整合性を保証する．しかし結果する理論の論理力は厳しく制限されている (Burgess [2005] §2.5-6)．

　可述性要求は，抽象原理そのものにかかわる．HPおよび右辺が左辺に導入しようとする当の対象に右辺が量化しているという意味で，この種の非可述性の禁止によって整合性は保証される．だがそれはまたネオ・フレーゲ主義的プログラムの最も際立った特徴を消してしまう．特に，無限多の数学的対象の存在証明を掘り崩す．つまり，上記の二つの可述性要求は受容可能な抽象についての魅力的な分析を与えるには，余りに制限がきつすぎる．すべての非可述性を除去することは，ネオ・フレーゲ主義の核心を除去することになろう．

　リネボの悪友問題への応答は，可述性に関わるが，もっとずっと寛大なものである．抽象原理を，ある種の存在をもう一種の存在で個体化する工夫として，リネボは個体化の過程が確実に基底的 well-founded であるべしというアイディアを探策する．そのアイディアは様相言語中で展開され，$\Diamond \varphi$ は，φ が成立するようにそのように存在者たちを個体化するように進めうる，ということを意味する．この様相的枠組を使うと，すべての抽象原理が受容可能で，矛盾は諸概念の定義に許される式を制限することによって回避されると主張される．

4. より広範な諸問題

　では，受容可能な抽象原理の説明は収斂するのであろうか？　収斂可能な受容可能性をめぐる技術的概念にどのような哲学的含みがあるのだろうか？

　P. エバートと S. シャピロ (Ebert & Shapiro [2009]) は，受容可能な抽象存在

の規準，ないし隠伏的定義の認識的身分を論じている．一つの極端は，内部論者 internalist の主張で，抽象ないし隠伏的定義による知識を得るためには，その規準が充足されていると知る，ないしそう信じる正当化ができなければならないが，ゲーデルの第 2 不完全性定理から，エバート・シャピロはこの要求が厳格すぎると斥ける．もう一方の極端な，外部論者の主張は，規準は事実充足されていればよしとするものだが，これはあまりに緩いと斥けている．この二つの極端のどこか中間に，不履行の権利 default entitlement という考えに基づく，ライトの現在の提案がある．しかしエバートとシャピロはこれに満足していない．

J. マクファーレン MacFarlane [2009] は，(HP) に関するヘイルとライトの意味論的認識論的主張を吟味し，抽象原理に何らの特権的役割を認めず，デデキント・ペアノ公理を直接約定する権利があると主張する．

ヘイルとライト（Hale & Wright [2009]）は，受容可能な抽象原理を隠伏的定義から分つのは，認識論的要求の「尊大さ arrogance」だと見なす．その要求が尊大であるのは，「独立の保証を要求するのが筋なのに，その約定をその条件獲得の抵当」とする場合である（§2）．デデキント・ペアノ公理の直接的約定は尊大であろうが，HP の原理の約定はそうではないとされる．HP が数的同一性のための，規範的 canonical 命題の真理条件を固定し，そのことによって数の同一性規準を提供するからである．

5. アプリオリな原理と一般的応用可能性

もし Numbers や「フレーゲの原理」，(HP) が「論理的」であるならば，それがフレーゲの意味で「分析的」で「アプリオリ」であるのは自明であろう．ところでブーロスは，Numbers, (HP) は存在措定を含み，有限の対象領域に関しては偽になる（それ故「論理的に真」とは言いがたい）が，双条件法の両辺は同じ内容をもっているから，分析的真理といってよいと主張する．しかしこの場合の「分析的」というのは，フレーゲの意味（つまり，論理法則と定義のみから導出可能）ではなく，「規約に基づく同義性」によって，という意味合いでであろう．（直観には依拠しないが，しかし (HP) からは例えば「遺伝性」を介して数学的帰納法が，あるいはペアノの第 2 公理を介していわゆる無限公理が導かれ

るように，算術的命題は，われわれの認識を拡張しうる「生産的」なもので，カントの意味では「綜合的」とも称しうるものである．）だがフレーゲは，(HP) のみならず，公理 (V)（それが真だとしても）が，その双条件法の両辺が同じ「意義 Sinn」，「同義的 sinngleich」とは見なさず，双条件法で表していることが示すように，たかだか「同値」つまり「同意味的 gleichbedeutend」と見なすのみであろう[17]．

いかなる直観にも依拠しない (HP) は，最低限，フレーゲの意味で，「アプリオリな一般的原理」の条件を充たすとは認められよう．その原理は，いま上で見たように，有限の個体領域に関して偽となりうるとしても，算術という知識領域，自然数の可算無限領域に関しては普遍的に真となる諸法則の体系を，第 2 階論理ともども展開するブーロス的には，「唯一の論理的ではない」普遍的公理だからである．

また「一般的」原理と見なしうるもう一つの理由は，その普遍的な応用可能性にある．フレーゲは，応用可能性を算術の本質的特徴づけと見なしており，抽象による定義を，自然数，実数の全応用を可能にするような表現を与えるのに利用している．

既に先に触れたように，「数える」ということは，フレーゲの算術の公理 [3]「有限数は自身に後続しない」の帰結なのである[18]．

かくて，有限基数についてのこの事実が，算術のわれわれの通常の応用可能性を理解する助けとなり，その正当化を与えるのに特別の，また中心的な役割をもつ (Heck [1995] 326)．基数の場合にはこの数えること，第 17 章 §3 で後述するように，実数（量の比の同値類）の場合は測定することが，算術の応用可能性であるが，いかなる対象であろうと「数える」ことができ，またいかなる量であろうと単位量との比を求めることができる．従って，「数える」「測定する」という算術の応用は，対象の如何を問わず，量の種類を問わず，きわめて一般的なのであり，算術に内在的な本質的特徴であって，特定の対象領域や知識領域にかかわる外的な性質ではない．

1) Demopoulos (ed.) [1995]; Schirn (ed.) [1996] [1998]; Heck (ed.) [1997]; Hale & Wright [2001]; Fine [2002]; Burgess [2005]; Cook (ed.) [2007]; Heck [2011].

2) 公理 (V) は，ラッセル・パラドクス，後述の「入れ換え議論 permutation argument」の先駆をなす指示の不確定性 (GGA I-I, §10)，さらに，「抽象原理」の循環性，非可述性 (Dummett) といった難問を抱えている．
3) Russell [1903] の付録 B にタイプ理論の萌芽が見られ，Russell [1908] においてほぼ完成し，Russell & Whitehead [1910-1913] において展開・整備されるに至る．
4) しかし，Church [1940] [1973/4]; Martin-Lof [1975]; Aczel [1980] のように，その後こうしたタイプ理論は改良され展開されるに至った．
5) Dummett [1991] 7f.; Frege [Schonflies] におけるフレーゲの議論については岡本賢吾の詳細な訳注を見よ．
6) 英訳は独語原文 'Die Schwierigkeiten sind hierbei aber dieselben, wie bei der Umsetzung der Allgemeinheit einer Gleichheit in eine Wertverlaufsgleichheit.' (WB 224) にない否定 [下線部] をいれて 'But the difficulties here are not the same as in transforming the generality of an identity into an identity of ranges of values...' (p. 141) と訳しており，ヘックはそれに基づいて，(V) と (HP) の困難に違いがあるとフレーゲ自身が認めていた証拠のように見なしているが，それは勇足であろう．(HP) が内包する諸困難 (顕在的には「シーザー問題」，その解決に必要とされた外延への依拠) と，公理 (V) の内包する諸困難 (顕在的にはラッセル・パラドクス，インプリシットにはシーザー問題) が分かち難く同一であると考えたことが，フレーゲをして (HP) のみに基づく「フレーゲの定理」証明の可能性を十分展開することを躊躇させた少なくとも一つの理由かもしれない．
7) Bell, J. [1995] Appendix to Introduction in Demopoulos [1995]．
8) $\exists S\,[[1]\exists x\forall y\,(Ny \leftrightarrow S\,(x, y))\,\&\,[2]\text{Func}\,(S)\,\&\,[3]\neg\exists x.\,S\,(x, x)\,\&\,[4]\forall x\,(Nx \to \exists y. Sxy)] \to N\,(N) = \infty$．
9) GGA I-I, §10 参照．T. Parsons [1987] によれば，(1) t, f の選択は，実は値域でなくともよく，(2) フレーゲと逆の選択も可能であるが，(3) しかし t, f は，一般には値域の任意の対でよいわけではなく，互いに異なった対象でなければならない．(4) フレーゲの公理 (V) は，概念と値域との一対一対応を要求するのみで，どの値域がどの概念を代表するかは決定せず，(5) どの同義的でない値域名も二つの真理値を表示するものとして選択されてよい．
10) ここまでの議論は次のように形式化して整理できよう [『フレーゲ著作集 3』の編者 [野本] 訳注より再録]．

　　仮定から
　　　(H1)　$\forall x \forall y\,[x \neq y \to X\,(x) \neq X\,(y)]$
　　すなわち $\forall x \forall y\,[x = y \to X\,(x) = X\,(y)]$．
　　さていま，$x = \dot{\varepsilon}\Phi\,(\varepsilon)$，$y = \dot{\alpha}\Psi\,(\alpha)$ とすると，$x = y\,[\dot{\varepsilon}\Phi\,(\varepsilon)]$ の再認条件は，公理 (V) である．
　　　(V)　$[\dot{\varepsilon}\Phi\,(\varepsilon) = \dot{\alpha}\Psi\,(\alpha)] \leftrightarrow \forall x[\Phi\,(x) = \Psi\,(x)]$
　　ここで入れ替え関数 $X\,(\xi)$ を導入し，$u = X\,(\dot{\varepsilon}\Phi\,(\varepsilon))$，$v = X\,(\dot{\alpha}\Psi\,(\alpha))$ とすると，(H1) より，$x = y$ ならば $X\,(x) = X\,(y)$．すなわち，$u = v$．

ところで x = y の再認条件は (V) の右辺だから，u = v の再認条件も (V) の右辺である．

(V*)　　$(X(\acute{\varepsilon}\Phi(\varepsilon)) = X(\acute{a}\Psi(a))) \leftrightarrow \forall x [\Phi(x) \leftrightarrow \Psi(x)]$

さてここで，ある X (ξ) に次の条件を課し，

(H2)　　$\exists X (X(\acute{\varepsilon}\Phi(\varepsilon)) \neq \acute{\varepsilon}\Phi(\varepsilon))$

と約定することは十分に可能である．いま，X (ξ) が (H2) を充たす関数の一つであるとする．すなわち，

(H2*)　　$X\acute{\varepsilon}(\Phi(\varepsilon)) \neq \acute{\varepsilon}\Phi(\varepsilon)$．

すると，(V), (V*) に示されるような $\acute{\varepsilon}\Phi(\varepsilon)$ と $X(\acute{\varepsilon}\Phi(\varepsilon))$ の再認条件 [(V), (V*) の右辺] のみでは，つまりは (V) のみでは，X (ξ) のように，(H2) を充たす入れ替え関数が存在しうる以上，一般的に関数 Φ (ξ) の値域 $\acute{\varepsilon}\Phi(\varepsilon)$ を，一意的に確定できないことになる．

なおこの箇所は，後のいわゆる「指示の不確定性」を帰結する「入れ換え議論 permutation argument」の先駆と見られる (e.g. Quine [1969]; Davidson [1979a]; Putnam [1981]; Dummett [1981]; Nomoto [1993]; 野本 [1997])．

11)　以上の議論の大筋を繰り返せば，以下のようになろう [『フレーゲ著作集 3』の編者 [野本] 訳注参照]．

まず次を仮定する．

(H3)　　$\acute{\varepsilon}\Phi(\varepsilon) \neq \tilde{\eta}\Phi(\eta)$

しかし右辺の再認条件は値域のそれと同一と仮定する．すなわち，

(V#)　　$\tilde{\eta}\Phi(\eta) = \tilde{a}\Phi(a) \leftrightarrow \forall x [\Phi(x) \leftrightarrow \Psi(x)]$．

入れ替え関数 X (ξ) を導入，但し次のように仮定する．

(H4)　　$X(\tilde{\eta}\Phi(\eta)) = t$ かつ $X(t) = \tilde{\eta}\Phi(\eta)$ で，また $X(\tilde{\eta}M(\eta)) = f$ かつ $X(f) = \tilde{\eta}M(\eta)$ であり，しかもその他のすべての項 x に関しては，X (x) = x となる関数である．

いま (H5) $\exists x (\Pi(x) \neq M(x))$ とすると，(V#) から，

$\tilde{\eta}\Pi(\eta) \neq \tilde{\eta}M(\eta)$　　(1)

さて上記の注 10 の仮定 (H1) $\forall x \forall y [x \neq y \leftrightarrow X(x) \neq X(y)]$ において，$x = \tilde{\eta}\Pi(\eta), y = \tilde{\eta}M(\eta)$ とすると，(1) と (H1) から

$X(\tilde{\eta}\Pi(\eta)) \neq X(\tilde{\eta}M(\eta))$　　(2)

従って，(H1) の対偶と例化から，

$X(\tilde{\eta}\Phi(\eta)) \neq X(\tilde{\eta}\Psi(\eta)) \leftrightarrow \tilde{\eta}\Phi(\eta) = \tilde{\eta}\Psi(\eta)$　　(3)

(3) の右辺の再認条件は，(V#) により $\forall x [\Phi(x) \leftrightarrow \Psi(x)]$．従って，$X(\tilde{\eta}\Phi(\eta))$ の再認条件も，値域 $\acute{\varepsilon}\Phi(\varepsilon)$ の再認条件と同じ $\forall x [\Phi(x) \leftrightarrow \Psi(x)]$ である．

かくて $\tilde{\eta}\Phi(\eta)$ は値域ではない [(H3) から] が，$X(\tilde{\eta}\Phi(\eta)), X(\tilde{\eta}\Psi(\eta))$ は値域 $\acute{\varepsilon}\Phi(\varepsilon), \acute{\varepsilon}\Psi(\varepsilon)$ と同一視可能である．(Schröder-Heister [1987] はこれをフレーゲの「同一視可能テーゼ Identifiability thesis」と称する．) また，$X(\tilde{\eta}\Phi(\eta)) = t, X(\tilde{\eta}\Psi(\eta)) = f$ も同一視可能である．

12)　Thiel [1976]; Dummett [1981]402f.; Moore & Rein [1986]; Schröder-Heister

[1987]; T. Parsons [1987]; Moore and Rein [1987]; Heck [1999]; Nomoto [2000]; Ruffino [2002].

13) こうした「循環性」「非可述性」の問題を夙に指摘していたのは，ラッセル，ポアンカレである．ラッセルは，当初クラスを形成・定義しない命題関数を「非可述的」と称した（Russell [1906]）．ポアンカレは，「非可述性」は集合 E の定義が E 自体を導入しなければ不可能という「悪循環」を含むことを指摘し，「概念 N の定義がすべての対象 A [への全称量化] に依存する場合，それらの対象 A 中に概念 N 自体を介入させなければ定義できないような対象があれば，概念 N の定義は悪循環に侵されうる」（Poincare [1906] 103）と主張している．

　ポアンカレを受けてラッセルは，様々なパラドクスがこうした「悪循環」「非可述性」を許した結果だと診断し，いわゆる「悪循環原理 vicious circle principle」を提案する（Russell [1903] I, Intr. (1st ed.), Ch. II, I）．つまり，ラッセルの禁ずる「悪循環の誤謬」は，「全体を定義（ないし暗黙に想定）しようとする場合に，その同じ全体のある新しい元，つまり，その包括的全体 the whole totality によってのみ定義可能な元，の存在を，当の全体の存在が含意してしまうような状況に他ならない」（Gödel [1944] 133）．

　だがこのラッセルの「悪循環原理」には，ゲーデルが指摘するように，少なくとも三つの異なる定式化がある．

(I)　「ある集まり collection が，全体 a total をもつと仮定する provided とその全体によってしか定義できないような要素を含むことになってしまう場合，その集まりは全体をもたない．」（Russell [1903] I, Intr. Ch. II, I, p. 37）

(II)　「ある集まりのすべてを含むものは，何であれ，その集まりの一員であってはならない．」（loc. cit.）

(III)　「ある集合 set は，その集合が全体をもつと考えるとその全体を前提する presuppose 要素を含んでしまうとすれば，そのような集合は全体をもたない．」（loc. cit.）

　ゲーデルによれば，このうち (I) のみが「非可述的定義を不可能にし，それ故デデキントやフレーゲによって実行された論理からの数学の導出，および現代数学自体の多くの部分を破壊してしまう．古典数学の定式化がこの (I) の形の悪循環原理を満足しないということは，論証可能である．というのも，古典数学の諸公理は，実数の存在がすべての実数に言及することによってのみその定式化内部で定義可能だということを含意するからである」（Gödel [1944] 135）．

　ところでゲーデルは，「このこと [古典数学が (I) 形の「悪循環原理」を侵す「非可述的」なものだということ] が，古典数学が偽だということよりもむしろ悪循環原理が偽だということの証明だと考えたいし，またそれは実際それ自体でももっともなことなのである」（Gödel [1944] 135）と主張する．かくてゲーデルは，「悪循環」特に「可述性」の問題が，プラトン的実在論者と構成主義者との間での分岐点になることを，その意味でダメット的な構成主義的反応を予想していたと言えるかもしれない．すなわち，ゲーデルは，実在論の立場から，こう主張していたので

第 13 章　『算術の基本法則』における基数論　　481

ある．「もしわれわれの構成から独立に存在している対象が問題なら，その全体に言及することによってのみ記述され（つまり，一意的に特徴づけられ）うるような成員を含む全体の存在には少なくとも何も不条理なところはない．……(I)の形での悪循環原理が当てはまるのは，論理や数学の対象，特に命題，クラス，概念，に対して構成主義的（ないしは唯名論的）な立場を取る場合だけである」(ibid. p. 136).

しかしゲーデルのように，数学的対象を直に把握しうる，知覚に類するような何らかの数学的直観を許容する数学的プラトニストなら上記のように主張できようが，いかなる直観にも訴えずに，専ら「文脈原理」によって数学的存在を確定しようとするフレーゲにとっては，「循環性」「非可述性」の問題はもっと深刻な問題であろう．

14) Dummett [1991] [1994]; Dummett [1998] 380; C. Wright [1998] [1998a]; Boolos [1993]; Fine [1998] etc.
15) フレーゲ流の数学的プラトニズムを巡っては，先述のようにそれを擁護する C. Wright [1983], Hale [1987] [1994], 内部的実在論と特徴づける Dummett [1991] [1995], プラトニズムを否認する構造主義者 Benacerraf [1965] [1981], ノミナリスト Field [1980] [1989] 等の間で論争が続行中である．なお近年の数学の哲学の動向を知る上で次のアンソロジーも有益である．飯田編著 [1995]; Hart (ed.) [1996]; Shapiro [1997]; Cook (ed.) [2007].
16) 一般連続体仮説の成立は，ZFCと整合的で，その場合レベル i の各 HP_i はすべての無限濃度 κ のモデル中で充足可能である．ところが一般連続体仮説は，HP_i が i >2 のいかなるモデルも持たないほど，また HP_2 さえ安定的でないとしてもなおまた，ZFCと整合的なのである．
17) フレーゲは確かに，ある論文で，次の二つの式が，異なった仕方ではあるが，同じ意義 Sinn を表現していると言っている (FB 10-1).
    $\dot{\varepsilon}(\varepsilon^2 - 4\varepsilon) = \dot{\alpha}(\alpha[\alpha - 4])$, $x^2 - 4x = x(x - 4)$
「意義・思想」の同一性条件は必ずしも一様ではなく，論理的同値という弱い意味に解すれば，ここの箇所もそれほど問題ではないが，しかしやはりミスリーディングな言い方で，むしろ GGA での (V) という同値関係が適切な表記であろう（野本 [1986] 第4章).
18) 概念 F に帰属する数を確定する，ないし F に帰属する対象がいくつあるかを数える場合，これらの対象を継起的に 'l' から 'N' までの数詞と一対一対応させ，そのことによって，'N' が求められている数を意味しているということが確定される．たとえその数に異なる数詞 'M' を割り当てても，N = M のはずである．さもないと，例えば N は M に後続し，'N' は 'M' に後続する，つまりは自分が自身に後続することになり，有限数の先の公理に反する．

第14章 基数論とラッセル・パラドクス

§1 フレーゲは新論理主義者か (1)[1]

　近年 C. ライト，B. ヘイル，G. ブーロス，R. ヘックその他によって展開された，いわゆる「フレーゲ算術 Frege Arithmetic」は，数学の哲学およびフレーゲ研究への，疑いもなく，注目に値する貢献であり，フレーゲ的論理主義の有望な発展であると評価される．しかしながら，「フレーゲ算術」が，フレーゲ自身の論理主義的プログラムの，歴史的に忠実な再現であるかどうかは，また別問題である．というのは，「フレーゲ算術」が，フレーゲのいくつかの根本的な論理的概念，例えば，概念の明確な境界づけ条件，従って排中律の主張，および漸進的な stückweise 定義や対象間のタイプの区別の拒否，と両立可能かどうか，疑わしいからである．本節では，そうした歴史的観点からの検討を行うこととする．

1. ヘック説
　R. ヘックは，以下のフレーゲのラッセル宛の書簡 ((F1) & (F2), 1902.7.28) が，いわゆるヒュームの原理 (HP)「概念 F と G との基数が同一なのは，F と G とが等数的な場合，その場合に限る」[N (F) = N (G) ↔ F eq G] が，以下のような『算術の基本法則 GGA』(§10; §20) の基本法則 (V) に訴えることなく，ペアノ算術 (PA) に対する唯一の公理と解されうるということを，フレーゲ自身が知っていたという主張の，決定的証拠であると見なした (Heck [1995] 128; Heck [1997] 274).

(V) 二つの概念の値域 Wertverlauf が同一なのは，それらの概念が普遍的に同値である場合その場合に限る．$[\dot{\alpha}f(\alpha) = \dot{\varepsilon}g(\varepsilon) \leftrightarrow \forall x\,[f(x) \leftrightarrow g(x)]]$

しかしこの示唆は，誤解を招くものであり，やや疑わしい．誤解を招くのは，その主張がフレーゲの書簡英訳の重大な誤訳に基づくからであり，他方それが疑わしいのは，ヘックが関連箇所のフレーゲの議論のポイントを誤解しているように思われるからである．フレーゲは，上述の書簡において，『算術の基礎 GLA』での，ある一定の同値関係を数的同一性によって置き換えるという「手立て」を示唆している．

　この置き換えに関する難点についての先の第一の論点に関しては，以下のフレーゲのドイツ語テキスト (G1) においては欠けている下線部の否定 "not" が英訳 (F1) では次のように付加されているという点である．第13章の注6でも触れたが，あらためて指摘しておこう．

(F1) 　But the difficulties here are <u>not</u> the same as in transforming the generality of an identity into an identity of ranges of values. (PMC 141)
cf. (G1) 　Die Schwierigkeiten sind hierbei aber dieselben, wie bei der Umsetzung der Allgemeinheit einer Gleichheit in eine Wertverlaufsgleichheit. (WB 223)
[[ここでの諸困難はしかし相等性の普遍性を値域の相等性に置き換える場合と<u>同じ</u>である．]]

後者の置き換えは，明らかに GGA の (V) と同一視可能だが，ヘックはおそらくここでの「手立て」を GLA 中で示唆されている (HP) の非形式的な証明と同一視しているのであろう．

　この「誤英訳」のせいで，ヘックはフレーゲが (HP) に関わる「困難」を (V) に関わる困難から区別していると推測したのであろう．さらに，ヘックは前者の「困難」をシーザー問題と，他方 (V) に関わる後者をその不整合性と解している．しかしながらフレーゲは，実際は (HP) の「諸困難」を (V)

の諸困難と同一視している．さらにフレーゲは，書簡で，単独の「困難」ではなく，複数形で，「諸困難 Schwierigkeit*en*」に言及しているのである．

GLAでの(HP)の証明に関わる諸困難とGGAにおける(V)の諸困難の，フレーゲによる同一視は，われわれをして，こうした諸困難が何なのか，またなぜ，1902年においてフレーゲは，(V)ではなくて，ペアノ算術PAの唯一の公理として，(HP)によって自らの論理主義的プログラムを展開するという選択肢を選ばなかったのか，を再考するように導く．

ヘック(Heck [1995])も指摘するように，GGAにおける(V)に関わる明示的な困難はラッセル・パラドクスから帰結する矛盾であり，他方GLAにおける(HP)に関わる明示的困難はシーザー問題にある．すなわち，「シーザー＝N(F)」のような「種を跨いだtrans-sortal同定」をどのように理解すべきか，そして循環に陥らずに，数的概念 $\xi = N(F)$ の理解をどう説明すべきなのか(GLA§66)，という問題である．既にGLAにおいてもフレーゲはしかし，明示的に「概念の明確な境界づけ，つまり，すべての対象について，それが当該の概念に帰属するか否かについて確定的に決定可能であるべきだ」ということを要求している(GLA§74)．かくて数的概念 $\xi = N(F)$ も，それが適法なら，この明確な境界付け条件を満足しなければならない．それで数的概念 $\xi = N(F)$ に関するこの要求は，ヘックの主張するようには(Heck [1997] 276, 279-80) 無関係なのではなく，シーザー問題と本質的に関係しているのである．'Caesar = N(F)' は数的概念語 '$\xi = N(F)$' の代入事例だからである．

2．ヘックの挙証

さて第二の論点であるヘックの示唆への疑念，に向かおう．ヘックが彼の主張にとって決定的だと見なした，先の書簡の(F2)の部分は，次のようである．

(F2) 「私の『算術の基礎』において示したように，数の担い手は……概念である．概念の代わりに概念の外延でも代替することができる．われわれはまた次のような手立てを試みることもできよう．そして『算術の基礎』でそれも私は示唆しておいた．もしわれわれが次のような諸命題が成り立つ関係 $\Phi(\xi, \zeta)$ を持つ場合，(1) $\Phi(a, b)$ から $\Phi(b, a)$ を推論できる，また(2)

Φ (a, b) と Φ (b, c) から Φ (a, c) を推論できる．するとこの関係は相等性（同一性）に変換可能であり，また Φ (a, b) は，例えば，'§a = §b' と書くことによって置換できる．その関係が，例えば，幾何学的な相似性の関係であれば，「a は b と相似である」は，「a の形は b の形と同一である」と言うことによって置換可能である．(WB 223; PMC 141)

ここでフレーゲが「手立て」として示唆しているのは，多分 GLA における (HP) の証明であるかもしれない．それは同値関係の対称性，移行性，反射性によって与えられている．

しかし厳密に言えば，GLA §73 での (HP) の証明は，一定の第 2 階概念の外延による数の明示的定義 (D) の助けによって，かつ GGA 中の (V) の第 2 階の類似物（以下の (V*)）に暗黙に訴えることによって遂行されているのである．さらにフレーゲは，ここでは上に引用されたドイツ語原文から読み取れるように，概念の外延に訴えることなしにその別の証明を示唆しようとはしていないであろう．もしこの推測が正しいとすれば，これらの断章 (F1 (G1)) と (F2) は，ヘックが主張するようには (loc. cit.)，いわゆる FA の，すなわち，PA を値域に関する (V) に頼らずに，(HP) のみから PA を導出すること，の可能性を，フレーゲが気づいていたという何らの決定的な証拠をも構成しないのである．

3. 概念の外延の同一性規準に向けて

GLA でのフレーゲの課題は，数的同一性 [N (F) = N (G)]（再認文 Wiedererkennungssatz）の意義 Sinn を，数詞を使用せずに，つまり，いわゆる「文脈原理 Context Principle」(GLA X) という，彼の基本的な方法的格律に従って，概念の「等数性 Gleichzahlichkeit ないし一対一対応」を介して，確定することである．

しかし，(HP) の非形式的証明手続き (§73，予備的には §68-69) 中において，シーザー問題に直面し，フレーゲは以下のような第 2 階の等数関係の外延による，数の明示的定義 (D) を導入する．

(D)　$N(F) =_{df} F$ と等数的であるという概念の外延 $[\dot{\varepsilon} \exists H \forall x [(\varepsilon = \dot{\alpha} H \alpha) \land (H(x) \text{ eq } F)]]$

しかしこうした方途はひとを戸惑わせるものである．というのは，明示的な定義 (D) の導入は，(タルスキの真理定義の正しさが各文の (T) 文の導出可能性によって正当化されるように) (D) から (HP) への導出可能性が (D) の正しさを正当化するとしても，明らかに，「文脈原理」に反するように見えるからである (Dummett [1991]; Nomoto [1995])．

さらに，GLA ではフレーゲは「概念の外延が何かは既知だと想定している」のみである (GLA§69, fn.;§107)．

1891 年以前には (cf. FB 16) フレーゲは確かに概念の外延の同一性規準が何か明示的には述べてはいないが，GLA (1884) において念頭にあったのはおそらく公理 (V) と類似のものであったかもしれない．GGA I (1893) の序言においてフレーゲは，論理学者たちはこれまで明確にはそう公言してはこなかったが，概念の外延について語る場合に (V) の類似物が念頭に浮かんでいることだろうと述べている (GGA I, Vorrede, VII)．

おそらくフレーゲは，概念の外延の同一性規準を与えるであろうような，(V) の類似物を念頭においていたかもしれない．もしそうなら，GLA においてフレーゲは，文脈原理に従って，その観念の十全な解明を与えるようなまさに中間点にいたのであろう．

実際フレーゲは，GLA における (HP) の非形式的な証明のために以下のような 2 階の同値命題 (E) に陰伏的に訴えたにちがいない．さもなければ，証明手続きに隙間が残るであろうからである．このことは，私の第二のポイント，すなわち，ヘックの示唆への疑念をおそらく強めうることになろう．

(E)　2 階概念：〈F と等数的である〉の外延と，〈G と等数的である〉の外延とが同一であるのは，これらの概念が普遍的に同値である場合，その場合に限る．$['\varphi \text{ eq } F = {}'\varphi \text{ eq } G \leftrightarrow \forall H [H \text{ eq } F \leftrightarrow H \text{ eq } G]]$

(E) それ自身は無矛盾ではあるが，それは公理 (V) の 2 階版 (V*) の一事例に

過ぎないからである．

(V*)　　∀C∀D [ˈC = ˈD ↔ ∀H [C (H) ↔ D (H)]]
(V*b)　ˈC = ˈD → ∀H [C (H) ↔ D (H)]

ブーロスが示したように (Boolos [1987])，(V*)，ないし厳密には (V*b) は，(V) 同様，パラドクスに陥る．それゆえ，GLA においてさえ，フレーゲは (HP) の不整合性問題に陰伏的には直面していたのである．上述の，等数性の対称性と移行性に訴える「手立て」は，概念の外延による枠組みの内部における F eq G と ∀H [H eq F ↔ H eq G] との同値性の証明に関わっているだけである．

　公理 (V) に関しては，フレーゲはラッセルのパラドクス発見に接したとき (1902.6.12)，直ちに自らの窮境をきわめて明確に覚り，そしてその脱出を探りうる方向へと向かっている．

> ……従って次のように思われる，つまり，同一性の普遍性から値域の同一性への変換（私の『基本法則』§9）が常に許されうるのではないこと，私の法則 V（§20, p. 36）は偽であること，そして §31 の私の説明はすべての場合に私の記号結合に意味 Bedeutung を確保するのに十分ではないこと，である．しかしながら，私の証明の本質的な部分を維持するように，同一性の普遍性を値域の同一性に変換するための条件を設定することが可能であるに違いないと，そう私は考えざるをえない．(1902.6.22, WB 213)

4. シーザー問題の再現

他方，GGA においては (V) に関して，シーザー問題が，値域述語 'ξ = ἐΦ(ε)' の明確な境界付けの問題として，再現する．フレーゲは概念の定義に次の完全性の原則 (C) を課している．

(C)　「いかなる対象に関しても，それが当の概念に属するか否かが曖昧さなしに確定していなければならない」(GGA II, §56)．「従って，すべての条

件つき定義，そして漸進的 stückweise 定義のいかなる手続きも，拒否されねばならない．すべての記号が一挙に完全に定義されねばならない」(GGA II,§65)．

ラッセルはフレーゲへの書簡 (1902.6.24) で，フレーゲが値域名と真理値名との間の混合した同一性言明に何らの説明をしていないと不満を漏らしている．しかしフレーゲも彼自身の値域の理論の欠陥に気づいている．

> われわれは，値域が，それが既に値域だと再認可能であるような，"$\dot{\varepsilon}\Phi(\varepsilon)$"のような名前によって表示されているなら，常に値域だと再認する手段をもっているにすぎない．しかしそれでは，そのようには与えられていないような対象が値域かどうか，決定できないのである．……(GGA I,§10, S. 16)

フレーゲはこの欠陥を彼の形式体系の内部で補修しようと試みる．すなわち，彼は真理値の各々を，それだけが彼の論理体系内で値域として与えられていないのだが，一定の値域，それ自身の単元クラスと同一視すべきだと，約定するのである．かくしてフレーゲは，彼の形式的体系の原初的論理語に関する他の約定とともに，この約定が彼の理論のすべての表現を有意味 bedeutungsvoll にすると主張する (GGA I,§31)．

しかしながら，こうした約定を一般化することは，可能であろうか？　言い換えれば，どんな種類の対象であれすべての対象Δが，例えば，それ自身の単元クラス singleton : $\dot{\varepsilon}(\Delta=\varepsilon)$ と同一視可能だろうか？

以下のような [標準的記法で記す] フレーゲの長い難解な脚注 (N) (GGA I, §10, fn.) に注目してみよう．

> (N) 「同一の対象は多様な仕方で与えられうる．かくてもし [$\dot{\varepsilon}(\Delta=\varepsilon)=$ Δ中の]'Δ'を'$\dot{\alpha}\Phi(\alpha)$'で置き換えるなら，次を手に入れる．
> $$\dot{\varepsilon}(\dot{\alpha}\Phi(\alpha)=\varepsilon)=\dot{\alpha}\Phi(\alpha),$$
> そしてこれは次と同じものを表示するだろう．

第14章　基数論とラッセル・パラドクス

'∀x [ȧΦ(α) = x ↔ Φ(x)],

しかしこれは，もしΦ(ξ)がそれに唯一つの対象ȧΦ(α)が属する概念であるならば，真理値真を表示する．この最後の点は必然ではないのだから，われわれの約定はその一般形としては無傷のままでは済まない．

この同一性'ε̇(Δ=ε)=Δ'……は，'ε̇Ω(ε,Δ)=Δ'の特殊ケースであって，ひとはどのようにして関数Ω(ξ,ζ)が，それがΔはε̇Ω(ε,Δ)と同じであるべしと，一般に確定されうるように，構成されうるのかと問うかもしれない．その場合，

ε̇Ω(ε,áΦ(α))=ȧΦ(α)

は，真でなければならず，従って

∀x [Ω(x,ȧΦ(α))=Φ(x)]

も同様に，Φ(ξ)がどんな関数であろうとも，真でなければならない．」

簡潔には，成員性関係ξ∈ζは，要求されている条件，すなわち，ξ∈ζが一般的にε̇(ε∈Δ)=Δとして確定されうるということ，を満足するような，Ω(ξ,ζ)という形式をもつ関数のそうした一事例の顕著な候補であるだろう．しかしながら，これは論点先取であろう．何故なら，フレーゲの論理体系では，ξ∈ζは「値域の助けで」定義されるのであり，「従ってここでそれを使用することはできないからである」(loc. cit.)．つまり，'a∈u'を'∃g (u=ε̇g(ε) & g(a))'と定義することにより (Def. (A), GGA I,§34)，ξ∈ζのζ-項場所を占める，任意の対象Δは，定義によってひとつの値域としてのみ些末になるように約定されているのである．

かくして，われわれは一般的にまた非循環的に任意の対象を，Φ(ξ)という形式の任意の関数に対して一定の値域ε̇Ω(ε,Δ)と同一視することはできない．

実際，ラッセルはフレーゲ宛書簡 (1902.7.24) 中で値域の理論のこの難点を指摘しており，そしてどのようにしてひとはあるものが値域であると知りうるのかという重大な問題を問うている．

この問いにフレーゲはある書簡 (1902.8.3) において，次のように答えている．関数ξ∈Δの値は，ラッセルが主張するように，Δが値域でない場合には

常に同一であり，上で示されたように，u は一般に ξ∈u の値域ではない，と．そしてフレーゲは，必ずしもすべての関数が 'ξ∈u' の形式で表示されはしないという点で，ラッセルの疑いは正しいと認める．

かくしてどの対象に関しても，任意の関数の明確な境界づけの要求は，一般的には，「一挙には」満足されないように見える．

それゆえ，こう主張することができる．(V) に関する置換による指示の不確定性の問題 (GGA§10) ないしはダメットの強調する非可述性 impredicability の問題 (Dummett [1991]) を，暫定的に無視すれば，フレーゲの 1902 年での「諸困難」とは，GGA での (V) の困難と GLA での (HP) の困難と同じである，すなわち，不整合性とシーザー問題との両方であるという，透徹した正しい洞察をフレーゲはもっていたのである．

5. パラドクスへの対応策探索

① GGA の後書きでフレーゲは，ラッセル・パラドクスの解決へのいくつかの選択肢を吟味している．第一は，対象間に本来的対象と非本来的対象（クラスや値域——それらには排中律が成立しない）とのタイプ，といった後のラッセル流のタイプの区別を導入することである．

フレーゲへの別の書簡 (1902.8.8) で，ラッセルは，値域についてのフレーゲの示唆「ある述語がそれらには帰属もできず，否認もできない特殊な対象」(1902.6.29) に従って，おそらく初めて対象間のタイプの区別を指摘している．

> かの矛盾は，値域が通常の対象ではないという想定の助力で解決可能かもしれない．つまり，$\varphi(x)$ は，ある対象か，または対象の値域か，または値域の値域等，によって……完全にされる必要がある．この理論は第 1 階，第 2 階等々の関数についての理論と類似しています．……それゆえ，$x \in x$ はナンセンスなのです．(WB 226-7)

これにフレーゲは次のように反応している (1902.9.23)．

> 私はかの矛盾を解決する様々なありうるやり方を考えてきました．そして，

あなたが指摘されたものもまた，それらのうちの一つでした，すなわち，値域を，したがってクラスを，その名前が第一種の対象のすべての項場所に現れ得ない，特別の種類の対象と考えるべきだというものです．するとクラスは語の十全な意味合いでは対象ではなく，……それに関しては排中律が成りたたない——なぜかというと，その対象について真に肯定することも真に否定することもできないであろうから——非本来的な対象だ，ということになるでしょう．すると，数は非本来的対象となるでしょう．われわれはまた異なる項場所を区別しなければならなくなるでしょう——本来的と非本来的対象の名前をとる場所，……本来的対象のみをとる場所，……そして非本来的対象のみをとる場所というように……．するとわれわれは，対象と関数のこのような多様性をもつことになり，論理法則の完全な体系を設立することは困難になるでしょう．こうした疑念が私に，さしあたり，あなたの提案するような解決策を採用するのを妨げています．（WB 228）

かくしてラッセル流のタイプ理論は，対象間のみならず，また同じ階の関数間でさえ，非常に複雑な分岐を結果するであろう．（そのことが後に『数学原理』(1910-) において，ラッセルが「悪循環原理」や「還元可能性原理」といった問題的な提案をせざるを得なくした一因をなす．）フレーゲの最終的な反応は次のようなものであった．

かくしてわれわれはタイプの計算不可能な多様性を手にせざるを得ないことになろう．……だがこのことは，どの関数に関しどの対象が許容可能な項であるのかを，一般的に確定するような包括的な規則の設定を異常に困難にするように思われる．さらには，非本来的対象の正当性もまた疑われよう．（GGA II, Nachwort, 255）

②近年 C.ライト，G.ブーロス等によって提唱された，値域に訴えずに (HP) のみに基づく，いわゆる「フレーゲ算術」は，おそらく，異種の対象間での一種のタイプの区別，少なくとも，通常の対象と数との区別，を導入する危険がありうるであろう．関係 $\xi \in \zeta$ の ξ-場所が通常の対象によって占められた場合

に，ちょうど排中律が，ζ−場所に関わる値域についてのみ有意味に成立するのと同様に，数に関してのみ，次のような数的概念ξ＝N（F）の真理値という問いが有意味に問われうる．さもなければ，フレーゲの拒否した条件つきないし漸進的定義を許容するように強いられるであろう．フレーゲ自身は決して「フレーゲ算術（FA）」をラッセル・パラドクスの解決として明示的に取り上げてはいない．たとえ彼がFAの可能性に気づいていたとしても，フレーゲは恐らくFAが彼の理論的枠組み全体と両立可能だとは認めず，その受容に非常に躊躇を覚えただろうと思われる．

　フレーゲが取りあげているその他の選択肢は，③クラス名を不完全な，共範疇的syncategorematicな記号と見なす唯名論的アプローチ（ラッセルの無クラス論の先駆）か，④公理（V）の一般性に一定の制限を課すツェルメロ＝フレンケルに始まる公理的集合論的アプローチかである．⑤しかしフレーゲは，「概念の外延」ないし「値域」という語の一般的適用可能性を斥けようとはせず，「概念の外延やクラスを語の十全で固有の意味で対象として認め」ようとする．他方，同時にこうした語の解釈に関しては訂正が必要だと認める（GGA II, Nachwort, 256）．（この態度は，集合 *set* と外延・クラス *class* を区別しつつ両者を活用する，フォン・ノイマン＝ベルナイス＝ゲーデルらの公理的集合論を想起させる．）

6. フレーゲの修正案と「フレーゲ算術」

　おそらく以上のような考察と諸困難への彼の洞察が，フレーゲをして，彼の論理主義的プログラムとしては，GGAの後書き（1902.10執筆）において，（V）を弱めることによって，値域の「一般的再解釈」（Quine [1955]）を考案することを選ばせ，他方多分こうした考察がフレーゲをして「フレーゲ算術（FA）」，すなわち，「ペアノ算術（PA）」を，「値域」に訴えることなく唯一の公理「ヒュームの原理（HP）」から導出するということを，一つの可能な選択として，明示的に探索することを妨げたのであろう．

　最終的にフレーゲはラッセルに次のように伝えている（1902.10.20）．

　あなたが発見した矛盾をいまや私は，私の基本法則（V）を次のもので置き

換えることによって回避する：

(V') $(\dot{\varepsilon}f(\varepsilon) = \dot{\alpha}g(\alpha) \leftrightarrow \forall x\, (x \neq \dot{\alpha}g(\alpha) \rightarrow f(x) = g(x))$.

………．

　従って，一つの概念はもう一つの概念と，たとえ後者の外延が一方の概念に帰属しても他方の概念には帰属しなくても，同じ外延をもちうるのである．必要なのはただ，一方の概念に属する，外延自体を除いたすべての対象はまた，もう一方の概念にも属し，またその逆でもあるということである．(WB 232-3)

ラッセルのパラドクスに直面後 1 ヶ月して，値域についてフレーゲはラッセル宛に (1902.7.28) 次のように記している．

私自身長い間値域や，したがってクラスを認めることを躊躇ってきました．しかし算術を論理的基礎の上に据えるそれ以外のいかなる可能性も見つかりませんでした．けれども問題は，どのようにしてわれわれは論理的対象を把握するのかです．そして私はその問題に答えるこれ以外の他のどんな回答も見出さなかったのです．われわれはそれらを概念の外延として，ないし一層一般的に，関数の値域として把握します．私は，これに結びつく諸困難が存在することにいつも気づいていました．そしてあなたの矛盾の発見がそうした諸困難に付け加わりました．しかし一体他のどんな仕方が存在するでしょうか？(WB 223)

　しかしながら，彼の没後，フレーゲ自身の (V) の修正版 (V') からも，二つ以上の個体からなる世界に関しては，別の矛盾が発見された (Geach [1956]; Quine [1955])．
　結論的には，確かに「フレーゲ算術 (FA)」の発見は実際，数学の哲学およびフレーゲ研究への多大な貢献である．というのは，それはフレーゲ的な算術の魅惑的で無矛盾な理論の一つの可能な選択肢を提供しているからである．すなわち，FA は GGA の少なくとも数学的に本質的な部分を再現しているから

である．しかし，FAは，全体としてのフレーゲの論理的枠組みの内部でのフレーゲ自身の算術理論の歴史的に忠実な再現としてというよりは，むしろ算術の準論理主義的な理論の新しいフレーゲ的な改定ヴァージョンの注目すべき提案 *proposal* として適切に特徴づけられるべきであろう．フレーゲがFAの可能性に気づき，許容していたという明示的な決定的証拠はないように思われるからである．さらにフレーゲがFAを受容しうるためには，彼は，概念の明確な境界付け，つまり，排中律，したがって二値の原理といったような，彼の論理的理論に本質的な多くの事柄の一般的な妥当性を放棄ないし制限しなければならず，他方概念の条件付き，ないし漸進的定義を許容しなければならないように見える．さらにFAはフレーゲに，少なくとも数を通常の対象から差別する，対象の同一階 *Stufe* 中に一種のタイプないし層の区別を導入するように強制するかもしれない．こうした区別がたとえそれだけでは無害だとしても，それは循環的な仕方でその他の通常の対象から識別される数の観念のわれわれの先行理解を前提することになろう．言い換えると，フレーゲの基本的な論理的観念のいくつかを放棄ないし改変することなしには，フレーゲを矛盾から救出することはできないように見える．従って，FAはフレーゲの意味での「論理主義的算術」の歴史的に忠実な，しかも無矛盾な改定版とは見なしえないであろう．むしろ，次節で見るように，フレーゲ自身は（HP）からの算術の導出に懐疑的だったのである．

§2　フレーゲは新論理主義者か (2)
――ラッセルとの往復書簡 (2) [2)]

　フレーゲ・ラッセル両人の往復書簡は，先述のようにラッセルのパラドクス発見の報知という劇的な形で始まって，フレーゲによる必死の対応策の模索と，同時にまたラッセル自身のいくつかの克服策の提案およびフレーゲによるその批判的検討と拒否という緊迫したやり取りが，ドーヴァー海峡を越えて大変な密度で取り交わされている．第12章§1でも述べたが，終始互いに敬意を払い，友好的な雰囲気のうちに行われた，実に率直で歯に衣着せぬやり取りは，学問的なダイアローグの見事な見本を示している．この往復書簡において，数

学の哲学に関する話題では，基数，クラスや値域・概念の外延といった問題概念の徹底的な検討，関数と対象の区別の確認をめぐる論争が展開されていて，感銘深いものである．のみならず，この論争に含まれる数々の豊かな着想は，その後今日までの数学の哲学の展開にとって，極めて示唆的なものである．

1. 値域・クラスとラッセルのパラドクス

先述のように，ラッセルからの第1信（1902.6.16）は，いわゆるラッセルのパラドクス発見を知らせるものであった．それは簡単には，自己自身に述語づけられえない述語（自己自身に属さないクラス）は，自己自身に述語づけうる（自己自身に属する）としても述語づけえない（属さない）としても，その反対が帰結する，というものである．ラッセルの結論は，従って，「自己自身に述語づけえない」という述語は述語ではなく，自己自身が属さない諸クラスはクラスではない，というものであった．

このパラドクスによって「論理主義」という自らの全プロジェクトが瓦解する危険を察知し，驚愕したフレーゲは直ちに反応する（同 6.22）．そしてラッセルの発見が，自らのプログラムにどれほど不利だとしても，論理学に大なる進歩を結果しうる，注目すべきものだと評価する．そしてその直接の影響を，(1)『算術の基本法則 GGA』の「相等性の普遍性から値域の相等性への変換」(Vb)(GGA§9)が常には成り立たず，従って基本法則(V)(§20)は偽であること，(2) GGA の §31 の説明では GGA の全記号結合には意味を保証できない（「自分自身に述語づけうる」（フレーゲ的には 'F(ὲF(ε))'）のような表現が無意味になってしまう）ことだ，と正確に見積もっている．こうしてフレーゲとラッセルは，共に，パラドクスの因って来る原因を精確に見定め，そのうえで対応策を立てようと試みる．フレーゲ自身の見通しは，公理(V)に条件を課してその本質的部分を維持することであった．

それには，基本的概念について論理哲学的に，両人の立ち入った周到な相互了解が必要になる．まずフレーゲは，関数名と固有名，関数と対象の（飽和・不飽和，完結・要補完の）区別から，「述語が自己自身に述語づけられる」という表現は不正確で，「概念がそれ自身の外延に述語づけられる」('Φ(ὲΦ(ε))') ないし「クラスないし外延がそれ自身に属する」('ὲ(Φ(ε))∈ὲ(Φ （ε））'）と表現すべきだという（書簡2，1902.6.22）．

まずラッセルは第3信で，彼がこのパラドクス発見に至ったのは，カントルのパラドクスを特殊事例に応用した結果だと言う．(1) またラッセルは，GGA §31の等式の説明でΓ＝Δが意味をもつのは，Γ，Δが値域名ないし真理値名の場合だとされているが，一方が値域名で他方が真理値名の場合については説明がない，という新しい指摘を行っている（1902.6.24）．このラッセルの問いは，実は『算術の基礎GLA』以来の，いわゆる「シーザー問題」の再現を鋭く突くものである．つまり，対象領域を値域に限った場合には公理（V）によって同一性命題の真偽が決定されるとしても，より一般的には，'ξ＝ἐΨ（ε）'の左辺に値域名以外の記号が登場した場合の真偽決定の方法は与えられていないのである．

さてラッセルは，クラスと値域を同一視し，その同定規準をフレーゲ同様（V）に求めるが，しかし(2) クラスを基本的に対象の和，従って一個の対象ではなく，複数の対象から成ると見なす（空クラスの場合には困難ありと認める）（書簡5，1902.7.10）．

続いてラッセルは，(3) 値域とは何か，その同一性規準は何かという根本的な問題点を質す．'u＝v'の同一性規準はその成員の同一性，つまり'∀x（x∈u↔x∈v）'に求められるように見える．しかしu＝vが推論可能なのは，u，vが値域であると「前もって知られている場合に限る」のである．u，vが値域でないならば，x∈u，x∈vはともに偽になり，任意の二個の対象が同一になる．しかしどのようにしてその同一性規準の確定以前に予め ある対象が値域だと知りうるのか．これがラッセルの問いである（書簡6，1902.7.24）．

まず(2)に対しフレーゲは，システムとクラスを区別する．一つの全体・システムは，その部分が緊密に関係しあってまとめられているのに対し，クラスに属する対象間の関係は問題ではない．ラッセルは，システムのみを認め，クラスは認めない．フレーゲも「長い間，値域，クラスを認知するのに抵抗を感じてきたが，算術の論理的基礎づけにはそれ以外の可能性はないと知った」と述懐している．問題は，「いかにして論理的対象を把握するか」であるが，フレーゲは，論理的対象を「概念の外延，関数の値域として把握する以外にない」と言う．フレーゲも値域に関わる難点を「見落としはしなかった」し，

ラッセルによる「矛盾の発見により困難は増大したが，他にどのような途があるだろうか」と問いを返している．そしてラッセルの基数定義「クラス u の基数は，u と相似な諸クラスのクラス」が，フレーゲの GLA §68 での (D)「概念 F の基数は，F と等数的な［一対一対応する］概念の外延 [N (F) = $_{df} \grave{\alpha} \exists \varphi \forall x [\alpha = \grave{\varepsilon} \varphi (\varepsilon) \land (\varphi (x) \text{ eq } F)]$]」という定義と完全に一致すると認める．つまり，「基数の担い手は概念である」が，フレーゲ自身が GLA, GGA で行ったように，「概念の外延で置き換える」こともできる．フレーゲによれば，その際，GLA で示唆しておいた次のような方策に訴えることも可能である．つまり，対称性 [Φ (a, b) → Φ (b, a)]，推移性 [Φ (a, b) & Φ (b, c) → φ (a, c)]（および反射性）を満たす同値関係Φがあるとき，'Φ (a, b)' の代わりに '\$ a = \$ b' と書ける（ラッセル流には「抽象による定義」）．これは，既述のように，射影幾何学で「無限遠点」「虚点」「複素点」といったイデアールな新対象導入に際して活用された，「同値関係」を介して新対象の同一性規準を与える「論理的抽象」の手続きに相当し，現代の「抽象理論」の先駆をなす．例えば，GLA では，いわゆる「ヒュームの原理 HP」

(HP)　N (F) = N (G) ↔ F eq G

の証明のスケッチが，概念の外延による先の明示的定義 (D) を介して，与えられている (GLA §73)．
　(HP) の左辺は (D) によって次のように書き換えられる．

(i)　'H eq F = 'H eq G

フレーゲは明示していないが，ここで基本法則 (V) の次のような第 2 階ヴァージョン $(V)^2$,

$(V)^2$　∀C∀D ['C = 'D ↔ ∀H [C (H) ↔ D (H)]]

の事例 $(V)^{2\#}$ に訴えなければ，既述のように推論連鎖に隙間ができよう．

$(V)^{2\#}$　$\forall H\,[H\text{ eq }F \leftrightarrow H\text{ eq }G] \leftrightarrow \text{'}H\text{ eq }F = \text{'}H\text{ eq }G$

　$(V)^{2\#}$ を介して (i) が，(D) を介して (HP) の左辺が得られる．よって (HP) が証明される．（スケッチの補足は第 4 〜 5 章『基礎』の章を参照．）
　しかしながら，フレーゲははっきりと「この場合の諸困難 Schwierigkeit*en*［複数形！］も，相等性の普遍性を値域の相等性へ変換する［つまり，基本法則 (V) の］際の諸困難と同じである」と述べている．つまり，「ヒュームの原理」による基数の確定と，基本法則 (V) による値域の確定に関する諸困難は同じであり，しかも単一の困難ではないのである．GLA での基数の確定に際しての明示的な困難は，先に触れた「シーザー問題」であった．他方，GGA での基本法則 (V) の明示的困難は，ラッセルのパラドクスであった．しかし，これも §1 で触れたように，値域に関しても，ラッセルの指摘 (1) のように，「シーザー問題」は「$\xi = \dot{\varepsilon}\varphi(\varepsilon)$」の循環性という形で再燃したのである．他方，今見た基数の場合にも，その証明過程で (V) の第 2 階ヴァージョンの事例 $(V)^{2\#}$ に訴えられており，従って，ラッセルのパラドクスに晒される危険なしとしないのである．（実際 Boolos [1987] は，$(V)^{2}$ からパラドクスを導出している．）前節で述べたように，ヘック (Heck [1995] 128; [1997] 274) は英訳の誤訳（ドイツ語原文にない否定 'not' を付加している）に基づいて，この手紙のこの個所が，フレーゲ自身概念の外延・値域に訴えない「フレーゲ算術」成功の可能性を知っていた決定的証拠と見なしているが，当たらない (Nomoto [2000])．GLA での証明も，概念の外延に訴えた明示的な基数定義に依拠した手続きになっており，この手紙での議論も，値域・概念の外延こそ基数解明のよるべき論理的対象であると見なすコンテクストにおいて進められているのは明らかである．「基数の担い手は……概念であって，それを概念の外延で置き換えることもできる」と言われている．これは恐らく「地球の惑星は一つ存在する」のような「個数言明」では，いまだ述語の一部として登場するに過ぎない数的表現を，「固有名」，つまり，「論理的対象の名前として」顕在化させる手続きであり，とりもなおさず基数を概念の外延・値域と同一視していく手続きを指していると見られる．いずれにせよ，値域なしの，概念のみに訴える算術の基礎づけという話題は，（『基礎』の §67 までの「シーザー問題」に逢着する以前に，

専ら「ヒュームの原理」のみで「基数」を導入しようとしていた段階を別にすれば）書簡のここまでではもはやどこにも表立って登場してはいない（書簡 7, 1902. 7. 28）.

　ラッセルの問い (1) (3) にフレーゲは,「あるものが値域であることをどうやって知るのかは，確かに難しい問題だ」と認める.「算術の全対象は値域として導入されます．新たな対象が値域として導入されたのではないときは直ちに，それが値域であるかどうかという問いに答える必要があり，しかも多分いつでも，否と答えねばならないでしょう」．これは「シーザー問題」の再現だが，値域とそれ以外の対象との区別規準については未だ何も触れられていない．いずれにせよ矛盾の発見により，基本法則 (V) その他が普遍的に真であるわけではないことが明らかになったが，では「どんな仕方で限定を加えねばならないか，未だはっきりしない」と述べている（書簡 8, 1902. 8. 3）.

　しかしながらラッセルは依然「値域の直接の直観，直接の理解」が自分には欠けていて,「仮説の域を出ない」という．続いてラッセルは，先の矛盾に関してはじめていわゆる (4)「論理的タイプ *logischer Typus* 理論」の萌芽的着想を述べている.「あの矛盾は，値域が通常の種類の対象ではないという仮定の助けを借りれば解決できそうです．すなわち，φ (x) は，対象か，諸対象の値域か，諸値域の値域か等々のいずれかによって補完される必要がある，という仮定で」，それは関数の階 Stufe のフレーゲ的区別に対応するという．例えば，x ∩ u [x ∈ u に相当するフレーゲの表記] では，u は，x と同じ論理的タイプの諸対象からなる所の (x とは異なるタイプの) 値域でなければならない．従って x ∩ x といった同タイプ間の成員関係はナンセンスなのである（書簡 9, 1902. 8. 8）.

　この間フレーゲ自身もラッセルのタイプ理論も含めて，先の矛盾解決のためのいくつかの可能な方策を比較検討していた．ラッセルの提案に対するフレーゲの反応は次のようである．タイプ理論では，値域，クラスは，ある特殊な種類の対象で，その名前は必ずしもすべての第一種項場所 (固有名の場所) に現れることは許されない．するとクラスや数は完全な意味合いでの対象ではなく，いわば非本来的な対象となる．クラスや数については，例えば 'x ∩ x' のような述語は肯定も否定もできないナンセンスとなり，それらについては排中律が

不成立となる．そこで，第一種項場所を，[1] 本来的対象名，非本来的対象名のいずれも取る項場所，[2] 本来的対象名のみを取る項場所，[3] 非本来的対象名のみを取る項場所といったように区別する必要がある．それに応じて，関数ならびにその値域の区別も必要になる．さらに，本来的対象間の関係，関係の外延（重積値域・直積）の間の関係等々を考えれば，益々複雑化する．かくして論理法則の完全な体系の樹立が困難になるほど，対象と関数とが多様化するという懸念から，フレーゲはラッセルのタイプ理論の受容を差し当たり「差し控える」と表明している（書簡10, 1902.9.23）．そしてラッセルも次の返信で，差し当たり，タイプ理論は当初期待していたことを為し得ないといった後退を示している（書簡11, 1902.9.29）．

次の書簡12（1902.10.20）においてフレーゲは，ついに，ともかく自らの矛盾回避策を提示するに至った．この回避策は『基本法則』第2巻「後書き」に採録されるが，それは基本法則（V）に一定の制限を課すものであった．すなわち，（V）（Vb）を，次のような式（V）'（Vb）'で置き換えるのである．

(V)' $(\dot{\varepsilon}f(\varepsilon) = \dot{\alpha}g(\alpha)) \leftrightarrow \forall x [(x \neq \dot{\alpha}g(\alpha) \land (\text{sic}) \, x \neq \dot{\varepsilon}f(\varepsilon)) \to f(x) = g(x)]$.

(Vb)' $(\dot{\varepsilon}f(\varepsilon) = \dot{\alpha}g(\alpha)) \to [a \neq \dot{\varepsilon}f(\varepsilon) \to f(a) = g(a)]$.

その場合，'a ∩ a' はナンセンスではなくて，偽となる．

やがてフレーゲの『算術の基本法則』第2巻が1903年早々には刊行され，フレーゲから贈呈されたラッセルは熱心にその通読に取り組んでいる．そしてフレーゲによる当時の無理数論批判を全く正しいと認めている．ラッセルはまたフレーゲのパラドクス回避策も大変興味あるものと見なしている（書簡15, 1903.2.20）．

折り返し，ラッセルからフレーゲへ『数学の諸原理 Principles of Mathematics』（1903）が贈呈された．フレーゲは『諸原理』の Appendix A: "The Logical and Arithmetical Doctrines of Frege" でラッセルが自分の学説を紹介してくれたことを喜んでいる．ラッセルによるこの相当長文（20頁強）の紹介は史上初の詳細なフレーゲの論理・数学論の解説である．無理数を有理数のクラスとす

るラッセルの見解を，フレーゲはクラスを認める限り論理的に異論の余地がないと認める．そして「クラスを認めないなら，算術に論理的基礎を与えることは不可能だ」と断言している．従って，この時期フレーゲはクラスなしで論理主義が貫徹できるとは全く考えていないといってよい（書簡 16, 1903.5.21）．

2. 対象と関数・概念との同一視のパラドクス

さてラッセルが間髪を入れずに返信 17（1903.5.24）を綴ったのは，(5)「クラスは全く不要だということを発見した」と考えたからであった．フレーゲと類似の仕方で，ラッセルは二つの概念が一対一対応する場合，それらの概念は互いに「相似である（$\varphi \sim \psi$）」と定義する．そして『算術の基礎』と同様，概念 φ の基数を φ と相似なすべての概念 ψ のクラスと定義する．

$$(\mathrm{DR}) \quad \mathrm{N}(\varphi) =_{df} \psi\,'(\psi \sim \varphi). \ [\text{i. e.}\ \dot{\varepsilon}\,[\exists \psi\,(\varepsilon = \dot{\alpha}\psi(\alpha)) \wedge \varphi \sim \psi]]$$

さらに，この定義から，いわゆる「ヒュームの原理（HP）」を導く．

$$(\mathrm{HP}) \quad \varphi \sim \psi \leftrightarrow \mathrm{N}(\varphi) = \mathrm{N}(\psi).$$
$$\leftrightarrow \dot{\varepsilon}\,[\exists \chi\,(\varepsilon = \dot{\alpha}\chi(\alpha) \wedge \chi \sim \varphi)] = \dot{\varepsilon}\,[\exists \chi\,(\varepsilon = \dot{\alpha}\chi(\alpha) \wedge \chi \sim \psi)]$$

「このようにして算術をクラス［少なくとも対象のクラス］なしでやって行くことができます．同時にあの矛盾も回避できるものと思われます．……クラスをすべての場所で関数に置き換えるのです……」とラッセルは記している．この提案は，まさに C. ライト，G. ブーロスらが提唱する「フレーゲ算術」と非常な類似性をもつ興味深いものである（書簡 17, 1903.5.24）．

しかし約 1 年半の中断後，(5) フレーゲは「クラスを全く無しで済ませようという［ラッセルの］試みは，やはり成功と見る訳にはいかない」と返信する．すなわち，ヘックの推測に反して，フレーゲはこの時期にも，ラッセルの流儀でのいわゆる「フレーゲ算術」の展開可能性について，肯定的ではないのである．その理由をフレーゲは詳しく述べている．

(HP) の，定義 (DR) からの導出には，前節の基本法則 (V) の高階ヴァージョン $(V)^2$ の事例 $(V)^{2\#}$ を介する必要があろう．その際，先述のように (HP) の右辺は，(DR) によって，$\chi\text{'}(\chi \sin \varphi) = \chi\text{'}(\chi \sin \psi)$ で，sim 関係は対称性・推移性を充たす同値関係が利用されよう．(しかし先述のように，$(V)^2$ からも矛盾が出ることを後に Boolos [1987] が証明した．骨子の紹介は野本 [1999] および前節本文参照．) だが $(V)^2$ の次の事例 $(V)^{2\#}$ だけからの導出は無矛盾である．[なお，'$\chi(\chi \sin \varphi)$ は，正確には，$\dot{\varepsilon}[\exists \chi(\varepsilon = \dot{\alpha}\chi(\alpha) \wedge \chi \sin \varphi)]$]

$(V)^{2\#}$ '$\chi(\chi \sin \varphi) = $ '$\chi(\chi \sin \psi) \leftrightarrow \forall H[H \sin \varphi \leftrightarrow H \sin \psi]$

だが注目すべきことに，フレーゲ自身，ラッセルの記号法の不備を匡しつつも，「クラスをすべての場所で関数に置き換える」ラッセルの提案が，一般的にはやはり矛盾に陥ることを証明していることである．つまり，ラッセルの表記では，「私の値域表記と同じ諸難点 [例えば，ラッセルの矛盾] を生じるばかりか，さらに新しい難点を加える」とフレーゲは主張する．

ラッセルの記号法の新しい難点とは，不飽和で，空な項場所を伴う関数 (名) は飽和した固有名から根本的に区別されるべしというフレーゲの階 *Stufe* の区別を破っていることであろう (この点は既にフレーゲの最初の返信 (1902.6.22) で指摘されていた)．ラッセルの表記では，例えば，'φ'，'ψ' 等が，('(x)(φx $\supset \psi$ x)' のように) 一方で関数名として，他方で '$\varphi = \psi$'，'$\varphi \equiv \psi$' のように固有名として，両用に用いられている．同一性関係，内含関係や同値関係の両辺に現れるのは固有名・文により表示される個体やクラス，真理値である．そこでフレーゲは，無気息記号 *spiritus lenis*「$\dot{\varepsilon}$」を使用した固有名 (クラス名) '$\dot{\varepsilon}(\varepsilon^2 = 1)$' と，有気息記号 *spiritus asper*「$\dot{\varepsilon}$」を用いる関数名との表記を区別し，関数名，例えば，'x² = 1' を変形して，'$\dot{\varepsilon}(\varepsilon^2 = 1)[x]$' (これは一般的に λ-(述語) 抽象を用いて，'$\lambda y(\varphi y)[x]$' とも表記できよう) のように，項場所を最後尾の [x] によって表す．すると，当然次が言える．

(a) $\dot{\varepsilon}\varphi(\varepsilon)[x] \equiv \varphi x$ (ないし $\lambda \varepsilon(\varphi(\varepsilon))[x] \equiv \varphi x$).

さて，ラッセルの表記法に従えば，例えば次のような式が成りたつ．

(b) $\dot{\varepsilon}(\varepsilon^2 = 1) = \dot{\varepsilon}((\varepsilon + 1)(\varepsilon - 1) = 0)$

(b) は，次のような値域間の同一性表記と「本質的に異なるものではない」とフレーゲは主張する．

(b*) $\dot{\varepsilon}(\varepsilon^2 = 1) = \dot{\varepsilon}((\varepsilon + 1)(\varepsilon - 1) = 0)$

すると，フレーゲの公理 (Vb) が正しければ，(b) (b*) から次が言えるはずである．

(c) $\forall x [\dot{\varepsilon}(\varepsilon^2 = 1)[x] \leftrightarrow \dot{\varepsilon}((\varepsilon + 1)(\varepsilon - 1) = 0)[x]]$

しかし一般化すると，次の値域ないしクラスの同一性から，同値の普遍性への移行

(Vb) $\dot{\varepsilon}\varphi(\varepsilon) = \dot{\varepsilon}\psi(\varepsilon) \to \forall x [\varphi(x) \leftrightarrow \psi(x)]$

には，パラドクスが含まれうるのであった．

のみならず，'$\dot{\varepsilon}\varphi(\varepsilon)$' を，適宜，クラス名と関数名の両用に読むラッセル流の表記法に従って，クラスと関数とを適宜に置き換え可能とするラッセルの方針を採用すると，やはり矛盾が出ることを，フレーゲは次のように証明した．(但し，x 項場所を [ ] で括って明示した．)

[1] (a) の φ に $\neg\Psi$ を代入すると，
 (a1) $\dot{\varepsilon}\neg\Psi(\varepsilon)[x] \equiv \neg\Psi[x]$.

[2] （元来は関数用項場所の）Ψ にクラス名 '$\dot{\varepsilon}\Psi(\varepsilon)$' を代入すると，左辺は '$\dot{\varepsilon}\neg\dot{\varepsilon}\Psi(\varepsilon)(\varepsilon)[x]$' となるが，フレーゲは最後の (ε) を省略し，結局次のように表記する．

(a2)　　$\dot{\varepsilon}\neg\dot{\varepsilon}\Psi(\varepsilon)[x] \equiv \neg\Psi[x]$.

[3]　ここで（元来はクラスなどの対象用の）項場所 x に関数変項Ψを代入すると，右辺は「自己自身に述語づけえない」となる．

　　　(a3)　　$\dot{\varepsilon}\neg\dot{\varepsilon}\Psi(\varepsilon)[\Psi] \equiv \neg\Psi[\Psi]$.

[4]　左辺を下記のように略記する．

　　　(a4)　　$\dot{\varepsilon}(\neg\,.\,\varepsilon\varepsilon)[\Psi] \equiv \neg\Psi\Psi$.

[5]　最後に，両辺のΨに「自己自身に述語づけえない」($\dot{\varepsilon}(\neg\,.\,\varepsilon\varepsilon)$) のような「ラッセル述語」を代入すると，パラドクスが導出される．

　　　(a5)　　$\dot{\varepsilon}(\neg\,.\,\varepsilon\varepsilon)[\dot{\varepsilon}(\neg\,.\,\varepsilon\varepsilon)] \equiv \neg\dot{\varepsilon}(\neg\,.\,\varepsilon\varepsilon)[\dot{\varepsilon}(\neg\,.\,\varepsilon\varepsilon)]$.　　（書簡 18, 1904. 11. 13）

　クラスと概念／対象と関数の一般的交換可能性の容認からパラドクスが帰結するという，フレーゲのこの証明は，対象／関数，固有名／関数名というフレーゲの統語論・意味論に関する基本的な区別に関し，これまで専ら「完結性・飽和性／補完の必要性・不飽和性」といったメタ的に「比喩」でしか語られてこなかった「階 *Stufe* の区別」を，いわば彼の対象言語・形式言語の内部で示してみせた注目すべき証明であると考えられる．

　フレーゲの体系では (V) から次の包括原理が導かれる．

　(A)　　$x \cap \dot{\varepsilon}\psi(\varepsilon) \leftrightarrow \psi(x)$

　しかし (A) は，時に誤解されるように，値域・外延という対象と関数・概念とをまったく自由に交換してよいということを意味しない．上記の (3) の手続きで (a2) から対象用の項場所 x に関数変項Ψを代入することは，階の区別を無視して関数 F と値域 $\dot{\varepsilon}F(\varepsilon)$ を同一視することであり，結果的に (V) にコミットすることである．（チャーチのλ計算では勿論，λxFx は個体から真理値への関数タイプで，対象タイプから区別される．）かくして，「フレーゲ算術」は (V) には訴えず，たかだか $(V)^2$ の事例 $(V)^{2'}$ に訴えるのみなので矛盾を生じないが，ラッセルのように対象と関数・概念との階の区別も無視して (V) に

コミットすることは，困難を倍加させるのである．

　ラッセルは 1 ヶ月後の返信で，「クラスを全く無しで済まそうという私の試みが失敗であったということは，既におよそ一年前に分かっており，その理由もあなた［フレーゲ］の指摘と基本的に同じです」と同意している（書簡 19，1904.12.12）．実際，上のパラドクスは，第 1 信でラッセル自身がフレーゲに知らせたものと同じものなのである（書簡 1&2）．

　かくして 1904 年の時期，フレーゲ，ラッセルとも，クラス無しにヒュームの原理だけから算術体系を導出するという「フレーゲ算術」流の方策に対して懐疑的だったのは明らかである．

付論　ラッセル『数学原理』における論理主義

　さてここでラッセル自身のその後の論理主義の数学の哲学を瞥見しておこう．ラッセルが発見したデデキント，カントル，フレーゲらの素朴集合論のパラドクスは，フレーゲの第 V 公理からも帰結する「包括公理 CA」(「どの x も φx ならば，そのときにかぎり φx を満足するもののクラス α が存在する」[$\exists \alpha \forall x [\varphi x \leftrightarrow x \in \alpha]$])) 中の φx に「自分自身を要素にしない」('x ∈ x') を代入すると得られる（$\alpha \in \alpha \leftrightarrow \alpha \in \alpha$）．

　ラッセルは対象／関数／関数の関数／……というフレーゲの階 Stufe の区別にヒントを得て，既にフレーゲとの往復書簡（1902）や『数学の諸原理』(1903) の中で，個体 [型 0]／個体のみを変項とする命題関数 [型 1]／型 1 の命題関数を変項とする命題関数 [型 2]／……という階層分けから，フレーゲ的 0 階の対象間にも，個体 [型 0]／個体のクラス [型 1]／クラスのクラス [型 2]／……の区分を派生させる「単純型理論 simple type theory」を提唱する．よって成員関係 'x ∈ y' が有意味なのは x が型 n なら，y の型は n + 1，つまり $x_n \in y_{n+1}$ のような型付きの場合のみに制限される．すると型自由の x ∈ y, x ∈ x は有意味とは認められないという仕方でパラドクスが阻止される．だが型理論で「論理主義」は救済されたのであろうか．事はそれほど簡単ではなく，PM には以下のような新しい諸困難が内蔵されていて，その体系は相当に複雑なのである．

①さて「あるクラスCの基数（自然数）」（N (C)）は，フレーゲ同様，「Cの基数とは，Cと相似な［一対一対応する］すべてのクラスのクラス」（$\{\alpha \mid \alpha \sim C\}$）と定義される．以下フレーゲ同様の「後続者」「遺伝性」の定義から，自然数一般の定義が与えられる．ところですべての自然数には後続者が存在しなければならないが，対象間に型の区別を設けたので，ラッセルは，「無限公理」（「世界には無限個の個体が存在する」）を前提せざるをえなかった．しかしこの公理は「論理的」とは思われない．（フレーゲでは，数そのものが型自由の0階の対象であるので，別だての無限公理は不要である．）

②さらにラッセルは「嘘つきの（意味論的）パラドクス」と称されるものも同時に解決しようと，型とは異なる「次元 order」という階層を導入し，「分岐 ramified 型理論」という複雑な体系を構成する．ところが，そうすると，「クラスCの数とは，Cと相似なすべてのクラスのクラス」という基数定義は一意的に基数を確定せず，例えば3といった確定した唯一の基数は存在しないことになる．「Cと同じ次元のクラスと相似なクラスのクラス」のように，Cの次元毎に異なる多数の3があろうからである．（後にラムジーは，集合論的パラドクスと意味論的パラドクスは分離すべきことを示した．）

③のみならず，「型理論」によるパラドクス回避は，アド・ホックな対処という印象を否めない．そこでその正当化としてラッセルの提起したのが「悪循環原理 vicious circle principle: VCP」[3]である．既にポアンカレが指摘していたように（Poincaré [1906]），パラドクスがいずれも一種の自己言及・悪循環を含むと考えられるからである．ところがラッセルはこの原理に明確な定式化を与えておらず，ゲーデルによると，3種の微妙に異なる「原理」がある（Gödel [1944] 127）．ゲーデル自身による定式化では，「いかなる全体も，この全体によってのみ［1］定義しうる，ないし［2］この全体を含む，あるいは［3］この全体を前提する成員をもつことはできない」となる（Gödel [1944] 123-53, 特に p. 133）．ところがこのうち特に［1］は，「非可述的 impredicative 定義」（何かの定義のためにその当の何かを含む全体に訴えるような定義）を不可能にし，デデキントやフレーゲの論理主義をはじめ，現代数学の多くの部分を破壊してしまう，と診断されている．というのも，デデキント・ペアノ・フレーゲの基数論で不可欠の「数学的帰納法」の，また実数論における「デデキントの切断」の各定

義には，非可述的定義が不可欠だからである．解析学の基礎をなす「上界をもつ空でない実数集合は，最小上界をもつ」という実数の連続性の定義もまた非可述的な循環性をもつのである．

④そこでラッセルの導入したのが「還元 reducibility 公理」(「どの命題関数 φx にも形式的に同値な可述的関数 ψ!x が存在する」[∃ψ∀x[φx ≡ ψ!x]])である．この還元公理なしには，クラスの外延性・同一性，集合数の同一性，数学的帰納法を用いての自然数列の遺伝性やデデキントの切断等は，すべて証明不可能である．「還元公理」は，いわばクラスや集合数に関しては，次元による差異を帳消しにしてくれるのである．だが，この公理の難点は，直観的明証性を欠いていることである．それを承認する理由は，これによっていま述べた自然数論，解析学が，既知のパラドクスを回避しつつ構成可能となる，ということに求められる．

⑤最後に「還元公理」と密接に関連するラッセルの「無クラス論 no-class theory」に触れよう．無クラス論とは，クラス記号 |x| φx| を確定記述句と同様，不完全記号，つまり，独立には何も意味せず，次のように，ただ命題全体の中に解体され，文脈的に定義されると見なすのである．

定義：$f(\{x|\varphi x\}) =_{df} \exists \psi [\forall x (\varphi x \equiv \psi x) \land f(\psi !x)]$

要するに，「クラス |x| φx| が性質 f をもつ」は，「命題関数 φx と形式的に同値な可述的命題関数 ψ!x が f をもつ」へと書き換えてよい．従って，クラスについて語る必要はない，ということである．

だがこの定義が有効であるためには，(a) いかなる命題関数もクラスを定める，(b) クラスは外延的である，(c) クラスのクラスも存在する，(d) ラッセル・パラドクスの回避等を証明できなければならない．そして，その証明には「還元公理」が不可欠なのである（詳細な邦語文献は，大出 [1958] [1958a]，より最近の成果は，戸田山 [2007] 等を参照).

§3 フレーゲと初期フッサール (2)
—— 『算術の哲学』Ⅰを巡って[4]

　第12章§4において述べたように，フッサールとフレーゲに関しては，既に種々の角度から比較検討が行われている．ここでは第一に，フレーゲと初期フッサールの立論の異同について，専ら算術の哲学に限定して，両論者の対比をはっきりさせることに主眼をおくことにする[5]．この主題選択も的外れでないことは，フレーゲの処女作が（論理学の革命を画した）『概念記法 BS』(1879)，第二作『算術の基礎 GLA』(1884)，主著『算術の基本法則 GGA』(Ⅰ(1893)，Ⅱ(1903))と題され，一方先述のように，フッサールの処女作も『算術の哲学』(1891，以下本節では PA と略称)，第二作が『論理学研究』(Ⅰ(1900)，Ⅱ(1901)，以下本節では LU と略称)と題されていることからも明らかであろう．さらに第二に，その後のいわゆる現象学と分析哲学それぞれの展開を越えて，その源流である二人の立論には，立ち帰って吟味すべき基本的論点が認められ，今後も，さらに学派を超えて発展させるに値する豊かなアイディアが含まれていることを確認したいと思う[6]．（フレーゲとフッサールの意味論に関する比較は，第12章§4を参照されたい．）

1. フレーゲの哲学的探究方法瞥見 —— 判断優位テーゼと文脈原理
　まずフレーゲの，哲学的方法や仕事は，いかなるものであったのかについては，その全くの略図だけを，先行の章の復習として，ここではただ箇条書きのように粗く書き付けるにとどめよう．（多少詳しくは，本書序論を参照されたい．）
　先述のように，フレーゲ生涯のテーマは，算術・解析学のいわゆる「厳密化」，つまり，算術・解析学の幾何学・運動学等からの，経験的ならびにアプリオリな直観からの，独立性，自律性の確立であり，さらには算術・解析学の，最も「一般的な学」である「論理学」へ遡及させる「論理主義」であった．ところが，19世紀後半には，算術・解析学をその上に基礎づけるに足りる「論理学」は存在しなかった．そこで「論理主義」のプロジェクト遂行にあたって

は，まず第一にそうした強力な「論理学」をフレーゲは自ら創始しなければならなかった．その努力の最初の成果が，『概念記法』(1879) であり，一層厳密な展開が『算術の基本法則Ⅰ』(1893) の刊行である．これらが，現代論理学創出の仕事である．

次に，この基礎の上に，算術の基礎概念の定義と算術の基本法則（公理）の証明・その真理性の正当化を介しての，公理体系化が目指される．この論理的・数学的な仕事が成功すれば，「論理主義」は立証され，同時にカントに反して「算術的命題は分析的である」という哲学的・認識論的テーゼも擁護されることになる．

さてこの「論理主義」のプロジェクト遂行に際して，フレーゲは二つの方法論的原則，ないし格律・守則を採用した．第一は，「判断・文優位のテーゼ」であり，もう一つはいわゆる「文脈原理」である．前者は，算術的判断・命題を所与として，その関数論的分析により，例えば，「系列における後続」「後続関係の関数性」「数学的帰納法」等といった算術的概念を形成・析出し，次いで，自ら開発した，条件法，否定，同一性，普遍量化といった論理的原始概念を複雑に組み合わせて，「遺伝性」「祖先関係」といった概念を，論理的に定義することを介して，先の算術的基本概念を定義し，こうして最終的に算術的諸定理を論理学から導出しようというのである．そして実際，『概念記法』のⅢ部 (1879) においてフレーゲは，デデキント (Dedekind [1888])・ペアノ (Peano [1889]) 算術の公理系と同形 isomorphic な公理系の基礎を，二人に先んじて，提出しているのである．

これまで正当に評価されてこなかったこの公理系を，私は先に「概念記法算術 Begriffsschrift-Arithmetik: BA」と呼んだ．フレーゲはまた，「弱祖先関係」が，推移的で，結合的 connected であり，かつ「反射的」であることを証明しており，このことから，自然数列が（線形の）順序数列をなし，この点からも，デデキント・ペアノ算術同様，概念記法算術 BA における自然数とは，ラッセルの意味での「前進列 progression」，順序数であることが分かる．そのことは，ペアノ算術では，0，数，後者の3基本概念は未定義であるが，BAでは前進列・順序数としての数と後続関係は，論理的に定義されているとしても，しかし，0はやはり未定義で，順序数列の初項というだけで，それ以上に

どんな対象かについての規定は未だ与えられていない．

しかしフレーゲの第2の著作『算術の基礎GLA』(1884) においては，フレーゲはもう一つの方法論的格律「文脈原理 Context-Principle, Satzzusammenhangsthese」を導入し，例えば，「太陽系の惑星はいくつあるか wie viel (how many)？」という問いの回答となる，「太陽系の惑星は9個ある」のような「個数言明 Zahlangabe」，さらには，「太陽系の惑星の数＝9」のような等式の内容分析から，「前進列」「順序数」を越えて，「個数」「基数 Anzahl」とは何かに迫ろうとする．

ところが，フレーゲが算術展開のための要石であって，論理学の公理の一つと見なした「基本法則 (V)」から，ラッセル・パラドクスが発見され (1902)，フレーゲのライフワークは破綻に追い込まれる．以後，このパラドクスを回避すべく，ヒルベルトらの形式主義・ラッセルらの論理主義の改訂・ブラウワーらの直観主義・構成主義，またツェルメロ＝フレンケルらの公理的集合論といった様々な数学基礎論・集合論が展開されたことは周知のことである．

その間1970年代末まで，フレーゲ自身の「論理主義」は，破産してしまったプロジェクトとして，研究の背景に退き，ほとんど顧みられることはなかった．1980年代に入って，フレーゲの論理主義には，なおパラドクスを回避して，再生する可能性があるという主張が若い研究者たちの間から生まれ，「ネオ論理主義」「ネオ・フレーゲ主義」という新しい途を追及する流れが生まれた．そして現代でもなお「プラトン主義的ないし実在論的な数学の哲学」が可能なのか，「数学的命題は分析的か綜合的か」「数のような抽象的対象は存在しうるのか，またそうだとしてもどのように認識可能なのか」といったような問題を巡って，この新しい潮流は「数学の哲学」に活発な論争を再度，巻き起こし続けている．

一方，フレーゲの「論理主義」のプロジェクトはまた，「論理学」を創始したが，それによって同時に，論理学を構成する基礎的論理語やその意味内容，論理的基礎概念とは何か，また論証・証明の正しさとはどういうことなのかといった探究が緊急の課題となった．こうしてフレーゲは，「論理学の哲学」，論理的文法 (論理的統語論)，論理的意味論の考察を進めざるを得なかった．これらの探究はその後のタルスキらの現代の論理学の意味論の原型・魁をなすもの

である．のみならずフレーゲは，標準的な論理学を越えた，いわゆる内包論理の意味論への意味深いヒントを残しており，1940 年代後半からの内包論理の意味論の展開に，強力な示唆を与えてきた．さらに形式言語にとどまらずに，日常言語についての意味論的探究にも，フレーゲは深い洞察を与えており，この方面でも，1950 年代以降，言語行為論や前提論等の展開に，賛否両論の初発の刺激を与えてきたことは，先述の通りである．

2. フレーゲの算術の哲学——論理主義

「算術は展開された論理学である」という当時のデデキントらとの共通理解を実証しようというフレーゲの「論理主義」は，これまで縷々述べてきたように，まずは処女作『概念記法 BS』(1879) の第 3 章においてその片鱗が，次いで非形式的に『算術の基礎 GLA』(1884) の後半においてその主要な道筋がはっきり提示され，主著『算術の基本法則 GGA』（Ⅰ (1893)，Ⅱ (1903)）において基数論・実数論の基礎的部分に限定されてはいるが，厳密に実行に移された．通常は，自然数，有理数，負数，無理数，実数，複素数といったように拡張されていく一連の数概念とは対照的に，フレーゲは，数概念を，基数と実数という全く異質で排反的な二つの数に分かつ．フレーゲによれば，個数・基数 Anzahl とは「いくつか wie viel ?」という問いに答えるもので，0, 1, 2…から可算無限に至るが，いわゆる負数，有理数，無理数，虚数は一切含まない．一方，フレーゲのいう「実数 reele Zahl」とは「［単位量に比して］どれくらい［何倍］の大きさか wie gross ?」という問いに答えるもので，正負の整数，有理数，無理数，実数，複素数に相当するものである．

ところで先の二つの問いに答えるには，いずれの数についても，何について「いくつ？」「どれくらい？」と問われているのかが確定していなければ意味をなさない．つまり「単位 Einheit」とは何かが，まず問われねばならない．諄いが，これまでの論述を振り返っておこう．

(1) 個数言明と概念

フレーゲによれば，後述のように，実数の「単位」は「単位量」であるが，基数の「単位」は「概念」であるという．例えば「太陽系の惑星はいくつ

か?」という問いに対して，回答となりうるのは「太陽系の惑星は9個存在する」といったような「個数言明 Zahlangabe」である．こうした個数言明は，〈太陽系の惑星〉といった〈概念〉についての言明である，とフレーゲは主張する．一般的には個数言明は「Fがn個存在する（$\exists_n xFx$）」（$n = 0, 1, 2, \cdots$）という形式をもち，第1階概念Fに，第2階の数的存在量化概念を述語づけているのである．これら個数言明においては，数詞は2階述語の一部分として，いわば付加語的に使われている．そして実は，こうした個数言明に現れる付加語的な数詞は，なしで済ますことができるのである．例えば，「Fはゼロ個存在する（$\exists_0 xFx$）」「Fは1個存在する（$\exists_1 xFx$）」は，それぞれ「Fであるものは存在しない（$\neg \exists xFx$）」「Fなるものはただひとつ存在する（$\exists x (Fx \land \forall y (Fy \to y = x))$）」のようにパラフレーズされ，数詞は消去可能なのである．

(2) 算術的命題と文脈原理

しかし本来の算術的命題（数等式）においては，「$2 + 3 = 5$」におけるように，数詞は等号の両辺に現れて，「パリ＝フランスの首都」と同様，数という抽象的対象の固有名・単称名の役割を果たしているようにみえる．先の個数言明も，「太陽系の惑星の基数＝9」のように変形することによって，こうした等式に変換できる．しかしそれでは，「0」「9」「$2 + 3$」あるいは「太陽系の惑星の基数」，一般的には「特定の概念Fの基数（$N(F)$）」のような数的単称名の表示対象，つまり基数とは，どのような存在であり，どのようにしてそうした抽象的存在を認識できるのか．

反心理主義に立つフレーゲは，「ある語の内容が表象不可能であることが，その語から意味を剥奪したり，その使用を締め出す根拠にはならない」（GLA §60）と主張し，ミル風の経験的直観のみならず，カント的なアプリオリな感性的直観も，数学に固有の知的直観も認めない．では「数についてわれわれがいかなる直観ももちえない場合，どのようにして数はわれわれに与えられるのか．一つの文の脈絡においてのみ語は何かを意味する bedeuten．だから数詞が登場する文 Satz の意義 Sinn を解明することが課題だ」（GLA §62）というのが，フレーゲの著名な「文脈原理 Context Principle, Zusammenhangsthese」の提唱である．

いかなる直観も許容されない以上，数的単称名「A」が特定の基数という対象を一意的に表示するためには，「A が B と同一であるか否かを至る所で決定しうるような規準 Kennzeichen」(GLA§62)，「再認 Wiedererkennung」の規準が不可欠である．こうした再認を表す「再認文・判断」(GLA§106,§107) は，例えば次の如き等式である．

(a)　概念 F の基数＝概念 G の基数 ($N(F) = N(G)$).
(b)　図形 A の形＝図形 B の形 ($G(A) = G(B)$).

こうした「再認文の内容を，「概念 F の基数」「図形 A の形」のような表現を使用せずに，別の仕方で再現し，それによって，数などの同一性の一般的規準を提供できる」(GLA§62) と，フレーゲは主張する．

　ところで，19 世紀の目覚しい幾何学・代数学の発展において，無限遠点，虚点，複素点や，虚数，複素数といった新奇な抽象的対象が導入されるに及び，その存在論的・認識論的地位を巡って，数学者・哲学者の間で深刻な論争を呼んでいた．その際，反射性，対称性，推移性を充たす「同値関係」を用いて，対象を同定しようという方策は，当時の有力な方法の一つであった．フレーゲの試みはこうした線上にある（詳しくは，Klein [1926]，本書第 4 章参照）．

　さて上記の (a)(b) の等式の真理条件は，次の右辺のような同値言明で与えられよう．

(b')　$G(A) = G(B) \leftrightarrow A \infty B$（A と B は相似である）　(GLA§65)
(a')　$N(F) = N(G) \leftrightarrow F \text{ eq } G$（F と G とは等数的である）

「等数性 Gleichzahlichkeit」は，「一対一対応 COR」によって，また後者は 2 階論理学中で簡単に定義できる (GLA§§71-72)．よって，

(HP)　$N(F) = N(G) \leftrightarrow COR(F, G)$.

このように，概念間の一対一対応から，基数という存在を抽出するこの「論理

的抽象の原理」は，ブーロスなどにより「ヒュームの原理 (HP)」と称せられている．

ところでフレーゲは，概念であるための「明確な境界づけ」(つまり，「すべての対象について，それが当の概念を満足するか否かが確定していなければならない」) という条件を要請していた．それでは，ある概念 F に関して，例えば「F の基数 (N (F)) ＝ジュリアス・シーザー」は真偽いずれであるか．つまり，「G の基数」というような明らかに基数を表す名前の場合には (HP) で真理条件を確定できようが，いかなる種類の対象の名前であるのか不明な名前が登場した場合には，(HP) の右辺だけではその真偽が確定できない (GLA§66)．一般的に，「N (F) ＝ξ」という述語が明確に境界づけられた概念を意味するか否か，決定できないのである．これがいわゆる「シーザー問題」である．そこでフレーゲは，集合論的戦略に切換えて，〈概念の外延 Begriffsumfang〉に訴える「明示的な定義」を導入する．

(D)　概念 F に帰属する基数＝$_{df}$〈概念 F と等数的である〉という概念の外延 ($\dot{\varepsilon}\exists H \forall x [(\varepsilon = \dot{\alpha}H\alpha) \wedge (H(x) \text{ eq } F)]$)．(GLA§68)

明示的定義が可能なら，なぜ「文脈原理」に訴える必要があるのか疑わしくなるが，GLA では〈概念の外延〉は既知として前提されているにすぎないのである (GLA§69, §107)．

『算術の基本法則』において，改めて〈概念の外延〉，より一般的に〈関数の値域 Wertverlauf〉，の同一性条件が基本法則 (V) として提示される．

(V)　関数 F, G の値域の同一性の必要十分条件は，F, G がすべての対象について同値であることである ($\dot{\alpha}F(\alpha) = \dot{\varepsilon}G(\varepsilon) \leftrightarrow \forall x [Fx \leftrightarrow Gx]$)．

GLA 同様，この (V) から「ヒュームの原理」(但し GGA では，基数オペレータ N ( ) は，概念の外延 (値域) から基数への 1 階関数) が導出され，基数 0 が〈自己自身と同一でない (x ≠ x)〉という論理的概念の外延として定義，直続関係も論理的に定義され，また「祖先関係」によって「有限基数一般」も「ゼロ

で始まる基数列中で自己自身に後続しない基数」として定義される．こうした三つの基本概念から，デデキント・ペアノ算術に相当する体系が公理的に導出され，また〈有限基数〉という概念の外延（有限基数全体の集合）は，可算無限であることが直ちに引き出されている．

先述のように，個数・基数とは全く排反的な実数論（通常の，正負の整数，有理数，無理数，実数，複素数に相当する数を含む），「どれほど［何倍］の大きさか」という問いに答える実数論が，『基本法則 GGA』第 2 巻で展開されている（次章以下参照）．例えば，実数 1/2 とは，重量，速度，加速度等多様な量領域中の各単位量に対する比・量の比 Grössenverhältnis，例えば，＜ 1g; 2g ＞，＜ 5m; 10m ＞，＜ 50km/h; 100km/h ＞……といった順序対のクラス（直積 Relation・重積値域）の直積として捉えられる．従って，個数・基数の 1，2 等と，実数としての正整数 1/1，4/2 等とは全く異なるのである（フレーゲは実際異なる記号を与えている）．そして和 (a＋b) は直積の合成績 (A∘B)，差 (a－b) は直積と直積の逆元の合成績 (A∘B^{-1})（逆元によってはじめて負数が定義される），単位元ゼロは直積とその逆元の合成績 (A∘A^{-1}) として定義される（それゆえ，基数の 0 とは全く異質なのである）．さらに当時の粗い形式主義の再構成（チェス・ゲームなどと類比の計算ゲーム論が整備されており，レーヴェンハイムが賞賛し，ヴィトゲンシュタインが愛読したと云われる）とそれに対する徹底的な批判が展開されている．

しかし 1902 年 GGA 第二巻校正中にラッセルから，カントルの素朴集合論同様，フレーゲの公理 (V) もパラドクスに陥ることが知らされる．ラッセルと共同でのパラドクス回避の必死の探究は，二人の緊迫した往復書簡に鮮やかに窺うことができる（本書第 14 章§2）．しかし最終的には満足のゆく対処には至らなかった．

その後はラッセルのタイプ理論，ツェルメロの公理的集合論，ヒルベルトの形式主義，ブラウワーらの直観主義といった数学基礎論が勃興することになる．しかしながら，1980 年代に入って，実は〈概念の外延〉〈値域〉には訴えずに，基数オペレタ N (F) は GLA のように概念から基数への 2 階関数と解し，「ヒュームの原理」という唯一の原理といくつかの定義から，第 2 階論理内において，ペアノの公理的自然数体系（およびフレーゲ独自の同型の公理体系）が

すべて無矛盾に導出される(「フレーゲの定理」)ということが,証明された.(HP)に基づくこの基数体系をブーロスは「フレーゲ算術(FA)」と呼んで,いままで無視されてきたフレーゲの最大の数学的業績と見なそうという提案を行った(C. Wright [1983], Boolos [1986/7] etc.).この新しい提案によって,近年改めてフレーゲ的な論理主義,プラトニズムが有効かどうかを巡って,フレーゲ研究,数学の哲学の分野で,活発な論争が続行中である(Demopoulos [1995];解説・検討は本書第II部,第IV部参照).

3. フッサールの『算術の哲学 PA』(1891)
(1) 数的言明と総体

フッサールもまた個数・基数 Anzahl の概念を基本とし,フレーゲ同様,例えば「パーティの出席者は3人だ」のような「数言明 Zahlenaussage」は,「いくつか wie viel?」という問いに答えるものだと見なす.数言明においては,数詞は帰属的ないし付加語的な役割を果たすのみである.しかし純粋な算術的命題においては,数詞は名詞的な役割を果たすことをフッサールも認めた.

さてでは数的性質は何に述語づけられるのか,その担い手は何か.フッサールによれば,数的な述語づけの主語は,「総体 *Inbegriff, Aggregate*」(複数性 Vielheit,集合 Menge,集積 Sammelung 等)である(PA 166).では「総体」とは何か.フッサールは,『算術の哲学』I (S. 81, S. 85) でも遺稿「総体論について Zur Lehre vom Inbegriff」(1891, Husserliana (以下 H と略称) XII) でも,「A」「B」「C」が対象を表示すれば,「AとBとC」という連言的表現が,「対象 A, B, C の総体」という名辞の定義を与える,という(H. XII 385).「総体」は,集合論的な意味合いでの抽象的な〈集合〉を表示する単称名ではなく,また部分が互いに切り離せない形で依存し合い有機的に統一されているような「メレオロジカルな和」,体系 System でもなく,複数性が維持され,「複数指示 plural reference」という本性をもつ(Bell, D. [1990] 64).(後述のように,もし「総体」を類・種のようなものと重ねて考えられるとすれば,事例をもたない類・種はありえないから,少なくとも空総体の非存在という主張は理解可能となるかもしれない.だがそうすると逆に,0 や,場合によっては1も基数から排除されるから,「総体」を基数の担い手・単位とすることの適切性に疑義が生じうるであ

ろう.)

「総体」と「集合」とを対比してみよう (cf. Bell, D. [1990] 64f.).「総体」は,また当時の用語での「集まり Aggregat」の意味合いでの Menge とも重なるだろう (Schönflies in NS).

「x＜y」を「xは総体yの部分である」,「Ing (x)」を「xは総体である」また,「Ind (x)」を「xは個体である」と読み, また [x, y, z] を,「xとyとzとの総体」, ⦃x, y, z⦄ を x, y, z から成る集合とすると, 集合に関しては ⦃⦃j, p⦄, ⦃r, g⦄⦄ ≠ ⦃j, p, r, g⦄ であるのに, 総体に関しては [[j, p], [r, g]] = [j, p, r, g] が成り立つのである.

空集合⦃ ⦄ないしφや単元集合, 例えば⦃⦃ ⦄⦄ないし⦃φ⦄は集合だが, 空総体 [ ] および単元総体 [[ ]] は存在しないのである.

フッサール的総体の形式的性質をいくつか挙げておこう (Bell, D. [1990] 66; Simons [1983] [1987]).

総体の同一性条件は, 全成員の共有に求められる.

(H1)　Ing (x) & Ing (y) → (x = y ↔ (z) (z＜x ↔ z＜y))
(H2)　x＜y → Ind (x) & Ing (y)

総体は二つ以上の異なる成員をもつ (複数性).

(H3)　Ing (x) → (∃y) (∃z) (y＜x & z＜x & y ≠ z).

単元総体 [[ ]] も空総体 [ ] も存在しない.

(H4)　¬∃x (x = [[ ]]) ないし¬∃x (x = [y | F (y) & (z) (F (z) → z = y)])
(H5)　¬∃x (x = [ ]) ないし¬∃x (x = [y | y ≠ y])

集合の成員関係∈に関しては, 推移性 transitivity は不成立 [x ∈ y & y ∈ z → x ∉ z] なのに対し,「集まり」の部分関係＜に関しては,「珪酸分子＜砂粒

「砂山」のように,推移性が成り立つ (Schönflies in NS 197).
　ベルの解釈では,フッサール流の (*) のような「数言明」

　　(*)　n 個の F が存在する

の分析は,フレーゲ流の 1 階概念への 2 階の数的存在量化「∃$_n$xFx」(GLA) や,集合や値域の成員関係への数的存在量化「∃$_n$x (x ∈ {x ｜ Fx})」(GGA) から区別され,量化を含まぬ,「総体 [x : Fx]」への数的性質 ($n) の述語づけ (「$n ([x|Fx])」) なのである.例えば,「本が二冊ある」(「$2 ([x ｜ Bx])」) といった数言明は,「B (a) & B (b) & a ≠ b [& ∀c [B (c) → c = a∨c = b]」とパラフレーズされよう (cf. Bell, D. [1990] 67f.).
　「F がゼロ個ある」「F は 1 個ある」といった数言明には,フッサールは「否定的回答」でよいという.その意味するところは必ずしも明らかではないが,恐らく「ゼロ個ある」「1 個ある」といった数的述定がなされるべき空総体も単元総体も,先の (H4) (H5) により,そもそも存在しないのであるから,そうした非存在に述定することは無意味だ,といういわば回答の拒否なのであろう.かくして総体には 0, 1 を帰属するべくもないから,フッサールの算術では 0, 1 は基数から排除される.
　(もし単元総体は認めたいとすれば,(H2) (H3) を放棄し,(H3) を次と置き換える,というのがベルの提案である.
　　Ind (x) → (x < x & (y) (y < x → y = x)) & (Ing (x) → ∃ y (y < x)).)

(2) 算術的命題
　それでは,算術的命題はどう分析されるのか.

　'5' は概念 (抽象されたもの das Abstractum) 五を意味せず,'5' は,概念五の下に属する任意の集合 Menge に対する一般名である.'5 + 5 = 10' とは,概念五の下に属する集合と同じ概念に属するもう一つ別の集合が結合されると概念十に属する集合となる,ということである.(PA 182)

数詞 '5' は，フレーゲのごとくに基数 5 という抽象的対象の単称名でもなければ，概念五を意味するのでもなく，概念五という数的性質（？）を満足する任意の「総体・集合」に対する一般名だという．しかし，それでは，概念五 Begriff Fünf とはどのような概念なのか．それが説明されない限り，説明は循環するであろう．

　フッサールはこの時期，フレーゲによる，基数概念の解明が，一貫してまさにそのポイントにした一対一対応やそれを用いての「等数性」という「同値関係 Äquivalenzbeziehung を，全く無用 völlig nutzlos で些末的 gleichgültig だ」(PA 117) と切って捨てている．これはフッサールの重大な失策であり，付録の遺稿論文Ⅳ「総体論について」(1891) において，直ちに彼は「同値性による数定義についての章において私は決定的な間違いを犯した」(H. xⅡ 385) と認めるに至っている．

　それにしても，何故フッサールはフレーゲを含めて（デデキント，カントルら）当時の数学者たちの有力な「同値理論」を「無用かつ些末」とみなしたのだろうか．同値理論が，数という被定義概念を「概念の外延 Begriffsumfang」に置換しただけだから，という理由のようである．しかしフッサールのいう数の担い手の「総体」とフレーゲのいう「概念の外延」とは，根本的に異なる．フレーゲにとって，基数の「単位」である「概念」は自己矛盾的概念には空な外延が，従って基数 0 が帰属し，「地球の衛星」のような概念には単元的外延が，従って基数 1 が帰属する．しかしフッサールによれば，先述のように，空総体，単元総体は存在せず，従って 0 や 1 は認められない．のみならず，フレーゲ算術においては，祖先関係を介して有限基数が定義され，「有限基数という概念の外延」として可算無限が導かれるのに対し，フッサールによれば，連言的な「と」で「集積的に結合」される「本来的表象」はたかだか「12」ないし「10」にすぎず（！）(PA 192)，こうした表象の有限性が数領域の有限性 (PA 274) を齎している．

　フッサールは，13 以上の大きな数は，非本来的な表象である「記号的表象 symbolische Vorstellung」が現実的表象の「記号的代理 symbolisches Surrogat」(PA 194)，「われわれの表象能力の理想化 Idealisierung」(PA 223) であり，記号的表象の「記号的操作 symbolisches Operieren」(PA 191) の「算術的アルゴ

リズム arithmetischer Algorithmus」（PA 132）による「数領域の理念的無限性」(PA 191) への拡張を示唆している．フッサールは「加法 Addition」と「分割 Teilung」（ないし「除法 Division」）を数への「基本操作 Grundbetätigung」と見なしているが（PA 182），もしこうした「基本操作」が基礎的な「算術的アルゴリズム」だとすると，本来的表象に関する「加法」は先の連言的な「と」であろうが，非本来的表象については記号的代理である記号的表象に関する記号的操作であろう．しかしその場合の「加法」とはどういう操作であろうか．恐らく記号表象を数え上げる「と」と類比的な操作なのであろう．しかし一方でフッサールは，現実的ならびに記号的表象を問わず，（当時 H. グラースマン Grassmann によって創始されたと言われる）いわゆる「回帰的な recursive」定義に訴える「算術的アルゴリズム」によって，算術の公理的な構成を念頭においていたようにも見える．すなわち，

$$1; 2 = 1 + 1; 3 = 2 + 1; 4 = 3 + 1\cdots\cdots$$

のように，「加法」による自然数列の回帰的な定義が与えられ，交換律，結合律，分配律のような算術法則に言及がなされ（PA Kap. xII），こうした回帰的な記号操作による数の確定的拡張が，「数学的アルゴリズム」ということなのであろう．

　因みに，既に本書の最初の方で紹介したように，フレーゲはその「教授資格請求論文」で，当時先端の群論的手法に訴えて，量概念を「加法群・アーベル群」によって分析し，結合律，可換律，加法演算の回帰性等により，自然数論の一種計算論的・構造主義的示唆を示しながら，その方向を採択しなかったこと，しかし後年その群論的アプローチを主著『算術の基本法則』第Ⅱ巻（1903）の実数論において，量の比としての実数の形式的諸法則の提示において駆使している．

　ところで，こうした算術的アルゴリズムにはフッサール算術で否認されたはずの0や1が導入されるが，本来的表象から記号的表象への算術的演算の拡張が無矛盾に遂行可能なのか，また超限 transfinite 数の認否はどうかといった問題についての立ち入った説明はない．『算術の哲学』ではこうした回帰的な

「算術的アルゴリズム」が導入されているだけで，それについての何らの論理的解明も正当化も与えられていない．また算術が現実的ないし記号的表象についての回帰的記号的操作のアルゴリズムに基づく公理体系であるのなら，フッサール算術は一種構造主義的算術なのか，あるいは無意味な「記号演算ゲーム」，「形式主義的」算術なのか，また算術の応用可能性はどう説明されるのか等々といった諸問題が問われることになろう．

(3) 『算術の哲学I』へのフレーゲの批評（1894）

　フレーゲがGLAで詳細に論じている旧来からの「単位の一と多のパズル」を，フレーゲは数の帰属される単位としての「概念」の単一性と当の概念に属する対象の一般的複数性との区別によって解いた．しかし，フッサールの連言的な「と」による「集積的結合」での「総体」の構成では，部分要素のみならず，総体自身が複数性を免れず，単位の同一性と差異性を説明できない．

　またフッサールは，基数の担い手・単位を総体という対象と見なして，フレーゲの単位＝概念説を不要だと批判する．つまり，フッサールは，ある対象の集まり（二つの総体）の等数性を知るには，各対象同士の「対応づけ」「数え上げ」で十分で，特定の概念など不要だという．しかしこの「対応づけ」にはもちろん「総体Aに属する」「総体Bに属する」という概念が暗黙に前提されているし，「対応づけ」はそうした総体間の構成要素同士での同値な関係であろう．また総体同士の「対応」でなく，単に集積的に集められた単独の総体の「数え上げ」の場合でさえ，その総体の成員と数詞との「対応づけ」が必要である．もし任意の対象が，例えば「AとBとCとDとE」のように指定されつつ一まとまりの「総体」に結合されて，基数5が当の総体に帰属されるとすれば，実は「当の総体に属する」（という概念の）要素と，その名前や「これ」等の指示詞トークンないし「数え上げ」に使用される「5までの数詞」（という概念）に属する「1」「2」「3」「4」「5」という各数詞との「対応づけ」による「等数性」が暗黙に前提されているといわねばならない．

　さてフレーゲのPA批評に少し触れておこう．フレーゲが，こうしたフッサールの『算術の哲学』に見出した根本的な問題性は，「心理主義」による汚染の深刻さである．

概念と主観的表象との混同や，本来的な表象の有限性のゆえに，数の無限性への道は記号的表象に関する漠然としたアルゴリズム（それは構造主義的計算主義ないし形式主義への傾斜なしとしない）の要請に留まらざるをえなかったのである．

　また例えば，フレーゲは，ライプニッツの「真理保存的 salva veritate 置換原理（SV）」が，「同一性 Identität」の定義ではありえないというフッサールの見解には賛成（但しフレーゲは，同一性は定義不可能で，SV 原理は同一性の公理・基本命題であると見なす）しつつ，しかし「同一性」と（差異性を容れる）「相等性 Gleichheit」とを区別しようとするフッサールに反対である．（フッサールのいう「相等性」は，恐らく何らかの観点に「相対的な」同一性，つまりは「相似性」であろう．いかなるものも，何らかの点では互いに類似的であり，従って「相似性」は「同一性」の基本的性質「推移性」を充たさない．）フレーゲによれば，数学での定義は彼の用語でいう「意味 Bedeutung」の次元で十分で，「意義 Sinn」やまして主観的な「表象 Vorstellung」には無関係である．フッサールが「同一性」と「相等性」を区別しようという考えには，概念，対象すべてを主観的表象と同化してしまう「心理主義」が潜んでいるのではないかと疑われる．

　これは，基本的な「総体」の「集積的結合」による構成にも表れていて，要するに「概念」なしに「総体」を形成するのは「連言的に結合」する心的作用による「心理的過程」であって，フレーゲのいう「概念」に属するか否かによって当の「概念の外延」が決定される客観的な帰属関係とは対照的なのである．

　またフッサールもフレーゲも，派生的概念しか定義可能でなく，「基本的概念」は「定義不可能」であるという点で一致しながら，フッサールはそうした定義不可能な基本概念の形成を，「抽象化の心理的過程」，さらに「志向性による構成」に求め，さらにはこうした「抽象化過程の様態，概念形成の心的 psychisch 過程の記述」という方向を示唆する．この方向は，回顧的に見ればフッサールの「現象学的還元」を指し示す萌芽ではあっただろう．しかし『算術の哲学I』発刊（1890）当時のフッサール自身でさえその後の「現象学的探究」への道筋を明確に自覚していたわけではないのであり，ましてやフレーゲに

とって，PA 中に与えられた材料だけから，そうした今後の展開を見通すことはできなくて当然であろう．のみならず，『算術の基礎』冒頭や『算術の基本法則』の序論などに見られるように，フレーゲは論理体系や算術体系を，体系外から何らかの「正当化が可能」だという，当時の一種「還元主義的な」試み（それには，心理主義・物理主義・進化論・歴史主義等が考えられるが）に対する厳しい批判を展開していた．ことに，論理法則や算術法則の正当化，それらの学に固有の概念や法則の正当化を，それらの心理的形成過程に求める「心理主義」，「心理主義的還元主義」に，強い批判を持っていた．PA 批判に関して言えば，フレーゲから見れば，そうした「概念形成の心的過程記述・志向性による構成」といった考えもまた，論理や算術の妥当性に関する正当化には関わらない，概念の心理的形成史に関する「心理主義」的趨勢の一翼としか映らなかったのであろう．さらには後の「現象学的還元」についても，そうした一種「概念の生成論的説明」をまっとうな「さらなる正当化や根拠づけ」であるとは見なさなかったであろう．

4. 真理と証明・明証性——その後の論理と数学の哲学瞥見
(1) 数学的直観——フッサールとゲーデル

ところで，フッサールが，充実する直観の範を知覚に求めていたことは確かである．しかし論理学や数学に関しては明らかに直観ならびに知覚の拡張を考えており，なんらかの仕方で知覚に基づけられた，純粋直観，本質直観 Wesenschau, Wesenserschauung, 範疇直観 kategoriale Anschauung (LU II, Abs. 2, Kap. 6) といった考えが登場していたのであった．

対照的に，フレーゲは直観という要因に一切訴えずに，「文脈原理」を介しての「論理的抽象」により，言語へと探究を転轍させることによって，論理主義的に算術を基礎づけようとした．

しかし例えば，同様にプラトン的実在論者であったゲーデルは，次のような有名な一節を記している．

集合論の対象についても，われわれは何か知覚に類するものを持っている．このことは，［集合論の］諸公理がそれらを真なるものとして受け入れるように

われわれに迫ってくるという事実からも理解される通りである．……われわれが感覚的知覚に信頼をおくのと同様に，この種の知覚，すなわち数学的直観に対してもわれわれは信頼をおいてよいはずであり，私の理解するかぎりでは，そうしてはならない理由は一切ない．（Gödel [1964]）

のみならず，またゲーデルは1960年代はじめには熱心にフッサールを研究していることが，遺稿から判明した[7]．しかしながら，ゲーデルの言う「数学的直観」とは何かは曖昧で，現在の数学の哲学において，プラトン主義の自然主義的解釈が試みられ，それに対する厳しい批判の応酬がある．また例えば現代の有力な数理哲学者 C. パーソンズも，カントやフッサールらをも念頭におきつつ，「数学的直観」について興味深い考察を粘り強く続行している[8]．

(2) 直観主義と真理・証明・明証性

他方，直観主義・構成主義の方向からも，フッサールの直観の明証性を論理や数学の正当化のためのヒントとする有力な試みがある．

ところでフレーゲは，『算術の基礎 GLA』(§3) において，判断のカント的な分類を行うに当たって，カントのように「判断内容」によってではなくて，「断定 Urteilsfällung に当たっての正当化 Berechtigung」によって分類するのだと主張している．ここでの正当化とは，「証明可能な命題を，証明不可能で unbeweisbar 直接自明な unmittelbar einbeleuchtend 基礎的真理 Urwahrheiten へと遡及すること」である．遡及された基礎的真理が一般的法則であれば，その命題はアプリオリ，論理法則と定義のみであれば分析的，基礎的真理が特定の知識領域にのみかかわるのであれば綜合的，特殊な事実的命題に遡及するのであればアポステリオリと分類される．

『基本法則 GGA』において実行された，フレーゲの論理主義に従えば，論理学の定理と算術的命題との真理性は，(前提の真理を保存する) 少数の推理規則と少数の論理学的基本法則 (公理) およびノミナルな定義から，真理保存的な推論を介して導出されることによって，アプリオリで分析的真理として正当化される．公理自身の真理性は，論理の内部では証明不可能ではあるが，「一般化された文脈原理」により，原初的論理語の意味が意味論的約定によって確定

され，その再帰的適用によって，メタ的に説明され，意味論的に正当化される．しかしながら，フレーゲの算術理論からは，カントルの素朴集合論同様，矛盾が導かれたので，改めて論理，算術の正当化が問題となった．

　こうした正当化の手続きを，カント流の有限な（感性的）直観に擬えて構成しようという延長線上にあるのが，ブラウワーの直観主義であった．ところで基本的な論理的概念の直観主義的解釈に向かう過程で，ヘイティングは，O. ベッカーを介して，フッサールの直観の明証性による正当化というアイディアに影響を受けた．また近年フレーゲの推論観との親和性が指摘されているゲンツェンの「自然演繹 NK」，「ゼクエント計算 LK」を介し，フッサールの「真理概念に対する明証性概念の優位」に共感する，スウェーデンの D. プレーウィッツ，P. マーティン＝レーフ，オランダの G. スンドホルムらによって興味深い試みがなされている[9]．（ダメットもまた構成主義に共感するが，フッサールやカントには同情的でない．）

　しかし彼らの試みは，フッサールの明証による正当化からヒントを得つつも，フレーゲ的な判断，論証の考えを取り込んで，論証と証明ということと，真理，正当化，明証性とを密接な関係において捉えようというものである．

　ところでフレーゲの判断論には，以下の三つのステップが区別されている (G)．

(1)　思想の把握 Fassen——思考 Denken
(2)　真理性の承認 Anerkennung——判断 Urteilen
(3)　判断の表明 Kundgebung——主張 Behauptung

水平線つきの「－A」は真理値の名前で，その内容である思想の把握，思考が (1) の段階．主張力を表す主張記号 '⊢' を伴った「⊢A」は「－A」の表す思想の真理性の承認・判断 (2)，さらにはその表明である主張 (3) を表す．

　フレーゲは，論証 Schluss を構成する前提 Prämisse と結論は，単なる仮定 Hypothese, Annahme である命題「－A」ではなく，判断，主張「⊢A」であることを要請した．

　こうした考えを踏襲しつつ換骨奪胎し，それをマーティン＝レーフは直観

主義的に取り込む．図示すると，以下のようになる．

$$
\begin{array}{c|c}
 & 証明 \\
命題 A & A は真（真理）\\
主張・判断 &
\end{array}
$$

　かくて (1) 命題の観念（−A），(2) 命題の真理という観念，(3) 判断・主張の観念（⊢A）（つまり命題を真と見なすこと），(4) 判断の明証性ないし証明，(5) 証明の正しさないし妥当性という基本的な観念が認められる（Martin-Löf [1987] 409）．

　(1) 命題とは，「真理条件」の表現であるが，しかし直観主義的には，当の命題の証明への期待 expectation ないし意図 intention（Heyting [1931]），課題 problem/task (Kolmogorov) とされたが，ゲンツェン流の，論理定項の意味の定義・説明がこれらを一つに束ねる．フッサールは「間接的な表象と直接的な充実」を区別しているが（LU VI,§19），マーティン＝レーフは，ダメットの「正準的 canonical 証明」（導入規則のみによる証明）と「演繹 demonstration」（除去規則も使用する推論）の区別を，「直接的証明 direct proof」と「間接的証明」と称し，そして論理定項の意味は，その定項の導入規則，命題の正準的・直接的証明によって定義されると見なす．かくて例えば，連言の以下の導入規則によって定められた＆の意味を介して，連言命題（−A ＆ B）の意味ないし真理条件は，直観主義的には，命題−A の証明と命題−B の証明への期待・意図・課題に重ねられる．

$$
\frac{-A\ [A\ \text{prop}]\quad \vdash A\ [A\ \text{true}]\quad -B\ [B\ \text{prop}]\quad \vdash B\ [B\ \text{true}]}{-A\ \&\ B\ [A\ \&\ B\ \text{prop}]\qquad \vdash A\ \&\ B\ [A\ \&\ B\ \text{true}]}
$$

　(2) 次に命題の真理とは，直観主義的には，その命題がどのように（直接的に）証明可能かを知ることに他ならない．つまり，真であるとは，直接に証明可能ということなのである．直観主義的分析に特徴的なのは，命題の証明とい

う観念の方が，真理概念に優先するということである．真理概念を原初的で定義不可能と見なしたフレーゲとは逆に，真理概念は（ある命題の証明可能性を知っているという）知識に依存的なのである．かくして真理条件とは，直接的証明可能性の条件と解されることになる．マーティン゠レーフは，真理を明証的な判断の可能性，明証性をもって判断可能であることに転移させたフッサールに，証明ないし明証性の観念を真理概念に優先させる先駆を見ている (Martin-Löf [1987] 414)．

(3) 次の問題は，判断と証明とは何かである．簡単には，ある判断の証明とは，「知るという作用 act of knowing」であり，判断とは当の知る作用の「対象」である．ある判断を「証明する」ということは，その証明が当の判断，主張を明証的にするということなのであり，判断の証明とは当の判断への証拠・「明証性」に他ならない．当の判断に明証性を賦与する，つまり，ある判断を証明するとは，その判断を知る，理解し把握するということであり，知り把握された対象は，証明されたもの，つまり，主張，判断に他ならない．フッサールは，明証性 Evidenz が真理の体験 Erlebnis der Wahrheit だと称した．命題の真理の体験とは，その真理性を理解し知る行為であり，かくして，マーティン゠レーフによれば，判断の明証性とはまさにその判断の直接的証明を知ることに他ならない (Ibid., 417-8)．

(4) さらに，証明には過誤がありうる．証明の「妥当性・正しさ」という観念が必要である．ここでマーティン゠レーフは，命題の真理とは区別される「形而上学的真理，実在 reality」を導入し，これまでの観念論から一転して実在論を唱えている (ibid., 419)．

要するに，推論の結論に当たる命題の真理性とは，直観主義的には，当の命題が真と知る・分かるということであり，それはつまりその命題の証明を知る，最終的にはその真を直接に（ゲンツェン流の論理定項の導入規則のみを用いて）どう証明するかを知ることである．かくして命題の真理性は，その命題の明証性，つまり直接的証明可能性によって正当化され，またそれと等値されるわけである．

だが，フッサールを重視する，こうしたマーティン゠レーフの見解も，フレーゲの見解と再度つき合わせて考えて見れば，相違点はかなり狭まるように

思われる．フレーゲのいう「判断」「主張」もまた，「ある命題・思想を真と見なし，そう表明すること」であった．そしてその判断・主張の「正しさ」，つまりその判断・主張によって真と見なされた命題・思想が本当に真であるのかが問われ，「正当化」が要求されるのである．そしてフレーゲにとって「正当化」とは，当の判断・主張の正しさをその固有の「証明不可能で直接自明的な基礎的真理」に遡及させることに他ならない．フレーゲに従えば，アポステリオリで総合的な経験的判断の正しさはある特殊な事実的命題の真理に遡及され，アプリオリだが総合的な純粋理論科学や幾何学上の判断の正しさは，各知識領域において一般的に妥当な（しかし，その認識源泉にはなんらかの直観的因子が含まれるであろう）基礎的真理・一般法則の真理性に遡及されるが，一方，算術と論理学上のアプリオリで分析的な判断・主張の正当化は，最も一般的な基本的論理法則に遡及されなければならない．そしてこうした大きな（準カント風の）構図で眺めれば，当然のことながら，マーティン＝レーフらの構成主義者とフレーゲとの差異が，結局，基本的論理法則とは何かを巡ってであることは明らかであるが，フッサールとの関係で言えば，フレーゲとフッサールがそれぞれ，「正当化」が尽きて底を打つ，そうした「証明不可能で直接自明的な基礎的真理」についてどう考えたのかという根本的な問いに，われわれは改めて直面せざるをえないことになろう．

1) 本節は，概ね以下の拙論の翻訳である．Kazuyuki Nomoto [2000] 'Why, in 1902, wasn't Frege prepared to accept Hume's Principle as the primitive Law for his Logicist Program?' *Annals*, Vol. 9, No. 5. Originally delivered at the 11th International Congress of Logic, Methodology and Philosophy of Science held on the 20th August, 1999 in Cracow, Poland. 本論文には，次節の続編ともども，Sundholm, Føllesdal, Kaplan, Perry, Williamson などから賛意の返信が，特に Dummett からは '…I thoroughly agree to it…' と，また C. Thiel, P. Simons, M. Detlefsen らからは長文の賛意が寄せられた．
2) 本節は，Kazuyuki Nomoto [2006] 'Appendix: Addendum to Nomoto [2000] [in "The Methodology and Structure of Gottlob Frege's Logico-philosophical Investigations,' in *JAPS*, Vol. 14, No.2 の日本語訳である．Thiel, Sundholm の賛意が寄せられ，Martin-Löf から寄せられた興味深い Comments [2004] が原論文末尾にある．
3) 「悪循環原理」については，第13章注13) 参照．
4) 本章は，第12章 §4 と共に，日本現象学会における「フッサール『論理学研究』

刊行100周年記念シンポジウム」(2000.1.19，東京大学)の提題者として招かれた際に，その要旨を述べ，また『現象学年報17』に元来の草稿の短縮版を掲載したが，それを旧に復し，かついくらか敷衍したものである．出席者の方々からの熱心な質疑からも裨益を受けた．謝意を表したい．
5) 但し，近年一部で注目されている「多様体」論や「完全性」問題には入れない．また近年発刊された Hill & Haddock [2000] や，特に Tieszen [2005] 等の注目作を検討する時間的余裕が見いだせず，残念ながら別の機会を期する他はない．
6) 我が国での早い時期での論文には，三宅 [1929]『経験的現実の哲学』所収）がある．
7) Feferman (ed.) [1995]; Føllesdal [1995].
8) C. Parsons [1980] [1994].
9) Martin-Löf [1987]．また Prawitz [1994]; Sundholm [1994] も参照．

第15章 『算術の基本法則Ⅱ』における実数論と形式主義批判

　P. サイモンズ (Simons [1987]) は，次の二つの理由から，実数についてのフレーゲの断片的説明がほとんど注目されなかったのは残念なことであった，と述べている．というのは，その説明はフレーゲの論理主義に予期せざる新しい光を投げかけ，そのことがまた論理主義と数学一般についての多くの興味深い問題を提起しうるからである．もう一つには，カントル，デデキント，ワイエルシュトラース等の同時代の実数論に対するフレーゲの批判が，現代的な関連なしとしないからである．フレーゲの実数論は彼の自然数論に劣らず洞察に富み，かつ説得的であるのみならず，カントル，デデキントに発する現代の標準的アプローチとはきわめて異質だからでもある．

　『算術の基本法則』第Ⅱ巻は，前巻の第Ⅱ部基数論の残部と第Ⅲ部実数論（未完）およびラッセルのパラドクスについての「後書き」から構成されている．

　恐らくフレーゲは第Ⅲ巻を予定していたであろう．第Ⅱ巻第Ⅲ部の§245の最後で，正クラス（後述）の存在証明を与え，実数を正クラスに属する領域の量の比として定義し，実数自身が正クラスの領域に属する量の比であることを証明するという意図を表明しているからである．第Ⅳ部ではおそらく複素数を扱うつもりであったろう (cf. Simons [1987] [1995])．

　第Ⅲ部は，二つに分かれ，前半は当時の「無理数論の批判」に，後半は「量の理論」と題された未完のものである．ダメットによればⅢ.1の「無理数論批判」は論理的順序に従っていない[1]．(e)「ワイエルシュトラース論」→ (a)「定義の原則」→ (d)「新対象の創造」→ (c)「ハイネとトーメの無理数論」→ (b)「カントルの無理数論」の順序が適切だとダメットは主張する．しかし

本章では，(a) の定義論からはじめて，(e)(d)(b) にはごく簡単に触れるだけにし，フレーゲの実数論への橋渡しになる (f)「回顧と展望」，(g)「量」，そして III.2 の「量の理論」を取り上げる．(c) では，フレーゲの形式主義批判と実数論の応用可能性が詳しく展開されているので，最後に回すことにする．

§1　同時代の無理数論に対するフレーゲの批判

『算術の基本法則 II GGA II』における他の論者に対する批判は，『算術の基礎 GLA』の場合ほど周到ではなく，しばしば公平を欠く．しかし同時に，フレーゲの実数に対する考えを窺わせる箇所も少なくない．

(a) 定義についての原則 (GGA II-III, §§55-67)
　§55 以下では，漸進的定義批判から開始し，関数・概念が完全に定義されるべきこと，つまり，あらゆる項に対して値をもつべきことを要求している．

「(概念の) 定義の完全性の原則」を敷衍しておくと，「概念 (可能的述語) の定義は，完全 vollsätndig でなければならず，定義はあらゆる対象に関して，それが当の概念に属するか (当の述語が真理性をもってその対象について言明されうるか) 否かが，一意的に確定していなければならない．……これを比喩的に表現すれば，概念は明確に境界づけられて scharf begrenzt いなければならない．……排中律は実際のところ元来は，概念が明確に境界づけられているべしという要求の別形式にすぎない．任意の対象 Δ は，概念 Φ に属するか，または属さないかのいずれかであって，第三の途はない *tertium non datur*．」(GGA II-III, §56, S. 69)

(i) 完全性の原則 (§§56-65) は，漸進的定義の追放を，(ii) 単純性の原則 (§66) は文脈的定義の追放を要求している．
　(i) は，実数の導入法に関係する．ラッセルも，複素数 1 + 0i，実数 1，有理数 1/1，整数＋1 がそれぞれ自然数の 1 と同一ではないと主張するが (Rus-

sell [1919] IMP. ch. 7), フレーゲも，数体系をいわば同質のものとして次々に拡張してゆくという考えに反対であって，和や積のような演算操作は一挙にすべての対象に関して定義されることを要求し，基数と実数とは後述の如く全く異なる種類の対象と見なし，両者には異なる記号を割り当てている．

(e) ワイエルシュトラース論

ワイエルシュトラースに対しては，要するに彼が数を具体的な集積と見なし，また概念とそれに属する対象との区別がないことを批判している (GGA II-III, §§153-155).

(d) 新対象の創造
(d2) 要請と創造 (GGA II-III,§§140-147)

『算術の基礎』では，ある体系の要請には整合性の証明を必要とするが，フレーゲにとって，整合性は要請された種類の体系の存在証明に求められた (Dummett [1991] 246). 数についても，フレーゲの意味での無矛盾性，つまりその存在証明が与えられねばならず，それには同一性規準の確定を要する．例えば，原始根の存在要請のみでは十分ではなく，その存在証明が必要とされる (ibid.§140). こうした存在証明を欠いた新しい数的対象の創造 Schaffen, Schöfung は否定される．

(d1) デデキントの切断による無理数の構成 erschaffen ついての批判 (GGA II-III,§§138-139)

しかしその批判は必ずしもフェアではなく，ダメットは削除が望ましいと述べている (Dummett [1991] 250).

(b) カントルの無理数の導入法ならびに実数定義 (cf. Cantor [1872] [1883]) の批判 (GGA II-III.1,§68-85)

フレーゲの主要な議論 (§§68-69;§§77-85) は，ラッセルによるデデキントの批判 (Russell [1903] §269) と類似し，それは修正可能とみられる (Dummett [1991] 264-8). カントルは具体的な量 (質量などの特定の量) と抽象的な量とを

区別しているが,後者は不明確であり,またカントルが実数の応用を説明しうるのかと,フレーゲは疑っている.

総じてこうした実数の集合論的構成に対するフレーゲの批判は,物理学における実数の応用について一様性がなく,その説明が既に量の測定において実数の実際の使用を前提していることに向けられている.こうした実数論は応用を無視しているか,外側から測定理論を張りつけている.しかし実数の測定における応用可能性は,実数の本質に組み込まれていなければならないと,フレーゲは考える(ibid.§159)(Simons [1987] 367).

§2 数と量——非形式的説明

フレーゲの実数へのアプローチは,一方でデデキント・カントルの算術的集合論的構成と,他方で幾何学への依拠(角度,温度,質量,時間,光の強度等余りに多くの量があり,その比は実数によって与えられるが,比自体は幾何学的ではない(ibid.§158))をともに退けて,その中間をいくものと主張される(ibid.§159).

実数は量そのものと混同されてはならず(ibid.§160),多くの種類の量があるのに対し,実数の体系は一つしかない.実数はむしろ,量の比,つまり,量の間の関係の外延である.即ち,同じ比は質量1gと質量2gの間にも,長さ5cmと長さ10cmとの間にも成り立つ.

(f) 回顧と展望(§§156-159)

以上の批判的考察が次のように回顧され,自らの実数論展開への展望が語られる.

(i) 形式主義の方法論的誤りは,概念の単なる定義が当の概念に属する対象の存在を保証し,またその存在がその概念の整合性だけによって示されると考えることにある.しかしその整合性は証明されねばならず,その唯一の方法は,当の概念に属する対象を見いだすことである(ibid.§156).ここに,整合性証明は存在証明によって保証されるという,フレーゲに特有の主張が顕在化している.

(ii) 創造的定義により得られるという対象は，フレーゲのいう値域によって達成されると主張される．まず実数を量の比，さらに量をこうした比がその間に成り立つ対象と見なす．次いで，「ある種類の対象が幾つ wie viel あるか」に答える基数 Anzahl と，所与の量が単位量と比較して「どのくらい［何倍］の大きさ wie gross か」に答える実数 reelle Zahl を区別し，二種の数は排反的領域を形成すると主張される (ibid. §157).

決定的なのは，フレーゲが基数を実数の部分クラスと見なさず，むしろ全く異なる体系と見なしていることである．このことは記号法に反映する．基数は 'Anzahl'，実数は 'Zahl' と呼ばれ，基数は '0', '1', …一方実数は '0', '1', …と表記される．基数については 'a + 1 = b' ではなくて 'a ∩ (b ∩ f)' と表される．理由は，先述のように，基数は比ではなく，むしろ「いくつか？」という問いに答えるものであり，実数は一定の量が単位量と比較して何倍大きいかという問いに答えるものだからである．

(iii) 幾何学に本質的に依拠することへの警告がなされ，「実数は量のあらゆる特定のタイプから切り離され，同時にそれらすべてを支配する」とされる (ibid. §158).

(iv) フレーゲは，先述のように自分の方法を，無理数を幾何学に依存させるハンケルの方法と，最近の純粋に算術的な行き方（カントル，デデキント）との中間に位置づけている (ibid. §159).

前者からは実数を量ないし測定数の比とする解釈を引継ぎ，しかしそれを幾何学的な量やあらゆる特定のタイプの量から切り離すことによって，最近のカントル，デデキントらの試みに接近する．しかし同時に，後者の欠陥である，測定，応用からの実数の切り離しを回避しようとする．

算術理論は，その応用を支配する一般的な原理を述べ，正当化するだけでは十分ではない．フレーゲの確信するところでは，算術の応用に関する原理はさらに，単に外挿的な付加物ではなく，数の本質に属し，従って，数が定義・導入される仕方にとって中心的でなければならない．

かくして，実数の応用の扱いを知識の多様な各特定領域に追いやってしまわず，また算術を幾何学や力学等の諸科学から借用した対象，概念・関係によって汚染させ，その自律性と本性を危うくさせてはならない．特定の応用は，算

術の関心事ではない．しかしすべての応用の底にある一般的原理をどう扱うかは算術が回答すべき問題だ，というのがフレーゲの結論である．

§3　フレーゲの実数論——量領域とは

　フレーゲの実数論は，ワイエルシュトラース，カントル，デデキント，ラッセルと異なり，基数を包含しつつ段階的に移行するのではなく，いきなり実数に向かうものである．GGA では言及がないが，ラッセルへの手紙（1903.5.21）でははっきり，ラッセルの基数から有理数へ，後者から実数へという二重の移行に対し，基数から量の比としての実数への直接の移行が主張されている．その理由は，数の種類をその応用によってのみ同定し，二種類の数のみを認め，実数を量の比 Grössenverhältnis と解することに求められる．先述のように，フレーゲは，基数と実数とは全く排反的だと解していた．基数は「所与の対象がいくつ存在するか」の問いに答え，実数は測定数で単位量との比較で何倍の量かを述べるものであった（GGA II-III,§157）

1．フレーゲ実数論の示唆（GGA II-III,§§70-76）
　次の一節は，実数についてのフレーゲ自身の見解の核心に近づくものである．

　　算術法則の幾何学，天文学，物理学への応用を見よ．その場合，数は，長さ，質量，照度，電気抵抗といった量と結びついて現れる．皮相的には同じ数記号が，長さ，質量，照度を意味するように見える．……算術的言明を証明するとき何を証明するのか．……証明の内容としての特定の思想である．……よく注意すれば，数記号だけでは長さ，力等を表示できず，メートルやグラムのような尺度や単位を表示する表現と結びついてのみ表示可能である．それでは数記号だけでは何を意味しているのか．それは明らかに量の比である．……実数は量の比と同じである．……ある長さは他の長さに対して，ある質量が他の質量に，またある照度が他の照度に対するのと同じ比をもちうるのであり，この同じ比が同じ数であり同じ数記号によって表示可能なのである．（GGA II-III,§73, SS. 84-5. 強調引用者）

'2.6m', '5.3 sec.' のような句は，それぞれの種類の特定の量を表示する．従って，量は数とは区別される対象である．量は，長さ，質量，温度等様々なタイプに分かれる．基数の定義は，フレーゲによると，基数がある概念（例えば〈太陽系の惑星〉）に属する対象がいくつ存在するかを述べる（数え上げる）のにどのように使用されるかを示さなければならないのと同様に，実数は任意のタイプの量に関しその同じタイプに属するある量ともう一つの量との比を表す．こうして算術の一般性を侵すことなく，その応用が説明される．

2. 量 (GGA II-III, §§160-164)

それでは量とは何か．その外延が量領域 Grössengebiet であるような概念をどのように構成すべきか？ 概念の外延をクラスと呼ぶと，クラスが量領域であるためには当の概念はどのような性質をもたねばならないか (ibid. §161) ？

量には，正負，ゼロがあり，加法，減法という演算操作が適用できなければならない．

ガウスにならい，フレーゲは正負の対立を，関係とその逆によって説明している (ibid. §162)．例えば，a が b の北 10km にあるのは，b が a の南 10km にある場合のみであり，南北の関係は互いに逆関係である．よって，a の北 10^{-1}km にあるということは，a の南 10km にあるということを意味する．

二項述語が表示するのは「関係 Beziehung」であり，その関係の外延が「直積 Relation（重積値域）」と呼ばれる．「量の比，即ち実数は，直積の直積と見なされる．量領域とは，直積のクラス，つまり〈直積である〉という概念に従属する概念の外延」(ibid. §162, S. 160) である．量の比，実数 1/2 とは，例えば，＜1g; 2g＞，＜5cm; 10cm＞，＜3℃; 6℃＞……といった順序対のクラス（直積）の直積，と考えられる．また A^{-1} は直積 A の逆に対応し，例えば先述のように，北 10^{-1}km は南 10km であり，和 (a + b) は直積 A，B の合成（積）(A | B)［フレーゲの特殊な表記とは変えてある］に，差 (a - b) は直積 A と直積 B の逆 (B^{-1}) との合成（積）(A | B^{-1}) に対応し，ゼロは直積 A とその逆との合成（積）(A | A^{-1}) に対応する．

3. 量の比としての，正負の実数の定義 (GGA III)

ところでフレーゲは,「教授資格請求論文 Hab」(1874) において既に，量概念を取り上げていた．そこでの量概念を簡単に振り返っておこう．Hab ではフレーゲは，ある意味で当時の「純粋に算術的な行き方」に通底する仕方で，専ら代数的形式的な演算によって，一定の種類のものの一群といった範囲に閉じた多様を,「量領域」と称した (Hab 3).「請求論文 Hab」での，量の群論的概念は当時としては相当に先端的なものであった (cf. Kronecker [1870] 274-6).

「請求論文 Hab」でのフレーゲによる量の算術的概念は，純粋に形式的 formal で，ある基本的演算操作，即ち，加法，のある一般的性質に関する基本命題を満足するものに他ならない．かくてフレーゲのいう「量領域 G」は,「加法の下での G の閉包 (GxG → G)」, 群論 Gruppen Theorie でいうところのいわゆる「加法群」であった．よって，そのどの二つの成員についても，その領域はその演算によるそれらの和を，その成員として含む [a, b ∈ G → a + b ∈ G]．このように「請求論文 Hab」では,「量領域」とはある特定の加法領域で,「量の概念は，われわれ自身がそれを創造する」(Hab 2) と言われる．が，その実質は，量の基本法則の確定が，全く「形式的に」なされるということであり，量概念の確立のためには，算術的演算，つまり，加法，の一般的公理として，結合律，可換律，また単位元と逆元との存在に関わる次のような基本法則を，群論的に定めることに他ならなかった．

- $\forall a, b, c \, [(a + b) + c = a + (b + c)]$ [結合律],
- $\forall a, b \, [a + b = b + a]$ [交換／可換律],
- $\forall a \, \exists e \, [a + e = a]$ [単位元ゼロの存在],
- $\forall a \, \exists b \, [a + b = e]$ [逆元の存在].

こうして「創造され」構成された「量領域」は，群論でいう「加法群」で，順序は無関係だが，上記 4 公理を満たす操作をもつ「可換群・アーベル群」とも称される．

そして当時，算術一般の基礎づけとして,「群論」という抽象代数を基礎とする一種の構造主義的ないし形式主義的な「抽象代数的アプローチ」が示唆さ

れていた．しかしフレーゲは，この「計算論的」な算術理解を一般的に採用・展開することには慎重で，たかだか「量に対し演算操作を回帰的に適用可能だというだけ」だと見なした．重要なのは，算術が量領域に関わり，群論的構造がすべての数学的存在に必然的に属することだった．

また回帰的定義が関数による量の生成と見られていることも重要であり(Hab 3)，このことが，『概念記法』(1879)での「f‒系列理論」に繋がる．

さて「論理主義」の狙いは，算術の妥当性根拠を論理のみから引き出すことにあり，それは論理が「あらゆる種類の量に関わるからであった」(Hab 1)．ところで各量は，孤立しているのではなく，どれも量領域というものの成員なのである．ある数学的対象が量 *Grösse* でありうるのは，ただ一定の演算に関して閉じた，一定の構造的クラス（量領域）の成員であることによるのである．

すると究極の問いは，量領域の起源に関わる．量領域が実際に得られることを，何が保証するのか？「請求論文」では，「われわれ自身がそれを創造する *erschafen* ならば」(Hab 2)と云われ，この時期フレーゲは，一定の形式的計算法則が量規定のためには十分だと想定していたかにみえる．しかし，算術を専ら形式的に解することには慎重で，実際，彼はすぐこうした形式主義的な考えの反対に転ずる(Frege [1885])．

「請求論文 Hab」では，量領域は，創造的に定義されたアーベル群であったが，『基本法則 GGA』Ⅱ巻(1903)では，演算を伴うクラスが量領域を形成するというのは，もはや自明ではなく，例えば，逆元の存在は証明を必要する．Hab では，特定の量を扱う場合，量はある生成元，ある単位元の回帰的反復の指数によるとされ，加法群の回帰的反復が，単位量，正負量の多様体を定義可能にする．けれども負や有理数の積の存在は単に想定されているだけだが，後には証明されるべきこととされる．しかも無理量はこの図式には現れない．

GGA では，量は測定可能なものに限定され，かつその測定単位は実数（ないし複素数）である．後期のフレーゲの見解では，量領域がどの成員をもち，その演算が何故計算法則と合致するのかが説明されねばならない．これらの議論は，量，量領域の存在証明の問題へ導く．「請求論文」ではフレーゲは未だ量，量領域ないしは数の存在について問うていないが，いまや存在問題は定義に関し一層緊急の問題となり，その存在証明はフレーゲの論理主義プログラム

の焦点になる．『算術の基礎 GLA』(1884) で既に，基数は，計算法則以前に，まず対象として想定され，「ヒュームの原理」がその同一性規準，再認規準を与える原理として提案されていた．

4. 量領域

§§160-164 では，量の比という概念をどう説明するかの概要が素描されている．最初の問いは「量とは何か」である．従来の定義（例えば，シュトルツ Stolz による）では，「同じタイプの」量は，比較可能，加法，減法の適用が可能で，同じタイプの諸部分に分割可能とされる．フレーゲはしかし「同じタイプの」は，どの点でか「明確な境界づけがない」と批判する．また「大小」「増大」「減少」で量が定義されるが，しかし「より大」「増大」の関係とは何かの説明はなく，「加算」「和」「倍加」「綜合」といった用語についても同様である．よって本質的な問題は，量の概念ではなく，量のタイプの，ないし「量領域 Grössengebiet」の概念で，「問うべきは，その外延が量領域であるような概念の特性は何か」，即ち，あるものが量であるのは，量領域を構成するクラスに，他の対象ともども属するということによって，量なのだということなのである (Dummett [1991] 278)．

フレーゲは，絶対量（例：温度，絶対零度がある）ならびに巡回 cyclic 量（例：角度）は考慮せず，逆元のある量領域，即ち正負の量（例：方向をもつ時空的距離・変位，ないし＋1g［質量 m が m' を 1g だけ凌駕する場合の m と m' の関係］等）に限定した．これらの量はすべて，単位と相対的に実数によって与えられる．

フレーゲは直ぐ続いてガウスから長い文章を引用する．それはある全体の元に正負の整数が付値される条件を論じたもので，ガウスによれば，整数が付値されるのは，個々の対象にではなく，離散的な線形順序にある，両方向に無制限な対象の集合への関係に対してである——これらの関係は，合成と逆とに関し閉じており，ゼロとしての単位元を含み，事実，置換群を形成する．フレーゲはこれらの示唆を量領域の特徴の主たる特性を与えるものと見る．

フレーゲは，あるタイプの量の加法と比較可能性を，その量が絶対的であれ正負に区分可能であれ，中心的特徴と解する．どの種の量領域であれ，その元

を加算する演算は本質的で，角度のような巡回領域の，量による線形順序づけよりも基本的である (Ibid. 279)．この点は既に「請求論文」(1874) で強力に主張されており，例えば，「角度」という量の概念は，「加算の理解なしには把握できない」(Hab 2)．

絶対的ならびに巡回的［な群］を含む量領域の一般的な定義の場合にも，加法演算が存在しなければならず，また大抵の領域に関し，量の順序付けによる線形順序が存在せねばならない．しかしわれわれはまだこれらが①どの演算で，②どの関係なのか，③どんな対象が量領域の元であるのかを知らないのである．

しかしフレーゲは続けて①③に回答し，②の順序関係には Pt. III-2 で回答している．フレーゲは負量を含む量領域に限定し，ガウスに従い，領域があるクラスの置換から成ることを要求し，また加法ならびにその逆演算が，その下で当の領域が閉じている結合と解しているから，（群論の用語で云えば）可換群であり，また順序が適切に定義されれば順序群 ordered group になる．

このように後期のフレーゲの見解では，量，量領域における値とは，それらが存在し，かつそれらに関して明示的に定義された数学的法則が充足されると証明可能な対象のみに限られる．そしてフレーゲが強調するのは，自然中の大抵の異なる量は測定可能なのであり，数学的関係は実際の測定と比較において応用を見出す (e.g.§73; Simons [1987] 31)．

実数に関わる戦略は，後述の一定の順序付け関係で定義された「正クラス *positivklasse*」が所定の性質をもつということを演繹することであり，かつ，実数が正クラス中の比として定義可能であることを示すことである．量の測定単位として実数を使用することは，その領域がアーベル群より強い代数構造をもつことを前提しているが，彼の順序群 Ordered groups（正クラス）は本質的にヘルダー Hölder による測度の古典的公理化 (1901) に基づく量群 quantitative groups と同値である．ヘルダーの考えは，ずっと後になって哲学的な論争中で再発見されたもので，フレーゲは未見であった．

5. 量領域の存在

§164 で，§159 での疑念への，フレーゲの Pt. III-1 の結論が述べられる．

実数が存在するためには，互いに無理数的な比をなす，少なくとも一つの量

領域が存在すると証明されねばならない．そうでないなら，そうした量領域の元の比として定義される実数はみな互いに同等で空な関係に等しいことになろうからである．さらには，その証明は論理的資源のみを使用するのでなければならない．その領域は基底集合 underlying set 上の，置換［群］から成るだろう．フレーゲによれば，こうした領域の基底集合は自然数のクラスより高次の濃度 cardinality をもたねばならない．フレーゲは，自然数のクラスの数は自然数の数より大であるということに言及し，さらに基底集合を特定するに当たって基数のクラスを使用することを提案する (Dummett [1991] 284)．

6. 無理数，非可算連続体としての実数

さてフレーゲは，その比が実数，特に非可算な連続体である実数，を形成する直積をどこで入手するかという問題に直面する (ibid.§164)．論理主義貫徹には，経験世界から対象を借りることはできない．基数に関しては（パラドクスを無視すれば）空クラス，空な概念の外延 $\dot{\varepsilon}(\varepsilon \neq \varepsilon)$ を使ってゼロを定義し，最初の可算無限数 $\aleph_0$ に至る仕方で解決した．実数の構成にあたっては，フレーゲは基数を既に入手済みとして前提する．

実数の存在を保証するためには，相互に無理数的な比をなす量を含む，少なくとも一つの量領域の存在が証明されねばならない．上述のように，もし直積がすべて空，つまり，その関係にあるいかなる量も存在しなければ，その関係の外延はすべて唯一の同じ空な直積が存在するのみで，いかなる実数も定義できないからである．さらにその証明は論理的資源のみを使用しなければならない．その領域は基礎をなす集合への置換から成り，かつそうした集合は基数より高次の濃度をもたねばならない．〈有限基数〉という概念に帰属するのは，（可算）無限 Endlos であるが，フレーゲは，〈有限基数のクラス〉という概念に帰属するのは，（可算）無限より大である（非可算）無限・連続体であるという．そこで彼は基礎にある集合を特定化するにあたって基数のクラスを使用する (ibid.§164)．

いま無理数が既知であると仮定すると，すべての正の実数 a は次のように表現される．

$$a = r + \sum_{k=1}^{\infty} \left[(1/2)^{n_k} \right]$$

rは負でない整数，n_1, n_2, … は正の整数の無限単調増大列を形成する．これはaの少数展開としての，2の負の累乗の無限和，二項展開を与えるに等しい．展開は無限であるので，1/2 は 1/4 + 1/8 + 1/16……という無限列によって表される．かくてどの正の数aに対しても，その初項が負でない整数rであり，その第二項が正の整数の無限クラスであるような順序対が結合される．（サイモンズによれば，例えば，4 = 3 + 0.111111…（後者は2進法表記）となる．）

以上はダメットによれば，これだけでは「量領域」は，正しい群論的構造をもつどの群も，その元の間の関係に比の適用を許し，またこうした元が何であれ，群演算が何であれ，これらの比には実数の付値が許されるから，純粋に構造主義的な用語で理解されるはずであろうが，しかしそれはフレーゲの立場ではない (Dummett [1991] 280)．フレーゲは基底集合を特徴づけていないが，元が可換で，また群演算が合成 composition であることを要求している．が，それを擁護する議論を提出していない．どの群も可換群とは同形 isomorphic だから，群論的には，一般性に損失はない．しかしそれは説明にはならない．問題は，フレーゲが量領域の元と同一視している置換がその上で演算操作するのは，精確にどんな基底集合なのかである．これは形式的定義では特定不能である．しかしわれわれがフレーゲの量概念の分析を受け入れるに先立って，そのクラスが何であるとフレーゲが考えたかを知る必要がある．領域が時空的距離・変位から成る場合には，何も問題はない．基底集合は点や瞬間を含むと解されるからである．しかし領域が質量の場合はどうか？ 思考可能な任意の質量について，当の質量をもつ対象が存在するというのは，アプリオリに真ではない．

かくしてダメットによれば，フレーゲは量領域の概念に確信を与えるような分析には達しなかった．§163の実例もそれほど役には立たない．ある量領域はフレーゲのモデルに従うが，すべてではない．量概念の十全な一般的特徴付けには，絶対的領域，巡回領域，1次元以上のベクトルをもつ領域にもっと注意を払わねばならない．フレーゲは実数の定義へと急ぐ余り，実直線の構造を

もつもの以外の量領域を無視した．結果として，量概念の欠陥のある分析を招いたのだろう．それはおそらく第Ⅳ部で訂正予定であったのであろう．

ところで，無理数を前提しないと，サイモンズによれば，正の実数 a には，初項 r を基数，第二項を 0 の含まれない基数の無限クラスとする順序対が結合される．これが基底集合である．さて a + b = c であるような正の実数 a, b, c を考える．c は，a と b の上記のような各部分からの回帰的方法によって得られる．例えば c の小数展開部分に対応する実数の無限集合は，次のように帰納的に定義される．各正の実数 b に対し，まさに a + b = c の場合に，他の正の実数 a, c 間で成立する関係が存在する．r, s, t を負でない基数，A, B, C を 0 を含まない基数の無限クラスとし，a =＜ r + A ＞, b =＜ s + B ＞, c =＜ t + C ＞とすると，c を表す対の初項 t は a と b を表す対の第一の項 r, s の和であり，また c の第二項 C は a, b の第二項 A, B の和である．これらの逆を一纏めにすると，それらは正と負の実数に一対一対応する (cf. Dummett [1991] 285)．またサイモンズの 2 進法表記によれば，例えば 2/3 + 1/2 = 7/6 は，2 進法では，0.1010101... + 0.0111111... = 1.0010101... となる．これは次のような負でない整数 r と '1' の存在の位置番号を示す無限列との対への操作 ' + ' に対応する．

＜ 0, {1, 3, 5, 7...} ＞ ' + ' ＜ 0, {2, 3, 4, 5, 6, 7...} ＞ = ＜ 1, {3, 5, 7...} ＞ (Simons [1987] 372)

こうして連続体の濃度をもつ対の直積族が生成する．これにその逆を加えて，こうした直積とゼロでない実数との一対一対応を得る．b + b' という数の和・合成は，b, b' に結び付く直積の積に対応し，ゼロは直積とその逆との積に対応する．これら直積のクラスが量領域である．

7. ヘルダー Hölder, Otto の場合

本格的検討は他日を期すとして，GGA の Pt. III とほとんど同じ論題を扱うヘルダーの注目すべき論文 'Die Axiome der Quantität u. die Lehre von Mass,' (Hölder [1901])[2] を，ここでは主にダメットに従って (Dummett [1991] 282-3)，

簡単に紹介することにしたい．フレーゲとヘルダーは互いに相識ってはいないが，比較は興味深いものがある．ヘルダーは可測量 messbare Größe の一般理論を目指す．ゼロ量をもつ絶対的量領域が次のように特徴づけられる．すなわち，公理論的に，加法演算に関し結合的で，線形順序関係を想定し，稠密的，完備，左 left-，右不変 right invariant，その両者を原始的とする．かくて，領域は，順序付けられた上半群 ordered upper semigroup となる（但し群論的用語は使用されていない）．ヘルダーは最初のアルキメデスの法則を順序の完備性から正しく証明し，またアルキメデス法則から加法の可換法則 kommutative Gesetz を最初に証明した（§5）．フレーゲは類似の定理を Pt. III-2 でより強力な仕方で証明している．

正整数 n と量 a に関し，ヘルダーは容易に積 na を加法で証明する．二つの量の間の比 Proportion der Grössen の概念を特徴づけ，こうしたどの比にも実数を結びつける．フレーゲと異なり，これらの手段から実数を構成 construct はしない．むしろ，まず正の有理数を正整数のペアの同値クラスとして定義し，それからデデキントの方法で，しかし数学的創造には訴えずに，実数を下クラスが最大元をもたない有理直線における対応する切断で，定義する．

加法，従って乗法が与えられた場合の比の正しい定義は，ユークリッド原論 V，定義 5 に訴える（§8）．異なる領域間の元のペア間の比の比較も，加法演算が与えられれば可能だが，ヘルダーは単一領域に限る．有理数 n/m を，ma = nb のとき，a の b に対する比と結びつける．ヘルダーの貢献はユークリッドとデデキントのアイディアの緊密な結びつきに気づかせたことである．アルキメデス法則の見地によれば，量の間のどの比も有理直線中のデデキント切断を決定し，よってこうした切断に対応する実数を決定するのである（§9）．

フレーゲとヘルダーが互いの業績を知らなかったことは，残念至極なことだとダメットは考える．もし知っていたらフレーゲは Pt. III-1 でそう簡単にデデキントの理論を片付けることはなかったであろう．デデキント理論が量の比に適用する方法は明らかだから，そうすればフレーゲのデデキントに対する反対論がより鮮明になったはずであろう．

ヘルダーは，フレーゲ以外では最初に，有理数を，本質的に正整数間の比として定義し，かつ実数を有理数によって定義した．その故に，量の間の比

Grössenproportion の度数 Masszahl, magnitude を与えるために，有理数と無理数の双方の使用を基礎にしている諸原理は非常に直接的であるが，それらはなお数そのものの定義にとっては外的である．有理数と無理数を一緒に定義すべきだと主張することによって，フレーゲはそれらの応用をその定義に内在化することを必然とした．そうすると，フレーゲとデデキントの差異は，人間の心による自由な創造という事柄を別にすれば，GGA の Pt. III-1 から想定するよりもはるかに狭まる．ある重要な方法論的差異は存在する．つまり，フレーゲにとっては，量の理論は応用数学に主たる関心のある単なる付録ではなく，解析学の基礎に不可欠なのである．しかし数学的な差異はもっとわずかである．特に，もしフレーゲが比を定義する III-2 の要点に至ると，フレーゲはユークリッド風の定義を使用しなければならなくなり，かくしてデデキントの数概念に相当に接近するに至るであろうからである (Dummett [1991] 282-5).

§4 量理論の形式的展開

1. 量の形式的な理論への準備

III-2 の「量の理論」においては，関係の外延である直積のクラスという量領域を基礎にした以上のような実数についての，形式的な理論展開が行われる．

第一に，量領域中での直積の合成・和は，交換律，結合律を充たすべきこと (A)，第二に，「大小関係」という線形順序の概念が定義され，そうした順序を充たす順列群の正の元からなるクラス（準正クラス Positivalklasse）が導入される (B)．次いで「（最小）上界 Grenze」という概念が定義され (Γ)，それによって交換律・結合律を充たす正クラス Positivklasse が定義される (Δ)[3]．

かくして実数自体は基数のクラスではないし，対でもなく，対の間の関係でもない．フレーゲは，有限基数ならびに（可算）無限基数を利用するが，実数を段階的にではなく一挙に得ようとする．実数は，構成されたり創造されたりするのではなく，量の比，量からなる直積のクラスとしての空でない量領域に基づく直積の直積であって，しかも（非可算）無限基数を利用する定義によって摘出された予め既に存在している値域である．即ち，正負の実数とは，基数と〈有限基数のクラス〉という概念の（非可算）無限基数との直積和およびその

逆, なのである.

かくてフレーゲは, 無理数を論理的に前提することなく,「実数を量の比として純粋に算術的ないし論理的に定義することに成功するであろう, したがって無理数が存在するということには何の疑いもない」(ibid.§164) と, 信じた. ラッセルのパラドクス発見以後, 値域 (概念の外延) や重積値域・直積 (関係の外延) 一般の導入に依拠する基数論, 実数論がパラドクスに陥る危険があることは明らかである. しかし, 一方, 第14章で論じたように, もしフレーゲの論理的言語に課した諸条件を大幅に緩めるという仮定の下でなら, 基数のみを導入する (HP) から, 第2階論理内でデデキント・ペアノ算術の公理系 (ないしそれと同型のフレーゲ算術の公理系) を無矛盾に導きうることが,『基本法則』第Ⅱ部の近年の検討によって明らかになった. 第Ⅲ部のフレーゲの実数論が,「関係の外延」である「直積」を利用しているとしても, それは簡単化のためであって, おそらく一様な仕方で「直積」を消去し, もっぱら「概念」「関係」という第2階論理の道具立てで十分であるとも想定されうる. また実数論が無限概念に訴えているとしても, すでに基数論で示された通り,「フレーゲの定理」とはまさに (HP) のみから,「外延」一般に訴えることなく, 無限概念を引き出すことができるかもしれない. その限り, フレーゲの実数論もまた整合的でありうると期待される.

しかしそのことが示されたとしても, 基数論に基づく彼の実数論が論理主義の試みを成功に導いたと容易に断定しがたいことは, (HP) が純粋論理的であると断定することに対しなお種々の困難が指摘されているという基数論と同じ理由, また数学的プラトニズムの問題に関しても, 依然「シーザー問題」「入れ替え議論」による不確定性やダメットの指摘する循環性・非可述性の問題が残されており, 基数の場合に劣らず一層の検討を要すると言わねばならないであろう.

2. 量の形式的群論的処理[4] (GGA III-2)

量の形式的群論的処理を行うにあたって第一の問題は, 量領域の特徴づけで, それは相当数の条件を充たす順序置換群でなければならない. その仕事は相当な数学的興味を惹くもので, つまり, 先のヘルダーによる証明より一層強力な

定理を与える，順序を伴う群論の行き届いた探索を要する．数学的に興味深いのは，量領域の定義というよりむしろ公理と呼ぶべきであるようなフレーゲの関心である．§175 でフレーゲが説明しているように，量領域が結局線形順序群で，順序が左右不変であるとしても，その順序が線形であることも，右不変であること以上のことも要求せずに，群に関し多くの定理が証明されるという思考の経済性にある．

フレーゲは，量領域における加法，すなわち，置換の合成が，交換および結合法則を満足しなければならないという宣言から始める．それから関係の合成（GGA I, §54 で定義）が常に結合的であることを証明する．が，必ずしも常に可換的ではない．フレーゲが最初に選んだ特殊ケースは，関係 p とそのすべての合成 p｜p, p｜(p｜p), …（フレーゲの記号に代えて，'｜' は合成に用いる）である．フレーゲは自然数への言及なしに，このクラスの成員性を表現するのに，祖先関係の定義を用いる．p が置換[群]の場合でさえ，その正積のクラスは必ずしも群ではない．この関連でフレーゲは関係のクラス P の領域という重要概念を定義している．それは，P の単位元とその全成員の逆元を伴う P から成る．P が置換群 p のすべての重積のクラスの場合，その領域は無論 p により生成する巡回群であろう．しかし注意すべきは，置換群のクラスの領域が必ずしも p によって生成する群ではないことである．

次の問題は，順序の概念をどう導入するかである．フレーゲは順序づけがある置換群の正の元から成るクラスとなる条件を定義し，またそのクラスにより順序を定義することによって導入する．フレーゲの最初の接近法は，彼が準正クラス（Positivalklasse）と称する概念を導入することである．準正クラスとは，以下の4条件を充たすある基底集合上の置換群のクラスである．

(1) もし p, q が P 内にあれば，p｜q もそうである．[p, q ∈ P → p｜q ∈ P.]

(2) 単位元 e は P 内にはない．[e ∉ P.]

(3) p, q が P 内にあれば，p｜q^{-1} は P の領域中にある．[p, q ∈ P → p｜q^{-1} ∈ P.]

(4) p, q が P 内にあれば，p^{-1}｜q も P の領域中にある．[p, q ∈ P → p^{-1}

| q ∈ P.]

'p^{-1}' は p の逆元を表す．P が先の定義による準正クラスであれば，P の領域は P により生成した群である．フレーゲはさらに，もし $q \mid p^{-1}$ が P 内にありまたそのときに限り，p を q より小とすること［$p \mid q^{-1} \in P \leftrightarrow p < q$］により，この群上に順序関係を導入する．すると直ちに，そのように定義された順序関係＜は右不変 right-invariant，つまり，p＜q ならば，その群の任意の元 r に関し，p｜r＜q｜r であること，さらに P が単位元 e より大であるような群の元の集合（正の元の集合）の場合，(1)(2)から容易に＜は当の群の狭義半順序 strict partial ordering (i.e. 推移的で反対称的 asynmetrical)［結合的なら半順序］となる[5]．しかしフレーゲは条件(4)が他と独立か否かを確立できていないことをひどく気に病んでいた．実際は独立である[6]．フレーゲは，その点が不確かのまま，§175 から §216 へ，条件(4)なしに，可能な限り証明を先へ進めている．

(4) が不成立だと，P の領域はそれによって生成する全群——それは P 中の p, q に対しては $p^{-1} \mid q$ を伴う領域になるであろうが——を構成しないことになる．それでも，全群上で定義される順序関係を考えうる．条件(3)は結果的に＜が P の厳密な線形順序づけであると述べているからであり，それが当の群の厳密な上半線形順序づけであるという命題と等値なのである．これは，それが，どの所与の元より大であるような元が比較可能であり，かつ任意の二つの比較不能な元に関しても，その両方より大であるような第三の元が存在するということを意味する．比喩的には，それは下方に分岐してよいが，上方には分岐できないということである．条件(4)は，＜が負の元（e より小の元）について厳密に線形に順序づけるのであり，＜は当の群の厳密に下位の半線形順序づけであるという命題と等値なのである．それゆえ(3)(4)を纏めると，＜は当の群の厳密な線形順序づけであるという命題と等しい．もし順序が左不変の場合には，条件(4)は成り立つ．というのは，もし p＜q なら，左不変性により P 中で $e < p^{-1} \mid q$, i.e. $p^{-1} \mid q$ だからである．（しかしその逆は不成立．その群は左不変であり，右不変の線形順序づけをもちうるからである．）フレーゲの独立性問題は，それゆえ，右不変だが，左不変でないような上半線形順序を

もつ群が存在するかどうかを問うに等しい．事実そうした群は存在するから，条項 (4) なしに証明しようとフレーゲが気にかけた定理は，群の真性 genuine クラスに関して成り立つのである．

準正クラスという概念は，正 *positive* クラスへの予備的接近に過ぎない．正クラスとは，順序づけ<が稠密 dense で完備 complete な準正クラス P である．完備性を特徴づけるため，フレーゲは P の部分集合 A の最小上界 the least upper bound という概念を定義せねばならない．フレーゲの定義は通常のそれと一致しない．フレーゲは補助概念として，クラス A の「上縁 upper rim」と呼ばれる概念を使用している．つまり，r が P 中の A の上縁なのは，A が r より小さい P のどの成員をも含むときそのときに限る．フレーゲが「上界 obere Grenze」ないし単純に P 中の「限界」と称しているものは，いまや次のように定義される．それは P のある元 r で，P 中の A の上縁であって，かつ P に属する P 中の A の他のどの上縁よりも小でないものである．<は P を線形に順序づけるから，クラス A の，この意味での上界 upper bound は，たかだか一つしか存在しえない．つまり，それは，われわれの意味では，A の逆元の最大下界元 the greatest lower element である．もし A はそれが含むどの元よりも小なる，P のどの元も含むものであるとすると，フレーゲの，A の上界とは通常の意味での，A の最小上界 the least upper bound となろう．<が P 中で完備であるための条件のフレーゲの定式化は，次のようである——もしクラス A のある元が P 中で A の上縁であるが，B 中にはない P の元が存在する場合，P のある元は P 中で A の一つの上界 an upper bound である (Dummett [1991] 289)．

フレーゲは正クラス導入後も，条項 (4) に訴えない方針を採り続ける．一方，条項 (4) が，(1) (2) (3) と独立なら，完備性と稠密性を付加した後もやはり独立なのかという問いを問うてはいない．実際，独立ではないことが示されよう．フレーゲが関心を払っているのは，アルキメデスの法則「任意の正の元 p, q について，q より小でない p の乗積 multiple が存在する」である．フレーゲはそれを上記の，元の乗積のクラスを援用して定式化する．フレーゲが証明した最も重要な定理は以下のものである．

定理635（§213） <が完備な上半線形順序 complete upper semilinear ordering なら，アルキメデスの法則が成り立つ．

ヘルダーはこの法則を2年前に彼の論文で順序の完備性から証明していた．しかしヘルダーは，順序が稠密で，左不変で線形であるという，フレーゲの想定より相当強い想定を用いていた．順序の完備性には，実数を獲得する必要がある．が，以下の定理証明に重要なのは，アルキメデスの法則である．

フレーゲは命名してはいないが，興味深く生産的な概念，即ち順序が 'limp'（正元によって乗積の下で左不変 'left-invariant under multiplication by positive elements'）と表現してよいような左不変性 limp という制限つきの種類，という概念を援用している．順序がこの性質 limp を持つのは，q＜r で p が正のときはいつでも，p｜q＜p｜r の場合なのである．

定理637（§216） <が上半線形で，アルキメデス的順序なら，< は limp である．

この二つの定理は，条項 (4) なしに証明されている．次の二つの定理は (4) に訴えている．

定理641（§218） <が線形で，アルキメデス的順序なら，< は左不変である．

定理689（§244） <が稠密，線形で，アルキメデス的順序なら，その群はアーベリアン［可換］である——結合に関し交換法則が成り立つ．

ヘルダーもアルキメデス法則から交換性を導出していたものの，左不変性を仮定せざるをえなかったが，フレーゲでは，左不変性が定理641により自動的に出てくるため，稠密性は不要である．しかしフレーゲはその証明を稠密性に訴えているが，それは欠陥ではなく，他の二つの場合には異なる証明が必要だからである．

フレーゲの定理637の援用により，さらに改善が可能である．

定理　<がアルキメデス的で，上半線形順序なら，<は線形でその群はアーベリアン［可換］である．(Adeleke, Dummett, Neumann [1987], 定理 3.1)

かくして条項 (4) は，完備性の想定があると，あるいはアルキメデス法則（それは交換性の証明に十分だから）の想定でさえ，もはや独立ではない．

定理 689 で，フレーゲは III-2 のまさに冒頭で，また II 巻の最後で（ラッセルのパラドクスについての付録は別として）表明していた交換法則の証明追及の終着に達した．狭義の量領域とはいまや，確信をもって，正クラスの領域と同一視されうる．

§245 の短い結論部で，フレーゲは次の課題は，§164 で指示されていた線に沿って，正クラスの存在証明であると表明している．それが，実数を同一の正クラスの領域に属する量の比として，定義する可能性を開く．「そのときわれわれはまた実数自身が正クラスの領域に量として属することを証明することができるであろう」．

III-2 の欠落している結論は，面倒なことであろうが，本質的困難を提出するものではないだろう．§164 の装置は少しばかり修正されねばならないにすぎない．フレーゲは，ある領域 D の量 p の，別の量 q に対する比が，D と同一であれ別ものであれ，ともに領域 E に属する量 r の量 s に対する比と一致する coincide 場合のユークリッドの定義を，本質的に使用せばならないだろう．フレーゲは，「同一」「一致」という用語は用いず，量の順序対の間の同値類を定義するだろう（フレーゲは I 巻 §144 で量の順序対を，初項が二項に対する関係のクラスと定義している）．フレーゲはこれまで量の乗積を特徴づけるのに自然数に訴えるのを避けてきたが，ここでは同様であるようにはみえない．フレーゲの定義は，本質的にユークリッドのそれと同じでなければならない．その定義は比の同一性の規準を与えるだろう．それゆえ，フレーゲが実数を論理的抽象，つまり，量の順序対の同値類によって定義すると自然に期待してよかろう．しかしこれはフレーゲが最後の文で要求した結果を未だ齎さないだろう．同値類は，関係の外延でなければならないだろうからである．そして後者は，フレーゲにとっては，順序対のクラスではなく，重積値域だからである．それゆえフレーゲは，この方法の変種 variation を用いざるをえなかった．実数は，同一の領域の量 r と s の間の関係，それは r が s に対し，同じ領域の，ある固

定された量 p が別の固定された量 q に対するのと同じ比である場合，つまり，対<r, s>が対<p, q>と関連する同値関係にある場合，に得られるような関係でなければならないであろう．

　それは，値域を支配する公理が全く異なっているが，無矛盾な ZF 集合論を与えるようなものであり，またフレーゲの順序対の概念が現代のそれと代替されると想像するのなら，第Ⅱ巻第Ⅲ部には何の困難もないし，正クラスの存在証明にも何の問題もない．しかし比としての実数の定義は，阻止されるであろう．なぜなら，関係積としてのその領域は確かに真クラス *proper class* だからである．これは，まさに，フレーゲの，自然数を含む，基数定義の運命であった．集合論のパラドクスが論理的抽象による定義にフレーゲの予期しなかった制限を課したのであった（Dummett［1991］291）．

§5　形式主義批判と整備——ゲームと応用可能性

『算術の基本法則 GGA』第Ⅲ部 1 の (c)「E. ハイネと J. トーメの無理数論」（§§86-137）は，数学史上はじめての「形式主義」の明晰な定式化とその詳細な批判を含んでいる．

　フレーゲの批判の主要な論点は，次のようなものである．

(1)　記号と記号が表示するものとの混同
(2)　ゲームとゲームについての理論，あるいは形式的理論とそのメタ理論との混同——チェスのゲームは（内容のある数学と異なり）いかなる理論でもなく，何も語らず，いかなる定理も含まないが，チェスについての理論は内容をもち，定理も含みうるということ（ibid.§93）
(3)　無限列の概念の斉合的説明の欠如
(4)　数学の本質的な応用可能性の主張（ibid.§91）

フレーゲの哲学上の同僚たちは数学的存在と知識の源泉を人間の心の内省に求める心理主義に陥ったが，彼の同僚の数学者の相当数の者たちは，その源泉を数学的記号法や形式化そのものに求めた．彼らの試みは貧弱にしか遂行され

ず，フレーゲにより完全に崩壊させられたが，形式主義として知られるようになるその一般的な考えは，数学基礎論に対し実り多いアプローチとなった (Resnik [1980] 54).

イエーナ大学の数学正教授 J. トーメや，また E. ハイネは，数学理論の式は真または偽でありうる真正の言明を表現するのではなく，指令規則に従って数学者が処理する数字の解釈されていない単なる連鎖にすぎないとの，ラディカルな形式主義を主張した．

レズニクは，形式主義に 3 変種を区別している．(A) ゲーム形式主義：数学を無意味でチェスのようなゲーム（そのゲーム中で記号法は「盤や駒」として機能する）と見なす立場，(B) 理論形式主義：数学を形式的体系についての理論として扱う立場，(C) 有限主義：数学の一部を一定の記号的対象についての有意味な理論と見なし，残余を前者の道具主義的な拡張と見なす立場である．(A) (B) は，ハイネとトーメに遡るが，むしろフレーゲ自身がこれらの見解の最初の明晰な定式化を提供した．(C) はヒルベルトの立場で (Resnik [1980] 54)，『算術の基本法則』では未だ直接の考察対象にはなっていない．

(A) ゲーム形式主義

レズニクによれば (Resnik [1980] 55)，形式主義は，16 世紀のボンベリ Bombelli による -1 の平方根を与えるための虚数の導入にまで遡る．彼は虚数記号を，あたかもそれらが数を表示しているかのように扱い，現実に数そのものを産出することなく代数的操作に従うものとして「虚数 numero immaginario」と称した．19 世紀初頭にガウスによって虚数，複素数の幾何学的表示がなされるようになって，数学者はその存在を容認し始めた．しかしこの時期はまだ解析と複素数論はともに幾何学に基礎づけられていた．19 世紀後半，ワイエルシュトラース，デデキント，カントルが解析学と複素数論との算術化に着手した．そのために彼らは無限過程（極限，無限列，無限系列）を導入し，それによって無理数，超限数，複素数を派生的に定義した．しかしクロネッカーは，無限の過程が「形而上学的」だとして激烈に反対し，自然数とそれらから有限的に構成可能な存在のみが数学において許容されるべきだと主張した．ハイネとトーメはクロネッカーに与し，次のように言う．

正の整数だけで満足しようとはしない場合，「数とは何か」という問いに対しては，数を概念的に定義することによって，例えば，無理数をその〈存在〉が前提されている極限として導入することによっては，答えられない．純粋に形式主義的な立場の定義では，〈ある手で触れる記号を数と呼ぶことによって〉，数の存在は問題ではなくなる．(GGA II-III,§87, S. 97)

この引用はフレーゲの第一の批判 (1) 記号と記号の表示するものの混同に関係し，記号と数との同一視が現れている．

フレーゲは既に早期に，書かれた記号は通常われわれが数に帰属させはしない物理化学的性質をもち，逆に数は記号に感覚可能な仕方では帰属されえない性質，［物理的でない］大小関係をもつと批判していた (Frege [1885] 97-8)．

トーメによると，算術は数記号しか扱わないが，それはこうした記号についての理論ではなく，むしろ記号でなされるゲームなのである．

数についての形式主義的な理解は，論理的なそれより控え目である．それは数が何であり，何であろうとするのかは問わず，算術において数に何が要求されるのかを問う．形式主義的理解にとっては，算術は空虚といってよいような記号によるゲームなのである．つまり，記号は，それらが一定の結合規則（ゲームの規則）に対しその振る舞いに関して割り振られる以外の（計算ゲーム中での）いかなる内容ももたないということである．チェスのプレイヤーはその駒を同じように使用する．彼は駒にゲーム中でのその振る舞いを規定するような一定の性質を割り当て，駒は単にこの振る舞いの外的な徴にすぎない．確かに，算術とチェスとでは重要な違いがある．チェスの規則は任意であるが，算術の規則体系は，単純な公理群によって数が直観に関わる多様なものに関係し，その結果自然についての認識に本質的な貢献をなしうる．(GGA II-III,§88, S. 97 [フレーゲからの引用])

トーメの見解には一見多くの尤もらしさがある．実際の数学では，記号の意味に特に意を払わずして，主として記号の処理がなされているからである．すると数学は予め設定された規則に従った記号処理操作にすぎないように見える．

フレーゲも，数学がそのように解されうることを認めている．しかし彼はこれが数学の本性についての本当の説明を与えるとは信じない (GGA II-III, §90).

第一に，初期の形式主義者たちは，数学が記号のゲームだということを示すのにさえ成功しなかった．その不正確さを指摘し，どのように是正すべきかを初めて指示したのはフレーゲ自身であった．例えばトーメは「この計算ゲームの記号体系は，0, 1, 2, 3, 4, 5, 6, 7, 8, 9 の記号からおなじみの仕方で構成される」と言っている (Thomae [1906] 434).

しかしフレーゲは，トーメが枚挙された以上の記号を使用しており，これら付加された記号が 10 個の記号からどのように構成されるのかについてなにも指示を与えていないと指摘する．つまり，トーメの形成規則は完全には特定されておらず，単に「おなじみの仕方で」と言っているのみなのである (Frege [1908]).

第二に，フレーゲはまたトーメがその形式的算術中で有意味な算術を前提しているとして非難する．プレイヤーにどの記号がゲーム中の駒であるかを知らせる形成規則に加えて，記号をどのように操作するかということを述べる変形規則が必要である．この場合もトーメはその際に有意味な算術に頼っている．例えば，a + a' = a' + a（和の交換律）を使用しているが，これによってトーメは何を意味しているのか．彼は記号 '3 + 1' が記号 '1 + 3' と同じであると言うことはできない．これらの記号に意味を与えることが認められればそれによって，この等式に意義を与えることができる．3 に 1 を加えることによって得られる数が 1 に 3 を加えることによって得られる数と同じであるということを，その等式が意味しているからである．しかしこうした解釈はトーメには許されない．トーメは，その二つの記号が他のいかなる文脈においても置換可能であるということを意味しなければならない．トーメの基本的等式は，実際は統語論的な書き換え規則なのである (GGA II-III, §§106-109; Frege [1906b]).

(B) 理論形式主義

最後の点は，第二の批判，(2) ゲームとゲームの理論，形式的理論とメタ理論 (GGA II-III, §§93-119) の区別に関わり，理論的数学の言明は，これまで導入された記号法についての統語論的言明と見られる．等式 a = b は，二つの

数学的記号a,bが互いに書き換え可能であるということを述べていると考えられる．不等式a＞bは，a,bが一つの列に変換したときに，aから得られた列がbから得られた列より長いということを述べている．また数学的記号の上を走る変項を導入すれば，数学的記号法についてのメタ的な一般的法則が形成される．

さてフレーゲは，形式的算術の一般的記号規則のリストが不完全だと批判する．ちょうどチェスの駒の移動に関する許可条項と禁止条項に対応する，許可規則と禁止規則の区別の必要性を，形式的算術は見落としているのである．例えば，「分母が0の商はいかなる意味ももたない」は，記号演算ゲームについての理論中の禁止規則と解されるべきである (§§113-119)．この禁止規則を認めないと，例えば'a・0 = 0'と'(a・b)/b = a'とから，'a'をそれぞれ'3'と'4'に，'b'を'0'に置き換えることにより，'3 = 4'を導きうることになり，矛盾を排除できないのである．形式的算術はこの禁止規則を見落とすことによって，無矛盾な形式的算術の基礎づけを不可能にしているのである．

ところで厳密には，記号法の法則はメタ理論中の法則ではない (Resnik [1980] 59)．それが扱うべき対象理論が存在しないからである．いわゆる対象言語は単に名前，つまり数記号を含むのみである．フレーゲは，ゲームそのものとゲームについての理論とを峻別するよう強調する．トーメのゲーム形式主義は，数学のゲームとそれについての理論との間のこの差異に気づき損なった故に，欠陥のあるものであった (GGA II-III, §§107-109)．

算術とチェス・ゲームの類比に気をとられ，トーメはゲームそのものとその理論との区別を見落としている．チェスの駒も盤上の位置も何も意味しない．特に真偽の査定可能な思想を表現しない．しかし，チェス・ゲームが与えられれば，チェスについての理論，つまり，チェスの駒とチェスの位置についての，数学的定理と同じ仕方で証明可能な，有意味な命題を展開することを妨げるものは何もないのである (ibid. §93)．

同じように，解釈されていない形式的理論が与えられれば，その主題が解釈されていない理論の式および形式的証明であるようなメタ理論を構成する妨げになるものはない．メタ理論の命題も演繹的証明によって確立される有意味な言明である．形式主義者はメタ理論の形成を阻止しえない．だが形式主義的数

学の哲学中にメタ理論を容れる余地はないはずなのである．メタ理論は内容（つまり，形式的理論）をもつからである．他方，メタ理論は，経験的理論でもなければ，形式理論の応用でもないはずである．

しかし形式主義者はメタ理論中の命題をチェスの形式化された理論の応用と考えざるをえない．同様に，ペアノ算術が整合的だという命題や，それが整合的なら決定不能な文があるという定理も，形式化されたメタ理論の応用とみなさねばならない．

形式主義者は自ら認知していない領域を作り出してしまう．チェスの直観的理論はそれ自身アプリオリな物理科学での算術の応用とは異なる．後者は，経験的観察によって確立された事実や理論的仮説に依存する．だがチェスの理論は，理論的仮説ではなく，ペアノ算術の公理や規則がその形式的体系に構成的であるように，チェス・ゲームに構成的な規則である前提にのみ依存する．こうして形式主義者は，定理やその証明を含み，明らかに数学的理論の例と見なされる有意味でアプリオリな理論の領域を認めざるをえなくなるのである．

形式主義者は形式的体系についての研究のみを純粋数学と認め，すべての純粋数学はメタ数学となる．形式主義者は数学から意味を奪ったのではなく，単に数学的命題を式の内容からそれが導出可能だというメタ理論的言明（ある言語中でのアプリオリで有意味な言明）にシフトさせただけなのである（Dummett [1991] 255）．

肌理の粗い形式主義は，数学が単にインクやチョークによる実際のしるしに関わるという．その主題がタイプとしての記号の連鎖，抽象的対象からなるとすると，チェスとチェスの理論との，形式的理論とそのメタ理論とのフレーゲの区別が，メタ数学者は有意味な主張には関わらないというラディカルな形式主義の主張，を追放するに至る．以上がグローバルな形式主義へのフレーゲの反論である（cf. Dummett [1991] Ch. 20）．

第三の批判が関わる（3）無限列（GGA II-III,§§121-136）の節は実数論と直接関連する．無理数の導入には，無限に多くの数が必要であるのに，形式主義算術は可視的・可感的な数字の有限集合しか持ち合わせない．

先の書き換え規則のアプローチは，有理数までは有効だが，デデキントの切断や無限系列等によって実数を構成しようとすると崩壊する．トーメとハイネ

はなんらの付加なしに無限列を導入し，フレーゲによって徹底的に批判される．第一に書かれた無限列など存在しない (GGA II-III, §124)．

トーメはしかし無限列を，それに従ってその列が不定に続行できるような規則によって定義しようとする．そこでフレーゲはこの定義中の「可能性」という語の使用を攻撃する．いかなる列も，ひとが記号を不定に記すことは可能でない故にこの定義では無限でないか，またはすべての列が不定に延長可能であるかである．かくしてすべての列が有限であるか，または無限であるかである (GGA II-III, §125)．トーメの規則は，不十分で，密かに有意味な算術を前提している (ibid. §§129-131)．

それでは書かれた印の代わりに，抽象的な記号（トークンではなくタイプ）をとり，列を生成規則と同一視しよう．すると有限列と無限列の区別が可能となり，さらに有限列はその規則が当の列の生成が終結するということを含む．しかしこの手続きも，列生成のための任意の規則を認めなければ，実数の古典的連続体（非可算無限）を産出できない．任意の規則の存在を認めると，トーメやハイネが「形而上学的」と称していたことにコミットすることになる．

まとめると，フレーゲの以上のハイネ・トーメ批判において，(1) 記号と記号が表示するものとの混同，(2) ゲームとしての数学とゲームの理論としての数学の混同が指摘され，(3) 有意味な算術の前提により，彼らのアプローチが決定的な形成規則と変形規則の提示に失敗し，無限列・集合の構成にまでその方法を拡張することに失敗していると指摘された．

こうしてフレーゲは，使用と言及の区別の最初の明示的な定式化，対象言語・形式的理論とメタ言語・メタ理論の区別と，また厳密な形式主義的哲学がどのように提示されるべきかについての最初の明確な指示を与えたのである．しかしトーメの形式主義が適切に定式化されても，無限の問題で躓く (Resnik [1980] 61)．

この最後の反対論をかわす形式主義を，トーメの「計算 computation ゲーム形式主義」と対比させてレズニクは「導出ゲーム derivation game 形式主義」と呼ぶ．これによると，数学は，その駒が形式的体系の整成式であり，その指し手がこれらの体系の変形規則であるようなゲームないしその集合である．ゲームの目的は，形式体系中で導出を構成することである (loc. cit.)．

しかし洗練された形式主義は，抽象的な記号タイプに関わり，有理数の無限列を認め，それを公理化し形式化する．そして数学者は，その形式的理論の中での形式的証明の導入に関わるのみであるとすると，無限に関するフレーゲの批判は当てはまらない．形式的体系には，潜在無限の記号が必要であるが，任意の列は必要ないから，実数問題は障害にならない．
　フレーゲは自身の体系が導出ゲームとして扱われうることに気づいていた．論理学から数学の完全に厳密な導出には形式的体系がこうした性質をもつことを要求することを強調していた．さもなければ，証明のチェックができないからである（GLA§§90-91; GGA II-III,§90）．しかしそうだからといって，導出ゲーム形式主義が数学の哲学的に満足のゆく説明であるということが帰結しはしない．
　第四の (4) 応用可能性に関する節（GGA II-III,§§89-92）は，フレーゲの実数論理解ならびに彼の数学の哲学の中心的トピック（応用）にとって極めて重要な節である．
　さて先のような無限の生成に関する形式主義に対する技術的反対に加えて，フレーゲは一般的な哲学的反対論を述べる．

　　その内容としていかなる思想ももたないような算術にはまた応用の可能性がない．なぜチェスの駒の配列が何の応用ももちえないのか．明らかにそれらがいかなる思想も表現しないからである．もし思想を表現していて，規則に従った各チェスの指し手が一つの思想から別の思想への移行に対応していたら，チェスの応用も考えられるだろう．なぜ算術の等式が応用可能なのか．ただそれらが思想を表現するからである．なにも表現せず，図形の集まりを一定の規則に従って別の図形の集まりに変形させるだけであるなら，どうして等式を応用しうるのか．算術をゲームから科学にまで引き上げるのは，応用可能性のみである．従って，応用可能性は算術に必然的に属している．科学であるのに必要なものを算術から排除することがよいことであろうか．
　　（GGA II-III,§91 強調は引用者）

簡単には，算術は応用可能だが，無意味なゲームはそうではありえない．それ

故算術は無意味なゲームではないということである．

　文字通りにはこの反対論は誤りである．ゲームも，より複雑な実生活上の現象の訓練装置ないしモデルとして使用しうる．しかし，「思想から思想への移行」の句が示すように，フレーゲは，論証的応用を念頭においていた．フレーゲの見解では，真なる思想のみが論証の前提になりうる．前提が真理を表現するには，その単称名辞が対象を指示していなければならない．論証中での算術の応用は，それが有意味でかつ指示的であることを必然とするのである．

　さて形式主義者は数学理論をある型のゲームだという．だが先述のように，フレーゲは数学がゲームではなく，真理追求の科学であり，数学を科学たらしめるのはその応用可能性であって，「算術をゲームから科学の地位に引き上げるのは，応用可能性のみである」(GGA II-III, §91) と主張していた．

　フレーゲによれば，形式主義者は数学理論の応用可能性を説明できないし，認めもしない．というのは，形式主義では，理論の式はいかなる思想も表現せず，真偽の判断されるべき有意義な言明ではなく，単なる形式的対象にすぎないからである．なぜチェスの配置の応用ができないのかといえば，それがいかなる思想も表現しないからである．逆に「なぜ算術の等式を応用しうるのか」といえば，「それが思想を表現するからである」．形式主義者は，等式から内容を奪い，チェス盤上の配置と同質と見なすことにより，「算術からそれを科学とならしめるものを排除してしまった」(GGA II-III, §91)．

　だが数式が適用されるのに，なぜ思想を表現せねばならないと，フレーゲは考えたのか．それは数学的定理の応用をフレーゲが，まさに演繹的論証の事例と解したからである．思想から（フレーゲによれば，真なる思想，即ち，事実から）の論証のみが可能なのである．つまり，思想でもなく思想を表現しもしないものからの，なんらかの結論の真理性を論証することについて語るのはナンセンスである．応用を語れるのは，前提が結論よりはるかに大なる一般性を持つ場合のみである．

　フレーゲは，算術の定理の応用可能性が，2階ないし高階の量化を含む論理学の極めて一般的な真理の，特定の概念・関係による例化に存すると，暗黙に解していた．

　その特定概念・関係が数学的なら，数学の内部に応用をもつし，経験的概念

なら，外的な応用をもつ．数学理論自体も高階量化だけを含む論理的真理のみからなるということはありえないだろう．数学的対象への指示を要するからである．しかし応用に関しては，数学理論の対象よりは，応用がなされる理論の対象に関わる．それ故応用は，主として論理の極めて一般的な真理に存すると見なしうる．形式主義者には明らかにこうした応用の余地はない (Dummett [1991] 256-7).

　勿論形式主義者は，応用の別の選択肢を提案できる．つまり，応用とは，本来は解釈されていない形式的体系に特定の解釈を与えることにある，と．公式には形式的体系の記号は意味のない印であるが，非公式にはたいてい古典論理の統語論的分類に従っている．要するに，標準的解釈は標準的なモデル理論において使用されるものなのである．多様な解釈に共通のパターンはその形式言語の統語論的構造以上に識別可能なら，それは，フレーゲが考えた理論についての有意味なヴァージョンに極めて似たものとなろう．

　形式主義者は，数学理論の応用を数学の仕事とは認めえない．だがフレーゲの立場は微妙である．算術の特定の応用は算術の仕事であるとは認めず，こうした応用はその内部でなされる特定の科学の仕事と見なすだろう．ミルは，純粋数学的命題自身とその応用を混同している (GLA§9) というのがフレーゲの見解なのであった．

　ダメットによれば，フレーゲは応用を算術にとって外在的 extrinsic と内在的 intrinsic とに分けた．前者は，算術の特定の応用であり，制限された知識領域，観察された事実に関係する．ミルやヘルムホルツらの経験主義者の誤りは，こうした特定の応用を算術命題の意義を構成すると見なしたことにある．算術に内在的なのは，その応用可能性を説明し，あらゆる特定の応用に共通のパターンを確定するような一般的原理なのである．形式主義者の誤りは，これを無視し，算術の仕事と認めなかったことである (Dummett [1991] 258).

　フレーゲは，§92で，実数の使用に関して，算術とその応用の関係について述べている．

　　量の間の同じ比 (同じ数) が，長さ，時間経過，質量，慣性のモーメント等と結びついて成り立ちうる．このことは，算術をどのように利用しうるかと

いう問題が，その応用がその内部でなされるべき諸科学とは，少なくとも部分的に独立に，解決されうるという蓋然性を高める．(GGA II-III, §92, S. 101)

ダメットに従えば，実数論の応用は，多様ではあるが，単に異質 heterogeneous ではなく，共通のパターンを示す．算術は特定の応用には関わらない．それらの応用が算術には馴染まない概念，長さや質量，を含むからであり，それらは幾何学，物理学その他の特定の知識領域に属する．他方，算術は量の一般的概念には関わる．この概念は正当な一般性の度合いをもち，測度としての実数のあらゆる特定の使用の底にあるからである (Dummett [1991] loc. cit.)．

算術を科学の地位にまで引き上げるのは，応用されるべきこの潜在能力である．形式主義者はそれを算術には無関係と見なす．しかし何が算術を応用可能にするのかを説明するのは，あらゆるその応用の底にある共通のパターンであるから，その一般性の故に，この課題の解決は，算術それ自身の固有の課題である．形式主義者は，各応用を解釈されていない形式的体系に新しい解釈を与えることとしか解さないので，そうした応用は算術にとって外在的で，算術の仕事ではないと見なす．

しかしフレーゲはそれに反対で，次のように述べている．

知識の特殊な領域に侵入せずにそれを成し遂げうる限り，算術家にこの仕事を要求することは理に叶っている．そのためには，とりわけ，数式に意義を結びつける必要があり，しかもそれは非常に一般的なものなので，幾何学的公理，物理的ないし天文学的観察や仮説の助けを借りて，これらの各科学の内部において多様な応用を見いだしうるものなのである．(GGA II-III, §92, S. 101)

最後に，(5) ワイスマンの批判（ヴィトゲンシュタイン的見地からの）に触れておこう．「チェスの配置はなぜいかなる応用もないのか．明らかにそれがいかなる思想も表現しないからである．もし思想を表現しており，各チェスの指し手が規則に従って一つの思想から別の思想への移行に対応しているのなら，

チェスの応用も考えられよう」(GGA II-III,§91) というフレーゲの見解に対するワイスマンのコメントは以下のようである.

　数学的等式が思想内容を表現させるようにするのは，応用である．等式が一つの命題から別の命題への移行に使用される場合それは数学である．さもなければそれはゲームである．チェス中の指し手がいかなる思想も表現しないと言うことは早急である．それはまったく・わ・れ・わ・れ・に依存するのだから[7]．

ワイスマンは，ヴィトゲンシュタインも同意するように，チェスの配置が戦場での部隊の配備を表すのに使われる場合を想定している.

　チェスの指し手はいかなる思想も表現しないゆえに，それを応用できない．チェスの指し手に応用を用意しないから，それが思想を表現しないと言うほうが，一層正しいのではないか.

　ワイスマンは形式主義者ではなく，数学的命題が意義をもつと認めている．が，ここで採用されている立場は，応用を解釈されていない形式的演算に経験的解釈を課すこととみなすラディカルな形式主義者のそれとほとんど違わない．ワイスマンは，われわれがまず命題に意義を与え，その意義に照らして，その多様な応用を行うということを否定する．むしろ，ヴィトゲンシュタイン流には，われわれは応用をし，それによってそれに意義を与える．そのように応用されるものは，形式主義者と同様，解釈されていない式である．唯一の違いは，彼［形式主義者］が，応用は数学に関わるということをはっきり否定することだけである.
　ダメットは，純粋に形式的に分数計算を教わった生徒の例を挙げている．等式にまだいかなる意義も与えておらず，単に計算ゲームに現れているだけだという点には，ワイスマンもフレーゲも同意するだろう．次に初めて物差しで長さをどう測るか，1インチを10に，12に，9にどのように分割するかを教えられる．いまや彼は等式に一定の意義を割り当てた．しかし彼の経験はフレーゲの見解を論駁したのか？　明らかに否！　である．等式に意義を与え，その

応用をマスターするという時間的順序が問題なのではない．問題は，分数を含む等式を彼は理解し始めたが，まだ十分には理解していないということである．というのは，彼がこうした等式に与えることを学んだ意義は，十全な算術的意義に要求される一般性を欠いているからである．それは幾何学的意義であって，算術的意義ではない．それは単にただ一種類の応用に関係しているだけである．子供はなお異なった種類の量の度合いを与える有理数の一般的な使用の把握を獲得しなければならない．ダメットによれば，ワイスマンにはこの余地がない[8]．

　形式主義によれば，(a) 算術は計算装置であり，加算機械以上に有意味である必要はない．(b) 算術は，それ自体無意味でも，その応用によって意味を得る．(c) ヒルベルトによれば，数学は空虚な理論であって，その名辞はシェマ文字であり，その文は量化シェマである．数学は論理学に還元され，任意に選択されたシェマからの論理的帰結を引き出すことにだけ関わる．

　(a) に対しては，算術のわれわれの使用と計算機とでは重大な非類似性がある．計算機は真なる算術的等式を見いだす助けとなる．算術の真理は等式の構成，その振る舞いの説明，その信頼性の正当化において前提されている．われわれはなおなぜそのゲームが有効なのかの説明を要求するだろう，そしてここで有意味な算術が不可避になるようにみえる．

　(b) 算術はその応用に基づくにしては余りに一般的な科学であるという理由で，フレーゲはこれに反対する．算術はそのすべての応用に対して共通であるようなものに関わるのでなければならないし，それ固有の主題をもたねばならない．

　(c) ヒルベルト流の形式主義では，上記のように，数学はシュマ文字から成る空虚な理論で，その文は量化シェマであり，数学は論理学に還元され，任意のシェマからの論理的帰結にだけ関わる．応用数学においては，シェマ文字は経験的述語を介して解釈される．数学はもはやゲームとは解釈されず，論理が支配的要因になる（吉田 [1971]）．ここでは，フレーゲとヒルベルトとの関係に深入りすることはできないが，フレーゲはこのアプローチにも反対で，その論理的帰結同様その公理の真理性を主張して，数学の科学的性質を再確認しているということだけに言及しておこう．（第16章§3参照）

なお，モデル論の先駆者レーヴェンハイムがフレーゲによる「形式主義」の批判的整備を高く評価しつつ，しかしフレーゲとは異なる理解の仕方を，フレーゲにも得心させたという書簡をベルナイスに送っているという（第 16 章 §2 参照）．

　フレーゲは算術はゲームではなく科学だと抗議し，算術の式はゲームの駒の解釈されていない配置がなしえない主張をし，問いを立て，仮説を表現するのに使用可能なのだと主張する（GGA II-III,§91; Frege [1906a] 396）．数学自体をゲームと見なすことは，なぜそれがそれほど重大に受け取られ，なぜ数学者がそれを通じて主張しているようにみえ，なぜ真理を追求しているように見えるのかの回りくどい説明をすることになろう．この点にレズニクは，フレーゲの科学としての数学観の有利な点が確かにあると認めるのである（Resnik [1980] 65）．

1) Dummett [1991] 243. しかし Kienzler [1995] の反論がある．
2) Hölder [1901] 1-64.
3) 'Positivalklasse' に「準正クラス」，'Positivklasse' に「正クラス」の訳語を当てるのは，岩本敦氏（2008.11.01）の提案による．
4) 以下の論述は，基本的に Dummett [1991] ch. 22 に従う．
5) 詳細な証明については，以下を参照．Adelekte, Dummett & Neumann [1987] patially rep. in Dummett [1991]．（なお，岩本敦氏による詳しい解説がある．岩本敦「科研費合宿レジュメ　フレーゲの実数論」(2008.11.01)．）
6) フレーゲの置換群は，一対一の関数ではなく，一対一の関係で，結合へのフレーゲの記号は R の関係積に類似する．つまり，例えば，x が y に対し p - 関係にあるのは，x が y の父である場合かつその場合のみで，また q - 関係にあるのは x が y の母である場合かつその場合に限るとすれば，x が y に対し p｜q 関係にあるのは，x が y の母方の祖父である場合かつその場合に限る．標準的な群論表記では，これは qp と書かれるだろう．演算表記は最初に書かれたものに適用される．この表記をしようすれば，フレーゲはその順序関係を左 - 不変と定義したと云われるだろう．しかし変項が書かれた順序に関しては，フレーゲの記法に沿う表記を固守したほうが混乱が少なかろう．
7) Waismann [1936] 165; Dummett [1991] 260.
8) Dummett [1991] 260-1. 但しヴィトゲンシュタインはフレーゲの『算術の基本法則』の第Ⅱ巻を友人に頼んで取り寄せ，相当熱心に研究したと伝えられているが，彼自身の見解については，慎重な検討が必要であろう．Wittgenstein [1967]；Dummett [1959] rep. in Dummett [1978]；C. Wright [1980]；奥 [1982]；Shanker [1987]；戸田山 [1990] 等参照．

第16章　書簡と応酬

§1　フレーゲとデデキント——論理主義の異同

　ダメットによれば,『算術の基本法則GGA』Ⅲ部では, (b) カントル実数論の議論は,全く場違いに配置されている.つまり, (a) 定義の原則からはじまり, (d) 数の存在を要請するハンケル Hankel・シュトルツ Stolz と,数を創造するというデデキント Dedekind への批判, (c) 形式主義批判といった,競合理論の批評の最後として, (b) カントル実数論は配置すべきだろうという (Dummett [1991] ch. 19).

　フレーゲは,新しい数の存在を要請する (d) ハンケル,シュトルツの方法,つまりその実数要請を,次のように批判している.

　正整数から実数系への拡張の要請には,無矛盾性の証明が必要である.だがフレーゲによれば,その唯一の方法は,そうした系の存在を証明することだとされる.例えば,原始根の存在を要請するのみでは不十分で,その存在証明が必要である (§140).それには『算術の基礎GLA』同様,導入されるべき数の同一性規準の確定が必要で,それに次いでそれらを概念の外延として定義しうる.

　GLAではこうした単なる要請の方法は形式主義的と称されたが,GGAでは形式主義はよりラディカルに考えられ,要請主義者は,数学的記号が対象の表示を否定はしない立場だとされる.GGAでは数学者は,単に「要請」論者であるのみならず, (神に等しい) 創造力をもつと僭称するかのようなものとみなされ, (d) ではそうした「創造 schaffen, Schöpfung」に言及される.またGLA

では数学的対象の存在証明の可能性に疑いはもたれておらず，概念の外延の存在は周知とされていた．だが GGA ではすべての数学的対象は概念の外延・値域として定義されるべきで，値域の存在自体が正当化を要求するものとみなされる．だがたとえ「ヒュームの原理」や「基本法則 (V)」のような「論理的抽象」を介してではあっても，こうした数学的対象，値域の導入法もまた，要請ないし数学的創造の一例ではないのか．フレーゲは否認するが，落ち着きの悪さが残っている．

そこで対比のため，(b) デデキントの実数の創造説が取り上げられる．先ずデデキントは形式主義者ではないという趣旨が述べられる (§138)．次いで批判的検討がなされ，デデキント (Dedekind [1872]) の「切断」の概念が吟味される (§139)．デデキントは，「有理数で生成されたのではない切断 (A_1, A_2) には，その切断によって完全に定義されると見なす新しい無理数を創造 erschaffen する．その数 α をこの切断に対応する無理数，ないしそれがこの切断を生成する」(Dedekind [1872] §4) という．

フレーゲはこれを数学的創造の一例として攻撃し，(d) ハンケル，シュトルツの批判に移る．ダメットによれば，フレーゲは「創造」に訴えるデデキントへの批判では正しい．ラッセルも同じ批判を行っている．

> 何の権利でそうした数の存在を想定すべきなのか．一方が完全に他方の右にあるような二つのクラス間にある位置が存在せねばならないと想定するどんな理由があるのか．(Russell [1903] §267)

数学者は，一定の条件を満足する新しい数学的対象の領域を，それらをそれに従って定義する方法を提供する，ないし既知だと想定しうるのでない限り，「創造する」と宣言するいかなる権限もなかろう．

ラッセルも認めるように，創造へのデデキントの訴えは不必要なのである．有理数，無理数を問わず，実数は，当の切断自体と，ないしはむしろ，その下クラスが最大元を含まない（こうした切断の最下クラス）と同一視できる．このケースは，数学者が一定の一般的な条件を満足する数体系を要請するケースとは異なる．デデキントは，実数がそれと一対一に対応可能な，有理数のクラス

から成る総体を，提示していたのである．創造なるものの必要性を無しで済ませる理論を工夫する可能性を，ラッセルもフレーゲも分かっていた可能性がある．(b) カントルの心理的抽象による順序型の導入への批判後に，フレーゲは「カントルの狙いは反論不能な仕方で定義可能である．それを選択していれば，カントルはデデキントと同じことが言えたはずである．デデキントの創造への訴えは，骨惜しみの手段ではなかった．それは，数学的存在が，それによると，人間精神の創造を示すはずという，彼の哲学的傾向のために過ぎない」と付言する．

カントルやデデキントの理論は，フレーゲの立場からは不満足ではあろうが，このデデキントへの二つの節やワイエルシュトラースへの扱いは不公平で，フレーゲの苦い被害者意識のなせる技ではないかと，ダメットは疑う．そこで先述のように，ダメットは，GGA の第Ⅲ部の順序は，1 →(a) の若干の修正→(d) デデキントへの言及は削除→(c) →(b) へと変更することを提案したのである (Dummett [1991] 251f.)．

1．デデキントのフレーゲ評価

ここでフレーゲと，ゲッティンゲンの先輩数学者デデキントとの相互評価の一端に言及しておこう．

先に紹介したように，デデキントの『自然数論 Was sind und was sollen die Zahlen』(Dedekind [1888]) は，フレーゲの『算術の基礎 GLA』(1884) の 4 年後に全く独立に公刊された．しかしデデキントの序文によると，その初稿は既に 1878 年に完成し，私的に回覧されていたという (Dugac [1976])．1893 年の 2 版序文でデデキントはこのフレーゲの著作に次のような賛辞を呈している．

本書の出版後 1 年ほど経って，既に 1884 年にフレーゲの『算術の基礎』が出版されていることを知った．この著作において数の本質についてとられている見解は，私の見解といかにも異なったものであるが，例えば §79 [系列における後続の定義] から先の方に本書と，特に (44) [いわゆるデデキント連鎖という中心的考え] の私の説明と，はなはだ近接した接触点を含んでいる．勿論その表現の仕方が異なっているためにその一致は容易には認められない

が，この著書のnからn＋1への推論法［数学的帰納法］について公言している（93頁下方）確乎たる様子だけからも，ここで著者が私と同じ基地に立っていることをはっきりと示している．（Dedekind『自然数論』2版序文(1893) XI-XII)

そしてこのデデキントの評価は，イエーナの同僚のフレーゲ評価にも好影響を与えたのであるが，皮肉にも，フレーゲはその1ヶ月前に発刊された『算術の基本法則 GGA I』序言で，デデキントの著作を「最近目に止まった算術の基礎に関する最も徹底した仕事」と賞賛しつつ，次項で示すような批判を加えている．この両者の議論の関係を，ダメットは次のように論じている．

フレーゲの『基礎 GLA』の方が哲学的洞察という点でずっと優れているが，デデキントの方が自然数についてはるかに多くのことを明らかにしている．デデキントははじめて，その値が必ずしも自然数に限らないように定式化された回帰性による関数の定義を支配する一般原理を述べかつ正当化している（§9）．加法，乗法，べき乗の定義に回帰性を用い（§§11-13），それらに関して成り立つ基礎的な代数的法則を証明している．ところが，『基礎 GLA』は加法の定義以前で終わってしまう．GLA は算術が分析的であることを確からしくすると言いつつ，全算術の基礎を形成する正整数の最も単純な定理の証明ないしスケッチさえ含まれず，基数の加法には［後年の］『算術の基本法則 GGA』のⅡ部の終わりで触れられるだけで，それも組織だっては探究されず，乗法は全く扱われない．フレーゲはデデキントが算術の諸法則の導出をはるかに先まで遂行していることを認めるが，それはデデキントがフレーゲのように，見落としの可能性を排除し，そのうちに含まれるすべてを完全に意識させる，形式的証明には関心がないから可能なのだと説明している．（Dummett [1991] Ch. 5, pp. 47f.）

2．デデキント批判――「論理主義」の相違
ではフレーゲによるデデキント批判の眼目がどこにあったのかを簡単に見ておこう．

証明遂行の厳密さへの要求は，［証明が］より長くなるという不可避の結果を招く．……デデキント氏の著作『数とは何でありまた何であるべきか』——それは算術の基礎に対して最近私が目にした最も徹底した仕事である——と比較してみるなら，とりわけ目をひくことであろう．デデキント氏の著作は，本書で行われているよりずっとわずかの紙幅で，算術の諸法則を一層はるかな高みまで追求している．この簡潔さは，多くのものが実際には全く証明されていないということによってのみ達せられている．デデキント氏はしばしば，単に，その証明はこれこれの命題から帰結する，と言うだけである．……彼が基礎においた論理的その他の諸法則のとりまとめはどこにも見出されない．……証明は単に示唆されているのみではなく，隙間なく遂行されていなければならない．デデキント氏も，数論は論理学の一部であるという意見である．しかし彼の著作は，この意見の確証には殆ど何も寄与していない．というのは，彼が使用する「系 System」，「ある事物がある事物に属する」といった表現は，普通，論理学で用いられ……ないからである．私はこのことを非難として言うのではない．何故なら，彼のやり方は彼にとって最も目的に適ったものであったろうからである．私が先のように言うのは，対比によって私の意図をより明らかにするためであるにすぎない．証明の長さは短ければよいというものではない．推論連鎖中の多くの中間項をとばし，多くの点をただ示唆するだけにとどめることによって，紙上で証明を短く表すことは簡単にできるのである．……けれども，もし［証明の］明証性の本性への洞察を得させるということが問題の場合には，……われわれは中間段階のすべてを書き込まなければならない．……［本書の］新しさは，命題の内容にあるのではなく，証明がどのように遂行されるか，それがいかなる基礎の上に与えられているかにある．……(GGA I, Vorrede, VII-VIII)

この「序言」の一部に，同様に，「論理主義」を標榜しつつも，フレーゲとデデキントのそれぞれの仕事に，どのような関心ないし狙いの相違があるかを窺うことができよう．
　ダメットは二人の相違について次のように論じている．

第16章　書簡と応酬　571

デデキントは，はるかに純粋数学者の精神で，フレーゲはより哲学者のそれで，応用に関心をもつ．デデキントの主たる関心は自然数系の抽象的構造を特徴づけることで，数が何に使用されるかは二次的である．この点では，フレーゲは旧式で，GLA，§§18-83まででは，専ら「数とは何か」に，また副次的に「0，1のような個々の数は何か」に関わる．……両人にとって，算術的命題は，木星の衛星やベルリンの人口の数について語るのと同じ意味で，数についてのものである．だがフレーゲのいう「基数 Anzahl」の本質的特徴は有限計数 cardinals としての使用だという隠れた主張が認められる．(cf. Dummett [1991] 48)

デデキントにとっては，計数の使用は全く副次的である．デデキントは，自然数系を数論の公理化によって特徴づけてはいない．むしろデデキントはペアノの諸公理に対するモデルとして働く構造の直接的特徴づけ，「単純無限系」（ラッセルが後に「前進列 progression」と呼ぶもの）を与えている．単純無限系の定義中の四つの条件はペアノ公理と密接に対応する (Dedekind [1888] §6, Def. 71)．それからデデキントは，単純無限系のクラスが空でないことを証明する必要性を感知し，このことをデデキントは非数学的推論によって行う．彼の事例は，その初項が私自身 mein eigenes Ich で，ある対象 x を，x が私の思考の対象でありうるという考え Gedanke に齎す操作によって生成されるような体系である (Ibid. §5, Th. 66)．

ついでデデキントは，自然数を定義する．デデキントの数学の哲学は，数学的対象が「人間の精神の自由な創造」(序) だということである．抽象的対象がわれわれの精神の操作によって創造されるという考えは，19世紀の数学者には広く共有されていた．独我論に至るように見えるが，それには各人は自らの心的操作によって創造したものが，他人が類似の操作によって創造したものと，少なくともその性質において，合致する coincide だろうと確信する権利があるという考えが，暗黙裡に含まれていた．(cf. Tait [1997] はデデキントの所論を，ダメットのように「心理主義」として批判することには，デデキントの論点を失する虞れがあると批判する．)

フレーゲにとっては，こうした確信は根拠がないものだった．デデキントの

言うような，われわれの精神の内容は全く主観的で，比較不可能であり，私の考えが他のひとのそれと同じか否かは知りえないし，各人が数1に何を帰属させているのか不明である（GGA, Vorrede, xviii）．

フレーゲにとっては，「判断可能な内容は……［デデキントの言うような］内的過程の結果でも人間精神の心的操作の産物でもなく，ある客観的なもの，つまり，ちょうど太陽が何か客観的なものであるのと同様に，すべての理性的存在者にとって，それを把握しうるすべてのものにとって正確に同一のもの，を意味する」(L [1880] in NS 9) のであった．

フレーゲはGGAで次のように述べている．

既に1879年の『概念記法』で念頭においていて，かつ1884年の『算術の基礎』で告知していた［論理主義の］目論見を実行する．私は『算術の基礎』において表明した基数に関する見解が真であることを，実際に示そうと思う．そこでは私の成果の基本を，§46で，個数言明 Zahlangabe は概念についての言明を含んでいると述べておいた．……個数言明に際してはいつも概念が名指されているのであって，群 Gruppe，集積 Aggregat やその類のものではないということ，また……集まりや集積は常に一つの概念によって，即ち，一つの対象が当の集まりに属するために持たなければならない諸性質によって確定されているのである．（GGA, Vorrede, IX）

3. デデキントの「系」とシュレーダーの「クラス」の批判

GGAの「緒論」でも，フレーゲは，デデキントの「系」，ならびにシュレーダーの「クラス」を取り上げている．フレーゲ自身の主張を見てみよう．

『算術の基礎』において私は，算術が論理学の一分枝であり，経験からも直観からもなんらの証明根拠も借用する必要がないということの蓋然性を高めようとした．本書では，このことが，基数の最も単純な諸法則がもっぱら論理的諸手段のみを用いて導出されるということによって，実証されるはずである．しかしこのことが説得的であるためには，……かなり高い要求が，証明遂行に課せられなければならない．少数の推論様式の範囲が予め確定され

ていなければならず，またこれらの推論様式の一つに合致しないいかなるステップも現れてはならない．……この移行をそれが合成されている単純な論理的諸ステップへと分解しなければならない．……必要とされる公理のすべてが発見されなければならない．実際，暗黙に，はっきり意識せずになされる前提こそが，法則の認識論的本性への洞察を妨げるのである．

　それには，必要な概念がはっきり把握されていなければならない．このことは，数学者が「集合 Menge」という語によって表示しようとするものについて，特に当てはまる．デデキントは，おそらく同じ意図で，「系 System」という語を用いる．しかし4年早く『算術の基礎』において説明しておいたにも拘らず，事柄の本質への明晰な洞察は彼の場合には見出されない．もっとも彼はしばしば例えば次の個所のように核心に接近してはいる．「このような系 S は，……各事物に関して，それが S の要素であるか否かが確定されているとき，完全に確定されている．系 S は，それ故，S の各要素が系 T の要素であり，T の各要素が S の要素でもあるとき，T と等しい．S ＝ T．」(Dedekind [1888] 2)．

だが，別の箇所では再び逸脱する．フレーゲは次のようなデデキントの文言に，一種の「心理主義」を嗅ぎつけている．

　異なる事物 a, b, c, ……がなんらかの理由で共通の観点のもとで把握され，心のなかで取り纏められているということが，しばしば起こる．そうしたとき，それら［の事物］は系 S を形成すると言われる．（GGA I, Einleitung, 1-2）

共通の観点ということのうちに，正解への予感はある．けれども心のなかにおける把握，取り纏めは，なんら客観的な標識ではない．誰の心のなかにおいてなのか．……私の心のうちで取り纏められるべきものは，疑いもなく私の心のうちになければならない．では私の外にある事物は，系を形成しないのか．系とは各人の心のうちなる主観的形成物であるのか．オリオン星座は系であるのか．そしてその要素は何なのか．星であるのか，分子であるのか，それとも原子であるのか．……注目に値するのは……系 S が唯一の要素 a

から成っているケース……である．(GGA, Einleitung, 2)

後段では (Ibid. 3)，以下のような指摘も見られる．

> 系Sの各要素sはそれ自身系として把握されうるというように理解される．この場合，要素と系は一致するから，デデキントに従うと，諸要素が系の固有の存立を決定するということは明らかである．E. シュレーダーは，『論理代数講義』(1890) において，デデキントが看過した，彼の系と概念との連関に注意を促すことによって，デデキントを越える．実際デデキントがある系を他の或る系の部分と呼ぶとき (Dedekind [1888] 2)，彼が本来考えているのはある概念のもう一つの概念のもとへの従属 Unterordnung，ないしは一つの対象のある概念のもとへの帰属 Fallen unter ということなのである．それら［従属と帰属］を，デデキントも，シュレーダー同様……区別していない．というのは，シュレーダーも基本的に諸要素が彼のクラスを構成するものと見なしているからである．シュレーダーの場合，空クラスはデデキントの場合の空な系と同様本来出現してはならないものである．デデキントは，「われわれはいかなる要素も全く含まない空な系をある理由からここでは全く排除したい．もっとも，このようなものを考案することは他の探究にとっては便利でありえようが」［と述べている］．それではそうした考案はつまりは許されていることになろう．ただ……それが差し控えられているにすぎない．シュレーダーは敢えて空クラスを考案する．かくて両者とも，現存しないものを，それどころか思考不可能なものさえも任意に考案してよいとする点で，多くの数学者と一致しているように思われる．(GGA I, Einleitung, 2)

ここでは，デデキント，シュレーダーがともに陥っている，単元集合とその唯一の元との混同，空集合を許容できないという困難が指摘され，その根が，両者とも，「系」や「クラス」を，「概念」ではなくて，系やクラスの構成要素から形成している点にあるとフレーゲは考える．

というのは，もし諸要素が系を形成するのだとすると，系は諸要素［の消

去］とともに同時に消去される．……私はこれらの問題を，『算術の基礎』（§92f.）と私の講演「算術の形式的理論について」(1885) において，解決したと信じる．シュレーダーは彼のゼロの考案によって大きな混乱に巻き込まれている．それ故，シュレーダーにおいてもデデキントと同様，明確な洞察が欠けている．そこでデデキントはその場合，系に所属するために事物が持たなければならない諸性質を挙げている．すなわち，彼はその徴表 Merkmale［部分概念］によって一つの概念を定義している．概念の存立を決定するのは徴表であって，概念のもとに属する諸対象ではないとするならば，空な概念にはどんな困難も疑念もない．その場合，対象は決して同時に概念ではあり得ない．またただ一つの対象しか属さない概念は，当の対象と混同されてはならない．こうして個数言明 Zahlangabe は概念についての言明を含んでいるということが決定的となる．私は基数を等数性 Gleichzahlichkeit という関係へと還元し，そして後者を一意的対応 Eindeutige Zuordnung［多対一対応］へと還元した．「対応」,「集合」という語は，今日では数学で用いられることが稀ではないが，その際大抵，それによって本来何を表示しようとしているのかのより深い洞察が欠けている．算術は純粋論理学の一分枝であるという私の考えが正しいならば，「対応」に対して純粋論理学的表現が選択されなければならない．私はそのために「関係」［という表現］を採用する．概念と関係とは私がその上に私の建築物を構築する礎石 Grundstein なのである．(GGA I, Einleitung, 2-3)

4. 多様な論理主義──デデキント，シュレーダー，フレーゲ

さて，第1章で言及したように，デデキントの準論理主義は，「系 System」（クラス）と「系の写像 Abbildung φ」や「像 $\varphi(s)$」,「写像の相似［単射 injection］」といった集合論的な道具立てを駆使して，各系が自身と相似［全単射的 bijective］，つまりは「系の自身の中への写像［$\varphi(S) \subseteq S$］」に基づく「φ-連鎖 Kette」$\varphi(K) \subseteq K$ として自然数列を定義し，デデキント無限を定義する，一種構造主義的な自然数論（デデキント・ペアノ算術）と，さらに「切断」を介して極限や連続を定義する無理数論を展開したのであった．

他方フレーゲは，現代の標準論理の範型となるような高階述語論理（＋関数

の値域論／クラス論）の公理体系化に基づき，算術・解析学の基礎をあくまでも，下方に向かって掘り下げ，かつその基礎からの積み上げに当たっては，その証明にいかなる隙間も残さぬように厳密無比に，歩一歩と進めるが故に，基数論においては「デデキント・ペアノ算術」と同形の「フレーゲ算術」の公理群を提出する所までしか進めなかった．無理数論においても，量概念・量領域の厳密な規定に主力を注いだために，無理数論の群論的諸規則については素描に終わり，しかも基数論・無理数論のすべての基礎にある「値域」抽象に関する基本法則 (V) において，ラッセル・パラドクスに見舞われるという悲劇に直面する．そして，デデキントの自然数論・無理数論の範囲にまで，フレーゲ論理主義の伝統を展開する課題は，萌芽的にはラッセルの『数学の諸原理』(1903)，型理論その他を装備したラッセル・ホワイトヘッドの『数学原理』(1910-1913) 以降の，基礎論・公理的集合論等の継承・発展に委ねられることとなった．

　かたや対照的に，「ブール代数」を継承する，シュレーダーの「論理代数的論理主義」は，フレーゲとは，「論理主義」というテーマ追及の姿勢においても対蹠的な行き方を示す．すなわち，専ら下方にむかっての論理的基礎づけ・正当化と，上方にむかっては，隙間なき積み上げ・論証に徹するフレーゲに対し，シュレーダーのライフワーク『論理代数講義』全3巻 (1890-1905) は，パースの関係算・量化論を組み込んだ最も包括的な「ブール論理代数」を基礎に，上方に向かって豊かな展開を示し，束論の最初の公理的提示，またデデキント連鎖理論の展開が非可換な和や積に関する代数研究が始められ，レーヴェンハイムの定理の定式化を促し，スコーレム関数という考えの先駆ともなる．レーヴェンハイム，スコーレム，タルスキらモデル論の創始者たち，F.クラインやヒルベルトらの当時のドイツの数学者たちにとっても，より数学者よりのシュレーダーの「論理代数」の方が親しいものであったようである．アメリカのパースらにとっても，論理主義者といえば，デデキント，シュレーダーらを意味し，フレーゲの仕事は知られていなかったようである．

§2 幻のレーヴェンハイム‐フレーゲ往復書簡
—— 形式主義の評価を巡って

　レーヴェンハイム（Leopold Löwenheim: 1878-1957）は，1878年6月26日クレフェルド Krefeld に生まれ，1896年から1900年までベルリンで数学を学び，1903年ベルリン・リヒテンベルクの実業高等専門学校 Realgymnasium の上級教諭 Oberlehrer，後に正教諭 Studienrat となった．1933年「非アーリア系の血筋」の故に一時解雇され，1934年4月1日退職させられた．モデル論の劈頭を飾るものとして，いわゆる「レーヴェンハイムの定理」が認められたことと，1920年代〜30年代の重要な論理学者たち（例えば，P.ベルナイス，H.ショルツ，A.タルスキ）の個人的な訪問を除けば，学界とはほとんど交流がなかった．レーヴェンハイムに，フレーゲとの往復書簡のような学問的な接触が他にあったかどうかも不明である．1940年頃消息不明となり，1957年5月5日にベルリン・ウィルマーズドルフ Wilmersdorf で死去した．

　レーヴェンハイムは，1915年数学的論理学のモデル論の分野を切り拓く，「レーヴェンハイムの定理」と称される不朽の重要な貢献を行った．ともあれ，1908（？）年から1910年の間に，フレーゲからレーヴェンハイム宛10通，レーヴェンハイムからフレーゲ宛10通の往復書簡が，1945年のミュンスター爆撃で灰燼に帰したのであった．それらの内容について，ショルツ目録1（SchL1）中の複写メモ以外に，H.ショルツとF.バハマンによるフレーゲの遺稿に関わる1935年のパリ国際科学哲学会報告中に，次のような情報がある．

> 1909年レーヴェンハイムは，『算術の基本法則』II巻§90から始まる，詳細な書簡（それは公刊されるはずだった）において，形式的算術を申し分なく構築する可能性があると，フレーゲを納得させた．(Scholz & Bachmann [1935])

　フレーゲとレーヴェンハイムの間でどのような議論がなされ，またどのような合意に達したのかは，知られていない．奇妙なことに，後に公刊されたフ

レーゲの著述にも遺稿にも関連する論述はない．

ショルツ目録1（SchL1）は，フレーゲの10通のレーヴェンハイム宛書簡に，「これらの書簡は1936年3月の，受取人からの寄贈である」と注記している．この寄贈が本人の訪問時に譲渡されたのかどうかは不明である．バハマンのローレンツェン宛書簡（1965.6.4）とタルスキのティールへの口頭での情報（1966.12）では，おそらくフレーゲの遺稿に関連して，ショルツがベルリンにレーヴェンハイムを訪問したという．レーヴェンハイムからのフレーゲ宛書簡はショルツ文庫SchArchにあった．オリジナルのすべて，20通全部の複写，第14信の冒頭までの47ページの分厚いタイプ・コピー2部，第17信，第19信へのフレーゲの断片的下書き，第6信への注記，第2信，第3信の時期からの下書きと，レーヴェンハイムの論文別刷はすべて，1945年に失われた．失われた書簡は，1908年秋から1909年春にかけて，集中的に交わされていることが分かる．

ショルツ目録1（SchL1）は，この20通の書簡には，「書簡の内容：『算術の基本法則』II巻§90に関連する形式的算術の正当化についての議論．この往復書簡は公刊されるはずであった」という添え書きを含んでいる．先のショルツ，バハマンの遺稿報告にもあるように，この最後の注記では，書簡の交し手二人はこれらの書簡の内容を取り出し，その往復書簡を公刊するつもりだったということである．

またP.ベルナイスはティールに（1976.5.6），レーヴェンハイムのベルナイス宛書簡（1937.5.25）と，ベルナイスの返信（1939.5.15），およびレーヴェンハイムの返信（1939.5.29）のコピーを送った．レーヴェンハイムの最初の書簡には，次のような言葉が見られる．

> 厳密な形式主義の簡明的確な定式化は，私に由来するのではなく，すでに形式的数学についてのフレーゲとトーメ間での議論中に，特にチェス・ゲームとの比較に見出される．本質的なところはフレーゲの『算術の基本法則』II巻§90に見出される．トーメが議論を中断した後，私が1909年そのことについて書簡でフレーゲと長い議論をした．その往復書簡はショルツのところにある．（WB 161）

『算術の基本法則』II 巻 §90 は,「ゲームとしての形式的算術と概念記法」と題されていて, E. ハイネや J. トーメによる無理数導入に関わる初期の形式的理論に対し, §86 から §137 に亙って展開されるフレーゲの批判と関連する. トーメ流の形式的算術に関しフレーゲは §93 で「計算ゲームについての理論の可能性は疑わしい」と見なす. トーメの計算ゲームには完全な規則の体系が欠けているばかりでなく, そうした規則体系の無矛盾性証明も欠けているので,「形式的算術は完全に無矛盾な基礎づけが許されているという命題は証明を欠いており, むしろ逆にその真理性が大きな疑問に曝されている」と, 結論されている (GGA II, §119, S. 125).

　他方フレーゲは, §90 で, 概念記法の表現の適正な形成規則, 推論規則, 公理等を,「任意の約定として」導入することもできたのではないかと問う. もしそうすればそれらを全く「図形」として扱い, 一種の演繹ゲームの中で操作することになろう, といった説明を与えている. それ以降の考察は, ゲームとゲームの理論とを厳密に区別するメタ数学と形式主義の本質と可能性への一層深い洞察が示されている. それ故, 自らの内容的算術の観点からは余計に見えるが, 内容的算術への回顧に必要な, 形式的算術についてのフレーゲの詳論には, 破壊的批判と並んで, 形式的算術の信奉者も同意するような建設的な解明的成果が結びついているのである.

§3　ヒルベルトとの往復書簡
——幾何学の基礎・公理主義・独立性証明

　ヒルベルト (David Hilbert: 1862-1943) は, F. クラインの招聘により, 1895 年 3 月ケーニヒスベルク大学からゲッティンゲン大学に着任し, クラインとともに, ゲッティンゲンを世界数学界のメッカにすることに貢献した. 同年 9 月リューベックで開催されたドイツ自然科学者・医学者会議で, ヒルベルトとフレーゲは初めて顔を合せ, 相前後して講演を行った. フレーゲは 9 月 17 日の数学・天文学部会で講演 (「ペアノ氏の概念記法と私自身の概念記法」(1897) [『フレーゲ著作集 1』所収]) を行っている. この講演でフレーゲが日常言語に対する「概念記法」の優位を主張したことが, ヒルベルトの「数学における形式化

をむしろ減少させたい」旨の発言を誘発させたのであろう．しかし会話は中断されてしまったので，フレーゲはヒルベルトの発言に対する応答を書簡の形で続行しようとした．それが往復書簡のきっかけである．

第1信（1895. 10. 1）でフレーゲは，科学的探究には，日常言語よりは思考過程を見通しよく簡潔・正確に表現できる記号言語を形成することが肝要だと主張する．

ヒルベルトは関心を示し，直ちに第2信（1895. 10. 4）で，フレーゲの書簡をゲッティンゲン数学協会の討議に付したい旨を返信する．特に記号法が数学的探究の必要から創造されるべきだという点で，フレーゲに賛同している．

1. 幾何学の基礎

第3信は4年の間隔をおき，フレーゲがヒルベルトの話題作「幾何学の基礎」（『ガウス＝ウェーバー記念碑除幕論文集』（1899））を読んだことが契機となって，その後の論争の本題に入ることになる．もっともフレーゲは既にゲッティンゲンでの1988／89年冬学期のヒルベルト講義「ユークリッド幾何学要綱」を H. リープマンを介して入手していた．

主要な論点は以下のように「公理的定義 axiomatische Definition」に関わる．第一点は，ヒルベルトのいう「説明 Erklärung」と「定義」との異同についてである．ヒルベルトは一方で「説明」を，「定義」と同様，ある語の意味を約定するものとしながら，他方で語の意味を既知と前提しているように見える．第二は，定義と公理の関係である．一方でヒルベルトは伝統的に，幾何学の公理は「われわれの直観の基本的な事実を表現する」としながら，他方で「関係の厳密で完全な記述は幾何学の公理によってなされ」，公理が「点」「直線」や「間にある」といった概念を定義すると見なす．ヒルベルト提唱の「公理的方法」による，いわゆる「陰伏的 implicit 定義」の問題が，二人の基本的な論争点となっている．

フレーゲは，定義とその他の全数学的命題（公理，基本法則，定理等）とを峻別する自説を解説する．定義は，意味のない記号に初めて意味を与える約定 Festsetzung である．（約定を複数回行う「生成的方法」は，多義性を生ずる故に許されない，という．）他方，公理，定理中の全表現の意味・意義は確定済みで

なければならない．

　ついでながらフレーゲは，日常言語による「解明命題 $Erläuterungssatz$」に言及する．それは定義に似るが，意味の揺れや多義性を免れず，好意的な理解に頼って，意図された意味を指し示すだけである．フレーゲのいわゆる哲学的諸論文はすべて，こうしたメタ的な「解明命題」からなり，学の体系の「予備学 Propädeutik，前庭 Vorhof」に属する．

2. 公理主義

　次の問題は，公理や定義の無矛盾性の問題である．フレーゲによれば，公理はどれも真であるから，互いに矛盾することはありえず，証明を要しない．また欠陥のない定義は当然無矛盾である．公理相互の独立性証明には，ユークリッド幾何学を一層一般的な幾何学の特殊な場合として捉える高次の立場に立つべきだというヒルベルトの考えには賛同する．

　第4信（1889.12.29）でヒルベルトは，次のように返信する．公理的定義について，公理は何も既知と前提せず，説明が措定する「点」「直線」「平面」などの概念に，各公理が徴表として付加されれば，説明と公理群全体が完全な定義（いわゆる「陰伏的定義」）を与える．各公理はどれも定義に貢献し，概念を変化させる．ユークリッド幾何学，非ユークリッド幾何学等での「点」は，それぞれ別ものである．従って概念が一意的に確定された後では，別の公理の付加は許されない．

　ここから両者のもう一つの対立，つまり，論理学を真なる思想の公理体系と見なすフレーゲとヒルベルトの形式主義的な公理主義との対立，が鮮明となる．即ち，「点」等の概念が一意的に確定していないとフレーゲは難ずるが，ヒルベルトから言えば，「どの理論も相互の必然的関係を伴う概念の枠組ないし型 Fachwerk oder Schema von Begriffen」にすぎず，基本要素は任意でよい．「点」「直線」「平面」という語で，例えば，愛，法則，煙突掃除夫を考え，公理系をこれらのものの関係として想定してもよい．換言すると，どんな理論も無限個の系に適用可能であり，公理は一対一変換に対応して同型だと約定すればよい．

　またフレーゲが公理の真理性から相互の無矛盾性を引き出すのに対し，ヒル

ベルトは全く逆に公理が相互に無矛盾であれば真であって，公理により定義されたものは存在する，つまり，無矛盾性が真理と存在の規準であると主張する．

こうして論争は核心に入り，第5信 (1900. 1. 6) においてフレーゲは再び反論を試みる．まずフレーゲは，一般的なレベルではヒルベルトと次のような点で同意する．

まずヒルベルトが，幾何学を空間的直観から引き離して，算術同様に，純粋に論理的な学問にしようとする意図には同意する．しかしそうすると空間的直観に基づく幾何学的公理は，すべての定理中の条件 Bedingung・前件として随伴されることになる．

次にフレーゲは，公理の相互独立性や証明不可能性の証明を無矛盾性の問題に帰着させた上で，概念間の無矛盾性証明の唯一の手段は，当の概念を充たす対象の事例を挙げることだと主張する．しかし例えば初等ユークリッド幾何学の公理はみな真であるからこの方策は無効である．こうした場合，ユークリッド幾何学をより包括的な学問体系の特殊の場合と見なすより高い立場に立つ他はないというヒルベルトの着想に，その成否は留保しつつも，賛同している．

だが実行という段になると，両人は見解を異にする．第一にフレーゲは再度，公理群による「陰伏的定義」，「公理的定義」を疑問視する．「点」「直線」等の未知の概念を定義すべき公理中にそうした概念を充たす対象の存在命題が現れており，この公理系の一意的可解性が疑われる．そもそもそうした概念を充たす対象が存在するか否かは，定義ではなくて定理によってのみ回答可能である．この点で，ヒルベルトは「第1階と第2階との徴表」を混同しているというのがフレーゲの見解である．さらに，無矛盾性が存在の規準だというヒルベルトの考えには，概念の階 Stufe の混乱があるのではないかとしている．例えば，対象 A に関して次の二つの公理，「A は F である」「A は G である」が無矛盾だとしても，そのことから，F で G であるような A の存在は帰結しない．「点である」「直線である」は，F，G 同様，対象の性質，第1階概念・徴表であるが，「存在する」はそうした1階概念が内属する第2階の概念・徴表なのである．

第二の反対論は，無矛盾性と独立性の問題に関わる．フレーゲによれば，それには，公理の確定した意味に言及しなければならないが，先述のようにヒル

ベルトではそうはなっていない．フレーゲの考えでは，ユークリッド幾何学の公理の独立性は証明できない．ヒルベルト流の「領域の拡張」による独立性証明に反対して，フレーゲはこう論じる．より広い領域での多様な解釈を許す（形式的幾何学の）全称命題の無矛盾性から，（空間に関わる直観的解釈での）より制限された領域における（ユークリッド幾何学的）特称命題の無矛盾性へ，まして存在命題の真理性へと推論することはできない．

最後に，フレーゲは，二人の往復書簡は数学全体にとって非常に重要だから，後に公刊しようと提案している．（第7信でも再度促している．）

第6信 (1900. 1. 15) でヒルベルトは，興味深いとしつつも多忙を理由に，直接は答えていないが，自分の考えのより入念な定式化を促されたと記している．半年後，ヒルベルトから「数概念について」，また「ヒルベルトの23問題」として20世紀数学界の指針となる，1900年のパリ国際数学会での著名な講演論文『数学の諸問題』を贈られたのを契機に，フレーゲは第7信 (1900. 9. 16) で，若干の前便補足を行っている．

ヒルベルトは直ぐ第8信の葉書 (1900. 9. 22) で，短く「概念は他の概念に対する関係によってしか論理的に確定しえない」こと，そして公理とは，「特定の言明で定式化された概念間の関係」で，それは「概念の定義」だと考える，という「公理主義」の立場を簡明に告げている．

フレーゲから『基本法則』第II巻を贈られた返礼として，第9信の葉書 (1903. 11. 7) で，パラドクスはゲッティンゲンでは周知で，既に4, 5年前により説得的な矛盾を発見していたと告げる．このことは，伝統的論理学が不十分であり，最大の欠陥は「どの対象についても，それがある概念に属するか否かを述べられれば，その概念は既に存在する」という仮定［フレーゲの「明確な境界づけ条件」に相当し，概念の同一性規準に他ならない］の不十分さにあり，「概念を定義する公理の無矛盾性」こそが決定的だと主張している．

そして先述のように，フレーゲが，ドイツ自然科学者・医学者会議 (1903年秋カッセル) にも，それに続くゲッティンゲン数学物理学研究所訪問にも加わらなかったことを残念がっている．ゲッティンゲンには論理学の公理化に関心をもつ多くの若い学者がおり，直接の交流が可能で，汽車旅行も快適だからと，ゲッティンゲン来訪を促している．この葉書で両者の書簡交換は途絶えている．

ヒルベルトのフレーゲ評価は，1904年8月ハイデルベルクで開催された第3回国際数学者会議における講演「論理学と算術の基礎づけについて」に簡明に窺える．即ち，彼は，基礎論における「独断論者クロネッカー」，「経験主義者ヘルムホルツ」，「便宜主義者クリストーフェル」を一蹴したあとで，傾聴すべき研究者としてフレーゲ，デデキント，カントルを挙げる．デデキントは超越的，カントルを主観的としつつ，論理主義者フレーゲについて，次のように言う．整数の基本的性質や数学的帰納法の意味を明らかにした点は彼の業績である．しかしフレーゲは，任意の対象がある概念に包摂されるか否か確定されるだけで，無制限に，当の概念（集合）が定義され使用可能と認めたために，パラドクスに陥った．かくして，矛盾の除去や，逆理の解明が最初から研究の基本課題として掲げられるべきだとされる（Heijenoort (ed.) [1967] 130）．以上の評言は，ヒルベルトの一般的なフレーゲ評価が公平で高いものであったことを示している．

　ヒルベルトに往復書簡公刊の意思がないことを感得したフレーゲは，この論争をフレーゲの側から連続論文の形で公表する（「幾何学の基礎について」(1903, 1906) [『フレーゲ著作集5』]）．1906年の論文は，一層立ち入って「公理的定義」をフレーゲ的見地から定式化したものである．長い間，フレーゲはヒルベルト流の「公理主義的方法」という変革を理解できなかったと見なされていた（Scholz [1937] etc.）が，近年そうした単純な評価は陰を潜め，定義論，公理論その他についてフレーゲのヒルベルト批判が核心を突くものであることや，またフレーゲによるヒルベルト再定式化の説得性についても公平な批判的検討がなされている（Bernays [1942] (JSL. 7, pp. 92-3); Resnik [1974]; Dummett [1976]; Kambartel [1976]; Demopoulos [1994]; Wehmeier [1997]）．

　ここではそうした検討に深入りできないが，幾何学を空間直観から切り離し純粋形式的と見なし，公理群を証明不可能な真理ではなく，あらゆる幾何学への（陰伏的な）諸条件と見なそうとするヒルベルトの試みを，フレーゲが，次のように再定式化する点は説得的で注目に値する．即ち，フレーゲによれば，ヒルベルトの公理群の連言を $\dot{A}$ で表すと，ヒルベルト公理系は，その各定理を T とすれば，$\dot{A} \to \dot{T}$ と表される「理論」である．しかも $A \to T$ は，論理定項以外すべて対象文字，述語文字のみを含む一般命題で，公理群 A は真偽

の言えない「非本来的な」条件命題に過ぎない．理論の「解釈」「適用」というのも，要するに文字の置き換えによって特定の事例に例化することに他ならない．

3. 独立性証明

　ヒルベルトの『幾何学原理』の公理群による陰伏的定義への反対も，粗くは，何の意義・思想も表現せず，従って真偽不明の公理という概念とそうした公理群による原初記号の陰伏的定義という考えには，幾何学的言語を基本的には全く無意味な未解釈の記号ないし図形集合と見なす形式主義的言語観・幾何学観が想定されていると見なしたのであろう（GLG [1906]）．さらに，興味深いことに，ヒルベルトによるユークリッドの平行線公理の独立性証明批判を通して，フレーゲは，ヒルベルトの形式主義／タルスキ的モデル論のいずれとも異なるメタ理論の可能性を，独立性のメタ的証明として提示しているのである．言い換えれば，（無矛盾性・独立性・完全性・健全性といったメタ的定理の証明を含む）メタ理論は，必ずしもヒルベルト形式主義／タルスキ・モデル論のように形式主義的言語観を前提する必要はなく，ある確定した思想をもつ言語をベースにしたフレーゲ的メタ理論の可能性が模索されていると解することができよう．

　実際フレーゲは，「幾何学の基礎について」（GLG [1906]）で，ヒルベルトの平行線の公理の独立性証明の批判において，独立性証明の問題を，「ある本来的公理［ユークリッドのいう伝統的な意味での「真なる基礎的思想」である命題］が，ある本来的諸公理のグループから独立であると証明するのは可能か」（GLG 425）という自らの伝統的な公理観に引き戻して再定式化し，それは結局次の問いに帰着するという．「ある思想が，ある思想群から独立であるということをいかにして証明しうるか」（loc. cit.）．ここにおいてフレーゲは通常の数学領域を踏み越えて，（外部的な external）メタ理論に踏み込んでいるということを，明確に意識している．すなわち，

　この問いによってわれわれは，ふつう数学にとっては無縁なある領域に踏み込んでいる，ということである．というのも，数学もまた他の科学と同様，

思想の領域の内部で展開される以上，一般に，思想そのものが数学にとっての考察対象となることはないからである．しかも，ある思想が，ある思想グループから独立であるという関係自体，ふつう数学で研究される諸関係とはまったく異なる．そこで次のように予想することができよう．すなわち，この$\overset{\cdot}{新}\overset{\cdot}{し}\overset{\cdot}{い}\overset{\cdot}{領}\overset{\cdot}{域}$ dies neue Gebiet はそれ固有の$\overset{\cdot}{根}\overset{\cdot}{本}\overset{\cdot}{的}\overset{\cdot}{諸}\overset{\cdot}{真}\overset{\cdot}{理}$ Grundwahrheiten を有しており，これらの真理は，……独立証明に……不可欠なのである……．(GLG 425-6. 強調引用者)

こうした「根本的真理」の一例として，フレーゲは，「もし思想 G が論理的推論によって思想 A, B, C から導かれるなら，G は真である」(GLG 426) を挙げている．

さてしかし，ある命題／思想 G の，命題／思想群 Ω からの独立性証明には，根本的真理だけでは十分ではない．フレーゲの方策も，現在のモデル論に近似的であるが，しかし先述の大きな言語観の相違が認められる．通常のモデル論では，解釈されていない意味を欠いた記号図形に対し，任意の約定によって解釈を与えるという仕方で，Ω を真にしながら G を偽にする解釈を構成するが，フレーゲにとっては，固定した意味・解釈を伴っている限りではじめて「一つの言語」なのであり，もし解釈を変えればそれは別の言語となる．そこで彼は，各表現の意味を固定したまま，その同一の言語の内部で，G の Ω からの独立性証明を構成しようとする．それには次のような左欄と右欄からなる「語彙対照表 Vokabular」を想定する．つまり，次のような制約下にある「置換関数 Vertauschung, permutation φ」を用意するのである．すなわち，論理語では$\overset{\cdot}{な}$$\overset{\cdot}{い}$ある表現 A に対し，(i)「文法機能の一致」(つまり，固有名は固有名に，1 階概念語は 1 階概念語に，関係語は関係語に，命題は命題にというように，分岐的な ramified 論理的階区分を守る)，(ii) A と φ (A) とは$\overset{\cdot}{意}\overset{\cdot}{義}$ Sinn を$\overset{\cdot}{異}\overset{\cdot}{に}\overset{\cdot}{し}$，かつ一対一対応する．この「翻訳」は，異なる言語間での同義的翻訳ではなく，「同じ一つの言語中での，しかも$\overset{\cdot}{意}\overset{\cdot}{義}$が変わってしまう翻訳である」(GLG 427)．いま論理的に完全な言語を前提すると，左欄で表現されたどの思想 G にも，右欄で表現される思想 φ (G) が対応する．(iii) 但し，A が否定，同一性，包摂，概念間の従属関係のような論理学に固有の語の場合には，いかなる置換も許さ

れない(ないしそれら論理語'￢'は φ('￢')='￢'となって，φの不動点をなす)．すると，左欄での推論・推論連鎖・証明には，右欄で推論・推論連鎖・証明が対応する．

さてここで左欄の前提諸命題が妥当だと前提しよう．いま左欄で，ある思想 G が真なる思想群 Ω に依存すれば G は真であるが，右欄では $\varphi(\Omega)$ が真であるのに，$\varphi(G)$ は偽とする φ が存在すれば，$\varphi(G)$ は $\varphi(\Omega)$ には依存しない，つまり，この置換関数 φ の下では，$\varphi(G)$ は $\varphi(\Omega)$ から独立である，と証明される．

以上が，モデル論的な言語観とは異なり，一貫して言語は固定した内容・意義を保持するという言語観に基づいた上での「置換関数 φ」による，フレーゲ流のメタ理論における「独立性証明」の大筋である (GLG 427-9; cf. Antonelli & May [2000]; 三平 [2006])．但し，この方針が「無矛盾性」「健全性」「完全性」等のメタ定理証明にすべて有効か否かは，明らかではない．のみならず，実はこの翻訳において論理的概念や推論は，「置換」に関して「不変なもの」として保存されたが，フレーゲ自身が提起しているように，実は「論理的推論とはいかなるものであり，論理学に本来属するものとは何か」(GLG 429)，「論理語とは何か」は，現在でも改めて問われている根本的な問いであり，フレーゲの「置換における不変性」という規準もその一つの興味ある回答試案と解しうるのである．

第17章　新論理主義の回顧と前途瞥見
—— デデキント的構造主義との対比抄

近年のいわゆる「新論理主義的算術」は，第14章§§1-2で示したように，「フレーゲの論理主義」の歴史的に忠実な再現 representation，ないし無矛盾な改訂版とは言えないながら，一種フレーゲ流の「新論理主義」の提案 proposal だと解しうるとしても，この提案に対し，近年デデキント的構造主義からの種々の批判がなされている．以下，その論争点をいくらか追跡してみよう．

§1　心理的抽象とデデキント的構造主義批判への布石

先ず，ラッセル (Russell [1903])，ダメット (Dummett [1991])，ベナセラフ (Benacerraf [1965])，シャピロ，ライトその他の論者を参照しつつ，デデキントの抽象論と近年の新デデキント的構造主義との連関と対比を一瞥しておきたい．

ダメットによれば (Dummett [1991] ch. 5)，創造的とされる心的操作は，ある対象ないし対象の系を，特定の特性から抽象する操作である．フッサールその他によれば，個々の基数は，その特性をすべて抽象し，特性を欠いた単位に変換された元を含む，総体に関連する．

カントルの説明はもう少し複雑である．ある順序集合から出発し，個々の成員の，その順序以外のすべての特殊な性質を抽象し，その順序型 order-type を得る．次に順序関係を抽象すると，特殊な性質を欠く単位の非順序集合としての基数 cardinal number を得る．フレーゲはこうした見解を『算術の基本法則 GGA』§§29-44で厳しく批判していた (cf. Dummett [1991])．

一方，デデキントの手続きはやや異なる．デデキントは，任意の単純無限系

に抽象操作を適用し，それから自然数系を獲得する．

　写像φによって順序づけられた，単純無限系 N を考察する際，その元の特殊な性質を全く無視し，順序づける相互の差別化可能性 Unterscheidbarkeit のみを保持する場合，これらの元は・自・然・数 natürliche Zahlen, ・序・数 Ordinalzahlen ないし単純に・数 Zahlen と呼ばれる．（Dedekind [1888] §6, Def. 73）

写像φは，後者関数に対応し，当の系を生成する操作である．ダメットはこの操作について，次のように批判している[1]．

　このように自然数を定義してから，デデキントは§§7-13で自然数論を展開する．最後の§14のみでデデキントは，フレーゲの『算術の基礎 GLA』(1884)，それ以前にカントルが1874年の論文中で行っていた一対一対応と同じ概念を用いて，有限系の濃度 cardinality を与えるための，自然数の使用を説明する．フレーゲの自然数の定義の方法と全く対照的に，自然数の応用は，デデキントにとっては中心的ではない．それは外挿的で，……省略可能な付加にすぎない．乖離は，両人が二つの自然数の加法を定義する仕方に反映する．デデキントは和に関する回帰的等式によって定義するが，フレーゲは二つの排反的クラスの合併 union の成員の数として定義する．デデキントはもし二つのクラスが m と n の成員をもつなら，そうした合併は m + n の成員をもつと証明する（§14, 定理168）．が，それはデデキントにとって，定義から直接にではなく，証明を要し，§11における一般的取り扱いへの単なる付加にすぎない．
　　フレーゲとデデキントは，二つの相連関した問題に関して，相違を示す．即ち，有限な総体の濃度を与えるのに，自然数を使用することは［抽象されるべき］その顕著な特徴の一つなのか否か，……．また自然数の体系の抽象的な構造……によってのみ自然数を同定することが可能か否か．フレーゲとは異なり，デデキントの自然数は，その生成操作によって確定される順序における位置と，それらから導出可能な性質以外のいかなる性質ももたない．問題は，こうした考えが筋の通ったもの coherent かどうかである．（Dum-

mett [1991] 50-1）

1903年においてラッセルも，デデキントの理論を次のように批判していた．

> 序数は，デデキントが示唆するごとき，前進列 progression を構成するような関係の項にすぎない，というのはありえないことである．それらは固有の intrinsic 何ものかでなければならない．点が瞬間から，色が音から区別されるように，［数は］他の存在者とは異なっていなければならない．……デデキントはすべての前進列が何を共有するのかを示さないし，それが序数であると想定する理由も与えていない．……デデキントが提供しているのは，数ではなくて，任意の前進列である．彼が語っているのはすべての前進列に同様に当て嵌まるが，どこにも，数を他の前進列から区別するなんらかの性質を含むことを証明していない．数が他の前進列に優先することを示すなんらの証拠もない．数はすべての前進列が共有するものだと告げられるのみである．だが定義中で付与された諸性質以上に，前進列が何かを共有すると考える何の理由も与えられていない．（Russell [1903] 249）

ダメットは次のように言葉を継いでいる．

> ラッセルはデデキントによって割り当てられた役割を，抽象の過程に認めることを，頑強に拒否する．ラッセルによれば，各一意的［'the'］自然数，有限順序数を指示するには，特定の specific 対象を指示せねばならない．がデデキントはそれを否定するだろう．さらにラッセルはそれらが特定の対象であるべきなら，系列中のその位置による純粋に構造的な性質以外の性質を持たねばならないが，それをデデキントは否定するだろう．デデキントは抽象という魔術的操作が単に構造的特性をもつ特定対象を与えうると信じた．ラッセルは抽象にそうした信をおかなかった．
> 　数学者たちはしばしばそうした操作に信をおく．……これが，ベナセラフのような，抽象理論を放棄した，新デデキント主義者 neo-Dedekindians が自然数に対処するやり方である．

自然数系が束 lattice と異なるのは，多くの応用に関して，例えば，帰納による定義において，そうした系が存在するということを知ることが本質的であることである．デデキントはその必要性を理解していた．もし彼が単純無限系の存在を純粋に数学的手段，例えばクラス論で，証明していたら，そのように存在証明のなされた当の系を自然数系と同一視できなかったのではないか．ないしは自然数系がすべての単純無限系に共通だということが本質的だったであろうか？（Dummett [1991] 51f.）

逆に言えば，フレーゲ・ラッセル的な「論理主義」は，数の「(論理的)対象性」という主張を巡って，新デデキント主義の「構造主義」(それはベナセラフ，C.パーソンズ，レズニク，シャピロ等に代表されよう)の挑戦に曝されるということでもある．いまその論争を立ち入って吟味する余裕も用意もないが，差し当たりダメットのやや断定的な短評だけを紹介すればこうである．

　　ある「数学的対象」には，例えば，ベナセラフが……論じたように，実際単に純粋に構造的同定があるにすぎず，それは真正の genuine 対象ではなく，一意的……対象は……存在しない．だが，自然数に関する限り，フレーゲ・ラッセルが正しく，デデキント・ベナセラフは誤っている．後者は自然数をそのある直接の応用と余りに密接に結びつけ，それらを自然数系の内的構造を通じてのみ同定可能と見なしている．（loc. cit.）

例えばベナセラフはこう述べている．

　　どの対象も 3 の役割を果たしうる．すなわち，どの対象もある前進列中の第 3 の元でありうる．3 に固有のものは，その役割を演ずる任意の対象の範型であることによってではなく，任意の前進列の第 3 の成員が前進列の残部に対する関係を表現することによって，その役割を定義すること，である．（Benacerraf [1965] 70）

以下少々長いが，ダメットの見解を引用しておこう．

しかし3が自然数列中の第3項か第4項かは，1から開始するか0から開始するか，に依存する．フレーゲは0から始めた．0が有限基数として必要だからである．デデキントは，特別の理由なく，1から始めた．フッサールは，風変わりにも，2から始めた．［メレオロジカルな］フッサールにとって0, 1は数ではなかったからである．［このように］数0は数1と前進列中の位置からでは差別化されない．さもなければ，0からの開始と1からの開始には何も差異がないはずであろう．よって，自然数を，それらを含む構造の内部の位置だけで同定可能と見なすことは困難である．……われわれが，数学者は何について語っているのか，に関わっているのなら，単に数学的構造についてのみでなく，それらがどのようにわれわれに与えられるか，どのように特徴づけられるかも考えねばならない．明らかに，ベナセラフは第2階の特徴づけ——それのみが自然数の構造のカテゴリカルな特定化を与える——を念頭においているに違いない．しかし第2階の特徴づけでは，和法，乗法を，定義可能だから原初的だ，とするわけにはいかない．その構造は，ペアノ公理系によって完全に確定され，その他の操作による確定を要しない．ベナセラフのテーゼは，数学的対象はそれが属する構造中の位置によってのみ特定可能だから，構造がすべてだというものである．このテーゼは誤りである．ベナセラフが例解に選んでいる事例が，最も明快にその誤謬を例示する．数学的対象の同一性は，時に，それが属する構造の外部にあるものとの関係によって固定されうる．数3に構成的であるのは，なんらかの任意の，ないし，ある特定の前進列中の，その位置でさえなく，ある他の数に3を加えた結果でも，その数を3で乗じた結果でもなく，これらのどれよりもさらに基礎的な何かなのである．すなわち，もしある対象たちが「イチ，ニ，サン」あるいは「ゼロ，イチ，ニ」と数えられるなら，それらは三つ存在する，という事実なのである．このポイントは余りに単純なので，洗練された知性 sophisticated intellect はそれを見過ごしてしまう．このことは，デデキントに反し，有限基数としての自然数の使用をその特徴づけにとって固有だとした，フレーゲが正しいことを示す．

　ベナセラフが原理的に反対しているテーゼ，自然数がまさしく特定の対象たちであり，どの正しい分析もそれらを同定せねばならない，というテーゼ

は，純粋な構造主義的テーゼの誤謬から直ちに帰結するものでは決してない．それらが何らかの別のやり方で特徴づけ可能なものと同一視される，特定の対象であるのか，ないしはただ数としてだけ特徴づけ可能な特定の対象なのか，あるいはベナセラフの主張のように，純粋な構造によってというより応用への言及によって特徴づけ可能だとしても，特定的対象ではないのか，は未解決の問題である．しかしこの問題は決定的な争点に触れる．それは彼の全算術の哲学にとって最も決定的と認めるに至る争点であった．もし数が論理的対象であり，しかも特定の対象であると定義しうるのなら，上の第一の可能性が正しいに違いない．この場合，その定義はそれらを，単に数としてではなく，ある論理的対象，クラス，値域の，より一般的な領域の特定の成員を代表している represent に相違ない．しかしその定義の過程……が［最終的に］停止したとき，その対象はどのように同定されうるのか？　それは構造的に，つまり，論理的対象のその領域内の特定の役割によって，であるのか？　われわれは数学的対象の基礎的領域には結局到達せず，ただデデキント的精神に従い，その内的構造の記述による説明に止まるのか？　……デデキントの仕事は，算術の基礎に関わっているフレーゲにも，同様の説明の提供を強制する，というチャレンジの提起だと，フレーゲは見たのであった．(Dummett [1991] 52-4)

さて，数学理論への，新フレーゲ主義的ないし「抽象理論的 abstractionistな」基礎論が成功するための，基本的な形式的要件は，その理論固有の構造を備えた対象領域の存在を確保するのに十分で，かつ無矛盾だと推定される「抽象原理」を考案することである．例えば，数論の場合，自然数の構造をもつ対象列である ω-系列を形成する対象列，の存在を確保するのに十分で，整合的と推定される「抽象原理」を工夫することだが，「ヒュームの原理 (HP)」を補足した 2 階論理はこの形式的要求を満足する（「フレーゲの定理」[2]）．問題は，(HP) が，哲学的に受容可能でもあるかどうかである．新フレーゲ主義は，古典数学がアプリオリで「分析的な」真理の集まりを扱っているという確信を，フレーゲから継承する．そこで新フレーゲ主義では，HP＋2 階論理がアプリオリで分析的な認識を与えうるかどうかが，論点となる．このことは形而上学

的, 認識論的論争点を提起する.

§2　フレーゲの基数論回顧

そこで再度フレーゲの論理主義を振り返ってみよう. その試みは, 算術と解析学に対し, 論理学がこれらの分野のアプリオリな知識の源泉を与えると主張し, その見解をまず『算術の基礎 GLA』において, 次の二つのステップで擁護しようとした.

①a　[1] 基数 *Anzahl* N (F) とは,「数え上げ」の際の「F はいくつ wie viel あるか?」という問いへの回答に関わり, その単位をフレーゲは概念 F に求めた. [2] 基数操作子 N (ξ) は, ある概念 F から基数 N (F) への関数で, 概念 F を, 例えば〈太陽系の惑星〉とすると,「太陽系の惑星の基数」('N (F)') は単称名 [*'the number* of F'] で, よってその意味 Bedeutung ＝表示されるもの, である基数は, 対象であるとフレーゲは考える.

ところが 19 世紀後半以降 1 世紀以上の間, 算術に関してはほとんど例外なく, デデキント・ペアノ流の公理化が採用され, 自然数は ω 列中でのその位置によって定義される有限順序数, ラッセルの云う「前進列」と見なされていた. しかしフレーゲの論理主義は, 自然数とはある概念 [可算の, 曖昧でない, 分割不可能な種名辞 sortal term の表示する種概念] に属するものが, いくつあるかという濃度 cardinalities によって定義される, 有限濃度 cardinals・基数であるという考えに基づいていて, 順序数 ordinals とは概念的には全く異なる数概念に基づく公理化 (「フレーゲ算術 (FA)」) を達成していたのであった.

①b　しかもフレーゲはまた, 基数とはどのような対象なのか?　という問いに対し, 下記のような独特の「抽象原理 Abstraktion Prinzip」(「ヒュームの原理 (HP)」) によって, 基数の「同一性規準 criterion of identity」の説明を与えた.

(HP)　N (F) ＝ N (G) ↔ F eq G　(右辺は「F, G が一対一対応の関係にある」の意)

しかし,「シーザー問題」という循環に巻き込まれた.

②そこで,第二のステップは,この循環の回避のため,'N (F)'という形式の数表現を「「F と等数的である」という概念の外延」に訴える明示的定義へと切り替え (GLA),さらに「概念 F の外延 έF ε」(を関数の値域に一般化しつつ) の同一性規準を,主著『算術の基本法則 GGA I』(1893) において,以下の新しい「抽象原理」,即ち「基本法則 (V)」によって付与しようとした.

(V) $\acute{\varepsilon}F(\varepsilon) = \acute{\varepsilon}G(\varepsilon) \leftrightarrow \forall x (Fx \leftrightarrow Gx)$

こうして「F の基数」は「概念 F と同値な概念の外延」として以下のように定義される.

(D) $N(F) =_{df} \acute{\varepsilon} \exists H \forall x (\varepsilon = \acute{\alpha}H(\alpha) \land H(x) \leftrightarrow F)$

この定義から (HP) が導出される.フレーゲはこの定義と彼の外延の理論がどのように通常の全算術を含意するかの証明を与えようとした (デデキント・ペアノ算術と同形の「フレーゲ算術 (FA)」).しかし (V) をめぐるラッセル・パラドクス (1902) の発見により,カントル等の素朴集合論同様,その論理主義は破綻に追い込まれる.

§3 新論理主義の出現と抽象理論再興

だが 1983 年 C. ライトは C. パーソンズの示唆を継承して (C. Parsons [1965]; C. Wright [1983]),②の外延の不整合な理論を放棄し,①の (HP) のみによりラッセル・パラドクスを回避しようとした.この接近法の可能性は,最近の三つの技術的発見により援護射撃を受ける.すなわち,(a) (V) と異なり (HP) は無矛盾だとの発見,(b) 第二に,ブーロスの名付ける「フレーゲの定理 (FT)」,すなわち,基数操作子 N (F) に関する公理 (HP) ＋2 階論理からの,デデキント・ペアノの 2 階算術 (PA) の導出の再発見,(c) 第三に,2 階ペアノ算術の無矛盾性と相対的な FA の無矛盾性の確からしい想定 (Geach [1975] 446-7;

Boolos [1987] [1990]），これらに依拠して，「フレーゲの定理 (FT)」は，フレーゲの数学上の最重要な貢献と見なされた．

つまり，フレーゲは PA と同形で isomorphic，しかも独自な「フレーゲ算術 (FA)」を提示していた [FA ≈ PA] こと，(d) さらにヘックはフレーゲの『算術の基本法則 GGA I』での独自なフレーゲ算術の公理系の展開でも，不整合な公理 (V) の実質的使用は，(HP) の導出に限られることを示した (Heck [1993])．

このように，ライトに始まるネオ・フレーゲ的プログラムは，技術的には相当の前進をみたが，なおまだ多くの課題が残っており，こうした技術的成果の哲学的意義をさらに明らかにする必要がある．

かくして，「フレーゲの定理 (FT)」はフレーゲの重要な数学上の成果の再発見であったが，その後 FT の哲学的意義について，ブーロスやライトらの間で論争が展開された．

ところで，次の二つのテーゼを認める者は，新論理主義者 neo-logicist ないし新フレーゲ主義者 neo-Fregean と称される．(i) 数学的真理の核心部は，分析的，つまり，論理的原理からの導出により，アプリオリに知られる．(ii) この数学は客観的，つまり，心から独立な抽象的対象の領域に関わる．するとプラトニズムに纏わる認識論的問題に直面することになる．すなわち，どのようにして因果的に不活な抽象的対象領域について何かを知りうるのか，という問題である．新論理主義者の回答は，数学的言語の意味論は論理言語の意味論に含まれる知識に依拠する，というものだろうと推定される (cf. Shapiro [1999], rep. in [2007] 276)．

ライトは 1983 年以来，「フレーゲの定理 (FT)」という基数の新論理主義版を擁護してきた．FT が，算術の基本法則を，(HP) ＋ 2 階論理体系内で導出するからである．この (HP) は，基数の同一性規準を与え，その規準は 2 階論理によって定義可能である．こうした説明原理を分析的と見なしうるなら，算術の「分析性」を演繹するのに十分だと，ライトは考える．また (HP) により，基数概念が 2 階の論理内で理解されるのなら，算術は (HP) によって立証されたことになろう．(HP) は，「等数性，一対一対応」が専ら 2 階の論理的概念のみで定義される論理的原理だからである．「抽象による概念形成が受容され

る場合には常に，2階論理の習得から，算術の基本法則の真理性の十全な理解に至るアプリオリな道筋が存在することになろう．こうした認識論的な道筋は……論理主義として記述されるに値する帰結であろう」(C. Wright [1997] 211) と，ライトは主張する．

(HP) に基づく算術の導出という「フレーゲの定理 (FT)」が，論理主義のプロジェクトにとって重要なのは，一つには数学的真理にカント的直観や何らかの数学的直観，その他の経験的な何かを呼び込まないで済むからである．

しかしブーロスは，「分析性」の許容は留保するが，(HP) が算術の基本法則の認識への「アプリオリ」な道筋を付けるのに利用可能だと考える (Shapiro & Weir [1999] in [2007] 277)．だが2階論理に訴える (HP)，従って FT に対しても，根強い反対論がある．

(i) 第2階論理は，「偽装した集合論，羊の皮をかぶった狼」(Quine [1986] ch. 5) である．にもかかわらず無垢 innocent でありうるのか？

(ii) また (HP) が存在論的帰結をもつことへの異議がある．すなわち，フレーゲは，ペアノの第2公理「どの数にもその後者が存在する」から概念〈有限基数〉の外延である可算無限クラスを引き出し，可算無限基数の存在に加担した．だがブーロスはクワイン流に，論理が存在論的帰結を持つべきでないと主張する．論理的表現の意味の考察のみから，何らかの存在を引き出すべきでなく，算術は存在論的帰結をもつが，論理はもつべきではないと主張する．だがもしそうなら，フレーゲ的論理主義はそもそもはじめから不可能なプロジェクトではないのか？　フレーゲは，数学が単に記号の演算操作にすぎない形式的なものではなく，「内容を持つ inhaltlich」数学なら，それを基礎づける「論理」もまた単に形式論理ではなく「内容をもつ」学であるべきだと，既に『概念記法』における論理革命の第一歩から，そう考えたのであった．そして論理学が「生産的な fruchtbar」概念をもつべきなら，算術や解析学における数学的諸概念を定義し，数学的諸定理を基礎づけるものであるべきだというのが，そもそもの「論理主義」プロジェクトの根本的発想であった．論理が存在論的帰結をもつべきでないという反対論は，はじめからフレーゲ的論理主義の否認宣言に等しい．

(いまはこの問題に深入りできないが，「論理学」を1階述語論理に限定するよう

になったのは 1920 年代後半[3]からで，フレーゲ，デデキントらの念頭にあった論理概念は，高階論理ないし概念の外延や集合を容れる，もっと緩やかなものであったし，分析的といわれる論理的真理も，後の論理実証主義のいう単に「意味によって真」(それはカントの「主語概念に述語概念(徴表・部分概念)が含まれる」という意味での「分析判断」の末裔である) という意味合いでの分析的真理ではない.)

フレーゲの論理主義的プロジェクトが，無限や連続を扱う解析学を含む「内容的算術」の論理的基礎づけを目指す以上，そのプロジェクト自体が嗤うべき形容矛盾でないとすれば，フレーゲの論理もまた「内容をもつ論理」であって，その帰結から，無限と連続を締めだす体のものではありえないであろう.

(ii) へのライトの反応は，やや控え目で，論理主義の主張を削減し，(HP) は数の定義ではなく，「基数の同一性」概念の論理語による「説明」だと主張する. 説明から存在論的帰結を引き出すとき，厳密な論理 (？) から離れるが，しかし FT はなお「論理主義として記述するに値する」と主張する (C. Wright [1997] 278).

ところで論理主義の成否は，「論理的抽象 Abstraktion による概念形成」が受容されるか否かに懸かる. この点がライト‐ブーロス論争の急所である. (HP) は一般に次の形式をもつ「抽象原理 Abstraction Principle: AP」の一つである.

(AP)　$\#\alpha = \#\beta \leftrightarrow E(\alpha, \beta)$. [E は同値関係]

③-1：フレーゲの「関数の値域ないし概念の外延」に関する「抽象原理」である. 下記の公理 (V) (GGA (1893)) は，周知のようにラッセル・パラドクスに陥る.

(V)　$\dot{\varepsilon}(F(\varepsilon)) = \dot{\alpha}(G(\alpha)) \leftrightarrow \forall x (Fx \leftrightarrow Gx)$.

ラッセルの反応は，『数学原理 PM』では最終的に「非可述的 impredicative 定義」を禁ずる「悪循環原理」であった. この制限はパラドクスを回避するが，(HP) の例化も禁じ，FT による [タイプ自由の] 論理主義への道筋も阻止して

しまう．だが FT を引き出したい新フレーゲ主義者にとっては，非可述性の全面禁止は，赤子を産湯とともに捨てるに等しい（C. Wright [1998]; Shapiro & Weir [2000]）．

③-2：だがブーロスは「抽象による概念形成」を，論理主義者の適法的な戦術・手段としては受け入れない．最も流布している彼の反対論は，「悪友論 bad company objection」である．彼は，(HP) のような「良性の good 抽象原理 (AP)」と (V) のような「悪性の bad 原理 (AP)」を区別する仕方があると主張する．だが，(HP) そのものも，それが無限領域でしか充足可能でないという意味で「無限公理」である．ブーロスは有限モデルでのみ充足可能な (Boolos [1987] [1990]; Heck [1992])，(HP)，(V) と同形の無矛盾な抽象原理の存在を指摘した．(HP) が受容可能なら，これら他の (AP) もそうである．しかしそれらすべてが正しいわけではない．ではどのようにして，適法的な抽象原理を区別すべきなのか？（Weir [2003]; Fine [1998]）

§4　新論理主義の実抽象と構造主義

またこの「論理主義的」プログラムは，所期のフレーゲ論理主義の目標から考えれば，算術・基数論を超えて解析学にまで拡張される必要がある．この戦線拡張に伴って，既に§1でダメットらの見解において言及したような，「フレーゲ的論理主義」対「デデキント的準論理主義」(Thiel [1984]; C. Wright [1999]) の再現，そして，実解析を巡る，ネオ論理主義と「構造主義的」アプローチの対比・対決・交流という興味深い論題が浮かび上がる．但し，以下では，その一端に触れうるのみである．

近年，抽象原理と2階論理を基礎にする実解析の展開の試みが多数見られ，論争が盛んである．ここでは主としてライト[4]その他に従って，その一部を瞥見しうるだけである．以下，両派のプロ・コントラをいくらか追ってみよう．([S] を構造主義派，特にデデキント流の構造主義を [D-S]，[L] をネオ・論理主義派，[F] をフレーゲ自身の明示的主張，の略記とする．)

[D-S][5] シャピロは，デデキントに倣い，実数をその自然な順序の下での有理数の系列における切断と同一視するという，本質的に実数の構造主義的考え

に立つ．

　[L] 一方ヘイル[6)]は，フレーゲの制約 constraint——数学のどの分野に対する満足のいく基礎も，数学の応用に直結するように，その基本概念を説明すべしという制約——を付加すべきだということを強調する．

　[S] それに対し構造主義は，それが関わる構造と応用される領域との構造的類似性に注目し，数学理論の応用をつねにその構造の理解に後発させて *posterior* 表わす．フレーゲの制約条件は，単純な算術や幾何学では満足されるが，（連続性や個々の実数間の区別といった）解析学の基本的概念とその経験的応用との間にはギャップがあり，この制約が解析学の新フレーゲ的構成に課せられるべきかどうか疑義があるとする．

　さて実解析の整合的で抽象理論的な基礎のための形式的要件——即ち，2階論理＋何らかの整合的な抽象原理（AP）——は，古典的実数，つまり，完備順序体を構成するような対象列の存在に十分であるような原理を見出されなければならない．それを達成するといういくつかの方法が提案された．

　[D-S] ①シャピロのデデキント的方途 *Dedekindian Way* もその一つで，フレーゲ算術＝HP＋2階論理から出発し，次いで有限基数の順序対用に，以下の「対抽象 *Pairs abstraction*（P）」を用いる．（これは，[F] 実際フレーゲが GGA 序言 V で言及している「カップル化 Koppelung／対 Paar」にも関わり，GGA II,§144 の定義 (o)，定理 233 に関係する．フレーゲは二つの系列のカップル化／対化を順序対の値域と見なし，事実，基数列の後続関係を，祖先関係に重ね合わせていくのに用いている．）

(P)　　$\forall x \forall y \forall z \forall w (<x, y> = <z, w> \leftrightarrow x = z \,\&\, y = w)$

次に，これら対の間の差を抽象する．

(D)　　$\mathrm{Diff}(<x, y>) = \mathrm{Diff}(<z, w>) \leftrightarrow x + w = y + z.$

ついで整数 *integers* をこうした差と同一視する．整数上の加法・乗法を定義し，m, n, p, q が整数のとき，次の抽象に従って，整数の対の商 *Quotients* を形

成する．

 (Q) Q (m, n) = Q (p, q) ↔ (n = 0 & q = 0) ∨ (n ≠ 0 & q ≠ 0 & m x q = n x p) (C. Wright [2000] 255)

n ≠ 0 の場合，有理数を商 Q (m, n) と同一視する．そして加法，乗法，有理数上の自然な線形順序を定義すると，デデキント流の「切断抽象 Cut Abstraction」を介し，完備順序体を構成する対象へと移れる．

 (Cut) ∀P∀Q (Cut (P) = Cut (Q)) ↔ ∀r (P ≤ r ↔ Q ≤ r)

('r' は有理数を変域とし，関係 '≤' は，有理数の性質 P, Q と，特定の有理数 r との間で，P の任意の事例が，有理数上で構成された線形順序の下で，r より小か等しい場合に成り立つ．）よって，これらの切断は，その結合された性質が正確に同じ有理上界 rational upper bounds を持つ場合に同じとなる．実数は，上に有界で bounded above 有理数中で例化される性質 P の切断と同一視される．

 デデキント流には，継起的な抽象が，概念上の一対一対応から基数へ，基数から基数の対へ，有限基数の対から整数へ，整数の対から有理数へ，最後に有理数の概念から実数へと至る．これが完備順序体の構成に成功しているという証明は，フレーゲ定理 (FT) の証明同様，些細なことではなく，実数を上界に upper-bounded 空でない有理数の集合の切断とするデデキントの構想の，完璧に近い抽象理論的把握に至っている．だが，一連の抽象は，実数の任意の言明を，純粋 2 階論理の語彙に変形可能 transformable にしているわけではない．(HP) 等の抽象原理が導入されているからである．

 こうした各抽象は，左辺の文の意味を，対応する右辺が理解されていれば固定する，と想定してみよう．すると 2 階論理から出発し，切断とそれらについての規範的な数学的理論の理解で締め括る，という実数概念の継起的な形成ルートが存在すると認められることになる．

 もし抽象原理が認識論的には epistemologically 定義に類似のもの——その左辺で導入する等式の陰伏的定義の一種——と見なしうるなら，デデキント的方

途は，解析学の基礎を，2階論理と（陰伏的）定義によって与えることになる．デデキントには抽象原理のような考えはなかったが，彼の論理主義への共感にはこうした構成や哲学的可能性を賞揚する余地があったかもしれない（cf. Shapiro [1997] 170-6）．

[D-S] いずれにせよ，デデキント的方途は，実数が何かに関し，本質的に構造的な考え——実数を一定の種類の完備な順序系列に位置づけるという考え——に基づき，その成功は，古典的連続という構造をもつ——切断と定義される——対象の体の構成にある．

さて他方②ヘイル（Hale [2000]; C. Wright [2000]）に従い，

[L] 新フレーゲ主義的に（HP）によって数論の基礎を与える方途を対比させてみよう（C. Wright [2000] 256f.）．対応する形式的成果は，HP + 2階論理が ω −系列の構成にとって十分だということだが，しかしそれだけでは，例えば，2階論理＋ブーロスの公理（NV）からなる体系において達成されうるものと大差はない．「フレーゲの定理」がその顕著な哲学的興味を与えるのは，(HP)はまた基数が何であるかという説明をも含むからである．重要なのは，数学的還元そのものではなく，還元がもたらす抽象の特定の性格にある．(HP) は，フレーゲが『基礎GLA』の諸節で準備していた，数の本性についての多様な哲学的主張を，既述の通り，組み込んでいるのである．例えば，

(i) 「数はいわば第2階の性質——概念の性質で，数は概念に帰属する」は，基数操作子 N (φ) が，種概念をその項 φ にとるものとして導入されることに組み込まれている．
(ii) 「数自体は対象である」は，基数名辞 N (F) が単称名辞であることにより，組み込まれ，または次のことを説明することを目標にする．
(iii) 「数とはいかなる種類の事物であるか」は，HP が同一性規準を与えることによって答えられる．

(HP) によれば，数とは，一対一対応する種概念 sortal concept が共有する類いの事物なのである．

[D-S] デデキント流の切断原理に，実数についてこうした類いの主張を読

第17章　新論理主義の回顧と前途瞥見　603

み込むことはできようが，しかしデデキント的方途自体にはこうした問いを取り上げる意図はなかったであろう．

実際，(a) 特定の種類の数学的存在の本性の説明を組み込もうと意図すること——数学的探究の各分野における対象の本性を説明する形而上的プロジェクトと，(b) またその種の存在についての標準的な数学的理論のために十分な公理論的基礎を与えるべきだという主張——こうした対象の標準的な数学的理論に対する基礎を与える認識論的プロジェクト，それら二つは別々のことであり，両方が果たされねばならないというアプリオリな理由は存在しない．

[L] しかし数論の新フレーゲ主義的基礎の顕著な特徴は，核心となる原理 (HP) がその二つの役割 (a)(b) を果たしていることである (C. Wright, loc. cit.)．

[D-S] 一方，デデキント流の方途は，第二のプロジェクト (b) のみに向けられている．

§5 量領域と実抽象・切断抽象

[L] 実数についての，この二つのプロジェクト間の相違——(a) 実数はどのような種類の事物か，実数はどんなものの性質か，実数をもつのはどんな事物か，そして実数のための同一性規準は何か——に関する論理主義の回答は，実数とは，長さ，質量，重量，速度等が持つもので，ある種の度 magnitude ないし量 quantity を許容するものだ，というものである．だが量それ自体は実数ではなく，実数が測定するものである (C. Wright [2000] 257-8)．

[F] フレーゲによれば，「直線間で成り立つ同じ関係が，時間間隔，質量，光度等の間にも成り立つ．実数はその場合これら特殊の種類の量を離れ，いわばその上を浮遊する」(GGA II,§158, S. 156)．

実数はどのような種類の事物かという形而上学的問いへの回答を，(HP) が基数の場合に果たしたのと同様に組み込むような抽象原理を定式化したければ，量とは抽象が導入する新しい単称名辞の指示の領域としてではなく，抽象されるものの領域として，右辺での抽象関係の名辞として性格づけられる．他方，特定の量は，特定の概念がその基数を持つような具合には，その実数をもたな

い．ある長さに付与される実数は，予め固定された比較の単位に依存する．だから実数は，フレーゲが述べたように，量の比・関係積・直積 Relation なのである．（HP）が概念の上に単項操作子を導入したように，実抽象（R）は，同じ型の量を指す名辞の対をその項とする二項操作子 R を以下のように特徴づける．

(R)　実抽象 Real Abstraction: R＜a, b＞＝R＜c, d＞ ↔ E（＜a, b＞, ＜c, d＞）　（C. Wright [2000] 258）
（a, b は同タイプの量，c, d は同タイプの量，E は量の対の上の同値関係）

さて概念上の一対一対応からの基数抽象と，適正な量の対上の等比 *equi-propotionality* からの実抽象間には類比が認められる．
[L] この予備的類比から，新フレーゲ主義者は，三つの部分課題に分けて取り組む．

第一に，哲学的説明は，量とは何か，実抽象原理の右辺の抽象関係の構成要素は何かに依る．第二に，2階論理での一対一対応の定義可能性と平行して，量の観念と関連する同値関係 E が（祖先関係による）特徴づけで2階論理において許容されることを示すこと．……第三に，フレーゲの定理（FT）と類比的なものを確立すること．特に，実抽象の右辺による真理が，実数の十全な連続体の存在を基礎づけること．（C. Wright [2000] 259）

[F] ヘイルの達成したことは上記の問いへの回答を含む．「量とは何か？」という問いに関し，フレーゲの以下の指令が銘記されねばならない．

対象が量であるためにはどのような性質を持たねばならないか，と問う代わりに，こう問わねばならない．ある概念は，その外延（ないしクラス）が量領域であるためには，どのような性質をもたなければならないか？　……あるものはそれ自体で量なのではなく，それがただあるクラスの他の対象とともに，量領域であるクラスに属する限りにおいてのみ量なのである．（GGA

II, §161, S. 159)

[L] ヘイル (Hale [2000]) の主要なアイディアは，多数の異なる種類の量領域を，より単純な種類から，継起的な抽象によって得られる複合的な種類で，際立たせること，である．その基本的手立ては，デキント流とも，似ていないことはない．道筋は，再び (HP) によって提供される自然数を介し，ついで有理抽象原理を介して，その構成要素が正有理数のそれに対応する構造を示す，ヘイルの云う十全な量領域にまで至る．この領域は可算で，実抽象原理は1階だから，また非可算多の実数が与えられるのは，それが右辺で非可算な領域に適用される場合のみである．よって，十全な領域から完備な量領域と呼ばれるもの（そこではさらに，元の上に有界などのクラスも最小上界 least upper bound をもつ）の，ヘイルの構成には，中間段階が要求される．この考案に向かうヘイルの提案は，「切断 Cut」と称する抽象原理である．有理数のような十全な量領域を考え，元の特定の種類の性質——ヘイルの切断 - 性質 cut-properties ——のみに注目する．こうした領域の元の切断 - 性質は，空ではなく，最大の事例はもたず，そのどの事例より小であるような，領域中のどれもが同様に事例であるようなものである．P, Q がそうした性質に制限されているとし，当の領域中の元に制限された右辺上の対象変項の値域とすると，関連する原理——ヘイル - 切断抽象 (HCut) ——は，（皮肉にも）(V) の統語論的分身 Doppelgänger である．

(HCut)　∀P∀Q (Cut (P) = Cut (Q) ↔ ∀x (Px ↔ Qx))　(Hale [2000] 186)

これを有理数の新フレーゲ的構成によって提供される十全領域に適用すると，ヘイル - 切断抽象は，[D-S] デキントの切断抽象原理のやり方同様に，完備順序対を生成する．デキント流では，こうした領域に至る受容可能な抽象原理が与えられれば，ゲーム終了となるが，その構成が達成するのに役立ったことすべては，[L] ヘイルの路線では，実抽象原理そのものの右辺に対する必要な原材料に過ぎない．その原理を介して，実数そのものへ進み，またそれら

が対応して完備順序体を構成し，こうして数学的構成を，実数とは何かという包括的な形而上的説明と調和する，ということを証明することが残っている．

§6 悪友問題

ところで，フレーゲ的論理主義に加担するにせよ，デデキント的構造主義を採用するにせよ，先に第13章§9で触れた，いわゆる「悪友問題 bad company problem」は，基数，実解析の双方の抽象原理に立ち塞がる由々しき問題である (Burgess [1984] 639; Hazen [1985] 253f.)．以下，若干復習しておこう．

その最初のものは，ツェルメロ・ラッセル発見の基本法則 (V) のパラドクスであるが，しかし一層厄介で不整合な抽象原理がある (Hodes [1984] 138; Hazen [1985] loc. cit.)．比が関係する実数に関わる，概念間の等数性と呼ばれる概念の同形性 isomorphic という次の抽象原理の問題である．つまり，「抽象原理：二つの同形タイプの二項 dyadic 関係が同一なのは，それらの関係が同形の場合その場合に限る」，すなわち，

(H²P) $\$R = \$S \leftrightarrow R \simeq S.$

これは，(HP) 同様無矛盾に見えるが，実際はブラリ＝フォルティ Burali-Forti のパラドクスが再現するので，不整合である．

さらに，ダメットは，いわゆる「悪友問題」がネオ・フレーゲ的プログラムにとって，直ちに致命的だと主張しているように見える (Dummett [1991] 188, cf. Dummett [1991] 最終章; Dummett [1998])．ダメットの議論は，ネオ・フレーゲ的プログラムの「非可述的 impredicative」推論の不可避的な使用と関わる．(以下，関連するトピックに言及できるのみである．13章§9参照)

1. 受容可能な抽象原理の探索[7]

①まず無矛盾性が，抽象原理の受容可能性の必要十分条件であろうか？　否である．例えば，(HP) は選択公理の仮定下で，無限領域においてのみ充足可能だが，他の抽象原理は有限領域のみで充足可能で，それらはそれぞれに無矛

盾だが相互には矛盾しあう．

②では抽象原理の受容可能性のための必要十分条件は，「保守性 conservativeness」を満たすであろうか？（ある抽象原理が保守的であるとは，その原理が，新しく導入される抽象的存在を除く，既存のすべての対象から成る「旧存在論」に関し，新しい結果を何も含意しない場合を云う (Field [1989]; C. Wright [1997] §IX; Shapiro & Weir [1999]; Weir [2003]).) この示唆は上記の悪友問題を排除するには十分である．だが保守的でありながら，不両立な濃度の宇宙を要求する公理 V への一群の制限が指摘されている (Weir [2003] 27-8).

2. 安定性 Stability

ある抽象原理の受容可能性の必要十分条件は，その「安定性」(つまり，当の抽象原理には $\lambda > \kappa$ なる任意の濃度 λ のモデルにおいて充足可能なカーディナル数 κ が存在する場合) だという示唆がある．安定性が，例えば「和平的 irenic」と同値だと主張される．(Weir [2003])「和平的」な抽象原理とは，それが保守的でかつ他のすべての保守的な抽象原理と両立可能な場合である．しかし，「安定性」という観念は，「和平性」の十分条件ではないし，またある深刻な技術的ならびに哲学的な困難がある．(Fine [2002]; Uzquiano [2009]; Linnebo [2011] 等．13 章 §9 の 3 項参照)

3. 非膨張性・可述性・基底性

各抽象原理が非膨張的 noninflationary，ないし無制限的 unbounded であっても，必ずしも安定的でも保守的でもない．逆にある抽象原理 AP が「和平的」ならば，その AP は「保守的」でもあり，「安定的」でもあり，従って「無制限的」でもある．(13 章 §9, 3 項参照)

ダメットによれば，悪友問題はある不法な非可述性の所為である．すると，フレーゲ的抽象が受容可能なのは，それが可述的な限りにおいてであるということを示唆する．しかしすると，理論の論理力は厳しく制限される (Burgess [2005] §2.5-6).

可述性要求は，抽象原理そのものにかかわる．非可述性の禁止によって (HP) の整合性は保証される．だがそれはまたネオ・フレーゲ主義的プログラ

ムの最も際立った特徴を消してしまう．特に，無限多の数学的対象の存在証明を掘り崩す．つまり，すべての非可述性を除去することは，ネオ・フレーゲ主義の核心を除去することになろう．

リネボの悪友問題への応答は，可述性に関わるが，もっとずっと寛大なものである．抽象原理を，ある種の存在をもう一種の存在で個体化する工夫として，リネボは個体化の過程が確実に基底的 well-founded であるべしというアイディアを探策する．そのアイディアは様相言語中で展開され，◇φは，φが成立するようにそのように存在者たちを個体化するように進めうるということを意味する．この様相的枠組を使うと，すべての抽象原理が受容可能で，矛盾は諸概念の定義に許される式を制限することによって回避されると主張される (Linnebo [2004])．

§7　数学と応用——フレーゲの制約

さて論理主義には，実数の本性は何か，何に関して実数がその特徴なのか，実数をもつものは何か（それはフレーゲ／ヘイルが中心的場所を与えた問いである）——そうした問いに正当に中心的場所が与えられるべきだと見なす思考の道筋があり，デデキント流の構造主義的方途がこうした一定の形而上学的問題を正当な課題と見なすかどうかが，論理主義と構造主義間の主要な論争点を形成する．

[F]「フレーゲの制約 *Frege's Constraint*」とヘイルが呼ぶものの，フレーゲ自身による最も明快と見られる，しばしば引照される節の一つは以下の通りである（GGA II, §159）．

われわれがここで歩むべき道は，旧来の H. ハンケルによっても選択されていた無理数論の幾何学的な根拠付けの仕方と，[カントル，デデキントにより] 最近提起された途との中間にある．前者については，われわれは実数を量の比……として把握する立場を継承するが，しかしながら，実数を幾何学的ならびにすべての特定の種類の量からは解き放つ……それによって，最近の [集合論的構造主義の] 努力に接近することになる．けれども同時に，後者

……の欠陥，つまり，……計測が，内的に，数の本性そのもののうちに，根拠づけられる連関なしに，純粋に外側から接ぎ当てされ rein äusserlich ange-flickt, ……どのように［実数の］応用がなされるのかについての普遍的な規準をまったく欠くという欠陥，を回避するのである．そのように，われわれは，応用自体が算術の関心事ではないとはいえ，こうした［応用への］手がかりの提供を算術から恐らく期待しうるのである．(GGA II,§159, S. 157. 強調引用者)

フレーゲによれば，数学理論の満足のいく基礎は，単に「外側からの接ぎ当て・外挿」ではなく——その核心に，その言明の内容中に，その応用を何らかの仕方で組み込んでいなければならない．これがヘイルの云う「フレーゲの制約」であり，それは既に，繰り返し，ダメットによっても，賛意とともに，例えば次のように強調されている．

フレーゲの見解では，自然数の正しい定義は，こうした数が，本が棚にいくつあるかを述べるのにどのように使用されるか，を示さなければならない．にもかかわらず，数は本には何のかかわりもない．この点では数の仕事は，一般に，ある概念に属する何らかの対象の濃度を述べることに何が含まれるか，そして自然数がこの目的にどのように使用されうるか，を示す display だけである．同様に，解析学は，電荷や長さ等に何も関わらないが，しかしこれらのものの量の度を特徴づける実数の使用の底にある一般的な原理を示さなければならない．実数は量の度を直接表すのではなく，同じタイプのある量と他の量との比を表すのである．……［例えば，］質量間の比と長さの間の比……とが同じでありうるから，量の度を，単位と相対的に，述べるために実数の使用を支配する原理が，特定のタイプの量への言及なしに示されうるのである．こうしたすべての使用に共通なもの，そしてそれだけが，数学的対象としての実数の特徴づけに組み込まれねばならない．以上が，数についての言明が，経験的応用の特定のタイプへの間接的言及によって，算術の一般性を侵犯せずに，どのようにその応用を説明するような意味を割り当てられうるか，なのである．(Dummett [1991] 272-3. 強調引用者)

こうした「フレーゲの制約」に従うということは，どういうことなのか？ ライトはそれについて次のように述べている．

> あるタイプの数の応用を支配する一般原理が始めからその特徴づけに組み込まれなければならないと主張することは，実質的に，そうした数がどのような種類の存在者に応用され，またそのような存在者が同じないし異なるそうした数と結びつけられるということはどういうことか，を説明するような原理への言及によって特徴づけられる，と主張することである．これはまさにHPや実抽象原理によって共有される特性である．こうした原理を哲学的・数学的な基礎づけとして見るということは，当該の数学的対象の種類の応用を，その種の対象の本質に属することとして見ることである．(C. Wright [2000] 263. 強調引用者)

[L]「フレーゲの制約」は，明示的に，次のことを要請している．すなわち，算術や解析学の理論は，その対象，例えば基数や実数の「本質をその応用中に位置付けるべきだという更なる考えを組み込んでいること．そして同程度に，潜在的には，基礎的な形而上学的問い——特に問題の数とはどんな種類の事物の数なのかという問い——もその特徴づけの中に組み込まれている」こと，である (cf. C. Wright, op. cit. 強調引用者)．

論理主義 [L] と構造主義 [S] について，主にライト (C. Wright [2000] 264ff.) 等に従ってごく粗く，その対比を再度一瞥してみよう．それは，フレーゲが，自らの立場とデデキントらの「近年の立場」とを対比させた，先に引用した箇所でのフレーゲの立場 [F] が，無理数論の幾何学的な根拠づけと，最近提起された途との中間にあり，かつ計測が外側から接ぎ当てされ応用についての普遍的な規準を欠く……という事態を回避する (GGA II,§159, S. 157) という立場の，継承を巡る対比に関わる．

[L] フレーゲ，ダメット，ヘイル等の立場は，自然数ないし実数について，構造主義的 structuralist 見地以上のものがあるべきだという前提に立っている．

[S] 一方，構造主義にとっては，自然数によって共有される本質には，ω-系列の本質の複合以上のものは存在しないし，実数によって共有される本質も

完備順序体の構成以上は存在しない．構造主義にとっては，純粋数学的研究の真の「対象」は構造そのものであり，関連する純粋数学理論の応用は，純粋な構造（の切片）と，応用の領域から取られた構造化された集まりとの構造的類似性の評価から出てくる．こうした視座からは，デデキント流の方途は，フレーゲ／ヘイルのアプローチが真剣に取った，真性の形而上学的問題の領域を無視，ないしより適切には，割引いているとも見られうる．

つまり，構造主義は，応用の問題を無視しているというより，純粋数学理論の応用は，純粋構造と応用される状況との類似性 affinity を認知することに他ならない，と見なす．従って，むしろ，フレーゲ，ダメット，ヘイルに対して，自然数，実数が，客観的本質をもつと考えるのは哲学的誤謬だと主張する (Shapiro [1997] ch. 8)．

[S] もし数学理論の十全な理解がそれの関わる存在者に，その構造中における特定の位置の占有以外に，何も求めないのであれば，フレーゲの制約に従う必要はない．

[L] しかし理論の理解とは，当の対象が構造中で固有の場所を占めるということを超えて——フレーゲのように，自然数は概念に帰属するといった——ある種の顕著な特性をもつということの把握を要求するとすれば，フレーゲの制約を無視する説明は，算術的言明の全内容を回復するのに成功してはいないだろう．

[S] だが構造主義によれば，純粋数学の応用は任意の事例と応用される領野との間での構造的類似性という付加的な additional 評価に依存する．付加的であるから，純粋数学的言明内容の把握それ自体が，その応用についての知識を含む必要はない，と主張される．

[L] だがこの主張は一般性をもつだろうか．ライトによれば，基数ならびに実数についてアプリオリな知識の内容は，既にその応用から引き出される諸概念を配備 configurate している，という．その際，重要なのは，そのように獲得された，単純な算術的知識は，応用への潜在能力がすっかり表立った on the surface 内容を持たねばならない，と云われる (C. Wright [2000] 265ff.)．しかしこのライトの説明は少々分かり難い．

[S] 対照的に，この知識の構造主義的再構成は，その潜在的応用可能性の評

価が，一定の構造的類似性の認知に依存する付加的なステップであるといった仕方で，数学的内容を再現する．

ところでフレーゲの制約が正当化されるのは，その顕著な概念，少なくともその基本的な核心部分がその経験的応用を説明することによってまさに伝達可能な場合，そしてその場合に限るように思われる．フレーゲによれば，基数の場合には，上述のように一定の種概念が単位とされ，その種概念に属するものがいくつあるかを「数え上げる」という「応用」の原理は，概念間の一対一対応によって基数の「再認規準・同一性規準」を与える「ヒュームの原理 (HP)」(「抽象原理」) ならびに，基数が（結合律・可換律・単位元と逆元の存在を満足する）加法群・アーベル群であること，において体現されている，と言えよう．また，有理数の場合にも，量領域に属する同じタイプの量に関する整数比，単位量との整数比として確定されるから，比較的容易に「量の比」の確定という考えに，長さや角度計測への有理数「応用」の原理を了解することができよう．しかしながら，無理数，極限，連続などの非可算無限を含む古典的実数，つまり，完備順序体を構成するような対象列一般に関する実解析の場合には，その応用の一般的原理は，どのように見出されるのか．解析学のわれわれの知識は，その応用が直接的な命題的なものだと考える理由は何なのであろうか？

特定の実数の同一性の概念も，測定により確定されるパラメータ内での可能的値の領域の連続性，稠密性，完備性も，経験的応用中に端的には現れない．むしろ連続性の古典的数学は，それが応用される経験的領域での潜在的変移のパラメータの，非経験的な再概念化 reconceptualisation を知らせるためなのではないか？

ここでフレーゲの実数概念を再度振り返っておこう．第15章§3で論じたように，先ず(A) 各種の量には正負，ゼロがあり，加法・減法の演算操作が適用される．正負の対立は，関係とその逆によって説明される．そうした関係の外延・クラスは「直積 Relation（重積値域）」と称される．こうした直積のクラスが，量領域 Grössengebiet と言われ，実数はこうした量の比，直積の直積と見なされている．実数の和は直積の合成，差はある直積と別の直積の逆との合成，ゼロは直積とその逆との合成に対応する．群論的には，量領域は加法群

（可換群・アーベル群）で，加法の基本法則である，結合律・可換律・単位元ゼロおよび逆元の存在を満足することが示された．§4 では，(B) さらにフレーゲによって「大小関係」という線形順序関係が定義され，そうした順序群の正の元からなる「準正クラス」が，次いで「最小上界」をもち，無理数的な比をなし，加えて非可算連続体である稠密・完備な上半線形順序群である「正クラス」が導入されることを見た．量領域はこうした正クラスの領域と同一視され，実数は同一の正クラスの領域に属する量の比として定義される．

さてこうしたフレーゲの実数概念中に，応用への一般原理を含意すべしという「フレーゲの制約」はどのように現れているのであろうか．

例えば特に (B) に関しては，本章 §4 以下で紹介したように，実解析の整合的で抽象理論的な基礎のための何らかの整合的なフレーゲ流の抽象原理 (AP) を見出すといういくつかの方法が提案された．

例えば，①シャピロのデデキント的方途は，有限基数の順序対用に，先述の「対抽象 (P)」を用いて対を抽象し，次いで「差抽象 (D)」を用いてこれら対の間の差を抽象し，さらに整数をこうした差と同一視する．またライトは，先述の商抽象 (Q) により，整数の対の商を形成している．

そして加法，乗法，有理数上の自然な線形順序を定義すると，デデキント流の「切断抽象 *Cut Abstraction*」を介し，完備順序体を構成する対象に移っている．（§4）

(Cut)　　$\forall P \forall Q\, (\text{Cut}(P) = \text{Cut}(Q) \leftrightarrow \forall r\, (P \leq r \leftrightarrow Q \leq r))$

よって，実数は，上に有界で有理数中で例化される性質 P の切断と同一視される．

一方，§5 で既に述べたが，ライトに先行するヘイルの提案は，以下の「ヘイル－切断」と称する抽象原理であった．

(HCut)　　$\forall P \forall Q\, (\text{Cut}(P) = \text{Cut}(Q) \leftrightarrow \forall x\, (Px \leftrightarrow Qx))$　（Hale [2000] 186）

これを有理数の新フレーゲ的構成によって提供される十全領域に適用すると，ヘイル‐切断抽象は，上のデデキント流の切断抽象原理（Cut）と同様に，完備順序対を生成する．

さらに §5 で述べたように，実数はどのような種類の事物かという問いへの回答を，基数の場合の（HP）と同様に組み込む抽象原理を定式化するには，量を抽象されるものの領域とし，ある型の量に付与される実数は比較の単位に依存するから，フレーゲが述べたように，量の比・関係積・直積なのである．（HP）が概念の上に単項操作子を導入したように，実数抽象（R）は，同じ型の量を指す名辞の対をその項とする二項操作子 R を以下のように特徴付ける．

(R)　実抽象 Real Abstraction: $R<a,b> = R<c,d> \leftrightarrow E(<a,b>,<c,d>)$ 　（C. Wright [2000] 258）
　　（a, b は同タイプの量，c, d は同タイプの量，E は量の対の上の同値関係）

さて周知のように，解析学の生誕の地は，元来流率法を編み出しながら，『プリンキピア』では幾何学的方法を採用した，ニュートンの天体力学や運動学，並びにライプニッツの微分小解析に端を発し，ヘルマン，ベルヌーイ，オイラーらによる『プリンキピア』の解析学的書き直しを経て，ラグランジュの『解析力学』に至る「解析化」，さらに 19 世紀のハミルトン，コーシー，ワイエルシュトラースらにより「厳密化」される古典力学にあった．この分野での微積分法の「応用」による「厳密化」の探究は，周知のことである．例えば，ケプラーの第一法則に関わる惑星軌道の楕円，第二法則に関わる太陽と惑星間の面積速度，ガリレオ，ニュートン以来の運動法則に関わる速度，加速度，力等の数値を表す微分量・積分量は，いずれも，上記のような，フレーゲ流の実数概念に含まれる一般的応用原理に基づく計算結果であるといえよう．しかも興味深いのは，上記のヘイル・ライトによるフレーゲ流の「切断抽象」「実抽象」の提案は，デデキントの無理数論中の「切断」その他と極めて密接な親近性をもつものであって，ダメットの予想したように，フレーゲとデデキントとの距離はそれほど遠く乖離してはいないように見えることである．

§8　抽象原理と構造主義

　それでは純粋数学的理論の抽象主義的再構成は，その理論の内容について構造主義的見解を取るのが適切な場合は，フレーゲの制約を免除される，というのがライトの一種妥協的な示唆なのであろうか．結局，[L] 抽象主義の全存在理由は，数学的対象という一定の特殊な種類の対象の知識として予想されたものについての説明を回復することにあるように見えるかもしれない．対照的に，[S] 構造主義者は，典型的には数学を，特有な仕方で，第一に対象指向的 object-directed だとは見なさず，数学者の関心を，対象の集まりが例示しうる構造的特性に関わる，と見る．[L] するとフレーゲの制約が有効であるのは，固有の内在的本性をもつ特定の数学的対象の領域が存在する場合なのであり，[S] また，構造主義的見解が適切な場合は，抽象主義的プロジェクトには利点がない．何故利点がないのか．またどのようにして抽象主義と構造主義とが共同しうるのか．ライトの議論をもう少し追ってみよう (C. Wright [2000] 268ff.)．

1. 消去主義的構造主義──入れ替え議論と直示

　構造主義 [S ①]：その全目的が・存・在・論・的・な・簡・素・化 ontological frugality にあるといった，消去主義的 eliminative 唯名論的構造主義①の場合，純粋数学の構造的関心への強調のポイントは，数学が何らかの対象に関わるとか，特定的な数学的存在とかといった問題的な観念から自由になることにある．この構造主義は新フレーゲ主義と実際衝突する．

　しかしながら，例えば，ベナセラフが上記の消去主義・唯名論的構造主義に相当すると解しうるなら，かつまたベナセラフの論拠が，「入れ替え議論」に基づく「指示の不確定性や不可測性 inscrutability」の問題に依拠するものだとすれば，先に本書第13章§7の第2項で論じたように，実は「入れ替え」議論（それは基本法則 (V) をめぐって，フレーゲ自身に由来する）による，抽象的対象指定の不確定性の問題は，当然，概念の等数性を同一性規準とする基数の確定という「ヒュームの原理 (HP)」に，従ってまた基数オペレータならびに基数の確定も，入れ替え関数χによる不確定性をまぬがれない（例えば，χ (N

(F))= χ (N (G)) ↔ F eq G ∧ χ (N (F)) ≠ N (F))ということを，フレーゲも察知していたと考えられる．

　もしそうなら，「フレーゲ算術」の体系のどのモデルも，値域・外延・数等は「入れ替え」による同値類の確定という不変性条件までの確定でしかないことになる．だがしかし，ベナセラフの主張する如く，指示の不確定性ないし不可測性を論拠にして，数という対象の存在否認が帰結するのだとしたら，何も数のような抽象的対象に限らず，日常言語中の「シーザー」のような単称名や「ウサギ」「ガヴァガイ」のような自然種名（？）もまたそうした不確定性・不可測性を免れない以上，日常的な具体的対象や自然種もまた存在しないという帰結を引き受けなければならないように思われる．つまりは，われわれが対象について語る時，どの対象について語っているのかを，一定の言語，より正確には，その言語についての代替可能な指示の枠組 scheme of refetence を離れて，絶対的には確定できないのではないか（スコーレムのパラドクス），という極めて一般的な哲学的・存在論的問題に逢着することになる（Quine [1969]; Davidson [1979a]; 丹治 [1997] 第 3-4 章）．今この問題を一般的に論ずることはできないが，先述のように，複数の入れ替え関数の問題について，次のように論じることも可能である．すなわち，拙著の一部を繰り返せば（Nomoto [1993] 39-41; 野本 [1997] 98-9），

　デイヴィドソンに従えば，われわれは単一の対象言語に面しているのではなくて，実際は異なる指示の枠組みをもつ二つ以上の異なる対象言語に直面しているのだと言うことができるかもしれない．フレーゲ自身はこの面倒な問題を，彼の形式化された言語 [「概念記法」] に関する限りは，回避可能と考えたが，しかし一般的に解決可能かどうかは疑問であろう．フレーゲの文脈原理に関する入れ替え議論から引き出しうるもっとも教訓の一つは，次のようなものであろう．すなわち，
　　語の指示はそれが現れる文の真理値への貢献として一意的に確定可能だが，
　　それは「内部的に」のみ，つまり，特定の指示枠を伴う一つの対象言語と
　　相対的にまたその内側から from within のみ，なのである．
もしそうだとすると，語の指示は，異なる枠組みをもつ異なる対象言語にお

いては異なりうることとなり，したがって，文脈原理は語の指示を「外部的に externally」，つまり，指示の枠組みとは独立に一つの言語の範囲を超えて，一意的に確定することはできないことになる．

　もしこの示唆が正しいとするならば，指示に関する文脈原理の妥当な解釈の少なくとも一つの候補は，次のようなものであろう．すなわち，

> (I)　文脈原理が語の指示を，その言語中でそれが現れる文の真理値への貢献として確定するのは，内部的，つまり，一つの指示の枠組みをもつ一つの言語に特定的，にのみなのである．

こうした見地に立つと，先述の (V) に関する二つの異なる入れ替え関数 χ_1, χ_2 の導入，例えば，χ_1 はフォン・ノイマン – ベルナイス – ゲーデル型 NBG の指示の枠組み，χ_2 をツェルメロ＝フレンケル型 ZF の指示の枠組みとすると，$\chi_1(N(F)) = \chi_2(N(F))$ でも，$\chi_1(N(G)) \neq \chi_2(N(G))$ でありうる．

　こうした不確定性，ないし不定性に基づく議論もまた，数的対象という抽象的対象の存在を主張する，数学的プラトニズムにとって，厄介な問題であり続けるであろうが，しかし同時にあらゆる単称名・自然種名とその指示対象の関係も，おしなべて，指示の枠組みの任意の選択に相対的でしかない，という「存在論的相対性 ontological relativety」といった問題に直面するのであって，ベナセラフの言うようには，数のプラトニズムに固有の難点ではないことになる，と云いうるであろうか．

　ところで先にも言及したように，ダメットは，ライトのプラトニズム擁護に懐疑的な一見別の理由を指摘する．ダメットは既に (Dummett [1973] 498-9) フレーゲ的な「意味 Bedeutung」に二つの異なる相，即ち，(1) 名前／担い手という直示に基づく実在論的プロトタイプと，(2) 真理値への貢献という「意味論的役割・値」とを区別していた．後者は意味・指示に関する文脈原理に見合う相である（野本 [1986] 第三章）．具体的対象の指示の場合には (1)(2) が共に充たされるが，抽象的対象指示の場合にはたかだか (2) のみが文脈原理によって充たされるのみである．ダメット (Dummett [1973] 190ff., Ch. 14; Dummett [1991] 232ff.) は，こうした差異と，文脈原理の内部的性格を強調し，抽象的対象の外部的実在性 external reality を疑問視する．そしてフレーゲの論

理的対象や数の実在論は，パトナムの用語でいえば「形而上学的ないし外部的 external」ではなくて，「内部的 internal」実在論の一形態であると主張し (Dummett [1995] 18; Putnam [1981] ch. 3; 野本 [1993])，ライトらとの間になお論争が続行中である．

ところで，上述のダメットのいう名前／担い手という直示に基づく実在論的プロトタイプに通じる直接的指示説が，ドネラン，クリプキ，パトナム，カプランらによって，1970年代に隆盛を極めたことは記憶に新しい．自然種名の学習・伝達の場合も，クリプキ，パトナムとも，①その内包・外延は方法論的独我論に基づくステレオタイプ的純粋特徴記述によっては定まらず，②言語労働の社会的分業と構造化された協業に基づく「言語の社会的性格」，③実在的環境世界への隠れた「指標性」を強調した．特に③は，自然種名の外延，つまり，自然種は，集合等とは異なり，その事例，すなわち，サンプル個体への指示を欠いては存在を保証されず，事例個体が環境世界から消失すれば，絶滅種としてその存在を喪失する，メレオロジカルな存在である（野本 [1988]）．

ところで，そのサンプル個体そのものの同定を巡って，記述説と直示説の対立があり，それはラッセル自身の，面識 acquaintance と記述の区別に，微妙にずれつつも，全く無関係とも言えないものがある．（但し「面識」を，後に感覚与件 sense-data に局限する狭隘な立場を採用する以前の初期ラッセルによる，対象や人物の「知覚 perception・面識」に近い意味合いでの使用に従う．）指示詞「これ」による直示も，指差しなどの直示行為，記述による補いなど，個体指定にはいろいろの文脈的補足を必要とすることは，フレーゲ，フッサールの指摘した通りである．（カプランの直接指示説は，そうした文脈的要因が，指示詞を含む文の表現する命題の構成要素ではない，という点にポイントがあった．）しかし指示詞「これ」の話し手の使用が直ちに個体を仮に指定したとしても，先述のように，聞き手にどの個体を指しているのかを了解させるためには，いろいろの文脈的要因に訴えねばならず，直示が成功するか否かは自明ではない．その際の補助手段である（指差しなどの）直示行為 demonstration と記述（しかもこの場合の記述は純粋記述とは限らず，「いまシャンパンのグラスを手に，あの戸口に立っている人物」のように文脈的指標要因を含むのが大半であろう）を，カプランは実質的に置き換え可能と捉えているから，それらが使用されたとすれ

ば，指示の枠組みの相対性，不確定性，さらにはコンテクスト依存性の問題が再燃し，また他の機会にその個体をどのように再認可能かという再認規準が，「指示詞」の一回限りの使用で，与えられる訳でもない．

　実際，具体的個体や自然種の指示・同定やその再認規準を巡っても，古来から，本質主義（近年のDNA鑑定も含めて），時空連続体説等々をはじめ，（近年の脳移植の仮想実験も含め）人格の同一性など，形而上学的・認識論的難問が，いまも変わらず立ちはだかっているが，「実在的環境世界」への「指標性」を全く欠いているかにみえる，数のような抽象的存在に関して，古来から唯名論が絶えなかったのは当然といわねばならない．ベナセラフ的消去的構造主義も，さらに「入れ替え議論」のようなモデル論的な指示の枠組みへの相対化を通じての「存在論的相対主義」の補強を介し，その唯名論的論調が説得力をもつように見える所以なのであろう．

2. リベラルな構造主義と数の応用再論

　ところで，フレーゲの「数概念の核心に応用が組み込まれていなければならない」という主張，即ち，基数を「数え上げ」，つまりは「明確な境界づけ条件と分割不可能性という条件」を満たす「種概念 sortal concept」に帰属するものの間で一対一対応をつける，という考えに基づき，基数の同一性規準を体現する「ヒュームの原理」のような「抽象原理」や，実数を一定の「量領域の存在とその量領域に属する量同士での比として捉える」というフレーゲの構想に基づくヘイルの「実抽象」，デデキントを取り込んだ「切断－抽象」の，特に「ヘイル切断－抽象（HCut）」の同一性規準は，意外にも，基数の（HP）と同じ「種概念の普遍的同値」[∀x (Fx ↔ Gx)]であった（本章§5）．しかもフレーゲが自らの全体系の礎石と称する「概念 Begriff」の同一性規準もまたこの「普遍的同値」[Fa = $_2$Ga ↔ ∀x (Fx ↔ Gx)]であった（ASB 132）から，こうした「抽象原理」に，実在的環境世界から全く遊離した抽象構造の学としてのみ数学を捉える消去論的「構造主義」，あるいは，何らかの特異な「数学的直観」に訴えるプラトニズムとは一線を画す，独特な実在論的姿勢を窺うことができるかもしれない．

　[S①] ところで，存在論的に簡素な構造主義は，数学者が興味深いとして

再現するような，多様なタイプの構造のなんらかの事例が，現実に存在する，ということを要求しない．完備な順序体は現実には存在しないかもしれないし，ω列さえ存在しないかもしれない．この見解では，数学は仮言的な *hypothetical* 構造の学である．それは，もし多様な関連する種類の存在者の構造化された集まりが仮に存在した were なら，事物はどのようであろう would かを描写するのである．

　[S②] しかしながら，シャピロ (Shapiro [1997]) やレズニク (Resnik [1997]) の構造主義は，全く異なる精神で，一定の顕著な種類の構造をもつ数論や解析学への関心を強調する．こうした構造主義の理論家たちが存在論的加担から無傷であると考えるべきではなく，むしろ彼らは分節された諸構造に関わっているのであり，それら構造中で形成されると解される対象が何であるかは，それらの対象が集合的に適切な種類の構造を構成する限りは，重要ではないのである．数学的に興味があるのは，その対象——分節された構造そのもの——である．

　ライトによれば，新フレーゲ的基礎論プログラムと潜在的に調和するように思われるのは，存在論的にリベラルな，シャピロ風には，「ものに先立つ *ante rem*」種類の構造主義である．

　唯名論的構造主義とは対照的に，「ものに先立つ」構造主義は，構造についてプラトン的見解を採る．すなわち，構造なるものが存在し，対象の何らかの独立の集まりによって例示されようとされなかろうと，数学的記述にとって，それ固有の資格で複合的対象として利用可能な available ものなのである．それゆえ，ものに先立つ構造主義者は次の問いを発せざるを得ない．すなわち，連続体のような古典数学的構造の実際の存在に，どんな保証が与えられうるのか？　そしてそれらについてわれわれはどのように知識を獲得するのか？

　[S②] シャピロの回答は (Shapiro [1997] ch. 4 of [14])，結局，広義にはヒルベルト流である．最善の場合には，構造の把握は，ある意図された構造の (カテゴリカルな) 特徴づけ characterisation を与えることによるのであり，[われわれに] それを知性化 intellection の対象として利用可能にする．一度利用可能になれば，それにより伝達される特徴づけの演繹的ならびにモデル論的帰結を探索することにより，[構造を] 探究しうる．適切な特徴づけの知解可能性 intelligibility ということだけで，当該の構造の概念を伝達し，精神にその対象を提示するのに十分なのである．例えば，第2階の（カテゴリカルな）デデキント－ペアノの公理そのものがその構造，つまり，ω系列，を提示する．かくてシャピロの見解では，どのようにして特定の数学的構造が，数学的探究の対象としてわれわれに接近可能なのかを説明するために，理論家たちが行う必要があるのはただ，われわれがそのカノニカルな公理的記述を把握可能だという事実に注意を喚起することだけである．数学的接近は単に数学的理解力によって達成される．

　[S②＋L①] 抽象主義がこの見解を補足し助長するかもしれない二つの仕方があると思われる．一つはその提案に完全に同意し，結果的にシャピロによる所見——すなわち，伝説的にそう云われているが，ヒルベルト的に，無矛盾性で十分である，つまり，公理の組の単なる無矛盾性がこれらの公理が扱う数学的主題の実在性を保証するのに十分であるとの見解——を採用することである．しかし，シャピロの見解は実はもっと制限されたもので，なんらかの無矛盾な記述だけでものに先立つ構造を伝える——知性の対象としてわれわれに接近可能にする——ということは受け入れない．よりきつい制約が望まれ，斉合性 coherence という観念が立てられる．詳細は措くとして，その特徴づけには，集合の標準的な反復的階層 iterative hierarchy 中で充足可能な場合にちょうど斉合的だと意図している，というので十分だ，という（cf. C. Wright [2000] 270）．

　さて抽象主義がこの形の構造主義と共存可能な相補的な仕方は，所与の公理的特徴づけの斉合性の保証を精確に与えることによるであろう．

　[L②？] 抽象主義と構造主義との相補性 complementarity の第二のポイントは，それほどには友好的ではない．抽象主義論者は，シャピロ流の構造主義に対し，斉合的な公理化のみによってある概念の伝達以上のことができるという考えの受容を留保する．彼はさらにその概念を再現しその例証が体現されれば直ちに分節された原型的対象の覚知 awareness に導かれると主張する．しかしその根拠は何か？　虚構的構造はどうか？　無論数学的虚構主義 mathematical fictionalism は端的に不斉合な数学の哲学であろう．フレーゲが強調したように，厳密で斉合的な特徴づけを与えることと，それが現実に存在することとは別で

ある．

　[S②] では何が純粋な対象と考えられる構造の存在の認知を与えるのか？

　構造を，対象の所与の領域と特定の順序関係と結合された順序型と解する，抽象によってであろうか？（例えば，ω-系列は大小関係の下での自然数と結合された順序型である．）

　一般的には (S)　構造抽象：構造 (F, R) = 構造 (G, S) ↔ 関係 R 下での F は，関係 S 下での G と同形 isomorphic である (C. Wright [2000] 271)．

　しかしこの形式の抽象は一般的には成り立たない．ブラリ＝フォルティのパラドクスを含意するからである．

　だが，基本法則 (V) 同様，改良は必ずしもすべてのペア (F, R) が構造を確定はしないということにその第一歩があろう．「ものに先立つ」構造主義は，抽象主義的プログラムに対し，局所的には歓迎すべきものであろう．恐らく必要なのは，構造そのものへの抽象主義的設定であろう．

　最後に，パーソンズの近著 (C. Parsons [2008]) を一瞥だけしておこう．パーソンズの立場も，非消去主義的で，非唯名論的な構造主義の立場に近い，リベラルなものであるように見える．

　というのも，パーソンズは，構造主義的な見解によれば，数学的対象は，それが占めるある構造の基本的関係によって与えられる以上の豊かな「本性」をもたない，と見なしつつ (Ch. 1)，しかし数学的対象への明示的指示を消去する構造主義的プログラム，および唯名論についての諸問題中で，消去的プログラムの難点のいくつかは様相的概念の使用にあるとしている．そして結局，パーソンズは消去的プログラムの様相版を拒け (C. Parsons [1990] in [2008] Ch. 2)，数学的言語をもっとはるかに額面通りに受け取る構造主義的ヴァージョンを略述しているからである (C. Parsons [2004] rep. in [2008])．

　パーソンズは，科学と数学の応用に関して，次のように述べている．

経験的世界のある局面での諸対象と諸関係の現実のシステムを，あるアプリオリな数学理論中のある数学的構造の事例と解する場合に，「経験の裁き tribunal」に直面させることは，この型の構造を世界内の何かと同一視することであろうが，しかしそれは反証可能で，また多くの場合に反証されても

きた．しかし修正結果は，数学としての構造の純粋理論を放棄するのではなく，当の数学的構造を，別の構造に訴えて置き換えることから成る．空間がユークリッド的だという見解は100年以上前から疑われ，かつ20世紀初頭には放棄されたが，ユークリッド幾何学は数学において基礎的な役割をなお演じつづけている．（未知のある概念的革命が，数学としてのユークリッド幾何学の放棄を要求するかもしれない．だから現在の数学の多くはパトナムのいうように「文脈的にアプリオリ」であるのかもしれない．）(C. Parsons [2000] rep. in [2008] xiv)

§9　結語にかえて——残された課題

いまや再び，主著の序言での，フレーゲの発言と同じような状況が出現しているのが見られよう．すなわち，フレーゲ流の「抽象原理」による基数・実数とは何か，その再認規準・同一性規準は何か，またその応用可能性はどのように各数の定義そのものに組み込まれているかを問う「論理主義」に対しては，例えば，自然主義的で知覚の因果説に立つ唯名論者をはじめ，数学は無矛盾な演算・計算ゲームに尽きるとする形式主義者，数学の対象は構造に尽きるとする消去主義的構造主義者は，「フレーゲ的論理主義は形而上学だ，だれも読まない！」と叫び，一方，数の存在の容認には，無矛盾性証明，諸種の「悪友問題」への技術的対処が不可欠とする対処法には，「哲学者はこれは数学だ，だれも読まない！」と叫ぶ．このように，現在もまたフレーゲ自身と同様，「論理主義的抽象理論」は，両陣営からの挟撃戦に曝されて，二正面作戦を強いられているといってよい．

数学の哲学に関しては，差し当たり，多様なデデキント流の構造主義とフレーゲ的論理主義の対比，接点の探索が，残された興味ある宿題の第一であるように思われる．直ちに，それはまた，「入れ替え議論」をはじめとする「モデル論的・意味論的問題」から，単称名辞や類種名の「指示の不可測性・不確定性」へ，また「存在論的相対性」といった個体や種，あるいはクォークなどの理論的存在の一般的な存在論的・認識論的諸問題へと，連関せざるをえないであろう．

またフレーゲの論理学が,「二値原理」に基づくいわゆる「古典論理」であり,彼が基礎づけようとした数学（算術・解析学）もまたいわゆる「古典数学」に他ならないが,いまや種々の公理的集合論が展開され,またブラウワー以来,直観主義・構成主義の論理やロビンソンの超準解析,形式主義的論理や数学が相当に整備され,さらには線形論理に基づく新しい数学の構築が試みられている現在,フレーゲ自身が予め認めていたように,自らの論理体系から矛盾が生じたら,あるいは同等な説得力をもつ代替的体系が提示されれば,正当化の手続きは再検討を要する（GGA I, Vorwort）. 実際 GGA の公理（V）から,ラッセル・パラドクスが導かれた. かくて自らの正当化の手続きに従えば,遡及された前提から矛盾が生じた以上,その前提は廃棄ないし修正されねばならない. かくて,上に多少言及したように,本書では追跡の余裕がなかった様々な修正の提案が模索されているのであり,わけても有望なアクゼルの「フレーゲ構造」,そしてその構想に基づく実数論の構築可能性を含め,検討課題は山積しており,かつどの修正案にも,ゲーデルの不完全性定理は,さらなる挑戦を投げ掛けている. また直観主義・構成主義等のように,対等な対案が提示されれば,例えば,一方で,フレーゲの論理・数学・言語の哲学の膨大な研究業績を積み重ねながら,他方で,構成主義に基づく論理・数学・意味論さらには形而上学の再構築を試みるという,ダメットの壮大な試みのように[8],更なる吟味,探究・正当化へと向わねばならないのであろう. しかし,それは本書の範囲を超えた,ほとんど超人的な企てという他はないであろう.

1)　しかしダメットのように,デデキント,カントルの抽象作用の「心理主義的」傾向を過度に強調することをはじめ,以下のダメットのデデキントの扱いにも批判がある. 例えば Tait [1997].
2)　GGA I [1893] §§82-83; C. Wright [1983] §xix; Boolos [1987] [1990] appendix; Boolos & Heck [1998].
3)　例えば Hilbert & Ackermann [1928].
4)　C. Wright [2000].
5)　Shapiro [2000] [2003].
6)　Hale [2000] [2000a]; Hale & Wright [2001].
7)　Linnebo [2009] Introduction を参照.
8)　Dummett [1977] [1978] [1991a]; 金子 [2006].

参考文献

[A]

Aczel, P. [1980] 'Frege Structures and the Notions of Proposition, Truth and Set,' in *The Kleene Symposium*, North-Holland.（土屋岳士抄訳・解説，岡本・金子編[2007]所収，勁草書房）

Adeleke, S. A., Dummett, M., Neumann, P. M. [1987] 'On a Question of Frege's Right-Ordered Groups,' *Bulletin of the London Mathematical Society*, Vol. 19, Th. 2. 1, patially rep. in Dummett [1991].

Aho, T. [1998] 'Frege and his Groups,' *History and Philosophy of Logic* 19.

Angelli, I. [1967] *Studies on Gottlob Frege and Traditional Philosophy*, Dordrecht Reidel Publishing Company.

Antonelli, A. & May, R. [2000] 'Frege's New Science,' *Notre Dame Journal of Formal Logic*, Vol. 41, No. 3.

―― [2005] 'Frege's *Other* Program,' *Notre Dame Journal of Formal Logic*, Vol. 46, No. 1.

Austin, J. [1962] *How to Do Things with Words*, Oxford U. P.（『言語と行為』坂本百大訳，勁草書房）

[B]

Beaney, M. [1996] *Frege: Making Sense*, Duckworth.

Beaney, M. & Reck, E. (eds.) [2005] *Gottlob Frege*, 4 Vols., Routledge.

Bell, D. [1979] *Frege's Theory of Judgement*, Oxford U. P.

―― [1990] *Husserl*, Routledge.

Bell, J. [1995] 'Appendix: Frege's Theorem and the Zermelo-Bourbaki Lemma,' in Demopoulos (ed.) [1995].

Benacerraf, P. [1965] 'What Numbers Could Not Be,' *Phil. Rev.* LXXXIV, 65, rep. in Benacerraf & Putnam [1983].

―― [1973] 'Mathematical Truth,' *The Journal of Philosophy*, Vol. 70, No. 19.

―― [1981] 'Frege: The Last Logicist,' *Midwest Studies in Philosophy* VI, rep. in Demopoulos (ed.) [1995].
―― [1996] 'What mathematical Truth could not be- I,' in Morton & Stich [1996].
Benacerraf, P. & Putnam, H. (eds.) [1983] *Philosophy of Mathematics*, Cambridge U. P.
Benoit, J. [2008] 'Phenomenological Approach to Meaning (I-III),' Okada (ed.) *Interdisciplinary Logic*, Vol. 1, Keio University Press.
Benthem, J. v. [1996] *Exploring Logical Dynamics*, CSLI & FOLLi.
Bernays, P. [1942]Review [on Eine Unbekanner Berief von G. Frege über Hilberts erste Vorlesung über die Grundlagen der Geometrie von M. Stecke], *Journal of Symbolic Logic* Vol. 7, Nr. 2.
―― [1976] (ed. by Mülle) *Sets and Classes*, North-Holland Publishing Company.
―― [1976a] *Abhandlungen zur Philosophie der Mathematik*, Wissenschaftliche Buchgesellschaft.
Bolzano, B. [1851] *Paradoxen des Unendlichen*, 2te Aufl., 1975 (hrsg.) von van Rootselaar, Ph. B., Felix Meiner.
Boolos, G. [1985] 'Reading the *Begriffsschrift*,' *Mind* 94, rep. in Demopoulos (ed.) [1995] & in Boolos [1998].
―― [1986/7] 'Saving Frege from Contradiction,' *Proceedings of Aristotelian Society* 87, rep. in Demopoulos (ed.) [1995] & in Boolos [1998].
―― [1987] 'The Consistency of Frege's Foundations of Arithmetic,'in Thomson (ed.) *On Being and Saying*, rep. in Demopoulos (ed.) [1995] & in Boolos [1998].
―― [1990] 'The Standard of Equality of Numbrs,' in *Meaning & Method*, Cambridge U. P., rep. in Demopoulos (ed.) [1995] & Boolos [1998].
―― [1993] 'Whence the Contradiction,' *Aristotelian Society Supplementary*, Vol. 67, rep. in Boolos [1998].
―― [1996] 'On the Proof of Frege's Theorem,' in Morton & Stich [1996].
―― [1997] 'Is Hume's Principle Analytic,' in Heck (ed.) [1997] & in Boolos [1998].
―― [1998] *Logic, Logic and Logic*, Harvard U. P.
―― [1998a] 'Gottlob Frege and the Foundations of Arithmetic,' in Boolos [1998].
Boolos, G. & Heck, R. G. [1997] 'Die Grundlagen der Arithmetik, §§82-83,' in Schirn (ed.) [1998], rep. in Boolos [1998].
Bostock, D. [1974] *Logic and Arithmetic*, Oxford U. P.
Boyer, C. [1968] *A History of Mathematics*, John Wiley & Sons.(『数学の歴史5――19世紀から20世紀まで』加賀美鉄雄・浦野由有訳, 朝倉書店)
Brady, G. [2000] *From Peirce to Skolem*, North Holland.
Brouwer, L. E. J. [1913] 'Intuitionism and formalism,' rep. in Benacerraf & Putnam (eds.) [1983].
Burge, T. [2005] *Truth, Thought, Reason*, Oxford U. P.
Burgess, J. [1984] 'Review of C. Wright's Frege's Conception of Numbers as Objects',

Philosophical Review 93.
── [2005] *Fixing Frege*, Princeton U. P.
Bynum, T. W. (ed.) [1972] *Conceptual Notation*, Oxford U. P.

[C]
Cantor, G. [1878] 'Ein Beitrag zur Mannigfaltigkeitslehre,' Crelle's Journal, Bd. 84.
── [1883] 'Grundlagen einer allgemeinen Mannigfaltigkeitslehre,' in Cantor [1932]. (「一般多様体論の基礎」岡本賢吾・戸田山和久・加地大介抄訳, 『季刊哲学』5号, 哲学書房)
── [1883a] 'Über unendliche lineare Punktmannigfaltigkeiten,' Nr. 5, rep. in Cantor [1932].
── [1885] 'Rezension der Schrift von G. Frege, Die Grundlagen der Arithmetik,' *Deutsche Literaturzeitung*, VI. Jahrg., rep. in Cantor [1932].
── [1932] *Gesammelte Abhandlungen mathematischen und philosophischen Inhalts*, (hrsg.) von Zermelo, Springer, Olms PB.
Carl, W. [1994] *Frege's Theory of Sense and Reference*, Cambridge U. P.
Carnap, R. [1937] *The Logical Syntax of Language*, Routledge & Kegan Paul.
── [1947] *Meaning and Necessity*, Chicago U. P.
Carroll, L. [1872] *Through the Looking-Glass*, McMillan.
Castañeda, H. [1999] *The Phenomeno-Logic of the I*, Indiana U. P.
Church, A. [1940] 'A Formulation of the Simple Theory of Types,' *Journal of Symbolic Logic*, Vol. 5.
── [1941] *The Calculi of Lambda-Conversion*, Princeton U. P.
── [1951] 'A Formulation of the Logic of Sense and Denotation,' in Henle, et al. (ed.) *Structure, Method and Meaning*, Liberal Arts Press.
── [1956] *Introduction to Mathematical Logic*, Vol. 1, Princeton U. P.
── [1973] 'Outline of a Revised Formulation of the Logic of Sense and Denotation,' (pt. I),' *Nous* 7-1, (pt. II) *Nous* 8-2 [1974].
── [1993] 'A Revise a Formulation of the Logic of Sense and Denotation. Alternative (1),' *Nous* 27-2.
Cocchiarella, N. [1986] *Logical Investigations of Predication Theory and The Problem of Universals*, Bibliopolis, Napoli.
── [1987] *Logical Studies in Early Analytic Philosophy*, Ohio State U.P., Columbus.
Coffa, A. [1991] *The Semantic Tradition from Kant to Carnap: to the Vienna Station*, Cambridge U. P.
Cook, R. (ed.) [2007] *The Arche Papers on Mathematics of Abstraction*, Springer.
Currie, G. [1982] *Frege: An Introduction to His Philosophy*, The Harvester Press.

[D]
Davidson, D. [1967] 'Truth and Meaning,' in *Synthese* 17, rep. in Davidson [1984]. (野本和幸訳)
—— [1977] 'Reality without Reference,' rep. in Davidson [1984].
—— [1979] 'Moods and Performances,' rep. in Davidson [1984]. (高橋要訳)
—— [1979a] 'The Inscrutability of Reference,' rep. in Davidson [1984]. (野本和幸訳)
—— [1984] *Inquiries into Truth and Interpretation*, Oxford U. P. (『真理と解釈』野本和幸・植木哲也・金子洋之・高橋要訳, 勁草書房)
Dedekind, R. [1854] Habilitationsrede ([Hab] Aus dem *Nachlass* L., [DW] Bd. 3, 1932, Engl. Tr, [Ewald] Vol.II.).
—— [1872] *Stetigkeit und Irrationale Zahlen*. Vieweg & Sohn, u, rep. in [DW] Bd. 3. (『数について』河野伊三郎訳, 岩波文庫)
—— [1872/78] Appendice LVI: Gedanken über die Zahlen in Dugac [1976].
—— [1888] *Was sind und was sollen die Zahlen?* Vieweg & Sohn, u, rep. in [DW] Bd. 3. (『数について』河野伊三郎訳, 岩波文庫)
—— [DW] *Richard Dedekind Gesammelte mathematische Werke*, 3 Bde, 1930-32.
Descartes, R. [1637] *Discours de la Méthode*. (『方法序説』野田又夫訳, 中公文庫他)
Demopoulos, W. [1994] 'Frege and Rigorization of Analysis,' *Journal of Philosophical Logic* 23.
—— (ed.) [1995] *Frege's Philosophy of Mathematics*, Harvard U. P.
Dingler, H. [1913] 'Über die logischen Paradoxien der Mengenlehre und eine paradoxienfreie Mengendefinition' in *Jahresbericht der Deutschen Mathematiker-Vereinigung* 22.
Dirichlet, P. G. L. [1837] *Vorlesungen über Zahlentheorie*, hrsg. & zusätzen Versen von Dedekind, R., rep. 2006. (ディリクレ・デデキント『整数論講義』酒井孝一訳, 共立出版)
Dreben, B. & van Heijenoort, J. [1986] 'Introductory Note to 1929, 1930 and 1930a,' in *Kurt Gödel: Collected Works*, Vol. 1, Oxford U. P.
Dreyfus, H. L. (ed.) [1982] (ed. with H. Hall) *Husserl: Intentionality and Cognitive Science*, MIT Press.
Dugac, P. [1976] *Richard Dedekind et Les Fondements des Mathematiques*, Vrin.
Dummett, M. [1973] *Frege: Philosophy of Language*, Duckworth, 2nd ed. [1981] Harvard U. P.
—— [1975] 'Wang's Paradox,' *Synthese* 30, rep. in Dummett [1978].
—— [1977] *Elements of Intuitionism*, rev. ed. [2000], Oxford U. P.
—— [1978] *Truth and other Enigmas*, Duckworth. (『真理とその謎』藤田晋吾訳, 勁草書房)
—— [1981] *The Interpretation of Frege's Philosophy*, Harvard U. P.
—— [1982] 'Frege and Kant on Geometry,' *Inquiry* 25, 95-114.

―― [1991] *Frege and other Philosophers*, Oxford U. P.
―― [1991a] *The Logical Basis of Metaphysics*, Harvard U. P.
―― [1991b] *Frege: Philosophy of Mathematics*, Duckworth.
―― [1993] *Origins of Analytical Philosophy*, Duckworth.(『分析哲学の起源』野本和幸・岡本賢吾・高橋要・長沼淳訳, 勁草書房)
―― [1994] 'Basic Law V,' rep. in Schirn (ed.) [1996].
―― [1995] 'The Context Principle,' in Max & Stelzner (hrsg.) [1995].
―― [1998] 'Neo-Fregeans: in Bad Company?' in Schirn (ed.) [1998].

[E]

Ebert, P. & Shapiro, S. [2009] 'The Good, the Bad and the Ugly,' *Synthese* 170.
Eklund, M. [2009] 'Bad Company and Neo-Fregean Philosophy,' *Synthese* 170.
Evans, G. [1982] (ed. by McDowell) *The Varieties of Reference*, Oxford U. P.
―― [1985] *Collected Papers*, Clarendon Press.
Ewald, W. (ed.) [1996] *From Kant to Hilbert*, Vol. II, Oxford U. P.

[F]

Feferman, S. (ed.) [1995] *Collected Works of Kurt Gödel*, Vol. 3, Oxford U. P.
Ferreira, F. & Wehmeier, K. F. [2002] 'On the Consistency of the Δ_1^1-ca Fragment of Frege's *Grundgesetze*,' *Journal of Philosophical Logic* 31.
Ferreiros, J. [1999] *Labyrinth of Thought*, Birkhäuser.
Ferreiros, J. & Gray, J. (eds.) [2006] *The Architecture of Modern Mathematics*, Oxford U. P.
Field, H. [1980] *Science without Numbers*, Blackwell.
―― [1986] 'The Deflationary Conception of Truth,' in MacDonald and Wright (eds.) *Fact, Science and Morality*, Blackwell.
―― [1989] *Realism, Mathematics and Modality*, Blackwell.
Fine, K. [1975] 'Vagueness, Truth and Logic,' *Synthese* 30.
―― [1985] *Reasoning with Arbitrary Object*, Basil Blackwell, Oxford.
―― [1995] 'Part-Whole,' in Smith & Smith (ed.) [1995].
―― [1998] 'The Limits of Abstraction,' in Schirn (ed.) [1998].
―― [2002] *The Limits of Abstraction*, Oxford U. P.
Flagg, R. & Myhill, J. [1986] 'Implication and Analysis in Classical Frege Strucures,' *Annals of Pure and Applied Logic* 34.
Floyd, J. & Shieh, S. [2001] *Future Past: The analytic Tradition in Twentieth-Century Philosophy*, Oxford U. P.
Fraassen van [1966] 'Singular Terms, Truth Value Gaps and Free Logic,' *Journal of Philosophy* 67, rep. in Lambert (ed.) *Philosophical Applications of Free Logic*, Oxford U. P., 1991.

―― [1969] 'Presupposiotion, Supervaluations and Free Logic,' in Lambert (ed.) *The Logical Way of Doing Things*, Yale U. P.

Frege, G. [PhD][1873] 'Über eine geometrische Darstellung der imaginären Gebilde in der Ebene,' Dr. Dissertation, Göttingen, in [KS].

―― [1874] 'Rechnungsmethoden, die sich auf eine Erweiterung des Grössenbegriffes gründen,' Habilitationsschrift, Jena, in [KS].

―― [BS] *Begriffsschrift*, 1879, Georg Olms, 1964, [BS2] 2te Aufl., 1977. (『フレーゲ著作集1 概念記法』所収，藤村龍雄訳，勁草書房）

―― [AB] 'Anwendungen der Begriffsschrift,' *Jenaische Zeitschrift für Naturwissenschaft* 13, 1879, Supplement II, 29-33 [1879. 1. 24/1. 10 の講演] in [BS2].（『同著作集1』藤村龍雄・大木島徹訳）

―― [L [I]] 'Logik [I],' 1879-1891, in [NS].（『フレーゲ著作集4 哲学論集』所収，大辻正晴訳，勁草書房）

―― [BL] 'Booles rechnende Logik und die Begriffsschrift,' 1880/81, in [NS].（『同著作集1』戸田山和久訳）

―― [LB] 'Booles logische Formelsprache und meine Begriffschrift,' 1882, in [NS].

―― [BB] 'Über die wissenschaftliche Berechtigung einer Begriffsschrift', *Zeitschrift für Philosophie und Philosophische Kritik* [以下 Z. f. Ph. Ph. Kr. と略], 81, 1882, SS. 48-56 [BB], in [BS2].（『同著作集1』藤村・大木島訳）

―― [Z] 'Über den Zweck der Begriffsschrift,' *Jenaische Zeitschrift für Naturwissenschaft* 16, 1882/3, Supplement., SS. 1-10 (1882. 1. 27 [Z]と略称), 1880/81, in [BS2], 1969.（『同著作集1』藤村・大木島訳）

―― [Marty] Brief: Frege an Marty (1882. 8. 22), in [WB].（『フレーゲ著作集2 算術の基礎』所収，野本和幸訳，勁草書房）

―― [Stumpf] Brief: Stumpf an Frege (1882. 9. 9), in [WB].（『同著作集2』野本訳）

―― [SBGP] Sitzungsberichte über Geometrie der Punktpaare in der Ebene, 1883 in [KS].

―― [Pünjer] 'Dialog mit Pünjer über Existenz' (Vor 1884) in [NS]＆ in *G. Frege* [SLS], (hrsg.) von Gabriel, 2001.（『同著作集2』中川大訳）

―― [GLA] *Die Grundlagen der Arithmetik*, Breslau Verlag von W. Koeber, 1884, With J. L. Austin's English tr., Basil Blachwell, 1950; Centenarausgabe (hrsg.) von Thiel, Felix Meiner, 1986.（『同著作集2』三平正明・野本和幸・土屋俊訳）

―― [FT] 'Über formale Theorien der Arithmetik,' *Sitzungsberichte der Jenaischen Gesellschaft für Medizin und Naturwissenschaft* [以下 S. J. G. f. M. N. と略], 1885, rep. in [KS].（『同著作集2』渡辺大地訳）

―― [1885] 'Erwiderung auf Cantors Rezension der ＞ Gundlagen der Arithmetik ＜,' in *Deutsche Literaturzeitung* 6, 1885, Nr. 28, rep. in [KS]S. 112, 1967.（『フレーゲ著作集5 数学論集』所収，中戸川孝治訳，勁草書房）

―― [17KL] '17 Kernsätze zur Logik (vor1892),' in [NS].（『同著作集4』藤村龍雄訳）

―― [FB] *Funktion und Begriff*, Vortrag, gehalten in der Sitzung vom 9. 1. 1891, S. J. G. f. M. N.: Hermann Pohle 1891, rep. in [KS]. (『フレーゲ哲学論集』[1988] 所収, 岩波書店, 藤村龍雄訳.『フレーゲ著作集 4』野本和幸訳)
―― [BG] 'Über Begriff und Gegenstand,' *Vierteljahrschrift für wissenschaftliche Philosophie* 16, 1892, rep. in [KS]. (藤村訳 [1988],『同著作集 4』野本訳)
―― [SB] 'Über Sinn und Bedeutung,' Z. f. Ph. Ph. Kr., NF 100, 1892, rep. in [KS]. (藤村訳 [1988],『同著作集 4』土屋俊訳)
―― [R. Cantor] 'Rezension von: G. Cantor, Mittteilungen Zur Lehre vom Transfiniten,' Z. f. Ph. Ph. Kr., 1892, rep. in Cantors [1932]. (『同著作集 5』中戸川訳)
―― [ASB] 'Ausführungen über Sinn und Bedeutung,' 1892-95, in [NS]. (『同著作集 4』野本訳)
―― [GGA] *Grundgesetze der Arithmetik*, Vol. 1, 1893; Vol. 2, 1903, Olms PB.; (hrsg.) von Müller & Stuhlmann-Laeisz, 標準的記法に転記版 [2009]; 翻刻写真版 [2010]. (『フレーゲ著作集 3 算術の基本法則』所収, 野本和幸・横田榮一・金子洋之訳, 勁草書房)
―― [1894] 'Rezention von E. Husserl, *Philosophie der Arithmetik I*,' Z. f. Ph. Ph. Kr., NF 103. (『同著作集 5』, 斎藤了文訳)
―― [1895] 'Kritische Beleuchtung einiger Punkte in E. Schröders Vorlesungen über die Algebra der Logik,' in *Archiv für systematische Philosophie*, I, Heft 4, 1895, SS. 433-456. (『同著作集 5』藤村・大木島訳)
―― [1896] 'Über die Begriffsschrift des Herrn Peano und meine eigene,' Bericht über die *Verhandlungen der königlich sächsischen Gesellschaft der Wissenschaften zu Leibzig*. Mathematisch-Physische Klasse, 48. Bd. (1896. 7. 6), 361-378, in [KS]. (『同著作集 1』戸田山訳)
―― [L [II]] 'Logik,' [1897] in [NS]. (『同著作集 4』関口浩喜・大辻正晴訳)
―― [GLG] 'Über die Grundlagen der Geometrie,' [GLG II], *Jahresbericht der Deutschen Mathematiker-Vereinigung* [以下 J. d. D. Math. V. と略] 12. Bd. 1903, in [KS]. (『同著作集 5』田村祐三訳)
―― [GLG [1906]] 'Über die Grundlagen der Geometrie,' J. d. D. Math. V., 15, in [KS]. (『同著作集 5』田村祐三・岡本賢吾・長沼淳訳)
―― [Schönflies] 'Über Schönflies: Die logischen Paradoxien der Mengenlehre,' 1906, in [NS]. (『同著作集 5』岡本賢吾訳)
―― [EL] 'Einleitung in die Logik [August 1906],' in [NS]. (『同著作集 4』野本訳)
―― [Übersicht] 'Kurze Übersicht meiner logischen Lehren,' 1906, in [NS]. (『同著作集 4』野本訳)
―― [LM] 'Logik in der Mathematik,' 1914, in [NS]. (『同著作集 5』田畑博敏訳)
―― [Einsicht] 'Meine grundlagenden logischen Einsicht,' 1915, in [NS]. (『同著作集 4』野本訳)
―― [G] 'Der Gedanke,' *Beiträge zur Philosophie des deutschen Idealismu*s [以下 B. z.

Ph. d. Id. と略] 2, 1918, in [KS]. (藤村訳 [1988], 『同著作集 4』野本訳)
—— [Darm] 'Aufzeichnungen für Ludwig Darmstädter,' 1919, in [NS]. (『同著作集 4』野本訳)
—— [Gg] 'Gedankengefüge,' B. z. Ph. d. Id. 3, 1923, in [KS]. (藤村訳 [1988], 『同著作集 4』高橋要訳)
—— [LA] 'Logische Allgemeinheit,' 1923-, in [NS]. (『同著作集 4』高橋要訳)
—— [EMN] 'Erkenntnisquellen der Mathematik und Naturwissenschaften,' 1924/5, in [NS]. (『同著作集 5』金子洋之訳)
—— [ZA] 'Zahl und Arithmetik,' 1924/5, in [NS]. (『同著作集 5』金子訳)
—— [NV] 'Neue Versuch der Grundlegung der Arithmetik,' 1924/5, in [NS]. (『同著作集 5』金子訳)
—— [KS] *Kleine Schriften*, (hrsg.) von Angelelli, Georg Olms, 1967.
—— [NS] *Nachgelassene Schriften*, (hrsg.) von Kambartel et al., Felix Meyer, 1969; [NS2] die 2te Aufl. d. [NS], 1983.
—— [WB] *Wissenschaftlicher Briefwechsel*, (hrsg.) von Kambartel, Gabriel et al., Felix Meiner, 1976. (英　訳 [C] *Philosophical and Mathematical Correspondence*, B. McGuiness et al., 1980.) (『フレーゲ著作集 6　書簡集 付「日記」』所収, 勁草書房：Frege-Husserl [1891-1906] (野家伸也訳); Frege-Peano [1894-1903] (小林道夫・松田毅・Andrea Leonardi 訳); Frege-Hilbert [1895-1903] (三平正明訳); Courtula [1899-1906] (小林道夫訳); Frege-Liebmann [1900] (野本訳); Frege-Russell [1902-1912] (土屋純一訳); Frege-Korselt [1903] (岡本賢吾訳); Frege-Jourdain [1902-1914] (中川大・長谷川吉昌訳); Frege-Dingler [1910-1920] (田畑博敏訳); Frege-Wittgenstein [1914-1920] (野本訳); Frege-Zsigmondy [1918-] (野本訳); Frege-Linke [1919] (野本訳); Fege-Hönigswald [1925] (野本訳))
—— [TB1924] 'Gottlob Freges politisches Tagebuch,' in Gabriel & Kienzler (hrsg.) *Deutsche Zeitschrift für Philosophie* 42, 1994 (Frege の日記 [1924]: 『同著作集 6』所収, 樋口克己・石井雅史訳)
—— [1996] 'Vorlesungen über Begriffsschrift' I (1910/11), II (1913), nach der Mitschrift von R. Carnap, in Gabriel (hrsg.) *History and Philosophy of Logic*, 17.
—— [SLS] *Schriften zur Logik und Sprachphilosophie*, (hrsg.) von Gabriel, Ph. B., Felix Meier, 2001.
—— [2004] *Frege's Lectures on Logic, Carnap's Student Notes, 1910-1914*, tr. & eds. by Reck & Awodey, originally 1996.
—— [UAJ]: Frege の伝記的資料 Thüringer Universitäts- und Landesbibliothek Jena, Universitätsarchiv. [チューリンゲン州兼イエーナ大学図書館，大学公文書]
Furth, M. [1967] 'Editor's Introduction' to the translation of *The Basic Laws of Arithmetic*, University of California Press.
—— [1968] 'Two Types of Denotation,' in *Studies in Logical Theory, American Philosophical Quarterly*, Monograph No. 2 (Oxford).

―― [1988] *Substance, Form and Psyche*, Cambridge U. P.
Føllesdal, D. [1958] *Husserl und Frege*, Oslo. English tr. in Haaparanta (ed.) *Mind, Meaning and Mathematics*, Kluwer, 1994.
―― [1995] 'Gödel and Husserl,' in Hintikka (ed.) *Essays on the Development of the Foundations of Mathematics*, Kluwer.

[G]

Gabbay, D. & Woods, J. [2004] *Handbook of the History of Logic, Vol. 3, The Rise of Modern Logic: From Leibniz to Frege*, Elsevier North Holland.
Gabriel, G. [1986] 'Frege als Neukantianer,' Kant-Studien 77.
Gabriel, G. & Dahthe, U. (hrsg.) [2000] *Gottlob Frege: Werk und Wirkung*, Mentis, Parderborn.
Gabriel, G. & Kienzler, W. (hrsg.) [1997] *Frege in Jena*, Würzburg.
Geach, P. [1956] 'On Frege's Way Out,' *Mind* 68, No. 3, rep. in Geach [1972].
―― [1961] 'Frege,' in Anscombe & Geach (ed.) *Three Philosophers: Aristotle, Aquinas, Frege*, Basil Blackwell. (『哲学の三人』野本和幸・藤沢郁夫訳, 勁草書房)
―― [1962] *Reference and Generality*, Cornell U. P.
―― [1972] *Logic Matters*, Basil Blackwell.
―― [1976] 'Saying and Showing in Frege and Wittgenstein,' *Acta Philosophica Fennica*, Net. 23, No. 1-3, Amsterdam.
―― [1976a] 'Critical Notice of Michael Dummett, Frege: Philosophy of Language,' *Mind* 85.
Gödel, K. [1931] 'Über formal unentscheidbare Sätze der Principia Mathematica und verwandter Systeme I,' *Monatshefte für Mathematik und Physik* 38.
―― [1944] 'Russell's Mathemaical Logic,' in Schilpp (ed.) *The Philosophy of Betrand Russell*, Vol. I, New York.
―― [1964] 'What is Cantor's Continuum Problem?' in Benacerraf & Putnam (ed.) *Philosophy of Mathematics*, Cambridge U. P. (飯田編訳 [1995] 所収, 岡本賢吾訳)
Goldfarb, W. [1979] 'Logic in the Twenties: the Nature of the Quantifier,' *Journal of Symbolic Logic*, Vol. 44, Nr. 3.
―― [2001] 'Frege's Conception of Logic,' in Floyd & Shieh (ed.) [2001].
Grattan-Guinness (ed.) [1980] *From the Calculus to Set Theory: 1630-1910*, Princeton U. P.
―― [2000] *The Search for Mathematical Roots*, Princeton U. P.
Greimann, D. [2003] 'Freges Grundverständnis von Wahrheit,' in Greimann (hrsg.), *Das Wahre und das Falsche*, Georg Olms.
―― [2003a] 'Frege's Horizontal and the Liar-Paradox,' in *Essays on Gottlob Frege* (ed.) Ruffino, M., Manuscripto, vol. 26, No. 2, Camponos.

[H]
Haak, S. [1996] *Deviant Logic, Fuzzy Logic*（rev. ed.）, University of Chicago Press.
Haaparanta, L. [1985] *Frege's Doctrine of Being, Acta Philosophica Fennica* 39.
―― [1986] 'Frege on Existence,' in Haaparanta & Hintikka (eds.) [1986].
Haaparanta, L. & Hintikka, J. (eds.) [1986] *Frege Synthesized*, Reidel.
Hale, B. [1984] 'Frege's Platonism,' in Wright (ed.) *Frege*, Blackwell.
―― [1987] *Abstract Objects*, Blackwell.
―― [1994] 'Dummett's Critique of Wright's Attempt to Resuscitate Frege,' *Philosophia Mathematica*, No. 3.
―― [2000] 'Reals by Abstraction,' *Philosophia Mathematica* 3, 8, rep. in Hale & Wright [2001].
―― [2000a] 'Abstraction and Set Theory,' *Notre Dame Journal of Formal Logic*, Vol. 41, rep. in Cook (ed.) [2007].
Hale, R. & Wright, C. [2001] *The Reason's Proper Study*, Oxford U. P.
Hamacher-Hermes, A. [1994] *Inhalts-oder Umfangslogik?*, Verlag Karl Alber.
Hart, W. D. (ed.) [1996] *The Philosophy of Mathematics*, Oxford U. P.
長谷川吉昌 [2003]「現代論理学の誕生と哲学の変容」『思想』No. 954.
Hayashi, S. & Kobayashi, S. [1996] 'A New Formalization of Feferman's System of Functions and Classes and its Relation to Frege Structure,' *International Journal of Foundations of Computer Science*, Vol. 6, No. 3.
Hazen, A. [1985] 'McGuinn's reply to Wright's reply to Benacerraf,' *Analysis 45* (1).
Heath, T. [1931] *A Manual of Greek Mathematics*, Clarendon Press.（『ギリシア数学史』平田寛他訳，共立出版）
Heck, R. [1992] 'On the Consistency of Secod-order Contextual Defintions,' *Nous* 26-4.
―― [1993] 'The Development of Arithmetic in Frege's *Grundgesetze der Arithmetik*,' *Journal of Symbolic Logic*, Vol. 58, rep. in Demopoulos (ed.) [1995] & in Heck [2011].
―― [1995] 'Definition by Induction in Frege's *Grndgesetze der Arithmethik*,' in Demopoulos (ed.) [1995].
―― [1995a] 'Frege's Principle,' in Hintikka (ed.) *From Dedekind to Gödel*, Kluwer, rep. in Heck [2011].
―― [1996] 'On the Consistency of Predicative Fragments of Frege's *Grundgesetze der Arithmetik*,' *History and Philosophy of Logic*, Vol. 17.
―― (ed.) [1997] *Langage, Thought and Logic*, Oxford U. P.
―― [1997a] 'The Julius Caesar Objection,' in Heck (ed.) [1997] & revised in Heck [2011].
―― [1998] 'Grundgesetze der Arithmetik I§§29-32,' *Notre Dame Journal of Formal Logic*, Vol. 38, No. 3.
―― [1998a] 'Finitude and Hume's Principle,' *Journal of Philosophical Logic* 26, rep. in

Heck [2011].
—— [1998b] 'Die Grundlagen der Arithmetik §§82-83,' with Boolos in Schirn (ed.) [1998], rep. in Heck [2011].
—— [1999] 'Grundgesetze der Arithmeik I §10,' *Philosophia Mathematica* (3), Vol. 7.
—— [2010] 'Frege and Semantics,' in Potter & Ricketts (eds.) [2010].
—— [2011] *Frege's Theorem*, Clarendon Press.
Heijenoort, J. van (ed.) [1967] *From Frege to Gödel*, Harvard U. P.
—— [1967a] 'Logic as Calculus and Logic as Language,' *Synthese* 17.
Hermann, A. [1989] *Nur der Name war Geblieben*, Anstalt GmbH.（『ツァイス——激動の100年』中野不二男訳，新潮社）
Heyting, A. [1931] 'The Intuitionist Foundations of Mathematics,' rep. in Benacerraf & Putnam [1983].
Hilbert, D. & Ackermann, W. [1928] *Grundzüge der theoretischen Logik*, Springer. (6版，『記号論理学の基礎』石本新・竹尾治一郎訳，大阪教育図書)
Hill, C. O. & Haddock, G. R. (eds.) [2000] *Husserl or Frege*, Open Court.
Hindley, J. R., Lercher, B. & Seldin, J. P. [1972] *Introduction to Combinatory Logic*, Cambridge U. P.
Hindley, J. R. & Seldin, J. P. [1986] *Introduction to Combinators and λ-Calculus*, Cambridge U. P.
Hintikka, J. [1962] *Belief and Knowledge*, Cornel U. P.
—— (ed.) [1995] *From Dedekind to Gödel*, Kluwer Accademic Publishers.
Hintikka, J. & Sandu, G. [1992] 'The Skeleton in Frege's Cupboard,' *Journal of Philosophy*, Vol. 89.
Hodes, H. [1984] 'Logicism and Ontological Commitments of Arithmetic,' *Journal of Philosophy* 81.
Hölder, O. [1901] 'Die Axiome der Quantität und die Lehre vom Mass,' *Berichte über die Verhandlungen der Königlich Sächsischen Gesellschaft der Wissenschaften zu Leipzig: Mathmatisch und physische Klasse* 53.
Houser, N. et al. [1997] *Studies in the Logic of C. S. Peirce*, Indiana U. P.
Husserl, E. [1891] *Philosophie der Arithmetik* I, Halle, Pfeffer.
—— [1891a] 'Zur Lehre vom Inbegriff (1891)' in Eley (hrsg.) *Husserliana* XII, 1970.
—— [1990/1991] *Logische Untersuchungen*, I (1900), II (1901), Halle, M. Niemeyer.（『論理学研究1-4』立松弘孝他訳，みすず書房）

[I]
飯田隆 [1987]『言語哲学大全Ⅰ』勁草書房．
——編訳 [1995]『リーディングス数学の哲学——ゲーデル以後』勁草書房．
—— [2002]『言語哲学大全Ⅳ』勁草書房．
—— [2003] 'Frege and the Idea of Formal Language,' *Annals* of the JAPS, Vol. 12,

No. 1.
──編著 [2005]『論理の哲学』講談社.
──編著 [2007]『哲学の歴史 11──論理・数学・言語』中央公論社.
石黒ひで [2003]『ライプニッツの哲学──論理と言語を中心に』増補改訂版, 岩波書店.

[J]

Jourdain, P. E. B. [1977] (ed. by Grattan-Guinness) *Dear Russell-Dear Jourdain*, Colombia U. P.
── [1989] (ed. by Grattan-Guinness) *Selected Essays of the History of Set Theory and Logics* (1906-1918), Editrice CLUEB.

[K]

Kambartel, F. [1968] *Erfahrung und Strukutur*, Suhrkamp, 2te Aufl, 1976.
── [1976] 'Frege und die axiomatische Methode. Zur Kritik mathematischer Legitimationsversuche der formalistischen Ideologie,' in Schrin [1976].
金子洋之 [1998]「抽象的対象と様相」日本哲学会編『哲学』49.
── [2006]『ダメットにたどりつくまで』勁草書房.
── [2007]「フレーゲ」, 飯田編著 [2007] 所収.
Kant, I. [1781/1787] *Kritik der reinen Vernunft*, 1781 (A), 1787 (B).
Kaplan, D. [1969] 'Quantifying In,' in *Synthese* 19.
── [1978] 'Dthat,' in Cole (ed.) *Syntax and Semantics*, rep. in Yourgrau (ed.) *Demonstratives*, Oxford U. P., 1990. (「Dthat」野本和幸訳『理想』No. 549, 550)
── [1978a] 'On the Logic of Demonstratives,' *Journal of Philosophical Logic* 8, rep. in Salmon & Soames (eds.) *Proposition and Attitudes*, Oxford U. P., 1988.
── [1989] 'Demonstratives,' in Almog, Perry, Wettstein (eds.) *Themes from Kaplan*, Oxford U. P.
── [2000] 'What is Meaning?' draft #1, unpublished, 東京都立大学講演 (2000).
── [2005] 'Reading 'On Denoting' on its Centenary,' Mind, vol. 114
── [未刊] 'De Re Belief,' unpublished.
Kennedy, H [1980] *Peano*, D. Reidel P. C.
Kenny, A. [1995] *Frege*, Penguin Books Ltd. (『フレーゲの哲学』野本和幸・大辻正晴・三平正明・渡辺大地訳, 法政大学出版局)
Kienzler, W. [1995] 'Über die Archtektonik von Freges "Grundgesetzen" und die Entstehungszeit des zweiten Bandes,' in Max & Stelzner (hrsg.) [1995].
── [2009] *Begriff und Gegenstand*, V. Klostermann.
Kitcher, P. [1984] *The Nature of Mathematical Knowledge*, Oxford U. P.
── [1986] 'Frege, Dedekind, and the Philosophy of Mathematics,' in Haaparanta & Hinntikka (eds.) [1986].

Klein, F. [1872] 'Vergleichende Betrachtungen über neuere geometrische Forschungen,' Verlag von Andreas Deichert. (『エルランゲン・プログラム』寺阪英孝・大西正男訳＋解説，共立出版)
―― [1926] *Vorlesungen über die Entwickelung der Mathematik im 19. Jahrhundert* I, Springer. (『19世紀の数学』弥永昌吉監修，共立出版 [頁付けは邦訳による])
Klemke, E. (ed.) [1968] *Essays on Frege*, Urbana.
Kluge, E.-H. [1980] *The Metaphysics of Gottlob Frege*, The Hague.
小林道夫 [1993]「ポアンカレにおける「述語性（prédicativité）の概念と構成主義的数学観」」,「分析哲学における論理と数学の哲学の歴史的展開と現代的課題」(科学研究費補助金総合研究（A）研究報告書（代表山田友幸))．
小林孝久 [1991]『カール・ツァイス』朝日新聞社．
Kreiser, L. [1983] Anhang mit Einleitung Kreisers zu [NS2], i. e. die 2te Aufl. d. [NS] Freges, 1983.
―― [2001] *Gottob Frege. Leben-Werk-Zeit*, Felix Meiner.
Kripke, S. [1972] *Naming and Necessity*, rep. 1980. (『名指しと必然性』八木澤敬・野家啓一訳，産業図書)
―― [1979] 'A Puzzle about Belief,' in Margalit (ed.) *Meaning and Use*, Dordrecht, 1979. (「信念のパズル」信原幸弘訳『現代思想』1989.3)
Künne, W. [1997] (ed. with Newen & Anduschus) *Direct Reference, Indexicality, and Propositional Attitudes*, CSLI.
倉田令二郎 [1988]「集合論的世界像の形成」『季刊哲学』5号，哲学書房．
Kutschera, v. Franz [1966] 'Freges Begrüdung der Analysis,' *Archiv fur mathematische Logik und Grundforschung* 9, rep. in Schirn (hrsg.) *Studien zu Frege* I, 1976.
―― [1989] *Gottlob Frege*, Walter de Gruyter.

[L]

Lambert, K. (ed.) [1991] *Philosophical Applications of Free Logic*, Oxford U. P.
Landini, G. [2012] *Freg'es Notations*, Palgrave Macmilan.
Leonard, H. S. & Goodman, N. [1940] 'The Calculus of Individuals and Its Use,' *Journal of Symbolic Logic*, Vol. 5.
Linnebo, Ø. [2004] 'Frege's Proof of Referentiality,' *Notre Dame Journal of Formal Logic*, Vol. 45, No. 2.
―― [2004a] 'Predicative Fragments of Frege Arithmetic,' *The Bulletin of Symbolic Logic*, Vol. 10, No. 2.
―― [2006] 'Sets, Properties, and Unrestricted Quantification,' in Rayo & Uzquiano (ed.) [2006].
―― [2009] 'Introduction,' *Synthese* 170.
―― [2009a] 'Bad Company tamed,' ibid.

―― [2011] 'Some Criteria for Acceptable Abstraction,' *Notre Dame Journal of Formal Logic*, vol.52, No.3.
Lorenzen, P. [1955] *Einführung in die operative Logik und Mathematik*, Springer.
―― [1962] 'Equality and Abstraction,' *Ratio* 4.
Lotze, H. [1843] *Logik*, 1stes Buch, Ph. B.
Löwenheim, L. [1915] 'On Possibilities in the Calculus of Relatives,' tr. in Heijenoort (ed.) [1967].

[M]

Macbeth, D. [2005] *Frege's Logic*, Harvard U. P.
MacFarlane, J. [2009] 'Double Vison: Two Questions about the neo-Fregean Programm,' *Synthese* 170.
MacLane, S. [1998] *Categories for Working Mathematician*, 2nd ed. 1971, Springer. (『圏論の基礎』三好博之・高木理訳, シュプリンガー・フェアラーク東京)
Margalit, A. (ed.) [1979] *Meaning and Use*, Dordrecht.
Martin-Löf, P. [1975] 'An Intuitionistic Theory of Types,' in Rose & Shepherdson (eds.) *Logic Colloquium' 73*, North-Holland.
―― [1984] *Intuitionistic Type Theory*, Bibliopolis.
―― [1985] 'On the Meanings of the Logical Constants and the Justifications of the Logical Laws,' rep. in *Nordic Journal of Philosophical Logic*, Vol. 1, No. 1, 1996.
―― [1987] 'Truth of a Proposition, Evidence of a Judgement, Validity of a Proof,' *Synthese* 73.
Mates, B. [1965] *Elementary Logic*, 2nd ed. 1971, Oxford U. P.
松阪陽一 [2000] 「真理・意味・規約 T」『科学哲学』Vol. 33, No. 2.
―― [2005] 「フレーゲの Gedanke とラッセルの Proposition」『科学哲学』Vol. 38, No. 2. (野本責任編集 [2008] 所収)
Max, I. & Stelzner, W. (hrsg.) [1995] *Logik und Mathematik: Frege-Kolloquium Jena 1993*, de Gruyter.
三宅剛一 [1929] 「数の対象性」『哲学研究』Vol. 14, No. 158. (『経験的現実の哲学』弘文堂, 所収)
Mohanty, J. N. [1982] *Husserl and Frege*, Indiana U. P. (『フッサールとフレーゲ』貫成人訳, 勁草書房)
Montague, R. [1974] *Formal Philosophy*, New Heaven.
Moore, A. & Rein, A. [1986] 'Grundgesetze, Section 10,' in Haaparanta & Hintikka (eds.) [1986].
―― [1987] 'Frege's Permutation Argument,' in *Notre Dame Jounal of Formal Logic*, Vol. 28, No. 1.
Morton, A. & Stich, S. (eds.) [1996] *Benacerraf and His Critics*, Blackwell.
武笠行雄 [1983] 「フレーゲに於ける記号言語と予備学」『哲学』33.

[N]

中川大 [1993]「前提と記述——真偽二値性へのふたつの態度」『科学基礎論研究』Vol. 21, No. 2.

Newen, A., Nortmann, U., & Stuhlmann-Laeisz, R. (hrsg.) [2001] *Building on Frege: New Essays on Sense, Content, and Concept*, CSLI publications.

野本和幸 [1985] 'Frege on Indexicals', (*The Abstracts of* the 17th World Congress of Philosophy (Sect. Philosophy of Language), 8. 22. 1983, Montréal) *The Annals of the Japan Association for Philosophy of Science*, vol. 6, no. 5.

—— [1986]『フレーゲの言語哲学』勁草書房.

—— [1988]『現代の論理的意味論』岩波書店.

—— [1988a]「「《私》の同一性」への意味論的アプローチ序説」『科学哲学』Vol. 21.（野本 [1997]所収）

—— [1990a] 'Kritische Bemerkungen zur Theorie Freges über "token reflexive" Ausdrücke', (Vortrag gehalten im philosophischen Kolloquium vom 23. 10. 1980 des philosophischen Seminars an der Universität Göttingen)『哲学』26（北大哲学会）.

—— [1990b] "Ueber den Zusammenhang Zwischen Gedanken, Erkenntniswert und *Oratio obliqua* bei Frege" *The Annals of the Japan Association for Philosophy of Science*, vol. 7, n. 4.

—— [1991]「名指しと信念」『ゲームと計算（現代哲学の冒険9)』岩波書店.（野本 [1997]所収）

—— [1993] 'Davidson's Theory of Meaning and Fregean Context-Principle,' *From the Logical Point of View*, 93 (1), Prague.（邦訳「ディヴィットソンの意味理論とフレーゲの文脈原理」野本 [1997]所収）

—— [1994]「フレーゲとカント」，牧野英二・大橋容一郎・中島義道編『カント——現代思想としての批判哲学』所収，情況出版.

—— [1995] 'Frege on Truth and Meaning,'in Max & Stelzner (hrsg.) [1995].

—— [1997]『意味と世界』法政大学出版局.

—— [1999]「G・フレーゲ『算術の基本法則』における論理と数学の哲学」東京都立大学『人文学報』295 号.

—— [1999a]「編者解説」『フレーゲ著作集4　哲学論集』勁草書房.

—— [2000] 'Why, in 1902, wasn't Frege prepared to accept Hume's Principle as the Primitive Law for his Logicist Program?' *Annals of JAPS*, Vol. 9, No. 5.

—— [2000a]「編者解説」『フレーゲ著作集3　算術の基本法則』勁草書房.

—— [2001]「抽象的存在とパラドクス——フレーゲの場合」『科学研究費 [1061001]成果報告書』(代表丹治信春).

—— [2001a]「フレーゲ，初期フッサールそしてその後——算術および論理学の哲学を巡って」『現象学年報17』.（渡辺二郎編『現代の哲学』昭和堂，所収）

—— [2001b]「編者解説」『フレーゲ著作集2　算術の基礎』勁草書房.

―［2002］「編者解説」『フレーゲ著作集6　書簡集付「日記」』勁草書房.
―［2003］『フレーゲ入門――生涯と哲学の形成』勁草書房.
―［2003a］「ゴットロープ・フレーゲ――現代哲学への分水嶺」「思想のことば」『思想』No. 954.
―［2004］「G・フレーゲの生涯ならびに論理哲学探究の構成と方法」北海道大学哲学会『哲学』40.
―［2005］「綜合性とアプリオリ性再考」『日本カント研究6』理想社.
―［2005a］「フレーゲ論理哲学的探究の認識論的位相とメタ理論の可能性」『科学哲学』Vol. 38, No. 2.（野本責任編集［2008］所収）
―［2006］'The Methodology and Structure of Gottlob Frege's Logico-philosophical Investigations,' *Annals of JAPS*, Vol. 14, No. 2.
―［2006a］「論理的意味論の源流，モデル論の誕生とその展開」，田中一之編『ゲーデルと20世紀の論理学2――完全性定理とモデル理論』所収，東京大学出版会.
―責任編集［2008］『分析哲学の誕生――フレーゲとラッセル』日本科学哲学会編，勁草書房.
―［2009］「デデキントの数論（2）」科学研究費研究報告書草稿（2009.11.1）.
―［2010］「R. デデキントの数論：(1)「無理数論」――論理主義の一出発点』『創価大学人文論集』22.
―［2011］'The Context Principle and the Primacy Thesis of Judgement in Frege's Logicism and in his Semantics as the proto-type,' in *Proceedings of the International Conference on "Frege, Logic and Philosophy"*, Beijing, 29-30 August 2011.

［O］
大出晁［1958］「Principia Mathematicaにおける命題函数 I」，植田清次編『科学哲学への道――分析哲学研究論集その四』所収，早稲田大学出版部.（大出［2010］所収，野本責任編集［2008］所収）
―［1958a］「Principia Mathematicaにおける命題函数 II」，三田哲学会『哲学』35.（大出［2010］所収）
―［1962］「集合・外延・内包――とくに「意味」と「指示」に関連して」日本哲学会『哲学』No. 12.（大出［2010］所収）
―［1980］「アリストテレスにおける論理・知識・存在」，沢田允茂編『科学と存在論』所収，思索社.（大出［2010］所収）
―［1982］「論理における原理的なるもの」『哲学研究』546.（大出［2010］所収）
―［2010］（野本和幸編・解説）『大出晁哲学論文集』慶應義塾大学出版会.
岡本賢吾［1993］「パラドックスの教えるものは何か」「分析哲学における論理と数学の哲学の歴史的展開と現代的課題」（科学研究費補助金総合研究（A）研究報告書（代表山田友幸））.
―［1999］「算術の言語から概念記法へ（1）」『哲学誌』No. 41.
―［2001］「「論理主義」は何をするのか」『科学哲学』Vol. 34, No. 1.

──［2003］「「命題」・「構成」・「判断」の論理哲学」『思想』No. 954.
──［2003a］「命題と集合を同一視すること──包括原理からカリー＝ハワード同型対応へ」『科学哲学』Vol. 36, No. 2.
──［2007］「編者解説」，岡本・金子編［2007］所収.
岡本賢吾・金子洋之編［2007］『フレーゲ哲学の最新像』勁草書房.
奥雅博［1982］『ウィトゲンシュタインの夢』勁草書房.
大西琢朗［2008］「概念の外延・文脈原理・フレーゲ構造」『哲学研究』586.

［P］

Parsons, C. [1965] 'Frege's Theory of Number,' in *Philosophy in America*, rep. in C. Parsons [1983].
──[1979-80] 'Mathematical Intuition,' *PAS* 80.（「数学的直観」斎藤浩文訳，飯田編訳［1995］所収）
──[1983] *Mathematics in Philosophy*, Cornell U. P.
──[1990] 'The Structualist View of Mathematical Objects,' *Synthese* 84, rep. in C. Parsons [2008].
──[1994] 'Intuition and Number,' in A. George (ed.) *Mathematics and Mind*, Oxford U. P.
──[1995] 'Mathematics,' in Smith & Smith (ed.) [1995].
──[2000] 'Reason & Intuition,' *Synthese* 125, rep. in C. Parsons [2008].
──[2004] 'Structualism and Metaphysics,' *Philosophical Quarterly* 54, rep. in C. Parsons [2008].
──[2008] *Mathematical Thoughts and Its Objects*, Cambridge U. P.
Parsons, T. [1981] 'Frege's Hierarchy of Indirect Senses and the Paradoxes of Analysis,' in *Midwest Studies in Philosophy*, Vol. 6.
──[1987] 'On the Consistency of the First-Order Portion of Frege's Logical System,' in *Notre Dame Journal of Formal Logic*, Vol. 28, No. 1.
Patzig, G. [1966] 'G. Frege und die "Grundlagen der Arithmetik",' *Neue Deutsche Hefte* 109.
Peano, G. [1889] *Arithmetices Principia, Nova Methodo Exposita*, Torino. English tr. in Heijenoort (ed.) [1967].
──[1891] 'Formulie di logica mathematica' & 'Sul conetto di numero,' *Rivista di Mathematica* 1.（『数の概念について』小野勝次・梅沢敏郎訳，共立出版）
──[1895-1901] *Formalaire de Mathematiques*, Turin.
Peckhaus, V. [1993] 'E. Schröder und der Logizismus,' in *Philosophie & Logik* (Frege Kolloquium, 1989/91).
──[1997] *Logik, Mathesis universalis und allgemeine Wissenschaft*, Akademie Verlag.
Peirce, C. S. [1870] 'Descripion of a Notation for the Logic of Relatives,' *Memoires of*

the American Academy of Arts and Sciences 9, rep. in Vol. 3 of Peirce [1933].
―― [1880] 'On the Algebra of Logic,' *American Journal of Mathematics* 3, rep. in Vol. 3 of [1933].
―― [1883] 'The Logic of Relatives,' included as "Note B," in *Studies in Logic*, ed. by C. S. Peirce, Little Brown and Company, rep. in Vol. 3 of [1933].
―― [1885] 'On the Algebra of Logic: A Contribution to the Philosophy of Notation,' *American Journal of Mathematics* 7, rep. in Vol. 3 of [1933].
―― [1933] (ed. by Hartshorne & Weiss) *Collected Papers*, Harvard U. P.
Perry, J. [1978] 'Frege on Demonstratives,' *Philosophical Review* 86, No. 4.
―― [1993] *The Problem of the Essential Indexical*, Oxford U. P.
Platon, *Politeia*. (プラトン『国家（下）』藤沢令夫訳，岩波文庫，第 7 巻)
Poincaré, H. [1906] 'Les Mathématiques et la Logique,' *Revue de Métaphysique et de Morale* 14.
Potter, M. & Ricketts, T. (eds.) [2010] *The Cambrige Companion to Frege*, Cambridge U. P.
Prawitz, D. [1987] 'Dummett on a Theory of Meaning and Its Impact on Logic,' in Taylor (ed.) *Michael Dummett*, Dordrecht.
―― [1994] 'Meaning Theory and Anti-Realism,' in McGuinness & Oliveri (eds.) *The Philosophy of Michael Dummett*, Kluwer.
Putnam, H. [1981] *Reason, Truth and History*, Cambridge U. P. (『理性・真理・歴史』野本和幸・中川大・三上勝生・金子洋之訳，法政大学出版局)

[Q]

Quine, W. v. [1951] *Mathematical Logic*, Harvard U. P.
―― [1955] 'On Frege's Way Out,' rep. in *Selected Logic Papers*, 1966, Random House.
―― [1960] *Word and Object*, MIT Press. (『ことばと対象』大出晁・宮館恵訳，勁草書房)
―― [1969] *Ontological Relativity and Other Essays*, Columbia U. P.
―― [1972] *Methods of Logic*, 3rd ed., Harvard U. P. (『論理学の方法』中村秀吉・大森荘蔵・藤村龍雄訳，岩波書店)
―― [1986] (eds. by Hahn & Schilpp) *The Philosophy of W. V. Quine*, Open Court.

[R]

Ramsey, F. [1927] 'Facts and Propositions,' rep. in *Philosophical Papers*, Cambridge, 1996.
Rayo, A. [2002] 'Frege's Unofficial Arithmetic,' *The Journal of Philosophy*, Vol. 67, No. 4.
Rayo, A. & Uzquiano, G. (ed.) [2006] *Absolute Generality*, Oxford U. P.
Reck, E. (ed.) [2002] *From Frege to Wittgenstein: Perspectives on Early Analytic Phi-

losophy, Oxford U. P.
Reck, E. & Awodey, S. (tr. & eds.) [2004] *Frege's Lectures on Logic*, Open Court.
Resnik, M. [1976] 'Die Frege-Hilbert Kontroverse,' in Schirn (hrsg.) [1976].
―― [1980] *Frege and the Philosophy of Mathematics*, Cornell U. P.
―― [1997] *Mathematics as a Science of Patterns*, Clarendon Press.
Ricketts, T. [1985] 'Frege, the Tractatus, and the Logocentric Predicament,' *Nous* 19.
―― [1986] 'Objectivity & Objecthood,' in Haaparanta & Hintikka (eds.) [1986].
Riemann, B. [1854] 'Über die Hypothesen, welche die Geometrie zu Grunde liegen,' [Habilitationsschrift], rep. in Weber (ed.) *Collected Works of Bernhard Riemann*, Dover Pub, 1953.
Ruffino, M. [2002] 'Logical Objects in Frege's Gundgesetze, Section 10,' in Reck (ed.) [2002].
―― [2003] 'Why Frege would not be a neo-Fregean,' *Mind* 112.
Russell, B. [1903] *The Principles of Mathematics*, Cambridge U. P., Appendix A.: "The Logical and Arithmetical Doctrines of Frege."
―― [1906] 'Les Paradoxes de la logique,' *Revue de Métaphysique et de Morale* 14.
―― [1919] *Introduction to Philosophy of Mathematcs*, George Allen & Unwin.
―― [1956] (ed. by Marsh) *Logic and Knowledge*, George Allen & Unwin.
Russell, B. & Whitehead, A. F. [1910-1913] *Principia Mathematica*, I-III, Cambridge U. P. (『プリンキピア・マテマティカ序論』岡本賢吾・戸田山和久・加地大介訳＋解説，哲学書房)

[S]

Salmon, N. [1986] *Frege's Puzzle*, rep. 1991, Ridgeview Publishing Company.
三平正明 [1999]「フレーゲのプラトニズムと数学の応用可能性」日本哲学会『哲学』No. 50.
―― [2000]「フレーゲとベナセラフ――数とは何かを巡って」『科学哲学』Vol. 33, No. 2.
―― [2003]「フレーゲとカントールの対話」『思想』No. 954.
―― [2005]「フレーゲ――論理の普遍性とメタ体系的観点」『科学哲学』Vol. 38, No. 2.
―― [2005a]「論理主義の現在」，飯田編著 [2005] 所収．
佐藤雅彦 [2005]「フレーゲの計算機科学への影響」『科学哲学』Vol. 38, No. 2.（野本責任編集 [2008] 所収）
Scharlau, W. (hrsg.) [1981] *Richard Dedekind 1831/1981*, Vieweg.
Schirn, M. (hrsg.) [1976] *Studien zu Frege*, I-III, Frommann Holzboog.
―― (ed.) [1996] *Frege: Importance and Legacy*, de Gruyter.
―― (ed.) [1998] *The Philosophy of Mathematics Today*, Clarendon Press.
Schlote, K. H. & Dathe, U. [1994] 'Die Anfänge von Gottlob Freges wissenschaftlicher Laufbahn,' *Historia Mathematica* 21.

Scholz, H. [1961] (hrsg. von Hermes et al.) *Mathesis Universalis*, Wissenschaftliche Buchgesellschaft.
Scholz, H. & Bachmann, F. [1935] 'Der wissenschaftliche Nachlass von Gottlob Frege,' *Actes du Congres International de Philosophie Scientifique*, Sorbonne, Paris.
Schröder, E. [1873] *Lehrbuch der Arithmetik und Algebra*, Teubner.
—— [1877] *Der Operationskreis des Logikkalkuls*, Teubner.
—— [1880] 'Anzeige von G. Freges Begriffsschrift,' *Zeitschrift für Mathematik und Physik* 25, tr. in Bynum (ed.) [1972].
—— [1890] *Vorlesungen über die Algebra der Logik*, 1ster Bd., Teubner, II (1891), III (1895), rep. by Thoemmes Press, 2001.
—— [1898] 'On Pasigraphy. Its Present State and the Pasigraphic Movement in Italy,' *The Monist* 9.
Schröder-Heister, P. [1987] 'A Model-Theoretic Reconstruction of Frege's Permutation Argument,' *Notre Dame Journal of Formal Logic*, Vol. 28, No. 1.
Searle, J. [1969] *Speech Acts*, Cambridge U. P. (『言語行為——言語哲学への試論』坂本百大・土屋俊訳, 勁草書房)
Shanker, S. G. [1987] *Wittgenstein and the Turning-Point in the Philosophy of Mathematics*, Croom Helm Publisher.
Shapiro, S. [1997] *Philosophy of Mathematics: Structure and Ontology*, Oxford U. P.
—— [2000] 'Frege Meets Dedekind: A Neo-logicist Treatment of Real Analysis,' *Notre Dame Journal of Formal Logic*, Vol. 41, No. 4, rep. in Cook (ed.) [2007].
—— [2000] *Thinking about Mathematics*, oxford u.p. (『数学を哲学する』金子洋之訳, 筑摩書房)
—— [2003] 'Prolegomenon to Any Future Neo-logicist Set Theory: Abstraction and Indefinite Extensibility,' in *British Journal for the Philosophy of Science* 54, rep. in Cook (ed.) [2007].
Shapiro, S. & Weir, A. [1999] 'New V, ZF, and Abstraction,' in *Philosophia Mathematica* 7, rep. in Cook (ed.) [2007].
—— [2000] '"Neo-Logicist" Logic is not Epistemically Innocent,' in *Philosophia Mathematica* 8, rep. in Cook (ed.) [2007].
清水義夫 [2007] 『圏論による論理学』東京大学出版会.
Sieg, W. & Schlimm, D. [2005] 'Dedekind's Analysis of Number,' *Synthese* 147.
Simons, P. [1983] 'Three Essays in Formal Ontology,' in Smith (ed.) *Parts and Moments*, Philosophia Verlag.
—— [1987] 'Frege's Theory of Real Numbers,' *History and Philosophy of Logic* 8, rep. in Demopoulos (ed.) [1995].
—— [1987a] *Parts*, Oxford U. P.
—— [1990] 'What is Abstraction and What is it Good for?' in Irvine (ed.) *Physicalism in Mathematics*, Kluwer.

―― [1995] 'A Theory of Complex Numbers in the Spirit of Grundgesetze,' in Max & Stelzner (hrsg.) [1995].
―― [1998] 'Structure and Abstraction,' in Schirn (ed.) [1998].
Simpson, S. G. [1999] *Subsystems of Second Order Arithmetic*, Springer.
Skolem, Th. [1920] 'Logico-combinatorial Investigations in the Satisfiability or Provability of Mathematical Propositions: A Simplified Proof of a Theorem by Löwenheim and Generalizations of the Theorem,' tr. in Heijenoort (ed.) [1967].
Sluga, H. [1980] *Gottlob Frege*, Routledge & Kegan Paul.
―― [1987] 'Frege against the Booleans,' *Notre Dame Jounal of Formal Logic*, Vol. 28.
―― [2002] 'Frege on the Indefinability of Truth,' in Reck (ed.) [2002].
Smith, B. & Smith, D. W. (ed.) [1995] *The Cambridge Companion to Husserl*, Cambridge U. P.
Smith, D. W. [1982] 'Husserl on Demonstrative Reference and Perception,' in Dreyfus (ed.) [1982].
Soames, S. [1976] *A Critical Examination of Frege's Theory of Presupposition and Contemporary Alternatives*, distributed by MIT Working Papers in Linguistics.
Stanley, J. [1996] 'Truth and Metatheory in Frege,' *Pacific Phlosophical Quarterly* 77, rep. in Beaney & Reck (eds.) [2005] Vol. II.
Stelzner, W. [1996] *Gottlob Frege*, ReFIT.
Stoy, J. [1977] *Denotational Semanics*, MIT Press.
Strawson, P. [1950] 'On Referring,' *Mind* 59.
―― [1952] *Introduction to Logical Theory*, Methuen.(『論理の基礎(上・下)』常俊宗三郎・木村慎也他訳, 法律文化社)
Stuhlmann-Laeisz, R. [1975] 'Freges Auseinandersetzung mit der Auffassung von "Existenz" als einem Prädikat der ersten Stufe und Kants Argumentation gegen Ontologischen Gottesbeweis,' in Thiel (Hrsg.) *Frege und die moderne Grundlagenforschung*, Meisenheim.
―― [1995] 'Invarianztheoretische Überlegungen zu Freges Definition durch Abstraktion,' in Max & Stelzner (hrsg.) [1995].
―― [1995a] *G. Freges 〉Logische Untersuchungen〈*, Wissenschaftliche Buchgesellschaft.
Sundholm, G. [1994] 'Vestiges of Realism,' McGuinness & Oliveri (eds.) *The Philosophy of Michael Dummett*, Kluwer.

[T]
田畑博敏 [2000] 'Frege's Theorem and His Logicism,' *History and Philosophy of Logic*, Vol. 21, No. 4.
―― [2002]『フレーゲの論理哲学』九州大学出版会.
Tait, W. (ed.) [1997] 'Frege versus Cantor and Dedekind: On the Concept of Number,' in Tait [1997a].

―― [1997a] *Early Analytic Philosophy: Frege, Russell, Wittgenstein*, Open Court.
竹尾治一郎 [1997]『分析哲学の発展』法政大学出版局.
田中一之 [1997]『逆数学と二階算術』河合文化教育研究所.
――編著 [2006-7]『ゲーデルと20世紀の論理学1-4』東京大学出版会.
丹治信春 [1990]「翻訳と理解」, 市川浩他編『翻訳 (現代哲学の冒険5)』所収, 岩波書店.
―― [1997]『クワイン』講談社.
Tappenden, J. [1995] 'Geometry and Generality in Frege's Philosophy of Arithmetic,' *Synthese* 102.
―― [1995a] 'Extending Knowledge and "Fruitful Concepts": Fregean Themes in the Foundations of Mathematics,' *Nous* 29-4, rep. in Beaney & Reck (eds.) [2005].
Taylor, B. (ed.) [1987] *Michael Dummett*, Dordrecht.
寺阪英孝 [1981]『19世紀の数学――幾何学Ⅰ』共立出版.
Thiel, C. [1965] *Sinn und Bedeutung in der Logik Gottlob Freges*, Anton Hain.
―― [1972] 'G. Frege: die Abstraktion,' in *Grundprobleme der Grossen Philosophen, Gegenwart I*, Vandenhoeck, rep. in Schirn (hrsg.) [1976].
―― (hrsg.) [1975] *Frege und die moderne Grundlagenforschung*, Verlag Anton Hain.
―― [1976] 'Wahrheitswert und Wertverlauf,' in Schirn (hrsg.) [1976].
―― [1984] 'Logizismus' in Mittelstrass (hrsg.) *Enzyklopädie Philosophie und Wissenschaftstheorie*, Bd. 2.
―― [1986] Einleitung: *Die Grundlagen der Arithmetik Freges* (Centenarausgabe), Felix Meiner.
―― [1995] *Philosophie und Mathematik*, Wissenschatliche Buchgesellschaft.
Thomae, K. [1906] 'Gedankenlose Denker. Eine Ferienspauderei,' *Jahresbericht der Deutschen Mathematiker-Vereinigung*, English tr. in Kluge [1980].
Tichy, P. [1988] *The Foundations of Frege's Logic*, Walter de Gruyter.
Tieszen, R. [1994] 'What is the Philosophical Basis of Intuitionistic Mathematics?' Prawitz et al. (eds.) *Logic, Methodology and Philosophy of Science IX*, Elsevier Science B. V.
―― [1995] 'Mathematics,' in Smith & Smith (ed.) [1995].
―― [2005] *Phenomenology, Logic, and the Philosophy of Mathematcs*, Cambridge U. P.
戸田山和久 [1990]「数学をめぐる二つの比喩――ウィトゲンシュタインの場合」『現代思想』1990. 10.
土屋俊 [1979]「フレーゲにおける固有名の意味について」『哲学雑誌』Vol. 94, No. 766.
土屋岳士 [2007]「アクゼル「フレーゲ構造」訳者解説」, 岡本・金子編 [2007] 所収.
津留竜馬 [2003]「概念記法は何故矛盾したのか」『思想』No. 954.
―― [2005]「フレーゲ構造とは何か」, 科学研究費基盤研究 (B)(代表岡本賢吾) 研究成果報告書『論理学・数学の哲学の哲学的基礎づけに関する実在論, 構成主義, 物

理主義の体系的比較と評価』.
Tugendhat, E. [1970] 'The Meaning of "Bedeutung" in Frege,' *Analysis* 30.

[U]

Uzquiano, G. [2009] 'Bad Company Generalized,' *Synthese* 170.

[V]

Vanderveken, D. [1990] *Meaning and Speech Acts*, vol.1 (『意味と発話行為』久保進監訳, ひつじ書房, 1977)

Venn, J. [1880] 'Review of Frege's *Begriffsschrift*,' *Mind* 5, rep. in Bynum (ed.) [1972].

Veraart, A. [1976] 'Geschichte des Wissenschaftlichen Nachlass Gottlob Freges und seiner Edition,' in Schirn (hrsg.) [1976].

[W]

Waismann, F. [1936] *Einführung in das mathematischen Denken*, 2te Aufl., Wien.

渡辺大地 [2001]「中期ウィトゲンシュタインとフレーゲ, 形式主義――「応用」の問題」『哲学誌』No. 43.

渡邊二郎 [1986]「フレーゲ『算術の基礎』とフッサール『算術の哲学』」『東京大学文学部哲学研究室論集 V』.

Wehmeier, K. F. [1999] 'Consistent Fragments of the *Grundgesetze* and the Existence of Logical Objects' *Synthese* 121.

Weiner, J. [1990] *Frege in Perspective*, Cornell U. P.

―― [2004] *Frege Explained*, Open Court.

Weir, A. [2003] 'Neo-Fregeanism: An Embarrassment of Riches,' in *Notre Dame Journal of Formal Logic*, Vol. 44, rep. in Cook (ed.) [2007].

Weyl, H. [1927] *Philosophie der Mathematik und Naturwissenschaft*, München & Berlin. rev. English edition, *Philosophy of Mathematics and Natural Science*, 1949, Princeton U. P.

Wiggins, D. [1967] *Identity and Spatio-temporal Cotinuity*, Blackwell.

―― [1980] *Sameness and Substance*, Blackwell.

Williamson, T. [1994] *Vagueness*, Routledge.

Wilson, M. [1992] 'Frege: The Royal Road from Geometry,' *Nous* 26, rep. in Demopoulos (ed.) [1995].

―― [1999] 'To Err is Humean,' *Philosophia Mathematica* 3, Vol. 7.

Wittgenstein, L. [T] *Tractatus Logico Philosophicus*, 1921. (『論理哲学論考(ウィトゲンシュタイン全集1)』奥雅博訳, 大修館書店;『論理哲学論考』野矢茂樹訳, 岩波文庫他)

―― [PU] *Philosophische Untersuchung*, Oxford, 1958. (『哲学探究(ウィトゲンシュタイン全集8)』藤本隆志訳, 大修館書店)

―― [BGM] *Bemerkungen über die Grundlagen der Mathematik*, 2. ed., 1967, Oxford.

(『数学の基礎（ウィトゲンシュタイン全集 7）』中村秀吉・藤田晋吾訳, 大修館書店）
—— [Z] (ed. by Anscombe & von Wright) *Zettel*, Basil Backwell, 1967.（『断片』ウィトゲンシュタイン全集 9, 菅豊彦訳, 大修館書店）
—— [UG] (ed. by Anscombe & von Wright) *Über Gewissheit: On Certainty*, Basil Blackwell, 1969.（『確実性の問題（ウィトゲンシュタイン全集 9）』黒田亘訳, 大修館書店）
—— [CL] (ed. by McGuinnes & von Wright) *Ludwig Wittgenstein: Cambrige Letters*, 1995, Blackwell.
Wittig, J. [1989] *Ernst Abbe*, Teubner Verlag.
Wright, C. [1980] *Wittgenstein on the Foundations of Mathematics*, Duckworth.
—— [1983] *Frege's Concption of Numbers as Objects*, Aberdeen U. P.
—— [1997] 'The Philosophical Significance of Frege's Theorem,' in Heck (ed.) [1997].
—— [1999] 'Is Hume's Principle Analytic?' *Notre Dame Journal of Formal Logic*, Vol. 40, No. 1.
—— [2000] 'Neo-Fregean Foundations for Real Analysis: Some Reflections on Frege's Constraint,' in *Notre Dame Journal of Formal Logic*, Vol. 41, rep. in Cook (ed.) [2007].
Wright, G. von [1982] *Wittgenstein*, Basil Blackwell.

[Y]

山崎武 [2007]「逆数学と 2 階算術」, 田中一之編『ゲーデルと 20 世紀の論理学 3』所収, 東京大学出版会.
山田友幸 [1995]「言語ゲームと体系的意味論」, 飯田編『ウィトゲンシュタイン読本』, 法政大学出版局.
Yamada, T. [2012] 'Acts of Requesting in Dynamic Logic of Knowledge and Obligation,' *European Journal of Analitic Philosophy*, vol. 7, No. 2, pp. 183-200.
横山榮一 [1988]「言語と計算——フレーゲの「概念記法」を巡って」『理想』No. 639.（野本責任編集 [2008] 所収）
吉田夏彦 [1971]『ことばと実在』新曜社.

[Z]

Zermelo, E. [1908] 'Untersuchungen über die Grundlagen der Mengenlehre I,' *Mathematische Annalen* 65.
—— [1932] Anmerkung zu Cantor, in Cantor [1932].

あとがき

　本書は,『フレーゲ哲学の全貌』といった大仰な書名となったが,多くの宿題が残されていることは,固より著者自身十分痛感している所である.フレーゲの名前を冠した拙著は,(『フレーゲ著作集』編集・解説 (1999-2002) を挟んで) 学位論文『フレーゲの言語哲学』(1986),『フレーゲ入門』(2003) と本書とで,いわば3部作となる.

　以下,先ず本書執筆に至るやや個人史的な背景について,記すことをお許し願いたい.処女作および第二の拙著『現代の論理的意味論——フレーゲからクリプキまで』(1988, 岩波書店) は,二つの幸運に恵まれ,米独の代表的な研究機関での第一級の研究者たちとの充実した交流から,生まれ出たものである.すなわち,第一は ACLS (アメリカ学術協会) の招聘研究員として,(A. チャーチ,K. ドネラン,D. カプラン,M. ファース,モデル論の C. チャン,集合論の D. マーティン (T. バージは滞英中) らを擁し,N. サモンらが院生だった) 1970年代後半の言語哲学・論理的意味論の中心地の一つ UCLA での一年余の研究 (1977-1978) であり,第二はその半年後,ドイツのフンボルト財団研究員 (1979-1980) として,(G. パーツィヒ (アリストテレス,カント,そしてフレーゲの研究),W. カール (カント,フレーゲ),U. マイヤー (ラムジー研究およびヒルベルト遺稿・講義録共編者),シュトゥールマン゠レーツ (現ボン大学教授,カント,フレーゲ,内包論理),量子論理のシャイベ教授らを擁した) ゲッティンゲンでのフレーゲ研究である.

　上記第二作『現代の論理的意味論』は,学位論文のいわば続編としてほとんど同時並行的に執筆したものであるが,UCLA での,特にカプランとの毎週

のチュートリアル（個人ゼミ）用のペーパー（拙論 [1985] 等）を基礎に，1970-1980 年代に，内包論理研究を席巻していた可能世界意味論と新指示論の展開を，フレーゲ・ラッセル・ヴィトゲンシュタインに遡って追跡したものである．一方『フレーゲの言語哲学』はむしろ，UCLA で接した当時の内包的意味論や新指示論展開の趨勢を背景にしつつ，ゲッティンゲンで，パーツィヒとの毎週のチュートリアルのため，フレーゲのテクストそのものに改めて沈潜した結果である．（拙論 [1990a] [1990b]）フレーゲの論理や論理主義に言及しつつも，特に後半はフレーゲの意味論を，クリプキ，カプラン，ドネラン，パトナムの新指示論と対比しつつ，論究することに主眼を置いた．

処女作は勁草書房の富岡勝氏のご好意により，本邦初のフレーゲ研究書として公刊され，京都大学より文学博士号を授与された．一方，第二作は，岩波書店の大塚信一・中川和夫両氏の懇切な編集によって公刊が叶ったものである．こうした編集者諸氏との出会いに加え，両著作の第三の幸運は，慶應義塾大学の大出晁教授らの推薦により，帰国早々日本哲学会での特別報告の機会を与えられ，続いて酒井修教授らにより京都大学大学院に，また花田圭介・藤田隆志教授らにより北海道大学大学院に各 3 年連続で集中講義に招かれ，また大森荘蔵教授らの慫慂により，東京大学教養学部・理学系大学院にも毎週出講する機会を与えられたことである．こうして原稿を書きつつ講義をするという経験をさせて頂いた．当時は，パソコンはおろかワープロさえない時代で，ことに集中講義に際しては出版社の 200 字詰め原稿用紙の下書きコピーを，山のようにトランクに詰めて担いで行き，熱心な院生諸氏の質疑を受けて再考することができた．そしてこの 2 冊分の原稿を出版社に渡し，連絡船で津軽海峡を渡って北海道大学に赴任したのは，1985 年厳冬の 1 月であった．

その後も，滝浦静雄教授・野家啓一氏らにより東北大学へ，加藤信朗教授・丹治信春氏らにより東京都立大学へ，沢口昭聿・藤田晋吾教授により筑波大学へ，集中講義にお招きを受けた．一方，既に帰国直後に検討をお願いしていた『フレーゲ著作集』の企画が，勁草書房の富岡勝氏の大英断で，1980 年代半ばに軌道に乗ることとなった．そこで既に中堅研究者だった飯田隆，土屋俊両氏と相談しつつ，また後には黒田亘氏と先輩の藤村龍雄氏にも編集に部分参加頂き，翻訳者には中堅研究者のみならず，各地で出会ったフレーゲに関心をもつ

院生たちを鼓舞・糾合して，この企画に参加してもらうこととしたのであった．

　こうした訳業を進める傍ら，私は幸運にも再度フンボルト財団の招聘を受け，フレーゲの遺稿・書簡編集に当たったF. カムバルテル，G. ガブリエル両教授やJ. ミッテルシュトラース教授を擁するコンスタンツ大学を本拠地としつつ，ヨーロッパ研究員として，冬のヒラリー・タームに，オックスフォードのM. ダメット教授の許で過ごす機会を与えられた (1991-1992)．この三度目の在外研究計画の進捗中に，東京都立大学から再招聘を受けて1991年4月に転任，着任3ヶ月で快く在外研究を認めて下さった当時の都立大学の同僚諸氏には，感謝あるのみである．欧州行きに先立ち，UCLAに1ヶ月余滞在し，カプラン，ドネランらと再会，N. サモン，J. アルモグらと共に，10余年前と同様のセミナーを満喫した．ちょうどライヒェンバッハ－カルナップ生誕100周年記念学会がUCLAで開催され，翻訳中の『理性・真理・歴史』を巡ってパトナムと質疑したり，バークレーにデイヴィドソンを訪ねて，『真理と解釈』の出版報告傍々，質疑をしたりと，効率的にアメリカの代表的哲学者たちと会うことができた．

　秋も深まる頃，チューリッヒを経てコンスタンツに到着し，特にガブリエル教授や，線形論理のA. フールマン助手，信念変換論理のH. ロート（現レーゲンスブルグ大学）らの論理学者，W. キーンツラー（現イエーナ大学）らのポスドクたちに加え，ピッツバーク大学と提携している国際科学哲学センターに集まっていた各国の若手研究者たち（北米，南米，ポーランドやチェコ等の東欧圏）と賑やかな交流を持つことができた．毎週開かれる哲学コロキウム，論理コロキウムでは，H. スルガ（バークレー），P. サイモンズ（当時ザルツブルグ大学）らと知り合い，秋には私にも連続講演のお鉢が廻ってきた．一方1992年1-3月に滞在したオックスフォードでは，毎週2時間ずつ計7回のダメット教授とのハードな一対一のチュートリアルに加えて，D. チャールズ，T. ウィリアムソンを中心とする，毎木曜午前中2時間10名ほどの閉じた若手フェローの会でも発表，さらにはダメット教授のセミナー「文脈原理」の第6回目に，2時間の講義・討論まで指名され，P. サリヴァン（現スターリング大学）のコメンテーターでどうにかお役目を果たすという，真に濃密な3ヶ月であった．この講義をもとに，その夏プラハで行われたフレーゲ国際会議でも講演し，チェ

コの学術誌に掲載された．（拙論 [1993]）

　英独からの帰国後は，『フレーゲ著作集』の編集，翻訳ならびに解説に力を注ぎ，多くの同学の士の協力により，企画から10数年を要して，1999-2002年の間に何とか完結することができた．帰国後も，坂部恵教授らのご好意で東京大学文学研究科に3年，再度筑波大学へ，また岡山大学，名古屋大学，神戸大学，専修大学および小林道夫氏らにより大阪市立大学等の各大学院に集中講義に招かれ，また，加来彰俊教授らに法政大学大学院，村上勝三氏らに東洋大学大学院，土屋賢二氏らにお茶の水女子大学に各複数年，非常勤講師のお招きを受けた．こうした講義や折々に執筆した論文を基礎に，上述の岩波版の解説編として，稲義人・平川俊彦両氏により『意味と世界』（1997，法政大学出版局）を公刊して頂いた．

　『フレーゲ著作集』の完結後，先ずフレーゲの生涯と業績の概要紹介をしてはどうかという富岡さんのお勧めで執筆したのが，先述の『フレーゲ入門──生涯と哲学の形成』（2003，勁草書房）である．「論理や哲学についてはあまり書いてはいけませんよ．難しくなるから」と富岡さんに釘を刺されての執筆だったので，哲学については概略に留め，主として伝記的ないしフレーゲの学問的交流や講義目録の紹介等に主眼をおかざるをえなかった．が，フレーゲの生涯に関しては，当時ドイツで急速に収集された最新のデータに基づいて執筆したものである．

　富岡さんの慫慂もあり，『著作集』の2，3，4，6の各巻にかなり長めの「編者解説」を書いてきたので，次にはそれをベースに，さらに国際学会での欧文諸論文その他を加えて，フレーゲ哲学の全体像を描きたいと念じてきた．それを具体化したのが本書である．

　個人的な背景説明が冗長になってしまったが，ところで本書では，主に次の諸点に焦点を当てて執筆しようと試みた．すなわち，

(i) フレーゲの生涯のプロジェクトであった算術・解析学の基礎づけを目指す「論理主義」という「数学の哲学」が，どのような数学史的・論理学史的・哲学史的背景の下に構想されたのか，

(ii) またその実現のために，フレーゲは伝統的論理学をどのように変革したのか，特にフレーゲの「論理学の哲学・意味論の原型」はどのようなものであったのか，

(iii) そしてその「新しい論理学」から，フレーゲはどのようにして実際に算術・解析学の基礎を導出しようとしたのか，その試みが何故パラドクスに遭遇したのか，

(iv) フレーゲ的な「論理主義」を救出しようとする「ネオ・フレーゲアン」ないし「ネオ論理主義」その他の試みが近年盛んであるが，そうした試みにはどのような困難が認められるのか，にもかかわらずその成功の可能性はあるのか，

(v) さらには，こうした数学的・論理的な試みが，どのようにして，いわゆる「言語への転回 linguistic turn」と称されるような「意味論」や「言語哲学」に必然的に関係するのか，

を描きたいと思ったのである．ことに上記の(ii)には相当立ち入って考察した．

また(iii)に関しては，本書では専ら「古典論理」に立脚する「論理主義」成立の「原型」確認に主眼が置かれ，パラドクス以後の数学基礎論や非古典論理の成立，ゲーデルの不完全定理以降の展開にはほとんど触れられていない．未だ確たる見通しは得られないが，例えば，高階論理ないしツェルメロ＝フレンケル流の公理的集合論という線上では，フレーゲ的外延・関数の値域といった考えの延長として，集合 set とクラス class を区別する接近法 (Bernays [1976] [1976a]) になお可能性があるか，あるいは外延より一層基本的な，フレーゲのいう〈概念〉の関数的性格と親近性をもつ，チャーチ以来のラムダ計算の延長上にあるアクゼル (Aczel [1980]) のフレーゲ構造ないしは圏 Category 論的アプローチ (e. g. MacLane [1998]；清水 [2007]) は，新しい展望を開きうるのか等といった，多くの課題が残っている．更に，以前から気に懸かっていながら，手つかずのまま過ぎてきてしまった，Cocchiarella, N. [1986] [1987] の着想——フレーゲの値域論は集合論ではなく，概念‐対応物 concept-correlates の理論であり，フレーゲの論理を高階述語算として再構成しようという着想——を活かそうという Landidi, G. の新著 [2012] が，本書のゲラ校正中に到着した．

もはや，検討の暇はないので，残念ながら，別の機会に譲る他はない．

　また，フレーゲのゲッティンゲンでの先輩数学者デデキントの「構造主義的」アプローチの確認（例えば，野本［2009］［2010］）と，近年再興されつつある諸々の「構造主義」的アプローチ（e.g. Benacerraf［1965］; Shapiro［1997］; Resnik［1997］; C. Parsons［2008］等）との対比・検討も残された重要事項である．しばしば「フレーゲのプラトニズム」と称せられる「抽象的存在」へのフレーゲのコミットメントの実質がどのようなものであったのか，またフレーゲがこうした抽象存在への「直観」を一切持ち出さず，何らかの「同値関係」を介しての「論理的抽象原理」に訴えてその「同一性規準」を探求した際の，存在論的・認識論的な含意とは何だったのかをさらに検討することが課題となろう．その際，フレーゲが数概念の核心に，「応用可能性」を不可欠として要求したことは，立ち入った考察を促すものである．

　(ii)についても，フレーゲ論理学の意味論には，タルスキへの先駆ないしは代替とみなしうる，現代の論理的意味論・モデル論の原型をなすアプローチが認められるが，その後のタルスキらのモデル論と対比し，再検討する課題も残っている．

　このように，本書をここまで書きついできて，益々応答を要求する宿題・課題は，増えるばかりなのである．ただその多くは，フレーゲを越えて，その後の展開に関わる話題へと広がるものなので，ひとまず，この辺で，「古典論理の統語論・意味論」と「論理主義の数学の哲学」成立の「原型」確認に関しては，一区切りとしてもよいかと判断した次第である．

　最後に，上述のように，フレーゲおよびそれ以降の展開に関する筆者のこれまでの在外研究を支援してくれた，アメリカ学術協会（American Council of Learned Societies），ドイツ Alexander von Humboldt 財団，および研究員 fellow として快く受け容れてくれた UCLA, Göttingen, Konstanz, Oxford の米独英の4大学の哲学部，そして特に academic advisor ないし Betreuer として，毎週のようにチュートリアルを引き受け，筆者の急拵えのペーパーの批判的検討に貴重な研究時間を割いてくださった D. Kaplan, G. Patzig, F. Kambartel, M. Dummett の4人の先生方に，心から御礼申し上げたい．

また札幌赴任（1985年）以来，北海道大学，東京都立大学，創価大学その他で，今日まで20数年に互って，フレーゲをドイツ語原典で講読する私のゼミに，途切れることなくその都度参加し，その度毎に新しい相貌をもって立ち現れてくるフレーゲに感銘を新たにする経験を共有してくれた，折々の同僚や旧院生諸氏に感謝したい．

　今回もまた，本書の校正を手伝ってくれた三平正明助教（日本大学），索引作成に尽力してくれた渡辺大地君（桜美林大学非常勤講師）のいつもながらのご好意に感謝する．また，勁草書房編集部，土井美智子さんの誠意のこもった丁寧な編集，およびピンチヒッターとして最後の段階を無事出版まで漕ぎ着けてくれた渡邊光氏に心から感謝申し上げたい．

　また創価大学図書館のライブラリアンの方々には，入手困難な19世紀の文献検索に大変ご協力を頂いたことも，感謝とともに，記しておきたい．

　数年前眼疾に襲われ，失明の恐怖のなか，レーザーを200発ずつ何回か打ち込まれつつ，辛うじて失明を免れ，ともかくも「あとがき」にまで辿りつけたのも，停年後の旅行の楽しみをしばしば断念し，著者の体質改善のため，厳格な食事療法の実行と水泳などの運動療法の勧めによって，訳の分からない研究を何が面白くてやっているのか不可解と嘆じつつ，著者の健康恢復を援助してくれたパートナーに心から感謝したい．

　　　2011年　足早に晩秋から立冬に向かう，西多摩丘陵にて

野本和幸

付　記

　本「あとがき」の最終版を出版社に送り，年が明けて2012年早々に，オックスフォードのM.ダメット先生ご逝去（2011.12.27（享年86歳））の報が，ガーディアン紙（2011.12.28）の追悼記事を添えて，藤本隆志氏より伝えられた．私はこれまで，どちらかというと，二次文献よりは，まずはフレーゲのテクストそのものに即して研究を進めることを原則としてきた．それにしてもダメット先生の巨大なフレーゲ研究には，私のフレーゲに関する最初の学会発表（1973

年春「フレーゲの存在論」（日本哲学会），同年秋「フレーゲの意味論」（日本科学哲学会））直後の冬に入手した先生の『フレーゲの言語哲学』(1973)に衝撃を受けて以来，必ずしも忠実に先生の解釈に従う訳ではなかったにせよ，陰に陽に深い恩恵を受けてきた．また，上記のようにオックスフォード滞在時には，毎週のように，チュートリアルその他を通じて討論のお相手をして頂き（その一つの成果は，教授のセミナー「文脈原理」でも報告した拙論[1993]である），さらには学術振興会を通じて都立大に1ヶ月間お招きし，親しく教えを乞うという幸運に恵まれた．本書の主要部分だけでも，英文にして先生のご意見を伺うということも，もはや叶わぬ夢となってしまった．遅まきながら，先生の学恩に心から感謝しつつ，この拙い書をダメット先生に献げたいと思う．

初出一覧

　　本書の各章各節の基礎となった初出を以下に掲げておく（初出の年号は参照文献表と対応させる形で示した）．どの部分もかなり大幅な書き改めが施されていることをお断りしておきたい．転載を許された各出版社・学会に謝意を表する．

序　論　ゴットロープ・フレーゲ——現代の哲学・論理学への分水嶺
　§1 「ゴットロープ・フレーゲ——現代哲学への分水嶺」（「思想のことば」『思想』No. 954 [2003a]）；「序論　論理思想の革命と日本におけるフレーゲ・ラッセル——論理・言語・数学の哲学」（『分析哲学の誕生——フレーゲとラッセル』日本科学哲学会編，勁草書房 [2008]）より一部分を使用
　§2 「G・フレーゲの生涯ならびに論理哲学探究の構成と方法」（北海道大学哲学会『哲学』40 [2004]）
　§3 「フレーゲ論理哲学的探究の認識論的位相とメタ理論の可能性」（『科学哲学』Vol. 38, No. 2 [2005a]）；'The Methodology and Structure of Gottlob Frege's Logico-philosophical Investigations' (*Annals of JAPS*, Vol. 14, No. 2 [2006])

第 I 部　論理主義を目指して——論理学の革新
第 1 章　論理主義に向かって
　書き下ろし
第 2 章　『概念記法』
　大部分は書き下ろし；『フレーゲ入門——生涯と哲学の形成』（勁草書房 [2003]）と一部重複

第 II 部　論理主義のプログラムと文脈原理
第 3 章　『算術の基礎』の構想とその背景
第 4 章　『算術の基礎』における文脈原理と再認判断
第 5 章　『算術の基礎』の基数論
　「編者解説」（『フレーゲ著作集 2　算術の基礎』勁草書房 [2001b]）を微修正し加筆

第 III 部　論理と言語の哲学
第 6 章　『算術の基本法則』の概要と方法
　「G・フレーゲ『算術の基本法則』における論理と数学の哲学」（東京都立大学『人文

学報』295号［1999］）より一部分を使用；「編者解説」（『フレーゲ著作集3 算術の基本法則』勁草書房［2000a］）に加筆

第7章 フレーゲ高階論理の統語論
「G・フレーゲ『算術の基本法則』における論理と数学の哲学」（東京都立大学『人文学報』295号［1999］）より一部分を使用；ほかは書き下ろし

第8章 論理学の意味論の創始
「G・フレーゲ『算術の基本法則』における論理と数学の哲学」（東京都立大学『人文学報』295号［1999］）より一部分を使用し大幅に加筆

第9章 有意味性証明と意味論的正当化
書き下ろし

第10章 交流と批判
「編者解説」（『フレーゲ著作集6 書簡集 付「日記」』勁草書房［2002］）より一部分を使用し加筆

第11章 論理と言語の哲学――意味論的考察
「編者解説」（『フレーゲ著作集4 哲学論集』勁草書房［1999a］）に若干の手直し

第12章 意味論論争
§1-3 「編者解説」（『フレーゲ著作集6 書簡集 付「日記」』勁草書房［2002］）より一部分を使用し手直し
§4 「フレーゲ，初期フッサールそしてその後――算術および論理学の哲学を巡って」（『現象学年報17』［2001a］，渡辺二郎編『現代の哲学』昭和堂所収）を部分再録

第IV部　数学の哲学――論理主義

第13章 『算術の基本法則』における基数論
§1-3, §5-8 「G・フレーゲ『算術の基本法則』における論理と数学の哲学」（東京都立大学『人文学報』295号［1999］）より一部分を使用；「編者解説」（『フレーゲ著作集3 算術の基本法則』勁草書房［2000a］）を手直し
§4 「編者解説」（『フレーゲ著作集6 書簡集 付「日記」』勁草書房［2002］）より一部分を使用
§9 書き下ろし

第14章 基数論とラッセル・パラドクス
§1 'Why, in 1902, wasn't Frege prepared to accept Hume's Principle as the Primitive Law for his Logicist Program?' (*Annals of JAPS*, Vol. 9, No. 5 [2000])；「抽象的存在とパラドクス――フレーゲの場合」（『科学研究費［1061001］成果報告書』（代表丹治信春）［2001］）；Appendix to Nomoto [2000] in 'The Methodology and Structure of Gottlob Frege's Logico-philosophical Investigations' (*Annals of JAPS*, Vol. 14, No. 2 [2006])
§2 「編者解説」（『フレーゲ著作集6 書簡集 付「日記」』勁草書房［2002］）より一部分を使用

付論 「序論 論理思想の革命と日本におけるフレーゲ・ラッセル——論理・言語・数学の哲学」(『分析哲学の誕生——フレーゲとラッセル』日本科学哲学会編, 勁草書房 [2008]) より一部分を使用
§3 「フレーゲ, 初期フッサールそしてその後——算術および論理学の哲学を巡って」(『現象学年報 17』[2001a], 渡辺二郎編『現代の哲学』昭和堂所収) を部分再録

第 15 章 『算術の基本法則 II』における実数論と形式主義批判
「G・フレーゲ『算術の基本法則』における論理と数学の哲学」(東京都立大学『人文学報』295 号 [1999]) より一部分を使用；「編者解説」(『フレーゲ著作集 3 算術の基本法則』勁草書房 [2000a]) を手直し

第 16 章 書簡と応酬
「編者解説」(『フレーゲ著作集 6 書簡集 付「日記」』勁草書房 [2002]) より一部分を使用；「フレーゲ論理哲学的探究の認識論的位相とメタ理論の可能性」(『科学哲学』Vol. 38, No. 2 [2005a]) より一部分を使用；'The Methodology and Structure of Gottlob Frege's Logico-philosophical Investigations' (*Annals of JAPS*, Vol. 14, No. 2 [2006]) を部分収録

第 17 章 新論理主義の回顧と前途瞥見——デデキント的構造主義との対比抄
書き下ろし

人名・地名索引

ア 行

アホ（Aho, T.） 65-70
アッベ（Abbe, E.） 23-25, 32, 60, 146, 156
アリストテレス（Aristoteles） 56, 140
アルフレート（Frege, Alfred.） v
アンゲレリ（Angeleli, I.） vi
イエーナ（Jena） 2, 31-2, 59-60
飯田隆 21, 482,
石黒ひで 147
ヴィスマール（Wismar） 2, 24, 31
ヴィトゲンシュタイン（Wittgenstein, L.） 21-25, 27-9, 34, 40, 48, 50, 297, 323, 337, 361, 395, 398, 415, 434, 563f.
ウィルソン（Wilson, M.） 171, 174-7, 197-8
ウェーバー（Weber, H.） 94
ウェーバー（Weber, W.） 60
ヴェン（Venn, J.） 135, 195, 215
エヴァンズ（Evans, G.） 52, 261, 369, 391, 420, 426
オイラー（Euler, L.） 195
大出晁 56, 508
オースティン（Austin, J. L.） 34, 42
岡本賢吾 50, 479
オデュッセウス（Odysseus） 355, 370

カ 行

ガウス（Gauss, C. F.） 2, 60, 74, 90, 95, 156
金子洋之 625
カプラン（Kaplan, D.） 29, 35, 113, 178, 391, 425, 619
ガブリエル（Gabriel, G.） 35
カリー（Curry H.） 131
カルナップ（Carnap, R.） 25-27, 31, 52, 178, 317, 338
カント（Kant, I.） 36-38, 60, 63, 73, 144, 162, 166, 195, 203
カントル（Cantor, G.） 18, 36, 40, 46, 72, 75-6, 89, 95, 154, 191, 202-3, 215, 223, 407, 533, 589
カンバルテル（Kambartel, F.） 35
ギーチ（Geach, P.） 27, 34, 51
クチュラ（Couturat, L.） 25-6
クライン（Klein, F.） 60, 64, 68, 74, 100-1, 157, 580
グラスマン（Grassmann, R.） 80, 157, 160
クリプキ（Kripke, S.） 29, 52, 113, 391, 619
クリーニ（Kleene, S.） 131
クレプシュ（Clebsch, A.） 60, 64, 156, 177
クロネッカー（Kronecker, L.） 68, 554
ゲーデル（Goedel, K.） 41, 85-6, 216, 507, 525
ゲッティンゲン（Göttingen） 26, 31, 59-60, 90, 156
ゲンツェン（Gentzen, G.） 20, 43-4, 111, 216, 242f., 293, 408, 526
コーシー（Cauchy, A. L.） 74-6, 88
ゴールドファーブ（Goldfarb, W.） 230

サ 行

佐藤雅彦 44
サイモンズ（Smons, P.） 71, 531, 543-4
三平正明 458, 588
シャピロ（Shapiro, S.） 589f., 621
シェーリング（Schering, E.） 60
シェーンフリース（Shoenflies, A.） 440
ジャーデン（Jourdain, P. E. B.） 21, 84, 103, 152, 368, 406,
シャピロ（Shapiro, S.） 476, 600ff.
シュタイナー（Steiner, J.） 157
シュタウト（Staudt, C.von） 60, 64, 101, 157, 173, 179, 197
シュトゥンプ（Stumpf, G.） 135, 147, 153-4
シュトルツ（Stolz, O.） 60, 64, 567
ジュルゴンヌ（Gergonne, J.） 157

シュレーダー（Schröder, E.） 15, 20, 25, 36, 40-1, 72, 82, 89-90, 98-100, 135, 137, 215, 573f.
シュレーダー-ハイスター（Schröder-Heister, ） 440
ショーレム（Schohlem, G.） 27, 30
ショルツ（Scholz, H.） 34, 398, 578-9
スコーレム（Skolem, T.） 41, 100, 617.
スネル（Snell, K.） 60

タ 行

田中一之 228
ダメット（Dummett, M.） 22, 29, 34, 47, 51-2, 151, 192, 199, 234, 257-8, 261, 269, 317, 327, 337, 420, 426, 527, 531, 541, 563f. 570f., 589f., 610f. 618
タルスキ（Tarski, A.） 53-4, 100, 216, 269, 297, 317, 337, 372,
丹治信春 617
チャーチ（Church, A.） 28, 34-5, 52, 131, 241, 317, 338
ツェルメロ（Zermelo, E.） 29-30, 46, 201-2, 215-6, 223
デイヴィドソン（Davidson, D.） 297, 317, 372, 617.
ディリクレ（Dirichlet, J.） 2, 60, 95, 156
ディンクラー（Dingier, H.） 20, 29, 202, 302
ティール（Thiel, C.） 34, 177f., 579
デカルト（Descartes, R.） 225, 228
デデキント（Dedekind, R.） 2, 7, 9, 11, 15, 23, 25, 33, 36, 72, 74-7, 81, 86, 88-90, 92-5, 99-100, 133, 154, 186, 212, 223, 229, 531ff., 572f.
デモプーロス（Demopoulos, W.） 75-6, 78
戸田山和久 508
デュガク（Dugac, P.） 133
トゥーゲントハット（Tugendhat, E.） 289
ドネラン（Donnellan, K.） 35, 52, 619.
トーメ（Tomae, K.） 23, 25, 32-3, 55, 78,

ナ 行

ニュートン（Newton, I.） 615.
ニール（Kneale, W. and M.） 34
ノイマン（Neumann, C. von） 458

ハ 行

ハイデッガー（Heideggar, M.） 31
ハイネ（Heine, E） 55
バージ（Burge, T.） 35, 44,
パース（Peirce, C. S.） 40, 82, 89, 98, 100, 135, 577
パーソンズ（Parsons, C.） 46, 191, 525, 623
パーソンズ（Parsons, T.） 335, 347, 440, 456
パーツィヒ（Patzig, G.） 34
パトナム（Putnam, H.） 391, 619
ハンケル（Hankel, H.） 80, 158, 160, 535, 567
ハンザ都市（Hanse-stadt） 24
ビスマルク（Bismarck, O. D. L.） 29
ヒットラー（Hitler, A.） 24, 30
ピュンヤー（Punjer, B.） 203-4
ヒルベルト（Hilbert, D.） 23, 25-26, 40, 46, 53-5, 100, 565, 580f.
ビールマン（Biermann, O.） 40
ファース（Furth, M.） 34-5
ファイン（Fine, K.） 192, 475
フィッシャー（Fischer, K.） 31, 60, 63
フェレスダール（Folesdahl, D.） 412
フッサール（Husserl, G.） 21-5, 29, 40, 147, 154, 307, 359, 412, 416, 417, 421, 509ff., 589.
ブラウアー（Brouwer, L.E.J.） 46, 215
ブラック（Black, M.） 34
プラトン（Plato） 8, 84-5, 225,
プリュッカー（Plücker, J.） 80, 157,
ブール（Boole, G.） 40-1, 54, 82, 98, 135, 137-9, 140, 145, 307, 328, 409
フレーゲ（Frege, G） 90, 95, 300, 301, 395, 421, 531ff.
プレーウィッツ（Prawitz, D.） 526
ブレンターノ（Brentano, F.） 147, 332, 415
ブーロス（Boolos, G.） 17, 21-22, 46, 130, 143, 175, 181, 190-93, 216, 431f., 596f.
ペアノ（Peano, G.） 9, 11, 15, 20, 25, 36, 40, 85, 89, 133, 178, 182, 212, 299, 300-1
ヘイル（Hale, B.） 22, 181, 192-3, 435, 601f., 603, 605-6, 609f.
ヘイティング（Heyting, A.） 526
ヘック（Heck, R.） 22, 213, 216, 255, 260, 264-5, 268-9, 276, 281, 285, 432f., 440f., 483f., 597

ペックハウス（Peckhaous, V.） 98
ベナセラフ（Benacerraf, P.） 37, 73-77, 458, 589f., 593f., 616-7
ベル（Bell, J.） 449
ベルナイス（Bernays, P.） 6, 46, 578-9,
ヘルダー（Hölder , O.） 541, 544f.
ベルヌーイ（Bernoulli, J.） 615
ポアンカレ（Poincare, H.） 507
ホッペ（Hoppe, R.） 154
ボルツァーノ（Bolzano, B.） 74-7, 88, 95,
ホワイトヘッド（Whitehead, A. N.） 100, 299
ポンスレ（Poncelet, J. V.） 157, 172, 177, 179

マ 行

マイノング（Meinong, A.） 394
マコール（McColl, H.） 138
マーテイ（Marty, A.） 135, 147, 153, 232
マーテイン＝レーフ（Martin-Löf, P.） 42, 526f.
松阪陽一 52
ミル（Mill, J. S.） 29
メクレンブルク州（Mecklenburg） 24, 29
メビウス（Möbius, A, F.） 172, 177-8
モンジュ（Monge, G.） 157
モンタギュー（Montague, R.） 35, 52, 317-2

ヤ 行, ラ 行, ワ 行

UCLA 35
ユークリッド（Euklid） 85, 223, 225-6, 545-6
ライト（Wright, C.） 17, 21-2, 46, 168, 181, 191-3, 199, 216, 431f., 589f., 596f., 605, 616f.
ライプニッツ（Leibniz, G. W.） 41, 98, 105, 137, 139, 140, , 328, 375, 379, 615
ラッセル（Russell, B.） 11, 23-30, 40, 46, 53. 90, 100, 132, 154, 178, 215-6, 223, 298-9, 391-4, 407, 409, 436, 483ff., 568, 591, 599
リネボ（Linebo, ϕ .） 37f., 49, 258ff., 269-71, 475
リーマン（Riemann, B.） 2, 60, 74, 77, 90, 156
レシニエフスキ（Lesniewski, S.） 416
レズニック（Resnik, M.） 435, 554f.
レーベンハイム（Löwenheim, L.） 23, 25, 29, 41, 100, 434, 566, 576f.
ロッツェ（Lotze, H.） 31, 60, 81, 88, 147, 156-157
ローレンツェン（Loenzen, P.） 178
ワイエルシュトラース（Weierstrass, K.） 74-6, 88-9, 531ff.
ワイスマン（Waismann, F.） 563f.
ワイル（Weyl, H.） 45, 178-9

人名・地名索引 665

事項索引

あ　行

曖昧な（vague／fuzzy）　168, 272, 359
明けの明星（Morgenstern）　14
悪循環原理（the vicious circle principle）　481, 507, 599
悪友問題（bad company problems）　23, 50, 192, 232, 471f., 600
与えられ方（die Art des Gegebenseins）　6, 295, 338, 372, 383, 420
　　表示対象の――　44
アプリオリ（apriorisch）　17, 36-8, 42, 63, 73, 109, 126, 155, 162, 166, 192-4, 226, 374
　　――で綜合的　73, 109, 126
　　――で分析的　73, 372
アポステリオリ（aposteriorisch）　38, 155
「ある」（sein）　406
アルキメデスの法則　545, 550-52
アルゴリズム（Algorithmus）　137
暗示する（andeuten）　140, 240-2, 251, 263, 265, 267-8, 273, 294, 316, 350
安定性（stability）　474, 608
意　義（Sinn）　6, 13, 20-1, 44, 51, 122, 219, 222, 295-8, 300, 316, 337-8, 359-60, 370, 372, 391, 393, 404, 409, 410-12, 417-19
　　――の公共性（publicity）　21
　　――のゆれ（Schwankungen des-es）　381-2, 419
　　――論　44, 372ff.
　　　間接的――（ungerader-）　376f.
　　　通常の――（gewöhnlicher-）　422
「意義と表示の論理」（チャーチ）（logic of sense and denotation）　338
「いくつか」（"einige"）　106, 112
『遺稿（論）集』（Nachgelassene Schriften [NS]）　34, 136
依存性（abhängig／Abhängigkeit）
　　科学への――　76

幾何学・運動学・時空的直観への――　78
1（Eins）　132, 138, 307
　　――と多のパラドクス　168
　　――意　性（Eindeutigkeit）　133, 144, 170, 203, 264, 267, 273
　　後者関係の――　110, 131
一意的（eindeutig）　129, 268, 387
　　――有意味性条件　87
　　クリプキ的な――固定性（rigidity）　20
一致（Uebereinstimmung）　99
一般化（Verallgemeinerung）　61, 395, 426
一般性（Allgemainheit）　20, 76, 80, 111, 113, 116, 144, 218, 241-2, 248, 262, 267-8, 322, 414
　　――の範囲（das Gebiet―）　118
一般的妥当性（Allgemeingültigkeit）　113
「一般多様体論の基礎」　202
遺伝性（的）（Vererbung）　126-8, 131-3, 142, 144, 188-9
遺伝する（sich vererben）　127-8
意　味（Bedeutung）　5-6, 20, 122, 213, 218-9, 222, 255, 295-297, 300, 316, 337, 342, 360, 372, 391, 395, 409-10, 412-3, 417, 419, 426
　　――機能（Bedeutungsfunktion）　424
　　――志向（Bedeutungsintention）　426-7
　　――充実（bedeutungserfuellen）　426
　　――の保持（beibehalten）　113, 242, 268, 213, 251, 253
　　――する（bedeuten）　9
　　――性格（character）　425
　　――によって真　195
　　――の保証　87
　　――付与（bedeutungsverleihend）　419
　　間接的――（ungerade-）　13-4, 52, 338, 377-380, 396, 421
　　通常の――（gewöhnliche-）　14, 377-80, 396

666

有意味な（bedeutungsvoll） 253ff.
意味論（semantics） 44, 47, 211, 216, 230-1, 233, 253, 255, 258-9, 261, 383, 386, 417
　――値（semantic value） 255
　――的正当化（semantic justification） 214, 221, 254, 275, 290, 293
　――的規則　423, 425
　――的考察　315, 412
　――的制約（semantic constraints） 49
　――的約定（semantic stipulation） 214, 216, 218-9, 221, 254-5, 276, 279, 289-90, 297, 414
　――的に完全（――vollständig／complete） 87
　論理的――（semantics） 391-2, 412
入れ替え議論（permutation argument） 22, 289, 457f., 616-7
色合い（Färbung） 21, 110, 316, 318, 320, 323-4, 413
陰影／光彩（Beleuchtung） 21, 110, 320, 323-4, 413
インフレ理論（inflation theory） 344
引用符（Anführungszeichen） 263-4, 269, 328, 336
　――解除（disquotation） 378
　――解除理論（disquotational theory） 336, 341, 344
嘘つきのパラドクス　507
［概念が上位概念内に］属する（fallen in） 237
エアランゲン・プログラム　68, 74, 100, 157
演算（Rechnensoperation）／――操作（Operation） 66, 68
オイラー図　308
往復書簡（フレーゲ-ラッセル） 391
応用（Anwendung） 71, 560f.
　――可能性（Anwendbarkeit） 307, 434, 477f., 560-63
　数学と――　23, 560f., 609f.
　論証的――　560-61
　外在的（extrinsic）／内在的（intrinsic）――　562
置き換える（ersetzen） 378

か 行

階（Stufe／order） 87, 205, 345, 352, 409, 415, 438
　――の区別　503f.
　等――, 異――（gleichstufig, ungleichstufig） 345
外延（Umfang） 17, 99, 132, 222, 296, 313, 338, 417
回帰（Rekursion） 67, 82, 218-9, 239, 329
　――的反復（recursive iteration） 67, 82
解釈（Auffassung／Interpretation） 53-4, 78, 181, 219, 254, 307, 378
　補助的――（auxiliary） 276, 288
解析（学）（Analysis） 95, 110, 212, 226
　――的アプローチ　152, 157
　――派　80, 159-160
　位置――（analysis situs） 105
　距離の――的特徴づけ　158
　無限小――（ライプニッツの） 88
　――の厳密化（rigorization） 73-4
階梯（Grad） 396
概念（Begriff） 117, 166-7, 218, 222, 296, 313, 316, 348, 393, 409
　――形成（――sbildung） 9, 15, 139-140, 144-5
　生産的／実り豊かな（fruchtbar）―― 5, 45, 142, 163, 195／生産的でない　195
　――語（――swort） 190, 236-7, 296, 316, 348, 349, 354, 360
　――と対象　195, 205
　――の内包（――inhalt） 104, 108-110
　――の外延（――umfang） 17, 45, 78, 138, 152, 182-3, 196-201, 204, 348, 391, 409, 486f.
　――の確定（――bestimmung） 143
　――の層化（stratifiction） 78
　――定義（Definition）の不完全性（Unvollkommenheit） 182
　――の分析　106
　――の保存拡大的再定義（conservatively extensible redefinition） 175
　――の無矛盾性　206　→「無矛盾性」
　――の明確な境界づけ（scharfe Begrenzung） 143, 182, 301
　形成済みの――（als getan） 140

空な──（leerer─） 138, 313
  自己矛盾的な── 196
  自明で最も一般的── 204
  基本──（elementarer─） 132-3
  形式的──（formaler─） 52
  ──と性質（Eigenschaft） 83
  種的──（sortal concepts） 16, 167-8［確定的境界づけと分割不可能］, 183
  数学的── 144
  第一／二階──（1ᵗᵉʳ／2ᵗᵉʳStufe） 19, 193, 203-5, 214
  部分──（Teil─） 352
  論理的──（logisch─） 144
『概念記法』（*Begriffsschrift* [BS]） 4, 32-33, 40, 75, 147, 331, 373, 407
  ── 算 術（Begriffsschrift-Arithmetik (BA)） 9, 11, 15, 103, 113, 124-5, 131-134, 147［*BS*第III部］, 186, 510
概念記法（Begriffsschrift） 40, 84-5, 104-5, 109, 111-2, 133, 139, 145, 161-2, 225-7, 229, 232-4, 239, 254, 271, 301, 322, 323, 326, 328
  ──構成の必要性・動機・構想 85, 88, 152
  ──記法の応用 105-6
  ペアノの──記法 301
概念記法命題（Begriffsschriftsatz） 217, 224, 234, 255
外部的な（external） 55
解明（Erläuterung） 48-50, 230-31, 240
  「──命題」（──satz） 582
  ──的論証（elucidatory demonstrations） 290
  比喩［的］──（Gleichnis／metaphorical elucidation） 50-53
  意味論的── 126
  メタメタ的── 50-51
改名規則 293
科学（Wissenschaft） 142
  ［特定の］──的目的（──Zweck） 105, 112
  統一──（unity of science） 107, 125
可換律（commutative law） 67
『学術書簡集』（Wissenschaftlicher Briefwechsel [WB]） 35

確信（Ueberzeugung） 42, 225-6, 379
拡張（Erweiterung） 125, 270, 289, 372
  ──的な（erweiternd） 144, 163, 195, 271, 289
確定（Bestimmung） 117, 197
  ──法（──sweise） 6, 44, 64, 117, 122, 159, 373, 383, 420
下件［前件］（Unterglied）
  ──交換／──融合 245
重ね値（suprvaluation） 272
可測量（messbare Grösse） 545
型（Typus） 438 →タイプ
  ラッセルの──理論（type-theory） 90, 215
  論理的──（logischer─） 500
  単純──理論（simple type theory） 506
形（Gestalt） 175-7
語り／語る（Sagen） 50, 337, 361, 395
  メタ的語り／──りえない（unsagbar） 50-1
カーディナル数（Kardinal） 191
仮定（Prämisse／Annahme／Voraussetzung） 407
可変的（veränderlich） 115
加法（Addition） 66, 82, 110, 159, 358
  ──の下での閉包（closure） 66-7, 538
関係（Beziehung） 130, 218
  ──算 82, 89／パースの──算 100
  ── の 外 延（Umfang der─） →直積 Relation
  概念間の──（─zwischen Begriffen） 349
帰結──の正しさ 44
後者／後続──（Folge） 78, 129-30
従属［上位概念への］──（Unterordnung） 138, 204
多項── 395
同値──（equivalence relation） 174f.
内的──（innere─） 392
第2階の──表現 116
部分-全体──（─des Teiles zum Ganzen） 308, 313
論理的な基礎──（logische Grund─） 237
簡潔さ 85, 88, 161

完結した（abgeschlossen） 345 →飽和した
還元（Zurückführung, reduction） 285, 289, 304, 333
　——公理（axiom of reducibility） 508
関数（Funktion） 82, 106, 110, 115, 117, 130, 218, 250, 284-5, 296, 316, 345-6, 391
　——／項分析（F.／Argumnet） 112
　——性（functionality） 129
　——値（—swert） 345
　——名（—sname） 218-9, 278, 281-9, 296, 316, 357
　——の値域（Wertverlauf der—） 198, 281-6
　——の連続性（Stetigkeit／continuity） 77
　——表現（—sausdruck） 111, 217
　——標識（—smarke） 239f.
　——文字（—sbuchstabe） 239f.
　記述—— 217, 244
　原始的帰納——（primitive recursive function） 131
　実——（real -） 77
　スコーレム——（Skolem -） 100
　操作／——fの反復 65
　第1階——（—erster Stufe） 284-7, 289
　第1階——算の完全な体系 123
　第2階（2^{ter}Stufe） 257-8, 278, 282
　第3階（3ter —） 258
　単項／2項（mit einem u. zwei Argumenten）—— 258, 284, 287
　対応——（zugehörig） 247
　母——（generating function）の反復指数 68, 82
　連続——（continuous） 77
関数論的（function-theoretic） 60, 217-8, 255
　——分解（—decomposition） 140
　——分析（—analysis） 4, 19, 41, 144
完全性（Vollständigkeit／completeness）
　第1階命題計算の—— 123
観念論（Idealismus） 220, 222, 392, 406
　完備（complete）——順序体（—ordered field） 92, 611f.
　完了済み（als getan） 140, 143
幾何学（Geometrie） 160, 166, 174

　——・運動学からの自律性 75-6
　——革命 60, 73
　——と算術・解析学 79-80, 152, 155-6, 158
　——的概念の直観化 63
　——的綜合的アプローチ 152
　——的表現 60
　——的命題（geometrischer Satz） 162
　——の英雄時代 156
　——の基礎（Grundlagen der—） 23, 61
　——の公理 159-160
　——のアプリオリで綜合的直観的解釈 64
　——的方法 19, 225
　解析—— 60, 80, 157, 159
　三次元以上の—— 159
　［空間の科学としての——からの］実数論の独立性 95
　射影——（projektivische—） 60-61, 152, 157, 171-2, 174, 177
　純粋——的な綜合的方法 16
　綜合——派 80, 157, 160
　ヒルベルト——（Hilbertsche—） 585
　ユークリッドの—— 80
　非ユークリッド—— 156
『幾何学の基礎』（Gundlagen der Geometrie） 581f.
帰結（Folge） 304
　仮定／虚偽からの—— 43, 304, 408
　可能的——（die möglichen Folgerungen） 110
　論証の——（Schlussfolge） 104, 108, 408
記号（Zeichen） 553f.
　無気息——（Spiritus lenis）［クラス名］／有気息——［関数名］（spiritus asper） 503
　——的操作（symbolische Operieren） 520
　——と意味の切り離し 53
　——と表示されるもの（Zeichen／das Bezeichnete） 555
一般性—— 144
原初——（Ur—） 114
不完全——（incomplete—） 508
普遍——学（allgemeine Charakteristik） 105

事項索引　669

論理的関係を表す原子—— 145
——言語 (lingua characterica／characteri-stica) 普遍的——（—universalis）135, 139
——・概念記法 137
——の形成 162
ライプニッツの—— 136-7
記述［句］(description) 356, 394
——関数 288
——の表示対象 (denotation) 356
——理論 (theory of description) 288, 356, 387, 393
確定—— (definite description) 288, 381, 393／不確定—— (indefinite—) 393
見かけ上の—— (apparent) 356
規準 (Kennzeichen) 173-4
再認—— (—der Wiederekennung) 134, 514
規則 (Regel)
移行—— (Zwischen—) 247
書き換え—— (Umschreibung—) 556
禁止・許可—— (verbietend／erlaubend—) 557
計算—— (Rechnungs—) 559
交換—— (Umtauschungs—) 245
推論—— (Schluss—, rules of inference) 43, 240f.
「導入」—— (introduction rule) 43
基数 (Anzahl) 71, 94, 132-4, 175, 177, 179, 201, 203, 358, 391
——オペレータ 175, 192
——概念 169, 191, 198
——抽象の原理 (abstraction prnciple) 16, 22, 173, 198
——の不定な拡張性 (indefinite extensibility) 448
——列［0 で始まる］(—enreihe) 188-9, 197
——論 21, 188-9, 197
——の再認規準 (Kenzeichen der Wieder-ekennung) 134
カントルの—— 191
無限／有限—— (unendliche／endliche—) 188-9, 191, 191, 197
有限基数の—— 188, 191, 447-9

帰属する (zukommden, beilegen) 169, (gehören) 187, 313 [e.g. 基数 1 がある概念に] cf. 所属する (angehören) [e.g.「n は自然数列に——」]
基礎づけ (Begründung) 1, 3, 104, 140, 305
純粋数学の—— 67, 112
帰納法 (Induktion) 290
完全／数学的／ベルヌーイの—— (vollständige／mathematische／Bernoullische—) 78, 94, 96, 110, 128, 131, 142, 144
気分 (Stimmung) 320, 324
基本法則 (Grundgesetze) 11, 20, 145, 280, 498
算術の—— (V), (V'), (V'b), (V'c), 新 (V); 2 階ヴァージョン (V*) 事例 11, 185, 192, 498-9, 595
規約／約定 (Konvention／stipulatioj) 254ff.
逆 (Umkehrung) 435, 537
逆数学 (reverse mathematics) 226
客観的 (objektiv) 330
——なもの (das Objective) 330, 411
「きょう」「きのう」「これ」「ここ」「そこ」 384, 385, 423, 425
境界 (Grenze)
明確な——づけ (scharfe Begrenzung) 354, 357, 414, 532
共通性・公共性・間主観性 419
共通名／普通名詞 (Gemeinname) 415
教授資格請求講演 (Habilitationsrede) 90-1
——論文 (—schrift) 15, 59, 65, 79, 82, 158, 538
共線的 (collonear) 172
極限 (Grenze) 83, 110, 131, 141, 202
——値 (Grenzwert) 144
虚構 (Dichtung) 21, 318, 330, 355-6, 368, 371, 410, 421
虚の構成体 (imaginäre Gebilde) 15, 59-61, 64
——の幾何学的表現 62
議論領域 (universe of discourse) 138
空間 (Raum)
座標による——的存在の指定 160
空所 (leere Stelle) 344

くぼみ (Höhlung) 118, 123, 351
クラス (Klasse) 306-8, 311-3, 391, 409 → 集合系
　　——計算 (Rechnung mit—) 313, 409
　　空—— (leere—) 307, 575
　　数の—— (Zahlen—) 91, 203
　　従属—— (subordinierte—) 308
　　正—— (Positvklasse) 70, 541, 546ff.
　　準正—— (Positivalklasse) 546ff.
　　単一的／特異な—— 311-3
　　単元—— (singleton) 489
　　直積の—— (—von Relationen) 537
　　有限基数の—— (—endlicher Anzahlen) 448
無クラス論 (no-class theory) 508
グラフ (Graph) 345
群／群論 (Gruppen Theorie) 15, 65, 69, 547ff.
　　アーベル／加法／可換—— 67-70, 82-3, 538f., 550-52
　　上半順序—— (ordered upper semigroup) 545-552
系 (System) → 集合, クラス 74, 81, 89, 94, 96, 574f.
　　——と写像／連鎖 (Abbildung／Kette) 96, 124, 132,
契機 (Moment) 416
経験的事実 (Erfahrungstatsache) 104, 109
経験主義 (empiricism) 73
計算 (Rechnung／Kalkul) 99
　　回帰的な—— (rekursive—) 137
　　推論—— (calculus raciocinator) 105, 135-7, 147
　　ブールの論理—— (Boolesche—) 137f.
　　文字—— (Buchstaben—) 54, 99
繋辞 (Kopula) 319, 322, 415
形式 (Form)
　　——とモデル 138
　　論理—— (logische—) 137, 337, 395, 414
形式主義／批判 (Formalismus) 3, 23, 35, 46, 53-55, 83, 199, 218, 220, 434, 553-565
　　ゲーム——主義 55, 554f.
　　ヒルベルトの——主義 90, 554
　　ラディカルな—— 55
　　理論——主義 55, 554f.

形式 (的) (formal)
　　——算術 (—e Arithmetik) 110, 553f.
　　——理論 (—e Theorie) 55
　　——理論とそのメタ理論 18, 54-5, 553f.
　　ゲームとしての——的算術 (—e Arithmetik als Spiel) 553ff.
　　算術の論理的／——的本性 54
　　——計算規則 54
系列 (Reihe)／f-系列 (f -Reihe)
　　——における後続 (Folgen in einer—) 133
　　——中の順序 (Anordnung in—) 107, 112, 155
　　——の一般理論 15, 124-5, 131-4, 155
　　自然な数の—— (Reihe der natürlichen Zahlen) 97
　　序数の—— (半順序体) 132
接着剤 (Bindemittel) 364
結合律 (associatives Princip) 67
ゲーム (Spiel) 55, 553ff.
　　——規則 (—regel)
　　——についての理論 (Theorie des-es) 55, 434, 553, 556f.
　　演算—— 55, 83, 110
　　記号—— (Zeichen—) 555
　　計算—— (computation games) 559
　　導出—— (derivation games) 559-60
元 (Element)
　　逆—— (umgekehrtes—) 67
　　生成——・単位 (Einheits／unit) —— 67, 83
現在時制 (Tempus Praesens) 323, 422
言語 (Sprache) 54, 328, 367, 418
　　——階層説 (hierarchy of—) 340, 402
　　——からの解放 (Befreiung von—) 321
　　——習得の可能性 (learnability of—) 273, 367, 410, 418
　　——の硬直性 (—liche Harte) 318, 349
　　——の創造性 (creativity of—) 367-8, 410, 418
　　——哲学・意味論 (Sprachphilosophie／Semantik) 20, 39, 151, 315, 317
　　——に依存的 (abhängig) 137
　　——の束縛 320
　　——の[論理的]不完全さ

事項索引　671

（Unzulänglichkeit der—）　84-7, 104, 108-9
　　——への転回（linguistic turn）　10, 151
　個人——（idiolect）　382-3, 411, 419-20
　プログラミング——　44, 111
　自然——（Wort—）　111
　数学記号——（mathematische Zeichen—）　317
　説　明　——（Darlegungs—）　49, 316, 319, 327, 328, 337, 402
　対象——（object language）　19, 40, 49
　日常——（Sprache des Lebens）　109-10
　補助——（Hilfs—）　40, 48, 316, 319, 327-8, 336, 402
　メタ——（Meta—）　51-52, 319, 327-328, 336-8, 341, 343, 402
　——記号　234, 263-4, 268
　論理的に完全な——（logisch vollkommene—）　20, 36, 44, 54, 87, 323, 326, 341
式言語（Formelsprache）　139
　ライプニッツ・ブールの——　145
　幾何学の——（geometrische—）　55
　算術の——（arithmetische—）　109
　純粋思考の式——（—des reinen Denkens）　104, 108, 109-110
現象学（Phänomenologie）　412, 420
原子論（Atomistik）　417
　——的（atomistic）アプローチ　4, 9, 145, 328
　論理的——（logical atomism）　395
減法（Subtraction／Subtrahiren）　358
　厳密化（rigorization）　3, 36, 59, 72, 75, 77, 79／解析学の——　15, 88
厳密性（Strenge）　77
言明（Aussage）　425
　概念についての——（—von einem Begriff）　84, 168, 193, 368
　個数——（Zahlangabe）　6, 16, 84, 168-9, 193, 318, 512
　対象についての——（—von einem Gegenstand）　369
　単称——（singular—）　352
原理（Prinzip）
　——への遡及（Zurückführen）　85, 106

　帰納・生成——　91
　権利問題（quid juris）／事実問題（quid facti）　36-7
　語（Wort）
　　原初的論理——　39, 199
　　色彩——　323
　　未定義——　132
　項／引数（Argument）　106, 111, 115, 344-5, 407
　　——場所（—stelle）／——の種類（Art der -stellen）／——と関数　43
　交換律（commutatives Prinzip）　67, 546f.
　香気（Duft）　324
　公共財（gemeinsamer Schatz）　200
　構成主義（constructivism）　46, 83, 611f.
　合成（Zusammensetzung）, 合成的（compositional）　363
　合成原理（compositional principle）　20, 41, 44, 137, 298, 328-9, 367, 410, 414
　構造主義（structurism）　23, 67, 124-5, 600f., 616f.
　　消去主義的（eliminative）——　616f.
　　リベラルな, ものに先立つ（ante rem）——　620f.
　構造的類似性（structural affinity）　612
　後続（Folge）　107, 112, 127, 144, 153
　　——後［続］者（successor）　132, 189, 191
　　——する（nachfolgen）　78, 110, 127, 129
　　自身に——しない　191
　　論理的——（logische Folge）　107, 112, 153
　肯定（Bejahung）　114, 330
　合同（kongruenz）　172
　候補名（candidate name）　288
　公理（Axiom）　85, 166
　　——系の完全性（Vollständigkeit）　86
　　ヒルベルトの——的定義（axiomatische Definition）と説明（Erklärung）　581f.
　　——の公理的方法　302
　　——主義　23, 582ff.
　　デデキント・ペアノの自然数の——系　97, 447
　　——の非可述性（impredicativity）　464
　　存在——Numbers［Boolosの］　181, 192
　　——の真理性　86, 290

672

──の無矛盾性　→「無矛盾」
　　述語論理の──　123
　　相等性の──　123
　　ペアノ算術の──系　131-2
　無限──　191
　　ユークリッド的──（Euklidisches─）
　　　583
　個体（Einzelwesen, Individuum）　306, 308,
　　311, 313, 394
　　──概念（Individualbegriff）　424
　固定性（rigidity）　113
　コプラ（Kopula）　204
　個物（Einzelnes）　306
　固有名（Eigenname）（「単称名辞」）　169,
　　281, 285, 295-6, 316, 328, 346, 348, 353-6,
　　360, 367-8, 371, 396-7, 413
　　空なる──（leerer─）　313
　　複合的──（zusammengesetzter─）　346
　　本来の──（eigentlicher─）　21, 381-3
　　見かけ上の──（Schein─）　320, 355-6,
　　　381
　混合・再定義（概念・関係から対象へ）　174
　　-5, 197-8

さ　行

　再認（Wiedererkennung）　173, 514
　　──可能（wiedererkennbar）　18, 133
　差し控える（zurückhalten）　576
　座標（Koordinate）　80
　作用（志向体験）＋実的内容（感覚・ファン
　　タズマ）　412
　作用範囲（Gebiet）　116-7, 119, 351
　　広・狭の──（第一次的／第二次的現れ）
　　　387, 394
　算術（Arithmetik）　106, 160, 409
　　──化（arithmetization）　36, 72, 156
　　──的アルゴリズム（arithmetischer
　　　Algorithmus）　521
　　──的命題（─Satz）　155, 162, 166-7, 206
　　──の応用可能性（anwendbar）　156
　　──の基礎概念　133
　　──の基礎づけ（Begründung der─）
　　　125, 407
　　──の基本法則（V）　484,（V*）　488, 501
　　──の非可述性（impredicativity）　464

　　──の形式的理論（formale─）　152
　　──の段階的, 生成的な展開（stückweise,
　　　genetische Entwickelung）　90
　　──の分析性（Analytizität）　38
　　──と思考法則（Denkgesetz）　77
　　構造主義的な──　15
　　──的対象　83／──的な性質　77
　　序数（Ordinale）・前進列（progression）の
　　　──　134
　　デデキント・ペアノ──　15, 17, 22, 89,
　　　103, 110, 113, 124-5, 132-3, 147
　　内容的──（inhaltliche─）　35-6, 83, 110,
　　　134
　　「フレーゲ──」（Frege Arithmetic）　7,
　　　17, 22, 46-47, 50, 90, 113, 132, 134, 191-
　　　3
　　［2階］──の相対的無矛盾性　132, 134,
　　　191
　　論理主義的──（logicist─）　17, 103, 186,
　　　193
　　──の基礎　147, 301
　産出原理（Erzeugungsprinzip）　202
　三段論法（Syllogismus）
　　アリストテレス流の──　119-120
　　仮言的──　292
　次元（Ordnung）　132
　次元論　80, 160
　思考（Denken）　42, 93, 161-2, 304, 316
　　──法則（Gesetz des Denkens）　107, 161
　　双対的──（dualistic thinking）　45
　志向性（Intentionalität）　413
　　事象的──（de re─）　422
　志向質料・統握意味　417
　志向対象・統握対象　412-3, 415, 417, 421,
　　426
　志向の作用　419-21, 426
　示唆（Winke）　50-2
　　比喩的（な）──　49, 52
　シーザー問題（Caesar problem）　11, 17, 45,
　　50, 152, 169, 179-80, 197-8, 288-9, 453f.,
　　［真理値問題］488, 595,
　指示（bezeichnen／reference）→「表示」
　　──詞（Demonstratives）　14, 21, 318, 322,
　　　383-4, 422, 425
　　──の不確定性（indeterminacy）・不可測

事項索引　　673

性（inscrutability） 22, 457f., 616ff.
　——の枠組（scheme of reference） 617-8.
　——する（indicate／refer） 392-3
　——の脱コンテクスト化 383
　直接——（direct reference） 391, 397, 425, 619
　——の範型（paradigm） 113
　指示（Anzeichen）／——機能（anzeigende Funktion） 424／指示（Hinweis） 425
時制（tense） 318
指示代名詞（Demonstrativ pronomen） 423
事実（Thatsache） 38, 343, 393-5, 402-4
　——問題（quid facti） 37
自然演繹（natural dedection） 20, 43-4, 111, 305, 408
思想（Gedanke） 13-4, 20-1, 51, 59-60, 295-8, 316, 328-32, 342, 368, 373, 375, 377, 380-1, 383-4, 395-7, 408, 410, 418-22
　複合——（Gedankengefüge） 364
　——から真理値への前進（Schritt vom-n zum Wahrheit） 343
　——・真理条件への貢献（Beitrag） 44
　——・真理条件への貢献（Btrag） 44, 418
　——の公共財（gemeinsamer Schatz von-n） 381, 411, 418
　——の構成部分（Bestandteil） 363
　——の構造（Aufbau des-s） 326, 329, 363, 419
　——の思考からの独立性（Unabhängigkeit vom Denken） 383
　——と真理条件（Wahheitsbedingung） 360
　——の伝達（-mitteilung） 381
　——の把握（-nerfassen） 42, 304, 317, 385
　——の分析（Analyse des-ns） 362
　——の分解と合成 21, 328, 361
　——の無時間性（Zeitlosigkeit des-） 383, 385
　——部分（-nteil） 328, 342, 361, 364, 369, 411
　——への貢献（Beitrag） 361
　——の真理性の承認（-als wahr anerkennen） 42, 304, 342
　——の優位テーゼ 361-2
　——を理解・把握する（-n fassen） 317
　仮言的——（hypothetischer-） 364, 408
　完全な——（vollständiger-） 385, 408
　真／偽なる——（wahrer-） 403
　単称——（singular thought） 52, 322, 362-4, 369, 410
　ラッセル的単称—— 369, 421
　伝達不可能な——（unmitteilbarer-） 386, 411, 423
　全称的／特称的——（allgemein／partikülarer-） 322, 362, 366-7, 369
　複合——（-ngefüge） 304, 364-6
　部分——（Teil-） 304, 366
　本来的——（eigentlicher Gedanke） 355, 368, 371
　見かけ上の——（Scheingedanke） 355, 368, 371, 410, 421
自存的（selbständig） 324, 416
事態（Sachverhalt） 402, 404, 415
実数（reelle Zahl） 534ff.
　——の応用 535f., 604f.,
実在論（Realismus） 406, 618-9
　——外部的（external）vs 内部的（internal） 618
多元的—— 392
指標（Anzeichen） 424
指標詞（indexcals） 14, 21, 318, 323, 383
指標性（indexicality） 619
示す（Zeigen） 50, 51, 337, 361
写像（Abbildung） 74, 81, 89, 93-4, 304, 326, 363, 419
　——の相似 96
　自身への——（in sich selbst abbilden） 96
　合同—— 96
　整列——，超限——，無限——，有限——202-3
集合（Menge）
　——体／集まり（Aggregat） 518
　——論／Mannigfaltig-keitslehre 72, 81
　——論的概念 74, 81, 132
　——論的構造主義 15, 23

674

──論派　36
クワインの──論　90
公理的──論　46, 90, 439
　ツェルメロ・フレンケルの公理的──論
　　ZF　90, 458, 493
　フォン・ノイマン-ベルナイス-ゲーデル
　　の──論　NBG　458, 493
素朴──論　46
単元──（unit set／class）　306, 575
デデキントの──論的な自然数の構成　96
重積値域（Doppelwerthhverlauf）　537
収束（konvergent）　83
従属（untergeordnet／subordniert）　99, 319
──関係（Unterordnung）　117, 138, 204, 307, 313
従属節／副文（subordinate clause／Nebensatz）　396, 421
──の意味　52
充当する（ausfüllen）　43
──（・代入の方）法　4, 20, 414
主観的（subjektiv）
──なもの（das Subjektive）　165, 411
主語（Subjekt）
──述語（-Prädikat）　109, 111, 342
主張（Behauptung）　42, 298, 304, 316, 329-31, 342-3, 408, 409
──文（－satz）　331, 335, 344, 346
──力（behauptende Kraft）　42, 304, 330-1, 335, 341-2, 408
真理性の──　114
見かけ上の──（Schein-）　318, 331, 371
述語（Prädikat）　367, 413
──的（prädikativ）　346
自身に述語づけえない──（nicht von sich selbst prädikatirt werden kann）　496f.
「ある」（Sein）いう──　203
全対象に無差別に──づけ可能　205
実在的［ものresについての］──　203
種名辞（sortal term）　595
循環（Kreis）　180, 282-3, 289, 333
悪循環原理（the vicious circle principle）　46
循環性（circularity）　22, 199

順序（Anordnung）
──づけ（ordnen）　97, 191
──群（ordered group）　541
半──（teilweise geordnet）　129, 130-2
純粋運動学（pure kinematics）　105, 125
準備（Vorbereitung）　1, 50, 317, 402
準正クラス（Positivalklasse）　614
上界（最小）（Grenze）　550
状況（発話等の）（Umstand）　385
条件（Bedingung／Bedingtheit）　123
──判断（-urteil）　114
──文（-satz）　304
見かけ上の──　355
──法（Bedingtheit）　123, 144, 277, 290, 350
使用と言及（use／mention）　409
使用のコンテクスト（context of use）　425
承認（Anerkennung）　114, 298, 329, 332
真理の──　114
乗法（Multiplikation）　110
証明（する）（Beweis, beweisen）　37, 40, 77, 86, 126, 161-2
──過程　109
──遂行（-Führung）　86-7, 571, 573-4
──不可能性（Un-barkeit）　166
間接的──（indirekter-）　303, 527
正準的／直接的（canonical／direct）演繹（deduction）　527
ゲーデルの「完全性」──（completeness）　85-6
厳密な──　161-2
条件つき──（conditional proof）　43, 302
──と背理法（redctio ad absurdum）　20
純粋論理的──　86, 126, 195
独立性──（Unabhängigkeit）　23
2次元的樹枝状──図　111
有意味性──　20, 49
初項（Anfangsglied）　131
除去（ausschliesen）　43
──の方法　4, 19-20, 414
所属する（angehören）［e.g.「1は自然数列に──」］　188.cf.
自律性（autonomy）　79
知る（wissen）　397
信（念）／「信じる」（Glauben）　375, 383

事象的（de re）／叙述的（de dicto）——
　21, 376-7, 380, 395, 413, 421-2
心情（Gemüt）　31
心像（Bild）　→「像」
心的（psychisch）　523
真（wahr, das Wahre）　302, 328-9, 333-334, 359, 408
　述語としての——　333, 336
　——であること（Wahrsein）　343
　「——」の意味（Bedeutung）　338-9, 341
　——偽二値（Bivalence）　4
　——と見なす（fürwahrhalten）　42, 316, 343, 375
　「——」の定義不可能性（Undefinierbarkeit des Wortes "wahr"）　333
真理（Wahrheit）　114, 316, 329, 333, 394, 408, 426
　——関数（Wahrheitsfunktion）　350
　——条件（Wahrheitsbedingung）　297, 337, 341, 343, 360-1, 372, 383
　——的意味論（truth conditional semantics）　20, 297, 337, 418
　——対応説（correspondence theory）　333, 387, 394, 427
　——定義（タルスキの）　297, 337, 340, 418
　——値（——wert）　14, 275, 282-4, 286, 296-8, 342, 346-7, 359-60, 373, 381, 395, 418
　——値間隙（truth-value gap）　21, 353, 355-6
　——値問題　461
　——値名（——name）　42, 44, 275, 281, 285, 287, 289, 296-8, 336, 360-1
　——（Wahrheit）と明証性（Evidenz）　527
　——保存的（truth-preserving）　5, 40, 43, 115, 290-1
　——保存的置換原理（substitutio salva veritate）　13-4, 147, 175-6, 347, 413, 422
　——論（Wahrheitstheorie）　21, 332, 372, 394
　基礎的——への遡及（Rückgang zum Urwahrheiten）　37, 41, 155

算術的——（arithmetische——）　38, 80
思想から——値への移行（Uebergang vom Gedanken zum-werthe）　343
分析的——（analytische——）　5, 36-7
　論理的——　192
心理主義（Psychologismus）　19, 171, 412, 420, 522, 574f.
心理的（psychologisch）　104, 318, 397
　——な発生の仕方（——Entstehungsweis）　104
　——的なもの（das Psychologische）　318, 320, 409, 411
　——抽象（psychologische Abstraktion）　589
新フレーゲ主義（Neo-Fregeanism）　605
新論理主義（Neo-logicism）　483f., 495f., 596f.
推移的（transitive）　129-30, 306, 416
垂直線／判断線（senkrechter Strich／Urteils——）水平線／内容線（Waagerechtstrich／Inhalts——）　114, 275-6, 284, 286, 298, 339, 340, 350
推論（Schluss／Schliessen）　44, 85, 298
　——規則（——regel）　20, 86, 289-90, 300
　——計算（calculus ratiocinator）　41, 409
　——法・様式（——weise／art）　112, 114, 130, 161-2
　——の前提（Prämisse von——）　303
　——の正しさ・妥当性（Richtigkeit／Gültigkeit des——）　115, 291, 293
　——のネットワーク（Gewebe der Schlusse）／——連鎖（——kette）　104, 108
隙間のない（lülckenlose——）　104, 107, 153, 161
　一般から特殊への——（——vom Allgemeinen zum Besonderen）　243
仮定的に帰結を導く（hypothetisch Folgerungen entwickeln）　302
擬似——（Pseudo——）　43
形式的——（formaler——）　305
論理的——　86, 106
数（Zahl）　106, 133, 196, 202
　——概念（Zahlbegriff）　107
　——時空・直観から独立　77, 93
　——詞・記号（——wort／-zeichen）　169

——の付加語的使用　167
　　——言明（-aussage）　517
　　——の数え上げ（zählen）　135, 153
　　——論（Zahlentheorie）／微積分の基礎づけ　125
　可変——（veränderliche-）　322
　確定／不確定——（bestimmte／unbestimmte-）　322
　可測——（messbare-）　71, 545
　虚——（imaginäre-）　95, 132, 205
　自然——列　110, 132
　　——の無限性／連結性（connectedness）／推移性　110
　　——の形成　94
　　——の集合論的起源　91
自然数論　93, 133,
　実——（reele-）　23, 71, 91-2, 110, 179, 614
　実——創造　91
　実——体系の連続性　92
　実——論　23, 95, 141
　微積分と実——論　76
　順序——（Ordnungszahl）／序数（ordinal number）　132
　超限——（transfinite-）　202
　整数（ganze Zahl）　141-4
　正整——（positive ganze-）　110
　不確定——を代表する文字　113
　負——／有理——／無理——／複素数（negativ／rational／irrational／komplex-）　74, 92, 141, 179, 197, 205-6
　有限／無限——（endliche／unendliche-）　188
数学（Mathematik）　304
　——規則に従う記号処理　555
　——基礎論（foundation theory）　7, 46
　——史的背景　156
　——的プラトニズム　21-2
　——的直観（フッサールとゲーデル）　524f.
　——と応用　609f.
　逆——（reverse mathematics）　85
　普遍——（mathesis universalis）　98
　メタ——学（metamathematics）　55

図形（Figur）／対象としての——　166, 193, 206-7
　——の演算ゲーム　207
図式／シェマ（Schema）　54
　形式・記号——　53
スペチエス　419
「すべて」（"alle"）　106, 112
成員関係（membership）　306, 319
正クラス（Positivklasse）　614
性質（Eigenschaft／Beschaffenheit）　130, 352
　概念の——　203, 205／対象の——　203
政治的識見（politische Einsicht）　24
生成された（hervorgebracht）　92, 104
正当化（Berechtigung）　37, 40, 42, 289, 305, 408
　——の方法　19
　意味論的——（semantic justification）　20, 49, 414
　認識論的——（epistemologisch）　39
　論理的——　38, 44
積（Produkt）
　合成——　358
　論理——（logische Multiplikation）　158
ゼクエント算（Sequent-calculus）　20, 43-44, 111, 305, 408
切断（デデキントの）（Schnitt）　74, 81, 89, 91-2, 533
説明（Erklärung）　49f.
　原初記号等のメタ的——　49-50, 114
　——表現（erklärende Ausdruck）　49
ゼロ（Null）　132, 138, 186-7, 191, 195, 197, 307, 358
前進列（progression）　132, 452, 591
全単射的（bijective）　97
先入見（Vorurteil）　24, 31
前庭（Vorhof）　50
前提（Voraussetzung／presuppostion）　305, 354-5, 394, 407
　暗黙の——　84, 86, 133, 152, 198
　基本——　86
　——への遡及　42, 408
　見かけの——（scheinbare-）　304
像（Bild）　326, 363, 371, 419
　——φ　96

事項索引　677

層化（stratified） 132
総括／総体（Inbegriff） 517f.
綜合的（synthetisch） 38, 63, 112, 155, 162, 167, 195
　　——アプローチ　157
　　カント的な——　122
　　空間直観に基づく——方法　157
操作（Operation）
　　新しい——（neue-en）　90
相似（Aehnlichkeit, ähnlich） 172, 502
創造［する］（erschaffen／Schöpfung） 92-3, 95-97, 159, 533, 567-8, 572
創造説　200
双対（dual） 172
　　——的思考　171, 174, 177
想定（Annahme） 42
相等性（Gleichheit）
　　——記号（-szeichen）　122
　　概念間の普遍的——　12
　　関数間の——　349
　　内容——（Inhaltsgleichheit）　121
測度, 測定（Messung） 541
［帰］属する［対象が概念の下に］（fallen unter） 237, 297 ／内属［概念が上位概念の内に］（fallen in） 319, 352, 368, 415
cf. 帰属（zukommen）所属（angehören）
「そして」（"und"） 106, 112, 366
礎石（Urbaustein） 233, 442 →概念・関係
祖先関係（ancestry） 130, 133
　　強——（proper ancestral） 127-8, 130-1, 447 ／弱——（weak ancestry） 79, 128, 130-33, 447
存在（Sein） 138, 203-5, 319
　　——前提　354 →前提
　　——概念（Seinsbegriff） 19, 152, 203-5, 394
存在論的（ontlogisch）
　　——証明（er Beweis） 151, 315
　　神の——（-Gottesbeweis）　203
　　——相対性（ontological relativity） 618f
　　フッサールの形式的——　416
「存在する」（"es gibt"） 106, 112,

た　行

体（Körper／field） 91

体験する（erleben） 427
第一次世界大戦　28
対応（Zuordnung／übereinstimmen） 92-4, 203, 345, 395, 426
　　一対一——（beiderseits eindeutige-） 10, 16, 45, 152, 196-7, 200-2
対偶（Wendung／Contraposition） 290
体系（System） 112
　　完全な記号——（vollkommen -） 44
　　代替的——（alternativ） 42
　　無矛盾で完全な公理——（widerspruchs-frei, vollkommene-） 153
対象（Gegenstand） 166, 296, 316, 346, 368, 391
　　——と関数・概念の同一視のパラドクス　502ff.
　　——性（Gegenständlichkeit）／——への関係性（Beziehung auf den Gegenstand, gegen-ständliche Beziehung） 421-2
　　——への指向性（gegenständliche Richtung） 420-2
　　——約定（chosen object） 21, 353, 355-6, 372, 395, 421
　　——を追跡する仕方（a way of keeping track of an object） 426
　　現実的——（wirklich） 151
　　再認可能な——　200
　　特殊な種類の——（besonderer-） 492
　　どのくらい多くの——（wie viel） 71
　　本来的／非本来的——（eigentlicher／uneigent-licher-） 438, 492, 500
　　論理的——（logischer-） 454, 494, 497
　　抽象的——（abstract objects） 173-5
　　理性に与えられる——　196
代数的解析的方法　157
　　——的構造　99
　　関係——論　98
　　抽象——（abstract algebra） 83
　　ブール・シュレーダー論理——（logical -） 82, 89, 98-9, 135
堆積（Haufen） 84
対当（Opposition, Gegenteil）
　　——表　119
　　矛盾／反対／小反対——　121
代入（Ersetzung／Vertauschung／

substitution）112, 190
　──原理　43, 130, 378
　真理保存的──（salva veritate）375, 379,
　　395
代表者（Repraesentante）96 → 8.19
タイプ・型　438, 491, /論理的──500
多義性（Vieldeutigkeit）85, 319
多義的（mehrdeutig / mehrsinnig /
　　vieldeutig）394
タブロー（tableau）111
多様なもの（Verschiedenes）113
多様体（Mannigfaltigkeit）306
タルスキ的意味論（Tarskian Semantics）
　　20
単位（Einheit）16, 167, 202, 512
単称名（Einzelname）169, 595,
　単称名辞／ラッセル的──29, 369, 421
断片（Stück）416
値域（Werthverlauf）132, 282, 286, 296, 345,
　　391, 436, 515/─関数 298
　──の相等性（─gleichheit）436
　──の同一性規準　279, 283
　関数の──（─der Fuktion）7, 45, 78,
　　134,
　──名（─name）49, 281, 282-9, 296
　──の一般的再解釈 439, 493,
　──の不定的拡張可能性（indefinitely
　　extensible）466
知覚（Wahrnehmung）426
力（Kraft）6, 21, 316, 331, 412
　発語内の──（illocutionary force）42,
　　412
置換／代人（Ersetzen / substitution）115,
　　176-7, 298
抽象（Abstraktion）97
　カントルの──589
　デデキントの──590
　──原理（Abstraction Principle）7, 10-1,
　　18, 49, 133, 443, 595ff., 607f., 616f.
　悪性の（bad）──600
　心理的──589
　論理的──原理　45, 47, 192, 414
　──理論（Abstraktionstheorie）45, 152,
　　594
　実──（real abstraction）23, 600, 605,

　　615
切断──（Cut─）23, 602, ［ヘイル -］606,
　　614.
対（pairs─）601.
徴表（Merkmal）333, 352
直積（Relation）433f., 537f. →関係の外延
　──の直積　537f., 613 →実数, 量の比
　──合成（Zusammensetzung）と逆　537f.
　──のクラス（Klasse von─en）537f.
直説法（Indikativ）331
直続する（unmittelbar folgen）358
直観（Anschauung）426-7
　数の──／量の──80
　──と一般性　158
　──と幾何学的公理の源泉　159
意味充実的（bedeutungserfüllend─）426
　──からの独立　64, 159
　空間──（Raum─）162
　ユークリッド的──80, 159-160
　──化（Veranschaulichung）の拡張　60-
　　2
　虚の構成体の──化　62, 160
直観主義（intuitionism）46, 525f.,
　ブラウワーの──90
ツァイス（Zeiss）23
　──財団（Zeissstiftung）32
対（Paar）55, 62
ツェルメロ・フレンケル集合論　ZF 90
ツェルメロ・ラッセル・パラドクス　607
接ぎ当て（anflicken）・外挿　609f.
定義（Definition / Begriffsbestimmung）
　　37, 144, 155, 187, 197, 313
　隠伏的──（implicit─）582-5
　条件つき──（bedingte─）301
　──の完全性（Vollständigkeit）455f.,
　　488,
　532 /──の最高原則（der oberste
　　Grundsatz）87, 532
　回帰的──（recursive definition）69, 82,
　　94, 168
　概念・関数の──110
　公理群による陰伏的（implizite）──55
　集合論の──89
　漸進的──（stückweise─）358
　文脈的──（contextual─）508

事項索引　679

実り豊かな——(furchtbare—) 143
明示的——(explizite—) 45, 183
論理的——38, 40-1, 45, 144, 191
定常的な構成要素 115
定理 (Lehrsatz／Theorem) 144
「完全性——(ゲーデルの)」 41
「フレーゲの——」(Frege Theorem) 17, 22, 47, 181, 192-3
「レーヴェンハイムの——」 41, 100
『ディリクレ整数論講義』 93
ディレンマ 構成的——244-5
ディアレクティケー[プラトンの] 19, 225
出来合いの (fertig) 143
哲学的・認識論的課題 109, 125, 155, 162
デデキントとフレーゲ 567ff.
デデキント的構造主義 23, 589f.
デデキント的方途 (Dedekindian Way) 601f.
——の自然数論 93f.
デフレ理論 (defrationary theory) 336, 341, 344
点 (Punkt)
——の確定法 (Bestimmungsweise) 122
虚—— (imaginärer—) 60, 173, 179, 205
無限遠—— (unendliche Ferne) 60-1, 174, 179
同一性 (Identität) 346, 349 →「相等性」
——関数 284-6, 339
——規準 (Kenzeichen, criterion of identity) 6, 10, 16, 18, 45, 50, 147, 173ff., 199f., 595.
——条件 (identity condition) 133, 348
同一視テーゼ 463
同一的 (identisch)
自己—— (sich selbst gleich sein) 204-5
同形 (isomorphic) 113
等号 277, 319, 322, 346
統語論 (Syntax) 211, 216-7, 229, 233, 256, 345, 414／——的解釈 218／——的カテゴリ 235, 254／——的説明 216
等式／方程式 (Gleichung) 346
導出 (Ableitung) 303, 305
純粋な形式的——(rein formale—) 43, 305
論理法則からの——可能性 38, 206

同時的付置 (simultaneous assginment) 242, 265-8
等数的 (gleichzahlig) 10, 16, 175, 185, 197, 201, 431
同族変換／置換 (Verwandtschaft) 172, 178
同値(性) (Aequipollenz／Aequivalenz) 49, 174, 177, 185, 294
——関係 (equivalence relation) 152, 174-8
——言明 (—aussage) 175, 179
——テーゼ (equivalence thesis) 334-341
——類 (—Klasse) 96, 198, 203
普遍的—— 45
独我論的 (soliptic) 220, 222, 419
特性 (Eigeschaft)／徴表 (Merkmal) 352
独立性 (Unabhängigkeit) 76, 583f.
——証明 (sbeweise) →「証明」
算術的知識の自律性と—— 76-9
思想の——(von Gedanken) 381
度数 (Masszahl, magnitude) 546
等比 (equi-propotionality) 605,
トーメの形成規則・変形規則 556

な 行

「ない」(nicht) 106, 112,
内部主義 (internalism) 48
内包 (Inhalt) 99, 338, 397, 417
内容的充実 (Inhaltsfülle) 425
名前 (Name) 294, 361
——の二つの形成法 (zwei Weisen, zu bilden) →充当法, 除去法
原始的——(ursprünglicher—) 275
見かけの—— 318, 371
——の有意味性 (bedeutungsvol) 20, 275
適正な (rechtmässig)——の 87
「ならば」("wenn") 106, 112, 408
何倍大きいか (wie gross) 71
担い手 (Träger) 323／数の—— 407
「日記」[フレーゲの] ('Tagebuch') 24, 29
二値原理 (principle of bivalence) 20, 39, 44, 289, 330, 353, 356, 358, 408, 413-4
認識 (Erkenntnis) 42
——価値 (—wert) 5, 21, 44, 301, 372, 373, 374, 395, 421
——活動 (Erkenntnistat) (特別な——

（besondere—）5, 374, 396, 421
——の拡張（Erweiterung—）44, 122, 161,
——論的（erkenntnistheoretisch）36, 38,
　420／（epistemological）151, 315,
　418, 315, 418
——意味論的（semantical）35-6
——論的／存在論的（ontological）含意
　18, 193, 197
人称代名詞 4, 384-5
ネオ・フレーゲ主義（Neo-Fregeanism）7,
　17, 50, 90, 181, 191
濃度（Mächtigkeit）191, 202-3
　可算無限——　202
　——の系列 202［数クラスの—　203, 第一
　次クラスの—, 第二次数クラス（II）の
　—　203, 連続体の—　202］

は 行

把握（Auffassung, auffassen）115, 133, 317
多様な仕方（in verschiedner Weise）115,
　117
排除（Ausschluss）84, 86, 133, 152,
排中律（Gesetz von ausgeschlossenen
　Dritten）／「第三の途はない」（"tertium
　non datur"）354, 532
背理法（reductio ad absurdum）43, 298,
　302-3, 408
博士論文（Ph.Diss.）15, 31, 59-60, 158,
発見する（entdecken）196, 200
発見の方法［デカルト］19, 225,
発話（Aussprechen, utterance）
　——状況／使用の脈絡（context of use）
　14, 323, 384, 423-4
　——に随伴する状況の知見（Kenntnis der
　das Sprechen begleiteten
　Umständen）14, 384, 385, 422
　——の力（Kraft, force）21
パラドクス（Paradoxen）27, 46, 50, 90, 192
判断（Urteil）38, 42 114, 144, 196, 298, 304,
　316, 329-30, 335, 342-3, 373, 394, 408-9
　——可能な内容（beurteilbarer Inhalt）
　110, 114, 140, 144, 196, 329, 359, 418
　——線（Urtelsstrich）224, 234, 248, 330-
　1
　——の差し控え（zurückhalten）330

——分解による概念形成
　（Begriffsbildung）140
——から出発（von den Urteilen
　ausgehen）139
——の正当化（Berechtigung）36, 155
——の表明（Aeusserung）42, 114
「——・命題優位」（primacy of judgement
　or proposition）4, 8-9, 15, 19, 41, 135,
　139-40, 144, 413, 509,
仮言——（hvpothetisches—）138
帰結——（—der Folge）42
個別——　117
再認——（Wiedererkennungs—）6, 16
算術的——（arithmetisher—）109
アプリオリで綜合的——128
論理的な——126
選言——（disjunktives—）138
全称／特称——　119-121
分析——（analytisches—）126-7, 135,
　153,
分析——の認識拡張性 162
反ユダヤ（antisemitisch）感情 29
比（Verhältniss）／量の——
　（Grössenverhältnis）536
非可算連続体（uncountable continuum）23
非可述的（impredicable）22, 47, 50, 437,
　464f., 599, 608.
非膨張的（noninflationary）475, 608
否定（Verneinung）123, 144, 321, 332, 364-
　6, 408
——詞 213-4, 217, 254
——線（—sstrich）115, 284
全称［普遍］——／部分——　118
——の普遍性 247-8
否認（Absprechen／Verwerfung）330,
　332
比喩（Gleichnis）48, 50, 52, 505
「ヒュームの原理」（HP）7, 16-7, 22, 45-46,
　133, 443f., 483f., 499, 502, 589,
表記法（Bezeichnungsweise）
　無矛盾で完全な公理的——　153
　ライプニッツ, ブール, シュレーダーの——
　137
表現（Ausdruck）115／——する
　（ausdrücken）51, 338, 341

事項索引　681

——の使用と言及（use／mention） 216
　　偶因的な——（okkasionell） 422-4
標識（Marke），ラテン—— 241-2, 261-3, 269
表示する（bezeichnen／denote） 296, 316, 393
　　——概念（denoting concept） 393
　　——句（denoting phrase） 393
表示対象（das Bezeichnete／denotation） 295, 344, 347, 393, 395, 412-3
表象（Vorstellung） 6, 21, 316, 318, 323, 404
　　本来的——，記号的（symbolische——） 520
ヒルベルトとフレーゲ 580-88
不確定性（Unbestimmtheit） 111, 113, 116-7, 181, 457ff.
不完全性（Unvollständigkeit）
　　論理的な—— 318, 321
　　——な表現→「表現」
複数指示（plural reference） 517
普遍化（Allgemeinnerung） 367
普遍言語（characterstica universalis） 137
普遍主義（universalism） 47, 53
不変的（unveränderlich） 45, 115, 177
普遍性／一般性（Allgemeinheit）
　　——の範囲（Gebiet der——） 118, 351
　　等式の——（——einer Gleichung） 350
　　——の否定／否定の—— 351
　　——代入則（universal instantiation） 243
　　——妥当性（Allgemeingültigkeit） 242, 265
普遍汎化（Universal Generalization／Verallgemeinerung） 119, 291-3, 351
　　2階の—— 126
　　——閉包（universal closure） 214, 293
不変論（invariants theory） 68, 101
不飽和な（ungesaettigt） 363f.
ブール代数（Boolean algebra） 15, 36, 72, 139
　　——の一次的，二次的命題（primary, secondary proposition） 138
フレーゲの基数論 431ff.
　　——実数論 433f., 536ff.,
「フレーゲ算術（Frege Arthmetic）」 442, 445f., 449f., 502, 596f.,
　　——のデデキント・ペアノ算術との同型性 449f.

　　——の哲学的含意 452f.
「フレーゲの定理（Frege Theorem）」 432., 441, 445f., 449, 596.
「フレーゲの原理」 432f., 440
　　——の独立性証明 586-8
「フレーゲ構造」（Frege'Structure） 50
　　——の制約（Frege's Constraints） 23, 601f., 609f. →応用
　　——プラトニズム 18, 199, 453f., 464f.
プロテスタント保守派 24, 29
文／命題（Satz） 353, 360, 363, 373, 394-6
　　——疑問（Satzfrage） 331
　　——結合（——e Satzverbindung） 350, 366
　　——の構造／構成（Aufbau des——） 326, 329, 363
　　——の叙法（Mood） 21, 330
　　——という脈絡（文脈）（Zusammenhang des-es） 9, 165
　　——部分／成分（——teil） 326, 329
　　——への態度（propositional attitudes） 14, 372, 411, 422
　　——的態度の意味論 21, 376
　　「——優位」の原則 39, 44, 234, 238, 297, 344, 417
　　依頼—— 331／希求-331／命令-331
　　引用—— 377
　　解明——（Erläuterngs——） 50
　　仮言的——／条件——（hypothetischer——） 304
　　帰結——（Folge——） 304
　　基本／根本——（Grund——） 85
　　経験——（Erfahrungs——） 160
　　再認——（Wiedererkennungs——） 10-12, 173-5
　　存在——（Existential——） 351
　　単称——（singularer——） 205, 368
　　単称——の思想の理解（エヴァンズ） 420
　　特称——（partikularer——） 368
　　——複合（——gefüge） 365
　　複合——（zusammengesetzt） 304, 366, 414
　　分析的—— 128
　　本来的／非本来的——（eigentlicher／un——） 304, 364, 366

ラッセルの単称――(Russelian singular
　　－) 52
分解する (zerfallen) 115
分割 (Teilung) 91
分割不可能性 (Unteilbarkeit) 168
分析 (Zerlegung) 302, 362, 373
　　関数論的―― 43, 344, 413
　　関数と項への―― 117
分析性 (analyticity) 44, 195
　　カントの狭隘な――の規定 163
分析的 (analytisch) 3, 17, 42, 109, 144, 155,
　　162-3, 167, 195
　　――アプローチ 4, 328, 344
　　――方法 19
文法 (Grammer) 320
　　――的区別 318
　　モンタギュー (Montague―) 338
文　脈 (Satzzusammenhang, context) 318,
　　326
　　――規　準 (context criteria) 13, 20, 39,
　　256ff.
　　――原理 (Context Principle) 4, 8-10, 16,
　　39, 45, 133, 147, 165-8, 171, 177, 196,
　　199, 513
　　意義に関する―― 219
一般化された文脈原理 (generalized―) 13,
　　20, 39, 44, 49, 255
分離則 (Modus Ponens) 43, 112, 114
ペアノ算術の公理系 [PA] 446f.
閉包条件 (closure condition) 239
並列 (beigeordnet／koordiniert) 99
　　変項 (variable)――条件 246
　　自由／束縛 (free／bound)――239, 246f.
　　自由――への付値 113
包含 (Einordnung) 195
方向 (Richtung) 61, 173-77
包摂 (Subsumition／umfassen) 99
包括 (摂) 公理 (das umfassende Axiom,
　　comprehension axiom) 438
法則 (Gesetz) 85
　　アルキメデスの法則 545, 550-1
　　思考―― (Denk―) 75, 81, 89
　　自然―― (Natur―) 166
　　論理 (的)―― (logisches―) 37, 42-4, 85
　　-6, 153, 290, 329, 351

飽和／不飽和 (gesättigt／ungesättigt) 52,
　　296, 345, 363, 40
補完必要性 (ergänzungsbedürftig) 296,
　　345
保持する (beibehalten) 113
保守性 (conservativeness) 607-8,
補助手段 (Hilfsmittel) 105, 112,
補助名 (auxiliary name) 260-266, 271
翻訳 (Uebersetzung) 145, 378

　　　　ま　行

見かけ上の (Schein)
　　――固有名 (―eigenname) 438
　　――思想 (―gedanke) 371
　　――主張 (―behauptung) 371
見通しの良さ (Uebersichtlichkeit) 40, 106,
　　111, 144, 161
実り豊かな／生産的 (fruchtbar) 133, 140-
　　2
　　――概念形成 (―Begriffsbildung) 144
脈絡依存性 (context-dependency) 14
ミュンスター学派 (Münster Schule) 34
無仮説 (annypoteton) 85
無限 (Unendliche) 89, 93, 110, 195, 201
　　――遠点 (unendliche Ferne) 173
　　――系列 (unendliche Folge) 97, 448
　　実―― (das Aktual―)／実――系 97
　　単純――集合／――数列 97
　　デデキント―― 81, 97,
　　有限と―― 94, 97,
[可算] 無限 (Endlos) 448
矛盾 (Widerspruch) 42, 121, 204, 304, 307,
　　313
　　無―― (Widerspruchsfreiheit) 78, 185,
　　196, 302
　　概念／公理の――性 583f.
　　相対的に―― 133, 181, 193
無理数 (Irrational) 23, 92,
　　ハイネとトーメの――論 553f.
明確な境界づけ (scharfe Begrenzung) 483,
　　532
明証性 (Evidenz) 426-7
命題 (proposition) 394-6, 403, 407, 409
　　――関数 (propositional function) 394,
　　397

事項索引　683

単称——397, 410-1
メレオロジー (mereology) 415
文字 (Buchstabe) 113, 322, 414
　ギリシャ—— 20, 235-6, 239-40, 242, 251, 263-4, 266-9, 271
　——母音小—— 236
　ドイツ—— 20, 118, 218, 236, 239-42, 246-8, 251, 262
　ラテン—— 20, 111-3, 117-9, 218, 239-48, 251, 260-269
　モデル (model), ——と記号 53f.
　——論 (model theory) 53, 216, 219, 230-6, 242, 268, 317
基づけ (Fundierung) 416
問答法 (dialectike) 85

　　　や, ら, わ 行

約定 (Festsetzung) 347, 360
　意味論的—— (semantic stipulation) 13, 49
有意義な (sinnvol) 146
有意味な (bedeutungsvoll) 21, 213, 254-5, 257f., 269-70, 282, 288-9, 344, 353, 413-4
　——性条件 353-4, 357
有意味性証明 232, 253, 275, 281, 284
有限 (なもの) (das Endliche) 201
有限主義 554f.
融合 (Verschmelzung) 245
指差し／手振り／眼差し／表情 (Fingerzeige／Handbewegung／Blicke／Miene) 384
宵の明星 (Abendstern) 14, 51,
要請 (Forderung) 172, 196
要求 (Aufforderung) 331
要素 (Element) 96
　原始的—— (Urbestandteile) 106
抑制原理 (Hemmingsprinzip) 203
余剰説 (redundancy theory) 334, 336, 338
予備学 (Propädeutik) 1, 21, 50, 317, 402, 412,
ラッセル［ツェルメロ］・パラドクス (Russellsches Paradoxon) 17, 21-2, 100, 288, 289, 298, 340, 391 436, 483f., 491f., 496f.
ラテン標識 (lateinische.Marke) 294, 343

力学 (Mechanik) 105, 125
理性 (Vernunft) 196
流率法 (ニュートンの) 88, 615
量 (Grösse) 65-6, 68-9, 71, 79, 82-3, 106, 110, 133, 534ff.
　——と実数 134, 534ff.
　——概念の拡張 15, 59, 65
　——概念の群論的研究 32
　——の適用領域 159
　——の基本法則 67
　——の算術的概念 82
　——の創造 79
　——の比 (——verhältniss) 434, 534f. →直積の直積, 関係の外延
　——の群論的形式理論 546ff. →準正クラス／正クラス
　——領域 (——gebiet) 23, 65-70, 82.434, 537, 540f., 604f.
　関数による——の生成 69, 83
　正の——の多様体 83
　単位—— 71, 83
加法群 538
領域 (Gebiet) 279, 306
　——計算 (——kalkul) 306, 308, 313
　新しい—— (dies neue Gebiet) 55
　談話—— (universe of discourse) 306-7
　加法—— 67
　最も包括的な—— 81, 161, 167
量化 (quantification) 82, 350
　——記号・——子 (Quantor／quantfier) 116, 213, 217, 238, 241, 247-8
　——理論 (quantification theory) 89
　存在 (existential) —— 98, 数的—— 513
　対象的／代入的 (objectual)／substitutional —259, 278-9
　多重 (multiple) —— 118, 353, 414,
　2階の (2nd order) 130
　パースの——理論 100
　普遍—— (universally quantified) 98, 118, 213, 237, 278, 284, 292
　第3階の——記号 279
両義性 (Zweideutigkeit) 199, 203, 205
理論 (theory)
　タイプ—— (Type—) 46
　メタ—— (meta—) 47, 55, 230

ルター派プロテスタント　31
列 (Reihe)
　　数——の収束 (Konvergent)　141
　　前進—— (progression)　11, 125, 132, 200
連結的 (connected)　129-130,
連言 (Konjunktion)／連立 (Konduk)　366-7, 415
連続性 (Stetigkeit, continuity)　110
　　——の算術的定義　74, 81, 89
　　［実］関数の——141-2
連続体 (stetiges Gebilde, continum)　542
煉瓦積みの方法 (building-block method)　328
連鎖 (Kette) 74, 89/ φ ——連鎖　96
　　デデキント——　78-79, 81, 100,
論証 (Schluss ／ Beweis)　38, 42, 107, 224, 303, 407-8
　　——・証明論　41
　　——方式 (Schlussweise)　106
　　隙間のない (lückenlose)　109
　　最も完全な —— (Beweisführung) 法　104
論理［学］(Logik)　49-50, 84, 152, 198, 211, 213, 217, 223, 229, 298, 313, 315, 317, 320, 328-9, 409, 412
　　——化　36
　　——記号　130
　　——・算術の公理体系化　38, 40
　　——思想の革命　15, 107,
　　内包—— (—des Inhalts, intensional logic) 19, 21, 52, 83, 110, 211, 296, 298, 317, 338, 412
論理主義 (Logizism)　1, 3, 7, 15-6, 21-3, 33, 35-8, 69, 74, 90, 93, 108-9, 134, 152, 194, 211-2, 216, 223, 227-9, 232, 254, 509, 466f. 509f., 576f.
　　——的公理体系化　113
　　——的基礎づけ　19, 223
　　——的算術　124
　　——的序数論　132
　　——プロジェクト　162, 466f.
　　形式主義的——　82
　　準 (quasi-) ——主義 15, 23, 81, 93, 99, 124, 132, 576f.
　　多様な——主義　15, 90, 570f., 576f.

集合論的——主義　89
新 —— 主 義 (Neo-logcism)　23, 47, 181, 191-2, 483ff., 589ff.
フレーゲの——　100, 130,
　　——体系　108, 111-2
　　—— 代 数 (Algebra der—)　20, 40-1, 82, 100,
ブール派「——代数」　53
包括的な——代数　100
　　——代数的 (logical algebraic) ——主義　100, 577.
「論理探究」("Logische Untersuchungen")　21, 49, 50
　　——中心主義の窮境 (logocentric predicament)　48, 316
　　——の哲学　39, 216
　　——への還元　162
　　——の一部　75, 81, 89,
　　——の意味論　20, 39, 316
　　——の革新　15, 38, 40
　　——の分断　138, 145
　　高階—— (higher order—)　19, 40, 123-4, 130, 162, 216, 223, 250
原初的——語　112
肯定——　123
述 語 —— 138, 273/1 階 —— 153, 2 階 —— 134, 197
命題—— (propositional—)　123, 138, 153
論理 (的) (logisch)
　　——意味論 (—Semantik)　19-21
　　——カテゴリー (—Katgorie)　50
　　——関係の記号法　125
　　——基礎連関 (—e Grundbeziehung)　51
　　——形式 (—e Form)　50-1
　　——欠陥 (—er Mangel)　323, 326
　　——言語による——体系　133
　　——実証主義 (logical positivism)　73
　　——抽象 (logical abstraction)　7, 599
　　——な完全性 (—e Vollkommenheit)　40, 85, 88,
　　——なもの (das Logische)　165-6
　　一般的 —— 法則 (allgemeines-es Gesetz) 155
和平的 (irenic)　608
「私 (ich)」　385-6

話法（Rede） 21, 376
　直接――（gerade Rede） 377

間接――（indirekte／ungerade Rede） 298, 377, 396, 419

著者略歴

1939年　東京都に生まれる
1962年　国際基督教大学教養学部卒
1967年　京都大学大学院文学研究科博士課程修了　文学博士（京都大学）
現　在　北海道大学教授を経て，東京都立大学・創価大学各名誉教授
著　書　『フレーゲの言語哲学』『フレーゲ入門』(勁草書房)
　　　　『現代の論理的意味論——フレーゲからクリプキまで』(岩波書店)
　　　　『意味と世界』(法政大学出版局)　他
編共著　『言語哲学を学ぶ人のために』(世界思想社)，他
編訳書　『フレーゲ著作集』全6巻(勁草書房)
　　　　ディヴィドソン『真理と解釈』(共訳　勁草書房)
　　　　ダメット『分析哲学の起源』(共訳　勁草書房)
　　　　ケニー『ウィトゲンシュタイン』(法政大学出版局)
　　　　ケルナー『カント』(みすず書房)
　　　　アンスコム・ギーチ『哲学の三人
　　　　　——アリストテレス・トマス・フレーゲ』(共訳　勁草書房)
　　　　パトナム『理性・真理・歴史』(共訳　法政大学出版局)，他

フレーゲ哲学の全貌　論理主義と意味論の原型

2012年9月20日　第1版第1刷発行

著　者　野本和幸（のもと　かずゆき）

発行者　井村寿人

発行所　株式会社　勁草書房（けいそう）

112-0005　東京都文京区水道2-1-1　振替 00150-2-175253
　　（編集）電話 03-3815-5277／FAX 03-3814-6968
　　（営業）電話 03-3814-6861／FAX 03-3814-6854
大日本法令印刷・牧製本

©NOMOTO Kazuyuki　2012

ISBN978-4-326-10218-1　　Printed in Japan

JCOPY　〈(社)出版者著作権管理機構　委託出版物〉
本書の無断複写は著作権法上での例外を除き禁じられています。
複写される場合は、そのつど事前に、(社)出版者著作権管理機構
（電話 03-3513-6969、FAX 03-3513-6979、e-mail: info@jcopy.or.jp）
の許諾を得てください。

＊落丁本・乱丁本はお取替いたします。
http://www.keisoshobo.co.jp

野本和幸
フレーゲ入門──生涯と哲学の形成　　　3150 円

野本和幸
フレーゲの言語哲学　　　5250 円

日本科学哲学会編・野本和幸責任編集
分析哲学の誕生──フレーゲ・ラッセル　　　4095 円

＜フレーゲ著作集全 6 巻＞第 38 回(2002)日本翻訳出版文化賞受賞
藤村龍雄編
　第 1 巻　概念記法　　　4200 円

野本和幸・土屋俊編
　第 2 巻　算術の基礎　　　3990 円

野本和幸編
　第 3 巻　算術の基本法則　　　6720 円

黒田亘・野本和幸編
　第 4 巻　哲学論集　　　4830 円

野本和幸・飯田隆編
　第 5 巻　数学論集　　　5460 円

野本和幸編
　第 6 巻　書簡集　　　7140 円

──────────勁草書房刊

＊表示価格は 2012 年 9 月現在。消費税含む。